Geldtheorie und Geldpolitik

AF898881

Michael Paetz

Geldtheorie und Geldpolitik

Grundlagen konventioneller und unkonventioneller Maßnahmen

1. Auflage

Schäffer-Poeschel Verlag Stuttgart

Bibliografische Information der Deutschen Nationalbibliothek

Die Deutsche Nationalbibliothek verzeichnet diese Publikation in der Deutschen Nationalbibliografie; detaillierte bibliografische Daten sind im Internet über http://dnb.dnb.de/ abrufbar.

Print:	ISBN 978-3-7910-6489-5	Bestell-Nr. 12114-0001
ePub:	ISBN 978-3-7910-6490-1	Bestell-Nr. 12114-0100
ePDF:	ISBN 978-3-7910-6491-8	Bestell-Nr. 12114-0150

Michael Paetz
Geldtheorie und Geldpolitik
1. Auflage, Mai 2025

© 2025 Schäffer-Poeschel Verlag für Wirtschaft · Steuern · Recht GmbH
Reinsburgstr. 27, 70178 Stuttgart
www.schaeffer-poeschel.de | service@schaeffer-poeschel.de

Bildnachweis (Cover): © butenkow, iStock

Produktmanagement: Nora Valussi/Dr. Angelika Schulz
Lektorat: Heike Münzenmaier

Dieses Werk einschließlich aller seiner Teile ist urheberrechtlich geschützt. Alle Rechte, insbesondere die der Vervielfältigung, des auszugsweisen Nachdrucks, der Übersetzung und der Einspeicherung und Verarbeitung in elektronischen Systemen, vorbehalten. Der Verlag behält sich auch eine Nutzung des Werks für Text und Data Mining im Sinne von § 44b UrhG vor. Alle Angaben/Daten nach bestem Wissen, jedoch ohne Gewähr für Vollständigkeit und Richtigkeit.

Schäffer-Poeschel Verlag Stuttgart
Ein Unternehmen der Haufe Group SE

Sofern diese Publikation ein ergänzendes Online-Angebot beinhaltet, stehen die Inhalte für 12 Monate nach Einstellen bzw. Abverkauf des Buches, mindestens aber für zwei Jahre nach Erscheinen des Buches, online zur Verfügung. Ein Anspruch auf Nutzung darüber hinaus besteht nicht.

Sollte dieses Buch bzw. das Online-Angebot Links auf Webseiten Dritter enthalten, so übernehmen wir für deren Inhalte und die Verfügbarkeit keine Haftung. Wir machen uns diese Inhalte nicht zu eigen und verweisen lediglich auf deren Stand zum Zeitpunkt der Erstveröffentlichung.

Gewidmet meinem Sohn Lasse, der mir tagtäglich zeigt,
dass es wichtigere Dinge auf der Welt gibt als Geld.

Stimmen zum Buch

»Eine spannende und realitätsnahe Einführung in die Grundlagen unseres Geld- und Kreditsystems. Verschiedene Perspektiven auf Theorie und Politik werden mit vielen Beispielen veranschaulicht. Ausgewogen, angenehm unaufgeregt, aber dennoch kritisch.«

Prof. Dr. Achim Truger, Mitglied im Sachverständigenrat zur Begutachtung der gesamtwirtschaftlichen Entwicklung und Professor am Institut für Sozialökonomie der Universität Duisburg-Essen

»Das Lehrbuch von Michael Paetz verbindet Theorie und Politik in überzeugender Weise: Die Darstellung der Geldpolitik entspricht auch der realitätsbezogenen Perspektive derjenigen Zentralbanker, die für die Bankgeschäfte innerhalb der Zentralbank zuständig sind und Geldpolitik implementieren. Ich wünsche mir sehr, dass zukünftige Zentralbanker mit solchen Lehrbüchern ausgebildet wurden.«

Dr. Ulrich Bindseil, Generaldirektor für Marktinfrastrukturen und Zahlungsverkehr, Europäische Zentralbank

»Dieses Lehrbuch schließt eine wichtige Lücke in der Literatur, indem es eine genaue Beschreibung der Funktionsweise von Zentralbanken und der Umsetzung von Geldpolitik in der Praxis liefert, die in makroökonomischen Lehrbüchern weitgehend fehlt. Das Buch sollte Pflichtlektüre für jeden angehenden (und aktuellen) Zentralbanker sein sowie für alle, die das Wesen des Geldes und die Rolle der Finanzmärkte besser verstehen möchten.«

Sascha Bützer, Internationaler Währungsfonds (IWF), vormals Deutsche Bundesbank und EZB

»Seit der globalen Finanzkrise ist die Bedeutung des Geldsystems einer größeren Öffentlichkeit bekannt. Michael Paetz erklärt geldpolitische Grundlagen nicht nur verständlich, sondern auch pluralistisch, unter Berücksichtigung konventioneller und heterodoxer Einsichten.«

Prof. Dr. Andreas Nölke, Institut für Politikwissenschaft, Goethe-Universität Frankfurt

»Sorgfältig erklärend, fachkundig und anschaulich demonstriert Paetz wie Geld und Politik zusammenhängen – kurz: wie Geldpolitik unsere Lebenswirklichkeit prägt. Ein Lehrbuch nicht nur für angehende Ökonominnen, sondern auch für Soziologen und Politikwissenschaftlerinnen.«

Prof. Dr. Aaron Sahr, Hamburger Institut für Sozialforschung

Vorwort

Das zentrale Anliegen dieses Lehrbuchs ist eine realistische und stringent aufeinander abgestimmte Darstellung des Geldsystems, inkl. der Beziehungen zwischen Geschäfts-, Zentral- und Nichtbanken. Zudem möchte ich darauf aufbauend sowohl die als konventionell bezeichnete Geldpolitik zur Steuerung der Inflationsrate wie auch die als unkonventionell bezeichneten Maßnahmen einer Zentralbank analysieren und kritisch diskutieren. Ich scheue mich dabei nicht, sowohl orthodoxe (»Mainstream«) wie auch heterodoxe (»Underdogs«) Sichtweisen zu behandeln, da in keinem anderen Gebiet der Volkswirtschaftslehre die Bedeutung dieser beiden Lager so sehr abgenommen hat wie in der Geldtheorie. In Zentralbanken spielt es schon lange keine Rolle mehr, ob eine Argumentation aus einer postkeynesianischen oder neoklassischen Tradition heraus abgeleitet wird. Und im täglichen operationalen Geschäft einer Zentralbank ist ohnehin kein Raum für ideologische Debatten. Kurzum: In keinem anderen Fachgebiet der Volkswirtschaftslehre werden die Diskussionen so offen geführt wie hier. Gleichzeitig sind in keinem anderen Bereich so spannende Kontroversen zu finden wie in der Geldtheorie und -politik. Diese Vielfalt spiegelt sich in den Standardwerken bisher aber nur unzureichend wider.

Für wen ist dieses Buch interessant?

Das Buch ist vor allem für den akademischen Gebrauch an einer Universität oder Fachhochschule gedacht, kann aber auch von interessierten Laien gelesen werden, da im ersten Teil alle notwendigen Grundlagen vermittelt werden. Die bedeutendste Zielgruppe sind Bachelorstudierende der VWL, die ihr Wissen über die Geldpolitik vertiefen wollen. Da viele Masterstudierende häufig nur wenig Detailkenntnisse im Bereich der Geldtheorie aus ihrem Bachelorstudium mitbringen, ist es aber ebenso für diese Gruppe von Interesse. Auch Ökonominnen mit abgeschlossenem Studium, die keine geldpolitische Vertiefungsveranstaltung gehört haben oder deren Studium bereits vor einigen Jahren abgeschlossen wurde, können ihre Kenntnisse mit diesem Buch auffrischen bzw. erweitern.

Zudem gibt es zahlreiche Politologen und Soziologen, die sich für monetäre Fragestellungen interessieren und mit diesem Buch ein umfangreiches Einstiegswerk vorfinden. Der erste Teil des Buches lässt sich sicher auch im Schulunterricht einsetzen, um die Grundlagen unseres auf Geld und Kredit basierenden Wirtschaftssystems zu vermitteln und die wichtigsten Institutionen vorzustellen.

Menschen, die im Finanzsektor tätig sind, ob als Angestellte bei einer Bank, einer Versicherung oder einer Vermögensverwaltung, können mithilfe dieses Buches ihr Verständnis für übergeordnete Zusammenhänge stärken und bedeutsame Einsichten für ihre Arbeit gewinnen.

Wie wird der Lehrinhalt vermittelt?

Das Buch soll die nötigen Fähigkeiten vermitteln, um die monetären Beziehungen unseres Wirtschaftssystems zu begreifen und die Realität besser verstehen zu können. Nach der Lektüre werden sie wissen, warum Banken keine Spareinlagen weiterverleihen, aber dennoch an Kundengeldern interessiert sind, wie der Zahlungsverkehr zwischen Banken abgewickelt wird, wie der tägliche Ablauf im operationalen Geschäft einer Zentralbank verläuft, wieso Zentralbanken in fundamentalen Krisen unkonventionelle Maßnahmen ergreifen, wieso es keinen stabilen Zusammenhang zwischen Geldmenge, Preisen und Zinsen gibt, was TARGET2-Salden sind, welche Eigendynamik Finanzkrisen entwickeln, warum die Anleiheankäufe aus den Programmen der quantitativen Lockerung keine nennenswerte Inflation erzeugt haben und vieles mehr. Durch die zahlreichen Bezüge zu Ereignissen, über die Sie in der Tagespresse gelesen haben, werden die theoretischen Darstellungen greifbar und lebensnah. Sie werden schrittweise Routine darin erlangen, monetäre Phänomene und geldpolitische Entscheidungen zu verstehen und ihre Folgen einzuschätzen.

Hierzu ist das Lehrbuch systematisch aufgebaut und beginnt damit, den zweiseitigen Charakter von Geld, als Vermögenswert und als Verbindlichkeit, zu erklären, verschiedene Geldformen anhand ihrer Liquidität zu ordnen und einen Überblick über die wichtigsten Institutionen des Finanzsystems zu verschaffen. Die Verwendung bilanzieller Darstellungen entspricht der heutzutage üblichen Vorgehensweise und wird in zahlreichen Zentralbankpublikationen genutzt, um monetäre Transaktionen zwischen verschiedenen Akteuren zu veranschaulichen. Um die Auswirkungen moderner geldpolitischer Maßnahmen zu verstehen, wird konsequent zwischen dem öffentlichen Zentralbankgeld, dem privaten Geld der Banken und anderen Verbindlichkeiten des Privatsektors unterschieden.

Da verschiedene Darstellungsformen das Verständnis fördern und sich gegenseitig verstärken, werden verbale Interpretationen (soweit möglich) mit formalen wie auch grafischen Analysen ergänzt. Grafische Untersuchungen auf Basis von Kurvenverschiebungen helfen zudem, eine ökonomische Intuition für die Funktionsweise eines Modells zu entwickeln, weil sich die Auswirkungen von Annahmeveränderungen sofort beobachten lassen. Das Theorieverständnis kann auf diese Weise schnell und selbstständig überprüft werden. Des Weiteren lässt sich anhand von grafischen Darstellungen, die mit formalen Berechnungen ergänzt werden, die Dynamik eines Modells strukturiert nachvollziehen.

Das heutige Finanzsystem wurde nicht am Reißbrett konzipiert. In einigen Abschnitten werden daher historische Entwicklungen besprochen, sofern diese das Verständnis für institutionelle Normen und Politikansätze stärken, die entweder aus der Gewohnheit heraus oder als Reaktion auf vorangegangene Probleme entstanden sind. Da das Buch nicht den Anspruch hat, eine dogmenhistorische Einführung zu sein, wird weitestgehend auf eine Einordnung in unterschiedliche volkswirtschaftliche Theorieschulen verzichtet.

Welche Vorkenntnisse werden benötigt?
Das notwendige Vorwissen für dieses Buch ist absichtlich sehr gering gehalten. Es lässt sich aber nicht bestreiten, dass mathematische Grundkenntnisse bei volkswirtschaftlichen Lehrbüchern grundsätzlich von Vorteil sind. Neben den Grundrechenarten sind elementare Kenntnisse im

Bereich der Finanzmathematik förderlich, um Renditen berechnen und vergleichen zu können. Für die grafische Analyse von Modellen sind zudem Grundlagen der Differenzialrechnung hilfreich. Der Großteil der studentischen Leserschaft wird diese Grundkenntnisse in der Schule erlernt und im Falle eines Studiums der Volkswirtschaftslehre in den ersten Semestern wiederholt haben. Sollten diese Grundkenntnisse fehlen oder aufgrund einer länger zurückliegenden Schulzeit nicht mehr bekannt sein, lassen sich die inhaltlichen Interpretationen aber auch ohne formale oder grafische Analyse nachvollziehen. Ein Vorwissen aus dem Bereich des volkswirtschaftlichen Studiums ist grundsätzlich nicht nötig. Der vorherige Besuch einer makroökonomischen Einführungsveranstaltung wird das Studium einiger Abschnitte aber beschleunigen.

Aufbau des Lehrbuchs

Das Lehrbuch besteht aus drei großen Teilen: der Einführung, der Darstellung der als konventionell bezeichneten Geldpolitik sowie der Analyse sogenannter unkonventioneller Maßnahmen. Die Einführung ist mit vier Kapiteln der umfangreichste Teil. In Kapitel 1 werden viele Begriffe definiert, die in den folgenden Kapiteln regelmäßig verwendet werden. Zudem werden die wichtigsten Grundlagen und Zusammenhänge des Finanzsystems behandelt. Hierzu gehören neben dem bereits erwähnten zweiseitigen Charakter von Geld die Einführung verschiedener Geldvermögenswerte, die Bedeutung von Liquidität, die Betrachtung von Finanzierungssalden sowie ein Überblick über die wichtigsten Aufgaben und Teilnehmer des Finanzmarkts.

In Kapitel 2 werden im Wesentlichen die Zusammenhänge zwischen Geschäfts- und Zentralbanken betrachtet. Was unterscheidet Banken von Nichtbanken? Was ist Zentralbankgeld und wofür wird es benötigt? Was sind die Ziele einer Zentralbank und wie sollen diese erreicht werden? Diese Fragen werden hier beantwortet. Der zentrale Abschnitt des Kapitels behandelt den Zahlungsverkehr zwischen Banken, dessen Verständnis für die Analyse einer modernen Zinssteuerung kaum zu überschätzen ist.

Kapitel 3 richtet den Blick auf das System der sogenannten Schattenbanken. Diese Kreditinstitute, die im Schatten des eigentlichen Bankensektors agieren, sind in den letzten Jahrzehnten immer bedeutender geworden. Daher habe ich ihnen ein eigenes Kapitel gewidmet, in dem ihre wichtigsten Finanzinstrumente behandelt werden sowie die grundsätzliche Funktionsweise des Schattenbankensystems beschrieben wird.

Bis zu diesem Punkt lag der Fokus der Einführung auf der Analyse der monetären Beziehungen innerhalb eines Währungsraumes. Im letzten Kapitel der Einführung erweitern wir diesen Blick um die internationale Perspektive. Nach einigen einfachen Überweisungsbeispielen zwischen Geschäftsbanken aus unterschiedlichen Währungsräumen, wird die Aufgabe von Devisenhändlern skizziert. Um zu verstehen, wie internationale Liquiditätskrisen entstehen, welche Auswirkungen sie haben und was Zentralbanken dagegen tun können, werden im Anschluss zunächst einige Grundlagen der Zahlungsbilanz erläutert, bevor die Wirkungsweise von Devisenmarktinterventionen analysiert wird. Der letzte Abschnitt des Kapitels behandelt die Zusammenhänge zwischen Zentralbanken unterschiedlicher Währungsräume und beschreibt die derzeitigen Möglichkeiten, sich Zentralbankguthaben in ausländischer Währung, insbesondere in US-Dollar, leihen zu können.

Teil II widmet sich der konventionellen Geldpolitik und besteht aus drei Kapiteln. Das Kapitel 5 erklärt die Methoden, mit denen eine Zentralbank die kurzfristigen Zinsen des Bankensektors beeinflusst. Hierzu wird zunächst ein in Zentralbanken übliches Modell zur Illustration der Zinssteuerung vorgestellt. Im Anschluss werden verschiedene Varianten der Zinssteuerung anhand historischer Beispiele mithilfe dieses Modells analysiert.

Kapitel 6 und 7 beschäftigen sich mit der gesamtwirtschaftlichen Steuerung einer Volkswirtschaft. Wir betrachten eine einfache Version des typischen Modells zur Inflationssteuerung, welches die mehrheitlich vertretene Sichtweise führender Ökonomen abbildet. Auf Basis der Theorie der natürlichen Arbeitslosenquote lässt sich nachvollziehen, warum die Mehrheit der ökonomischen Zunft die gesamtwirtschaftliche Steuerung einem unabhängigen und eher konservativen Expertengremium einer Zentralbank übergeben möchte und fiskalpolitische Eingriffe nur in absoluten Notfällen für gerechtfertigt hält. In Kapitel 7 wird diese Perspektive kritisch diskutiert und alternativen Sichtweisen gegenübergestellt, die der Fiskalpolitik entweder eine ergänzende Rolle zuweisen oder sie sogar in der alleinigen Verantwortung für die Stabilisierung einer Volkswirtschaft sehen.

Der dritte und letzte Teil des Lehrbuchs behandelt fundamentale Krisen, in denen die konventionelle Geldpolitik nicht ausreicht, um eine Stabilisierung des Wirtschaftssystems zu erreichen, und besteht aus drei Kapiteln. In Kapitel 8 wird zunächst eine Finanzkrisentheorie dargestellt, die auf den Arbeiten von Hyman Minsky basiert. In den anschließenden Abschnitten werden diverse kleine und mittelgroße Finanzkrisen in den USA zwischen 1930 und 2007 mithilfe von Minskys Theorie untersucht. Kapitel 9 behandelt daraufhin die unkonventionellen geldpolitischen Maßnahmen, die im Anschluss an die globale Finanzkrise von 2007/8 ergriffen wurden. Die in Kapitel 5 dargestellte Entwicklung der US-Zinssteuerung wird am Ende dieses Kapitels weitergeführt, da Teile der als unkonventionell bezeichneten Geldpolitik inzwischen zum konventionellen Repertoire der US-Zinssteuerung geworden sind.

Das letzte Kapitel schließt das Buch ab, indem aktuelle Ereignisse analysiert werden, welche die Zentralbanken vor neue Herausforderungen gestellt haben, wie die Corona-Pandemie und der Energiepreisschock. Zudem wird ein kleiner Ausblick auf die weitere Entwicklung der Geldpolitik (vor allem im Euro-Raum) gegeben.

Vorschläge zur Vorlesungsplanung
Ich habe dieses Lehrbuch mehrere Jahre in meiner Vorlesung »Geldtheorie und -politik« an der Universität Hamburg im Wahlpflichtbereich des Bachelor Volkswirtschaftslehre eingesetzt. Wer alle Kapitel behandeln möchte, sollte eine Veranstaltung mit mindestens zwei Semesterwochenstunden (SWS) Vorlesung sowie einer SWS-Übung über 13 Wochen einplanen. In einer Vorlesung mit drei SWS lässt sich der Lehrinhalt noch etwas ausführlicher besprechen, ohne

dabei in Zeitnot zu geraten. Inhaltlich lässt sich das Buch sowohl in einem Bachelorkurs wie auch in einer Vorlesung des Masterstudiums einsetzen. Je nachdem, welches Vorwissen in anderen Pflichtkursen bereits vermittelt wurde, können einzelne Kapitel oder Abschnitte übersprungen werden.

Wer in einem makroökonomischen Grundkurs lediglich das übliche Modell zur Inflationssteuerung behandeln möchte, kann sich auf die Kapitel 1, 2, 6 und 7 beschränken. Auch hier können je nach Vorwissen und Präferenzen gewisse Abschnitte ausgelassen werden. Für eine Vorlesung, die auf einem Grundlagenkurs aufbaut und die unkonventionellen Maßnahmen behandeln möchte, kann Teil I und III als Basis miteinander kombiniert werden. Soll das Buch lediglich als Ergänzung in einem Kurs verwendet werden, der auf einer anderen Grundlage fußt, oder in einem Seminar, in dem die unkonventionellen Maßnahmen nur einen kleinen Teil des Curriculums ausmachen, reichen ggf. die Kapitel 1–4, 9.1 und 9.2 aus.

Um lediglich das operationale Geschäft einer Zentralbank zu erklären, lassen sich die Kapitel 1, 2 und 5 miteinander verbinden. In Schulen kann mit ausgewählten Kapiteln aus Teil I ein solides Grundlagenwissen über unser Finanzsystem vermittelt werden.

Auf der Supportseite zum Lehrbuch finden Sie eine Vielzahl von Materialien, wie Foliensätze und Übungsaufgaben (inkl. Lösungen), die Sie als Dozent für Ihre Vorlesung oder als Studierender zur Klausurvorbereitung nutzen können. Den QR-Code zur Supportseite finden Sie auf einer gesonderten Seite am Ende des Buches.

Abschließende Bemerkungen und Danksagung
Ich habe bei Personenbezeichnungen und personenbezogenen Hauptwörtern in diesem Buch versucht, sowohl die weibliche als auch die männliche Form gleichverteilt zu verwenden. Entsprechende Begriffe gelten im Sinne der Gleichbehandlung grundsätzlich für alle Geschlechter. Die ggf. verkürzte Sprachform hat nur redaktionelle Gründe und beinhaltet keinerlei Wertung.

Alle wörtlichen Zitate wurden von mir in die deutsche Sprache übersetzt, um den Lesefluss nicht zu beeinträchtigen. Um die Beschriftungen von Abbildungen und Tabellen kompakt zu halten, habe ich ein Datenbankverzeichnis eingeführt, in dem die verwendeten Datenquellen tabellarisch aufgeführt werden.

Ich möchte mich bei den Studierenden der vergangenen Semester für das rege Interesse an meiner Veranstaltung sowie den zahlreichen Fragen, Anmerkungen und Diskussionen bedanken. Diese haben maßgeblich dazu beigetragen, den Inhalt des Buchs zu präzisieren. Zudem möchte ich mich bei den studentischen Hilfskräften bedanken, die in den letzten Jahren Vorläufer dieses Buchs korrekturgelesen und auf Fehler und missverständliche Darstellungen hingewiesen haben (in alphabetischer Reihenfolge): Diego Diez, Johannes Heinen, Hendrick Hinrichs, Nico Klocke, Marcel Lipaj, Moritz Rathke und Ivan Stojcic. Wie üblich bin ich für die verbliebenen Fehler allein verantwortlich.

Des Weiteren möchte ich mich bei einer Vielzahl von Freunden und Kolleginnen für die zahlreichen Kooperationen und interessanten (Streit-)Gespräche der letzten Jahre bedanken, die mich zu dem Ökonomen gemacht haben, der ich heute bin (wieder in alphabetischer Reihenfolge): Sascha Bützer, Dirk Ehnts, Heiner Flassbeck, Günther Grunert, Leon Heckmann, Maurice Höfgen, Patrick Kaczmarczyk, Rainer Land, Joachim Nanninga, Florian Schui, Richard Senner, Friedericke Spiecker, Paul Steinhardt und Wolfgang Theil. Besonders bedanken möchte ich mich bei Elisabeth Allgoewer, die mich in ihrer Zeit als Fachbereichssprecherin vorbehaltlos unterstützt hat und mich ermutigte, meine Vorlesungsunterlagen als Buch zu veröffentlichen. Zudem möchte ich mich bei Heinrich Röder und dem Makroskop-Team bedanken, die mehrere Seminare organisiert haben, bei denen auch ich als Dozent im Austausch mit interessierten Teilnehmern viel dazugelernt habe. Bei Nora Valussi von Schäffer-Poeschel möchte ich mich für ihr Vertrauen bedanken. Angelika Schulz, Heike Münzenmaier und dem Verlagsteam gilt mein Dank für die Unterstützung in den vergangenen Monaten.

Zu guter Letzt möchte ich meiner Familie für ihren Beistand danken: meinen Eltern dafür, dass sie mich uneingeschränkt lieben, meiner Frau Kristin, die trotz meiner uneinsichtigen Art nicht müde wird, mich mit konstruktiver Kritik zu verbessern, unserem Sohn Lasse, der Papa das Licht im Arbeitszimmer an- und ausmacht, damit ich mich besser auf den Text konzentrieren kann, der Schwiegermutter für ihre köstliche Verpflegung und unserem Dackel Joshi, der flauschigsten Wärmflasche der Welt. Ich liebe Euch von ganzem Herzen.

Dr. Michael Paetz, Hamburg im März 2024

Inhaltsverzeichnis

Abbildungsverzeichnis

Tabellenverzeichnis

Variablen- und Parameterverzeichnis

A	Arbeitsproduktivität bzw. Achsenabschnitt in IS-Kurve in Kap. 6.2.3–6.2.6
a	Abhängigkeit der Produktion vom Realzins in IS-Kurve
α	Einfluss der Arbeitslosenquote auf die Lohnsetzung
B	Staatsanleihen (B für bonds)
b	Schuldenquote (B/Y)
β	Inflationsaversion der Zentralbank
BGV	Bruttogeldvermögen
BNE	Bruttonationaleinkommen
C	Konsum
c	Durchhaltekosten
C_{Π}	Konsum aus Profiteinkommen
C_W	Konsum aus Lohneinkommen
E	Überschussreserven bzw. Wechselkurs in Mengennotierung (in Kap. 4)
ε^A	Liquiditätsschock
ε^M	Liquiditätspräferenzschock (Änderung autonomer Faktoren)
ε^{π}	Inflationsschock
ε^Y	Nachfrageschock
EX	Exporte
F	Zinssatz für Zinstermingeschäft bzw. Terminkurs in Kap. 4.2.2.
FS	Finanzierungssaldo
G	Staatliche Ausgaben (G für *government expenditures*)
g	Wachstumsrate des BIP
γ_{π}	Reaktionsparameter in Taylor-Regel
γ_y	Reaktionsparameter in Taylor-Regel
I	Investitionen
i	Zinsniveau
$\hat{I}$	Aus eigenen Mitteln finanzierte Investitionen
i^*	Individueller kritischer Zins bzw. ausländisches Zinsniveau in Kap. 4.2
$i^{rp}_{O/N}$	Zins für Übernacht-Repo
i_{3M}	Dreimonatszins
i^{rp}_{3M}	Zins für dreimonatigen Repo
i_B	Anleihezins (bzw. Zinsniveau von Anleihen)
i_C	Kreditzins der Zentralbank
i_D	Einlagenzins der Zentralbank
i_K	Kupon (Nominalzins einer Anleihe)
i_L	Kreditzins (L für *loans*)
i_M	Einlagenzins der Banken

$i_{n,t}$	Laufzeitrendite: Auf das Jahr gerechnete effektive Rendite einer Anleihe mit *n* Jahren Restlaufzeit zum Zeitpunkt *t* bzw. Interbankenzins für Kredit mit *n* Tagen Laufzeit zum Zeitpunkt *t*
$i_{O/N}$	Übernachtzins (O/N für *overnight*)
IM	Importe
L	Anzahl der Erwerbsfähigen
l	Liquiditätsprämie
L^d	Kreditnachfrage
L^s	Kreditangebot
λ	Verhältnis zwischen angestrebtem und natürlichem Produktionsniveau bzw. Gewichtungsparameter in Hodrick-Prescott-Filter in Kap. 6.2.1
LSK	Lohnstückkosten
M	Einlagen (Geld, M für *money*)
M^d	Geldnachfrage
M^s	Geldangebot
MR	Optimale geldpolitische Reaktionsfunktion (MR für *monetary rule*)
μ_L	Gewinnaufschlag für Kreditzins
μ_M	Gewinnabschlag für Einlagenzins
μ_P	Gewinnaufschlag für Preise
N	Nennwert bzw. Arbeitsstunden in Kap. 6
NGV	Nettogeldvermögen
v	Aufschlag für aus dem Ausland bezogene Vorleistungen
NV	Nettovermögen
$NVÜ$	Nettovermögensübertragungen
P	Preisniveau
$\hat{P}_B$	Gegenwartswert einer Anleihe (B für *bonds*)
P_B	Preis/Kurs einer Anleihe (B für *bonds*)
P_I	Angebotspreis für Kapitalgüter/Investitionsgüter
P_K	Nachfragepreis für Kapitalgüter/Investitionsgüter
$P_{n,t}$	Kurs einer Anleihe mit *n*-jähriger Restlaufzeit zum Zeitpunkt *t*
π	Inflationsrate
Π	Profite
π^*	Zielinflationsrate
Q^e	Erwartete Bruttoerträge
q	Erträge
R	Effektive Rendite (auch interner Zinssatz) oder Reserven
R^d	Reservenachfrage
R^s	Reserveangebot
R_B	Geliehene Reserven (B für *borrowed*)
R_N	Nettoreservemenge
R_{NB}	Nicht-geliehene Reserven (NB für *non-borrowed*)
r	Mindestreservesatz oder Realzins

r^g	Gleichgewichtiger Realzins
r_n	Natürlicher Realzins
S	Ersparnis (S für savings) bzw. Primärdefizit in Kap. 7.2.2
s	Primärdefizitquote (S/Y)
σ_A	Standardabweichung eines Liquiditätsschocks
SP	Saldo der Primäreinkommen
SV	Sachvermögen
T	Steuern und Transfers (T für *taxes & transfers*)
θ	Gewichtungsparameter in Inflationserwartung
u	Arbeitslosenquote
u_n	Natürliche Arbeitslosenquote
V	Durchschnittliche Kosten für aus dem Ausland bezogene Vorleistungen
W	Nominallohnniveau
Y	Einkommen/Produktion
Y_n	Natürliches Produktionsniveau
Y^{Trend}	Wachstumskomponente des BIP
z	Index für die durchschnittliche (von der Arbeitslosigkeit unabhängige) Verhandlungsmacht der Arbeitnehmer

Datenbankenverzeichnis

Bundesbank	https://www.bundesbank.de/de/startseite/suche/statistiken
Statistisches Bundesamt	https://www.destatis.de/DE/Home/_inhalt.html
AMECO: Datenbank der europäischen Kommission	https://economy-finance.ec.europa.eu/economic-research-and-databases/economic-databases/ameco-database_en?prefLang=de
FRED: Datenbank der Federal Reserve Bank of St. Louis	https://fred.stlouisfed.org/
Financial Accounts of the United States – Z.1	https://www.federalreserve.gov/releases/z1/

Abkürzungsverzeichnis

Abb.	Abbildung
ABCP	Asset-Backed Commercial Paper
ABS	Asset-Backed Securities (im engeren Sinne)
ABSPP	Asset-Backed Securities Purchase Programme
abzgl.	abzüglich
AIG	American International Group
AMLF	Asset-Backed Commercial Paper Money Market Mutual Fund Liquidity Facility
APP	Asset Purchase Programme
BGV	Bruttogeldvermögen
BIP	Bruttoinlandsprodukt
BNE	Bruttonationaleinkommen
BoE	Bank of England
BoJ	Bank of Japan
bspw.	beispielsweise
BuBa	Bundesbank
bzgl.	bezüglich
CBO	Collateralised Bond Obligations
CBPP	Covered Bond Purchase Programme
CDO	Collateralised Debt Obligations
CDS	Credit Default Swap
CHAPS	Clearing House Automated Payments System
CHIPS	Clearing House Interbank Payments System
CIP	Covered Interest Parity
CLN	Credit Linked Notes
CLO	Collateralised Loan Obligations
CLS	Continuous Linked Settlement
CMBS	Commercial Mortgage-Backed Securities
CN	Capital Note
CP	Commercial Paper
CPFF	Commercial Paper Funding Facility
CSPP	Corporate Sector Purchase Programme
DWF	Discount Window Facility
EA	Euro Area
ECU	European Currency Unit
EFFR	Effective Fed Funds Rate
EFSF	European Financial Stability Facility
ELA	Emergency Liquidity Assistance
EONIA	Euro Overnight Index Average
ESF	Exchange Stabilization Fund

ESM	European Stability Mechanism
€STR	Euro Short Term Rate
ESZB	Europäisches System der Zentralbanken
EURIBOR	Euro Interbank Offered Rate
evtl.	eventuell
EWG	Europäische Währungsgemeinschaft
EWS	Europäisches Währungssystem
EZB	Europäische Zentralbank
FED	Federal Reserve Bank
FFR	Fed Funds Rate
FHLB	Federal Home Loan Banks
FIMA	Foreign and International Monetary Authorities
FIP	Forward Interest Parity
FLS	Funding for Lending Schemes
FOMC	Federal Open Market Committee
FRA	Forward Rate Agreement
GBD	Geschäftsbank Deutschland
GBI	Geschäftsbank Italien
GBU	Geschäftsbank USA
GFK	Globale Finanzkrise
ggb.	gegenüber
ggf.	gegebenenfalls
GLFK	Grenzleistungsfähigkeit des Kapitals
GSA	Glass-Steagall Act
GV	Geldvermögen
HVPI	Harmonisierter Verbraucherpreisindex
IB	Investmentbank/Investmentbanken
IBF	Internationale Bankfazilitäten
ICMA	International Capital Market Association
i.d.R.	in der Regel
ILOLR	International lender of last resort
inkl.	inklusive
inv.	invers
IOER	Interest on Excess Reserves
IORB	Interest on Reserve Balances
IRF	Impulse-Response-Functions
IWF	Internationaler Währungsfonds
KBU	Korrespondenzbank USA
LIBOR	London Interbank Offered Rate
LR	Leverage Ratio
LTCM	Long-Term Capital Management
LTRO	Longer-Term Refinancing Operations

MBS	Mortgage-Backed Securities
MFI	Monetäre Finanzinstitute
Mio.	Million/Millionen
MMIFF	Money Market Investor Funding Facility
MMLF	Money Market Mutual Fund Liquidity Facility
MMOLR	Market-Maker of last resort
MMT	Modern Monetary Theory
MR	Monetary Rule (geldpolitische Regel)
Mrd.	Milliarde/Milliarden
MTN	Medium Term Notes
NAIRU	Non-Accelerating Inflation Rate of Unemployment
NCD	Negotiable Certificates of Deposit
NGV	Nettogeldvermögen
NV	Nettovermögen
NVÜ	Nettovermögensübertragung
NZB	Nationale Zentralbank
o.Ä.	oder Ähnliches
OIS	Overnight Index Swap
OMD	Open Market Desk
OMO	Offenmarktoperation
OMT	Outright Monetary Transactions
ON RRP	Overnight Reverse Repo
OTC	over the counter
PC	Phillipskurve
PDCF	Primary Dealer Credit Facility
PEPP	Pandemic Emergency Purchase Programme
PSPP	Public Sector Purchase Programme
QE	Quantitative Easing (Quantitative Lockerung)
RMBS	Residential Mortgage-Backed Securities
S&L	Savings & Loans
SIV	Special Investment Vehicle
SLS	Special Liquidity Scheme
SMP	Securities Markets Programme
SNB	Schweizer Nationalbank
SOFR	Secured Overnight Financing Rate
SPV	Special Purpose Vehicle
SRF	Standing Repurchase Agreement Facility
SV	Sachvermögen
SWP	Stabilitäts- und Wachstumspakt
SWS	Semesterwochenstunde
SZR	Sonderziehungsrechte
Tab.	Tabelle

TAF	Term Auction Facility
TALF	Term Asset-Backed Securities Loan Facility
TARGET2	Trans-European Automated Real-time Gross Settlement Express Transfer System
tlw.	teilweise
TSLF	Term Securities Lending Facility
U	Unternehmen
u.a.	unter anderem
vgl.	vergleiche
VGR	Volkswirtschaftliche Gesamtrechnung
VWL	Volkswirtschaftslehre
WKM	Wechselkursmechanismus
ZBB	Zentralbank Bangladesch
ZLB	Zero Lower Bound
z.T.	zum Teil
zzgl.	zuzüglich

Teil I: Einführung

1 Geld im heutigen Finanzsystem

Die Definition von Geld kann je nach Blickwinkel variieren und Bargeld, Zentralbankguthaben, Bankguthaben, weitere Forderungen oder das gesamte Geldsystem einschließen. Häufig wird Geld durch seine drei primären Funktionen definiert: Erstens fungiert Geld als **Zahlungsmittel** zur Begleichung von Rechnungen in einem Währungsraum.[1] Da Geld hierdurch gegen Güter oder andere Geldvermögenswerte getauscht werden kann, wird diese Funktion gelegentlich auch als Tauschmittelfunktion bezeichnet. Zweitens dient es als **Recheneinheit** zur Bewertung von Gütern und zum Vergleich von Preisen, wobei der Wert in Währungseinheiten wie Dollar oder Euro ausgedrückt wird – ähnlich wie Gewicht in Kilogramm oder Entfernung in Metern. Drittens ermöglicht Geld die **Wertaufbewahrung** und sichert so die zukünftige Zahlungsfähigkeit. Nach dem Grundsatz »Money is what money does« (Walker, 1878) kann alles als Geld betrachtet werden, was diese Funktionen erfüllt. So lässt sich aber nicht erklären, warum der Dollar in den USA bzw. der Euro in der Euro-Zone als gesetzliches Zahlungsmittel verwendet werden.

1.1 Grundlagen eines kreditbasierten Geldsystems

In der Geldtheorie dominieren zwei Ansätze zur Erklärung des Wertes von Geld: **Metallismus** und **Chartalismus**. Metallisten argumentieren, dass der Wert des Geldes durch das Material bestimmt wird, aus dem es besteht, wie Gold oder Silber. Metallwährungen haben einen intrinsischen Wert und dienen als Maßstab für den Wert anderer Güter. Im Gegensatz dazu betrachten Chartalisten Geld als eine rechtliche Schöpfung, deren Wert durch staatliche Zahlungsverpflichtungen entsteht. Ein Staat legt die Recheneinheit seiner Währung – beispielsweise Euro oder Dollar – fest und akzeptiert ausschließlich Zahlungen in dieser Währung. Die Erhebung von Steuern sichert die Nachfrage nach der eigenen Währung und etabliert deren Akzeptanz. Aus welchem Material das Geld besteht, ist hingegen unbedeutend.[2]

1.1.1 Buchgeld ist ein Schuldschein des Bankensektors

Heute ist Geld nicht mehr durch physische Werte wie Gold oder Silber gedeckt. Stattdessen werden im Wesentlichen digitale Guthaben auf Bankkonten als Geld verwendet, obwohl in den meisten Ländern ausschließlich Bargeld als gesetzliches Zahlungsmittel rechtlich anerkannt ist. Die digitalen Guthaben auf Geschäftsbankkonten werden sowohl **Einlagen** wie auch **Sichtguthaben**, **Buchgeld** oder **Giralgeld** genannt. Ursprünglich stammt der Begriff »Einlage« aus

1 Auf den US-Dollar-Noten wird dies sogar explizit erwähnt: »This note is legal tender for all debts, public and private.«
2 In Menger (1936) und Knapp (2018) sind die bedeutendsten Frühwerke beider konkurrierender Theorien nachgedruckt. Für aktuelle Gegenüberstellungen der Ansätze siehe Goodhart (1998), Semenova (2014) und Bell (2001).

der Zeit, in der man noch Gold einzahlen musste, um eine Gutschrift auf einem Konto zu erhalten. Im modernen Geldsystem entstehen Einträge auf Bankkonten nicht mehr durch die Einlage physischer Vermögenswerte, sondern im Wesentlichen durch Kreditvergabe.

Buchgeld entsteht, wie der Name vermuten lässt, durch einen Buchungsvorgang. In einer Bilanz werden die Bestände aller Vermögenswerte und Schulden bzw. Forderungen und Verbindlichkeiten als Aktiva (linke Seite) und Passiva (rechte Seite) eines Individuums oder einer Gruppe strukturiert in einem T-Konto zusammengefasst. Bei einer Kreditvergabe werden Forderungen und Verbindlichkeiten in den Bilanzen beider beteiligten Parteien geschaffen:

Geschäftsbank	
Forderungen	Verbindlichkeiten
+ Kredit	+ Einlagen

Kreditnehmer	
Forderungen	Verbindlichkeiten
+ Einlagen	+ Kredit

Für Banken stellen die so geschaffenen Kunden-Guthaben Verbindlichkeiten dar, denen Forderungen auf spätere Rückzahlungen des Kredits gegenüberstehen. Für Kreditnehmer ist es genau umgekehrt: Der Kredit ist eine Verbindlichkeit und die Einlagen sind jederzeit fällige Forderungen gegenüber der Bank. Kunden können jederzeit Auszahlungen oder Überweisungen ihrer Guthaben verlangen. Rechtlich gesehen stellt das Giralgeld der Banken einen *Anspruch auf Bargeld* dar, das gesetzliche Zahlungsmittel, das nur von der Zentralbank geschaffen werden darf. Bei einer Überweisung auf ein anderes Bankkonto wird dieser Anspruch auf jemand anderen übertragen. Nichtbanken führen den Großteil ihres Zahlungsverkehrs durch, indem sie ihre Forderungen gegenüber dem Bankensektor weiterreichen. Banken verleihen ihre **eigenen digitalen Schuldscheine** und akzeptieren diese zur Rückzahlung ihrer Kredite. Sie verleihen, anders als häufig angenommen, keine vorhandenen Kundengelder und auch kein Zentralbankgeld[3]

Zentralbankgeld stellt eine Verbindlichkeit der Zentralbank dar und kann physisch in Form von Bargeld existieren oder digital als **Reserven** auf einem Zentralbankkonto. Reserven sind Guthaben der Banken bei ihrer Zentralbank und dienen zur Abwicklung von Zahlungen zwischen den Banken sowie zwischen Banken und Zentralbank. Jede Bank besitzt ein Konto bei ihrer Zentralbank für ihren Zahlungsverkehr, dessen Kontonummer der Bankleitzahl entspricht. Auch Regierungen haben ein Konto bei der Zentralbank, das im Namen des Finanzministeriums geführt wird. Die Guthaben der Regierung werden in Zentralbankbilanzen oft als »Einlagen der Regierung« bezeichnet, sind jedoch funktional nicht von den Guthaben der Banken zu unterscheiden und werden daher im Folgenden auch als Reserven bezeichnet. Andere Teilnehmer des Geldsystems besitzen keine Zentralbankguthaben; Bargeld ist die einzige Form von Zentralbankgeld im Privatsektor.[4] Banken spielen eine zentrale Rolle im zweistufigen Geldsystem, da sie die Schnittstelle zwischen dem Kreislauf der Zentralbankguthaben und dem Kreislauf

3 Die Bundesbank spricht in diesem Zusammenhang von einem weit verbreiteten Irrtum und schreibt: »Die Buchgeldschöpfung ist das Ergebnis eines Buchungsvorgangs« (Bundesbank, 2017, S. 19 f.). Siehe hierzu auch McLeay, Radia, & Thomas (2014).

4 Dies könnte sich bald ändern, da eine Reihe von Währungsräumen planen, digitales Zentralbankgeld auch für Nichtbanken einzuführen. Siehe Bindseil (2020).

des privaten Buchgelds darstellen: Sie führen Reserven als Forderungen gegenüber der Zentralbank und Einlagen als Verbindlichkeiten gegenüber ihren Kunden in ihren Bilanzen. Die zwei Kreisläufe eines modernen Geldsystems werden in Abbildung 1.1 dargestellt.

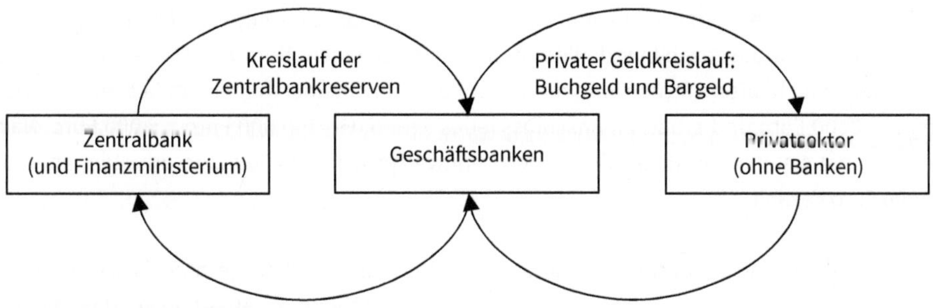

Zentralbankgeld: Reserven und Bargeld
Privates Geld: Buchgeld der Banken (Anspruch auf Zentralbankgeld)

Abb. 1.1: Geldkreisläufe im zweistufigen Geldsystem.
Quelle: Eigene Darstellung.

1.1.2 Kurse und effektive Verzinsung von Anleihen

Offensichtlich können nicht nur Geschäfts- und Zentralbanken Schuldscheine herausgeben. Jede Verbindlichkeit stellt einen Vermögenswert für den Inhaber des Schuldscheins dar. Finanzmärkte bieten eine Vielzahl von Alternativen zur Vermögenshaltung in Form von Bargeld oder Einlagen, wie z. B. festverzinsliche Spareinlagen bei Banken oder Wertpapiere wie Aktien oder Anleihen. **Anleihen sind handelbare Schuldverschreibungen**, bei denen der Käufer dem Emittenten einen Kredit gewährt, der später zzgl. Zinsen zurückgezahlt wird. Im Gegensatz zu Aktien machen Anleihebesitzer keine Eigentumsrechte geltend, sondern sind Gläubiger des Emittenten.

Anleihen können festverzinslich sein oder variable Zinsen (Floater) aufweisen, die sich an Referenzzinssätzen orientieren. Es gibt auch strukturierte Anleihen, deren Zinszahlungen von bestimmten Ereignissen abhängig sind. Sie werden von Unternehmen oder Regierungen emittiert und an Börsen gehandelt. Hierfür werden die Schuldverschreibungen aufgeteilt, im Euro-Raum i. d. R. in Teilbeträgen von 1.000 Euro oder (bei institutionellen Anlegern) 50.000 Euro. Der **Nennwert oder Nominalwert** bezeichnet den jeweiligen Teilbetrag, in den aufgeteilt wurde.[5] Anleihekurse werden in Prozent des Nennwertes angegeben. Der **Emissionspreis oder -kurs** entspricht dem Ausgabepreis und kann »unter pari« bzw. »über pari« liegen, wenn die Anleihe zu einem Kurs unter bzw. über 100% ausgegeben wird. Wird eine Anleihe z. B. bei einem Nennwert von 1.000 Euro zum Kurs von 95% emittiert, zahlt eine Käuferin nur 950 Euro, erhält am Ende aber 1.000 Euro zurück. Da Anleihekurse schwanken, lassen sich Kursgewinne oder -verluste erzielen, wenn Anleihen innerhalb ihrer Laufzeit verkauft werden.

5 Der Nennwert einer Aktie entspricht hingegen dem Anteil des Grundkapitals an der Gesamtzahl von Aktien eines Unternehmens (Grundkapital/Anzahl der Aktien).

Im Falle einer fest verzinsten Anleihe wird über die Laufzeit der Anleihe regelmäßig ein fixer Betrag ausgezahlt, z. B. immer am Ende eines Jahres. Dieser Betrag wird als **Kupon** bezeichnet, da bei Erhalt des Betrags früher eine Marke (der Kupon) auf die Anleihe geklebt wurde. Kupons werden ebenfalls in Prozent des Nennwertes angegeben und daher auch **Nominalzins** genannt. Betrachten wir eine Anleihe bei der über 5 Jahre jeweils zum Jahresende ein Kupon von $i_K = 5\%$ ausgezahlt wird. Wird diese Anleihe zu einem Kurs von 97 % emittiert (unter pari), zahlt eine Käuferin 97.000 Euro für den Erwerb von Anleihen mit einem Gesamtnennwert von 100.0000 Euro und erhält im Anschluss jedes Jahr 0,05 · 100.000 Euro = 5.000 Euro. Nach 5 Jahren hat sie inkl. der Rückzahlung des Nennwertes also 125.000 Euro erhalten, aber nur 97.000 Euro gezahlt.

Anleger sind i. d. R. an der konstanten jährlichen Rendite ihrer Geldanlage interessiert, um sie mit einer alternativen Anlagemöglichkeit zu vergleichen. Diese wird als **effektive Verzinsung bzw. Rendite** bezeichnet und berücksichtigt auch Provisionen von Vermittlern oder andere Gebühren. Der Einfachheit halber vernachlässigen wir solche Zusatzkosten und definieren die effektive Rendite R (auch **interner Zinssatz**) als den konstanten jährlichen Zins, für den die Summe aller auf den heutigen Zeitpunkt abdiskontierten nominalen zukünftigen Zahlungen (der **Gegenwarts- oder Barwert**) dem Kaufbetrag $P_B \cdot N$ entspricht, (Beispiel für Laufzeit von n Jahren):

$$P_B \cdot N = \frac{i_K \cdot N}{(1+R)} + \frac{i_K \cdot N}{(1+R)^2} + \frac{i_K \cdot N}{(1+R)^3} + \frac{i_K \cdot N}{(1+R)^4} + \ldots + \frac{i_K \cdot N}{(1+R)^n} + \frac{N}{(1+R)^n}.$$

Nach Teilen durch N ergibt sich:

$$P_B = \frac{i_K}{(1+R)} + \frac{i_K}{(1+R)^2} + \frac{i_K}{(1+R)^3} + \frac{i_K}{(1+R)^4} + \ldots + \frac{i_K}{(1+R)^n} + \frac{100\%}{(1+R)^n}.$$

Die Berechnung der effektiven Verzinsung ist für **Nullkuponanleihen** am einfachsten, da bei diesen Anleihen zwischen Ausgabe und Rückzahlung keine Kuponzahlungen anfallen. Der Emissionskurs P_B muss daher unter pari liegen, wenn eine positive Rendite erzielt werden soll. Die effektive Verzinsung einer solchen Anleihe mit Laufzeit von n Jahren entspricht:

$$P_B = \frac{100\%}{(1+R)^n} \Leftrightarrow R = \sqrt[n]{\frac{1}{P_B}} - 1.$$

Die effektive Rendite einer 5-jährigen Nullkuponanleihe mit Emissionskurs von 95 % beträgt ungefähr 1,03 %.

Für alle Anleihen gilt: **Steigt der Kurs (Preis) einer Anleihe, sinkt die effektive Rendite.** Da alle zukünftigen Auszahlungen nominal fixiert sind, erhält man umso weniger Rendite auf das angelegte Geld, je mehr für die Anleihe bezahlt werden muss. **Arbitrage** sollte zudem dazu führen, dass sich die Renditen verschiedener Anleihen mit gleichem Risiko angleichen, weil Anleger Preisunterschiede zwischen verschiedenen Anleihen nutzen würden, um risikolose Gewinne zu erzielen. Betrachten wir hierzu beispielhaft zwei risikolose Anleihen, z. B. deutsche Bundesanleihen. Eine alte Anleihe mit einer Restlaufzeit von einem Jahr und einem Kupon von $i_{alt} = 5\%$, und eine neue Anleihe mit Laufzeit von einem Jahr und einem Kupon von $i_{neu} = 10\%$, die zu pari emittiert wird. Die effektive Verzinsung der neuen Anleihe entspricht dem Nominalzins von 10%, die effektive Verzinsung der alten Anleihe hängt hingegen von ihrem aktuellen Kurs P_{alt} ab:

$$R_{alt} = \frac{(1 + i_{alt}) - P_{alt}}{P_{alt}} = \frac{105\% - P_{alt}}{P_{alt}}.$$

Sollte die effektive Verzinsung der alten Anleihe niedriger sein als die der neuen, hätten Besitzer dieser Anleihe die Möglichkeit, einen risikolosen Gewinn zu machen, indem sie ihr Portfolio umschichten: Sie könnten die alte Anleihe zum derzeitigen Kurs verkaufen und mit den Erlösen die neue Anleihe erwerben, die eine höhere effektive Verzinsung bietet. Der Verkauf der alten Anleihe würde dann dazu führen, dass der Preis dieser Anleihe fällt, bis die effektive Rendite dem derzeit üblichen Anleihezins ($i_{neu} = 10\%$) entspricht. Kein Anleger würde die alte Anleihe zu einem höheren Preis kaufen wollen, weil er beim Kauf einer neuen Anleihe eine höhere Rendite erzielen würde. Der Kurs der alten Anleihe mit nominaler Verzinsung von 5% sollte daher 95,45 % entsprechen, da dann die effektiven Renditen beider Anleihen identisch wären. Wäre der Kurs niedriger, wäre die effektive Verzinsung der alten Anleihe höher als der derzeit übliche Anleihezins und Anleger würden mit Anleihekäufen den Kurs so lange nach oben treiben, bis die effektive Verzinsung auf das aktuell übliche Niveau gesunken ist. Die Anleihekurse passen sich durch Arbitragegeschäfte so an, dass die effektiven Renditen identisch sind.

Selbstverständlich unterscheiden sich Anleihen in ihrem **Ausfallrisiko**. Anleihen mit höherem Ausfallrisiko werden nur gekauft, wenn durch eine entsprechend höhere effektive Verzinsung die *erwartete* (also die um das Risiko eines Zahlungsausfalls korrigierte) Rendite dem Anleihezins für risikolose Anleihen entspricht. Unterschiedliche Renditen bei gleicher Restlaufzeit zeigen daher, dass die Finanzmarktteilnehmer das Risiko der Wertpapiere unterschiedlich einschätzen.

1.1.3 Liquidität und die Hierarchie der Verbindlichkeiten

Die Bereitschaft, einen Schuldschein als Vermögenswert zu akzeptieren, wird von dessen **Liquidität** sowie der erwarteten Rendite beeinflusst. **Ein Vermögenswert ist vollkommen liquide, wenn er jederzeit zum Nennwert gehandelt wird.** Zentralbankgeld hat die höchste Liquidität, da es immer zum Nennwert getauscht wird. Giralgeld wird ebenfalls als vollkommen liquide angesehen, da es jederzeit zum Nennwert gegen Bargeld eingetauscht oder für Überweisungen genutzt werden kann. Bargeld wie auch Sichteinlagen werden daher als liquide Mittel bezeichnet.

Die Liquidität anderer Vermögenswerte hängt davon ab, ob ein Markt existiert, auf dem diese kurzfristig verkauft werden können, und wie stabil ihre Preise sind. Sachvermögenswerte wie Immobilien haben eine geringe Liquidität im Vergleich zu handelbaren Schuldverschreibungen. Für den Verkauf einer Immobilie beauftragt man i. d. R. einen Makler, der über einen längeren Zeitraum den passenden Käufer sucht. Über das eigene Wertpapierdepot bei einer Bank lassen sich Anleihen hingegen mit wenigen Klicks verkaufen. Jedoch kann man sich weder bei einer Immobilie noch bei einer Anleihe sicher sein, zu welchem Preis man verkaufen kann. **Ein Vermögenswert ist umso liquider, je wahrscheinlicher er kurzfristig zum Nennwert gehandelt werden kann.** Anleihen mit kurzer Restlaufzeit gelten daher als relativ liquide, weil sie bei Fälligkeit zum Nennwert getauscht werden und aufgrund ihrer kurzen Restlaufzeit bereits heute nahe am Nennwert gehandelt werden sollten.

Liquide Vermögenswerte bieten den Vorteil, dass man sie schnell in Zahlungsmittel umwandeln kann, um unvorhergesehene Ausgaben zu bewältigen. Der Zins, der für einen Vermögenswert gezahlt wird, kann daher auch als **Preis für die Aufgabe von Liquidität** betrachtet werden. Je niedriger die Liquidität eines Vermögenswerts eingeschätzt wird, desto höher muss der Zins sein, den ein Schuldner seinen Gläubigern als Entschädigung dafür bietet, auf Liquidität zu verzichten. Bargeld bietet maximale Liquidität ohne Zinsen; langfristige Anleihen bieten weniger Liquidität und versprechen dafür Rendite. Auch das Risiko eines Zahlungsausfalls beeinflusst die Liquidität eines Wertpapiers, da ein höheres Ausfallrisiko die Wahrscheinlichkeit verringert, das Wertpapier zum Nennwert verkaufen zu können. Unternehmen mit geringer Bonität müssen daher höhere Zinsen bieten, um Käufer für ihre Anleihen zu finden. Da jede Anlegerin die Gefahr sinkender Kurse oder das Risiko eines Zahlungsausfalls individuell anders einschätzt, wird auch die Liquidität eines Vermögenswerts individuell unterschiedlich bewertet. Die effektive Rendite von Finanzprodukten reflektiert die durchschnittliche Einschätzung der Marktteilnehmer.

Die **Pyramide der Verbindlichkeiten** in Abbildung 1.2 ordnet die verschiedenen Schuldscheine bzw. Vermögenswerte im Finanzsystem gemäß ihrer Liquidität an.[6] An der Spitze der Rangordnung steht der liquideste Vermögenswert, das Zentralbankgeld (Bargeld und Reserven), das immer zum Nennwert gehandelt wird. Giralgeld folgt direkt darunter, da es i. d. R. ebenfalls zum Nennwert gehandelt wird. In Krisensituationen, in denen sehr viele Kunden gleichzeitig ihre Sichtguthaben gegen Bargeld tauschen wollen, ist es aber möglich, dass Banken nicht genügend Bargeld besitzen, um alle Kundenwünsche zu bedienen.

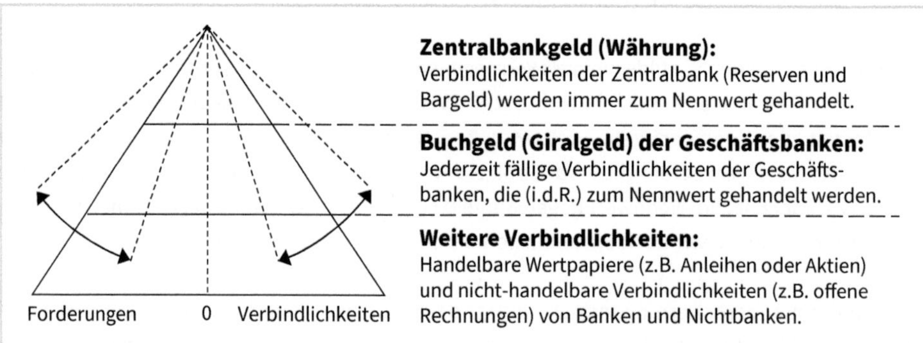

Abb. 1.2: Pyramide der Verbindlichkeiten (Geldpyramide).
Quelle: Eigene Darstellung.

6 Siehe hierzu z. B. Mehrling (2012).

Unter den Schuldscheinen der Geschäftsbanken befinden sich weitere Verbindlichkeiten von Banken und Nichtbanken, darunter handelbare Schuldverschreibungen von nicht-finanziellen Unternehmen sowie von **Schattenbanken**. Schattenbanken sind Kreditinstitute, die kein Giralgeld schöpfen können und kein Zentralbankkonto besitzen. Sie emittieren i. d. R. kurzfristige Schuldtitel, um Geld von Kunden zu erhalten, das sie langfristig anlegen. Zu den Schattenbanken gehören u. a. Geldmarkt- und Investmentfonds oder Verbriefungszweckgesellschaften, die aus Bankkrediten handelbare Finanzprodukte wie hypothekenbesicherte Wertpapiere machen. Ihre Verbindlichkeiten sind i. d. R. an Finanzmärkten handelbar, gelten als relativ liquide und werden daher auch als »**Schattengeld**« bezeichnet. Kap. 3 wird die Produkte von Schattenbanken genauer analysieren.

Die verschiedenen Geldformen lassen sich nach Belieben weiter untergliedern. Verbindlichkeiten von finanziellen und nicht-finanziellen Unternehmen könnte man ebenfalls nach ihrer Liquidität ordnen. Ganz unten in der Pyramide befinden sich Verbindlichkeiten, die nicht handelbar sind, wie z. B. offene Rechnungen oder Privatdarlehen.

Jede Verbindlichkeit stellt ein Versprechen dar, zu einem späteren Zeitpunkt die Verbindlichkeit einer höheren Ebene zu bezahlen. Anleihen sind Versprechen, später Einlagen zu zahlen, und Einlagen stellen einen Anspruch auf Bargeld dar. Zudem führen Banken gegenseitig Einlagekonten, die das Versprechen darstellen, zu einem späteren Zeitpunkt Reserven zu zahlen. Das Buchgeld der Banken wird als allgemeines Zahlungsmittel akzeptiert, weil es zum Nennwert getauscht wird. Die Versprechen von anderen Unternehmen oder von Haushalten sind in der Pyramide tiefer angeordnet, weil sie ggf. nicht zum Nennwert in die Versprechen der Banken oder die Verbindlichkeiten der Zentralbank getauscht werden können.

Die Pyramide zeigt, dass der Übergang von Geld zu Kredit fließend verläuft: Je höher eine Verbindlichkeit angeordnet ist, desto eher kann sie die Funktionen von Geld übernehmen. Geld kann so gesehen auch als die höchste bzw. liquideste Form des Kredits betrachtet werden. Zentralbankgeld steht an der Spitze der Geldhierarchie und wird immer zum Nennwert in der staatlich festgelegten Recheneinheit gehandelt, weshalb es auch als **Währung** bzw. **Währungsreserve** bezeichnet wird. Im internationalen Kontext existiert ebenfalls eine Geldhierarchie, auf die wir in Kapitel 4.4.1 zurückkommen werden.

Geldformen der unteren Ebenen sind i. d. R. reichlicher vorhanden. Anleihefonds verkaufen z. B. Anteile an Kunden, um deren Einlagen bei anderen Unternehmen anzulegen, die wiederum Schuldverschreibungen von Dritten kaufen können. Dies führt dazu, dass der nominale Wert der Kreditverhältnisse einer Volkswirtschaft einem Vielfachen des nominalen Werts der Sichteinlagen auf Bankkonten entspricht. Die Geldpyramide ist dynamisch und weitet sich in Aufschwungphasen aus, wenn Banken und Nichtbanken mehr Verbindlichkeiten emittieren. In Krisenzeiten verengt sich die Pyramide i. d. R. aber wieder, weil alle Wirtschaftssubjekte in die liquideren Geldformen flüchten, wie Kapitel 8 zeigen wird.

An welcher Stelle der Hierarchie staatliche Schuldverschreibungen stehen, hängt von der geldpolitischen Ausgestaltung des Währungsraums ab. Wenn die Zentralbank die Zahlungsfähigkeit ihrer Regierung (implizit oder explizit) sichert, indem sie staatliche Schuldverschreibungen (zumindest im Notfall) ankauft, existiert kein Zahlungsausfallrisiko. US-Staatsanleihen gelten z. B. als »sicherer Hafen«, weil jeder Investor weiß, dass die US-Zentralbank die Zahlungsfähigkeit ihrer Regierung sichert. Das Zinsniveau für US-Staatsanleihen ist dementsprechend relativ niedrig – zum Vorteil der US-Regierung. I.d.R. werden staatliche Anleihen als relativ sicher eingestuft und sind daher liquider als private Schuldverschreibungen, die dementsprechend einen höheren Zins bieten müssen, um einen Käufer zu finden.

Auch Zentralbanken definieren verschiedene Geldmengen gemäß ihrer Liquidität. Die Geldbasis umfasst lediglich das Zentralbankgeld (Bargeld und Reserven). In den größer gefassten Geldmengenaggregaten der Zentralbanken werden hingegen auch längerfristige Termineinlagen, kurzfristige Bankschuldverschreibungen, Geldmarktfonds oder sogenannte Repo-Geschäfte zum Geld gezählt. Tabelle 1.1 fasst die verschiedenen Geldmengenaggregate nach Definition der Bundesbank zusammen. Hierbei ist zu beachten, dass M1 zwar eine Teilmenge von M2 und M2 eine Teilmenge von M3 ist, M0 jedoch keine Teilmenge der anderen Aggregate darstellt, da diese keine Reserven enthalten. Auch wenn jede Zentralbank ihre Geldmengenaggregate im Detail anders definiert, gilt das folgende Prinzip: Je höher die Nummer des Aggregats, desto langfristiger und illiquider sind die berücksichtigten Geldanlagen.[7]

M0	Geldbasis (Bargeld und Zentralbankguthaben von Banken)
M1	Bargeld + Sichteinlagen in Banken
M2	M1 + Spareinlagen mit einer Kündigungsfrist von bis zu drei Monaten und Termineinlagen mit einer Laufzeit von bis zu zwei Jahren
M3	M2 + weitere kurzfristige Geldanlagen (kurzfristige Bankschuldverschreibungen (mit einer Ursprungslaufzeit von bis zu zwei Jahren), von Geldmarktfonds ausgegebene Geldmarktfondsanteile sowie Repo-Geschäfte)

Tab. 1.1: Geldmengenaggregate der Bundesbank.
Quelle: Bundesbank.

Kernpunkte Kapitel 1.1

- Geld hat drei Primärfunktionen: Es ist **Zahlungsmittel, Wertaufbewahrungsmittel** und **allgemeine Recheneinheit.**
- Banken verleihen keine vorhandenen Kundengelder, sondern **schaffen die verliehenen Einlagen bei der Kreditvergabe per Buchungssatz**. Das Geld der Banken wird daher auch als **Buchgeld** bezeichnet und repräsentiert digitale **Schuldscheine (Verbindlichkeiten) des Bankensektors.**

---

7 Ein weiteres Geldmengenaggregat, das aufgrund der aufwendigeren Berechnung aber nur selten verwendet wird, ist der sogenannte Divisia-Geldmengenindex von William Barnett (siehe z. B. Barnett & Spindt (1979)). Dieser basiert auf einer nach Nutzbarkeit gewichteten Summe verschiedener Geldformen und wird z. B. von der britischen Zentralbank, der Bank of England (BoE), regelmäßig veröffentlicht.

- Bargeld und Reserven sind Zentralbankgeld und stellen physische bzw. digitale **Verbindlichkeiten einer Zentralbank** dar. Reserven werden für den Zahlungsverkehr zwischen Banken genutzt.
- Anleihen sind Schuldverschreibungen, die an der Börse gehandelt werden. Es existiert ein **negativer Zusammenhang zwischen der effektiven Verzinsung und dem Preis/Kurs einer Anleihe.**
- Finanzielle Vermögenswerte stellen Schuldscheine ihrer Emittenten dar und unterscheiden sich im Grad ihrer Liquidität. **Ein Vermögenswert ist zu 100 % liquide, wenn er jederzeit zum Nennwert gehandelt wird, und gilt als umso liquider, je wahrscheinlicher es ist, ihn kurzfristig zum Nennwert verkaufen zu können.**
- **Verschiedene Formen von Geld und Kredit lassen sich anhand ihrer Liquidität hierarchisch ordnen.** An der Spitze steht das Zentralbankgeld (Währung). Daraufhin folgt das Giralgeld der Banken und schließlich die Schuldscheine von finanziellen und nicht-finanziellen Unternehmen und Privatpersonen.
- Da es **keine eindeutige Gelddefinition** gibt, veröffentlichen Zentralbanken mehrere Geldmengenaggregate, die sich im Grad ihrer Liquidität unterscheiden.

1.2 Grundlagen der Vermögens- und Finanzierungsrechnung

Die Geldpyramide zeigt, dass finanzielle Vermögensbildung sehr unterschiedliche Formen annehmen kann. Man kann sein Vermögen in Form von liquiden Verbindlichkeiten des Bankensektors halten oder in weniger liquiden Verbindlichkeiten von Schattenbanken oder anderen Unternehmen. Zudem kann Vermögen auch in Form von Sachwerten gehalten werden. Im Folgenden werden die verschiedenen Formen der Vermögensbildung voneinander abgegrenzt.

1.2.1 Geld-, Sach- und Nettovermögen

Die bilanzielle Darstellung in Abbildung 1.3 veranschaulicht die wichtigsten Vermögensarten:[8]

- Das **Bruttogeldvermögen, BGV,** besteht aus allen Forderungen. Hierzu zählen:
  - der **Zahlungsmittelbestand**, der sich wiederum aus **Bargeld** und **Sichteinlagen (Giralgeld)** auf Bankkonten zusammensetzt. Zahlungsmittel entsprechen dem, was man allgemein als »Geld« (im engeren Sinne) bezeichnet,
  - **sonstige Geldforderungen,** wie Termineinlagen, Anleihen, Wechsel, Aktien, andere Wertpapiere, Ansprüche an Versicherungen, offene Rechnungen usw. Diese stellen Ansprüche auf Zahlungsmittel dar, die zu einem späteren Zeitpunkt eingelöst werden und ggf. am Finanzmarkt gegen Zahlungsmittel getauscht werden können.
- Das **Sachvermögen, SV,** besteht aus langlebigen Gütern. Im volkswirtschaftlichen Rechnungswesen entspricht es dem Anlagevermögen zzgl. Grund und Boden. Zum Anlagevermögen zählen Investitionsgüter, also Güter, die längerfristig in der Produktion eingesetzt

8 Siehe Grass & Stützel (1983, Kap. 5.3).

werden (Fabriken, Maschinen, Software etc.).[9] Wohnbauten werden ebenfalls zum Anlagevermögen gezählt, weil diese auch vermietet werden können. Je nach Verwendung kann ein und dasselbe Gut Konsum- wie auch Investitionsgut sein. Ein Auto, das privat genutzt wird, stellt z. B. ein Konsumgut dar und gilt für die volkswirtschaftliche Gesamtrechnung (VGR) direkt nach dem Verkauf als verbraucht, auch wenn das Auto noch für viele Jahre gefahren wird. Solche langlebigen Güter privater Haushalte werden vom Statistischen Bundesamt inzwischen als Gebrauchsvermögen gesondert erfasst (bzw. geschätzt) und nicht zum Sachvermögen gezählt. Ein Auto, das in einem Unternehmen eingesetzt wird, zählt hingegen zum Anlagevermögen, weil es der Produktion dient.[10]

- Um das **Nettogeldvermögen, NGV**, eines Wirtschaftssubjekts zu bestimmen, müssen die **Geldschulden** vom **Bruttogeldvermögen** abgezogen werden. Geldschulden können z. B. Kredite sein, die man bei einer Bank aufgenommen hat, oder im Falle eines Unternehmens herausgegebene Anleihen oder Aktien. Wenn vom Geldvermögen gesprochen wird, ist meistens das *Netto*geldvermögen gemeint. Das NGV kann auch negativ sein, sofern die Schulden das Bruttogeldvermögen übersteigen.
- Zum **Nettovermögen (auch Reinvermögen), NV**, zählt neben dem Nettogeldvermögen auch das Sachvermögen. Das NV entspricht somit der Differenz aus Vermögen und Schulden und stellt einen Ausgleichsposten dar, der dafür sorgt, dass Aktiv- und Passivseite einer Bilanz gleich groß sind. Sollten die Schulden das Vermögen übersteigen, liegt eine Überschuldung vor und das Nettovermögen wäre negativ. Da Bilanzpositionen nicht negativ sein können, würde es dann als Ausgleichsposten auf der linken Seite der Bilanz geführt werden.

Bestand	Veränderung
Zahlungsmittel	Einzahlung (+) / Auszahlung (–)
Nettogeldvermögen	Einnahme (+) / Ausgabe (–)
Netto- oder Reinvermögen	Ertrag (+) / Aufwand (–) (bzw. Einkommen / Konsum)

Abb. 1.3: Netto-, Geld- und Sachvermögen.
Quelle: Eigene Darstellung in Anlehnung an Grass & Stützel (1983, Kap. 5.3).

9 Die Definition des Anlagevermögens in der deutschen VGR entspricht nicht der Definition des Handelsgesetzbuchs (HGB), das auch Finanzanlagen zum Anlagevermögen zählt. Zudem entspricht die Einteilung in Sach- und Geldvermögen nicht der Nomenklatur des Europäischen Systems Volkswirtschaftlicher Gesamtrechnungen (ESVG, 2010), das zwischen Vermögensgüter und Forderungen unterteilt. Als Vermögensgüter werden Vermögenswerte bezeichnet, denen keine Gegenbuchung als Passivum in einer anderen Bilanz gegenüberstehen.

10 Kauft ein Endverbraucher ein Auto aus dem Bestand eines Händlers ab, würde dies gesamtwirtschaftlich sogar zu einer Verringerung des Sachvermögens führen, weil sich der Lagerbestand des Händlers reduziert. Aus dem Investitionsgut Auto ist durch den Kauf das Konsumgut Auto geworden.

Im unteren Teil der Abbildung 1.3 werden Veränderungen der oben genannten Vermögensbestandsgrößen definiert. Veränderungen des Zahlungsmittelbestands bezeichnet man als **Einzahlung bzw. Auszahlung**, Veränderungen des Nettogeldvermögens als **Einnahme bzw. Ausgabe** und Veränderungen des Nettovermögens als **Ertrag bzw. Aufwand**. Die letztgenannten Begriffe werden bei Privatpersonen auch als **Einkommen bzw. Konsum** bezeichnet. Häufig entstehen Missverständnisse, wenn diese Begriffe nicht präzise voneinander unterschieden werden. Einnahmen sind z. B. nicht immer Einkommen, weil sich das Geldvermögen auch durch den Verkauf von Sachvermögen erhöhen kann, ohne dass sich das Nettovermögen ändert. Eine Ausgabe ist nicht immer ein Aufwand, weil der Erwerb von Investitionsgütern das Sachvermögen erhöht. Der Kauf einer Aktie stellt eine Auszahlung, aber keine Ausgabe dar.

Tabelle 1.2 zeigt die sektoralen und gesamtwirtschaftlichen Vermögensbilanzen in Deutschland für das Jahr 2022. Von den finanziellen Kapitalgesellschaften abgesehen macht das Sachvermögen in allen betrachteten Sektoren (sowie der gesamten Volkswirtschaft) etwa 60 % der Vermögenswerte aus. Da die finanziellen Kapitalgesellschaften (Kreditinstitute, Versicherungen o. Ä.) selber keine Güter produzieren, sondern lediglich finanzielle Mittel für andere zur Verfügung stellen, benötigen sie keine Anlagegüter zu Zwecken der Herstellung. Ihr Sachvermögen beschränkt sich im Wesentlichen auf Büroräume und Filialen, in denen sie ihre finanziellen Dienstleistungen anbieten. Das Sachvermögen der Haushalte besteht im Wesentlichen aus Wohnbauten.

	Nichtfinanzielle Kapitalgesellschaften	**Finanzielle Kapitalgesellschaften**	**Staat**	**Private Haushalte**	**Gesamte Volkswirtschaft**
Aktiva	11.820,5	17.885,0	4.285,4	19.853,3	34.779,6
Sachvermögen, SV	*7.049,2 (59,6)*	*365,8 (2,0)*	*2.764,4 (64,5)*	*12.398,1 (62,4)*	*22.577,6 (64,9)*
Anlagevermögen	5.260,7 (74,6)	274,3 (75)	1.839,9 (66,6)	7.045,3 (56,8)	14.420,2 (63,9)
Grund und Boden	1.788,5 (25,4)	91,5 (25)	924.5 (33,4)	5.352,8 (43,2)	8.157,4 (36,1)
Gebrauchsvermögen				*1.238,8*	
Geldvermögen, GV	*4.771,3 (40,4)*	*17.519,2 (98,0)*	*1.521,0 (35,5)*	*7.455,2 (37,6)*	*12.202,0 (35,1)*
Bargeld und Einlagen	795,3 (16,7)	2.956,9 (16,9)	417,8 (27,5)	3.188,4 (42,8)	
Wertpapiere	2.752,2 (57,7)	8.836,6 (50,4)	748,6 (49,2)	1.994,3 (26,8)	
Sonstige Forderungen	1.223,8 (25,6)	5.725,7 (32,7)	354,7 (23,3)	2.272,6 (30,5)	
Forderungen ggb. Ausland					12.202,0 (100)
Passiva	11.820,5	17.885,0	4.285,4	19.853,3	34.779,6
Verbindlichkeiten ggb. Ausland					*9.421,8 (27,1)*
Fremdkapital	*3.614,8 (30,6)*	*13.528,0 (75,6)*	*2.536,9 (59,2)*	*2.154,1 (10,9)*	
Eigenkapital	*8.205,7 (69,4)*	*4.357,0 (24,4)*	*1.748,5 (40,8)*	*17.699,2 (89,1)*	*25.357,8 (72,9)*
Anteilsrechte	2.981,1 (36,3)	3.671,7 (84,3)			
Netto-/Reinvermögen	5.224,6 (63,7)	685,3 (15,7)	1.748,5 (100)	17.699,2 (100)	25.357,8 (100)
Nettogeldvermögen	– 1.824,6	319,5	– 1.015,9	5.301,1	2.780,2

Tab. 1.2: Sektorale und gesamtwirtschaftliche Vermögensbilanzen in Deutschland (2022).
Anmerkungen: Alle Angaben in Mrd. Euro; in Klammern ist der prozentuale Anteil an der nächsthöheren Position angegeben; private Haushalte inkl. private Organisationen ohne Erwerbszweck; für die gesamte Volkswirtschaft sind die Forderungen und Verbindlichkeiten ggb. dem Ausland nicht weiter aufgegliedert.
Quelle: Bundesbank, sektorale und gesamtwirtschaftliche Vermögensbilanzen 1999–2022; eigene Berechnungen und eigene Darstellung.

Das Nettogeldvermögen der nicht-finanziellen Kapitalgesellschaften ist negativ, weil sie Fremdkapital (Kredite) aufnehmen und Anteilsrechte (Aktien o. Ä.) verkaufen. Da die hierdurch erhaltenen Zahlungsmittel verwendet werden, um in Anlagegüter zu investieren, ist das Reinvermögen dennoch positiv, weil das Sachvermögen die Nettoverschuldung übersteigt.[11] Während die Unternehmen den Großteil ihres Geldvermögens in Form von Wertpapieren halten, nimmt dieser Posten bei den privaten Haushalten den relativ geringsten Anteil ein (26,8 %). Der größte Teil ihres Geldvermögens besteht aus liquiden Mitteln (42,8 %). Die privaten Haushalte repräsentieren den größten der hier dargestellten Sektoren und besitzen daher sowohl das größte Nettovermögen wie auch das größte Sach- und Nettogeldvermögen. Zusätzlich zum Nettovermögen besitzen die Haushalte Gebrauchsgüter im Wert von mehr als einer Billion Euro. Der Staat ist zwar netto verschuldet, besitzt dennoch ein positives Nettovermögen, weil sein Sachvermögen die Verschuldung übersteigt.

Ökonomische Übertragungen von Verfügungsrechten lassen sich in **Leistungs- und Finanztransaktionen** einteilen. Bei Finanztransaktionen werden keine Güter übertragen. Solche Transaktionen finden nur auf der finanziellen Ebene statt und betreffen lediglich die *Zusammensetzung* des Nettogeldvermögens, wie z. B. der Verkauf eines Wertpapiers oder die Aufnahme eines Kredits. Bei einer Leistungstransaktion werden hingegen Waren übertragen oder Dienstleistungen erbracht. Sie verändern auch die *Höhe* des Nettogeldvermögens, stellen also Einnahmen oder Ausgaben dar.[12]

Für jede Transaktion muss es eine **Verwendung** sowie eine **Herkunft der verwendeten finanziellen Mittel** geben. Die Herkunft beschreibt, wie eine Transaktion finanziert wird. Die Finanzierung muss nicht zwingend durch eine Reduzierung des Zahlungsmittelbestandes erfolgen. Beim Kauf eines Autos über den Kredit eines Autohändlers wird die Ausgabe z. B. über den Aufbau von Verbindlichkeiten finanziert. Wird der Kauf mit einer offenen Forderung des Käufers gegen den Händler aus einem vorherigen Geschäft verrechnet, wird der Kauf durch den Abbau sonstiger Forderungen finanziert. Tabelle 1.3 fasst die unterschiedlichen Herkunfts- und Verwendungsarten finanzieller Mittel zusammen und unterteilt die Finanzebene in Zahlungsmittel, sonstige Geldforderungen und Verbindlichkeiten. Der Auf- bzw. Abbau von Zahlungsmitteln wird auch als Hortung bzw. Enthortung bezeichnet. Der Verkauf einer Beratung stellt z. B. eine Einnahme dar, die zur Hortung von Zahlungsmitteln verwendet wird. Bei einer Kredittilgung mit Bankguthaben wird die Rückzahlung über eine Enthortung finanziert.

11 Aktien sind Geldvermögenswerte, auch wenn sie eine Unternehmensbeteiligung darstellen. Der Käufer erhält mit dem Anteilsschein einen finanziellen Vermögenswert, dessen Gegenbuchung sich auf der Passivseite der Unternehmensbilanz innerhalb des Eigenkapitals befindet. Das Rein- oder Nettovermögen einer Aktiengesellschaft entspricht daher ihrem Eigenkapital abzüglich der emittierten Anteilsrechte.

12 Es gibt zwei Leistungstransaktionen, die das Nettogeldvermögen nicht verändern und im Folgenden vernachlässigt werden: die Schenkung und der Gütertausch.

	Mittelverwendung	Mittelherkunft
Leistungsebene:		
Kauf bzw. Verkauf von Gütern	Ausgabe	Einnahme
Finanzebene:		
Zahlungsmittel	Aufbau	Abbau
Sonstige Geldforderungen	Aufbau	Abbau
Verbindlichkeiten	Abbau	Aufbau

Tab. 1.3: Mittelverwendung und -herkunft.
Quelle: eigene Darstellung.

Wenn wir Transaktionen des Bankensektors betrachten, müssen wir berücksichtigen, dass die Sichtguthaben ihrer Kunden aus Sicht der Banken keine Zahlungsmittel, sondern Verbindlichkeiten darstellen. Banken finanzieren ihre Kreditvergabe (Aufbau von sonstigen Forderungen) durch Geldschöpfung (Aufbau von Verbindlichkeiten). Für Banken sind Zahlungsmittel die Guthaben bei der Zentralbank (Reserven), wie wir in Kapitel 2.1 sehen werden.

1.2.2 Einzel- und gesamtwirtschaftliche Vermögensbildung

Vermögensbildung kann unterschiedliche Formen annehmen, die alle als »Ersparnis« bezeichnet werden können. Unter Verwendung der Begriffe des vorangegangenen Abschnitts könnte Ersparnis z. B. folgende Bedeutungen haben:[13]

- **Nettovermögensbildung, ΔNV**: Die Differenz zwischen Ertrag und Aufwand bzw. Einkommen und Konsum derselben Periode.
- **Nettogeldvermögensbildung, ΔNGV**: Die Differenz zwischen Einnahmen und Ausgaben derselben Periode.
- **Sachvermögensbildung, ΔSV**: Die Differenz zwischen dem Bestand der Sachvermögenswerte am Ende und zu Beginn einer Periode.

Alle drei Bedeutungen stellen eine Vermögensbildung dar. Da das Nettovermögen immer der Summe aus Geld- und Sachvermögen entspricht, muss die Gesamtersparnis (*S* für »savings«) immer der Summe aus Geld- und Sachvermögensbildung entsprechen:

$$S \equiv \Delta NV = \Delta NGV + \Delta SV.$$

13 Die Stromgröße Ersparnis (oder auch Sparen) wird häufig mit der Bestandsgröße Vermögen verwechselt. Ersparnis ist aber Vermögensbildung, also die Veränderung des Vermögens. Zu unterschiedlichen Interpretationen von »Ersparnis« siehe auch Schmidt (2012) oder Stützel (1978).

Für eine Einzelperson oder eine Gruppe gilt, dass sie ihre Nettogeldvermögensbildung erhöht, wenn ihre Einnahmen ihre Ausgaben übersteigen. Dies ist aber nicht möglich, sofern nicht andere ihr Nettogeldvermögen reduzieren, also mehr ausgeben als sie einnehmen. Ein Einnahmenüberschuss eines einzelnen Wirtschaftssubjekts oder einer Gruppe ist nur möglich, sofern alle anderen Wirtschaftssubjekte (die Komplementärgruppe) in der Summe einen gleich großen Ausgabenüberschuss erzielen, da die Summe der Ausgaben der Summe der Einnahmen entsprechen muss. Es ist nicht möglich, dass alle Wirtschaftssubjekte gleichzeitig ihr Nettogeldvermögen erhöhen, weil die Summe aus Forderungen und Verbindlichkeiten sich immer zu null addiert. **Eine geschlossene Volkswirtschaft (d.h. ohne Außenhandel) kann daher netto kein Geldvermögen bilden und die gesamtwirtschaftliche Ersparnis (Nettovermögensbildung) kann nur eine Sachvermögensbildung sein.**

Vernachlässigen wir zunächst den staatlichen Sektor, muss die private Ersparnis *S* den privaten Investitionen *I* entsprechen:

$$S \equiv \Delta NV = \underbrace{\Delta NGV}_{=0} + \Delta SV = \Delta SV \equiv I.$$

Allein aus der Identität von Ersparnis und Investitionen lässt sich aber keine kausale Beziehung ableiten. Die Vermutung, diese Identität beruhe darauf, dass Unternehmen »Ersparnisse« von Haushalten leihen, um diese in Anlagegüter zu investieren, ist falsch und beruht auf der Vermischung von Ersparnis und Finanzierung. **Ersparnis ist ein Gütermarktkonzept** und beschreibt den Teil des Einkommens (*Y*), der nicht für Konsumgüter (*C*) ausgegeben wird: $S \equiv Y - C$. Gleichzeitig entspricht das Einkommen nach der Verwendungsrechnung aber auch der Summe aus Konsum- und Investitionsausgaben: $Y \equiv C + I$. In einer geschlossenen Volkswirtschaft muss daher per Definition der Teil der Produktion (= Einkommen), der nicht als Konsumgüter an Endverbraucher verkauft wird, immer den Investitionsgütern entsprechen. Im Gegensatz dazu **stellt Finanzierung ein Geldmarktkonzept dar** und betrifft nicht die reale Produktions- sondern die Zahlungsmittelebene, also die Schaffung von Kaufkraft in einer akzeptierten Recheneinheit. Ausgaben benötigen immer eine Finanzierung, aber keine Ersparnis. Ausgaben können auch durch eine Erhöhung von Verbindlichkeiten finanziert werden, ohne dass vorhandene »Spareinlagen« anderer verwendet werden müssen.[14]

Ein einzelnes Unternehmen kann zwar eine Investition aus vorher angespartem Geldvermögen tätigen, gesamtwirtschaftlich ist ein solcher Vorlauf der Ersparnis aber nicht möglich, da die gesamtwirtschaftliche Ersparnis keine Geldvermögensbildung darstellt, sondern **zu jeder Zeit** eine Sachvermögensbildung ist, wie das Beispiel eines monetären Kreislaufs in Abbildung 1.4 zeigt. Wir betrachten einen Unternehmenssektor, der Arbeitskräfte nachfragt, einen Haushaltssektor, der Arbeitskräfte anbietet, und einen Bankensektor, der finanzielle Mittel zur Verfügung stellt. Zur Vereinfachung abstrahieren wir zunächst von Zinsen und Gewinnen sowie

14 Siehe Kumhof, Rungcharoenkitkul & Sokol (2020) und Borio (2016).

den Zusammenhängen zwischen Geschäftsbanken bzw. zwischen Bankensektor und Zentralbank, um den Fokus auf die Identität von Ersparnis und Investitionen zu legen. Im ersten Schritt nehmen die Unternehmen Kredite in Höhe von 100 Euro auf. Die Geschäftsbanken erzeugen mit der Kreditvergabe die verliehenen Einlagen, indem sie diese den Unternehmen gutschreiben. Bei Banken und Unternehmen sind Forderungen wie Verbindlichkeiten gleichermaßen gestiegen (Bilanzverlängerung), sodass keine Vermögensänderung entsteht.

1. Die Banken schöpfen Kredite im Wert von 100 Euro und schreiben diese den Unternehmen gut:

A	Banken		P	A	Unternehmen (U)		P	A	Haushalte (H)		P
Kredite	100	Einlagen U	100	Einlagen	100	Kredite	100	–		–	

2. Die Unternehmen fragen Arbeit aus dem Haushaltssektor nach:

A	Banken		P	A	Unternehmen (U)		P	A	Haushalte (H)		P
Kredite	100	Einlagen H	100	Güter	100	Kredite	100	Einlagen	100	NV	100

Die Ersparnis ($S = \Delta NV$) entspricht der Güterproduktion, also der (Lager-)Investition ($I = \Delta SV$). Die Nettogeldvermögensbildung der Haushalte entspricht dem Nettogeldvermögensabbau der Unternehmen ($\Delta NGV_{HH} = -\Delta NGV_U$).

3. Der Haushaltssektor kauft die Güter der Unternehmen und konsumiert diese:

A	Banken		P	A	Unternehmen (U)		P	A	Haushalte (H)		P
Kredite	100	Einlagen U	100	Einlagen	100	Kredite	100	Einlagen	0	NV	0

Die Ersparnis ist nun negativ, weil das Sachvermögen verbraucht wird ($S = \Delta NV = \Delta SV < 0$). Es wird desinvestiert ($I < 0$). Die Nettogeldvermögensbildung der Unternehmen entspricht dem Nettogeldvermögensabbau der Haushalte ($\Delta NGV_U = -\Delta NGV_{HH}$).

4. Die Unternehmen zahlen den Kredit zurück:

A	Banken		P	A	Unternehmen (U)		P	A	Haushalte (H)		P
Kredite	0	Einlagen U	0	Einlagen	0	Kredite	0	Einlagen	0	NV	0

Abb. 1.4: Ein monetärer Kreislauf.
Quelle: Eigene Darstellung.

Im zweiten Schritt fragen die Unternehmen nun Arbeitskräfte aus dem Haushaltssektor nach, die mit dem Bankguthaben aus den Krediten bezahlt werden. Die Haushalte produzieren im Gegenzug Güter, die als Lagerinvestitionen das Sachvermögen des Unternehmenssektors erhöhen. Nun haben sich Geld- und Sachvermögen bei Unternehmen (*U*) und Haushalten (*HH*) verändert:

$$\Delta SV_U = 100, \Delta NGV_U = -100, \Delta NV_U = \Delta NGV_U + \Delta SV_U = -100 + 100 = 0$$

$$\Delta SV_{HH} = 0, \Delta NGV_{HH} = 100, \Delta NV_{HH} = \Delta NGV_{HH} + \Delta SV_{HH} = 100 + 0 = 100.$$

Da die Nettogeldvermögensreduktion der Unternehmen der Nettogeldvermögenssteigerung der Haushalte gleicht ($\Delta NGV_{HH} = -\Delta NGV_U$), entspricht die Nettovermögensänderung der gesamten Volkswirtschaft der Sachvermögensbildung:

$$\Delta NV = \Delta NV_U + \Delta NV_{HH} = \Delta NGV_U + \Delta SV_U + \Delta NGV_{HH} + \Delta SV_{HH} = \Delta SV_U = 100.$$

Die gesamtwirtschaftliche Vermögensbildung entsteht durch die Schaffung von Sachwerten, auch wenn der Haushaltssektor sein zusätzliches Nettovermögen in Form von Geld hält. Im dritten Schritt nutzen die Haushalte nun ihre Einlagen, um dem Unternehmenssektor die Produktion abzukaufen. Handelt es sich um Konsumgüter, werden diese sofort verbraucht und das zuvor geschaffene Vermögen verschwindet wieder:[15]

$$\Delta SV_U = -100, \Delta NGV_U = 100, \Delta NV_U = \Delta NGV_U + \Delta SV_U = 100 - 100 = 0$$

$$\Delta SV_{HH} = 0, \Delta NGV_{HH} = -100, \Delta NV_{HH} = \Delta NGV_{HH} + \Delta SV_{HH} = -100$$

$$\Delta NV = \Delta NV_U + \Delta NV_{HH} = \Delta NGV_U + \Delta SV_U + \Delta NGV_{HH} + \Delta SV_{HH} = -100.$$

Die Einlagen befinden sich nun wieder auf den Unternehmenskonten und können im letzten Schritt zur Rückzahlung der Kredite verwendet werden. Durch die Rückzahlung verschwindet das Geld genauso, wie es vorher geschaffen wurde: Unternehmen und Banken verkürzen ihre Bilanzen und es findet keine weitere Veränderung des Vermögens statt.

Diese Darstellung ist eine grobe Vereinfachung, die lediglich einen ersten Eindruck des Geldkreislaufs vermittelt und die Identität von Ersparnissen und Investitionen hervorhebt. Aber auch unter Berücksichtigung von Zinsen und Gewinnen lässt sich das System als geschlossener Kreislauf darstellen, solange Gewinne als Einkommen der Unternehmensbesitzerinnen und Zinsen als Einkommen der Bankangestellten und -eigentümerinnen vollständig ausgegeben werden. Zinsen und Gewinne erzwingen daher weder eine stetig steigende Geldmenge noch einen Wachstumszwang, wie häufig vorschnell gefolgert wird. Zur Veranschaulichung wird im Anhang zu Kapitel 1 ein monetärer Kreislauf inkl. Zinsen und Gewinne skizziert.

Die Identität von Ersparnissen und Investitionen gilt auch bei Erweiterung um den staatlichen Sektor. Kennzeichnen wir die staatlichen Variablen mit *St*, gilt für die Gesamtersparnis der Volkswirtschaft:

$$S + S_{St} = \Delta NV + \Delta NV_{St} = \Delta NGV + \Delta SV + \Delta NGV_{St} + \Delta SV_{St}.$$

Da private und staatliche Nettogeldvermögensbildung sich wieder zu null addieren muss, $\Delta NGV + \Delta NGV_{St} = 0$, folgt, dass die Gesamtersparnis weiterhin den Investitionen entspricht: $S + S_{St} = I + I_{St}$. Eine gesamtwirtschaftliche Vermögensbildung kann weiterhin nur eine Sachvermögensbildung sein, da eine Geldvermögensbildung in einem geschlossenen System unmöglich ist. Auch aus dieser Identität kann nicht geschlussfolgert werden, dass Staat und Privatsektor um eine fixe Summe von Ersparnissen konkurrieren, die entweder zur Finanzierung von privaten oder staatlichen Investitionen verwendet werden können, da Ersparnisse keine Investitionen finanzieren. Wie die Investitionsausgaben des Unternehmenssektors in

15 Bei Investitionsgütern hätte sich das Anlagevermögen (und somit die Ersparnis) für einen längeren Zeitraum erhöht.

Abbildung 1.4 führen auch staatliche Investitionsausgaben zu einer Erhöhung des Sachvermögens und erzeugen so die Ersparnis. Sollten die Ausgaben über den Verkauf von Schuldverschreibungen finanziert werden, steht der staatlichen Sachvermögensbildung eine zusätzliche Verschuldung gegenüber, die der privaten Nettogeldvermögensbildung entspricht.

Auch wenn es sich bei der gesamtwirtschaftlichen Identität von *I* und *S* um eine definitorisch bedingte Gleichheit handelt, existiert seit Langem ein Streit unter Ökonomen, ob sich eine Ersparnis im Sinne einer *Konsumzurückhaltung* positiv auf die Investitionen auswirkt. In der keynesianischen Theorie verringert eine solche Konsumzurückhaltung aufgrund der geringeren Nachfrage den Anreiz, in eine Ausweitung der Kapazitäten zu investieren. Der Wunsch, durch eine Verringerung der Ausgaben mehr Geldvermögen anzuhäufen, kann sogar dazu führen, dass die gesamtwirtschaftliche Ersparnis sinkt, weil die Investitionen aufgrund der geringen Ausgabefreudigkeit der Haushalte fallen (sogenanntes **keynesianisches Sparparadoxon**). Der Staat sollte dann durch Erhöhung seiner Verbindlichkeiten die Investitionsausgaben erhöhen, um den Teufelskreis aus geringeren Einkommen und geringeren Konsum- und Investitionsausgaben zu durchbrechen.

Im Falle einer vollen Kapazitätsauslastung – alle Arbeitnehmer und Maschinen sind beschäftigt – kann eine Ökonomie zusätzliche Investitionsgüter aber nur dann herstellen, wenn die Produktion von Konsumgütern verringert wird. In dieser Situation wäre Konsumzurückhaltung notwendig, wenn man die Investitionen steigern möchte. Eine solche Argumentation liegt den **neoklassisch inspirierten Gleichgewichtsmodellen** zugrunde, von denen eine Variante in Kapitel 6 ausführlich behandelt wird. Da die Volkswirtschaft in diesen Modellen immer zu einer gleichgewichtigen Produktion zurückkehrt, kann die Herstellung von Investitionsgütern (mittelfristig) nur bei gleichzeitiger Reduktion der Konsumgüterproduktion gesteigert werden. Andernfalls würde eine erhöhte Nachfrage aufgrund zusätzlicher Investitionsausgaben eine sich selbst verstärkende Inflationsdynamik verursachen. Konsumzurückhaltung wirkt sich daher positiv aus, weil bei einer geringeren Nachfrage die Inflationsrate fällt und die Zentralbank über geringere Zinsen private Investitionen anregen kann. Der Wunsch, durch eine Reduktion der Konsumausgaben das Geldvermögen zu erhöhen, steigert so die gesamtwirtschaftliche Sachvermögensbildung. Auch hier wird die Ersparnis aber nicht zur Finanzierung benötigt, sondern weil die reale Produktion ihre Kapazitätsgrenze erreicht hat.

1.2.3 Sektorale Finanzierungssalden

In den **Transaktionskonten der Finanzierungsrechnung** (im Englischen »**Flow-of-Funds**«-**Accounts**) sind Mittelverwendung und -herkunft für verschiedene Formen finanzieller Vermögenswerte bzw. Verbindlichkeiten nach Sektoren aufgegliedert. Hierdurch lässt sich z. B. nachvollziehen, in welcher Höhe und Form private Haushalte oder Unternehmen Kredite in einer Periode aufgenommen haben und welche Transaktionen sie mit diesen Krediten finanziert haben. Spätestens seit der globalen Finanzkrise von 2007/8 werden diese Transaktionskonten von zahlreichen Wissenschaftlern und Analysten verwendet, um die Kreditverflechtungen einer Ökonomie nachzuvollziehen.[16]

Zudem werden in den Transaktionskonten die Finanzierungssalden einzelner Sektoren erfasst. Der **Finanzierungssaldo** eines Sektors stellt die Differenz zwischen Einnahmen und Ausgaben dar, also die Veränderung des Nettogeldvermögens innerhalb einer Periode. Im Falle eines Einnahmenüberschusses ist der Finanzierungssaldo positiv ($\Delta NGV > 0$). Eine Erhöhung des Nettogeldvermögens innerhalb einer Periode kann durch den Aufbau von Forderungen, den Abbau von Verbindlichkeiten oder einer Mischform erfolgen. Ein Nettogeldvermögensaufbau kann auch mit einem Abbau von Forderungen einhergehen, wenn in noch größerem Umfang Verbindlichkeiten abgebaut werden. Ein Ausgabenüberschuss führt zu einem Abbau von Nettogeldvermögen ($\Delta NGV < 0$) und kann durch den Abbau von Forderungen, dem Aufbau von Verbindlichkeiten oder einer Mischform erfolgen. Ebenso wie ein positiver Finanzierungssaldo nicht mit einem Aufbau von Forderungen einhergehen muss, entspricht ein negativer Finanzierungssaldo nicht zwangsläufig einer zusätzlichen Verschuldung (Kreditaufnahme). Er kann mit dem Abbau von Verbindlichkeiten einhergehen, wenn in noch größerem Umfang Forderungen abgebaut werden.

Formal lassen sich die sektoralen Finanzierungssalden aus der Verwendungsrechnung des BIP herleiten. Um die Herleitung möglichst einfach zu halten, nehmen wir die folgenden beiden Vereinfachungen in Kauf:

- Wir verzichten auf die Berücksichtigung von *Einkommens- und Vermögensübertragungen zwischen In- und Ausland*.[17] Wir berücksichtigen im internationalen Kontext also lediglich Im- und Exporte, die für gewöhnlich auch den Großteil der Transaktionen zwischen In- und Ausland abdecken, die zu einer Veränderung des Nettogeldvermögens führen.
- Wir abstrahieren von *Zinszahlungen der Regierung*, die eine Ausgabe des staatlichen Sektors sowie eine Einnahme der Zinsempfänger darstellen.

Im Anhang zu diesem Kapitel ist eine umfangreichere Herleitung der Finanzierungssalden aufgeführt, in der auch diese beiden Punkte berücksichtigt werden. In den Daten der später gezeigten Grafiken sind die beiden genannten Positionen zudem enthalten.

16 Die Analyse sektoraler Finanzierungssalden wurde vor allem durch die Stock-Flow-Consistent-(SFC)-Modelle der Cambridge Economic Policy Group bekannt (siehe Godley & Cripps (1983)). Während die Cambridge-Ökonomen Bilanzidentitäten mit postkeynesianisch geprägten Verhaltensgleichungen kombinierten, entstanden in Yale vergleichbare Modellierungen, die eher neoklassisch geprägte Annahmen verwendeten (sogenannte New Haven School; siehe z. B. Brainard (1968), Tobin (1969) und Backus, Brainard, Smith & Tobin (1980)). In Deutschland verfolgte Stützel (1978, 1979) einen ähnlichen Ansatz. Aktuelle Beispiele für SFC-Modelle finden sich in Nikiforos & Zezza (2017), Benes, Kumhof & Laxton (2014), Burgess, Burrows, Godin, Kinsella & Millard (2016) oder Jakab & Kumhof (2018).

17 Grenzüberschreitende Einkommensübertragungen werden im Saldo der Primäreinkommen erfasst (siehe Kap. 4.3.1). Vermögensübertragungen sind Schenkungen, wie z. B. Rücküberweisungen eines in Deutschland lebenden Migranten an seine im Ausland lebende Familie. Diese wären aus inländischer Sicht eine Ausgabe und aus Sicht des Auslands eine Einnahme. Hinzu kommen regelmäßige Vermögensübertragungen wie Entwicklungshilfe oder EU-Beiträge.

Laut Verwendungsrechnung des BIP entspricht das Einkommen (Y) der Summe aus privaten Konsum- und Investitionsausgaben (C und I), staatlichen Ausgaben ($G = C_{St} + I_{St}$) und dem Außenbeitrag, also der Differenz aus Exporten und Importen ($EX - IM$):

(1.1) $Y = C + I + G + (EX - IM).$

Im vorangegangenen Abschnitt wurde zunächst eine geschlossene Volkswirtschaft ohne staatlichen Sektor betrachtet und Ersparnis vereinfacht als Differenz zwischen BIP und Konsum, $S = Y - C$, definiert. Wird zusätzlich der staatliche Sektor berücksichtigt, entspricht die Nettovermögensbildung des Privatsektors (Haushalte und Unternehmen) dem Anteil des gesamtwirtschaftlichen Einkommens, der nach Abzug von Steuern und Transfers (T) nicht für Konsumausgaben verwendet wird: $S = (Y - T) - C$. In Verbindung mit (1.1) folgt:

$$\underbrace{(S - I)}_{\text{Privater Sektor}} + \underbrace{(T - G)}_{\text{Staatlicher Sektor}} + \underbrace{(IM - EX)}_{\text{Auslandssektor}} = 0$$

$$\Leftrightarrow \quad FS_{Privat} + FS_{Staat} + FS_{Ausland} = 0.$$

Der Privatsektor bildet Geldvermögen, sofern seine Nettovermögensbildung ($S \equiv \Delta NV = \Delta NGV + \Delta SV$) die Sachvermögensbildung ($I = \Delta SV$) übersteigt. Der Finanzierungssaldo des Privatsektors beträgt also $FS_{Privat} = S - I$. Sollten die Steuereinnahmen (abzgl. Transferausgaben) die staatlichen Konsum- und Investitionsausgaben übersteigen, so bildet der staatliche Sektor Geldvermögen: $FS_{Staat} = T - G$. Aus Sicht des Auslands liegt ein Einnahmenüberschuss vor, wenn Inländer mehr Güter im Ausland kaufen als umgekehrt, der Außenbeitrag des Inlands also negativ ist und die inländischen Importe die Exporte übersteigen. Der Finanzierungssaldo des Auslands entspricht demnach $FS_{Ausland} = -(EX - IM) = IM - EX$. Da die Importe des Inlands den Exporten des Auslands entsprechen (und umgekehrt), entspricht dies dem ausländischen Exportüberschuss. Ebenso entspricht die gesamtwirtschaftliche inländische Nettogeldvermögensbildung dem Exportüberschuss des Inlandes. Da die Ausgabenüberschüsse eines Wirtschaftssubjekts den Einnahmenüberschüssen aller anderen entsprechen, addieren sich die Finanzierungssalden aller Wirtschaftssubjekte zu null.

Im Gegensatz zur geschlossenen Volkswirtschaft kann die Nettogeldvermögensbildung einer offenen Volkswirtschaft von null verschieden sein. Eine positive Nettogeldvermögensbildung würde mit einem negativen Finanzierungssaldo des Auslands einhergehen. Dementsprechend gilt die Identität von Ersparnissen und Investitionen nicht mehr, weil nun auch Geldvermögen im Ausland gebildet werden kann:

$$\underbrace{S + S_{St}}_{\Delta NV_{Inland}} = \underbrace{I + I_{St}}_{\Delta SV_{Inland}} + \underbrace{(EX - IM)}_{\Delta NGV_{Inland}}.$$

Der Teil der Nettovermögensbildung, der über die Sachvermögensbildung hinausgeht, stellt einen Anstieg der Nettoforderungen gegenüber dem Ausland dar. Häufig wird aus dieser Identität geschlossen, dass die inländischen Ersparnisse den Außenhandelsüberschuss »finanzieren«, so als würde man dem Ausland *vorhandenes* inländisches Geldvermögen *leihen*, um damit inländische Exportgüter zu kaufen. Ähnlich wie bei der Identität von Ersparnissen und Investitionen in einer geschlossenen Volkswirtschaft wird bei dieser Argumentation Ersparnis mit Finanzierung vermischt. So wie die Sachvermögensbildung im Inland mit der Investition entsteht, entsteht die Nettogeldvermögensbildung im Ausland mit dem Exportüberschuss, wie wir in Abschnitt 4.1 sehen werden. Die Finanzierung kann aus Sicht des Auslandes durch den Aufbau *zusätzlicher* Verbindlichkeiten ggb. dem Inland erfolgen. Ersparnis ist ebenso wenig eine Voraussetzung für einen Außenhandelsüberschuss (oder inländische Investitionen) wie Spareinlagen von Bankkunden eine Voraussetzung für eine Kreditvergabe darstellen.

Die deutschen Finanzierungssalden (gemessen in Prozent des BIP) sind in Abbildung 1.5 für die Jahre 1950–2022 dargestellt. Die dunkelgrauen Balken repräsentieren den Ausgabenüberschuss des Auslands, also im Wesentlichen den mit (-1) multiplizierten deutschen Außenbeitrag. Sektoren mit einem Einnahmenüberschuss werden häufig vereinfacht als »Nettosparer« und solche mit Ausgabenüberschuss als »Nettoschuldner« bezeichnet. Hierbei sollte man bedenken, dass Ersparnis in diesem Zusammenhang lediglich die Nettogeldvermögensbildung betrifft und nicht zwingend mit einer Erhöhung der Forderungen einhergehen muss (ebenso wie eine Verringerung des Nettogeldvermögens keine Erhöhung der Verbindlichkeiten erzwingt). Da Veränderungen des Nettogeldvermögens betrachtet werden, ist der Begriff des »Nettoschuldners« zudem irreführend, da Sektoren, die ihr Nettogeldvermögen verringern, dennoch ein positives Nettogeldvermögen besitzen können. Ebenso kann der »Nettosparer« verschuldet sein, also ein negatives Nettogeldvermögen aufweisen. Deutsche Unternehmen haben seit der Jahrtausendwende zwar einen positiven Finanzierungssaldo (Stromgröße, siehe Abbildung 1.6), aber nach wie vor ein negatives Nettogeldvermögen (Bestandsgröße, siehe Tabelle 1.2).

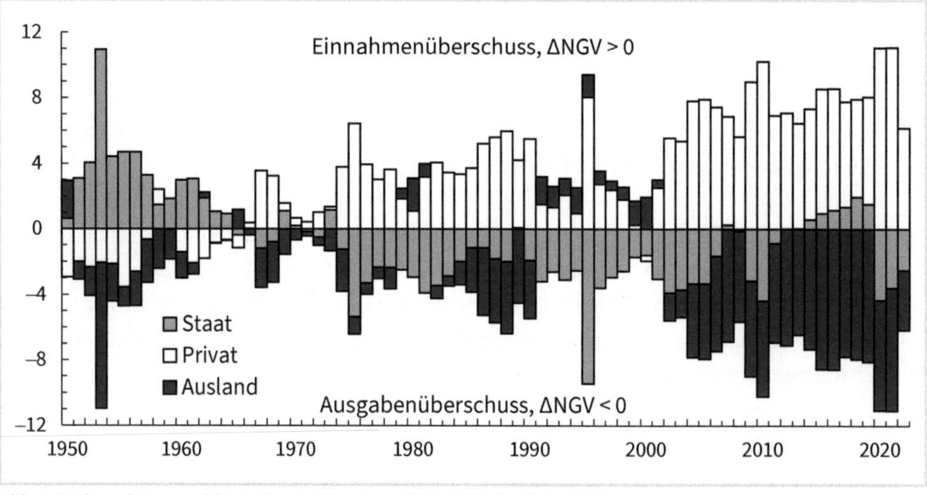

Abb. 1.5: Finanzierungssalden in Deutschland von 1950–2022 (in % des BIP).
Quelle: 1950–1959: Statistisches Bundesamt, 1960–1979: statistische Anhänge der Gutachten des Sachverständigenrats, ab 1980: AMECO; eigene Berechnungen und eigene Darstellung.

1.2.4 Stärker disaggregierte Finanzierungssalden

Die Finanzierungssalden einer Volkswirtschaft lassen sich beliebig kleinteilig betrachten, um z. B. die Finanzierungssalden bestimmter finanzieller Unternehmensgruppen, wie Geschäftsbanken oder Investmentfonds, zu analysieren. Eine gängige Aufgliederung teilt die Volkswirtschaft in die vier großen gesamtwirtschaftlichen Sektoren ein, indem man den Privatsektor noch in Unternehmen (*U*) und private Haushalte (*HH*) aufteilt:

$$FS_{HH} + FS_U + FS_{St} + FS_{Ausland} = 0.$$

Abbildung 1.6 zeigt, wie sich die stärker disaggregierten Finanzierungssalden in Deutschland im Zeitablauf verändert haben. Die Salden sind jetzt nicht mehr als kumulierte Balken dargestellt, sondern als Zeitreihen, was die Analyse ihrer Entwicklung vereinfacht. Die für das Jahr 1960 hervorgehobenen Datenpunkte sollen verdeutlichen, dass sich die Summe der Salden weiterhin zu null addiert.

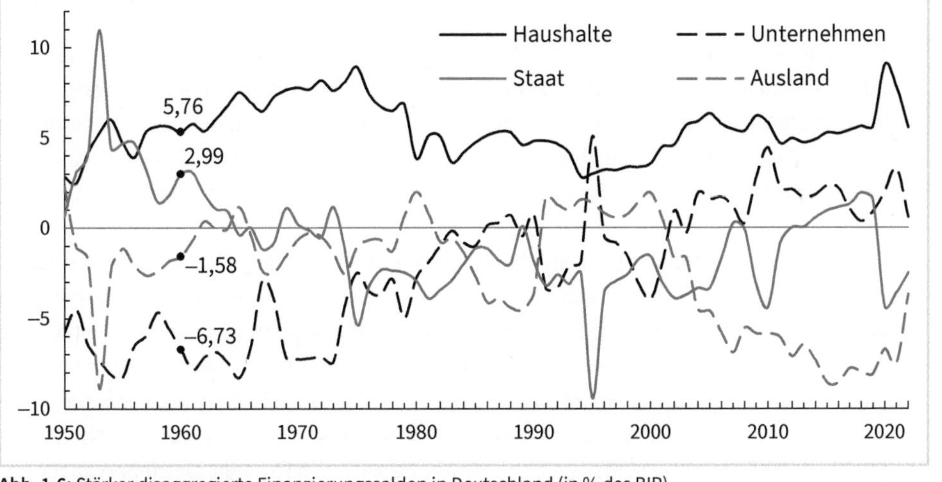

Abb. 1.6: Stärker disaggregierte Finanzierungssalden in Deutschland (in % des BIP).
Quelle: 1950–1959: Statistisches Bundesamt, 1960–1979: statistische Anhänge der Gutachten des Sachverständigenrats, ab 1980: AMECO; eigene Berechnungen und eigene Darstellung.

Die Nettogeldvermögensbildung privater Haushalte war über den gesamten betrachteten Zeitraum positiv und lag bei ungefähr 5–6 % des BIP. In den Nachkriegsjahrzehnten (die Zeiten des deutschen Wirtschaftswunders) entsprach dies in etwa dem Finanzierungsdefizit des

Unternehmenssektors.[18] In den 70er-Jahren begannen die Ausgabenüberschüsse des Unternehmenssektors zu sinken und die Defizite im staatlichen Haushalt zu steigen, bis die Unternehmen sogar zu Nettosparern wurden. In den frühen 2000ern sowie in der Phase nach der globalen Finanzkrise von 2008 ist diese Entwicklung besonders deutlich zu erkennen. Sie ist zum Teil darauf zurückzuführen, dass nach Platzen der New-Economy-Blase in 2001 die Bilanzen vieler deutscher Unternehmen und Haushalte in eine Schieflage geraten waren.[19] Während der Aktienmarktblase verschuldete sich der Privatsektor zunehmend, da hoch bewertete Aktien als Sicherheit für Kredite verwendet werden konnten und viele Menschen positiv in die Zukunft blicken ließen. Nach dem Platzen der Blase (in 2001) entpuppte sich der vermeintliche Vermögenszuwachs jedoch als reine Luftbuchung. Der Privatsektor (Unternehmen und Haushalte) verringerte daraufhin seine Ausgaben, um die zuvor aufgebaute Verschuldung wieder zu reduzieren. Die gesunkene Ausgabefreudigkeit führte in Deutschland zu einer Rezession, die mit sinkenden Steuereinnahmen und steigenden Sozialtransfers einherging, sodass sich das staatliche Finanzierungsdefizit trotz der Sparanstrengungen des damaligen Finanzministers Hans Eichel erhöhte.[20] Ähnliches passierte nach 2008, als das Platzen der Immobilienblase zu einem weltweiten Fall der Wertpapierkurse führte (siehe Kap. 8.3).

Da die Exportüberschüsse immer weiter anwuchsen, war es in den Jahren von 2012–2019 möglich, dass alle inländischen Sektoren (inkl. des Staats) einen positiven Finanzierungssaldo erzielten (bei gleichzeitig zunehmender Nettoverschuldung des Auslands). In 2020 änderte sich dies, weil die Regierung ein staatliches Defizit von mehr als 4 % in Kauf nahm, um den Einnahmeausfällen des Privatsektors während des staatlich verhängten Lockdowns entgegenzuwirken.[21]

Unternehmen als Nettosparer sind ein Phänomen, das man seit den 80ern in vielen Industrienationen beobachtet. Dies verdeutlicht Abbildung 1.7, in der die Finanzierungssalden der Unternehmenssektoren verschiedener Länder dargestellt sind. Spätestens seit der Finanzkrise in 2007/08 sind die Finanzierungsdefizite der Unternehmen in nahezu allen Industrienationen gesunken. Mitarbeiter des IWF machen u. a. die gestiegene Ungleichheit wie auch die Unternehmenssteuersenkungen der letzten Jahrzehnte für diese Entwicklung verantwortlich (Dao & Maggi, 2018). Geringere Konsumausgaben privater Haushalte hätten die Gewinnerwartungen

18 Man kann hieraus natürlich nicht schließen, dass die Unternehmen sich vorhandenes Geld von den Haushalten geliehen haben, um ihre Investitionsausgaben zu finanzieren. Der negative Finanzierungssaldo der Unternehmen im zweiten Schritt der Abbildung 1.3 entstand ja auch nicht, weil die Unternehmen sich Geld bei den Haushalten geborgt haben, sondern weil sie mit den Einlagen aus einem Bankkredit die Arbeitskräfte aus dem Haushaltssektor bezahlten. Die Gleichheit zeigt lediglich, dass die Ausgaben der Unternehmen in ungefähr gleicher Höhe ihre Einnahmen überstiegen wie bei den Haushalten die Einnahmen ihre Ausgaben.

19 Siehe z. B. Bundesbank (2006).

20 Zusätzlich hat die Unternehmenssteuerreform der rot-grünen Regierung in dieser Zeitspanne zu einer geringeren Belastung (und teilweise nachträglichen Steuerrückzahlung) geführt und so zur Geldvermögensbildung im Unternehmenssektor beigetragen.

21 Die Ausschläge der Salden in 1953 und 1995 sind auf die folgenden Ereignisse zurückzuführen: In 1953 wurden dem deutschen Staat aufgrund des Londoner Abkommens Kriegsschulden erlassen, was einem Transfer vom Ausland zum Staatssektor entspricht. In 1995 wurde die Treuhandanstalt aufgelöst, welche die volkseigenen Betriebe der DDR privatisierte und beim Verkauf einen Verlust von ca. 200 Mrd. D-Mark erzielte, was zu einem Transfer vom Staats- zum Unternehmenssektor führte.

der Unternehmen derart geschmälert, dass kein Anreiz bestand, in die Ausweitung von Produktionskapazitäten zu investieren. Die Steuersenkungen gingen daher nicht mit einer Steigerung der Investitionsausgaben einher und trugen stattdessen zu einem Anstieg der Nettogeldvermögensbildung bei.

Andere Autoren sehen zudem in der »**Finanzialisierung**«, also der zunehmenden Bedeutung des Finanzsektors, einen weiteren Grund für die steigende Nettogeldvermögensbildung des Unternehmenssektors. Unternehmen erzielen ihre Gewinne zunehmend durch das Angebot von Finanzdienstleistungen statt über die Ausweitung ihres Anlagevermögens. Der Automobilkonzern General Motors hat bereits »im 2. Quartal 2004 höhere Einnahmen durch Konsumenten- und Hypothekenkredite sowie Leasinggebühren erzielt (...) als durch den Verkauf von Autos« (van Treeck, Hein & Dünhaupt, 2007, S. 34). Zudem haben einige Unternehmen in den letzten Jahrzehnten begonnen, eigene Aktien zurückzukaufen, um so den Kurs in die Höhe zu treiben, statt ihre Einnahmen für Investitionen zu nutzen.

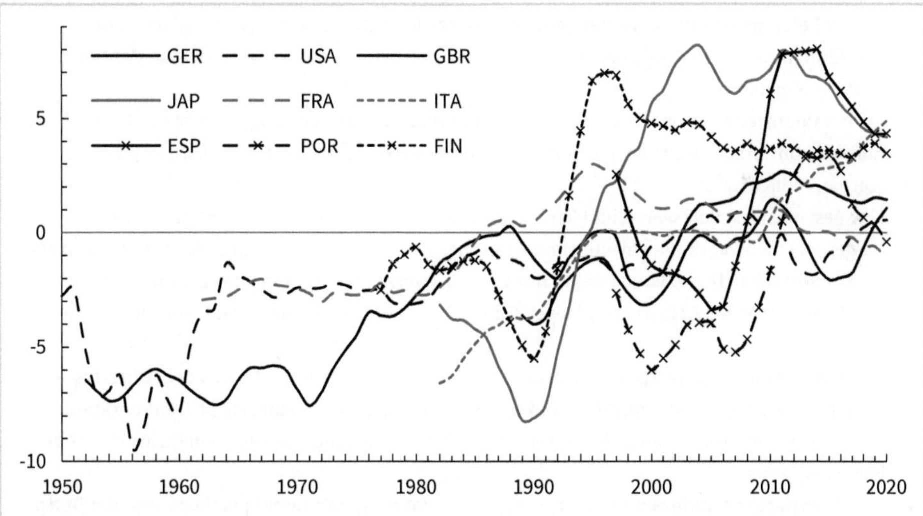

Abb. 1.7: Finanzierungssalden der Unternehmenssektoren international (gleitende 5-Jahresdurchschnitte in % des BIP).
Anmerkungen: *GER:* Deutschland, *GBR:* Großbritannien, *JAP*: Japan, *FRA:* Frankreich, *ITA:* Italien, *ESP:* Spanien, *POR:* Portugal, *FIN:* Finnland.
Quelle: Statistisches Bundesamt, AMECO, FRED; eigene Berechnungen und eigene Darstellung.

Der taiwanesische Ökonom und Finanzmarktanalyst Richard Koo sieht den Grund für die Entwicklung nach 2008 in einer **globalen Bilanzrezession**, weil die Kurse der Vermögenswerte auf der Aktivseite von Unternehmen und Haushalten sehr plötzlich an Wert verloren. Statt Kursgewinne durch den Verkauf von Wertpapieren (oder Immobilien) realisieren zu können, musste man nun mit Verlusten rechnen, wenn man Vermögenswerte veräußerte, um an Zahlungsmittel zur Deckung laufender Verpflichtungen zu gelangen. Dies zwinge den Privatsektor dazu, Einnahmenüberschüsse zu bilden, um die eigene Verschuldung abzubauen, und resultiert in einer Verringerung der Investitions- und Konsumausgaben (wie bereits 2001 in Deutschland nach Platzen der New-Economy-Blase, siehe z. B. Koo (2009, 2011, 2014)). Dies wiederum hat hohe staatliche Haushaltsdefizite zur Folge, weil die Steuereinnahmen sinken, während staatliche Transferausgaben und diskretionäre Programme zur Stützung der Wirtschaftsentwicklung zunehmen. Eine ähnliche, aber detailliertere Finanzkrisentheorie schuf Hyman Minsky bereits in den 1970er-Jahren (siehe z. B. Minsky (1977, 1982)). Kapitel 8.1 wird seinen Beitrag zur Erklärung von Finanzkrisen vorstellen und die hier dargestellte Grafik wieder aufgreifen.

Kernpunkte Kapitel 1.2

- Vermögensbildung lässt sich in **Netto-, Geld- oder Sachvermögensbildung** einteilen.
- Veränderungen des Zahlungsmittelbestandes sind **Ein- bzw. Auszahlungen**, Veränderungen des Nettogeldvermögens sind **Einnahmen bzw. Ausgaben** und Veränderungen des Nettovermögens sind **Erträge (Einkommen) bzw. Aufwand (Konsum)**.
- **Für jede Verwendung finanzieller Mittel muss es eine Herkunft geben.** Die Herkunft eines Wirtschaftssubjekts muss die Verwendung eines anderen sein.
- Auf der **Leistungsebene** ist die **Verwendung** finanzieller Mittel eine **Ausgabe** und die Herkunft eine **Einnahme**. Durch Kauf oder Verkauf von Gütern entsteht immer eine Änderung des Nettogeldvermögens.
- Auf der **finanziellen Ebene** kann die **Mittelherkunft (bzw. -verwendung)** sowohl ein **Abbau (bzw. Aufbau)** von Zahlungsmitteln oder sonstigen Forderungen sein wie auch ein **Aufbau (bzw. Abbau)** von Verbindlichkeiten.
- Eine geschlossene Volkswirtschaft kann gesamtwirtschaftlich kein Geldvermögen bilden, da sich Forderungen und Verbindlichkeiten immer ausgleichen. **Vermögensbildung (Ersparnis) kann auf gesamtwirtschaftlicher Ebene daher nur eine Sachvermögensbildung (Investition) sein.** Allein aus der Identität von Ersparnis und Investitionen lässt sich aber **keine kausale Beziehung** ableiten.
- **Ersparnis** ist ein Konzept der volkswirtschaftlichen Gesamtrechnung, das aus dem **Gütermarkt** hergeleitet wird (Einkommen, das nicht konsumiert wird). **Finanzierung** ist ein **Geldmarktkonzept**, das die Herkunft finanzieller Mittel betrifft. **Ausgaben benötigen eine Finanzierung, aber keine Ersparnis.**
- Der **Finanzierungssaldo** eines Sektors entspricht seinem **Einnahmenüberschuss**, also der Nettogeldvermögensbildung.
- Eine **offene Volkswirtschaft** kann **in der Höhe Nettogeldvermögen bilden, in der das Ausland Ausgabenüberschüsse erzielt.** Der Teil der Nettovermögensbildung, der über die Sachvermögensbildung hinausgeht, stellt einen Anstieg der Nettoforderungen gegenüber dem Ausland dar.

1.3 Der Finanzmarkt: Ein Überblick

Zum Abschluss des ersten Kapitels erfolgt ein Überblick über die Akteure am Finanzmarkt. Im Kreditgeschäft sind auch viele Nichtbanken tätig, die häufig als »Schattenbanken« bezeichnet und von den Geschäftsbanken unterschieden werden müssen.

1.3.1 Banken vs. Schattenbanken

Banken unterscheiden sich von anderen Kreditinstituten insbesondere aufgrund der folgenden zwei Dienstleistungen:[22]

- **die Herstellung von Zahlungsmitteln (Geldschöpfung)**, die z. B. zur Finanzierung von Investitionen, aber auch zur Überbrückung von Liquiditätsengpässen (temporäre Zahlungsschwierigkeiten) oder für größere Anschaffungen wie Immobilien genutzt werden können;[23]
- **die Bereitstellung eines bargeldlosen Zahlungssystems**, um offene Rechnungen zu begleichen, Gehälter zu überweisen, etc.

Diese beiden Funktionen rechtfertigen, dass Geschäftsbanken eines besonderen Schutzes bedürfen. Dieser wird heutzutage durch eine i. d. R. gesetzlich vorgeschriebene und staatliche organisierte **Einlagensicherung** und den Zugriff auf **Kredite der Zentralbank** gewährleistet. Die Einlagensicherung schützt Bankkunden vor einer Bankpleite, da sie im Falle einer Zahlungsunfähigkeit der Bank ihre Sichtguthaben (bis zu einer gewissen Höhe) von einer Entschädigungseinrichtung ausbezahlt bekommen, in die alle Banken regelmäßig Beiträge einzahlen müssen. Die Sicherung soll verhindern, dass Kunden aus Angst um ihr Geldvermögen in einem sogenannten »**Bank Run**« sehr plötzlich ihr Bankguthaben abheben wollen. Da Banken i. d. R. nicht viel Bargeld vorrätig halten, kann ein Bank Run zur Zahlungsunfähigkeit führen. Die Kredite der Zentralbank sichern zudem, dass ein Zahlungsausgleich zwischen Banken nicht an einem Reservemangel scheitert. Sofern eine Bank Sicherheiten ausreichender Qualität besitzt, kann sie fehlende Reserven im Notfall von der Zentralbank leihen. Das auf Zentralbankguthaben basierende Zahlungsausgleichssystem ist vor allem deshalb entstanden, weil der Ausgleich mit Gold regelmäßig zu Bankenkrisen führte, wenn zu viele Kunden sich gleichzeitig ihr Gold ausbezahlen ließen.

Um Banken von anderen Kreditinstituten zu unterscheiden, werden wir im Folgenden als **(Geschäfts-)Banken jene Kreditinstitute bezeichnen, die ein Konto bei der Zentralbank besitzen und jederzeit fällige Sichtguthaben für ihre Kunden führen, weshalb sie gesetzlich dazu verpflichtet sind, an einem Einlagensicherungssystem teilzunehmen (sofern dieses existiert)**. Zudem werden wir Pozsar (2015) folgend solche Kreditinstitute als **Schattenbanken** bezeichnen, **die kein Zentralbankkonto besitzen und deren Verbindlichkeiten nicht staatlich abgesichert sind, die aber dennoch mindestens eine der in Abschnitt 1.3.4 dargestellten Transformationsfunktionen ausüben**. Schattenbanken sind reine Finanzintermediäre, da sie lediglich *vorhandene* Zahlungsmittel weitervermitteln können, indem sie zunächst Bankguthaben von Kunden einwerben, um diese an Dritte zu verleihen. Banken hingegen schaffen bei

---

22 Vgl. https://www.bundesbank.de/de/startseite/glossar.

23 Banken können nach ausführlicher Kreditprüfung auch kleinen Unternehmen Kredit gewähren, für die sich eine Anleiheemission aufgrund prohibitiv hoher Zugangskosten der Anleihemärkte nicht rentiert. Häufig bestehen zwischen kleineren und mittelständischen Unternehmen und ihren Bankberatern langfristige Geschäftsbeziehungen. Die Bank ist hierdurch befähigt, die Gewinnaussichten ihres Kreditnehmers effizient zu prüfen, und wird ggf. auch bereit sein, neue Vertragsbedingungen mit ihm auszuhandeln, sofern dies notwendig erscheint.

jeder Kreditvergabe *zusätzliche* Zahlungsmittel und sind daher keine Vermittler vorhandener Guthaben.[24]

Das Beispiel eines monetären Kreislaufs in Abbildung 1.4 hat die Kreditvergabe von Banken bereits skizziert. Nachdem das Unternehmen mit dem von der Bank aufgenommenen Kredit Arbeitskräfte für die Produktion von Gütern bezahlt hat, haben sich die Bilanzen der beteiligten Akteure wie folgt verändert:

Unternehmen	
+ Güter	+ Kredite

Banken	
+ Kredite	+ Einlagen

Haushalte	
+ Einlagen	+ NV

Der Grund, warum auch Banken häufig als Finanzintermediäre bezeichnet werden, ist die Tatsache, dass diese Darstellung den Anschein erweckt, die Bank hätte sich die Ersparnisse der Haushalte geliehen, um diese dem Unternehmen zu vermitteln. *Ex post* stellen die Einlagen zwar die Mittelherkunft des Kredits dar, sie wurden hierzu aber *ex ante* bei der Kreditvergabe geschaffen. Der Begriff der »Intermediation« (Vermittlung) kann in diesem Zusammenhang daher verwirren. Reine Finanzintermediäre müssen das Geld ihrer Kunden erst einwerben, bevor sie es weiterverleihen, wie das folgende Beispiel eines Investmentfonds verdeutlicht, der einen Anleihekauf über den Verkauf von Fondsanteilen finanziert:

Kunde	
– Einlagen + Fondsanteile	

Investmentbank (IB)	
+ Einlagen	+ Fondsanteile
– Einlagen + Anleihe	

Bankensektor	
	– Einlagen (Kunde) + Einlagen (IB)
	– Einlagen (IB) + Einlagen (U)

Unternehmen (U)	
+ Einlagen	+ Anleihe

Der Fonds wird von einer Investmentbank angeboten, die keine Banklizenz besitzt (wie z. B. JPMorgan Chase, Goldman Sachs oder Morgan Stanley) und nach unserer Definition daher eine Schattenbank darstellt. Im ersten Schritt beschafft sich der Fonds Kundeneinlagen durch den Verkauf von Fondsanteilen. Der Bankensektor reduziert entsprechend das Guthaben des Kunden und erhöht das Guthaben der Investmentbank. Im nächsten Schritt wird mit den so erhaltenen Sichtguthaben die Anleihe eines Unternehmens gekauft, das hierdurch die Einlagen erhält, die zuvor dem Kunden gehörten. **Im Gegensatz zur Bank vermittelt die Investmentbank tatsächlich die Ersparnisse des Kunden an ein Unternehmen.**

Nichtsdestotrotz »verschaffen« Banken ihren Kreditnehmern Zahlungsmittel, weshalb viele Ökonominnen den Begriff »Finanzintermediär« weiterhin für gerechtfertigt halten. Für viele

24 Gelegentlich werden Schattenbanken im Englischen auch als »non-bank financial institutions« bezeichnet.

Kleinanleger stellen Banken zudem eine Anlageberatung und Vermögensverwaltung zur Verfügung, indem sie z.B. das Wertpapierdepot ihrer Kunden verwalten oder Fonds einer Investmentbank empfehlen. Sie agieren an dieser Stelle tatsächlich als Vermittler und stellen die **Schnittstelle zu den Wertpapiermärkten** dar.

Da Banken bei der Kreditvergabe Geld per Buchungssatz schaffen, passt sich das Geldangebot im Wesentlichen den Bedürfnissen des Privatsektors an (**Endogenität des Geldes**). Die Möglichkeit, Geld per Buchungssatz zu schaffen, wird aber häufig missinterpretiert. Da Einlagen aus Sicht einer Privatperson ein Guthaben darstellen, wird die Geldschöpfung fälschlicherweise so verstanden, dass Banken sich selbst Vermögen schaffen könnten. Dies ist aber falsch, weil die Sichtguthaben der Kunden für die Banken eine Verbindlichkeit darstellen und eine Bank durch die Emission von Verbindlichkeiten weder vermögender noch ärmer wird. Da bei jeder Kreditvergabe zusätzliche Forderungen und zusätzliche Verbindlichkeiten gleicher Höhe entstehen, ändert sich das Nettovermögen einer Bank nicht, wenn sie einen Kredit vergibt. Lediglich der Zins, den eine Bank verlangt, kann zu einem Gewinn führen, sofern der Kredit inkl. Zinsen zurückgezahlt wird.

Da eine Bank gewinnorientiert arbeitet, sollte jeder Kreditvergabe zudem eine Kreditprüfung vorausgehen, da die Bank bei Zahlungsausfällen die Kreditforderungen abschreiben muss und Verluste erzielt. Daher stellt die Verfügbarkeit *kreditwürdiger* Kreditnehmer eine gewisse Limitierung der Geldschöpfung von Banken dar. Wie wir in Kapitel 3.1 sehen werden, können Banken Kreditforderungen aber auch weiterverkaufen und neigen dadurch unter Umständen zu einer zu wohlwollend ausfallenden Kreditvergabe, die zu finanziellen Krisen führen kann, wenn viele Kredite ausfallen.

Zudem können Banken ihre eigenen Verbindlichkeiten auch für den Ankauf von Sachvermögenswerten oder Finanzprodukten wie Wertpapieren, Devisen oder Derivaten verwenden, indem sie dem Verkäufer den Kaufpreis auf seinem Konto gutschreiben. Man spricht vom **Eigenhandel, sofern Banken Finanzprodukte nicht für das Depot eines Kunden, sondern im eigenen Namen kaufen**, um hierdurch (Spekulations-)Gewinne zu erzielen. Weder Bank noch Verkäufer werden durch ein solches Geschäft vermögender, eine erhöhte Nachfrage kann die Preise der Finanzprodukte aber nach oben treiben. Der Einfluss einer einzelnen Bank sollte zwar vernachlässigbar gering sein, im Aufschwung könnte ein übertriebener Optimismus jedoch den ganzen Bankensektor zu vermehrten Ankäufen verleiten. Hierdurch entstehen Überbewertungen, welche die Stabilität des Finanzsystems gefährden können. Daher gibt es für Banken gesetzliche Vorgaben zur Eigenkapital- und Fremdfinanzierungsquote sowie einige weitere Indikatoren, welche die Kreditvergabe von Banken beschränken und die systemische Stabilität des Bankensektors erhöhen sollen. Die besonderen Aufgaben des Geschäftsbankensektors rechtfertigen nicht nur einen besonderen Schutz, sondern auch eine besondere Regulierung, weil eine zu risikoreiche Kreditvergabe die Stabilität des Bankensektors gefährden kann. Der **Baseler Ausschuss für Bankenaufsicht entwickelt daher Standards zur Bankenregulierung**, die im Wesentlichen auf eine **ausreichende Eigenkapitalausstattung** abzielen, aber auch **Verschuldungsquoten begrenzen** und einen **Mindestanteil liquider Vermögenswerte** vorschreiben. Banken können ihr notwendiges Eigenkapital jedoch durch die **Verwendung eigener Risikomodelle** verkleinern und durch Auslagerung von Finanzgeschäften an Nichtbanken Regulierungsvorschriften umgehen (sogenannte **Regulierungsarbitrage**), wie wir in Kapitel 3 sehen werden.[25]

Des Weiteren können Banken **mit ihren eigenen Verbindlichkeiten auch Mitarbeiter oder Eigentümer bezahlen**, indem sie Gehälter oder Dividenden auf deren Konten gutschreiben. Hierdurch wird eine Bank aber ärmer, da das vorhandene Eigenkapital in Guthaben der Angestellten bzw. Eigentümer umgewandelt wird.[26] Daher ist die Bank nicht unbegrenzt in der Lage, Gehälter und Dividenden mit geschöpftem Geld zu bezahlen, weil im Gegensatz zum Vermögenserwerb keine Bilanzverlängerung, sondern ein Passivtausch stattfindet. Dennoch steigt die Geldmenge M1, da zusätzliches Buchgeld geschaffen wird.[27]

Schattenbanken werden deutlich schwächer reguliert als Banken, obwohl auch sie ihre eigenen Verbindlichkeiten schaffen, wenn sie z. B. Wertpapiere wie Anleihen oder Anteilsscheine emittieren. Im Gegensatz zu den Schuldscheinen des Bankensektors werden die Verbindlichkeiten der Schattenbanken aber nicht dauerhaft zum Nennwert gehandelt und stellen lediglich ein Versprechen auf Zahlungsmittel dar. Weil die Schuldscheine der Schattenbanken z. T. sehr kurzfristiger Natur sind und dadurch als relativ liquide angesehen werden, bezeichnet man sie gelegentlich auch als **Schattengeld** (siehe z. B. Wullweber (2021)). Die Verbindlichkeiten der Schattenbanken sind weder staatlich abgesichert, noch haben Schattenbanken Zugriff auf Zentralbankkredite. Sie sind bei einem Liquiditätsengpass auf Kredite des Bankensektors oder außerordentliche Rettungsmaßnahmen der Zentralbank angewiesen.[28]

1.3.2 Wertpapierpensionsgeschäfte (Repos)

Der Kreditverkehr zwischen verschiedenen Finanzinstituten sowie zwischen Banken und Zentralbank wird überwiegend besichert in Form von **Wertpapierpensionsgeschäften** durchgeführt. Diese sind eine Kombination aus gleichzeitigem Verkauf und späterem Rückkaufversprechen eines Wertpapiers. Der Kreditnehmer verkauft temporär **Sicherheiten (securities)** in Form von Wertpapieren und verpflichtet sich, diese zu einem vorher festgelegten Preis zu einem späteren Zeitpunkt wieder zurückzukaufen. Als Sicherheiten dienen i. d. R. relativ liquide, also marktfähige Wertpapiere wie Staats- und Unternehmensanleihen oder Aktien. Solche Rückkaufvereinbarungen heißen im Englischen **repurchase agreement** und werden mit

25 Das aktuelle Regelwerk des Basel Committee on Banking Supervision (BCBS) findet man auf der Website der Bank für internationalen Zahlungsausgleich: https://www.bis.org/basel_framework/.

26 Gehalts- und Dividendenzahlungen belasten das Unterkonto »Gewinn-und-Verlustrechnung« im Eigenkapital der Bank. Siehe auch das Beispiel eines monetären Kreislaufs im Anhang zu Kapitel 1.

27 Siehe Bundesbank (2024).

28 In den USA haben inzwischen auch Nichtbanken Möglichkeiten, Geld über Finanztransaktionen mit der Zentralbank zu bekommen (siehe Kap. 9.3).

dem Begriff **Repo** abgekürzt. In Anlehnung an die oberitalienische Region Lombardei, in der bereits im Mittelalter Kredite gegen Pfand vergeben wurden, spricht man auch von **Lombardkrediten.**[29]

Der Preis für den Kauf setzt sich aus dem Marktwert der Sicherheit abzüglich eines Sicherheitsabschlags zusammen, der auch als **Haircut** bezeichnet wird. Der Rückkaufpreis besteht aus dem Kaufpreis zuzüglich eines Zinses, den man als **Repo-Satz** bezeichnet. Ein Repo-Geschäft bezeichnet man aus Sicht des Verkäufers eines Vermögenswertes (Kreditnehmer) als (echten) Repo und aus Sicht des Käufers (Kreditgeber) als ***inversen (reverse)*** **Repo**. Sollte der Kreditnehmer den Kredit nicht zurückzahlen können, kann der Kreditgeber den Zahlungsausfall durch den Verkauf der Sicherheit kompensieren. Zudem wird das Eigentumsrecht der Sicherheit für die Laufzeit des Kredits auf den Kreditgeber übertragen, der die Sicherheit daher weiterverkaufen kann. Er muss sie am Ende der Kreditlaufzeit dann ggf. selbst wieder kaufen, um sie dem Kreditnehmer zurückzugeben. Häufig werden Anleihen mehrfach als Sicherheit verwendet, weil Kreditgeber sie erneut beleihen.

Betrachten wir beispielhaft eine Kreditnehmerin, die mithilfe eines Repos einen besicherten Kredit aufnehmen möchte. Als Sicherheiten hinterlegt sie Nullkuponanleihen mit einem aktuellen Kurs von 98%. Beträgt der Haircut 5%, werden die Anleihen der Kreditnehmerin nur zu einem Kurs von 95% der 98%, also 93,1%, als Sicherheit angerechnet. Besitzt sie 100 Anleihen mit einem Nennwert von 1.000 Euro, so bekommt sie hierfür lediglich einen Kredit von 93.100 Euro.[30]

Für die Berechnung der Zinszahlungen für Kredite mit unterjähriger Laufzeit gibt es verschiedene **Tageszählungskonventionen** (im Englischen *Day-Count-Conventions*). In den USA wird das Kalenderjahr i.d.R. auf 360 Tage normiert, während im Euro-Raum 365 Tage üblich sind. Bei anderen Verfahren werden immer die exakten Tage berücksichtigt und für ein Schaltjahr sogar 366 Tage angesetzt. Bei exakter Verwendung spricht man auch von »act« als Kurzform für »actual«. Ebenso werden bei Krediten über die Laufzeit von ganzen Monaten teilweise vereinfacht 30 Tage angesetzt und manchmal die exakte Anzahl der Tage. In einem Schaltjahr würde man für einen Kredit mit Laufzeit von einem Monat bei exakter Berücksichtigung der Tage des

---

29 Im Gegensatz zu echten Pensionsgeschäften, bei denen das Eigentum der Sicherheit über die Laufzeit an den Kreditgeber übertragen wird, liegt bei Lombardkrediten lediglich eine Verpfändung vor, bei der nicht das Eigentum, sondern der Besitz übertragen wird. Die Kuponzahlungen einer Anleihe werden bei Lombardkrediten daher auch nicht an den Kreditgeber gezahlt (vgl. nächste Fußnote). Die Kredite von Zentralbanken wurden früher üblicherweise als Lombardkredite durchgeführt (z.B. bei der Bundesbank), weil auch hier lediglich eine Verpfändung der Sicherheit erfolgte. Obwohl die besicherten Kredite der Zentralbanken heute als Wertpapierpensionsgeschäfte bezeichnet werden, ist eine Verpfändung ohne Übertragung des Eigentums weiterhin üblich.
Bei Wertpapierpensionsgeschäften wie Lombardkrediten werden die Sicherheiten weiterhin in der Bilanz des Kreditnehmers ausgewiesen. Ausnahme sind unechte Pensionsgeschäfte, bei denen der Kreditnehmer sich nicht verpflichtet, das Wertpapier zurückzukaufen, sondern lediglich hierzu berechtigt ist (bedingtes Termingeschäft, vgl. Abschnitt 1.3.5). Hier erfolgt die Ausweisung in der Bilanz des Kreditgebers.

30 Würden wir Anleihen betrachten, bei denen ein Kupon gezahlt wird, würde die Rechnung komplizierter ausfallen, da die Zinszahlungen über die Laufzeit an den Kreditgeber gezahlt werden. Diese Kuponzahlungen werden dann zu dem Kurs der Sicherheit hinzugezählt (siehe Stigum & Crescenzi (2007)).

Kalenderjahres aber Normierung des Monats auf 30 Tage (30/act-Methode) einen Anteil von 30/366 ≈ 8,2% der jährlichen Zinsen zahlen. Für einen Monat mit 31 Tagen würde bei exakter Berücksichtigung der Monatstage aber Normierung des Kalenderjahres auf 360 Tage (act/360-Methode) hingegen 31/360 ≈ 8,61% der jährlichen Zinszahlungen anfallen.

Wir gehen im folgenden Beispiel von einer Normierung des Kalenderjahres auf 360 Tage aus. Beträgt der Repo-Satz 4,5%, entsprechen die Zinszahlungen für einen Übernachtkredit 4,5% · 1/360 = 0,0125% der Kreditsumme. Für die im obigen Beispiel geliehenen 93.100 Euro muss die Kreditnehmerin am nächsten Tag also 93.100 · 1,000125 = 93.111,6375 Euro zurückzahlen. Die Zinsen entsprechen also ca. 11,6375 Euro pro Tag. Bei 14 Tagen wären es ungefähr 14 · 11,6375 = 162,925 Euro. Durch die Rückzahlung der Kreditsumme (inkl. Zinsen) kauft die Kreditnehmerin ihre hinterlegten Sicherheiten wieder zurück, die zum Zeitpunkt der Kreditaufnahme zu einem Marktwert von 98.000 Euro gehandelt wurden.

Trotz der Besicherung besteht auch bei einem Repo ein Risiko für den Kreditgeber, da zum Zeitpunkt der Kreditvergabe nicht feststeht, welchen Marktwert die Sicherheiten haben werden, die er einbehält, sofern der Kreditnehmer den Kredit nicht begleichen kann. Der Wert der hinterlegten Sicherheiten wird vom Kreditgeber daher regelmäßig überprüft. Fällt der Preis der Sicherheiten, kann der Kreditgeber vom Kreditnehmer verlangen, zusätzliche Sicherheiten zu hinterlegen (sogenannte **Nachschusspflicht**, im Englischen **Margin Call**). Dies kann dazu führen, dass aufgrund eines Rückgangs der Wertpapierkurse Kredite platzen, weil Kreditnehmern die notwendigen Sicherheiten fehlen. Sollte der Kurs der Sicherheiten im obigen Beispiel während der Kreditlaufzeit z. B. auf 90% fallen, reichen die Sicherheiten nur noch für einen Kredit von 90.000 · 0,95 = 85.500 Euro aus. Für die restliche Summe kann der Kreditgeber zusätzliche Sicherheiten verlangen. Doch selbst wenn von der Nachschusspflicht kein Gebrauch gemacht wird, muss die Kreditnehmerin am Ende der Kreditlaufzeit Sicherheiten zurückkaufen, die an Wert verloren haben. Bei einem 14-tägigen Kredit zahlt sie 93.100 Euro + 162,925 Euro = 93.262,925 Euro, um Anleihen zu kaufen, die sie aktuell am Markt für 90.000 Euro bekommen könnte. Wenn Wertpapierkurse stärker schwanken, könnten Kreditgeber zudem ihre Haircuts erhöhen. Steigt der Sicherheitsabschlag für die hinterlegten Anleihen auf 10%, weil diese nun als risikoreicher erachtet werden, kann die Kreditnehmerin nun nur noch einen Kredit über 90.000 · 90% ≈ 81.000 Euro aufnehmen.

Da die Sicherheiten über die Kreditlaufzeit in den Besitz des Kreditgebers übergehen, kann dieser sie zwischenzeitlich auch verkaufen. Sollte er die Anleihen zu Beginn der Kreditlaufzeit zum Wert von 98.000 Euro verkaufen und nach 14 Tagen für nur noch 90.000 Euro zurückkaufen, hat er durch den Kursrückgang einen zusätzlichen Gewinn erzielt. Steigen die Kurse hingegen, muss der Kreditgeber sie zu einem höheren Kurs zurückkaufen und macht einen Verlust. Die Kreditnehmerin kann sich in diesem Fall über einen höheren Marktwert ihrer Wertpapiere erfreuen. Mit Repos lassen sich beachtliche Spekulationsgewinne erzielen, allerdings auch sehr leicht sehr viel Geld verlieren.

Repo-Geschäfte werden häufig über **Repo-Händler** abgewickelt, die am An- und Verkauf von Wertpapieren verdienen und in Kapitel 3.2.1 näher betrachtet werden. Im amerikanischen Raum bezeichnet man die Repo-Händler auch als *Securities-Broker-Dealer*, im deutschsprachigen Raum ist der Ausdruck *Effekten- oder Wertpapier-Händler* üblich. Solche Händler sind i. d. R. Tochterfirmen einer Bank, einer Investmentbank oder einer Investmentgesellschaft, wie etwa Citigroup Global Markets Inc., Credit Suisse AG oder Deutsche Bank Securities Inc.

1.3.3 Teilmärkte des Finanzsystems

Anhand der Finanzgeschäfte und Marktteilnehmer lässt sich der Finanzmarkt in folgende Teilmärkte untergliedern (siehe Abbildung 1.8):

- Der **klassische Kreditmarkt** beschreibt das Kredit- und Einlagengeschäft des Bankensektors. Banken versorgen hier den Privatsektor mit Zahlungsmitteln.
- Am **Geldmarkt** können sowohl Banken wie auch Nichtbanken (inkl. der Regierung) kurzfristig Kredite aufnehmen. Statt eines nicht-handelbaren Bankkredits werden auf dem Geldmarkt marktfähige Finanzprodukte gehandelt, die aufgrund ihrer kurzen Laufzeit eine sehr hohe Liquidität aufweisen, wie Einlagenzertifikate, Schuldscheindarlehen oder andere kurzfristige Wertpapiere. Für Anleger ist der Kauf solcher Wertpapiere aus mindestens zwei Gründen attraktiv: Die Verzinsung ist höher als auf Sichtguthaben und die Wertpapiere können jederzeit wieder verkauft werden, sofern Liquidität benötigt wird. Es besteht jedoch das Risiko, dass man diese nur mit einem Verlust wieder verkaufen kann. Aufgrund der kurzen Laufzeit ist das Verlustrisiko aber relativ gering (im Vergleich zu den längerfristigen Wertpapieren am Kapitalmarkt). Die Laufzeit von Geldmarktinstrumenten beträgt weniger als zwei Jahre (z. T. aber auch nur wenige Tage).
  Der Geldmarkt lässt sich in zwei Bereiche untergliedern:
  - Der **Interbankenmarkt** beschreibt den Handel zwischen Banken. Da Banken ihre Zahlungen in Zentralbankgeld abwickeln, werden hier immer Zentralbankguthaben gehandelt, auch wenn Wertpapiere, Devisen oder Edelmetalle an- oder verkauft werden.
  - Am **Geldmarkt im erweiterten Sinne** können auch Nichtbanken handeln. Bedeutende Investoren sind hier **Kapitalsammelstellen**, die Einlagen einer Vielzahl von Kunden bündeln, um diese dann am Geld- oder Kapitalmarkt anzulegen. Typische Kapitalsammelstellen sind Versicherungsgesellschaften, Sozialversicherungsträger, Bausparkassen sowie Investment- oder Kapitalbeteiligungsgesellschaften (Fonds). Für sie sind Geldmarktpapiere aufgrund ihrer Liquidität attraktiv. Sollten Kunden ihr Geld abziehen, lassen sich die Forderungen schnell verkaufen. Auch Repos gehören zu den üblichen Instrumenten am Geldmarkt und haben z. T. Laufzeiten von nur einem Tag.
- Auf dem **Kapitalmarkt** werden Wertpapiere mit einer Laufzeit von mehr als zwei Jahren gehandelt. Die typischen Teilnehmer des Kapitalmarkts sind vergleichbar mit denen des Geldmarkts: Banken, große Unternehmen, Repo- bzw. Wertpapier-Händler, Kapitalsammelstellen oder Regierungen.

Auch der Kapitalmarkt lässt sich in zwei Bereiche teilen:

- Am **Anleihemarkt** (auch Rentenmarkt) werden Schuldscheine gehandelt. Diese können festverzinslich sein, variable Zinselemente enthalten oder gar nicht verzinst werden. Anleihen können von Regierungen oder großen Unternehmen (auch Banken) emittiert werden. Kleine Unternehmen emittieren aufgrund der relativ hohen Zugangskosten zum Kapitalmarkt i. d. R. keine Anleihen und finanzieren sich tendenziell eher über den klassischen Kreditmarkt.
- Am **Aktienmarkt** werden Aktien, also Anteilsscheine von Unternehmen, gehandelt. Verschiedene Formen von Aktien statten die Aktionäre mit unterschiedlichen Rechten und Pflichten aus.

• Am **Devisenmarkt** werden Sichteinlagen, also das Buchgeld der Banken, in unterschiedlichen Währungen miteinander getauscht. Devisenhändler sind häufig bei Banken angestellt und besitzen Sichtguthaben in verschiedenen Währungsräumen. Sie bestimmen in welchem Verhältnis sie Einlagen in unterschiedlichen Währungen miteinander tauschen und legen so den Wechselkurs zwischen diesen Währungen fest.
Der Devisenmarkt lässt sich in Kassa- und Terminmarkt einteilen:
- Am **Kassamarkt** werden Währungen sofort gegeneinander getauscht. Der aktuelle Kurs einer Währung wird auch als Kassakurs bezeichnet.
- Am **Terminmarkt** wird bereits heute der Wechselkurs für einen zukünftigen Währungstausch festgelegt. Da es sich um ein Termingeschäft handelt, stellt die Vereinbarung, eine bestimmte Währung zu einem späteren Zeitpunkt zu einem heute bereits festgelegten Kurs zu handeln, ein Derivat dar (siehe Abschnitt 1.3.5).

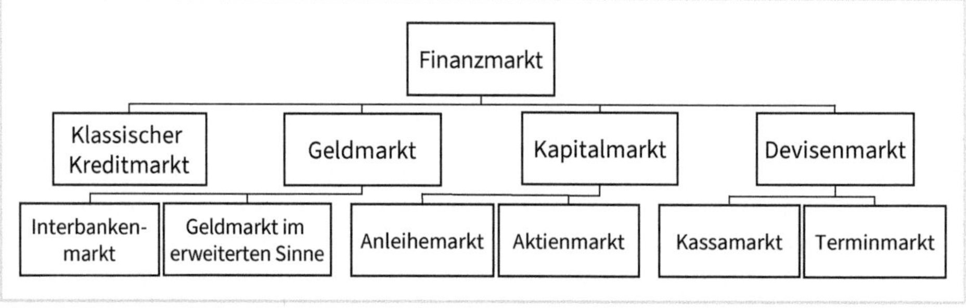

Abb. 1.8: Finanzmarkt (Teilmärkte).
Quelle: Eigene Darstellung.

Kurz gefasst unterscheidet sich der klassische Kreditmarkt von Geld- und Kapitalmärkten vor allem, weil auf Letzteren Finanzinstrumente gehandelt werden, während auf dem Kreditmarkt Banken nicht-handelbare Kredite vergeben. Geld- und Kapitalmarkt unterscheiden sich wiederum im Wesentlichen in der Fristigkeit der gehandelten Instrumente. Auf Devisenmärkten werden zudem inländische Guthaben gegen ausländische gehandelt. Selbstverständlich sind die Märkte miteinander verbunden, da sich ein Anleger z. B. auf dem klassischen Kreditmarkt Geld leihen kann, um dieses dann auf dem Geld- oder Kapitalmarkt anzulegen. Ebenso kann der Kauf einer langfristigen Staatsanleihe durch Emission eines kurzfristigen Wertpapiers am Geldmarkt finanziert werden. Anleger an Geld- und Kapitalmärkten sind auf die Einschätzung von **Rating-Agenturen** angewiesen, die das Risiko eines Zahlungsausfalls für verschiedenartige Finanzinstrumente bewerten und ihre Beurteilung in einer Kennzahl zusammenfassen. Die Bedeutungen dieser Ratingcodes sind in Tabelle 1.3 für die drei wichtigsten Rating-Agenturen zusammengefasst. Bereits bei einem Rating von BB+ gilt ein Wertpapier als spekulativ.

S&P	Fitch	Moody's	Engl. Bezeichnung/Bedeutung	
AAA	AAA	Aaa	Prime	Höchste Kreditqualität. Kreditausfall sehr unwahrscheinlich.
AA+ AA AA-	AA+ AA AA-	Aa1 Aa2 Aa3	High grade	Hohe Kreditqualität. Ausfallrisiko weiterhin sehr gering.
A+ A A-	A+ A A-	A1 A2 A3	Upper medium grade	»Obere Mittelklasse«. Sichere Anlage, sofern keine unvorhergesehenen Ereignisse eintreten.
BBB+ BBB BBB-	BBB+ BBB BBB-	Baa1 Baa2 Baa3	Lower medium grade	Moderates Ausfallrisiko. Bei Verschlechterung des wirtschaftlichen Umfelds könnte Zahlungsfähigkeit eingeschränkt werden
BB+ BB BB-	BB+ BB BB-	Ba1 Ba2 Ba3	Non-Investment grade	Schwach spekulativ. Bei Verschlechterung des wirtschaftlichen Umfelds sind Zahlungsausfälle nicht ausgeschlossen.
B+ B B-	B+ B B-	B1 B2 B3	Speculative grade	Spekulative Anlage mit hohem Ausfallrisiko. Bei Verschlechterung sind Zahlungsausfälle wahrscheinlich.
CCC+ CCC CCC-	CCC	Caa1 Caa2 Caa3	Highly speculative	Hochspekulative Anlage mit sehr hohem Ausfallrisiko. Nur bei günstiger Entwicklung ist Zahlungsfähigkeit zu erwarten.
CC C	CC C	Ca C	In default with little prospect for recovery	Zahlungsunfähigkeit sehr wahrscheinlich oder unvermeidlich.
SD/D	RD/D		In default	Teilweiser, begrenzter oder vollständiger Zahlungsausfall.

Tab. 1.4: Ratingcodes von Standard & Poor's (S&P), Fitch und Moody's.
Quelle: Eigene Darstellung in Anlehnung an https://www.tagesschau.de/wirtschaft/rating102.html und https://www.morganstanley.com/disclosures/creditratings.

1.3.4 Transformationsfunktionen des Finanzsektors

Der Besitz von Vermögenswerten wird im Finanzjargon auch als **Position** bezeichnet. Häufig wird daher von der »Finanzierung einer Position« gesprochen, wenn die Verbindlichkeiten (auf der Passivseite einer Bilanz) benannt werden, die den Geld- oder Sachvermögenswerten (auf der Aktivseite) gegenüberstehen. Wenn Kreditinstitute langfristige Positionen mit kurzfristigen Verbindlichkeiten finanzieren, die regelmäßig erneuert werden müssen, spricht man von einer **Fristentransformation,** weil Forderungen und Verbindlichkeiten zu unterschiedlichen Zeitpunkten fällig werden. Der Begriff der »Transformation« kann bei Geschäftsbanken zu Missverständnissen führen, da der Eindruck entstehen könnte, eine Bank würde die kurzfristigen Einlagen ihrer Kunden erst einwerben und dann weiterverleihen, um diese zu langfristigen Forderungen zu »transformieren«. Banken finanzieren Kredite und Wertpapierankäufe im Eigenhandel aber durch die Schöpfung neuer Einlagen. Dennoch unterscheiden sich die Forderungen einer Bank wie Kredite oder Wertpapiere in Laufzeit, Größenordnung und Risikoklasse von ihren Verbindlichkeiten – auch wenn diese z.T. aus selbst geschaffenen Kundeneinlagen bestehen. Daher erfüllen auch Geschäftsbanken die in Kürze dargestellten Transformationsfunktionen und sind den damit verbundenen Risiken ausgesetzt.

Werden Positionen durch eine Vielzahl geringer Verbindlichkeiten finanziert, bezeichnet man dies als **Retail-Finanzierung** (»retail« ist Englisch für Kleinhandel). Den Positionen einer Geschäftsbankenbilanz können theoretisch ausschließlich kurzfristige Kundeneinlagen gegenüberstehen. Die Finanzierung durch die Aufnahme umfangreicherer Kredite bzw. die Emission von Wertpapieren (wie Schuldverschreibungen) bezeichnet man hingegen als **Wholesale-Finanzierung** (»wholesale« ist Englisch für Großhandel). Banken refinanzieren ihre Positionen am Interbanken-, Geld- oder Kapitalmarkt, sofern die Kundeneinlagen die eigene Bankbilanz verlassen (siehe Kap. 2.1.2). Häufig werden hierzu Verbindlichkeiten an Kapitalsammelstellen verkauft, die solche Ankäufe typischerweise wiederum im Retail-Geschäft finanzieren, indem sie die Einlagen einer Vielzahl von Kunden bündeln. Auch Kapitalsammelstellen üben Transformationsfunktionen aus, da den langfristigen Forderungen in ihrer Bilanz kurzfristige Verbindlichkeiten gegenüberstehen. Für Kapitalsammelstellen, die keine Banken sind, existiert jedoch nicht die Möglichkeit, Wertpapierkäufe über eigens geschaffene Sichtguthaben zu finanzieren.

Die folgenden Transformationsfunktionen werden sowohl von Banken wie Schattenbanken ausgeführt:

- Die **Fristentransformation** entsteht dadurch, dass Forderungen und Verbindlichkeiten zu unterschiedlichen Zeitpunkten fällig werden. Im klassischen Kredit- und Einlagengeschäft von Geschäftsbanken ist dies besonders offensichtlich: Bei der Kreditvergabe entstehen langfristige Forderungen, denen kurzfristige, nämlich jederzeit fällige, Verbindlichkeiten gegenüberstehen. Sofern Banken die Einlagen ihrer Kunden längerfristig binden, z.B. über Termineinlagen, oder längerfristige Wertpapiere am Geld- oder Kapitalmarkt emittieren (wie es auch andere Kreditinstitute tun), ist die Inkongruenz der Fristigkeiten ggf. geringer. Schattenbanken leihen sich i.d.R. kurzfristig Geld, um es langfristig anzulegen, und müssen die aufgenommenen Kredite nach Fälligkeit immer wieder erneuern (»Überrollen«). Kreditinstitute verdienen durch die Fristentransformation an der Zinsdifferenz zwischen langfristigen Forderungen und kurzfristigen Verbindlichkeiten.

- Eine **Risikentransformation** findet statt, weil die Forderungen auf der Aktivseite der Bilanz i. d. R. risikoreicher sind als die Verbindlichkeiten auf der Passivseite. Im klassischen Kredit- und Einlagengeschäft der Geschäftsbanken ist auch dies wieder besonders deutlich zu erkennen: Die Einlagen der Banken können jederzeit zum Nennwert in Bargeld getauscht werden und sind zusätzlich durch die Einlagensicherung gegen eine Insolvenz der Bank abgesichert, während die Kreditforderungen der Bank einem Ausfallrisiko unterliegen. Andere Forderungen unterliegen neben dem Ausfallrisiko auch einem Kursverlustrisiko, weil Wertpapiere ggf. mit Verlusten verkauft werden müssen, wenn man kurzfristig Liquidität benötigt. Zum Ausgleich der Risikodifferenz werden Kredite nur zu höheren Zinsen vergeben oder langfristige Wertpapiere nur bei höherer effektiver Rendite gekauft.
  Das Risiko wird zudem durch **Diversifikation des Forderungsbestandes** gesenkt. Durch ein vielfältiges Portfolio können **Konzentrationsrisiken** (auch **Klumpen- oder Clusterrisiken** genannt) verringert werden. Diese entstehen, wenn potenzielle Zahlungsausfälle oder Zins- und Preisveränderungen im Forderungsbestand stark miteinander korrelieren. Wer nur Anleihen von Automobilherstellern besitzt, wird bei einer Krise der Automobilbranche Kursverluste bei all seinen Wertpapieren erleiden. Bei einem diversifizierten Portfolio werden die Verluste im Verhältnis zum gesamten Forderungsvolumen deutlich geringer sein. Der Kunde profitiert davon, dass die Kreditinstitute ein größeres Portfolio von Forderungen besitzen und so eine Risikostreuung betreiben können, die er allein nicht vollziehen könnte.
- Der Begriff der **Losgrößentransformation** beschreibt den Umstand, dass die Verbindlichkeiten der Kreditinstitute häufig aus einer Vielzahl kleiner Anlagebeträge bestehen. Auch dies ist bei der Retail-Finanzierung der Geschäftsbanken wieder besonders auffällig, da die Sichtguthaben eines einzelnen Kunden sogar nur wenige Euro betragen können. Eine solche Summe könnte ein Kunde ohne eine Bank nur schwer gewinnbringend anlegen. Im System der Schattenbanken sind es häufig die Wholesale-Kunden, wie Versicherungsinstitute oder Fonds, die durch Versicherungsbeiträge oder den Verkauf von Anteilen kleinere Geldbeträge ihrer Kunden sammeln und dann in Finanzprodukten anlegen. Auch eine *räumliche Transformation* findet statt, da Anleger und Kreditnehmer aus unterschiedlichen Regionen stammen können.
- Kreditinstitute betreiben zudem eine **Liquiditätstransformation**, weil i. d. R. relativ liquiden Verbindlichkeiten relativ illiquide Forderungen gegenüberstehen. Abermals lässt sich dies beim Kredit- und Einlagengeschäft konventioneller Banken am deutlichsten beobachten, weil den langfristigen und illiquiden Kreditforderungen vollkommen liquide Verbindlichkeiten gegenüberstehen. Aber auch ein Investmentfonds emittiert relativ liquide Fondsanteile, die Kunden jederzeit wieder verkaufen können, und legt die Sichtguthaben der Kunden in illiquideren Wertpapieren an. Das Schattenbankensystem ist zudem darauf spezialisiert, illiquide Kreditforderungen von Banken oder Unternehmen in handelbare und somit liquidere Wertpapiere umzuwandeln, die wiederum von Kapitalsammelstellen als Finanzanlage erworben werden, wie wir in Kapitel 3.1 sehen werden.

Aufgrund der Transformationsfunktionen sind Kreditinstitute verschiedenen Geschäftsrisiken ausgesetzt, die häufig auf **Illiquidität**, also einem **Mangel liquider Mittel**, zurückzuführen sind. Für eine Nichtbank sind Sichtguthaben liquide Zahlungsmittel, die zur Begleichung von Zahlungsverpflichtungen verwendet werden. Für Banken stellen diese Guthaben aber eine Verbindlichkeit dar und sind daher keine liquiden Mittel. Geschäftsbanken fehlt Liquidität, wenn sie nicht genügend Reserveguthaben bei der Zentralbank besitzen, um ihre Zahlungen mit anderen Banken auszugleichen. Eine Geschäftsbank kann Reserven zwar von der Zentralbank leihen, benötigt hierzu aber genügend Sicherheiten ausreichender Qualität. Schattenbanken müssen hingegen auf Kredite von Geschäftsbanken hoffen, wenn ihnen Zahlungsmittel fehlen. Zusätzlich sind sowohl Geschäfts- wie auch Schattenbanken von **Insolvenz** bedroht, wenn ihr **Eigenkapital aufgrund von Verlusten unter die gesetzlich vorgeschriebene Grenze** fällt.[31]

Folgende Risiken entstehen durch die Transformationsfunktionen von Kreditinstituten:

- **Kreditausfallrisiko (auch Kontrahentenausfallrisiko)**: Das Kreditausfallrisiko betrifft Banken und andere Kreditinstitute gleichermaßen. Sollte ein Kreditnehmer nicht zahlen können, müssen die uneinbringlichen Forderungen abgeschrieben werden. Hierdurch entstehen Verluste, die das Eigenkapital verringern und zur Insolvenz führen können. Dies ist auch der Fall, wenn die Zahlung einer Anleihe oder eines anderen Wertpapiers ausfällt.
- **Liquiditäts- bzw. Kreditanschlussrisiko:** Aufgrund der Fristentransformation werden langfristige Forderungen mit kurzfristigen Verbindlichkeiten finanziert. Kurzfristige Kredite oder Schuldverschreibungen müssen daher regelmäßig erneuert werden, wodurch das Risiko entsteht, keinen Kreditgeber zu finden. Geschäftsbanken können im Notfall Kredite bei ihrer Zentralbank aufnehmen, aber nur sofern sie ausreichende Sicherheiten besitzen.
- **Zinsänderungsrisiko (auch Ertragsrisiko)**: Kreditinstitute erzielen Gewinne, solange die regelmäßigen Zinseinzahlungen aufgrund ihrer Forderungen größer sind als die regelmäßigen Zinsauszahlungen für ihre Verbindlichkeiten. Wenn eine Anleihe mit 10-jähriger Restlaufzeit z. B. 3% Zinsen einbringt und über einen kurzfristigen Geldmarktkredit finanziert wird, für den man lediglich 1% Zinsen zahlen muss, entsteht eine Gewinnmarge von 2 Prozentpunkten. Durch die regelmäßige Erneuerung von kurzfristigen Krediten (oder Wertpapieremissionen) entsteht jedoch das Risiko, dass bei einem Anstieg der kurzfristigen Zinsen diese Gewinnmarge fällt oder sogar zu einer Verlustmarge wird, wenn sich die Zinsstrukturkurve invertiert.

  Hierdurch entsteht sowohl ein Liquiditäts- wie auch ein Solvenzproblem, weil zum einen die Einzahlungen fehlen, die ggf. benötigt werden, um die eingegangenen Zahlungsverpflichtungen zu erfüllen, und zum anderen Verluste das Eigenkapital verringern. Banken können Auszahlungen an Nichtbanken zwar mit selbst geschaffenen Einlagen tätigen, verringern durch die zusätzliche Verbindlichkeiten aber ebenfalls ihren Gewinn.

31 Illiquidität und Insolvenz können miteinander verbunden sein. Beispielsweise kann ein Insolvenzverfahren eröffnet werden, wenn ein Schuldner erkennbar und dauerhaft seine Zahlungsverpflichtungen nicht erfüllen kann. Muss ein Unternehmen aufgrund nicht-beglichener Rechnungen einen Kredit aufnehmen, verringert sich zudem seine Eigenkapitalquote, weil sich der Anteil der Fremdfinanzierung erhöht.

- **Preisrisiko (Vermögenspreisänderungsrisiko):** Vermögenspreisänderungen können auf mindestens zwei Weisen zu Problemen führen. Zum einen könnten Kreditinstitute auf steigende Preise spekuliert haben und einen (finanziellen oder realen) Vermögenswert in der Erwartung gekauft haben, ihn später zu einem höheren Preis wieder zu verkaufen. Fällt nun aber entgegen der eigenen Erwartung der Preis des Vermögenswertes, muss er ggf. mit Verlust verkauft werden.
  Zudem werden Vermögenswerte als Sicherheiten verwendet. Ändern sich die Preise der Sicherheiten, kann ein Kreditgeber aufgrund der Nachschusspflicht zusätzliche Sicherheiten verlangen.[32] Wie in Abschnitt 1.3.2 gezeigt, können sinkende Wertpapierkurse dazu führen, dass ein auslaufender Kredit nicht vollständig mit einem neuen ersetzt werden kann, weil der Marktwert der hinterlegten Sicherheiten nicht mehr ausreicht.
  Fehlen einem Kreditnehmer Sicherheiten zum Nachschießen oder für eine neue Kreditaufnahme, muss er ggf. Vermögenswerte verkaufen, die nicht als Sicherheiten akzeptiert werden, und dabei Verluste realisieren, falls der Preis dieser Vermögenswerte gesunken ist. Mit den Verkaufserlösen kann er ggf. einen Teil des Kredites zurückzahlen oder Sicherheiten erwerben, die er zusätzlich hinterlegen kann. Besitzt er keine veräußerbaren Vermögenswerte, kann er den Kredit nicht bedienen und ist somit zahlungsunfähig. Auch Geschäftsbanken sind vom Preisrisiko betroffen, da sie Wertpapiere aus spekulativen Gründen erwerben und sowohl im Interbanken- und Geldmarkt wie auch bei Geschäften mit der Zentralbank Sicherheiten bei einer Kreditaufnahme hinterlegen müssen.

Die Risiken der Kreditinstitute können durch ein geschicktes **Bilanzstrukturmanagement** verringert werden. Hierunter versteht man eine verbesserte Abstimmung der Fälligkeitstermine von Forderungen und Verbindlichkeiten. Wie oben bereits erwähnt, besteht die Möglichkeit, durch eine längerfristige Bindung der Kunden (z.B. durch Termineinlagen oder Emission langfristiger Wertpapiere am Kapitalmarkt) eine größere Kongruenz von Einzahlungs- und Auszahlungsterminen zu erreichen. Sofern die Fälligkeitstermine von Forderungen und Verbindlichkeiten perfekt aufeinander abgestimmt sind, spricht man auch von einem »**Matched-Book**«. Finanzinstitute, bei denen dies der Fall ist, haben kein Liquiditäts- oder Zinsänderungsrisiko mehr, verringern aber auch ihren Gewinn, weil sie nicht mehr an den Zinsdifferenzen zwischen kurz- und langfristigen Finanzanlagen verdienen, sondern lediglich an den Gebühren für ihre Dienstleistungen. Für den gesamten Finanzsektor ist eine perfekte Fristenkongruenz zudem nicht möglich, da Fristentransformation ja zu seinen Kernaufgaben gehört.

1.3.5 Termingeschäfte: Derivate

Eine Möglichkeit, mit der einzelne Kreditinstitute ihre Risiken verringern können, sind **Derivate**. Der Wert dieser Finanzinstrumente leitet sich aus dem Preis eines anderen Produktes, dem sogenannten **Basiswert**, ab (»derivare« ist Lateinisch für »ableiten«). Basiswerte können sowohl

32 Dies gilt auch bei der Besicherung mit Immobilien oder anderen Sachwerten, z.B. bei einem Hypothekenkredit.

Sachvermögenswerte wie Rohstoffe sein, aber auch einzelne Finanzprodukte oder Indizes. Da Vertragsabschluss und Erfüllung zeitlich auseinanderfallen, handelt es sich bei Derivaten um **Terminkontrakte**.[33]

Ursprünglich wurden Derivate entwickelt, um sich gegen Verluste aus Preisveränderungen zu versichern. Möchte ein Produzent sich z.B. davor schützen, dass die Preise seines Produkts während der Produktionszeit fallen, kann er gegen Zahlung einer Gebühr ein Derivat abschließen, das versichert, dass er seine Produkte zu einem Mindestpreis verkaufen kann. Um eine solche Absicherung erhalten zu können, benötigt der Produzent als **Sicherungsnehmer** eine entsprechende finanzielle Gegenpartei, die bereit ist, zu einem vorher vereinbarten Zeitpunkt eine Ausgleichszahlung in Höhe der Differenz zwischen dem späteren Marktpreis und einem vorher vereinbarten Mindestpreis zu zahlen (sofern der Marktpreis niedriger ist). Diese Partei repräsentiert den **Sicherungsgeber**.

Der Kontrahent zu einem solchen Absicherungsgeschäft ist i.d.R. ein Versicherungskonzern, der eine Gebühr verlangt, welche die von ihm erwartete Preisentwicklung reflektiert. Ein Versicherungsunternehmen betreibt Risikostreuung, indem es eine breite Palette von Produkten anbietet, die unterschiedliche Risiken absichern. Daher kann es die Verluste aufgrund des Eintritts eines bestimmten versicherten Ereignisses gut verkraften, weil es an anderen Produkten verdient, bei denen der Versicherungsfall nicht eintritt. Der Sicherungsnehmer, der evtl. nur mit einem Produkt handelt, ist hingegen darauf angewiesen, dass er dieses nicht unter den Produktionskosten verkaufen muss. Versicherungskonzerne übernehmen daher eine sinnvolle Funktion in einem Wirtschaftssystem mit flexiblen Preisen. Das Risiko von Verlusten aufgrund fallender Preise wird durch die Versicherung nicht beseitigt, aber vom Sicherungsnehmer auf den Sicherungsgeber übertragen.

Einige Derivate werden an Finanzmärkten gehandelt, andere außerbörslich **»over the counter« (kurz OTC)**. An der Börse können Derivate nur gehandelt werden, wenn sie bzgl. Basiswert, Laufzeit, Volumen und Erfüllungsort standardisiert sind. Dagegen werden beim OTC-Handel die Derivate i.d.R. von einer Bank an die speziellen Wünsche des Käufers angepasst. Finanzinstitute können dann einen An- und Verkaufspreis für OTC-Derivate veröffentlichen. Derivate können auch von Personen erworben werden, die gar kein Risiko versichern müssen. Es handelt sich dann um eine reine Wette, die dem Käufer eines Derivats einen Gewinn erbringt, sofern der Preis des versicherten Produkts soweit fällt, dass die Ausgleichszahlungen höher ausfallen als die Gebühren der Versicherung. Der Sicherungsgeber wettet hingegen darauf, dass die Preise nicht so sehr fallen. Man spricht bei Derivaten von einer **langen Position**, sofern auf einen steigenden Kurs, und von einer **kurzen Position**, sofern auf einen fallenden Kurs des Basiswertes gewettet wird. Wer einen Markt »shortet«, wettet dementsprechend auf fallende Kurse eines bestimmten Finanzprodukts, wie der Hedgefonds-Manager Michael Burry, der kurz vor Aus-

33 Ein detaillierter Überblick über die Funktionsweise von Derivaten findet sich in Kruse (2021).

bruch der Finanzkrise auf fallende Kurse von hypothekenbesicherten Wertpapieren wettete. Der Film über diese Wette trägt dementsprechend den Titel »The Big Short«.

Die wichtigsten Derivate, mit denen sich Finanzinstitute heute absichern, sind **Optionen, Futures (bzw. Forwards) und Swaps**. Optionsscheine stellen **bedingte Termingeschäfte** dar. Der Käufer einer Option erwirbt das Recht, einen Basiswert innerhalb eines zuvor festgelegten Zeitraums zu einem zuvor festgelegten Preis (dem **Basispreis**) zu kaufen **(Call-Option)** bzw. zu verkaufen **(Put-Option)**. Alternativ zur tatsächlichen Lieferung des Basiswerts (*Physical Settlement*) kann der Inhaber einer Option – wie in dem Beispiel oben – aber auch eine Ausgleichszahlung verlangen (*Cash Settlement*).

Call- und Put-Optionen werden heute vor allem von Anlegern verwendet. Mit Put-Optionen kann man sich z. B. gegen fallende Kurse versichern und Wertpapiere später zu einem heute bereits festgelegten höheren Preis verkaufen. Mit Call-Optionen kann man hingegen auf steigende Kurse spekulieren und die Wertpapiere zum vorher festgelegten geringeren Preis vom Optionsgeber abkaufen, um sie gewinnbringend am Markt wieder zu verkaufen. Ebenso könnte man sich mit einer Call-Option gegen steigende Kurse versichern, falls man zu einem späteren Zeitpunkt ein Wertpapier kaufen muss (z. B. aufgrund eines anderen Termingeschäfts) oder mit einer Put-Option auf fallende Kurse wetten.

Optionen sind innerhalb ihrer Laufzeit i. d. R. handelbar. Der Preis einer handelbaren Option sollte dabei die durchschnittliche Erwartung der Marktteilnehmer bzgl. der Entwicklung des Basiswerts reflektieren. Sollte sich die Einschätzung der Marktteilnehmerinnen derart ändern, dass diese im Durchschnitt die Wahrscheinlichkeit höher einschätzen, die mit einer Option verbundene Wette zu verlieren, sollte der Preis der Option entsprechend fallen.

Futures und Forwards stellen **unbedingte Termingeschäfte** dar, bei denen sich beide Vertragsparteien verpflichten, ein Geschäft zu einem bestimmten Zeitpunkt zu einem zuvor festgelegten Preis durchzuführen. Es besteht für keinen der Vertragspartner die Möglichkeit, das Termingeschäft nicht durchzuführen. Es kann sich sowohl um den Kauf wie auch den Verkauf einer bestimmten Menge eines bestimmten Basiswerts handeln. Auch bei unbedingten Termingeschäften lässt sich die Pflicht, den Kauf bzw. Verkauf durchzuführen, durch Verkauf des Finanzprodukts übertragen. Die vereinbarte Menge des Basiswerts muss bei unbedingten Termingeschäften aber in jedem Fall geliefert werden. Die Möglichkeit einer Ausgleichszahlung ist nicht vorgesehen. Werden unbedingte Termingeschäfte an der Börse gehandelt, so spricht man von Futures, andernfalls von Forwards. Wie auch bei den Optionsscheinen ist sowohl eine tatsächliche Absicherung wie auch eine reine Spekulation mit Futures und Forwards möglich.

»Swaps« sind Tauschgeschäfte zwischen zwei Parteien, die ausschließlich OTC gehandelt werden. Grundlage von Swapgeschäften sind Zahlungsströme (keine Bestandsgrößen), wie z. B. Kredit- oder Zinszahlungen. Ein **Zinstermingeschäft (im Englischen Forward Rate Agreements, kurz FRA)** besteht z. B. aus dem regelmäßigen Austausch zweier Zinszahlungen, i. d. R.

der eines festen gegen der eines flexiblen Zinssatzes. Durch solche Swaps kann man sich gegen Zinsschwankungen absichern, indem man den Zins für zukünftig aufzunehmende Verbindlichkeiten oder zu vergebende Kredite bereits heute festlegt.

Ein Kreditnehmer könnte z. B. ein FRA eingehen, bei dem der zukünftige Dreimonatszins am Geldmarkt (i_{3M}) gegen einen festen Zinssatz F getauscht wird. Er zahlt dann die Differenz zwischen diesem Zins und dem Geldmarktzins an den Vertragspartner, sofern der zukünftige Geldmarktzins unter dem vereinbarten Zins liegt, und erhält die Differenz, sofern der zukünftige Geldmarktzins den vereinbarten Zins übersteigt. Der Kreditnehmer hat somit den Zinssatz für einen zukünftigen Kredit, den er am Geldmarkt aufnimmt, bereits heute festgelegt:

$$\underbrace{i_{3M}}_{\text{Geldmarktzins}} + \underbrace{F - i_{3M}}_{\text{Zinstermingeschäft}} = F.$$

Er hat sich mit dem FRA gegen steigende Geldmarktzinsen abgesichert. Sollte der Vertragspartner entsprechend planen, einen Kredit am Geldmarkt zu vergeben, hätte er durch den Swap seine Zinseinnahmen festgelegt und sich gegen fallende Zinsen abgesichert. Kreditinstitute können so z. B. ihr Zinsänderungsrisiko verringern und (unter der Voraussetzung liquider Geldmärkte) sicherstellen, dass die zukünftigen Einzahlungen (aus den Zinseinnahmen der Forderungen) ausreichen, um die zukünftigen Auszahlungen (für die Zinsen selbst aufgenommener Kredite) tätigen zu können.[34] Sofern kein Kredit abgesichert werden soll, wetten beide Vertragsparteien auf die zukünftige Zinsentwicklung. Der hier beschriebene Kreditnehmer erzielt dann einen Gewinn, sofern der zukünftige Geldmarktzins den vereinbarten Zins übersteigt. Im umgekehrten Fall erhält sein Vertragspartner eine Zahlung.

Credit Default Swaps (CDS) sind Derivate, bei denen eine Ausgleichszahlung im Falle eines Kreditausfalls gegen eine regelmäßige Prämie getauscht wird. Der Sicherungsgeber übernimmt das Risiko eines Zahlungsausfalls für einen Kredit, während der Sicherungsnehmer dafür einen Preis zahlt. Dieser Preis sollte die durchschnittliche Markterwartung eines Zahlungsausfalls reflektieren. Mit CDS kann ein Kreditgeber das Kreditausfallrisiko auf den Sicherungsgeber übertragen, aber auch auf den Zahlungsausfall einer dritten Partei wetten, ohne selbst Kreditgeber zu sein. Bspw. könnte man einen CDS für Kredite kaufen, die man selbst nicht vergeben hat. Sollten diese Kredite ausfallen, muss der Herausgeber des Swaps dann eine Ausgleichszahlung leisten.

34 Die Höhe des festen Zinssatzes F für das Zinstermingeschäft lässt sich aus der Zinsparität für Termingeschäfte (im Englischen »Forward Interest Parity«, kurz FIP) ableiten: Aufgrund von Arbitrage sollten die Zinskosten für einen heutigen Kredit mit einer Laufzeit von $n + t$ Monaten genau so hoch sein wie die von zwei aufeinanderfolgenden Krediten mit einer Laufzeit von n und t Monaten, sofern die Kreditmärkte liquide sind.

Kernpunkte Kap. 1.3

- Geschäftsbanken haben im Vergleich zu anderen Kreditinstituten mindestens zwei zusätzliche Funktionen: **die Herstellung von Zahlungsmitteln sowie die Bereitstellung eines bargeldlosen Zahlungssystems.**
- Diese besonderen Funktionen rechtfertigen zum einen eine besondere **Absicherung (über eine gesetzlich vorgeschriebene Einlagensicherung und die Liquiditätsbereitstellung der Zentralbank)** wie zum anderen eine **besondere Regulierung.**
- Der **Baseler Ausschuss für Bankenaufsicht** entwickelt Standards zur Bankenregulierung, die im Wesentlichen auf eine **ausreichende Eigenkapitalausstattung** abzielen, aber auch **Verschuldungsquoten** begrenzen und einen **Mindestanteil liquider Vermögenswerte** vorschreiben.
- **Schattenbanken** sind Kreditinstitute, die **kein Zentralbankkonto** besitzen und Verbindlichkeiten emittieren, die **nicht durch eine gesetzlich vorgeschriebene Einlagensicherung abgesichert** sind. Sie üben dennoch **typische Transformationsfunktionen** des Finanzsektors aus. Sie sind reine Finanzintermediäre, die **vorhandene Zahlungsmittel weitervermitteln**, während **Banken bei jeder Kreditvergabe zusätzliche Zahlungsmittel schaffen.**
- Das Geldangebot der Banken passt sich an die Nachfrage kreditwürdiger Kreditnehmer an (**Endogenität des Geldes**).
- **Wertpapierpensionsgeschäfte (repurchase agreements, kurz Repos)** sind **besicherte Kredite**, die in Form von **Rückkaufvereinbarungen von hinterlegten Sicherheiten** ausgestaltet werden. Als Sicherheiten dienen i. d. R. marktfähige Wertpapiere.
- Der **Haircut** stellt einen **Sicherheitsabschlag** auf den Marktwert einer Sicherheit dar. Die **Nachschusspflicht (Margin Call)** ermöglicht dem Kreditgeber, **zusätzliche Sicherheiten zu verlangen, wenn der Marktwert der hinterlegten Sicherheiten fällt.**
- Der **Finanzmarkt** lässt sich in den **klassischen Kreditmarkt**, den **Geldmarkt**, den **Kapitalmarkt** und den **Devisenmarkt** einteilen.
- **Illiquidität** tritt ein, wenn ein Wirtschaftssubjekt **nicht genügend Zahlungsmittel** besitzt, um seinen Zahlungsverpflichtungen nachzukommen. **Insolvenz** tritt ein, wenn sein Eigenkapital unter den gesetzlich vorgeschriebenen Wert fällt.
- Kreditinstitute üben folgende Transformationsfunktionen aus: **Fristen-, Risiken-, Losgrößen- und Liquiditätstransformation.**
- Aufgrund der Transformationsfunktionen entstehen folgende Risiken: **Kreditausfall-, Liquiditäts- (auch Kreditanschluss-), Zinsänderungs- und Preisrisiko.**
- **Derivate** sind Termingeschäfte, die zur **Absicherung von Risiken oder zur Spekulation** auf Preisentwicklungen genutzt werden. Die gängigsten Derivatformen sind **Optionsscheine, Futures (bzw. Forwards) und Swaps.**

Anhang zu Kapitel 1

Monetärer Kreislauf mit Zinsen und Gewinnen

Die obige Darstellung eines einfachen Geldkreislaufs ist eine grobe Vereinfachung. Häufig wird vorschnell geschlossen, dass eine Berücksichtigung von Zinsen und Gewinnen eine stetig wachsende Geldmenge oder einen Wachstumszwang verursachen würde, weil beides dem Kreislauf Geld entziehen würde, das fortan ersetzt werden müsste. Dies ist aber keine zwangsläufige Folgerung aus dem Kreditgeldsystem, da Gewinne Einkommen der Unternehmensbesitzer darstellen, die wieder ausgegeben werden können, und die Kreditzinsen bei Bezahlung der Bankangestellten oder -eigentümer geschöpft werden und daher nicht im System fehlen müssen.

Abbildung 1.9 erweitert den Geldkreislauf aus Abbildung 1.4 um Zinsen und Gewinne. Die Unternehmen verlangen für ihre Güter nun 110 statt 100 Euro, da sie 5 Euro Zinsen an die Bank zahlen müssen und 5 Euro Gewinn machen möchten. Im dritten Schritt verkaufen sie zunächst Güter im Wert von 60 Euro und machen einen Gewinn von 10 Euro, mit denen sie im vierten Schritt die Hälfte des Kredits inkl. der Zinsen zurückzahlen, wodurch die Bank 5 Euro Gewinn macht. Aus diesem Gewinn bezahlt die Bank ihre Angestellten, indem sie ihnen das Gehalt auf ihren Konten gutschreibt.[35] Durch diesen Vorgang wird zusätzliches Geld geschöpft, was dem Haushaltssektor für weitere Ausgaben zur Verfügung steht. Zudem zahlt das Unternehmen 5 Euro Gewinn an seine Eigentümer aus, die ebenfalls Teil des Haushaltssektors sind. Die Haushalte können nun die restlichen Güter kaufen und konsumieren, wodurch das Unternehmen die nötigen Einlagen erhält, um die zweite Hälfte des Kredits zu begleichen.

Auch unter Berücksichtigung von Zinsen und Gewinnen ist der Geldkreislauf mit einer statischen Volkswirtschaft ohne Wachstum vereinbar. Werden Gewinne von Bankangestellten und Unternehmenseigentümerinnen nicht vollständig ausgegeben oder ein Teil des Einkommens der Haushalte gespart, könnte die Nachfrage allerdings zu gering sein, um alle produzierten Güter zu verkaufen. Das ist aber kein Problem des Kreditgeldsystems, da es nicht an Zahlungsmitteln mangelt, sondern an der Bereitschaft, diese auszugeben.

---

35 Zins- und Gehaltszahlungen werden für gewöhnlich auf mehrere Perioden aufgeteilt und wirken sich auf die Gewinn- und Verlustrechnung der Bank im Unterkonto des Eigenkapitals aus.

1. Die Banken schöpfen Kredite im Wert von 100 Euro und schreiben diese den Unternehmen gut:

A	Banken		P	A	Unternehmen (U)		P	A	Haushalte (H)		P
Kredite	100	Einlagen U	100	Einlagen	100	Kredite	100	-		–	

2. Die Unternehmen fragen Arbeit aus dem Haushaltssektor nach:

A	Banken		P	A	Unternehmen (U)		P	A	Haushalte (H)		P
Kredite	100	Einlagen H	100	Güter	110	Kredite	100	Einlagen	100	NV	100
						NV	10				

Der Preis der Güter übersteigt die Lohnkosten, damit die Unternehmen einen Gewinn machen und die Zinsen zahlen können.

3. Der Haushaltssektor kauft einen Teil der Güter der Unternehmen und konsumiert diese:

A	Banken		P	A	Unternehmen (U)		P	A	Haushalte (H)		P
Kredite	100	Einlagen U	60	Güter	50	Kredite	100	Einlagen	40	NV	40
		Einlagen H	40	Einlagen	60	NV	10				

4. Die Unternehmen zahlen Teil der Kredite inkl. Zinsen zurück:

A	Banken		P	A	Unternehmen (U)		P	A	Haushalte (H)		P
Kredite	50	Einlagen H	40	Güter	50	Kredite	50	Einlagen	40	NV	40
		Einlagen U	5	Einlagen	5	NV	5				
		NV	5								

Trotz Zinszahlung bleiben den Unternehmen noch 5 Euro Gewinn, die sie im letzten Schritt an ihre Eigentümer auszahlen können. Die Banken machen durch die Zinszahlungen zudem 5 Euro Gewinn.

5. Die Banken bezahlen ihre Angestellten mit dem Zinsgewinn und die Unternehmen schütten den Unternehmensgewinn an ihre Anteilseigner aus:

A	Banken		P	A	Unternehmen (U)		P	A	Haushalte (H)		P
Kredite	50	Einlagen H	50	Güter	50	Kredite	50	Einlagen	50	NV	50

Durch die Gehaltszahlung der Banken, entstehen zusätzliche Einlagen im Haushaltssektor. Mit der Gewinnausschüttung der Unternehmen, besitzen die Haushalte nun genug Einlagen, um die restlichen Güter abzukaufen, wodurch der Unternehmenssektor seine Kredite tilgen kann.

Abb. 1.9: Ein monetärer Kreislauf mit Zinsen und Gewinnen.
Quelle: Eigene Darstellung.

Exakte Herleitung der Finanzierungssalden

Im Folgenden wird die Herleitung der Finanzierungssalden um Einkommens- und Vermögensübertragungen zwischen In- und Ausland sowie Zinszahlungen der Regierung erweitert. Zu den grenzüberschreitenden Vermögensübertragungen gehören z. B. Schenkungen oder Erbschaften. Die Nettovermögensübertragungen (empfangene Übertragungen abzgl. geleisteter Übertragungen) können positiv oder negativ sein und sowohl den staatlichen als auch den privaten Sektor betreffen. Bezeichnen wir die gesamten Nettovermögensübertragungen mit *NVÜ*, gilt demnach:

(A.1.1) $NVÜ = NVÜ_{Pr} + NVÜ_{St}.$

Zinszahlungen des Staates werden für gewöhnlich nicht zu den Transfers gezählt, die in der Variable T erfasst werden. Wenn die staatliche Verschuldung mit B (für »bonds«) und der entsprechende Zinssatz mit i (für »interest rate«) bezeichnet wird, gilt für die staatlichen Zinsausgaben:

$$i\,B = i\,B_{Pr} + i\,B_{Au}\,,$$

wobei B_{Pr} die Anleihen im Besitz des inländischen Privatsektors und B_{Au} die Anleihen im Besitz des Auslandes repräsentieren.

Addiert man zum BIP (Inlandskonzept) den Saldo der Primäreinkommen (SP), der grenzüberschreitende Einkommensübertragungen erfasst, gelangt man zum Bruttonationaleinkommen (Inländerkonzept):

$$BNE = C + I + G + (EX - IM) + SP\,.$$

Um das gesamte Einkommen des inländischen Privatsektors zu erhalten, müssen nun noch die Nettovermögensübertragungen aus dem Ausland $(NVÜ_{Pr})$ sowie die Zinseinkünfte aus dem Besitz inländischer Staatsanleihen $(i\,B_{Pr})$ zum BNE addiert werden. Da die Zinszahlungen des Staates an ausländische Besitzer inländischer Staatsanleihen durch den Saldo der Primäreinkommen vom privaten Einkommen abgezogen wurden, müssen sie zur Berechnung des Gesamteinkommens nun wieder hinzugezählt werden. So ergibt sich:

$$\underbrace{BNE + NVÜ_{Pr} + i\,B}_{\text{Einkommen Privatsektor}} = C + I + G + (EX - IM) + SP + NVÜ_{Pr} + iB\,.$$

Die Nettovermögensbildung des Privatsektors entspricht weiterhin dem Teil des verfügbaren Einkommens, der nicht für Konsumausgaben verwendet wird, also $S \equiv BNE + NVÜ_{Pr} + i\,B_{Pr} - T - C$. Nach einigen Umformungen erhalten wir mithilfe von (A.1.1) schließlich folgende Identität:

$$\underbrace{(S - I)}_{FS_{Privat}} + \underbrace{(T + NVÜ_{St} - G - i\,B)}_{FS_{Staat}} + \underbrace{(IM - EX - SP - NVÜ)}_{FS_{Ausland}} = 0\,.$$

Der Unterschied zu der Herleitung aus Kap. 1.2.3 besteht aus den folgenden Punkten:

- Der private Finanzierungssaldo umfasst nun auch grenzüberschreitende Einkommensarten (Saldo der Primäreinkommen) und Vermögensübertragungen sowie Zinseinkünfte aus inländischen Staatsanleihen. Die Einnahmen des Privatsektors bestehen aus den Primäreinkommen der Inländer, den empfangenen Vermögensübertragungen aus dem Ausland sowie Zinseinkünften aus dem Besitz inländischer Staatsanleihen. Die Ausgaben bestehen aus geleisteten Vermögensübertragungen ins Ausland, Steuern (abzgl. Transfers) sowie Konsum- und Investitionsausgaben.

- Der staatliche Finanzierungssaldo umfasst nun auch grenzüberschreitende Vermögensübertragungen sowie Zinszahlungen an in- und ausländische Gläubiger. Die Einnahmen des Staates bestehen aus Steuern (abzgl. Transfers) und empfangenen Vermögensübertragungen aus dem Ausland. Seine Ausgaben entsprechen den geleisteten Vermögensübertragungen ins Ausland, staatlichen Konsum- und Investitionsausgaben sowie Zinszahlungen auf emittierte Anleihen.
- Der ausländische Finanzierungssaldo umfasst nun auch grenzüberschreitende Einkommensarten (Saldo der Primäreinkommen) und Vermögensübertragungen. Die Einnahmen des Auslands entsprechen den Importausgaben des Inlands, den von Ausländern im Inland erzielten Primäreinkommen (inkl. der Zinszahlungen des inländischen Staats) sowie den vom Ausland empfangenen Vermögensübertragungen. Seine Ausgaben entsprechen den Exporteinnahmen des Inlands, den von Inländern im Ausland erzielten Primäreinkommen (inkl. der Zinszahlungen des ausländischen Staats) sowie den vom Ausland geleisteten Vermögensübertragungen.

Alle Finanztransaktionen zwischen In- und Ausland werden in der Kapitalbilanz erfasst. Der Finanzierungssaldo des Auslandes entspricht daher dem Saldo der mit (-1) multiplizierten Kapitalbilanz (siehe Kap. 4.3.1).

2 Geschäfts- und Zentralbanken

Geschäftsbanken erfüllen zwei wichtige Aufgaben: die Versorgung mit Zahlungsmitteln sowie die Bereitstellung eines bargeldlosen Zahlungssystems. Damit diese Aufgaben in der gesellschaftlich gewünschten Weise erfüllt werden, ist dem Geschäftsbankensektor eine Zentralbank übergeordnet, die Banken jederzeit mit Liquidität versorgen kann und Einfluss auf den Kreditzins der Banken nimmt, um so eine wirtschaftliche Entwicklung bei stabilen Preisen zu gewährleisten.

2.1 Der Geschäftsbankensektor

Um das Zusammenspiel zwischen Geschäftsbanken und Zentralbank nachzuvollziehen, müssen wir zunächst klären, wozu Geschäftsbanken überhaupt Guthaben bei der Zentralbank benötigen, wenn sie diese nicht brauchen, um bei einer Kreditvergabe Einlagen zu erzeugen.

2.1.1 Wozu benötigen Banken Zentralbankgeld?

Zentralbanken emittieren digitale wie auch physische Verbindlichkeiten, nämlich Reserven und Bargeld. Banken benötigen Zentralbankgeld aus den folgenden drei Gründen:

- Bargeld wird benötigt, um die **Bargeldwünsche** des Privatsektors zu befriedigen. Die Sichtguthaben bei Geschäftsbanken können jederzeit von Kunden in Bargeld umgetauscht werden. Die digitalen Schuldscheine privater Banken werden dann gegen physische Schuldscheine der Zentralbank getauscht.
- In Ländern mit gesetzlicher **Mindestreservepflicht** wird von den Banken verlangt, einen prozentualen Anteil der Kundeneinlagen in Form von Reserveguthaben auf den Konten der Zentralbank zu halten.
- Der **Zahlungsverkehr** zwischen Banken wird mit Reserven abgewickelt. Die Guthaben bei der Zentralbank übernehmen heute die Funktion, die früher die Goldreserven hatten.

Banken können sich gegen die Hinterlegung von Sicherheiten Reserven von der Zentralbank leihen, die sie jederzeit gegen Bargeld tauschen können. Betrachten wir zur Veranschaulichung das folgende Beispiel, bei dem sich eine Geschäftsbank Reserven von der Zentralbank leiht, um diese gegen Bargeld zu tauschen und einem Kunden auszuzahlen:

Zentralbank	
+ Kredit	+ Reserven
	– Reserven + Bargeld

Bank	
+ Reserven	+ Kredit
– Reserven + Bargeld	
– Bargeld	– Einlagen

Kunde	
– Einlagen + Bargeld	

Zunächst nimmt die Geschäftsbank einen Kredit bei der Zentralbank auf, um Reserven zu erhalten. Dafür muss die Geschäftsbank Sicherheiten hinterlegen und einen Zins zahlen. Wie bei der Giralgeldschöpfung im Geschäftsbankensektor **erzeugt die Zentralbank die verliehenen Reserven per Buchungssatz und vernichtet diese wieder, wenn der Kredit zurückgezahlt wird. Die Zentralbank ist die Bank der Banken**: Die Reserven stellen Guthaben der Geschäftsbanken auf ihrem Zentralbankkonto dar, so wie Einlagen von Nichtbanken Guthaben bei Geschäftsbanken repräsentieren. Der Kredit ist aus Sicht der Zentralbank eine Forderung gegen die Bank und die Reserven stellen Verbindlichkeiten dar. Die Bank kann ihre Reserveguthaben jederzeit zur Begleichung des Kredites verwenden, gegen Bargeld tauschen oder für eine Überweisung an eine andere Bank nutzen.

Im zweiten Schritt erhöht die Bank ihren Bargeldbestand, indem sie ihr Zentralbankguthaben in Bargeld tauscht.[36] Sie ändert die Zusammensetzung ihres Zentralbankgeldes, indem sie eine digitale Forderung gegen einen physische tauscht. Die Zentralbank reduziert im Gegenzug das Guthaben der Bank auf dem Zentralbankkonto um den gleichen Betrag, wie sie das im Umlauf befindliche Bargeld erhöht. Da das Bargeld jederzeit auch wieder in Reserven umgetauscht werden kann, stellt es weiterhin aus Sicht der Bank eine Forderung (Guthaben) und aus Sicht der Zentralbank eine Verbindlichkeit dar.

Schließlich tauscht der Kunde sein Bankguthaben gegen Bargeld und ändert damit seine Zusammensetzung des Zahlungsmittelbestands, indem er die digitalen Schuldscheine der Bank gegen physische Schuldscheine der Zentralbank tauscht. Die Bank verkürzt hierdurch ihre Bilanz, weil sie die Kundeneinlagen sowie ihren Bargeldbestand um den gleichen Betrag verringert. Der Kunde kann das Bargeld jederzeit bei einer Bank zum Nennwert wieder gegen Einlagen tauschen oder das Verfügungsrecht über den Zentralbankschuldschein auf jemand anderen übertragen (wenn er mit dem Bargeld zahlt).[37]

2.1.2 Zahlungsverkehr zwischen Banken

Von den oben genannten Gründen, warum Banken Zentralbankgeld benötigen, ist die Zahlungsabwicklung zwischen Banken der wichtigste. Für den Überweisungsverkehr entwickelten die ersten Banken zunächst ein bilaterales Kontensystem. Bei einer Überweisung zwischen

36 Hierfür wird ein spezialisiertes Transportunternehmen beauftragt, Scheine und Münzen von einer Landeszentralbankfiliale in die Geschäftsbank zu liefern. Dieser Vorgang ist hervorragend im Glossar der Deutschen Bundesbank beschrieben (inkl. Video): https://www.bundesbank.de/de/service/mediathek/der-bargeldkreislauf-in-deutschland-wie-kommt-das-bargeld-in-umlauf--634218.

37 Die Bargeldhaltung ist in den vergangenen Jahrzehnten so sehr gesunken, dass sie inzwischen einen eher unbedeutenden Teil des Zahlungsverkehrs ausmacht. Während das Verhältnis von Bargeld zu Einlagen in Deutschland in den 1980ern noch mehr als 50 % betrug, sind es in 2021 nur noch knapp 13 %.

Bankkonten bei unterschiedlichen Banken erhält die Bank des Zahlungsempfängers Guthaben bei der Bank des Senders:[38]

Bank 1 (Sender)	
	– Einlagen Kunde + Einlagen Bank 2

Bank 2 (Empfänger)	
+ Guthaben Bank 1	+ Einlagen Kunde

Sollte Bank 1 bereits Guthaben bei Bank 2 besitzen, so könnte sie zur Zahlungsabwicklung auch ihr Konto bei Bank 2 belasten:

Bank 1 (Sender)	
– Guthaben Bank 2	– Einlagen Kunde

Bank 2 (Empfänger)	
	+ Einlagen Kunde – Einlagen Bank 1

Bis heute gibt es **Korrespondenzbanken**, die gegenseitige Konten führen. Sie spielen im nationalen Zahlungsverkehr inzwischen aber eine untergeordnete Rolle, weil Banken sich heute eher gegenseitig Kredite gewähren, wie wir in Kürze sehen werden. Da es zwischen zwei Banken im Laufe eines Tages Überweisungsverkehr in beide Richtungen gab, wurden gegenseitige Forderungen verrechnet (**clearing**) und saldiert (**netting**). Dadurch mussten die Banken nicht jede einzelne Überweisung ausgleichen, sondern nur den Saldo am Ende des Tages. Um die Schuldbeziehung zwischen zwei Banken final aufzulösen, wurde zum Zahlungsausgleich der Salden (**settlement**) früher Gold verwendet und heute Zentralbankguthaben.

Aus solchen bilateralen Kontenbeziehungen entstanden multilaterale **Clearinghäuser** (auch Clearingstellen), die Forderungen und Verbindlichkeiten ihrer Mitgliedsbanken gegenseitig verrechnen. Das Clearinghaus ist dann die zentrale Gegenpartei für alle Mitglieder, was den Vorteil hat, dass bei Zahlungsausfall eines Mitglieds, das Clearinghaus Forderungen abschreiben muss, also der Verbund von Banken, und nicht ein einzelnes Mitglied. Um einem Clearinghaus beizutreten, müssen zudem Zulassungsanforderungen erfüllt und für Verbindlichkeiten gegenüber dem Clearinghaus Sicherheiten (Margins) hinterlegt werden (z. B. in Form von Wertpapieren), wodurch Verluste bei Zahlungsausfall verringert werden. Da niemand aus dem Verbund herausfliegen möchte, besteht zudem ein Anreiz, sich regelkonform zu verhalten und Zahlungsausfälle oder -verzögerungen zu vermeiden.

Clearingstellen gibt es nicht nur für Banküberweisungen, sondern auch für viele andere Übertragungen von Verfügungsrechten. Der Zahlungsausgleich erfolgt bei Nichtbanken dann häufig über Bankguthaben. An der Deutschen Börse werden Finanzgeschäfte z. B. über Eurex Clearing verrechnet. Bekannte Clearinghäuser für Banküberweisungen sind CHIPS (**C**learing **H**ouse **I**nterbank **P**ayments **S**ystem) in den USA oder CHAPS (**C**learing **H**ouse **A**utomated **P**ayments **S**ystem) in Großbritannien. Da die heutige Zahlungsabwicklung mit Zentralbankreserven erfolgt, dienen auch die Zentralbanken als zentrale Clearingstelle für die Geschäftsbanken in

38 In diesem Zusammenhang unterscheidet man zwischen Nostro- und Lorokonten (in einigen Ländern werden Letztere auch Vostrokonten genannt). Die Begriffe »Nostro« bzw. »Loro« stammen aus dem Italienischen und bedeuten »unser« bzw. »deren«. Vereinfacht gesagt nennt man das Konto aus Sicht der kontoführenden Bank ein Lorokonto und aus Sicht der Bank, die Guthaben besitzt, ein Nostrokonto.

ihrem Währungsgebiet. Das Zahlungssystem der EZB nennt sich TARGET2 (**T**rans-European **A**utomated **R**eal-time **G**ross Settlement **E**xpress **T**ransfer System), das System der US-FED nennt sich FEDWIRE.

Für den Zahlungsausgleich zwischen Banken besitzt jede Geschäftsbank ein Konto bei ihrer nationalen Zentralbank. Die Zentralbanksysteme sind Brutto-Echtzeitsysteme, die bei einer Überweisung zwischen zwei Kunden unterschiedlicher Banken die Reserveguthaben der Banken sofort anpassen:

Zentralbank	
	– Reserven Bank 1
	+ Reserven Bank 2

Bank 1 (Sender)	
– Reserven	– Einlagen

Bank 2 (Empfänger)	
+ Reserven	+ Einlagen

Sind nicht genügend Reserven auf dem Zentralbankkonto einer Bank vorhanden, so wird ein Innertageskredit gewährt. Wie für ein Clearinghaus üblich, erhält die Zentralbank eine Forderung gegenüber der Bank:

Zentralbank	
+ Innertageskredit Bank 1	+ Reserven Bank 1
	– Reserven Bank 1
	+ Reserven Bank 2

Bank 1 (Sender)	
+ Reserven	+ Innertageskredit
– Reserven	– Einlagen

Bank 2 (Empfänger)	
+ Reserven	+ Einlagen

Durch den Kredit bei der Zentralbank werden im ersten Schritt die Reserven geschaffen, die Bank 1 benötigt. Im Anschluss findet dann die Überweisung statt. Die Innertageskredite stellen für die Banken Verbindlichkeiten gegenüber der Zentralbank dar, die am Ende des Geschäftstages beglichen werden müssen. Sie sind i. d. R. zinslos, aber besichert.

Im Gegensatz zu den Zentralbanksystemen sind private Clearinghäuser häufig Nettosysteme. Überweisungen werden erst zu bestimmten Zeitpunkten durchgeführt, wodurch bereits zwischen diesen Zeitpunkten eine Verrechnung stattfindet. Da jede Überweisung mithilfe eines Clearinghauses Gebühren verursacht, bevorzugen Großbanken bei Zahlungen, die nicht notwendigerweise in Echtzeit durchgeführt werden müssen, private Clearinghäuser, um Kosten zu sparen. Zudem sind die Gebühren für eine Überweisung bei privaten Anbietern i. d. R. etwas geringer. Für den Zahlungsausgleich mit Zentralbankguthaben sind die Banken jedoch auf die Zahlungssysteme der Zentralbanken angewiesen.

Tabelle 2.2 zeigt das Clearing einer Zentralbank anhand eines einfachen Beispiels mit vier Banken und ohne Verrechnung zwischen Mitgliedern eines privaten Clearinghauses. Der Eintrag in der *i*-ten Zeile und *j*-ten Spalte der Tabelle zeigt die Höhe der Überweisung von der Bank aus Zeile *i* an die Bank aus Spalte *j*. Bank 2 tätigt zum Beispiel Überweisungen in Höhe von 40 Euro an Bank 3 und erhält Überweisungen in Höhe von 50 Euro von Bank 3. Die Innertageskredite sorgen dafür, dass alle Überweisungen jederzeit durchgeführt werden können, auch wenn einer Bank zwischenzeitlich Reserven fehlen. Am Ende des Tages werden die Innertageskredite mit den Guthaben auf dem Zentralbankkonto verrechnet. Reserven werden in einigen Ländern daher auch als **Verrechnungssalden (Clearing Balances)** auf dem **Verrechnungskonto (Clearing Account)** bei der Zentralbank bezeichnet.

	Bank 1	Bank 2	Bank 3	Bank 4	Summe	Saldo
Bank 1		15	20	20	55	5
Bank 2	30		40	35	105	- 15
Bank 3	20	50		30	100	- 15
Bank 4	10	25	25		60	25
Summe	60	90	85	85	320	0

Tab. 2.2: Verrechnungssalden zwischen vier Geschäftsbanken.
Anmerkungen: Der Eintrag in der i-ten Zeile und j-ten Spalte der Tabelle zeigt die Höhe der Überweisung von der Bank aus Zeile i an die Bank aus Spalte j. Bank 2 tätigt z. B. Überweisungen in Höhe von 30 Euro an Bank 1 und erhält Überweisungen in Höhe von 15 Euro von Bank 1.
Quelle: Eigene Darstellung in Anlehnung an Lavoie (2014).

Ohne Clearing müssten alle Überweisungen mit Zentralbankgeld bezahlt werden, also insgesamt 320 Euro. Dank der multilateralen Verrechnung sinkt dieser Betrag auf 30 Euro. Die Liquidität (Zentralbankguthaben) der Banken wird durch die Verrechnung also weniger belastet. Bank 2 und Bank 3 verlieren nach der Verrechnung an diesem Geschäftstag jeweils Reserveguthaben in Höhe von 15 Euro. Sofern Bank 2 zu Beginn des Geschäftstages keine Guthaben bei ihrer Zentralbank hatte, muss sie am Ende des Geschäftstages einen negativen Saldo von 15 Euro ausgleichen. Hierzu hat sie zwei Möglichkeiten:

- Die Bank leiht sich zusätzliche Reserven von der Zentralbank. Hierzu werden von Zentralbanken besicherte Kredite vergeben und Zinsen verlangt. Diese sind dann keine Innertageskredite mehr, sondern Übernachtkredite, die am Folgetag zurückgezahlt werden müssen.
- Da Bank 1 und Bank 4 im Laufe des Tages netto Reserven im Wert von 5 bzw. 25 Euro erhalten haben, könnte Bank 2 z. B. bei Bank 4 einen Kredit aufnehmen. Durch den Kredit erhält Bank 2 eine Überweisung von Bank 4 in Höhe von 15 Euro und ihr Saldo wäre wieder ausgeglichen. Statt zusätzliche Reserven über einen Kredit bei der Zentralbank zu leihen, leiht sich Bank 2 in diesem Fall die fehlenden Reserven von Bank 4.

Der Markt, auf dem sich Banken gegenseitig Reserven leihen, nennt sich **Interbankenmarkt**. Banken handeln dort mit Krediten unterschiedlicher Laufzeit, auch mit Innertages- und Übernachtkrediten. Der **Übernachtzins**, zu dem sich Banken gegenseitig über Nacht Reserven verleihen, wird im Folgenden auch **Interbankenzins** genannt und mit $i_{O/N}$ gekennzeichnet (für »**o**verni**g**ht«). Wie eingangs erwähnt, wurde der Zahlungsverkehr über Korrespondenzbanken abgewickelt, bevor Banken auf dem Interbankenmarkt mit Reserven handelten. Diese Guthaben wurden wie die Sichtguthaben der Kunden verzinst und konnten jederzeit für Überweisungen an andere genutzt werden. Banken, die keine Korrespondenzbanken waren, konnten Überweisungen ggf. über eine gemeinsame dritte oder mehrere Korrespondenzbanken abwickeln. Heute spielen Korrespondenzbanken nur noch im internationalen Zahlungsverkehr eine bedeutende Rolle (vgl. Kap. 4.1), da der Zahlungsverkehr im Inland überwiegend über den Interbankenmarkt abgewickelt wird. Kooperierende Banken haben aber weiterhin automatische Innertages- oder Übernachtkreditlinien vereinbart, vergleichbar mit den Überziehungskrediten von Bankkunden.

Kurzfristige Kredite zwischen Banken waren früher überwiegend unbesichert. Dies ist nur bei ausreichendem Vertrauen möglich und erfordert daher i. d. R. eine Bonitätsprüfung des Kreditnehmers. Da die zunehmende internationale Verflechtung von Banken eine Bonitätsprüfung immer aufwendiger macht (Banken halten eine Vielzahl ausländischer Wertpapiere mit zusätzlichem Wechselkursrisiko etc.) und das Vertrauen zwischen Banken durch die globale Finanzkrise erschüttert wurde, werden auch Interbankenkredite inzwischen überwiegend in Form von Wertpapierpensionsgeschäften durchgeführt.

Banken können sich zudem nicht nur bei anderen Banken mit Reserven versorgen, sondern auch bei Nichtbanken, die Guthaben bei einer Bank besitzen, die ein Reservekonto hat. Bank 2 könnte einem Anleger z. B. ein dreimonatiges Schuldscheindarlehen verkaufen. Besitzt dieser Anleger ein Konto bei Bank 4, würde der Kauf zu einer Überweisung führen, bei der die Reserveguthaben der Banken entsprechend angepasst werden:

Bank 2	
+ Reserven	+ Darlehen

Anleger	
– Einlagen + Darlehen	

Bank 4	
– Reserven	– Einlagen

Da die Laufzeit des Schuldscheindarlehens drei Monate beträgt, muss Bank 2 erst nach einem Quartal die Reserven an Bank 4 zurückzahlen, wenn der Anleger sein Geld zurückbekommt. Banken emittieren längerfristige Verbindlichkeiten, um die Fristenkongruenz mit ihren Forderungen zu verbessern und Liquiditätsengpässe zu vermeiden. Hierzu leihen sie sich Reserven auch am erweiterten Geld- sowie am Kapitalmarkt (vgl. Kap. 1.3.4) und können sich z. B. auch bei Repo-Händlern kurzfristig mit Liquidität versorgen (vgl. Kap. 3.2.1).

Solange ausschließlich Überweisungen zwischen Banken betrachtet werden, wie in Tabelle 2.2, muss sich die Summe der Salden im Bankensektor immer zu null addieren: Der Nettoabfluss der Banken mit negativem Saldo entspricht in der Summe immer dem Nettozufluss aller anderen Banken. Banken können unter diesen Umständen ihren Zahlungsausgleich problemlos über Interbankenkredite vollziehen, ohne Kredite der Zentralbank zu benötigen. Das Nettozentralbankguthaben des Bankensektors könnte in unserem Beispiel theoretisch null betragen. Es gibt jedoch eine Vielzahl von Gründen, die dazu führen, dass der Bankensektor Zentralbankkredite für den Ausgleich seiner Zahlungen benötigt und am Ende des Tages auch ein positives Nettoguthaben anstrebt. Sollte eine Mindestreserveverpflichtung bestehen, können Banken ihre Guthaben z. B. nicht vollständig verleihen, weil sie verpflichtet sind, einen prozentualen Anteil ihrer Einlagen in Reserven zu halten. Da Nichtbanken einen Teil ihres Geldvermögens in Form von Bargeld halten, verlässt Zentralbankgeld zudem regelmäßig das Bankensystem, wenn Kunden ihre Guthaben abbuchen. Sollten Banken für die Auszahlung von Bargeld ihre Zentralbankreserven eintauschen, addieren sich die Verrechnungssalden der Banken nicht mehr zu null. Aus diesem Grund kann die Zentralbank den Übernachtzins am Interbankenmarkt beeinflussen, indem sie den Banken jederzeit einen Kredit anbietet. Der Zins dieser Kreditoption begrenzt den Zins im Interbankenmarkt, weil der Zentralbankkredit eine Alternative zu den Krediten anderer Banken darstellt (mehr dazu in Kap. 5).

Kernpunkte Kapitel 2.1

- Banken benötigen Reserven vor allem zur **Zahlungsabwicklung** mit anderen Banken.
- **Ein Clearinghaus verrechnet (clearing) und saldiert (netting) gegenseitige Forderungen** ihrer Mitglieder. Dadurch müssen diese am Ende des Geschäftstages nur den **Saldo ausgleichen (settlement)**.
- Auf dem **Interbankenmarkt** leihen sich Banken gegenseitig Reserven. Banken können sich aber **auch durch Kreditaufnahme am erweiterten Geld- sowie am Kapitalmarkt** mit Reserven versorgen.

2.2 Die Zentralbank

Das auf Zentralbankguthaben basierende Zahlungsausgleichssystem der Banken mit ungedecktem »Fiat«-Geld ist vor allem deshalb entstanden, weil die Bindung einer Währung an Gold sowie der Ausgleich mit Goldreserven in vielen Ländern zu Bankenkrisen führten. Wenn zu viele Bankkunden befürchteten, dass Banken zahlungsunfähig werden könnten und sich deshalb ihre Einlagen in Gold auszahlen ließen, waren die Goldreserven der Banken irgendwann aufgebraucht. Banken mussten daher die Auszahlung von Gold verweigern oder die Zinsen für ihre Kunden so weit erhöhen, dass diese ihre Einlagen nicht mehr abheben wollten. Eine Vertrauenskrise führte also entweder zur Zahlungsunfähigkeit der Banken – und somit zu einer sich selbst erfüllenden Prophezeiung – oder zu einer Rezession, weil die steigenden Zinsen die wirtschaftliche Entwicklung behinderten.

Ein auf Kredit basierendes Wirtschaftssystem benötigt eine Geldhierarchie, an deren Spitze eine zentrale Bank dem Geschäftsbankensektor Geld der höchsten Liquidität bereitstellt, um sich selbst verstärkende Liquiditätskrisen zu bekämpfen. Die erste Kernaufgabe einer Zentralbank ist daher, ein reibungsloses Zahlungssystem zu gewährleisten, indem sie als **Kreditgeberin der letzten Instanz (»Lender of last resort«)** den Geschäftsbankensektor mit Reserven oder Bargeld versorgt. Erst später wurden Zentralbanken weitere Aufgaben übertragen, wie die Gewährleistung einer stabilen Preisentwicklung oder die Unterstützung wirtschaftlichen Wachstums.

2.2.1 Aufbau, Ziele und Instrumente einer Zentralbank

Um die Geldpolitik einer modernen Zentralbank zu verstehen, sollten zunächst ihre *endgültigen Ziele von den operationalen Zielen, den Instrumenten und den Zwischenzielen bzw. Indikatoren* unterschieden werden:[39]

- Übliche **endgültige Ziele** einer Zentralbank sind neben der Sicherstellung eines **funktionierenden Zahlungssystems** die Gewährung von **Preisstabilität** (gemessen an einer geringen prozentualen Veränderung der Verbraucherpreise), ein **hoher Auslastungsgrad bzw. eine hohe Beschäftigung, stabiles Wachstum, Finanzmarktstabilität** und ggf. **Wechselkursstabilität**. Preisstabilität und Auslastungsgrad stellen i. d. R. die wichtigsten Ziele dar und der Wechselkursstabilität wird für gewöhnlich nur bei einem fixen Wechselkurssystem eine besondere Bedeutung beigemessen.
- Das **operationale Ziel** einer Zentralbank sollte eine Größe betreffen, die von der Zentralbank kontrolliert werden kann, wie der Übernachtzinssatz am Interbankenmarkt.
- Die **Instrumente einer Zentralbank** sollten ihr ermöglichen, das operationale Ziel zu erreichen. Heutzutage sind diese Instrumente vor allem die sogenannten Fazilitäten sowie die Offenmarktgeschäfte der Zentralbanken, die in Kürze besprochen werden.
- **Zwischenziele und Indikatoren** sind Kenngrößen, die eine Zentralbank nur ungenau und mit Verzögerung beeinflussen kann. Die Beobachtung dieser Variablen gibt Aufschluss darüber, wie sich die endgültigen Zielgrößen in Zukunft entwickeln. Hierfür wird eine Vielzahl von Einflussfaktoren analysiert. In der Vergangenheit waren sowohl die Veränderungen größer gefasster Geldmengenaggregate, mittel- und langfristige Zinssätze wie auch Prognosen über die Produktionsentwicklung beliebte Indikatoren. Heute werden vor allem mittel- und langfristige Inflationserwartungen verwendet, da die Preisstabilität für die meisten Zentralbanken das wichtigste Ziel darstellt.

Die operationale Zielvariable einer Zentralbank ist der Übernachtzins am Interbankenmarkt, da dieser sich auf die Zinsen am Kreditmarkt auswirkt (siehe Kap. 2.3.1). Über die Steuerung des Übernachtzinses soll die gesamtwirtschaftliche Nachfrage stabilisiert werden, um die oben genannten Ziele zu erreichen. Der aktuelle sowie die erwarteten zukünftigen kurzfristigen Zinsen beeinflussen zudem die langfristigen Zinsen (siehe Kap. 2.3.2). Damit die Zentralbank ein eindeutiges Signal sendet, sollten zudem **die kurzfristigen Schwankungen des Übernachtzinses geringgehalten** werden.

39 Vgl. Bindseil (2014).

Abbildung 2.1 veranschaulicht den Transmissionsprozess der konventionellen Geldpolitik von der Steuerung des Übernachtzinses bis zur Beeinflussung der endgültigen Ziele. Die Veränderung der Zinsstruktur beeinflusst die Kreditbedingungen, die wiederum die Ausgaben des Privatsektors verändern sollten. Ein Anstieg der gesamtwirtschaftlichen Nachfrage aufgrund geringerer Zinsen sollte dann tendenziell zu mehr Wachstum und steigenden Preisen führen. Steigende Zinsen sollten hingegen Nachfrage und Preisentwicklung dämpfen. In besonders schweren Krisen kann es jedoch passieren, dass die hier beschriebenen Transmissionskanäle gestört sind. Eine Zentralbank könnte dann beabsichtigen, die langfristigen Zinsen direkt zu beeinflussen und Wertpapierkurse zu stabilisieren, um einen Zusammenbruch des Finanzsystems zu verhindern. Diese häufig als unkonventionell bezeichneten Maßnahmen werden in Kapitel 9 diskutiert.

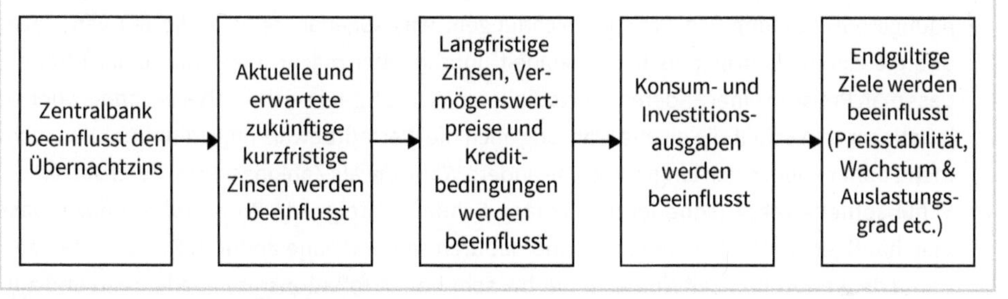

Abb. 2.1: Transmission geldpolitischer Entscheidungen.
Quelle: Eigene Darstellung in Anlehnung an Ihrig and Wolla (2020, S. 2) und Bindseil (2014, S. 13).

Die endgültigen Ziele einer Zentralbank werden vom Gesetzgeber festgelegt und können in verschiedenen Währungsräumen unterschiedlich gewichtet werden. Die EZB gilt als eine Zentralbank, die besonders energisch auf Abweichungen der Inflationsrate von ihrem Ziel reagiert, während die US-Zentralbank dem Auslastungsgrad und Wachstum eine relativ bedeutendere Rolle beimisst. Aus den folgenden Gründen sehen alle Zentralbanken eine stabile Inflationsrate jedoch als ihr wichtigstes Ziel an:[40]

- **Volatilität der Inflation:** Der wichtigste Grund für stabile Preise ist, dass mit steigender Inflation auch die Fluktuationen der Inflationsrate zunehmen. Dies erschwert eine korrekte Einschätzung des zukünftigen Preisniveaus. Da die relativen Preise verschiedener knapper Güter aber eine Signalwirkung haben sollen, schränkt dies die Effizienz einer Marktwirtschaft ein. Ob ein steigender Preis signalisiert, dass ein Gut knapper geworden ist oder lediglich eine Folge des allgemein steigenden Preisniveaus darstellt, lässt sich bei stark schwankenden Inflationsraten für Kunden wie Produzenten nur noch schwer unterscheiden.
  Da der Realzins stärkeren Fluktuationen ausgesetzt ist, verschlechtert sich zudem das Investitionsklima. Die Erträge aus längerfristigen Investitionen sind nämlich schwerer einzuschätzen, wenn unsicher ist, zu welchem Preis man später Vorprodukte kaufen bzw. seine eigenen Produkte verkaufen kann. Der reale Ertrag aus einem langfristigen Wertpapier wird

40 Vgl. Bofinger, Reischle & Schächter (1996, S. 76 ff.).

ebenfalls schwerer einzuschätzen sein und Kreditgeber könnten Risikoaufschläge verlangen. Dies könnte dazu führen, dass längerfristige Investitionen eher unterlassen werden.

- **Steuerverzerrungen**: Positive Inflationsraten führen zu höheren Steuerzahlungen. Konsumsteuern werden z.B. als prozentualer Anteil der Preise erhoben, sodass höhere Preise zu höheren Steuerzahlungen führen. Dies benachteiligt Menschen mit einem nominal fixierten Einkommen, wie Arbeitnehmer, Rentner und Empfänger von Sozialleistungen. Selbst wenn steigende Preise auf steigende Löhne zurückzuführen sind (oder von steigenden Löhnen gefolgt werden), führen positive Inflationsraten in einem progressiven Einkommenssteuersystem zu höheren preisbereinigten Steuerzahlungen der Arbeitnehmer, da die Steuersätze mit dem Einkommen ansteigen. Man spricht in diesem Fall auch von der *kalten Progression*. Um diese Effekte zu verhindern, müssten Einkommen und Steuertarifgrenzen stets mit der Inflation steigen.[41]
- **Gefährdung der eigenen Währung als Zahlungsmittel**: Hohe Inflationsraten bedingen eine häufigere Anpassung von Preisauszeichnungen, was sogenannte *Menü-Kosten* verursacht und die eigene Währung als Recheneinheit unbrauchbar macht. Dies könnte dazu führen, dass man Preise in einer anderen, wertstabileren Währung auszeichnet. Bei besonders hohen Inflationsraten erfüllt die eigene Währung auch die Wertaufbewahrungsmittelfunktion nicht mehr. Daher könnte sich langfristig eine andere Währung als Zahlungsmittel durchsetzen.
- **Schuhsohleneffekte (shoe leather costs)**: Schneller steigende Preise führen dazu, dass man häufiger zur Bank gehen muss und dadurch seine Schuhe abnutzt. Diese Kosten aufgrund der verlorenen Zeit sind aber nur bei sehr hohen Inflationsraten bedeutend und aufgrund digitaler Zahlungssysteme inzwischen von untergeordneter Relevanz.

Trotz dieser Kosten streben Zentralbanken aus den folgenden Gründen dennoch eine positive Inflationsrate an:

- **Deflationsgefahr**: Auch fallende Preise können negative Auswirkungen haben.
  - **Deflationsspirale**: Sinkende Konsumgüterpreise führen zu Konsumzurückhaltung, weil alle Wirtschaftsakteure wissen, dass Güter in Zukunft günstiger zu erwerben sind. Wenn Unternehmen ihre Güter nicht verkaufen können, werden sie ihre Preise jedoch weiter senken, wodurch ein Teufelskreis aus fallender Nachfrage und sinkenden Preisen entsteht. Wenn die Unternehmen ihre Produktion reduzieren, weil die Auftragsbücher leer sind bzw. die Lager voll, wird die Arbeitslosigkeit steigen, was den Kreislauf verstärkt.
  - **Schuldendeflation**: Bei sinkenden Preisen wird es für Unternehmen immer schwieriger, nominal fixierte Kredite zurückzuzahlen. Die reale Last der Verschuldung steigt, weil die Kreditsumme die gleiche bleibt, während die Verkaufserlöse sinken. Deflation stellt eine reale Belastung für einen Kreditnehmer dar und einen realen Zugewinn für einen Kreditgeber. Analog verringert Inflation die realen Zinseinkünfte eines Kreditgebers (sogenannte finanzielle Repression) und entlastet einen Schuldner.[42]

41 Auch Kapitalgewinne sind von der Inflation betroffen, weil bei höherer Durchschnittsinflation und gleichem Realzins die nominalen Zinsen höher sind. Da Kapitalertragssteuern auf nominale Zinserträge erhoben werden, werden beim gleichen realen Gewinn dann höhere Steuern gezahlt.

42 Ebenso lässt sich argumentieren, dass fallende Löhne Kreditrückzahlungen privater Haushalte erschweren, weil die reale Schuldenlast steigt, wenn die Lohneinkommen sinken.

- **Messfehler**: Inflationsraten sind geschätzte Werte. Strebt man eine Inflationsrate von null an, besteht also die Gefahr, dass trotz statistisch stabiler Preise bereits eine Deflation besteht. In Währungsverbünden wie dem Euro könnten einige Mitgliedsländer zudem selbst bei einer korrekt gemessenen Durchschnittsinflation von null bereits eine Deflation erleiden.
- **Wachstum** wird i. d. R. von temporär steigenden Preisen begleitet.
- **Anpassungen der Lohnstruktur und des Reallohns**: Innerhalb eines Landes sind Anpassungen der Lohnstruktur bei positiver Inflationsrate leichter umzusetzen, weil durch unterschiedliche Lohn*steigerungen* das relative Lohnverhältnis geändert werden kann, ohne dass Löhne sinken müssen. Lohnsenkungen führen häufig zu politischer Instabilität, weil die Arbeitnehmer sich zur Wehr setzen. Eine Anpassung des Reallohnes ist aus den gleichen Gründen bei positiver Inflationsrate leichter umzusetzen.
  Man mag hier einwenden, dass steigende Preise und sinkende Löhne die gleichen negativen Auswirkungen auf die Kaufkraft der Arbeitnehmer haben. Dennoch wehren sich Arbeitnehmer aus guten Gründen gegen nominale Lohnsenkungen, weil diese zunächst nur sie persönlich betreffen, während Preiserhöhungen die Kaufkraft aller gleichermaßen verringern, das Verhältnis der eigenen Kaufkraft zu der Kaufkraft anderer Arbeitnehmer also nicht verändern.
- **Höherer Nominalzins**: Bei gleichem Realzins ist der nominale Zins umso höher, je höher die Inflationsrate ist. Daher ist der Abstand bis zur Nullzinsgrenze größer und die Geldpolitik hat mehr Spielraum, den Nominalzins zur Belebung der Wirtschaft zu senken. Bei sehr negativen Zinsen, die von den Banken an ihre Kunden weitergegeben werden, ist zu erwarten, dass diese ihre Geldhortung erhöhen, um steigenden Kosten zu entgehen. Dies würde zu einem ineffizienteren und instabileren Zahlungssystem führen, bei dem wieder vermehrt mit Bargeld bezahlt wird.

Aus diesen Gründen streben Zentralbanken eine geringe, aber positive Inflationsrate an. Wie in Abbildung 2.1 gezeigt, wirkt sich die Zinssetzung der Zentralbank nur indirekt auf die Preisentwicklung aus. Dies geschieht vor allem durch eine Beeinflussung der gesamtwirtschaftlichen Nachfrage. Eine Steigerung der Nachfrage führt zu einer größeren Auslastung der Volkswirtschaft, die i. d. R. zu einer Beschleunigung der Lohn- und Preisentwicklung führt. Eine Verringerung der Nachfrage sollte entsprechend von geringeren Lohn- und Preisanstiegen begleitet werden. Die Transmissionskanäle, mit denen eine Zentralbank die Preisentwicklung beeinflussen kann, sind in Abbildung 2.2 zusammengefasst:[43]

43 In den folgenden Punkten werden i. d. R. die Auswirkungen einer Zinserhöhung diskutiert. Bei einer Zinssenkung wirken die Mechanismen entsprechend in umgekehrter Richtung.

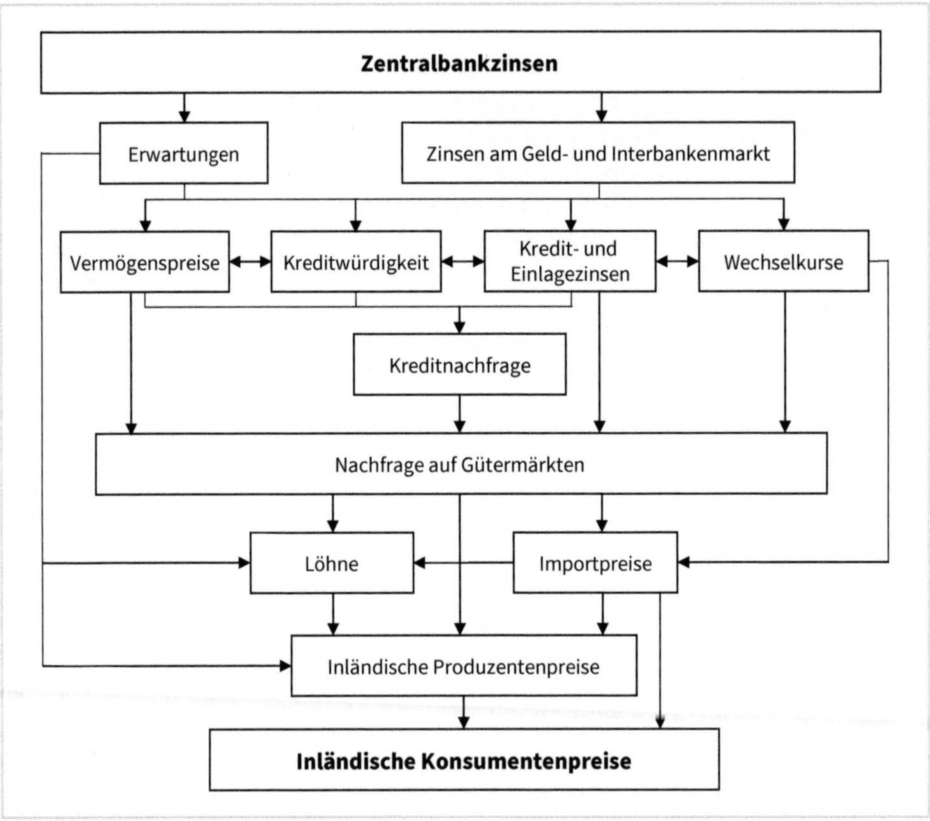

Abb. 2.2: Transmissionskanäle der Geldpolitik.
Quelle: Eigene Darstellung in Anlehnung an Bundesbank (2019, S. 164) sowie https://www.dezernatzukunft.org/der-zinshammer-wie-zentralbanken-inflation-bekaempfen und https://www.ecb.europa.eu/mopo/intro/transmission/html/index.en.html.

- **Erwartungen über die zukünftigen kurzfristigen Zinssätze** beeinflussen die mittel- bis langfristigen Zinssätze (siehe Kap. 2.3). Die **Erwartungen über die zukünftige Preisentwicklung** kann sich zudem auf die Lohnentwicklung auswirken, die wiederum die tatsächliche Preisentwicklung beeinflusst (siehe Abschnitt 6.1.1). Moderne Zentralbanken legen einen großen Wert darauf, glaubwürdig und transparent zu sein, um Unsicherheiten über den zukünftigen geldpolitischen Kurs zu beseitigen und die Inflationserwartungen auf dem Zielniveau zu stabilisieren (sogenanntes »**Forward Guidance**«).
- **Der Interbankenzins beeinflusst die Kredit- und Einlagenzinsen** der Banken (siehe Abschnitt 2.3.1). Werden Kredite teurer, kann dies zu geringeren Investitionen führen, weil weniger Investitionsprojekte die notwendige Rendite erbringen, um einen Kredit inklusive der Zinsen zurückzuzahlen. Die Investitionsgüternachfrage geht entsprechend zurück. Höhere Einlagenzinsen könnten Haushalte zudem veranlassen, einen größeren Teil ihres Einkommens zu sparen und entsprechend ihre Ausgaben zu reduzieren.

- Höhere (erwartete) Zinsen können zu einer **Wechselkursaufwertung** führen, weil es für in- und ausländische Investoren attraktiver wird, ihr Geld im Inland anzulegen. Die erhöhte Nachfrage nach inländischer Währung kann dazu führen, dass diese zu einem höheren Kurs gehandelt wird (siehe Kap. 4). Eine Wechselkursaufwertung würde inländische Güter im Vergleich zu ausländischen verteuern und so die **Nachfrage nach inländischen Gütern verringern**. Außerdem würden die **Importpreise in inländischer Währung sinken**, wenn die inländische Währung an Wert gewinnt. Dies führt dazu, dass Güter, die auf ausländische Vorprodukte angewiesen sind, günstiger hergestellt werden können. Da zudem ein Teil der im Inland konsumierten Güter aus dem Ausland stammt, wird das Preisniveau der im Inland konsumierten Güter fallen, wenn ausländische Güter in der inländischen Währung günstiger werden.
- Höhere Zinsen gehen mit **geringeren Kursen / Preisen für Vermögenswerte** einher (vgl. Abschnitt 1.1.2). Wertverluste könnten dazu führen, dass Vermögensbesitzer ihre Ausgaben reduzieren, wodurch die Nachfrage sinkt. Eine höhere effektive Rendite könnte zudem die Sparpläne privater Haushalte in der gleichen Weise beeinflussen wie steigende Einlagenzinsen.
- Ein Zinsanstieg wirkt sich auch auf die **Anzahl kreditwürdiger Kreditnehmer** aus, weil bei höheren Zinsen für den gleichen Kredit ein größerer Betrag zurückgezahlt werden muss. Das erwartete Einkommen eines Kreditnehmers könnte bei höheren Zinsen daher nicht mehr ausreichen, um einen Kredit zu bekommen. Zudem können die geringeren Wertpapierkurse dazu führen, **dass Kreditnehmern ausreichende Sicherheiten fehlen**, um einen Kredit aufzunehmen oder ihn zu überrollen. Eine geringere Fähigkeit, Kredite aufzunehmen, sollte wiederum die Investitions- und Konsumgüternachfrage reduzieren.

Eine Veränderung der gesamtwirtschaftlichen Nachfrage wirkt sich über zwei Wege auf die Preisentwicklung aus. Zum einen, weil bei einer geringeren Nachfrage Unternehmen ihre Preise reduzieren, um ihre Produkte besser verkaufen zu können. Zum anderen, weil bei einer geringeren Nachfrage die Beschäftigung sinkt und Arbeitnehmer ihre Lohnforderungen aus Angst vor Arbeitslosigkeit verringern. Da Löhne gesamtwirtschaftlich den wichtigsten Kostenfaktor darstellen, können die Unternehmen ihre Preise dann langsamer erhöhen. Da Lohnverhandlungen i. d. R. in Intervallen von 6–18 Monaten durchgeführt werden, benötigt die Geldpolitik mindestens ebenso lange, bis sie sich vollumfänglich auf die Preisentwicklung auswirkt. Eine Zentralbank beobachtet daher die Inflationserwartungen sehr genau, um möglichst frühzeitig mit einer Änderung ihrer Zinsen in die Lohn- und Preisdynamik einzugreifen.

Zum Verständnis geldpolitischer Entscheidungen ist es an dieser Stelle wichtig, zwischen einer Erhöhung des Preis*niveaus* und der Erhöhung der Inflationsrate, also der *Veränderung* der Preise, zu unterscheiden. Ein einmaliger Preisanstieg ist für die Zentralbank noch kein Grund, mit einer Zinserhöhung zu reagieren. Solange die Preisveränderungen im Anschluss wieder ihrem Zielniveau entsprechen, könnte eine Zinserhöhung sogar dazu beitragen, dass die Inflationsrate mittelfristig zu niedrig ausfällt. Erst wenn die Preise dauerhaft schneller steigen als erwünscht oder eine sich selbst verstärkende Spirale aus steigenden Löhnen und Preisen zu immer höheren Inflationsraten führt, ist das mittelfristige Inflationsziel einer Zentralbank gefährdet. Sollte die Inflationsrate zu hoch sein, erhöht die Zentralbank die Zinsen, um so eine **Disinflation** (sinkende Preissteigerungsraten) herbeizuführen.

Seit den 1990ern verfolgen nahezu alle Zentralbanken eine sogenannte **Inflationssteuerung (Inflation Targeting)** (siehe Kap. 6). Diese Strategie legt großen Wert auf eine hohe Transparenz der geldpolitischen Maßnahmen und sieht Inflationsprognosen als das wichtigste Zwischenziel der Geldpolitik. Die Transparenz soll die Glaubwürdigkeit der Geldpolitik erhöhen, um u. a. die langfristigen Inflationserwartungen der Öffentlichkeit dem Inflationsziel anzugleichen. Ist das Inflationsziel der Zentralbank glaubwürdig und wird z. B. in den Lohnverhandlungen der Gewerkschaften berücksichtigt, so könnten die Löhne gerade in dem Maße steigen, das langfristig mit einem solchen Ziel vereinbar ist. Auch das Inflationsziel der Europäischen Zentralbank ist aus diesem Grunde klar definiert und lag bei Gründung der Währungsunion bei unter, aber nahe 2 %. Am 08.07.2021 wurde das Ziel noch einmal konkretisiert und sieht nun ein symmetrisches mittelfristiges Inflationsziel von 2 % vor.

An der Entscheidungsfindung und Durchführung geldpolitischer Maßnahmen sind in einer Zentralbank mehrere Ressorts beteiligt, die unterschiedliche Aufgaben erfüllen (siehe auch Abbildung 2.3):

- Das **makroökonomische Ressort** einer Zentralbank analysiert die Wirkungsweise der Geldpolitik sowie die derzeitigen und die erwarteten Rahmenbedingungen. Zudem überprüft es, ob die vergangenen geldpolitischen Operationen zu den gewünschten Zielen geführt haben. Es stützt sich dabei auf eine Vielzahl von Prognosemodellen, um ein möglichst umfassendes Bild der Lage zu erhalten. Aus diesem Grund arbeiten sehr viele Ökonominnen in den Forschungsabteilungen der Zentralbanken. Sie beraten auf Basis ihrer Erkenntnisse das Zentralbankkomitee und schlagen einen Wert für den Interbankenzins vor, der ihrer Meinung nach mit den Zielen der Zentralbank vereinbar ist.
- Das **Zentralbankkomitee** entscheidet darüber, welcher Wert für den Interbankenzins tatsächlich umgesetzt werden soll. Es führt hierzu regelmäßige Sitzungen durch (z. B. alle 4–6 Wochen), in denen die Analysen des makroökonomischen Ressorts diskutiert werden, um einen Zielwert festzulegen, den man an das Ressort für Marktoperationen weiterleiten kann.
- Das **Ressort für Marktoperationen** betreibt das operationale Geschäft der Zentralbank und setzt die Zielvorgabe um, die sie vom Zentralbankkomitee erhalten hat. In vielen Währungsgebieten interveniert diese Abteilung täglich über sogenannte Offenmarktoperationen im Interbankenmarkt. In der Euro-Zone werden die Offenmarktgeschäfte der EZB hingegen nur wöchentlich durchgeführt.

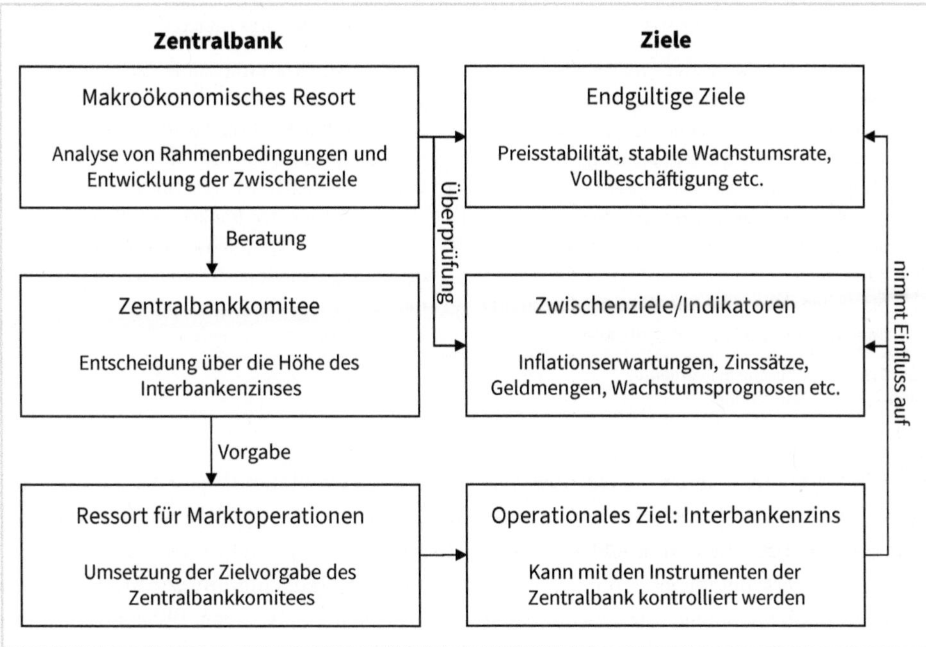

Abb. 2.3: Aufbau und Ziele einer Zentralbank.
Quelle: Eigene Darstellung in Anlehnung an Bindseil (2014, S. 13).

Jede Zentralbank benennt ihre Ressorts etwas anders und teilt diese ggf. in weitere Unterbereiche ein, wie z. B. eine Abteilung für Finanzstabilität oder internationale Beziehungen. Dennoch ist es grundsätzlich hilfreich, zwischen beratenden, entscheidenden und umsetzenden Bereichen innerhalb einer Zentralbank zu trennen.

2.2.2 Offenmarktoperationen

Die gängigen geldpolitischen Instrumente lassen sich in zwei Gruppen einteilen: Offenmarktgeschäfte und ständige Fazilitäten (vgl. Tabelle 2.3). **Fazilitäten** bieten Banken die Möglichkeit, über Nacht Reserven von der Zentralbank zu leihen oder ungenutzte Reserven zu hinterlegen, und werden in Abschnitt 2.2.4 genauer erläutert. Die Details der **Offenmarktoperationen** (auch **OMO** genannt) können sehr unterschiedlich ausgestaltet sein, folgen aber immer dem gleichen Prinzip: Eine Zentralbank kauft oder verkauft am offenen Markt Wertpapiere. OMO erfolgen auf Initiative der Zentralbank und können dauerhafte (endgültige) An- und Verkäufe oder auch temporäre Wertpapierpensionsgeschäfte (Kredite) sein. Kredite von Zentralbanken werden immer in besicherter Form durchgeführt. Zentralbanken veröffentlichen hierzu eine Liste mit Sicherheiten, die akzeptiert werden, inkl. der Haircuts (in Abhängigkeit der Ratings).

Offenmarktoperationen	Ständige Fazilitäten
• **Ankäufe** von Sicherheiten *erhöhen* die Reservemenge im Interbankenmarkt. • **Verkäufe** von Sicherheiten verringern die Reservemenge im Interbankenmarkt. • Temporäre An- und Verkäufe werden in Form von **Wertpapierpensionsgeschäften (Repos)** durchgeführt, die ein besichertes Kreditgeschäft darstellen. • Die Entscheidung über die Höhe der Offenmarktoperationen wird **von der Zentralbank** getroffen.	• Über die **Kreditfazilität** können sich Banken über Nacht Reserven von der Zentralbank leihen. Auch dieser Kredit wird als Wertpapierpensionsgeschäft durchgeführt. • Die Entscheidung, sich über Nacht Reserven zu leihen, wird **von den Banken** getroffen. • Nicht benötigte Reserven können über Nacht in der **Einlagefazilität** hinterlegt oder automatisch mit dem Zins auf **Überschussreserven** bei der Zentralbank verzinst werden.

Tab. 2.3: Geldpolitische Instrumente.
Quelle: Eigene Darstellung.

Die EZB hat bis zur Finanzkrise fast ausschließlich Kredite genutzt, während die US-FED auch vor der Finanzkrise ca. 95% ihrer Offenmarktgeschäfte durch endgültige An- und Verkäufe durchgeführt hat. In einem kreditbasierten System ist der Bankensektor permanent bei der Zentralbank verschuldet, ein temporärer Anleihean- bzw. verkauf aufgrund von Kreditgeschäften soll sich aber weniger stark auf die Preise der Sicherheiten auswirken. Üblicherweise führen Zentralbanken täglich Offenmarktgeschäfte durch. Die EZB führt ihre Offenmarktgeschäfte hingegen nur einmal pro Woche durch. Da OMO in den USA vor allem aus endgültigen Ankäufen bestehen, werden die hierdurch geschaffenen Reserven häufig als **nicht-geliehene Reserven** bezeichnet, obwohl ein (geringer) Teil der OMO auch auf Kreditgeschäften beruht. Lediglich die Reserven, die auf Initiative der Banken über Nacht mit Hilfe der Kreditfazilität geliehen werden, bezeichnet man dort als **geliehene Reserven**.

Temporäre Offenmarktoperationen können eine Laufzeit von mehreren Tagen, Monaten oder Jahren aufweisen, aber auch über Nacht durchgeführt werden. Die Geschäftspartner der Zentralbank sind entweder Banken oder ausgewählte Händler von Sicherheiten (Repo-Händler). In Ausnahmefällen können Offenmarktgeschäfte aber auch mit anderen Händlern oder privaten Unternehmen durchgeführt werden. Im Euro-Raum werden die regelmäßigen Offenmarktgeschäfte mit ca. 1.800 Geschäftspartnern durchgeführt, von denen der überwiegende Teil Banken sind. Hier unterscheidet sich das Euro-System wesentlich vom US-System, in dem Offenmarktgeschäfte lediglich mit etwas mehr als 20 sogenannten Primärhändlern durchgeführt werden, die größtenteils keine Banken sind, sondern Wertpapier-Händler, die vor allem mit Staatsanleihen handeln.

Bei einem endgültigen Kauf einer Sicherheit (Wertpapier) (im Englischen *outright purchase*) nimmt die Zentralbank diese dauerhaft in ihre Bilanz. Sollte das Geschäft direkt mit einer Bank durchgeführt werden, erhält diese im Gegenzug Reserven auf ihrem Zentralbankkonto gutgeschrieben:

Geschäftsbank	
+ Reserven – Sicherheit	

Zentralbank	
+ Sicherheit	+ Reserven

Sollte das Geschäft mit einer Nichtbank durchgeführt werden, so erhält die Bank des Geschäftspartners die Reserven und der Verkäufer bekommt dort Einlagen gutgeschrieben:

Geschäftsbank	
+ Reserven	+ Einlagen

Händler (Nichtbank)	
+ Einlagen – Sicherheit	

Zentralbank	
+ Sicherheit	+ Reserven

In beiden Fällen erhöht der Ankauf von Sicherheiten die Reservegutschriften des Bankensektors. Bei einem Verkauf würden die Reservegutschriften hingegen reduziert werden. Eine Zentralbank kann zur Durchführung ihrer Offenmarktgeschäfte auch eigene verzinste Wertpapiere herausgeben. Bei einem temporären An- oder Verkauf von Sicherheiten handelt es sich um ein Kreditgeschäft. Sollte eine Zentralbank die Reserven im Bankensektor erhöhen wollen, könnte sie den Banken auch einen Kredit anbieten:

Geschäftsbank	
+ Reserven	+ Repo

Zentralbank	
+ inv. Repo	+ Reserven

2.2.3 Auktionsverfahren

Offenmarktgeschäfte werden i.d.R. als Versteigerungsverfahren durchgeführt und nur sehr selten als bilaterales Geschäft. Die Auktionsverfahren, die von Zentralbanken für ihre Offenmarktoperationen verwendet werden bezeichnet man auch als **Tenderverfahren**. Wir betrachten zunächst die Auktionsverfahren für Kredite im Euro-Raum, bei denen die Geschäftspartner Geschäftsbanken sind. Kredite mit Nichtbanken können aber genauso durchgeführt werden. Im Euro-Raum werden die Auktionen im Rahmen ihrer wöchentlichen Offenmarktoperationen im sogenannten **Standardtender** durchgeführt. Die Zeit zwischen Ankündigung einer Auktion und Bestätigung der Zuteilung (einer bestimmten Reservemenge) erfolgt dann innerhalb von höchstens 24 Stunden. Die unregelmäßigen Feinsteuerungsoperationen der EZB werden dagegen im **Schnelltender** durchgeführt, bei dem die Zuteilung innerhalb einer Stunde erfolgt. Das Zuteilungsverfahren bestimmt, welche Gebote zu welchem Umfang bedient werden, und kann als **Zins-** oder **Mengentender** verlaufen:

- **Mengentender**: Der Zinssatz und das gesamte Zuteilungsvolumen werden vorab festgelegt und die Geschäftsbanken machen Gebote in der Höhe der gewünschten Beträge. Hinterher wird das Zuteilungsvolumen anteilsmäßig auf die Geschäftsbanken aufgeteilt.
- **Zinstender**: Die Zentralbank bestimmt das gesamte Zuteilungsvolumen und die Geschäftsbanken geben an, in welcher Höhe sie zu verschiedenen Zinssätzen Reserven leihen würden. Die Zentralbank kann zudem einen Mindestbietungssatz angeben, um wie beim Mengentender ein Signal über den Zielzins zu vermitteln.

Der Zinssatz, der von der Zentralbank in den Auktionen vorgegeben wird, wird im Euro-Raum **Hauptrefinanzierungszinssatz** genannt und gelegentlich auch als **Leitzins** bezeichnet, da er in den ersten Jahren der europäischen Währungsunion das operationale Ziel der Zentralbank repräsentierte. Weil die Geldpolitik inzwischen den Zins der Einlagefazilität als operationales Ziel verwendet (siehe Kap. 5.2.4), entspricht dieser heute eher dem Leitzins. Da sich der tatsächliche Zinssatz der Kreditgeschäfte bei einem Zinstender aus den Geboten der Banken ergibt, kann der Kreditzins zudem auch über dem Hauptrefinanzierungszinssatz liegen.

Die folgenden Beispiele eines Mengen- und Zinstenderverfahrens sind dem Lehrbuch von De Grauwe (2012, Kap. 9) entnommen. In Tabelle 2.4 ist zunächst ein Mengentender dargestellt. Die Zentralbank entscheidet sich, 150 Mrd. Euro Reserven zu einem vorher festgelegten Zinssatz zur Verfügung zu stellen. Die Banken machen ein Gebot und jede Bank bekommt den gleichen Anteil ihrer gewünschten Reservemenge. In Tabelle 2.4 entspricht dieser Anteil 60 % (Gesamtzuteilung/Gesamtgebote = 150/250 = 0,6). Das Problem bei diesem Verfahren ist, dass jede Bank den Anreiz hat, ein möglichst hohes Gebot zu machen, da die Banken wissen, dass sie nur einen Teil der gewünschten Menge bekommen werden.

	Gebot	**Zuteilung**
Bank 1	30	18
Bank 2	40	24
Bank 3	50	30
Bank 4	60	36
Bank 5	70	42
Gesamt	**250**	**150**

Tab. 2.4: Beispiel für einen Mengentender mit fixem Zinssatz (in Mrd. Euro).
Quelle: De Grauwe (2012, Kap. 9).

Beim Zinstender in Tabelle 2.5 machen die Banken zu verschiedenen Zinssätzen ihre Gebote, weshalb man das Verfahren auch als *variable-rate tender* bezeichnet. Legt die Zentralbank einen Minimumzins von 3% fest, dann werden unterhalb dieses Zinses keine Gebote bedient (und auch nicht abgegeben). Bezüglich der tatsächlichen Zuteilung gibt es die folgenden Szenarien:

- *Die kumulierten Gebote stimmen zu einem bestimmten Zinssatz exakt mit dem gewünschten Zuteilungsvolumen überein:* Möchte die Zentralbank z. B. 80 Mrd. Euro zuteilen, so werden alle Gebote der Geschäftsbanken mit einem Zinssatz von mindestens 3,02% bedient (3,07–3,02%).
- *Das gewünschte Zuteilungsvolumen wird selbst zum Minimumzins nicht erreicht:* Will die Zentralbank 150 Mrd. Euro zuteilen, würde im Beispiel der Tabelle 2.5 der Minimumzinssatz greifen und es würden alle Gebote bedient, aber lediglich 130 Mrd. Euro zugeteilt werden.
- *Das gewünschte Zuteilungsvolumen wird zu einem Zinssatz oberhalb des Minimumzinses nicht exakt erreicht:* Falls die gewünschte Zuteilung einer Summe von 120 Mrd. Euro entspricht, werden alle Gebote bis zu einem Zinssatz von 3,01 % zugeteilt. Dies entspricht einer Summe von 115 Mrd. Euro. Die verbliebenen 5 Mrd. werden dann anteilig auf die Gebote des nächstniedrigeren Zinses aufgeteilt. Im Beispiel der Tabelle 2.5 bekommt jede Bank dann noch (5/15) · 5 Mrd. Euro zusätzlich zugeteilt.

Der Zins, zu dem die Reserven verliehen werden, kann bei einem Zinstender auf zwei Arten bestimmt werden. In einem *amerikanischen Verfahren* würden alle Banken die Reserven zu dem Zinssatz bekommen, zu dem sie auch geboten haben. Bei einem *holländischen Verfahren* würden alle Banken die Reserven zum *marginalen* Zinssatz bekommen, also dem niedrigsten bei dem noch eine Zuteilung erfolgt. Die EZB hat im Juni 2000 aufgrund der Überbietungsproblematik von einem Mengentender zu einem amerikanischen Zinstenderverfahren gewechselt. Seit der Finanzkrise wird ein Mengentender mit vollständiger Zuteilung verwendet, um den Liquiditätsproblemen des Bankensektors entgegenzuwirken. Derzeit wird in der Euro-Zone also jede gewünschte Reservemenge zum Hauptrefinanzierungszinssatz bereitgestellt, solange genügend Sicherheiten ausreichender Qualität vorhanden sind.

Zins	Bank 1	Bank 2	Bank 3	Gesamtgebote	Kumulierte Gebote
3,07				0	0
3,06		5	5	10	10
3,05		5	5	10	20
3,04		5	5	10	30
3,03	5	5	10	20	50
3,02	5	10	15	30	80
3,01	10	10	15	35	115
3,00	5	5	5	15	130
Gesamt	**25**	**45**	**60**	**130**	

Tab. 2.5: Beispiel für einen Zinstender mit variablem Zinssatz (in Mrd. Euro).
Quelle: De Grauwe (2012, Kap. 9).

Auch bei endgültigen An- und Verkäufen handelt es sich in gewisser Weise um temporäre Geschäfte, da die gehandelten Schuldverschreibungen bei Fälligkeit von den Emittenten ausgezahlt werden müssen. Die Reserven verbleiben aber (je nach Restlaufzeit) länger im Bankensektor. Die Zentralbank holt auch bei endgültigen An- und Verkäufen Gebote ein und kauft von den Geschäftspartnern Anleihen, die ihr den niedrigsten Preis (bzw. die höchste effektive Rendite) bieten. Beim Verkauf einer Anleihe wählt sie die Handelspartner, die den höchsten Preis zahlen.

2.2.4 Ständige Fazilitäten

Die ständigen Fazilitäten werden nach Geschäftsschluss von den Banken genutzt. Sollte eine Bank am Ende des Geschäftstages ein Defizit auf ihrem Reservekonto haben, muss sie **über Nacht** die **Kreditfazilität** der Zentralbank nutzen und sich die fehlenden Reserven von der Zentralbank über einen Repo leihen. Zudem werden Reserveguthaben, die über die Mindestreserveverpflichtung hinausgehen, als **Überschussreserven** bezeichnet und inzwischen i. d. R. verzinst. In einigen Währungsräumen muss sich eine Bank hierfür aktiv dazu entscheiden, einen Teil ihrer Reserven in die sogenannte **Einlagefazilität** zu hinterlegen (z. B. Euro-Raum), in anderen werden die Überschussreserven einfach direkt verzinst (z. B. USA).[44]

Sofern eine Zentralbank ständige Fazilitäten anbietet, kann sie lediglich die Menge der Reserven bestimmen, die über ihre Offenmarktgeschäfte im Interbankenmarkt vorhanden ist, hat aber keine Kontrolle über die endgültige Reservemenge im Interbankenmarkt. Fehlt es an Reserven, kann sich der Bankensektor zusätzliche Reserven immer über die Kreditfazilität leihen. Da Banken andernfalls ihren Zahlungsausgleich nicht vollziehen könnten und der Zahlungsverkehr zusammenbrechen würde, wird eine Zentralbank einer Geschäftsbank immer Kredit gewähren, sofern sie genügend Sicherheiten ausreichender Qualität hinterlegen kann. Die endgültige Höhe der Zentralbankguthaben wird daher von der Nachfrage der Banken bestimmt.

Über die Zinsen auf ihre Kredit- und Einlagefazilität kann eine Zentralbank aber den Übernachtzins im Interbankenmarkt steuern. Nehmen wir an, eine Bank mit Reservedefizit möchte sich über Nacht Reserven am Interbankenmarkt leihen, um die Innertageskredite bei der Zentralbank zurückzahlen zu können. Da diese Bank einen Übernachtkredit von der Zentralbank bekommen kann, wird sie keine Reserven von einer anderen Bank zu einem Zins leihen der über dem Kreditzins der Zentralbank liegt. Der Zins der Kreditfazilität stellt daher eine Obergrenze für die Übernachtzinsen im Interbankenmarkt dar. Sollten Überschussreserven verzinst werden, wird zudem keine Bank Reserven zu einem Zins verleihen, der unter dem Zins der Einlagefazilität liegt. Dieser bildet daher eine Untergrenze für den Übernachtzins im Interbankenmarkt. Die Zinsen auf die Fazilitäten bilden einen **Korridor für den Interbankenzins** und die Banken werden sich am Interbankenmarkt auf einen Zins einigen, der innerhalb dieses Korridors liegt.

Kernpunkte Kapitel 2.2

- Vorrangiges Ziel der meisten Zentralbanken ist neben der Gewährleistung eines **reibungslosen Zahlungsverkehrs** die **Preisstabilität** in Form einer geringen, aber positiven Verbraucherpreisinflation. Eine **geringe Arbeitslosigkeit**, ein **stabiles Wachstum, Finanz- und Wechselkursstabilität** können weitere Ziele sein, die je nach Währungsraum unterschiedlich gewichtet werden.
- Die **operationale Zielvariable** moderner Zentralbanken ist der **Übernachtzins am Interbankenmarkt.**
- Zentralbanken bestehen i. d. R. aus mehreren Ressorts. Das **makroökonomische Ressort** analysiert die Rahmenbedingungen und berät das **Zentralbankkomitee**, das den Zielwert für den Interbankenzins festlegt. Das **Ressort für Marktoperationen** setzt diese Zielvorgabe um.
- Die wesentlichen Instrumente einer Zentralbank sind **Offenmarktgeschäfte** (temporäre oder dauerhafte An- und Verkäufe von Sicherheiten) sowie die Bereitstellung von **Kredit- und Einlagefazilitäten (bzw. die automatische Verzinsung von Überschussreserven)**.
- Die Zinsen für Kredit- und Einlagefazilität bilden einen **Korridor für den Interbankenzins.** Keine Bank würde einen höheren Zins für einen Interbankenkredit zahlen, als sie bei der Zentralbank zahlen müsste. Ebenso würde keine Bank für einen geringeren Zins einen Interbankenkredit vergeben, als ihr die Zentralbank bietet.

---

44 Im Euro-System werden daher nur die Reserven als Überschussreserven bezeichnet, die über die Mindestreserveverpflichtung hinausgehen und sich nicht in der Einlagefazilität befinden. Siehe Bindseil, Camba-Méndez, Hirsch & Weller (2004).

2.3 Kurz- und langfristige Zinsen

Mit der Steuerung des Übernachtzinses am Interbankenmarkt beeinflusst die Zentralbank für gewöhnlich sowohl die kurzfristigen wie auch die langfristigen Kreditzinsen. Um den Einfluss der Zentralbank nachzuvollziehen, analysieren wir zunächst, wie die Geschäftsbanken ihre Kreditzinsen setzen. Im Anschluss werden wir die Verbindung zwischen langfristigen und (erwarteten) kurzfristigen Zinsen betrachten. Schließlich werden wir uns mit der Liquiditätspräferenztheorie von Keynes beschäftigen, um eine Beziehung zwischen Geldnachfrage und Zinsen herzuleiten. Diese Geldnachfrage wird für das theoretische Modell im letzten Abschnitt benötigt, das den Zusammenhang zwischen Geldpolitik der Zentralbank, Geldangebot der Geschäftsbanken und Geldnachfrage der Nichtbanken analysiert, um so die wichtigsten Bestimmungsgrößen langfristiger Zinsen zusammenzufassen.

2.3.1 Einfluss der Zentralbank auf die Zinssetzung der Geschäftsbanken

Da der Übernachtzins am Interbankenmarkt die Refinanzierungskosten der Banken widerspiegelt, nimmt eine Zentralbank über die Steuerung des Interbankenzinses Einfluss auf Kredit- und Einlagenzinsen der Geschäftsbanken. Um dies zu verdeutlichen, betrachten wir ein einfaches Beispiel, indem wir den Bankensektor in zwei Sparten teilen. Die Banken in der ersten Sparte konzentrieren sich vollständig auf das Kreditgeschäft und führen keine Girokonten für Kunden. Die andere Sparte konzentriert sich auf das Einlagengeschäft, vergibt aber keine Kredite an Nichtbanken. Da die Kunden der Kreditsparte ihr geliehenes Geld auf ein Konto bei einer Bank aus der Einlagensparte überweisen, haben die Banken der Kreditsparte am Ende des Tages immer ein Defizit auf ihrem Zentralbankkonto, das sie mit Übernachtkrediten am Interbankenmarkt ausgleichen. Die Banken der Einlagensparte erhalten hingegen im Laufe des Tages Überweisungen aus der Kreditsparte und besitzen am Ende des Tages immer Guthaben bei der Zentralbank, das sie den Banken aus der Kreditsparte leihen können. Die Bilanzen beider Sparten sehen wie folgt aus (wir vernachlässigen alle anderen Bilanzposten, um das Beispiel einfach zu halten):

Kreditsparte	
Kredite an Nichtbanken	Interbankenkredite

Einlagensparte	
Interbankenkredite	Einlagen

Die Banken aus der Kreditsparte zahlen Zinsen für ihre Interbankenkredite und erhalten Zinsen aus ihren Krediten an Nichtbanken. **Um Gewinne zu machen, müssen ihre Kreditzinsen i_L (*L* für loans) über dem Interbankenzins liegen. Sie verlangen daher einen Gewinnaufschlag μ_L auf den Übernachtzins $i_{O/N}$:**

$$i_L = (1 + \mu_L) i_{O/N} .$$

Der Interbankenzins nimmt Einfluss auf die Kreditzinsen, weil er die **Refinanzierungskosten der Kreditsparte** repräsentiert. Die Banken aus der Einlagensparte erhalten Zinsen aus den Interbankenkrediten und zahlen Zinsen für ihre Kundeneinlagen. **Um Gewinne zu erzielen, müssen ihre Einlagenzinsen i_M (*M* für money) also unter dem Übernachtzins liegen. Sie ziehen einen Gewinnabschlag μ_M vom Interbankenzins ab:**

$$i_M = (1 - \mu_M) i_{O/N} .$$

Tatsächlich gibt es Banken, die sich auf das Kredit- oder das Einlagengeschäft konzentrieren, die beiden Sparten sind aber nicht perfekt voneinander getrennt. Der Umfang der Interbankenkredite entspricht daher nur einem geringen Anteil der gesamten Kreditvergabe. Dennoch ist es ein Trugschluss zu glauben, dass der Interbankenzins nur einen geringeren Einfluss auf die Refinanzierungskosten der Banken hätte, weil er sich eben auch auf die Zinszahlungen für Kundeneinlagen auswirkt, die eine Alternative zu den Interbankenkrediten darstellen. Da Kundeneinlagen die Notwendigkeit für Interbankenkredite verringern, versuchen einige Banken, ihre Kunden durch hohe Einlagenzinsen zu halten oder mit Neukundenprämien zu locken. Die Banken konkurrieren also um Kundeneinlagen, jedoch nicht weil sie diese zur Kreditvergabe benötigen, sondern weil Einlagen entweder den Bedarf von teureren Interbankenkrediten (oder noch teureren Zentralbankkrediten) verringern oder zu einem Reserveüberschuss führen, den man am Interbankenmarkt zu höheren Zinsen verleihen kann.

Gewinnaufschlag und -abschlag müssen hoch genug sein, um **laufende Kosten** für die Kreditprüfung der Kunden, Mietkosten für Filialen usw. zu decken. Zudem müssen die Banken **Zahlungsausfälle bei der Zinssetzung einkalkulieren**, weil gewisse Kreditnehmer trotz sorgfältiger Prüfung ihren Kredit nicht zurückzahlen werden. Der Kreditzins wird daher einen individuellen Risikoaufschlag beinhalten, der von einer Risikoeinschätzung des Kreditnehmers abhängt. Des Weiteren beeinflusst der **Grad des monopolistischen Wettbewerbs** die Zinssetzung. Bei einem starken Wettbewerb zwischen den Banken, also verhältnismäßig vielen kleinen Banken mit wenig Marktmacht, wird der Gewinnaufschlag geringer ausfallen, da Banken mit hohen Kreditzinsen Kunden an ihre günstigeren Konkurrenten verlieren würden. Ebenso werden sich die Kunden in der Einlagensparte für die Bank entscheiden, die ihnen ein möglichst attraktives Zinsangebot macht. Zudem halten Banken natürlich auch längerfristige Forderungen und Verbindlichkeiten, wie Wertpapiere oder Termineinlagen bzw. längerfristige Interbankenkredite. Da die Kreditlaufzeiten größer als die Laufzeiten der Verbindlichkeiten ausfallen, spielt für den Kreditzins auch die erwartete Entwicklung des Interbankenzinses eine wichtige Rolle, weil der Kredit längerfristig refinanziert werden muss. Aus all diesen Gründen gibt es keinen perfekten Zusammenhang zwischen Interbanken-, Kredit- und Einlagenzinsen. Dennoch eignen sich die oben eingeführten einfachen Zinssetzungsregeln relativ gut, um die tatsächliche Entwicklung der Zinsen zu beschreiben, wie Abbildung 2.4 zeigt.

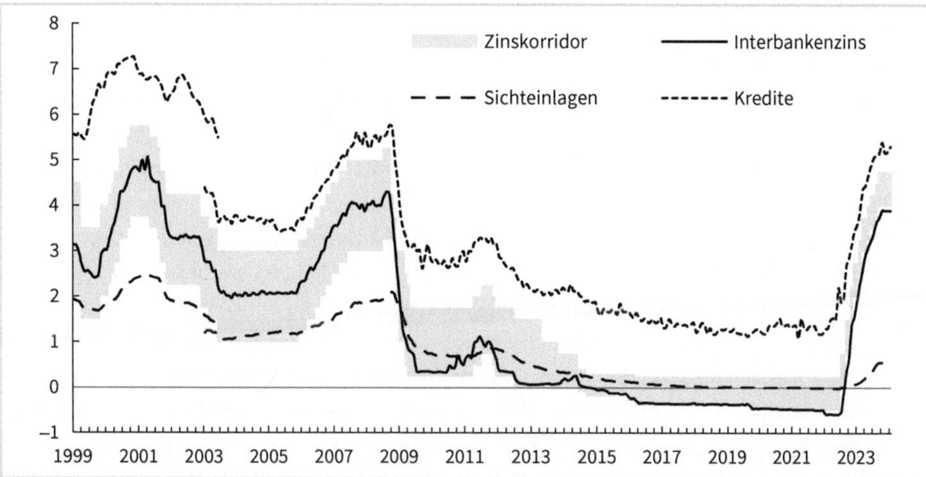

Abb. 2.4: Zinssätze deutscher Geschäftsbanken, Januar 1999–Januar 2024.
Anmerkungen: *Interbankenzins:* Geldmarktsätze am Frankfurter Bankplatz/Tagesgeld/Monatsdurchschnitt (bis 1999), EONIA (Monatsdurchschnitt ab 1999), €STER (Monatsdurchschnitt ab 2022), *Sichteinlagen:* Habenzinsen Banken / Sichteinlagen von Privatkunden mit höherer Verzinsung/Durchschnittssatz (bis Juni 2003), Effektivzinssätze Banken DE/Neugeschäft/Einlagen privater Haushalte, täglich fällig (ab Juni 2003), *Kredite:* Sollzinsen Banken/langfristige Festzinskredite an Unternehmen und Selbständige von 100.000 bis unter 500.000 Euro, Effektivzins / Durchschnittssatz (bis Juni 2003), Effektivzinssätze Banken DE / Neugeschäft / Kredite an nicht-finanzielle Kapitalgesellschaften, insgesamt (ab 2003); Sprünge und Überlappungen entstehen aufgrund der unterschiedlichen Datensätze.
Quelle: Deutsche Bundesbank; eigene Berechnungen und eigene Darstellung.

Die Kreditzinsen (gestrichelte Linie) liegen für den gesamten betrachteten Zeitraum über den Übernachtzinsen am Interbankenmarkt. Der Korrelationskoeffizient mit der Zeitreihe des Interbankenzinses beträgt je nach betrachteter Kreditreihe 0,95 bzw. 0,98, was zeigt, dass die Veränderungen im Interbankenzins mit Veränderungen der Kreditzinsen einhergingen. Die Zinsen auf Kundeneinlagen lagen bis zur Finanzkrise immer unterhalb des Interbankenzinses und hatten einen Korrelationskoeffizienten mit dem Interbankenzins von 0,97 bzw. 0,93. Die Einlagenzinsen der Geschäftsbanken reagierten mit etwas Verzögerung, weil insbesondere Zinserhöhungen am Interbankenmarkt nicht sofort an die Kunden in Form höherer Einlagenzinsen weitergegeben wurden. Dies liegt zum einen daran, dass Banken längerfristige Wertpapiere halten oder Kredite vergeben haben, deren Zinsen nominal festgelegt sind. Bei steigenden Zinskosten für die Verbindlichkeiten sinken dann die Gewinnmargen, weil die Zinsdifferenzen aus langfristigen Forderungen und kurzfristigen Verbindlichkeiten schrumpfen. Zudem wissen die Banken, dass ihre Kunden ein Bankkonto nicht so einfach wechseln, weil ihnen die Zinsen zu niedrig sind. Schließlich ist der Kontowechsel mit einem nicht unerheblichen Aufwand verbunden, da die neue Bankverbindung z. B. bei allen Online-Versandhändlern und Finanzdienstleistern geändert und dem Arbeitgeber mitgeteilt werden muss. Um ihre Gewinne zu steigern, geben Banken eine Zinserhöhung daher nur mit zeitlicher Verzögerung an ihre Einlagenkunden weiter. Der Wettbewerb um Kundeneinlagen hat sich in den letzten Jahrzehnten aber intensiviert, weil der Wechsel des Bankkontos insbesondere durch Angebote von Online-Banken einfacher geworden ist.[45]

45 Siehe Bindseil & Senner (2024).

Nachdem die Zentralbank ihre Zinsen deutlich senkte, um dem Einbruch der wirtschaftlichen Entwicklung aufgrund der Finanzkrise entgegenzuwirken, änderte sich der Zusammenhang zwischen dem Einlagen- und dem Interbankenzins. Der plötzliche Rückgang des Interbankenzinses Ende 2008 wurde nicht vollständig auf die Kunden überwälzt und die Zinsen auf Kundeneinlagen lagen bis zur geldpolitischen Wende im September 2022 durchgängig über denen am Interbankenmarkt. Was die Banken genau dazu bewogen hat, kann man nur vermuten. Da das Vertrauen am Interbankenmarkt nach der Finanzkrise zusammenbrach und sich die Banken gegenseitig kaum noch Kredite gaben, waren sie zunächst stärker auf ihre Kundeneinlagen angewiesen, sodass die Vermutung naheliegt, dass die Banken nicht riskieren wollten, ihre Kunden zu verlieren. Die Aufnahme von Zentralbankkrediten war für den gesamten Zeitraum schließlich noch teurer. Daher senkten die Banken ihre Einlagenzinsen auch nur sehr langsam auf null und verlangten erst sehr spät negative Zinsen auf große Einlagensummen. In der Zwischenzeit wurden jedoch die Kontoführungsgebühren erhöht, um die Differenz zwischen Einlagen- und Interbankenzins zumindest teilweise zu kompensieren. Der Zinserhöhung im September 2022 sind die Kreditzinsen sehr schnell gefolgt, während die Einlagenzinsen erst mit Verzögerung stiegen und daher nun wieder unterhalb des Interbankenzinses liegen. Zudem gibt es inzwischen wieder eine Vielzahl von Girokonten ohne Kontoführungsgebühren.

2.3.2 Erwartungen und Zinsstrukturkurven

Im vorangegangenen Abschnitt haben wir bereits diskutiert, dass die langfristigen Kreditzinsen der Banken von den erwarteten zukünftigen Übernachtzinsen beeinflusst werden. Da Banken längerfristige Kredite regelmäßig am Interbankenmarkt refinanzieren müssen, berücksichtigen sie bei der Setzung ihrer Kreditzinsen die erwarteten zukünftigen Refinanzierungskosten. Und auch bei Krediten zwischen Banken besteht ein solcher Zusammenhang zwischen den langfristigen und den erwarteten kurzfristigen Zinsen. Die Zinsen für einen Interbankenkredit mit n Tagen Laufzeit sollten den erwarteten Zinsen von n aufeinanderfolgenden Übernachtkrediten entsprechen, da Banken andernfalls durch geschickte Aufnahme und Vergabe von Krediten mit unterschiedlicher Laufzeit einen Arbitragegewinn erzielen könnten. Bei längerfristigen Krediten wird eine kreditgebende Bank selbstverständlich noch einen Risikoaufschlag verlangen, weil mit der Kreditlaufzeit die Unsicherheit über die zukünftige Zinsentwicklung steigt.

Der Zusammenhang zwischen kurz- und langfristigen Zinsen wird im Folgenden für den Anleihemarkt hergeleitet, lässt sich aber genauso auf Kredite am Interbankenmarkt oder an Nichtbanken übertragen. Wir betrachten beispielhaft risikolose Nullkuponanleihen mit unterschiedlicher Restlaufzeit und bezeichnen als **Laufzeitrendite** $i_{n,t}$ die effektive Rendite einer Anleihe mit n-jähriger Restlaufzeit zum Zeitpunkt t. Dies entspricht dem **konstanten jährlichen nominalen Zinssatz**, der den heutigen Kurs einer Anleihe mit dem Gegenwartswert aller zukünftigen Zahlungen gleichsetzt (siehe auch Abschnitt 1.1.2). Da Anlegerinnen die Wahl haben, eine Anleihe mit mehrjähriger Restlaufzeit oder über mehrere Jahre jedes Jahr eine Anleihe mit einjähriger Laufzeit zu kaufen, sollte die erwartete Rendite dieser beiden Optionen bei Anleihen gleichen Risikos identisch sein. Andernfalls würden die Anlegerinnen ihr Portfolio umschichten und so lange die Anleihen mit der höheren Rendite wählen bis die Kurse dieser Anleihen entsprechend gestiegen (und die der anderen gefallen) sind.

Für eine Anleihe mit n-jähriger Restlaufzeit erwartet eine Anlegerin in n Jahren für jeden eingesetzten Euro eine Rückzahlung von $(1 + i_{n,t})^n$. Dieser Betrag sollte der erwarteten Auszahlung bei sukzessivem Kauf von n einjährigen Anleihen entsprechen:

$$(1 + i_{n,t})^n = \prod_{k=0}^{n-1} (1 + i_{1,t+k}^e)$$

$$\Leftrightarrow 1 + i_{n,t} = \sqrt[n]{\prod_{k=0}^{n-1} (1 + i_{1,t+k}^e)}$$

Die Kurse der Anleihen passen sich aufgrund der Umschichtungen des Portfolios so an, dass die Auszahlungen einer langfristigen Anleihe dem geometrischen Mittel der von den Finanzmarktteilnehmern im Durchschnitt erwarteten Auszahlungen mehrerer kurzfristiger Anleihen entsprechen. Approximativ ergibt sich:

$$(2.1) \quad i_{n,t} \approx \frac{1}{n} \sum_{k=0}^{n-1} i_{1,t+k}^e$$

Sofern Anleihen jederzeit handelbar sind, sollten die langfristigen Renditen demnach die heutigen wie auch zukünftig erwarteten kurzfristigen Renditen widerspiegeln. Der Zusammenhang zwischen Renditen unterschiedlicher Laufzeit wird in sogenannten **Zinsstrukturkurven** abgebildet, die Laufzeitrenditen in Abhängigkeit der Restlaufzeit von Wertpapieren darstellen, wie in Abbildung 2.5 gezeigt.

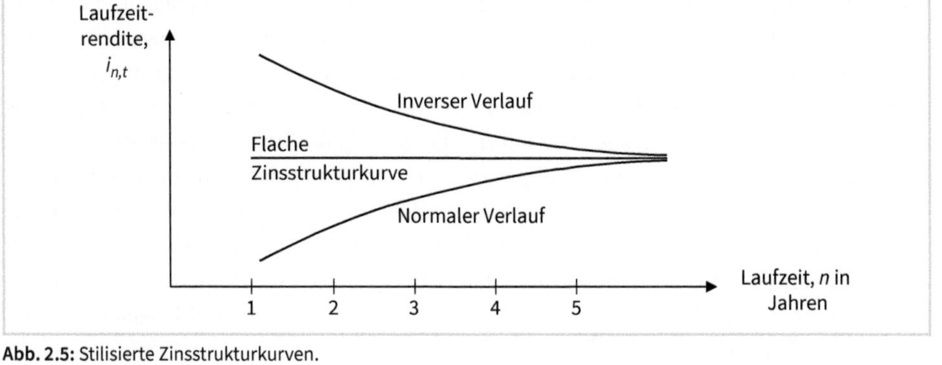

Abb. 2.5: Stilisierte Zinsstrukturkurven.
Quelle: Eigene Darstellung.

Ein Anleger wird für eine längerfristige Anleihe eine Liquiditäts- sowie eine Risikoprämie verlangen, weshalb Zinsstrukturkurven tendenziell steigend verlaufen sollten, sofern erwartet wird, dass sich die kurzfristigen Zinsen nicht ändern. Für eine zweijährige Anleihe verlangt eine Käuferin im Durchschnitt eine höhere effektive Rendite als für eine einjährige Anleihe, da sie bei letzterer nach Ablauf eines Jahres ihr Portfolio unter Kenntnis des aktuellen Anleihezinses neu zusammenstellen kann.

Ein flacher oder gar inverser Verlauf einer Zinsstrukturkurve deutet daher darauf hin, dass die Marktteilnehmer an den Finanzmärkten mit fallenden kurzfristigen Zinsen rechnen. Wenn die Anleger erwarten, dass die kurzfristigen Zinsen in den kommenden Jahren sinken, werden sie längerfristige Anleihen kaufen, solange die effektive Jahresverzinsung dieser Anleihen eine höhere Rendite verspricht. Hierdurch steigen die Kurse der längerfristigen Anleihen, bis ihre effektive Verzinsung so weit gefallen ist, dass sie die Erwartungen der Marktteilnehmer reflektiert und (2.1) erfüllt ist (ggf. zzgl. einer Risiko- und/oder Liquiditätsprämie).

Eine Veränderung der kurzfristigen Zinsen am Interbankenmarkt wirkt sich auch auf die effektiven Renditen am Wertpapiermarkt aus. Sinken die kurzfristigen Zinsen der Banken, können Anleger z. B. günstige Kredite aufnehmen, um diese am Kapitalmarkt zu investieren. Eine erhöhte Nachfrage nach Anleihen führt wiederum zu steigenden Kursen und fallenden Renditen. Zudem erscheinen Anleihen auch bei geringerer Rendite aus Sicht der Sparer noch lohnenswert, wenn die Zinsen bei Banken fallen. Wenn die Renditen für kurzfristige Anleihen fallen, werden langfristigere Anleihen zudem attraktiver. Die hierdurch steigende Nachfrage nach längerfristigen Finanzanlagen treibt dann den Kurs dieser Anlagen nach oben und senkt so auch die langfristigen Zinsen. **Die konventionelle Geldpolitik (Beeinflussung des Übernachtzinses am Interbankenmarkt) kann sich daher auf die Lage der gesamten Zinsstrukturkurve auswirken** (siehe auch Abschnitt 2.3.4).

Jedoch hängt dieser Effekt von den Erwartungen der Marktteilnehmer über die zukünftige wirtschaftliche Entwicklung und die zukünftige Geldpolitik ab. Gehen die Marktteilnehmer davon aus, dass eine Rezession droht, in der die Zentralbank die Zinsen für einen längeren Zeitraum senkt, investieren sie in die nun attraktiver gewordenen langfristigen Anleihen, bis die effektive Verzinsung dieser Anleihen wieder mit ihrer geringeren Erwartung zukünftiger kurzfristiger Zinsen vereinbar ist, also (2.1) erfüllt ist. Erwarten die Marktteilnehmer aufgrund einer Zinssenkung jedoch steigende Inflationsraten, die von einer zukünftigen Zinserhöhung begleitet werden, könnten sie auch bei fallendem Interbankenzins höhere langfristige Zinsen verlangen. Zinsstrukturkurven werden daher häufig verwendet, um Markterwartungen zu analysieren. Eine inverse Zinsstruktur ist häufig darauf zurückzuführen, dass die Marktteilnehmer eine Rezession (mit fallenden zukünftigen Zinsen) erwarten. In den USA war die Zinsstruktur ein sehr zuverlässiger Rezessionsindikator, wie Abbildung 2.6 zeigt. Allen Rezessionen (in der Abbildung in Grau schattiert) seit 1965 ging eine inverse Zinsstruktur voraus (die langfristigen Zinsen waren geringer als die kurzfristigen).[46]

46 Als Rezession gelten Phasen, in denen das reale BIP in zwei aufeinanderfolgenden Quartalen fällt.

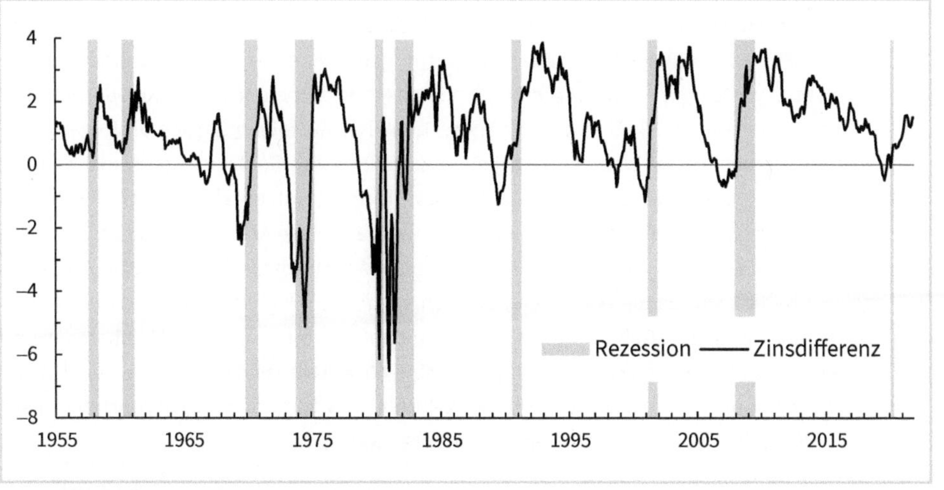

Abb. 2.6: Zinsdifferenziale in den USA, 1955–2020.
Anmerkungen: *Rezession:* Zwei aufeinanderfolgende Quartale, in denen das Bruttoinlandsprodukt schrumpft; *Zinsdifferenz:* Differenz der Zinsen auf 10-jährige Staatsanleihen und der effektiven Fed Funds Rate (Interbankenzins).
Quelle: FRED; eigene Darstellung.

Bei der Interpretation von Zinsstrukturkurven sollte man jedoch berücksichtigen, dass es weitere Faktoren gibt, die langfristige Zinsen beeinflussen. Umfangreiche Anleihekäufe einer Zentralbank können Kurse z. B. nach oben treiben und zu sinkenden effektiven Renditen führen. Die Zinsstrukturkurve kann von der Zentralbank also am kurzen wie langen Ende direkt beeinflusst werden. Solche Maßnahmen zählen aber eher zur unkonventionellen Geldpolitik und werden erst in Teil III diskutiert. Zudem nehmen auch das Geldangebot und die Präferenz für liquide Mittel Einfluss auf die langfristigen Zinsen, wie wir in den kommenden beiden Abschnitten sehen werden.

2.3.3 Geldnachfrage und Zinsstruktur: Die Liquiditätspräferenztheorie

Die Entscheidung des Privatsektors, sein Vermögen in Form von Zahlungsmitteln, kurzfristigen oder langfristigen Wertpapieren zu halten, lässt sich mithilfe von Keynes' **Liquiditätspräferenztheorie** analysieren. Keynes teilte hierzu die Anleger an den Wertpapiermärkten in Bären und Bullen auf. Die Bullen erwarten steigende Kurse und wollen ihr Vermögen in Wertpapieren anlegen, während die Bären fallende Kurse erwarten und ihr Vermögen daher in Form von Geld halten wollen, um sich vor möglichen Kursverlusten zu schützen. Da eine hohe effektive Rendite mit niedrigen Wertpapierkursen einhergeht, sollte der Anteil der Bullen, die einen Anstieg der Kurse erwarten, bei hoher effektiver Rendite größer sein und die Nachfrage nach Liquidität (Zahlungsmittel) gering. So begründete Keynes einen negativen Zusammenhang zwischen der effektiven Rendite auf den Wertpapiermärkten und der Geldnachfrage aufgrund des **Spekulationsmotivs**.

Um diesen Zusammenhang formal herzuleiten, betrachten wir ein einfaches Modell, welches an Bofinger, Reischle & Schächter (1996) angelehnt ist. Die Wirtschaftssubjekte haben in diesem

Modell die Möglichkeit, ihr Vermögen entweder *vollständig* in Form von Zahlungsmitteln oder *vollständig* in Form von Anleihen zu halten (Sachvermögenswerte werden nicht betrachtet). Zudem betrachten wir lediglich **ewige Anleihen** (im Englischen *perpetual bonds*, kurz perpetuals), da der Kurs solcher Anleihen recht einfach zu berechnen ist. Alle folgenden Schlussfolgerungen können aber problemlos auf eine differenziertere Aufteilung des Geldvermögens inkl. anderer Anleihetypen ausgeweitet werden.[47] Wie der Name vermuten lässt, erhalten Besitzer einer ewigen Anleihe auf ewig eine jährliche Kuponzahlung, weshalb diese Anleiheform auch als ewige Rente bezeichnet wird. Der Nennwert wird hingegen nie zurückgezahlt. Wie wir in Abschnitt 1.1.2 gelernt haben, sollten die effektiven Renditen von Anleihen gleichen Risikos bei gleicher Restlaufzeit identisch sein. Gehen wir der Einfachheit halber von risikolosen Anleihen aus und bezeichnen die effektive Rendite einer ewigen Anleihe als **Anleihezins $\boldsymbol{i_B}$**, so sollte der aktuelle Kurs einer ewigen Anleihe mit jährlicher Kuponzahlung i_K dem mit i_B abdiskontierten Gegenwartswert aller zukünftigen Kuponzahlungen entsprechen:[48]

$$P_B = \frac{i_K}{1+i_B} + \frac{i_K}{(1+i_B)^2} + \frac{i_K}{(1+i_B)^3} + \frac{i_K}{(1+i_B)^4} + \dots = \frac{i_K}{i_B}.$$

Eine ewige Anleihe wird also zu pari (bzw. über oder unter pari) gehandelt werden, wenn der Kupon i_K dem aktuellen Anleihezins i_B entspricht (bzw. größer oder kleiner ist). Anleger können neben den jährlichen Kuponzahlungen aber auch Gewinne oder Verluste durch Kursveränderungen erzielen. Die erwartete effektive Rendite einer ewigen Anleihe, die man nach einem Jahr wieder verkauft, setzt sich daher aus der einmaligen Kuponzahlung und der erwarteten Kursänderung des Papiers zusammen:

$$R^e = \underbrace{i_K}_{\text{Kuponzahlung}} + \underbrace{\left(\frac{i_K}{i_B^e} - \frac{i_K}{i_B}\right)}_{\text{erwartete Kursänderung}},$$

wobei i_B^e den erwarteten zukünftigen Anleihezins darstellt. Da sich die individuellen Erwartungen verschiedener Marktteilnehmer (Bären und Bullen) unterscheiden, ist auch die erwartete effektive Rendite für jeden Anleger verschieden. In der Zinsstrukturkurve, die den Zusammenhang zwischen kurz- und langfristigen effektiven Zinsen darstellt, sollte zwar die *durchschnittliche* Erwartung über zukünftige Zinsen eingepreist sein, die individuellen Erwartungen jedes einzelnen Anlegers können aber sehr unterschiedlich ausfallen. Die durchschnittliche Erwartung der Anleger am Anleihemarkt kann zudem falsch sein, da sich zukünftige Entwicklungen nicht vorhersagen lassen.

Darüber hinaus bewerten Spekulanten, die durch temporäre Wertpapieran- und -verkäufe Gewinne erzielen wollen, eine finanzielle Anlage nicht auf Basis einer ausführlichen Analyse fundamentaler Daten. Sie schätzen lediglich, wie die Masse den Markt in Zukunft bewerten wird.

47 Siehe z. B. Markowitz (1952, 1959) oder Tobin (1958).

48 $P_B = \left(\frac{i_K}{1+i_B}\right) \sum_{t=0}^{\infty} \left(\frac{1}{1+i_B}\right)^t = \left(\frac{i_K}{1+i_B}\right)\left(\frac{1+i_B}{i_B}\right).$

Wie in Zeitungswettbewerben, bei denen es darum geht, die hübschesten sechs Gesichter aus 100 Bildern zu wählen, versucht man möglichst nah an die Mehrheitsmeinung zu kommen. Keynes nennt dies den »Wettkampf der Gerissenheit«:

> Es handelt sich nicht darum, jene auszuwählen, die nach dem eigenen Urteil wirklich die hübschesten sind, ja sogar nicht einmal jene, welche die durchschnittliche Meinung wirklich als die hübschesten betrachtet. Wir haben den dritten Grad erreicht, wo wir unsere Intelligenz der Vorwegnahme dessen widmen, was die durchschnittliche Meinung als das Ergebnis der durchschnittlichen Meinung erwartet. Und ich glaube, dass es sogar einige gibt, die den vierten, fünften und noch höhere Grade ausüben.
>
> (Keynes, 1936, S. 156)

Bei einer Spekulation gilt es, zukünftige Änderungen in der konventionellen Bewertung als Erstes vorherzusehen. Da eine auf langfristigen Einschätzungen basierende Bewertung viel mehr Arbeit erfordert als ein kurzfristiges Erraten des zukünftigen Preises, können sich seriöse Einschätzungen häufig nur schwer gegen den Zeitgeist durchsetzen, solange sie von der durchschnittlichen Marktbewertung abweichen.

Die Wirtschaftssubjekte entscheiden sich dazu, verzinste Anleihen statt Geld zu halten, solange sie eine positive Rendite aus der Haltung von Anleihen erwarten. Geld wird hingegen aus dem Spekulationsmotiv gehalten, um sich vor möglichen Kursverlusten zu schützen, wenn ihre individuell erwartete effektive Rendite negativ ist:

$$R^e = i_K + \left(\frac{i_K}{i_B^e} - \frac{i_K}{i_B}\right) < 0 \Leftrightarrow i_B < \frac{i_B^e}{1 + i_B^e} = i^*.$$

Die Größe $i^* = i_B^e / \left(1 + i_B^e\right)$ stellt den *individuellen* kritischen Zins dar. Ein Marktteilnehmer wird sein Vermögen vollständig in Form von Geld halten, wenn der aktuelle Anleihezins unter seinem individuellen kritischen Zins liegt, da dann die von ihm erwartete Rendite der Anleihehaltung negativ ist (aufgrund des erwarteten Kursverfalls). Die individuelle Geldnachfrage hängt daher von den *subjektiven* Erwartungen der zukünftigen Zinsentwicklung ab. Anleger können völlig unterschiedliche subjektive Zinserwartungen und daher auch individuelle kritische Zinssätze besitzen. Jeder Marktteilnehmer entscheidet sich in Abhängigkeit von seinem eigenen kritischen Wert dafür, sein Geldvermögen entweder in Form von Zahlungsmitteln oder in Form von Anleihen zu halten. Der Anteil der Marktteilnehmer, die zu den Bullen bzw. den Bären gezählt werden können, hängt von den Einschätzungen bzgl. der zukünftigen Kursentwicklung ab:

- Bei hohen Anleihezinsen sind die Kurse niedrig und viele Marktteilnehmer erwarten eine Kurssteigerung (bzw. fallende Anleihezinsen). Der Anteil der Bullen sollte also recht hoch sein und die Nachfrage nach liquiden Mitteln gering.
- Je niedriger hingegen der Anleihezins ist, desto höher wird der Anteil der Bären sein, die aufgrund der hohen Wertpapierkurse damit rechnen, einen Kursverlust zu erleiden, sollten die Kurse wieder fallen (bzw. die Anleihezinsen steigen). Bei niedrigen Anleihezinsen wird daher der Anteil derer steigen, die lieber Geld als Wertpapiere halten.

Addiert man die individuelle Geldnachfrage aller Wirtschaftssubjekte bei unterschiedlichen Zinsen, erhält man die gesamtwirtschaftliche Geldnachfrage M^d, die negativ vom Wertpapierzins abhängt. Dies ist in Abbildung 2.7 dargestellt. Auf der linken Seite ist die individuelle Geldnachfrage eines einzelnen Investors illustriert. Sollte der Anleihezins unter seinen individuellen kritischen Zins fallen, wird er sein gesamtes Geldvermögen in Form von Zahlungsmitteln halten, um sich vor den erwarteten Kursverlusten zu schützen. Sobald der Anleihezins sein individuelles kritisches Niveau von i^* übersteigt, wird er sein gesamtes Geldvermögen in Anleihen investieren und seine Geldnachfrage sinkt auf null. In der Grafik auf der rechten Seite der Abbildung wurde die individuelle Geldnachfrage aller Anleger aggregiert. Da bei niedrigeren Anleihezinsen der Anteil der Bären steigt, die Geld halten wollen, um sich vor Kursverlusten zu schützen, steigt die gesamtwirtschaftliche Geldnachfrage bei fallendem Anleihezins.

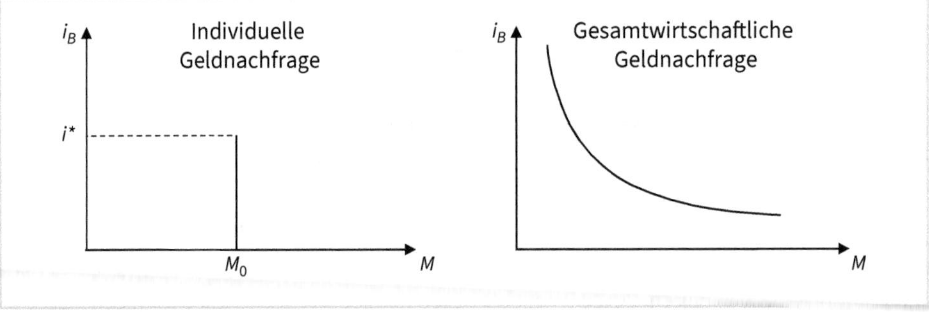

Abb. 2.7: Individuelle und gesamtwirtschaftliche Geldnachfrage.
Quelle: Eigene Darstellung in Anlehnung an Bofinger, Reischle & Schächter (1996).

Da $\partial i^*/\partial i_B^e > 0$ ist, erhöht eine Veränderung des erwarteten Anleihezinses den kritischen Zins. Sollte die durchschnittliche Erwartung langfristiger Zinsen steigen, müssen sich auch die individuellen kritischen Zinsen im Durchschnitt erhöhen. Dies führt bei gleichem Anleihezins dazu, dass die gesamtwirtschaftliche Geldhaltung steigt, weil die aktuelle Rendite für mehr Individuen unter ihr kritisches Niveau fällt. Steigende Anleihezinsen gehen mit sinkenden Anleihekursen einher, vor denen man sich durch den Verkauf der Anleihen schützen möchte. In Abbildung 2.7 entspräche dies einer Außenverschiebung der Geldnachfragekurve.

Erweitern wir die Analyse um einen Zins auf Einlagen (i_M), besteht nun die Wahl zwischen niedrig verzinsten Einlagen oder höher verzinsten Anleihen (wir verzichten auf eine zusätzliche Berücksichtigung von unverzinstem Bargeld). Jeder individuelle Marktteilnehmer wird sich nun für die Sichtguthaben bei Banken entscheiden, sofern sein individuell erwarteter Ertrag aus der Haltung von Geld dem aus der Wertpapierhaltung übersteigt:

$$i_M > i_K + \left(\frac{i_K}{i_B^e} - \frac{i_K}{i_B}\right) \Leftrightarrow i_B < \frac{i_K i_B^e}{i_K + i_B^e(i_K - i_M)} = i^*.$$

Entspricht der Einlagenzins dem Kupon, $i_M = i_K$, sind die jährlichen Zahlungen bei Wertpapier- und Geldhaltung identisch. Der kritische Zins entspricht dann dem erwarteten Anleihezins ($i^* = i_B{}^e$) und Geld wird nur dann gehalten, wenn der heutige Anleihezins niedriger ist. Dann werden nämlich steigende Anleihezinsen, also fallende Kurse, erwartet. Für $i_M \neq i_K$ hängt der individuelle kritische Zins nun aber auch vom Einlagenzins ab: Wenn der Einlagenzins i_M steigt, so steigt auch der kritische Zins ($\partial i^*/\partial i_M > 0$, sofern alle anderen Zinsen positiv sind). Wenn die Alternative zu Anleihen höher verzinst wird, müsste auch der Anleihezins steigen (und die Anleihekurse fallen), damit die Marktteilnehmer den gleichen Teil ihres Vermögens in Form von Anleihen statt Geld halten. Vergleichbar mit der Argumentation in Abschnitt 2.3.2 führt eine Erhöhung des Einlagenzinses zu einer Umschichtung des Portfolios von Anleihen (langfristige Forderungen) zu Einlagen (kurzfristigen Forderungen), weil letztere attraktiver geworden sind. Die Geldnachfrage steigt daher mit dem Einlagenzins.

Für die Geldnachfrage folgt aus den obigen Überlegungen:

(2.2) $$M^d = M\left(i_B, i_M, i_B^e, \cdots\right), \quad \frac{\partial M}{\partial i_B} < 0, \quad \frac{\partial M}{\partial i_M} > 0, \quad \frac{\partial M}{\partial i_B^e} > 0.$$

Wie in Abbildung 2.7 dargestellt, hängt die Geldnachfrage negativ von den Anleihezinsen ab, da bei höherer effektiver Rendite das Geldvermögen eher in Form von Anleihen gehalten wird, weil die Kurse niedrig sind und daher Kursgewinne erwartet werden. Steigen die Einlagenzinsen oder die im Durchschnitt erwarteten Anleihezinsen, wird das Geldvermögen hingegen stärker in Form von Einlagen gehalten. Die Geldnachfragekurve verschiebt sich daher nach außen, wenn i_M oder i_B^e steigen. Da alle vorangegangenen Argumente auch für andere Anleiheformen gelten, werden wir i_B im Folgenden als **Index für das durchschnittliche langfristige Renditeniveau am Anleihemarkt** interpretieren. Der Anleihezins i_B repräsentiert also das gesamte Spektrum von kurz und langfristigen Anleihen und reflektiert die derzeitige Zinsstruktur.

Die Geldnachfrage wird jedoch auch von vielen weiteren Faktoren beeinflusst. Die folgende Liste zeigt einige mögliche Einflussfaktoren, die auf die Lage der Geldnachfragekurve Einfluss nehmen:

- Bei **steigendem Einkommen** Y werden Haushalte zusätzliche Transaktionen durchführen wollen und daher, bei gleicher effektiver Rendite auf den Wertpapiermärkten, mehr Geld halten wollen (**Einkommensmotiv**). Ein steigendes erwartetes Einkommen Y^e könnte bereits heute dazu führen, dass mehr Transaktionen durchgeführt werden. Die gesamtwirtschaftliche Geldnachfrage würde sich daher nach außen verschieben, wenn das (erwartete) Einkommen steigt ($\partial M/\partial Y > 0$).
- **Steigende Preise** P führen dazu, dass mehr Geld zum Durchführen von Transaktionen benötigt wird. Die Geldnachfrage wäre bei gleichem Anleihezins höher und die Geldnachfragefunktion würde sich nach außen verschieben ($\partial M/\partial P > 0$).
- Da der tägliche Zahlungsverkehr mit Geld bestritten wird, ist es notwendig, einen gewissen Teil seines Geldvermögens in Form liquider Mittel zu halten, um fällige Rechnungen zu begleichen. Geld wird gehalten, um den Zeitraum zwischen Zahlungsverpflichtung und Einkommensbezug zu überbrücken (**Geschäftsmotiv**). Zudem wird Geld aus Sicherheitsgründen gehalten, um plötzliche, unvorhergesehene Ausgaben zu finanzieren (**Vorsichtsmotiv**). Wenn Unternehmen und Haushalte in einer Krise weniger Einzahlungen erhalten, kann der Wunsch nach einem größeren Liquiditätspuffer aufgrund von Geschäfts- und

Vorsichtsmotiv sehr plötzlich ansteigen und die Geldnachfrage nach außen verschieben. Längere Aufschwungphasen vermitteln hingegen ein Gefühl von Sicherheit und können zu einer Reduktion des Liquiditätspuffers und einer Verringerung der Geldnachfrage führen. Verschiebungen der Geldnachfrage aufgrund solcher Präferenzänderungen fassen wir im Folgenden in ε^M zusammen. Ein positiver Liquiditätspräferenzschock $(\varepsilon^M > 0)$ führt zu einer Erhöhung der Geldnachfrage und einer Außenverschiebung der Geldnachfragefunktion $(\partial M/\partial\varepsilon^M > 0)$.

Die Liquiditätspräferenz wird auch von **Unsicherheit** beeinflusst. Sollten z. B. die erwarteten Erträge am Wertpapiermarkt unsicherer werden, könnte auch dies dazu führen, dass Anleger einen größeren Teil ihres Geldvermögens in Form von liquiden Mitteln halten wollen $(\varepsilon^M > 0)$.

Aufgrund dieser vielen von Erwartungen beeinflussten Faktoren ist die Geldnachfrage i. d. R. sehr instabil. Dies ist auf der linken Seite von Abbildung 2.8 anhand der gestrichelten Linien dargestellt. Die rechte Seite zeigt, wie das Geldangebot der Geschäftsbanken, bei einer gegebenen Geldnachfragefunktion, den Anleihezins bestimmt. Sollten die Banken ihr Geldangebot ausweiten (von M_0^s auf M_1^s), weil z. B. die Kreditvergabe steigt, übersteigt das Geldangebot zum alten Zinsniveau i_B^0 (Punkt B) die Geldnachfrage (Punkt A). Da die Haushalte keinen größeren Anteil ihres Geldvermögens in Form von Einlagen halten möchten, werden sie mit dem zusätzlichen Geldangebot Anleihen kaufen. Dies führt dazu, dass die Anleihekurse steigen und die effektive Rendite fällt. Wenn die Anleihezinsen das Niveau i_B^1 erreicht haben, ist die effektive Rendite so niedrig, dass die Anleger bereit sind, den Anteil ihres Geldvermögens, den sie in Form von Einlagen halten, so stark auszuweiten, dass das zusätzliche Geldangebot auch nachgefragt wird (Punkt C). Anleihen müssen durch den Rückgang der Rendite so unattraktiv werden, dass der Wunsch nach Geldhaltung dem Angebot liquider Mittel entspricht. Eine Erhöhung des Geldangebots führt daher zu einer Verringerung der effektiven Rendite am Kapitalmarkt. Der Zusammenhang zwischen der Zinssetzung der Zentralbank, Kreditangebot und -nachfrage, Geldangebot und -nachfrage sowie dem Anleihezins wird im folgenden Abschnitt untersucht.

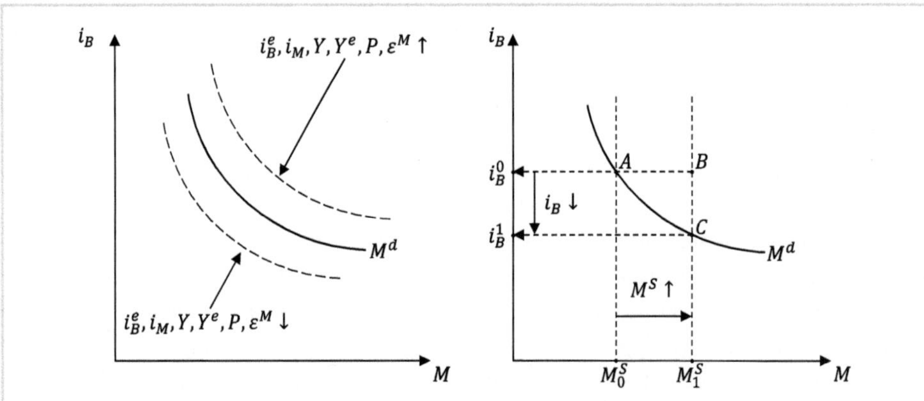

Abb. 2.8: Geldangebot und -nachfrage.
Quelle: Eigene Darstellung.

2.3.4 Geldpolitik und Zinsstruktur

Das folgende Modell ist an Palley (2013) angelehnt und basiert auf den Interbankenmarktbeschreibungen von Moore (1979). Es illustriert das Zusammenspiel zwischen Zentralbankpolitik, privater Geldschöpfung, Kreditzinsen und Anleihemärkten. Die Beschreibung bezieht sich zunächst auf die US-Geldpolitik, bei der die Zentralbank in ihren Offenmarktgeschäften endgültige Anleihen von Nichtbanken (Primärhändlern) kauft, die hierfür Sichtguthaben auf ihrem Bankkonto erhalten. Mit dem Modell lässt sich aber auch problemlos ein rein kreditbasiertes System analysieren, indem man den Anteil der Reserven aus endgültigen Anleihekäufen auf null setzt. Da die Zentralbank den Zins steuert, wird die private Geldmenge im Wesentlichen von der Kreditnachfrage bestimmt. Wir bezeichnen das Modell daher als **endogenes Geldangebotsmodell.**

Das Modell besteht aus den folgenden Gleichungen:

(2.3) $i_L = \left(1 + \mu_L(L^s)\right) i_{O/N}, \quad \partial\mu_L/\partial L^s > 0,$

(2.4) $i_M = (1 - \mu_M) i_{O/N},$

(2.5) $L^d = L(i_L,\ldots), \quad \partial L^d/\partial i_L < 0$

(2.6) $M^d = M\left(i_B, i_M, i_B^e, \varepsilon^M, \cdots\right), \quad \frac{\partial M}{\partial i_B} < 0, \quad \frac{\partial M}{\partial i_M} > 0, \quad \frac{\partial M}{\partial i_B^e} > 0, \quad \frac{\partial M}{\partial \varepsilon^M} > 0$

(2.7) $L^s + R^d = M^s + R_B,$

(2.8) $R^d = rM^s, \quad 0 < r < 1,$

(2.9) $R^s = R_{NB} + R_B,$

wobei i_L und $i_{O/N}$ den Kredit- sowie den Übernachtzins am Interbankenmarkt darstellen, *M* die Geldmenge (»money«), *L* die Kredite der Geschäftsbanken an Nichtbanken (»loans«) und *R* die Reserven repräsentieren. Ferner sind mit $\mu_L(L)$ bzw. μ_M der Gewinnaufschlag bzw. -abschlag der Banken und mit *r* der Mindestreservesatz gekennzeichnet. Der Schockterm ε^M stellt Veränderungen der Liquiditätspräferenz dar, die sich auf die Geldnachfrage auswirken und die Superskripte *s* und *d* stehen für Angebot und Nachfrage (»supply« und »demand«). Der Bankensektor kann in diesem Modell Reserven auf zwei Arten erhalten, durch direkte Anleihekäufe der Zentralbank (Offenmarktgeschäfte) oder Übernachtkredite. Die Indizes *B* und *NB* kennzeichnen entsprechend die geliehenen (»borrowed«) bzw. nicht-geliehenen (»non-borrowed«) Zentralbankguthaben.

Der Einfachheit halber wird auf eine Unterscheidung zwischen Interbankenzins und Zentralbankzins sowie zwischen Kredit- und Einlagenzins der Zentralbank verzichtet. Diese Vereinfachung ist vertretbar, da der Fokus des Modells nicht auf der Umsetzung der Zinssteuerung liegt (siehe hierzu Kap. 5.1), sondern auf dem Zusammenhang von Interbanken, Kredit- und Anleihemarkt. Die Zentralbank kontrolliert in diesem Modell den Interbankenzins sowie die Menge der nicht-geliehenen Reserven. Falls die nicht-geliehenen Reserven am Ende des Geschäftstages für den Zahlungsausgleich zwischen den Banken nicht reichen sollten, bietet die Zentralbank Kredite zum Interbankenzins an.

Die Gleichungen (2.3) und (2.4) repräsentieren die Zinssetzung der Banken, die in Kapitel 2.3.1 bereits behandelt wurde. Um Gewinne zu machen, vergeben die Banken Kredite mit einem Aufschlag auf den Interbankenzins und verzinsen Kundeneinlagen mit einem Abschlag. Der Aufschlag hängt in diesem Modell positiv von der Kreditmenge ab, um das steigende Kreditausfallrisiko zu berücksichtigen. In Abbildung 2.9 verläuft die Kreditangebotskurve im nordöstlichen Quadranten daher positiv geneigt, während der Einlagenzins horizontal verläuft, weil er von der Kreditmenge unabhängig ist. Wir unterstellen zudem, dass die risikoabhängigen Gewinnaufschläge mit zunehmender Kreditvergabe immer schneller steigen (konvexer Verlauf des Kreditangebots).

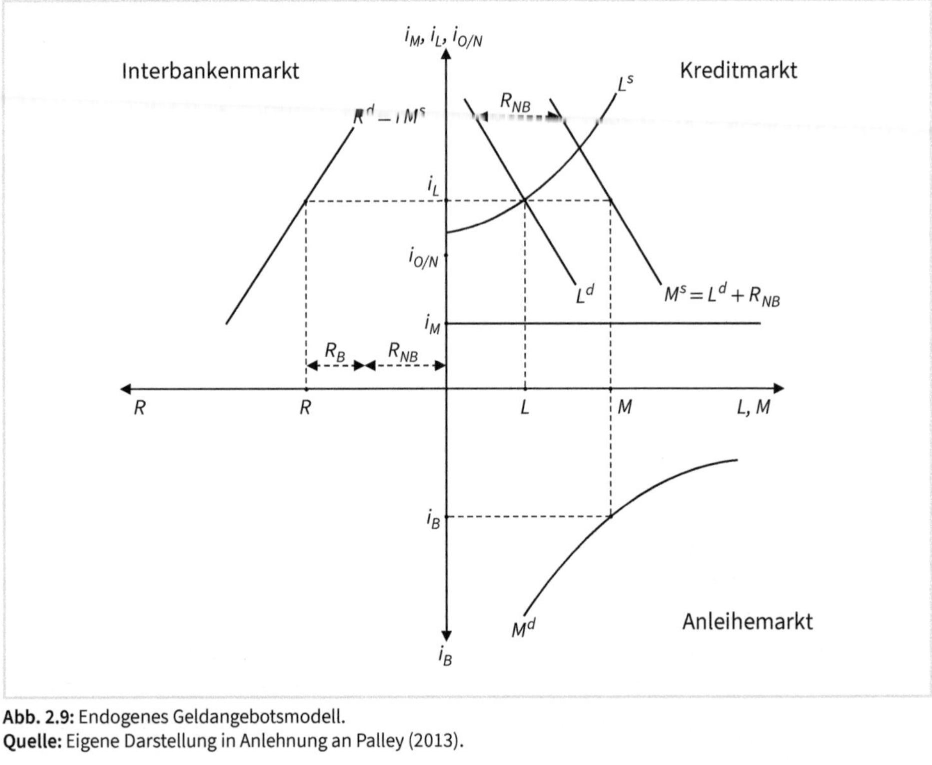

Abb. 2.9: Endogenes Geldangebotsmodell.
Quelle: Eigene Darstellung in Anlehnung an Palley (2013).

Die Kreditnachfrage wird durch Gleichung (2.5) abgebildet und hängt negativ vom Kreditzins ab, weil die Rentabilität von Investitionsprojekten bei einer Verteuerung von Krediten tendenziell sinkt. Zudem verringert sich die Anzahl kreditwürdiger Kreditnehmer mit steigenden Zinsen (siehe auch Abbildung 2.2). Die Kreditnachfrage wird aber auch von anderen Faktoren wie Gewinnerwartungen, erwarteten Zins- und Preisentwicklungen usw. beeinflusst. Die drei Punkte sollen auf solche Faktoren hinweisen. Werden zusätzliche Einflussfaktoren als *gegeben* (konstant) betrachtet, lässt sich der Zusammenhang zwischen Kreditnachfrage und Zins als negativ geneigte Kurve darstellen. Veränderungen dieser Einflussfaktoren verschieben die Kreditnachfragekurve.

Gleichung (2.6) stellt die Geldnachfrage dar, die ausführlich im vorangegangenen Abschnitt hergeleitet wurde (vgl. Gleichung (2.2)). Wie zuvor wird Geldvermögen entweder in Form von Anleihen oder Geld (Einlagen) gehalten. Die Geldnachfrage hängt positiv vom Einlagenzins i_M und negativ vom Anleihezins i_B ab. Da ein höherer Anleihezins mit einem geringeren Anleihekurs einhergeht, erhöht sich der Anteil der Bullen an den Wertpapiermärkten und die Geldnachfrage sinkt, wenn der Anleihezins steigt. Steigende Einlagenzinsen erhöhen hingegen die Attraktivität der Geldhaltung. Die Geldnachfrage hängt zudem von den erwarteten Anleihezinsen i_B^e, Veränderungen der Liquiditätspräferenz ε^M sowie weiteren Faktoren ab, die wir teilweise im vorangegangenen Abschnitt diskutiert haben und die wieder mit drei Punkten symbolisiert werden. Der Zusammenhang zwischen Geldnachfrage und Anleihezins ist im süd-östlichen Teil von Abbildung 2.9 dargestellt. Wenn alle anderen Einflussfaktoren zunächst konstant gehalten werden, besteht ein negativer Zusammenhang zwischen Geldnachfrage und Anleihezins, weil höhere Anleihezinsen eine Geldvermögenshaltung in Form von Einlagen unattraktiver machen. Der südöstliche Quadrant entspricht der an der x-Achse gespiegelten Abbildung 2.8.

In Gleichung (2.7) wird die Bilanz des konsolidierten Geschäftsbankensektors dargestellt. Banken besitzen Zentralbankguthaben und Kreditforderungen auf der Aktivseite und Kundeneinlagen sowie bei der Zentralbank aufgenommene Kredite auf der Passivseite (in Höhe der geliehenen Reserven R_B). Da das Reserveangebot sich an die Nachfrage der Banken anpasst und das Kreditangebot der Banken von der Nachfrage bestimmt wird ($R^s = R^d, L^s = L^d = L$), folgt mit (2.7) und (2.9) für das Geldangebot:

$$M^s = L(i_L) + R_{NB}.$$

Die Geldangebotsfunktion ist zusätzlich zur Kreditnachfrage im nord-östlichen Quadranten in Abbildung 2.9 abgebildet. Da höhere Zinsen zu geringeren Krediten und somit auch weniger Einlagen führen, verläuft die Kurve fallend. Zudem verläuft die Kurve rechts von der Kreditnachfragekurve, weil es mehr Einlagen als Kredite gibt, solange die Zentralbank Offenmarktgeschäfte in Form von Anleihekäufen durchführt, bei denen der Verkäufer der Anleihen zusätzliches Bankguthaben erhält (vgl. Abschnitt 2.2.2).

Die Höhe der Einlagen bestimmt wiederum die Nachfrage nach Reserven, die im nord-westlichen Teil der Abbildung dargestellt wird:

$$R^d = rM = r(L(i_L) + R_{NB}).$$

In dem Umfang, in dem die Zentralbank über ihre endgültigen Ankäufe nicht genügend Reserven zur Verfügung stellt, werden die Banken zusätzliche Reserven (R_B) über die Kreditfazilität zum Zielzins $i_{O/N}$ von der Zentralbank leihen müssen. Da bei steigendem Kreditzins sowohl die Kredit- wie auch die Einlagenmenge sinken, benötigen die Banken auch weniger Reserven, weshalb die Reservenachfrage negativ vom Kreditzins i_L abhängt.

Der nord-westliche Quadrant des Modells repräsentiert den Interbankenmarkt, der nord-östliche den Kreditmarkt und der süd-östliche den Anleihemarkt. Die exogenen Größen des Modells sind der von der Zentralbank gesteuerte Interbankenzins sowie das Angebot nicht-geliehener Reserven. Der Interbankenzins bestimmt den Einlagenzins, und Kreditzins und -menge ergeben sich daraufhin als Schnittpunkt aus der Zinssetzungskurve der Banken (Kreditangebot, L^s) und der Kreditnachfrage der Nichtbanken (L^d). Das Geldangebot entspricht der Kreditmenge zuzüglich der aufgrund von Anleiheankäufen der Zentralbank geschaffenen Einlagen, die wiederum der Höhe der nicht-geliehenen Reserven entsprechen. Dieses Geldangebot bestimmt dann für eine gegebene Geldnachfrage den Anleihezins sowie die Höhe der Reserven, die über Nacht von der Zentralbank geliehen werden müssen, um die Mindestreserveverpflichtung zu erfüllen.

Abbildung 2.10 zeigt die Auswirkungen einer expansiven Geldpolitik auf Zinsen, Kredite sowie Privat- und Zentralbankgeldmenge. Das gezeigte Beispiel geht davon aus, dass die Zentralbank sowohl ihre Zinsen senkt, wie auch ihre Anleiheankäufe erhöht, um so zumindest einen Teil der zusätzlich nachgefragten Reserven (aufgrund der Mindestreservepflicht) über Offenmarktgeschäfte zur Verfügung zu stellen. In der Folge sinken sowohl der Einlagen- wie auch der Kreditzins der Banken und die Kreditmenge steigt. Die Geldangebotsfunktion verschiebt sich aufgrund der zusätzlichen Anleihekäufe nach außen, sodass die Geldmenge stärker als die Kreditmenge steigt.

Die Ausweitung des Geldangebots führt zu einer Steigerung der Nachfrage nach Anleihen und erhöht den Preis für langfristige Finanzanlagen, wodurch die effektive Verzinsung fällt. Der Anleihezins muss so lange fallen, bis Einlagen so attraktiv geworden sind, dass der Privatsektor bereit ist, einen größeren Teil seines Geldvermögens in Form von Einlagen zu halten. Da der Einlagenzins gefallen ist, verschiebt sich die Geldnachfragekurve zusätzlich zum Ursprung ($M^d \rightarrow M^{d'}$) und führt zu einem weiteren Absinken des Anleihezinses, weil die niedrigere Verzinsung von Bankguthaben den Anreiz, Geld zu halten, verringert. Wie in Abschnitt 2.3.2 führt eine Zinssenkung am kurzen Ende zu einer Umschichtung des Portfolios von kurzfristigen Forderungen (jederzeit fällige Einlagen) zu höher verzinsten langfristigen Forderungen (Anleihen), wodurch auch der langfristige Zins sinkt. Anders formuliert: Die Haushalte kaufen mit ihren zusätzlichen Einlagen solange Anleihen, bis der Anleihezins auf das Niveau gefallen ist, das auch bei einem niedrigeren Einlagenzins mit einer höheren Geldhaltung vereinbar ist (vgl. Abschnitt 2.3.3). Die Zentralbank beeinflusst also die gesamte Zinsstrukturkurve.

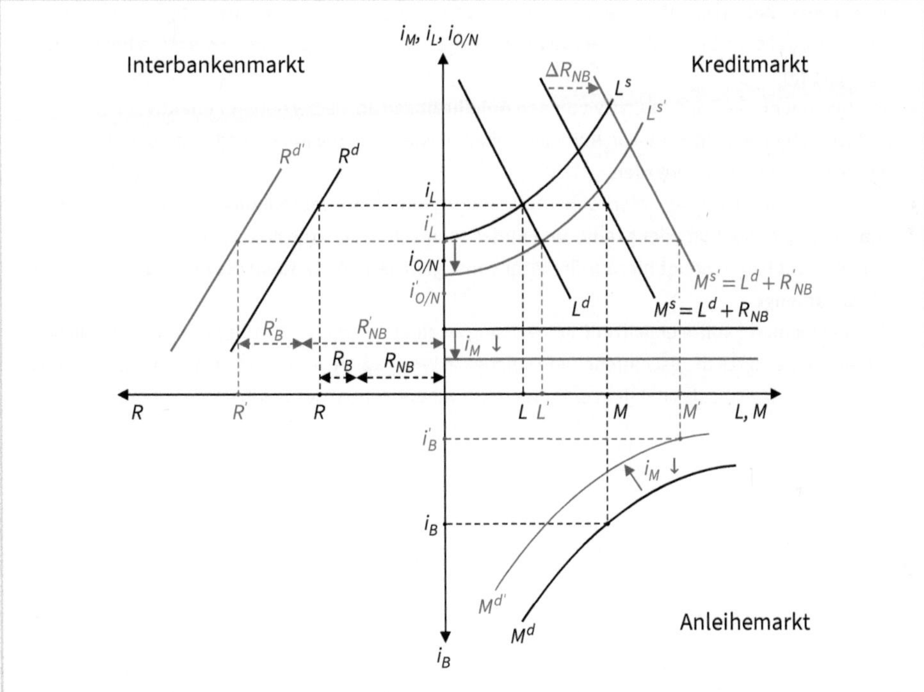

Abb. 2.10: Einfluss expansiver Geldpolitik auf den Anleihezins.
Quelle: Eigene Darstellung in Anlehnung an Palley (2013).

Zusammengefasst führt die expansive Geldpolitik über die Senkung des Interbankenzinses zu geringeren Kredit- und Anleihezinsen sowie einer Steigerung des Kredit- und Geldangebots. Das Modell ermöglicht neben der Analyse geldpolitischer Maßnahmen aber auch die Untersuchung von Liquiditätspräferenzschocks ε^M, einer Veränderung der erwarteten Anleihezinsen i_B^e, Veränderungen des Kreditangebots bzw. der Kreditnachfrage etc. In Kapitel 9.1.3 wird das hier vorgestellte Modell um Überschussreserven erweitert, um die Auswirkungen der Programme einer quantitativen Lockerung zu untersuchen, die von vielen Zentralbanken nach der Finanzkrise 2008/9 eingesetzt wurden.

Kernpunkte Kapitel 2.3

- Der **Interbankenzins** wird von der Zentralbank beeinflusst. Er stellt den Referenzzins der Geschäftsbanken dar und wirkt sich auf die Zinsen für Kredite und Einlagen aus. Der Kreditzins liegt i. d. R. über dem Interbankenzins, der Einlagenzins i. d. R. darunter.
- **Langfristige Zinsen** sollten aufgrund von Arbitragemöglichkeiten die **erwarteten kurzfristigen Zinsen** widerspiegeln.
- Eine **inverse Zinsstruktur** (die langfristigen Zinsen sind geringer als die kurzfristigen) deutet darauf hin, **dass eine Zinssenkung erwartet wird**. Dies kann aufgrund einer erwarteten **Rezession** der Fall sein.
- Die **Geldnachfrage** hängt **negativ von den Anleihezinsen** ab, da bei höherer effektiver Rendite das Geldvermögen eher in Form von Anleihen gehalten wird, **weil die Kurse niedrig sind und daher Kursgewinne erwartet werden.**
- Wenn die Zentralbank den Interbankenzins steuert, führt eine **Zinssenkung am Interbankenmarkt** zu einer **Senkung der Kredit- und Einlagenzinsen**. Sofern die Kreditnachfrage negativ vom Kreditzins abhängt, **steigt hierdurch (unter sonst gleichen Umständen) die Kreditvergabe sowie die Geldmenge.**
- Am Anleihemarkt **sollte eine Kreditausweitung zu einer sinkenden Rendite führen**. Die Anleger werden das zusätzlich geschaffene Geld solange in Wertpapiere investieren bis die Rendite auf das Niveau gesunken ist, das mit dem entsprechend höheren Anteil der Geldhaltung vereinbar ist.

3 Schattenbanken

Kreditinstitute, die zwar mit Geld (und relativ liquiden Wertpapieren) handeln, aber selbst keine Zahlungsmittel schöpfen können, kein Zentralbankkonto besitzen und auch keinen Zugriff auf die Fazilitäten einer Zentralbank haben, wurden in Abschnitt 1.3.1 als »**Schattenbanken**« bezeichnet, auch wenn sie längst mehr als nur ein Schatten der Geschäftsbanken sind. Der Anteil der Kreditgeschäfte mit Repos von Kreditinstituten, die keine Banken sind, hat in den letzten Jahrzehnten in vielen Ländern derart zugenommen, dass die Bedeutung der Schattenbanken dem Kreditgeschäft der Geschäftsbanken in nichts mehr nachsteht.[49] Sie emittieren i.d.R. relativ kurzfristige Schuldverschreibungen, um so die Einlagen ihrer Kunden einzuwerben, die sie wiederum in längerfristige Schuldverschreibungen anderer Unternehmen anlegen. Zudem transformieren sie illiquide langfristige Forderungen in forderungsbesicherte Wertpapiere, die am Kapitalmarkt gehandelt werden können.

3.1 Forderungsbesicherte Wertpapiere

Im Allgemeinen bezeichnet man die Verschriftlichung eines Rechts als **Verbriefung (Englisch: securitization)**. Im Finanzwesen versteht man hierunter die Umwandlung von Forderungen oder Eigentumsrechten in ein handelbares Wertpapier. Staats- oder Unternehmensanleihen stellen also eine Verbriefung von Forderungen dar, Aktien sind eine Verbriefung von Unternehmensbeteiligungen usw. Der Begriff der Verbriefung wird heutzutage aber vor allem für **forderungsbesicherte Wertpapiere** (im Englischen **Asset-Backed Securities, kurz ABS**) verwendet, bei denen nicht ausschließlich *eine* Forderung gegen *einen* Schuldner handelbar gemacht wird, sondern mehrere Forderungen gegen unterschiedliche Schuldner gebündelt und mit **Sicherungstechniken (credit enhancements)** des Finanzsektors kombiniert werden. Sie stellen die bedeutendsten Finanzprodukte der Schattenbanken dar.[50]

Die grundsätzliche Idee eines forderungsbesicherten Wertpapiers ist es, aus illiquiden Forderungen, wie z.B. Immobilienkrediten, liquide (marktfähige) Wertpapiere zu machen. Ein Autohändler könnte z.B. Kreditforderungen, die er gegenüber seinen Kunden besitzt, an eine Zweckgesellschaft verkaufen, die den Ankauf durch Emission eines Wertpapiers finanziert. Da die Forderungen gegen die Kunden des Händlers als Sicherheit für das Wertpapier dienen, spricht man von *forderungsbesicherten* Wertpapieren. Die Zinszahlungen aus den Krediten werden dann dazu verwendet, die Wertpapierzinsen (Kupons) zu zahlen. Das Risiko eines Zahlungsausfalls wird auf diese Weise vom Autohändler auf die Wertpapierkäufer übertragen. Der Autohändler kann hingegen seine Kreditforderungen »liquidieren«. Er wird hierfür einen Ab-

49 Wullweber (2021, S. 141) spricht von einem Umsatz des Schattenbankensektors von 200 Billionen Dollar pro Jahr und ca. 50% aller weltweit gehandelten Wertpapiere.

50 Der folgende Abschnitt ist zu weiten Teilen an Ricken (2008) angelehnt.

schlag auf den Nominalwert in Kauf nehmen, der den Vermittlern und Wertpapierkäufern zugutekommt, sofern der Kredit tatsächlich in voller Höhe zurückgezahlt wird. Bei einem Ausfall der Forderungen muss er nun aber keine Verluste mehr tragen, weil die Risiken vollständig auf die Wertpapierkäufer übertragen werden. Diese erhalten eine verzinste Anlagemöglichkeit und können das Papier ggf. wieder verkaufen, falls sie kurzfristig Liquidität benötigen.

Auch konventionelle Kreditinstitute können Kreditforderungen weiterverkaufen und so ihre Kreditausfallrisiken verringern, wie auch ihre Fristenkongruenz verbessern. Herkömmliche Geschäftsbanken, die sich an solchen Verbriefungen beteiligen, werden so vom **Risikoträger zum Risikovermittler**. Das konventionelle (frühere) Kreditgeschäft wird häufig als »**Originate-to-Hold**«-Modell bezeichnet. Banken schöpfen Kredite und halten diese bis zur Rückzahlung in ihrer Bilanz. Überspitzt sprach man auch von der »3-6-3-Regel«, wonach ein Banker 3% auf Kundeneinlagen zahlt, Kredite für 6% vergibt und um 3 Uhr nachmittags zum Golf geht. In diesem Geschäftsmodell trägt die Bank das Risiko, dass ein Kreditnehmer seinen Kredit nicht zurückzahlen kann. Dies wird sie bei der Festlegung des Kreditzinses berücksichtigen und kundenspezifische Risikoaufschläge erheben. Das neue Geschäftsmodell der Banken auf Basis der Verbriefung von Kreditforderungen bezeichnet man als »**Originate-to-Distribute**«-Modell. Die Bank schöpft einen Kredit, um diesen direkt wieder zu verkaufen (an andere zu verteilen). Sie verdient in diesem Modell an den Gebühren für die Vermittlung und dem Service, da sie i.d.R. weiterhin die Zahlungen der Kreditnehmer entgegennimmt und an die Zweckgesellschaft weiterleitet, die den Kupon an die Wertpapierkäufer auszahlt. Häufig werden die beiden Modelle auch als **bankbasierte** (Originate-to-Hold) bzw. **kapitalmarktbasierte** (Originate-to-Distribute) Finanzierungsmodelle bezeichnet.

Die wichtigsten forderungsbesicherten Wertpapiere lassen sich nach der Art der Forderungen einteilen, die ihnen zugrunde liegen:

- Mortgage-Backed Securities (MBS, hypothekenbesicherte Wertpapiere)
  - Private Hypothekenkredite (Residential Mortgage-Backed Securities, RMBS)
  - Gewerbliche Hypothekenkredite (Commercial Mortgage-Backed Securities, CMBS)
- Collateralised Debt Obligations (CDO, besicherte Schuldverschreibungen)
  - Unternehmenskredite (Collateralised Loan Obligations, CLO)
  - Handelbare Anleihen (Collateralised Bond Obligations, CBO)
- Asset-Backed Securities im engeren Sinne (ABS, forderungsbesicherte Wertpapiere)
  - Konsumentenkredite
  - Kreditkartenforderungen
  - Leasingforderungen
  - Lieferantenkredite u.Ä.

Zudem lassen sich ABS hinsichtlich ihrer Laufzeit klassifizieren. Bei *langfristigen Wertpapieren* mit einer Laufzeit von mindestens 5 Jahren spricht man bei der Verbriefung von einer **Term-Transaktion**. Dies entspricht eher der traditionellen Form der Verbriefung, die im folgenden Abschnitt behandelt wird. *Kurzfristige Wertpapiere* mit einer Laufzeit von wenigen Monaten oder Wochen nennt man auch **Asset-Backed Commercial Paper (ABCP)**. Diese werden in Abschnitt 3.1.4 behandelt.

3.1.1 Grundstruktur einer Verbriefung von Bankkrediten

Bei einer traditionellen Verbriefung von Bankkrediten bezeichnet man die Bank, welche die Kredite verkauft, als **Originator**. Unterstützt wird diese von einem **Arranger**, der beratend tätig ist. Häufig handelt es sich hierbei um eine Investmentbank, die auf **strukturierte Finanzierungen** spezialisiert ist. Hierunter versteht man Finanzprodukte, die aus mehreren Instrumenten bestehen, von denen mindestens eines ein Derivat ist. Bei einer Kreditverbriefung werden Derivate eingesetzt, um sich z. B. vor einem Kreditausfall mithilfe von CDS zu schützen. Hierzu wird eine **Zweckgesellschaft** (im Englischen **Special Purpose Vehicle, SPV**) gegründet, die lediglich dem Zweck dient, die forderungsbesicherten Wertpapiere zu strukturieren und am Kapitalmarkt zu emittieren. Sie existiert nur für den Zeitraum der Kreditlaufzeiten und wird im Anschluss aufgelöst. Da die Zweckgesellschaft fast zu 100% fremdkapitalfinanziert ist (über die Wertpapieremissionen), wird sie häufig in entsprechenden Rechtsräumen mit geringer Regulierung (Luxemburg, Irland etc.) errichtet. Verwaltet wird die Zweckgesellschaft von einem Treuhänder.

Die Ansprüche der Wertpapierbesitzer müssen lediglich aus den verfügbaren Mitteln der Zweckgesellschaft bedient werden. Im Falle von Forderungsausfällen im Portfolio der Zweckgesellschaft müssen die Wertpapierbesitzer sich ggf. mit verringerten Kuponzahlungen begnügen oder gar auf einen Teil oder die gesamte Tilgung der Kaufsumme verzichten. Die angekauften Forderungen der Zweckgesellschaft sind häufig aber besichert, bei Hypothekenkrediten z. B. durch Immobilienhypotheken, bei Unternehmenskrediten häufig durch hinterlegte Sicherheiten in Form von handelbaren Wertpapieren. Der Wert der Sicherheiten für die Kredite übersteigt zum Kreditvergabezeitpunkt zudem i. d. R. die Kreditsumme. Bei Zahlungsunfähigkeit eines Schuldners kann die Zweckgesellschaft die Sicherheiten verkaufen und die Wertpapierbesitzer ggf. aus den Erlösen des Verkaufs auszahlen. Dennoch wird das Kreditausfallrisiko grundsätzlich auf den Wertpapierkäufer übertragen, da keine weiteren rechtlichen Ansprüche an die Zweckgesellschaft bestehen.

Die Käufer solcher ABS sind vor allem andere Banken oder Kapitalsammelstellen. Der Originator profitiert von den Gebühren bei Abschluss der Kreditvergabe. Zudem übernimmt die Bank i. d. R. das Servicing, also die Verwaltung und Überwachung der Kredite, und erhält hierfür Provisionen. Der Kreditnehmer (Bankkunde) hat also weiterhin lediglich Kontakt zu seiner Bank und zahlt dieser Zinsen und Tilgungsbeiträge, die von der Bank nach Abzug der Provisionen an die Zweckgesellschaft weitergegeben werden. Der obere Teil von Abbildung 3.1 fasst die Grundstruktur einer traditionellen Verbriefung vereinfacht zusammen. Käufer der ABS ist dort ein Investmentfonds, der sich über die Ausgabe von Fondsanteilen finanziert. Vereinfacht gesagt werden die Forderungen gegen die Kreditnehmer von links nach rechts von der Bank, zur Zweckgesellschaft, zum Investmentfonds und schließlich zum Anleger weitergereicht, während das Geld der Anleger von rechts nach links über den Investmentfonds, die Zweckgesellschaft und schließlich die kreditvergebende Bank beim Kreditnehmer landet. So gesehen »finanzieren« die Anteilseigner des Fonds mit ihren Zahlungsmitteln die Kredite, obgleich sie keinen direkten Kontakt zu den Kreditnehmern haben.

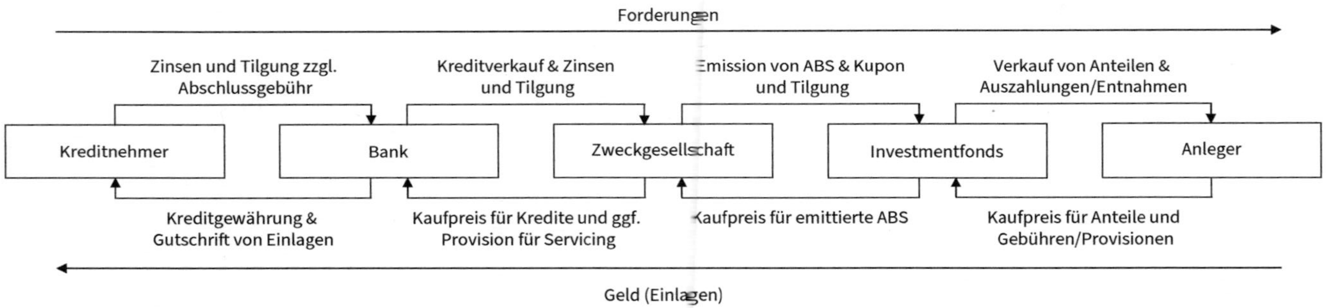

Kreditnehmer		Bank Kreditnehmer		Zweckgesellschaft		Investmentfonds		Anleger		übriger Bankensektor	
+ Einlagen	+ Kredite	+ Kredite	+ Einlagen								
		– Kredite + Reserven		– Einlagen + Kredite						– Reserven	– Einlagen
				+ Einlagen	+ ABS	– Einlagen + ABS					– Einlagen Fonds + Einlagen Zweck-gesellschaft
						+ Einlagen	+ Anteile	– Einlagen + Anteile			– Einlagen Anleger + Einlagen Fonds

Anmerkungen: Bis zur ersten gestrichelten Linie: Kreditvergabe; dann sukzessive: Kreditverkauf an Zweckgesellschaft; Emission der ABS; Kauf von Fondsanteilen.

Zusammenfassung:

Kreditnehmer		Bank Kreditnehmer		Zweckgesellschaft		Investmentfonds		Anleger		übriger Bankensektor	
+ Einlagen	+ Kredite	+ Reserven	+ Einlagen	+ Kredite	+ ABS	+ ABS	+ Anteile	– Einlagen + Anteile		– Reserven	– Einlagen

Abb. 3.1: Schematische Darstellung einer »traditionellen« Verbriefung von Kreditforderungen.
Quelle: Eigene Darstellung in Anlehnung an Ricken (2008, S. 22).

Der Wandel der Banken vom Risikoträger zum Risikovermittler wirkt sich auf die Zusammensetzung der Bilanz des Bankensektors aus. Die Buchungsvorgänge der beteiligten Akteure unseres Beispiels sind im unteren Teil von Abbildung 3.1 vereinfacht zusammengefasst (Kap. 3.3 wird die Analyse vertiefen). Zunächst vergibt eine Bank Kredite und schöpft dabei zusätzliche Einlagen. Diese Kredite werden dann an eine Zweckgesellschaft verkauft, die den Ankauf durch die Emission von ABS finanziert. Ein Investmentfonds gibt wiederum Anteile heraus, um den Kauf der ABS zu finanzieren. Zum Kauf der Anteile verwenden die Anleger ihr Bankguthaben (ggf. bei anderen Banken), das so über den Investmentfonds in den Besitz der Zweckgesellschaft gelangt, um hiermit die Kredite zu kaufen. Da die Zahlungen zwischen den Geschäftsbanken nicht über Sichteinlagen, sondern über Reserveguthaben bei der Zentralbank abgewickelt werden, vernichtet der Bankensektor beim Verkauf der Kredite Einlagen in genau der Höhe, wie sie zuvor bei der Kreditvergabe geschaffen wurden. Ex post ähnelt diese Kreditfinanzierung daher der Vorstellung der »Loanable Funds«-Theorie, nach der die Banken die Ersparnisse ihrer Kunden weiterverleihen.

Die kreditvergebende Bank konnte durch die Verbriefung ihre riskanten Kreditforderungen aus der Bilanz streichen und hat hierfür sichere Reserven erhalten. Die Bank trägt daher das Ausfallrisiko der Kredite nicht mehr und muss zudem für Zentralbankguthaben kein Eigenkapital halten. Der Bankensektor kann durch den Kreditverkauf an Nichtbanken einen Anstieg seines regulatorisch notwendigen Eigenkapitals verhindern. Da hierdurch die strengere Regulierung für Banken im Vergleich zu einer Zweckgesellschaft oder einem Investmentfonds (bzgl. der Eigenkapitalunterlegung) umgangen wird, bezeichnet man dies auch als **Regulierungsarbitrage**. Zusätzlich sinkt der Anreiz der Banken, die Bonität der Kreditnehmer ausreichend zu prüfen, da sie bei einem Kreditausfall keine Verluste erleiden.

3.1.2 Tranchierung und weitere Sicherungstechniken

Der Erfolg der ABS fußt auch auf der Anwendung verschiedener Sicherungstechniken, die das Verlustrisiko eines einzelnen Anlegers verringern sollen. Hierdurch lassen sich die Wertpapiere zu niedrigen Zinsen (Kupons) am Kapitalmarkt platzieren, sodass Banken, Arranger, Treuhänder, Investmentfonds usw. von der Emission profitieren können. Zunächst wird eine Vielzahl von Forderungen gebündelt, um **durch Diversifikation Konzentrationsrisiken zu vermeiden**. Von besonderer Bedeutung ist zudem die **Tranchierung (oder auch Nachordnung; im Englischen subordination)**. Hierzu werden mehrere Tranchen der Wertpapiere emittiert, die hierarchisch geordnet sind und nach dem sogenannten *Wasserfallprinzip* bedient werden. Sollten Kreditausfälle eintreten, müssen zunächst die Besitzer der schlechtesten Tranche auf Auszahlungen verzichten. Sollte dies nicht ausreichen, müssen auch die der zweitschlechtesten Tranche verzichten usw. Die beste Tranche wird bei Zahlungsausfällen der Zweckgesellschaft also immer als erste bedient und als letzte einen Verlust erleiden. Die anderen Wertpapiere werden sukzessive in der Reihenfolge abnehmender »Seniorität« bedient.

Tabelle 3.1 zeigt die Tranchierung der »Geldilux-TS-2003«-Wertpapiere, die im Dezember 2003 von der HypoVereinsbank emittiert wurden und ist Ricken (2008, S. 32) entnommen. Die besten Tranchen werden »**Senior**«-Tranchen genannt, gefolgt von den »**Mezzanine**«-Tranchen, die noch als relativ sicher gelten. Nachrangige Tranchen werden hingegen als »**Subordinated**« oder »**Junior**« bezeichnet. Die Tranche, die als letztes bedient wird, also als erstes von Kreditausfällen betroffen ist, trägt das größte Risiko und wird auch **Erstverlustposition (first loss piece)** genannt. Sie wird häufig vom Originator selbst gekauft. Der Originator behält so i. d. R. den erwarteten Verlust, der bereits bei der Zinskalkulation der Kredite berücksichtigt wurde. Der erwartete Kreditausfall (Erstverlustposition) des Beispiels in Abbildung 3.1 betrug ca. 1,35 % des gesamten Kreditvolumens und verblieb im Besitz der HypoVereinsbank.

Verlustzuweisung ↑ / Bedienung ↓

Tranche	in Mio. Euro	in %	Polster in %	Rating	Kupon
A1	3,5	0,25	99,75	AAA	3,45 % fix
A	1.332,1	94,91	4,84	AAA	EURIBOR + 0,22
B	18,9	1,35	3,49	A	EURIBOR + 0,49
C	23,1	1,65	1,85	BBB	EURIBOR + 0,95
D	7	0,5	1,35	BB	EURIBOR + 3,75
E	18,9	1,35	0.00	–	EURIBOR + 8,80
Summe	**1.403,5**	**100**			

Tab. 3.1: Tranchierung von Wertpapieren.
Anmerkung: Tranchierung von Wertpapieren am Beispiel der Verbriefungstransaktion »Geldilux-TS-2003« der HypoVereinsbank im Dezember 2003.
Quelle: Ricken (2008, S. 32).

Neben der Tranchierung der Wertpapiere gibt es weitere Sicherungstechniken, die das Risiko für die Anleger verringern sollen. Hierzu gehören **Swap-Geschäfte**, um sich z. B. gegen Zinsveränderungen abzusichern, falls dem ABS-Käufer ein Kupon in Höhe eines flexiblen Zinsindex wie dem EURIBOR versprochen wird. Außerdem stellen Banken häufig (gegen Gebühr) **Liquiditätslinien** zur Verfügung, die bei temporären Liquiditätsengpässen helfen sollen. Falls z. B. ein Hypothekenkredit ausfällt, kann der Originator durch Versteigerung der zugrunde liegenden Immobilie ggf. den Kreditausfall kompensieren und einen Verlust vermeiden, muss hierzu jedoch zunächst eine Auktion durchführen. In der Zwischenzeit können die Wertpapierhalter dann über die mit einer Bank vereinbarte Liquiditätslinie ausgezahlt werden. Der Liquiditätsgeber tritt aber nur im Falle von temporären Liquiditätsengpässen ein. Um sich vor Verlusten aufgrund von Kreditausfällen zu schützen, trifft der Originator häufig zusätzliche Vereinbarungen mit **externen Sicherungsgebern**. Dies sind i. d. R. private Versicherungsgesellschaften oder Banken, die gegen Zahlung einer regelmäßigen Prämie die Zins- und Tilgungsbeträge im Falle eines Kreditausfalls bis zu einer bestimmten, vorher vertraglich festgelegten Summe übernehmen.[51]

Es gibt aber auch **implizite wie explizite staatliche Absicherungen und Liquiditätshilfen**. Beispielsweise werden in den USA öffentliche Hypothekenbanken wie Fannie Mae und Freddie Mac

51 Auf strukturierte Finanzierungen spezialisierte Anleiheversicherer nennt man auch »Monoliner«.

staatlich gefördert und können auf staatliche Kreditlinien zurückgreifen. Die Forderungen dieser Institutionen gelten daher als besonders sicher, weil sie ein öffentliches Interesse verfolgen und daher im Notfall vermutlich von der Regierung vor einer Insolvenz gerettet werden. Zudem gibt es für einige Pensionsfonds in den USA staatliche Garantien. Auch in Deutschland werden Verbriefungen mittelständischer Forderungen von der öffentlichen Kreditanstalt für Wiederaufbau gefördert.

Um das Risiko eines Forderungsausfalls für die Käufer der ABS transparent zu machen, werden die tranchierten und ggf. mit Liquiditätslinien, Swaps und Versicherungen versehenen Wertpapiere von **Rating-Agenturen** bewertet. Die beste Tranche (»senior«) bekommt selbstverständlich das beste Rating und kann daher mit der niedrigsten Verzinsung am Kapitalmarkt platziert werden. Die schlechteren Tranchen müssen hingegen einen höheren Kupon versprechen, um Käufer zu finden. Anhand des Ratings können die Investoren entscheiden, ob sie bereit sind, ein entsprechendes Risiko für eine versprochene Rendite in Kauf zu nehmen. Die in Tabelle 3.1 dargestellten Ratings folgen der Skala von Fitch, die in Tabelle 2.2 bereits erläutert wurde.

Aufgrund der Errichtung einer Zweckgesellschaft, der Bezahlung der Ratings, der Provisionen für Servicer, Versicherungen, Swap-Partner und Liquiditätsgeber, der Verwaltung durch die Treuhänder, der Börseneinführung etc. verursachen Verbriefungen von Kreditforderungen zunächst relativ hohe Kosten. Sie lohnen sich finanziell daher erst ab einer gewissen Größe, die auf einen zweistelligen Euro-Millionenbereich geschätzt wird.

3.1.3 Synthetische Verbriefungen

Bei einer **synthetischen Verbriefung** werden nicht die Kredite, sondern lediglich die Kreditrisiken übertragen, indem **Derivate verbrieft** werden. Eine Zweckgesellschaft könnte mit einem Originator z. B. CDS abschließen und regelmäßige Prämienzahlungen dafür erhalten, dass sie Zahlungsausfälle ausgleicht. Die Zweckgesellschaft emittiert Wertpapiere, die **Credit Linked Notes (CLN)** genannt werden, und nutzt die Emissionserlöse als Sicherheit, um bei einem Kreditausfall eintreten zu können. Zahlungen an den Originator werden dann von den Zinsen und Tilgungsbeiträgen an die CLN-Käufer abgezogen.

Ein weiterer Unterschied zu den traditionellen Verbriefungen besteht darin, dass die Emissionserlöse i. d. R. am Kapitalmarkt angelegt werden, solange sie nicht benötigt werden, um Forderungsausfälle zu kompensieren. Aus den Erträgen dieser Anlagen sowie den CDS-Prämien des Originators werden die Kupons der Wertpapierkäufer bedient, wobei Zahlungen aufgrund von Kreditausfällen Vorrang haben. Abbildung 3.2 skizziert die Grundstruktur einer synthetischen Verbriefung von CDS durch die Herausgabe von CLN. Auch bei synthetischen Verbriefungen wird ggf. eine Kreditverbesserung durch externe Sicherungsgeber und Swap-Geschäfte erreicht. Liquiditätslinien sind hingegen nicht nötig, weil die Kredite beim Originator verbleiben. Im Unterschied zur traditionellen Verbriefung findet hier also keine Regulierungsarbitrage des Bankensektors statt, weil die Kreditvergabe den Vorschriften der Bankenregulierung unterliegt. Dennoch trägt die Bank nicht das Risiko eines Zahlungsausfalls und hat daher einen verminderten Anreiz, die Bonität des Kreditnehmers zu prüfen. Bewertet werden die CLN wieder von Rating-Agenturen.

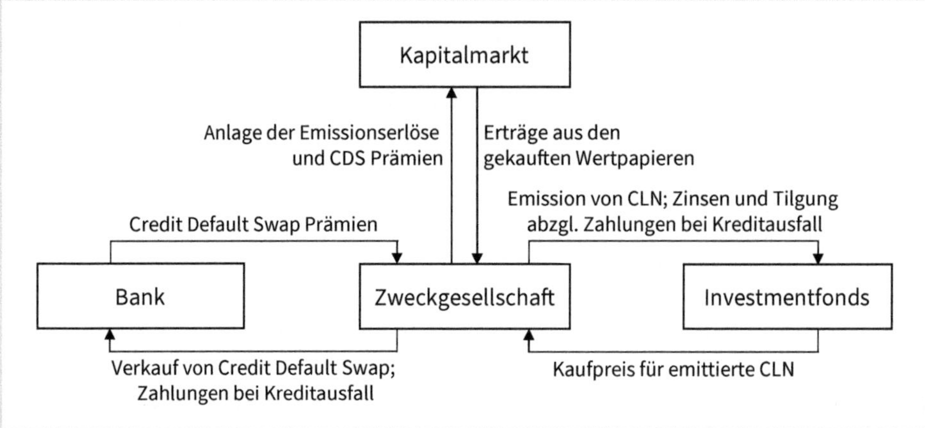

Abb. 3.2: Schematische Darstellung einer synthetischen Verbriefung.
Quelle: Eigene Darstellung in Anlehnung an Ricken (2008, S. 28).

Häufig werden synthetische Verbriefungen nur teilfinanziert. In diesem Fall wird nicht das gesamte Kreditvolumen, das über den CDS abgesichert wird, durch die Emission von Wertpapieren finanziert, sondern nur ein relativ kleiner Anteil von 10–20%. Für das restliche Kreditvolumen wird hingegen ein weiterer CDS abgeschlossen, den man auch als **Super Senior Swap** bezeichnet. Hierdurch werden die Kosten für eine weitere Emission von CLN eingespart. Sollte z.B. ein Kreditvolumen von 5 Mrd. Euro durch einen CDS abgesichert werden, könnte die Zweckgesellschaft 4 Mrd. Euro über einen Super Senior Swap selber wieder absichern und die restliche 1 Mrd. in mehreren Tranchen am Kapitalmarkt emittieren. Die Erstverlustposition könnte auch dann wieder vom Originator selbst gekauft werden.

3.1.4 Asset-Backed Commercial Paper (ABCP)

Neben der traditionellen Verbriefung von Bankkrediten werden auch Forderungen aus Leistungen von nichtfinanziellen Unternehmen (z.B. ausstehende Rechnungen aus Güterverkäufen, Leasingverträgen, Auto- oder Studentenkrediten oder Kreditkartenforderungen) in handelbare Wertpapiere transformiert. Dies geschieht häufig mit sogenannten **Asset-Backed-Commercial Papers (ABCP)**, die sehr kurzfristige Geldmarktpapiere darstellen.

Da bei der Verbriefung von Handelskrediten keine Bank als Originator der Kredite auftritt, wird die Zweckgesellschaft in diesem Fall von einem **Sponsor** gegründet, der i.d.R. wieder eine Geschäfts- oder Investmentbank ist. Während bei einer traditionellen Verbriefung die Zweckgesellschaft nur für den Zeitraum der Kreditlaufzeiten existiert und im Anschluss aufgelöst wird, ist die Gründung der Zweckgesellschaft bei den ABCP-Programmen dauerhaft. Man nennt Sie auch »**Conduit**« (Englisch für Röhre), weil sie laufend Forderungen aufkauft und kurzfristige Wertpapiere emittiert. Man unterscheidet zwischen Single-Seller Conduits, die lediglich von einem Gläubiger Kredite abkaufen, und Multi-Seller Conduits, die Kredite von verschiedenen Gläubigern erwerben. Das Forderungsportfolio von ABCP-Programmen ist bei Letzteren i.d.R. deutlich heterogener als das einer traditionellen Verbriefung.

Commercial Papers (CP) stellen kurzfristige und unbesicherte Inhaberschuldverschreibungen dar, durch die sich insbesondere Großunternehmen für einen sehr kurzen Zeitraum Geld leihen können (häufig beträgt die Laufzeit nur 30–50 Tage). Es handelt sich also um sehr liquide Wertpapiere, die i.d.R. von Geldmarktfonds gekauft werden. Die Asset-Backed-Commercial Papers (ABCP), die von den Conduits emittiert werden, um einen Forderungsankauf zu finanzieren, stellen sozusagen die besicherte Variante der CP dar, weil ihnen die gekauften Forderungen zugrunde liegen. Die Schuldner zahlen ihre Rechnungen weiterhin an den Verkäufer, der diese Zahlungen an die Zweckgesellschaft weiterleitet, die einen kleinen Teil hiervon für die Kuponzahlungen an die Wertpapier-Käufer aufwendet. Die Restsumme wird nicht zur Tilgung eingesetzt, sondern für den Ankauf weiterer Forderungen genutzt. **Die Tilgung fällig gewordener ABCP erfolgt hingegen durch die Emission neuer Papiere**. Aufgrund der kurzen Laufzeit der emittierten Wertpapiere besteht eine hohe Fristeninkongruenz und damit eine **hohe Gefahr von Liquiditätsengpässen**, weil bei Fälligkeit der Papiere immer wieder Käufer für neue Emissionen gefunden werden müssen. Die hohe Fristeninkongruenz geht außerdem mit einem sehr hohen Zinsänderungsrisiko einher. Sollte sich das Zinsniveau ändern, müsste man den Käufern bei Neuemissionen ggf. höhere Kupons bieten, obwohl die zu einem früheren Zeitpunkt gekauften Forderungen sich an einem niedrigeren Zinsniveau orientierten. Um die Fristeninkongruenz etwas abzumildern, werden tw. auch längerfristige Wertpapiere mit mehr als einem Jahr Laufzeit emittiert, die i.d.R. **Medium Term Notes (MTN)** genannt werden. Zudem werden z.T. mehr Forderungen angekauft als verbrieft, um so Zahlungsverzüge oder Ausfälle ausgleichen zu können.

Bei der Bewertung der Rating-Agenturen erhält die Beurteilung des Conduit-Managements bei ABCP-Programmen ein höheres Gewicht, weil aufgrund der regelmäßigen Ankäufen von Forderungen und Wertpapieremissionen der Verwaltung des Conduits eine wesentlich größere Verantwortung zuteilwird. Zusätzlich zu den üblichen Versicherungen oder Garantien externer Sicherungsgeber sind die angekauften Forderungen zudem häufig bereits vom Forderungsverkäufer versichert worden (z.B über Warenkreditversicherungen). Bei vollständiger externer Sicherung hängt die Bonität der Wertpapiere auch von der Bonität der Sicherungsgeber ab.

3.1.5 Vorteile und Motivation von Verbriefungen

Dass Verbriefungen weltweit zu einem beliebten Finanzinstrument geworden sind, liegt an den einzelwirtschaftlichen Vorteilen. Demgegenüber stehen allerdings auch gesamtwirtschaftliche Risiken, wie wir in Kapitel 8.3 und 9.1 sehen werden. Der größte Vorteil beim Ankauf von Krediten über einen Conduit entsteht für den Sponsor aufgrund der **zusätzlichen Erträge aus der Differenz zwischen dem Wertpapierverkaufspreis und Krediteinkaufspreis**. Da der Sponsor bei diesen Programmen häufig noch nicht einmal eine Erstverlustposition behält, entsteht hierdurch ein risikoloser Gewinn. Man spricht daher auch von ***Arbitrage-ABS***. Bei der Verbriefung von selber gewährten Krediten ist der wesentliche Vorteil für eine Bank die **Entlastung des (regulatorischen) Eigenkapitals**. Man spricht daher auch von ***Bilanz-ABS***. Weitere Vorteile für Forderungsverkäufer entstehen im Wesentlichen aus den folgenden Gründen:[52]

- **Verbesserung des Liquiditätsmanagements**: Durch den Forderungsverkauf erhält der Verkäufer sofort liquide Mittel, die er andernfalls nur schrittweise durch Zahlung der Tilgungsbeiträge und Zinsen über die Kreditlaufzeit bekommen hätte. Ein Unternehmen kann mit den liquiden Mitteln eigene Rechnungen begleichen oder Investitionen tätigen. Forderungsverkäufe können also der Finanzierung von Ausgaben dienen. Selbst nach Abzug der Provisionen für das Conduit und des Risikoabschlags kann diese Form der Geldbeschaffung günstiger sein als die Kreditaufnahme bei einer Bank. Insbesondere kleine bis mittelgroße Unternehmen, die aufgrund der hohen Emissionskosten keine eigenen Schuldverschreibungen verkaufen können, bekommen so indirekt einen Zugang zum Kapitalmarkt. Für eine Bank entsteht bei Forderungsverkauf eine Verbesserung der Liquidität durch den Zufluss von Reserven.[53]
- **Verbesserung der Kapitalstruktur durch die Rückzahlung von Verbindlichkeiten**: Wird die Liquidität dazu verwendet, selber aufgenommene Kredite zurückzuzahlen, verringert sich das Verhältnis von Fremd- zu Eigenkapital.
- **Verringerung der Transformationsrisiken durch Forderungsverkauf**: Die in Abschnitt 1.3.4 dargestellten Transformationsrisiken von Finanzunternehmen können mithilfe von Forderungsverkäufen verringert werden. Dies betrifft auch Unternehmen, die nicht primär im Finanzbereich tätig sind, aber dennoch langfristige Forderungen halten.
  - Verringerung der Fristeninkongruenz durch Verkauf langfristiger Forderungen. Hiermit wird sowohl das Liquiditäts- wie das Zinsänderungsrisiko gesenkt.
  - Verringerung des Kreditausfallrisikos durch Verkauf riskanter Forderungen.
  - Verringerung des Vermögenspreisänderungsrisikos, weil illiquide Forderungen mit schwankenden Marktpreisen gegen nominal fixierte liquide Mittel getauscht werden.
- **Diversifikation des Kreditportfolios**: Häufig werden ABS auch von Instituten aufgekauft, die ihre eigenen Forderungen verbrieft haben. Der Hintergrund ist, dass man durch den Forderungstausch und der Teilhabe an dem Portfolio einer Zweckgesellschaft das eigene Forderungsportfolio besser diversifiziert und so das Konzentrationsrisiko senkt.
- **Konzentration auf Kernkompetenzen innerhalb der Wertschöpfungskette und innerhalb des Kreditportfolios**: Viele Banken verfügen über ein großes Filialnetz, können also sehr gut Kunden akquirieren und vor Ort betreuen, haben jedoch keine besondere Expertise bzgl. der Emission von Wertpapieren. Durch die Zusammenarbeit mit Instituten, die gute Verbindungen zu den Kapitalmärkten haben, können daher Effizienzgewinne entstehen.
- **Senkung der Finanzierungskosten**: Die Kuponzahlungen für emittierte Wertpapiere der Zweckgesellschaft sind wegen der hohen Diversifikation der ABS-Forderungen, der Sicherungs-

52 Siehe auch Becker und Peppmeier (2018, S. 261 f.) und Ricken (2008, Kap. 5).
53 Wie das Beispiel in Tabelle 3.1 gezeigt hat, gilt dies aber nicht für den konsolidierten Bankensektor.

techniken etc. häufig geringer als die Kupons, die eine Bank für eigene Schuldverschreibungen zahlen müsste, wenn sie die Forderungen hierüber finanzieren würde. Anders formuliert: Die Abschläge, die eine Bank bei Verkauf ihrer Forderungen an die Zweckgesellschaft akzeptieren muss, sind geringer als die Zinsen, die man auf Schuldverschreibungen zahlen müsste, wenn man die Forderung in der Bilanz behielte und auf diese Weise finanzieren würde.

Kernpunkte Kapitel 3.1

- **Verbriefungen** machen aus **illiquiden Kreditforderungen ein liquides (am Markt handelbares) Wertpapier**. Hierdurch können die Risiken eines Kreditgebers auf Anleger am Kapital- und Geldmarkt übertragen werden.
- Die Forderungen werden von einer **Zweckgesellschaft** aufgekauft, die sich durch die Herausgabe von **forderungsbesicherten Wertpapieren** (im Englischen Asset-Backed Securities, kurz ABS) finanziert, die mit **Sicherungstechniken** (z. B. Liquiditätslinien, Kreditausfallversicherungen und andere Derivate) versehen werden.
- Bei **synthetischen Verbriefungen** werden keine Forderungen, sondern lediglich die Kreditrisiken durch Verbriefung von **Derivaten** übertragen.
- **Asset-Backed-Commercial Paper (ABCP)** sind sehr kurzfristige ABS, die am Geldmarkt gehandelt werden. Das Liquiditäts- und Zinsänderungsrisiko ist bei diesen ABS besonders hoch, weil eine **hohe Fristeninkongruenz** besteht und **Auszahlungen durch die Emission weiterer ABCP finanziert werden**.
- Die Sponsoren einer Verbriefung verdienen an der **Differenz aus Wertpapierverkaufs- und Krediteinkaufspreis**. Banken müssen durch einen Forderungsverkauf weniger **regulatorisches Eigenkapital** halten. Zudem werden Forderungen verkauft, um die **Liquidität** und die **Kapitalstruktur** zu **verbessern, Transformationsrisiken** zu **verringern**, das **Kreditportfolio** zu **diversifizieren, Effizienzgewinne** zu realisieren und die **Finanzierungskosten zu senken**.

3.2 Repo-Händler

Wertpapier-Händler sind im Schattenbankensystem von besonderer Bedeutung, da sie dafür sorgen, dass die Produkte der Schattenbanken jederzeit gehandelt werden. Da Wertpapier-Händler im Wesentlichen mit besicherten Krediten Geschäfte machen, werden sie auch **Repo-Händler** genannt. Das weltweite Volumen von Repos und inversen Repos hat in den vergangenen Jahrzehnten stark zugenommen und wird von der International Capital Market Association (ICMA), einem Branchenverband für Kapitalmarktteilnehmer, im Frühjahr 2024 auf ca. 15 Billionen Euro geschätzt.[54]

54 Eine differenzierte Behandlung aller Finanzmarktakteure würde den Rahmen dieses Lehrbuchs sprengen. Wer tiefer in die Analyse des Geldmarkts einsteigen möchte, dem sei Stigum & Crescenzi (2007) empfohlen. Der folgende Abschnitt ist zu weiten Teilen an Mehrling (2013) angelehnt.

3.2.1 Händler vs. Makler

Wir haben Anleihen bisher vor allem im Zusammenhang mit staatlichen oder privaten Schuldverschreibungen kennengelernt, bei denen eine volle Rückzahlung erst am Ende der Laufzeit erfolgt. Es gibt aber auch andere Formen von Anleihen, wie z. B. Annuitätenanleihen, bei denen die Tilgung des Kredits während der Laufzeit erfolgt und regelmäßig der gleiche Betrag ausgezahlt wird (bis Kredit und Zinsen zurückgezahlt sind). Auch forderungsbesicherte Wertpapiere stellen Anleihen dar und werden von Repo-Händlern gehandelt oder im Kreditverkehr als Sicherheit verwendet. Da Repo-Händler jederzeit bereit sind, Sicherheiten zu kaufen oder zu verkaufen, sorgen sie dafür, dass der Anleihemarkt liquide ist, und werden daher als **Market-Maker** bezeichnet.

Um die besondere Funktion von Repo-Händlern zu verstehen, sollten zunächst Händler von Maklern unterschieden werden:

- Ein **Makler (Broker)** ist lediglich ein *Vermittler.* Er führt eine Preisliste mit Verkaufsangeboten und Kaufgesuchen eines Vermögenswerts und vermittelt zwischen Käufern und Verkäufern, ohne selbst den Vermögenswert zu besitzen. Das vermutlich bekannteste Beispiel ist der Immobilienmakler, der im Auftrag eines Verkäufers handelt, ohne selbst im Besitz von Immobilien zu sein.
- Ein **Händler (Dealer)** betreibt hingegen *An- und Verkauf* eines Vermögenswerts und nimmt Positionen in seine eigene Bilanz auf. Händler sind **Market-Maker**, weil sie die Preise festlegen, zu denen sie an- bzw. verkaufen.[55]

Anleihehändler sorgen dafür, dass die Märkte von Vermögenswerten **liquide** sind, weil sie jederzeit Sicherheiten an- bzw. verkaufen. Würden auf den Märkten für Sicherheiten lediglich Makler tätig sein, so müsste jeder potenzielle Verkäufer zunächst darauf warten, dass sein Makler einen potenziellen Käufer findet. Einen solchen Markt würde man illiquide nennen, weil die Vermögenswerte nicht zu jeder Zeit gehandelt werden können.

Obwohl die Anleihehändler jederzeit an- und verkaufen, halten sie selber lediglich einen geringen Bestand von Anleihen. Um das Geschäftsmodell der Händler zu verstehen, werden wir zunächst dennoch davon ausgehen, dass sie sowohl Lagerbestände von Sicherheiten als auch von Einlagen halten:

Vereinfachte Bilanz eines Händlers	
Sicherheiten Einlagen	Nettovermögen (Eigenkapital)

Nach dieser vereinfachten Bilanz besitzt ein Händler ein konstantes Geldvermögen, dass aus Sicherheiten und Einlagen besteht. Die Zusammensetzung dieses Geldvermögens verändert

55 Ein Wertpapier-Händler kann zusätzlich natürlich auch als Makler tätig sein, wenn er z. B. im Auftrag eines Kunden handelt und sein Depot verwaltet.

sich aber bei jedem An- bzw. Verkauf von Sicherheiten. Wann immer jemand Sicherheiten gegen Einlagen tauschen möchte (oder umgekehrt), ist ein Händler bereit, das Gegenteil zu tun. Dominieren die Käufer den Markt, verkauft ein Händler Sicherheiten und der Anteil der Einlagen steigt. Dominieren die Verkäufer, kauft er Sicherheiten und der Anteil der Einlagen fällt. Er absorbiert die Fluktuationen von Angebot und Nachfrage und sorgt dafür, dass der Markt für Sicherheiten ein liquider Markt ist, indem er die Veränderungen von Angebot und Nachfrage zu Veränderungen in der Zusammensetzung seiner Bilanz werden lässt.

Hierfür sind die Händler darauf angewiesen, jederzeit Sicherheiten nachkaufen zu können, um ihren Bestand wieder aufzufüllen. Da sie sowohl an- als auch verkaufen, müssen sie zudem jederzeit in der Lage sein, Sicherheiten zu verkaufen, sollte sich ihr Einlagenbestand zu sehr verringern. Die »Großhändler«, bei denen sie sich jederzeit mit Anleihen oder Einlagen versorgen können, bezeichnet Treynor (2015) als **wertorientierte Händler (Value-Based Traders)**. Diese orientieren sich am Gegenwartswert der Sicherheiten. Der Gegenwartswert einer Anleihe mit n-jähriger Restlaufzeit und jährlicher Kuponzahlung i_K beträgt

$$\widehat{P}_B = \frac{i_K}{(1+i_B)} + \frac{i_K}{(1+i_B)^2} + \frac{i_K}{(1+i_B)^3} + \dots + \frac{i_K}{(1+i_B)^n} + \frac{100\%}{(1+i_B)^n},$$

wobei i_B den in Kapitel 2.3.3 eingeführten **Index für das (langfristige) Renditeniveau am Anleihemarkt** repräsentiert. Auf die gleiche Weise lassen sich auch Gegenwartswerte anderer Sicherheiten berechnen, wie z. B. Annuitätenanleihen. Der Gegenwartswert stellt die Grundlage für den Preis der wertorientierten Händler dar. Die Repo-Händler wissen, dass sie für einen hinreichend hohen Aufschlag auf den Gegenwartswert immer Anleihen von den wertorientierten Händlern kaufen sowie für einen hinreichend hohen Abschlag immer Anleihen an sie verkaufen können. Die wertorientierten Händler stellen die Notfalloption dar, also die **Anleihehändler der letzten Instanz**. Diese Notfalloption steht zwar immer zur Verfügung, ist aber verhältnismäßig teuer, weil die Differenz aus An- und Verkaufspreisen durchaus ± 20 % des Gegenwartswerts betragen kann.

Die oben gezeigte Bilanz illustriert zwar sehr anschaulich die Market-Maker-Funktion eines Händlers, entspricht aber eher der Bilanz eines wertorientierten Händlers. Repo-Händler wollen kaum Einlagen halten, da sie für diese nur geringe Zinsen bekommen. Da der starke Wettbewerb zwischen den Händlern zu einer sehr geringen Differenz zwischen An- und Verkaufspreisen von Sicherheiten führt, arbeiten Repo-Händler mit einem großen Hebel (Verhältnis von Fremd- zu Eigenkapital, im Englischen **Leverage**). Sie versuchen, möglichst wenig liquide Mittel zu halten, und vertrauen darauf, sich am Geldmarkt jederzeit Geld leihen zu können, sollte jemand Anleihen verkaufen wollen.

Zudem handeln Repo-Händler nicht nur mit Anleihen, sondern vor allem mit Krediten, indem sie **Repos in beide Richtungen** tätigen: In einer Art »Just-in-time-Verfahren« versorgen sie Kunden, die kurzfristig Liquidität benötigen, durch den temporären Ankauf ihrer Anleihen und besorgen sich die notwendigen Einlagen hierfür durch den temporären Verkauf dieser Anleihen an Kunden, die kurzfristig überschüssige Liquidität anlegen wollen. Abbildung 3.3 illustriert das Geschäft eines Repo-Händlers. Eine realistischere Bilanz besteht im Wesentlichen aus Repos und inversen Repos:

Beispielbilanz eines Repo-Händlers	
Inverse Repos ggf. Sicherheiten ggf. Einlagen (sehr gering)	Repos Nettovermögen (Eigenkapital)

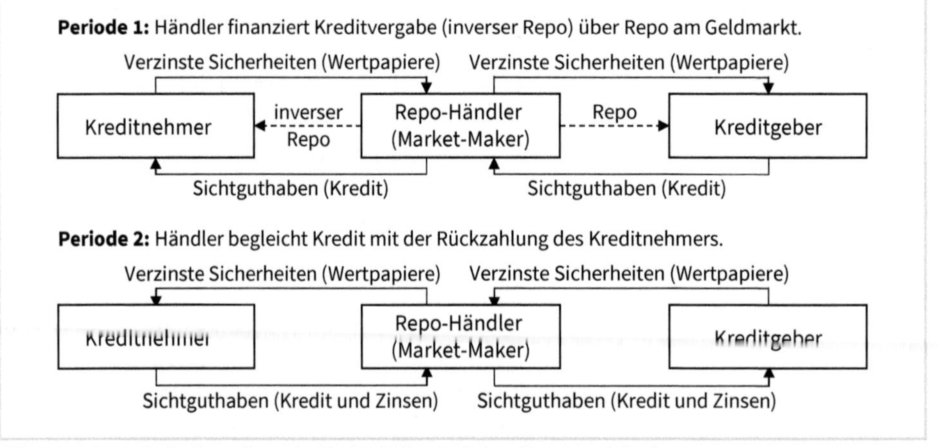

Abb. 3.3: Schematische Darstellung der Market-Maker-Funktion eines Repo-Händlers.
Quelle: Eigene Darstellung in Anlehnung an Wullweber (2021, S. 151).

Die temporären Käufer der Sicherheiten sind vor allem Banken, die den Händlern kurzfristige besicherte Kredite geben, aber auch (finanzielle wie nichtfinanzielle) Unternehmen, die kurzfristige Liquiditätsüberschüsse gegen ein verzinstes Wertpapier tauschen möchten und so selbst für sehr geringe Anlagezeiträume höhere Zinsen als auf dem Bankkonto bekommen. Die temporären Verkäufer von Sicherheiten sind überwiegend (finanzielle wie nichtfinanzielle) Unternehmen, die kurzfristig Geld benötigen. Auch Banken refinanzieren ihre Kredite vielfach am Repo-Markt und erhalten durch die Kreditaufnahme Reserven von der Bank, die das Konto des Repo-Händlers führt:

Bank	
+ Reserven	+ Repo

Repo-Händler	
+ inv. Repo – Einlagen	

Bank des Händlers	
– Reserven	– Einlagen

Repo-Händler sind insbesondere für größere Unternehmen mit Zugriff zu Geld- und Kapitalmärkten attraktive Kreditgeber, weil sie **ohne kostspielige Bonitätsprüfung** ausschließlich auf Basis der Sicherheiten **jederzeit** bereit sind, Liquidität zur Verfügung zu stellen. Der Wegfall der Bonitätsprüfung reduziert den administrativen Aufwand für beide Parteien und beschleunigt die Kreditaufnahme. Zudem ist die Gewinnspanne der Repo-Händler aufgrund der Konkurrenz sehr gering. Daher können Kunden sowohl relativ hohe Zinsen für ihre Einlagen erhalten wie auch verhältnismäßig geringe Zinsen für ihre Kredite zahlen. Banken sind in einem modernen kapitalmarktbasierten Kreditsystem eher im Kreditgeschäft mit kleineren Kunden tätig. Sie sind zudem Kreditgeber für Repo-Händler, weshalb die Zinssetzung der Zentralbank sich über den Bankensektor auch auf die Zinsen der Repo-Händler auswirkt.

Die (inversen) Repos der Händler haben unterschiedliche Fristigkeiten und werden mit unterschiedlichen Sicherheiten hinterlegt. **Händler sorgen so dafür, dass ein homogener und liquider Markt für heterogene Produkte entsteht.** Sie vergeben sowohl längerfristige wie auch Übernachtkredite und nehmen ebenso kurz- und langfristige Kredite auf. Sie sind daher das Paradebeispiel eines **Finanzintermediärs des Schattenbankensystems**, der zwischen Kreditgebern und -nehmern vermittelt.

3.2.2 Matched-Book- und spekulative Händler

Grundsätzlich ist es möglich, dass Händler eine **vollständige Fristenkongruenz** aufweisen. Solche Matched-Book Händler verdienen lediglich an der Differenz zwischen dem Zins der aufgenommenen und der selber vergebenen Kredite mit gleicher Laufzeit. Die Händler haben i. d. R. aber keine perfekte Fristenkongruenz und verdienen zusätzlich an der Zinsdifferenz zwischen lang- und kurzfristigen Krediten. Sie nehmen zudem Anleihen in ihre Bilanz, um auf Kursentwicklungen zu spekulieren. Bei einer **langen Position** kaufen sie Sicherheiten dauerhaft an und spekulieren auf einen steigenden Kurs, sodass sie ihre Anleihen später zu einem höheren Preis wiederverkaufen können. Eine lange Position kann aus eigenen Mitteln oder über einen Repo am Geldmarkt finanziert werden, indem man eine bereits im Besitz befindliche Anleihe als Sicherheit hinterlegt.

Händler können aber auch eine **kurze Position** eingehen, indem sie Sicherheiten verkaufen, die sie gar nicht selber besitzen. Sie können diese Sicherheiten durch ein inverses Repo-Geschäft erhalten oder im Tausch gegen Einlagen oder eine andere Sicherheit gegen eine Gebühr leihen. Händler spekulieren bei einer kurzen Position darauf, dass der Wertpapierkurs fällt und sie es zum Ende der Laufzeit des inversen Repos bzw. der Leihphase zu einem günstigeren Preis zurückkaufen können (siehe hierzu auch das Beispiel in Abschnitt 1.3.2).

Bei normal verlaufender Zinsstrukturkurve gehen Repo-Händler sowohl am Anleihemarkt wie am Repo-Markt eine lange Nettoposition ein und verdienen an der Zinsdifferenz zwischen ihren kurzfristigen Verbindlichkeiten und den langfristigen Forderungen (»borrow short, lend long«) aufgrund des üblichen Risikoaufschlags bei langfristigen Forderungen. Sie können innerhalb des Anleihespektrums aber auch in gewissen Segmenten kurze und in anderen Segmenten lange Positionen eingehen, um an der Zinsdifferenz der Segmente zu verdienen. Wir werden im Folgenden lediglich die Nettoanleiheposition betrachten und auf eine Analyse einzelner Segmente des Anleihemarktes verzichten.

3.2.3 Preissetzung am Anleihemarkt

Anleihehändler sind jederzeit bereit, die Nettoposition einzugehen, die von den Marktteilnehmern verlangt wird. Sie bestimmen als Market-Maker aber den Preis, zu dem sie Anleihen handeln. Sie spekulieren auf die zukünftige Preisentwicklung und stimmen die Fristigkeiten von Forderungen und Verbindlichkeiten absichtlich nicht aufeinander ab, um hierdurch einen Profit zu machen. Wenn viele Anleger ihre Wertpapiere verkaufen wollen, nehmen die Händler eine lange Position ein. Mit steigendem Anleihebestand werden sie weitere Anleihen aber nur noch dann ankaufen, wenn sie einen geringeren Preis zahlen. Sie kaufen bei einer langen Position zu einem Preis unterhalb des Gegenwartswerts und sichern sich so gegen mögliche Verluste ab, falls man Anleihen mit einem hohen Abschlag auf den Gegenwartswert an die wertbasierten Händler verkaufen muss, um Liquidität zu erhalten. Außerdem spekulieren die Händler bei einer langen Position darauf, dass die Nachfrage nach Anleihen und somit auch die Preise langfristig wieder steigen werden und sie zu einem höheren Preis wiederverkaufen können. Bei niedrigen Kursen ist zudem die effektive Rendite der Anleihen hoch und die Händler verdienen wieder an der Zinsdifferenz zu den kurzfristigen Krediten, mit denen sie ihren Anleihebestand finanzieren.

Sollte die Anleihenachfrage hoch sein, nehmen die Repo-Händler ggf. eine kurze Position ein. Sie verkaufen dann Sicherheiten, die sie selber nicht besitzen, zu einem Preis über dem Gegenwartswert und spekulieren darauf, dass die Kurse wieder fallen und die Wertpapiere zu einem späteren Zeitpunkt zu geringeren Preisen zurückgekauft werden können. Der Zusammenhang zwischen dem Anleihebestand und den Preisen der Händler ist im Diagramm in Abbildung 3.4 dargestellt. Auf der x-Achse ist die Nettoposition im Anleihemarkt abgetragen. In der Mitte beträgt diese null und die Händler gehen netto keine eigene Position ein. Je weiter sich ihre Position von der Null aus nach rechts bewegt, desto größer ist der Anteil der Anleihen in ihrer Bilanz, also ihre lange Position. Je weiter sich ihre Position links von der Null befindet, desto größer ist ihre kurze Position.

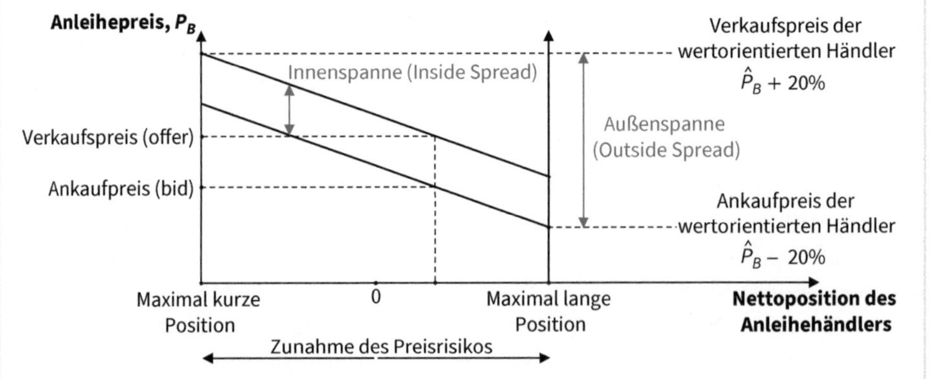

Abb. 3.4: Preisrisiko eines Repo-Händlers.
Quelle: Eigene Darstellung in Anlehnung an Treynor (2015, S. 265).

Um einen Gewinn zu machen, kaufen Händler bei gleicher Nettoposition Anleihen zu einem günstigeren Preis an, als sie verkaufen. Die Differenz zwischen An- und Verkaufspreis repräsentiert die **Innenspanne (Inside-Spread)** eines Händlers und wird auch als **Bid-Offer-Spread** oder **Bid-Ask-Spread** bezeichnet. Diese Spanne ist in normalen Zeiten sehr gering, kann sich aber ausweiten, wenn die Unsicherheit über zukünftige Preise steigt und die Händler sich mit einer größeren Spanne vor Verlusten schützen wollen. An- und Verkaufspreise verlaufen aus den oben genannten Gründen fallend: Bei einem steigenden Anleihebestand sind die Händler nur noch bereit, zu einem geringeren Preis weitere Anleihen anzukaufen. Steigt ihre kurze Position, werden sie nur noch zu höheren Preisen verkaufen, da sie Anleihen ggf. selber zu einem späteren Zeitpunkt zu einem höheren Preis kaufen müssen.

Den Verkauf von Anleihen an wertorientierte Händler wird ein Repo-Händler nur dann in Anspruch nehmen, wenn er seine **maximal lange Position** erreicht hat. Er ist dann nicht mehr bereit, weitere Anleihen in seine Bilanz zu nehmen, da ihm das Verlustrisiko aufgrund fallender Kurse zu groß wird. Der Ankaufspreis des Händlers entspricht dann dem Preis, den er bei den wertorientierten Händlern bekommt. Kauft er zu einem höheren Preis an, würde er bei einem Verkauf an die wertorientierten Händler einen Verlust machen. Einen Anleiheankauf von den wertorientierten Händlern wird ein Repo-Händler entsprechend nur dann tätigen, wenn die **maximal kurze Position** erreicht ist und er das Verlustrisiko bei steigenden Kursen nicht weiter erhöhen möchte. Der Verkaufspreis an dieser Stelle wird entsprechend durch den Verkaufspreis der wertorientierten Händler bestimmt. Die Preise der wertorientierten Händler bestimmen die **Außenspanne (Outside-Spread)** des Diagramms.

Wie groß die maximal lange bzw. kurze Position ist, die ein Händler bereit ist einzugehen, hängt von seiner eigenen Risikopräferenz, seinem Eigenkapital und der Möglichkeit, Kredite bei einer Bank zu bekommen, ab. Sollte die Liquidität am Geldmarkt knapp sein, können langfristige Positionen nämlich nicht mehr am Repo-Markt finanziert werden und ein Händler muss Kredite von Banken aufnehmen.

3.2.4 Preis- vs. Liquiditätsrisiko

Händler gehen bei einer normal verlaufenden Zinsstrukturkurve typischerweise sowohl am Anleihemarkt wie am Repo-Markt eine lange Nettoposition ein. Wir werden die hieraus resultierenden Transformationsrisiken anhand einer vereinfachten Bilanz eines Händlers analysieren, der neben Anleihen nur mit Übernacht- und Dreimonatskrediten handelt und im Anleihe- wie auch im Repo-Markt eine lange Nettoposition einnimmt. Die folgenden Darstellungen lassen sich aber ebenso auf andere Laufzeiten und weitere Finanzprodukte übertragen.

Preis- und Liquiditätsrisiko lassen sich anhand der Bilanz eines Händlers quantifizieren, wie das Beispiel in Abbildung 3.5 veranschaulicht. Unter dem ersten Pfeil wurde die Beispielbilanz derart umsortiert, dass die Fristigkeiten der Positionen über der gestrichelten Linie perfekt aufeinander abgestimmt sind (matched book). Für diesen Teil der Bilanz besteht kein spekulatives Risiko, da der Händler zu jedem zukünftigen Zeitpunkt genauso viele Einzahlungen erhält, wie er Zahlungsverpflichtungen hat. Solange keine Kredite ausfallen, wird der Händler zu genau den Zeitpunkten seine verliehenen Einlagen zurückbekommen, an denen er seine selber aufgenommenen Kredite zurückzahlen muss. In einem liquiden Geldmarkt können Händler ihre Positionen immer so anpassen, dass sie eine vollständige Fristenkongruenz herstellen, indem sie entsprechende Repos und inverse Repos eingehen. Der Gewinn eines solchen Händlers wäre aber geringer als der eines spekulativen Händlers, der an den Zinsunterschieden zwischen langfristigen Forderungen und kurzfristigen Verbindlichkeiten verdient.

Händler			
Inverse Repos Übernacht	800	Repos Übernacht	1800
Inverse Repos 3 Monate	1600	Repos 3 Monate	800
Sicherheiten/Anleihen	200		

Händler			
Inverse Repos Übernacht	800	Repos Übernacht	800
Inverse Repos 3 Monate	800	Repos 3 Monate	800
Inverse Repos 3 Monate	800	Repos Übernacht	1000
Sicherheiten/Anleihen	200		

Händler			
Inverse Repos Übernacht	800	Repos Übernacht	800
Inverse Repos 3 Monate	600	Repos 3 Monate	600
Inverse Repos 3 Monate	1000	Repos Übernacht	1000
Sicherheiten/Anleihen	200	Repos 3 Monate	200

Abb. 3.5: Preis- und Liquiditätsrisiko eines Repo-Händlers.
Quelle: Eigene Darstellung in Anlehnung an Mehrling (2013).

Unterhalb der gestrichelten Linie beginnt der spekulative Teil der Bilanz: Der Beispielhändler hat Übernachtkredite im Wert von 1.000 Euro aufgenommen und damit Kredite mit einer Laufzeit von 3 Monaten im Wert von 800 Euro sowie Sicherheiten im Wert von 200 Euro finanziert. Um den Unterschied zwischen Preis- und Liquiditätsrisiko sowie den Zusammenhang zwischen Anleihemarkt und kurz- bzw. langfristigen Repo-Markt zu verdeutlichen, formen wir die Bilanz ein weiteres Mal um und schreiben dreimonatige Repos wie inverse Repos im Wert von 200 Euro von oben wieder unter die gestrichelte Linie. Durch diese Umformungen lassen sich Preis- und Liquiditätsrisiko noch deutlicher erkennen: Das **Preisrisiko** des Händlers besteht aus seinem Lagerbestand, der mit dreimonatigen Repos finanziert wird, und beträgt 200 Euro. Fällt der Preis der Sicherheiten, können diese nur noch mit Verlust verkauft werden. Das zusätzliche **Liquiditätsrisiko** ergibt sich aus der Menge dreimonatiger Kredite, die mit Übernachtkrediten finanziert werden, und beträgt im obigen Beispiel 1.000 Euro. Der Händler muss täglich seine Übernachtkredite erneuern, um seine inversen Repos mit dreimonatiger Laufzeit zu finanzieren. Ein Händler sieht sich in seiner Bilanz also zwei verschiedenen Arten von Risiken ausgesetzt und wählt entsprechend zwei Preise: **Das Liquiditätsrisiko bestimmt den Zins für dreimonatige Kredite und das Preisrisiko den Preis der Sicherheiten.**

Für die Positionen unterhalb der gestrichelten Linie besteht zudem ein **Zinsänderungsrisiko.** In einem liquiden Geldmarkt sollte es zwar kein Problem sein, einen neuen Kredit aufzunehmen, jedoch könnte ein steigender Zins zu geringeren Gewinnmargen oder gar Verlusten führen. Einzelne Händler können sich gegen dieses Risiko absichern, indem sie es über einen entsprechenden Zinsswap auf einen Kontrahenten übertragen. Dieser wird jedoch einen Preis für die Übernahme des Risikos verlangen.

Der Repo-Markt ist im Diagramm in Abbildung 3.6 dargestellt. Auf der *x*-Achse ist die Nettoposition am Repo-Markt abgetragen (der erste Bilanzposten unterhalb der gestrichelten Linie). Beträgt diese null, hat der Händler eine perfekte Fristenkongruenz in seiner Bilanz (matched book). Rechts von der Null steigt die lange Position des Repo-Händlers und ein Teil seiner dreimonatigen Kredite wird mit Übernachtkrediten finanziert. Links von der Null nimmt der Händler eine kurze Position ein und finanziert seine Übernachtkredite mit dreimonatigen Repos. Auf der *y*-Achse ist die Differenz der Zinsen für dreimonatige und Übernacht-Repos abgetragen, i_{3M}^{rp} - $i_{O/N}^{rp}$. Der Händler wird einen umso höheren Zins für Dreimonatskredite verlangen, je mehr Dreimonatskredite er bereits mit Übernachtkrediten finanziert, weil sowohl sein Liquiditäts- wie auch sein Zinsänderungsrisiko mit der langen Position steigt. Zudem wird der Zins für dreimonatige Kredite den erwarteten Übernachtzins reflektieren. Da es sich beim Preis für Kredite um Zinsen handelt, verlaufen die Kurven nun positiv geneigt und der Zins für eine Kreditaufnahme (offer-rate für einen temporären Verkauf einer Sicherheit) verläuft unter dem Zins der Kreditvergabe (bid-rate für einen temporären Kauf einer Sicherheit).

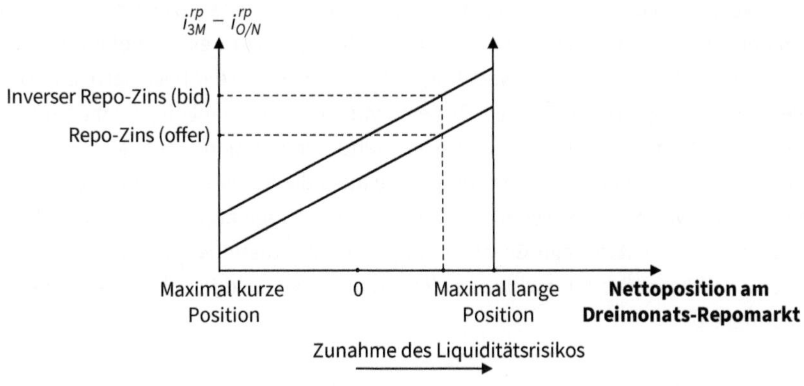

Abb. 3.6: Liquiditätsrisiko eines Repo-Händlers.
Quelle: Eigene Darstellung in Anlehnung an Mehrling (2013, S. 76).

Da ein Händler als Market-Maker jederzeit bereit ist, mit Repos und inversen Repos zu handeln, könnte er auch eine kurze Nettoposition am Dreimonats-Repo-Markt einnehmen. Er könnte darauf spekulieren, dass die Übernachtzinsen innerhalb der kommenden drei Monate steigen, und weiterhin einen dreimonatigen Zins bieten, der über dem derzeitigen Übernachtzins liegt. Bei einer kurzen Position finanzieren die Händler die Vergabe von Übernachtkrediten mit der Aufnahme von dreimonatigen Krediten. Das Liquiditätsrisiko ist dann null, weil bei einer solchen Bilanz nie die Gefahr besteht, dass einem Händler die Zahlungsmittel ausgehen. An jedem Tag erhält er das Geld aus den von ihm vergebenen Übernachtkrediten des Vortages zurück und verleiht es wieder. Jedoch besteht weiterhin das Zinsänderungsrisiko. Sollte der Zins für Übernachtkredite innerhalb der nächsten drei Monate nämlich nicht ausreichend steigen, wird der Händler weniger Zinsen für seine Kredite bekommen, als er seinen Kreditgebern zahlen muss. Vergrößert sich die kurze Position der Händler, werden sie daher nur noch zu niedrigeren Zinsen bereit sein dreimonatige Repos aufzunehmen, um sich gegen einen tendenziell fallenden Übernachtzins abzusichern. Bid- und Offer-Rate für dreimonatige Repos sinken dann immer weiter und die Zinsstruktur könnte sich invertieren.[56]

3.2.5 Einfluss der Zentralbank auf den Repo-Markt

Die kurz- und langfristigen Zinsen sowie die Außenspanne im Repo-Markt wird über den Bankensektor auch von der Zentralbank beeinflusst. Die Zentralbank steuert mit Fazilitäten und Offenmarktgeschäften i. d. R. den **unbesicherten Übernachtzins** am Interbankenmarkt. Da die Geschäftsbanken aber so etwas wie die Großhändler für Kredite sind, beeinflussen die Kreditzinsen der Banken auch die Zinsen der Repo-Händler. Der Zins für besicherte Übernachtkredite liegt daher i. d. R. in der Nähe des unbesicherten. Der Übernachtzins der Repo-Händler sollte auch nicht wesentlich unter den Einlagenzins der Zentralbank fallen, weil einzelne Banken sich dann am Repo-Markt mit Reserven versorgen könnten, die sie zu einem höheren Zins bei der Zentralbank hinterlegen. Durch die Nachfrage der Banken sollte der besicherte Zins daher auf das Niveau der Einlagefazilität steigen. Zudem sind viele Nichtbanken sowohl am Repo- wie auch am unbesicherten Markt tätig, sodass steigende Renditen in einem Markt zu Portfolio-Umschichtungen von Anlegern führen sollten, die auch die Renditen am anderen Markt in die Höhe treiben. Wir werden in Abschnitt 9.3 sehen, dass es regulatorische Gründe gibt, warum die hier beschriebenen Arbitrage-Geschäfte in gewissen Situationen nur eingeschränkt möglich sind und deutliche Zinsunterschiede zwischen besichertem und unbesichertem Markt entstehen können.

56 Es ist auch möglich, dass sich die Zinsstruktur bei einer positiven Nettoposition invertiert, wenn die Repo-Händler innerhalb der kommenden drei Monate erwarten, dass der Übernachtzins fallen wird.

Sollte ein Händler seine maximal lange Position im Repo-Markt erreicht haben, ist er nicht mehr bereit, weitere Dreimonatskredite mit Übernachtkrediten zu finanzieren. Er wird daher selbst zusätzliche Dreimonatskredite aufnehmen wollen, um seine Fristenkongruenz zu verbessern. Wenn er diese nicht mehr von anderen Repo-Händlern bekommen kann, da Liquidität knapp ist, muss er notgedrungen auf Bankenkredite zurückgreifen. Daher werden die Repo-Händler bei maximal langer Position mindestens die Dreimonatszinsen der Banken für Ihre Repos verlangen. Diese reflektieren wiederum die aktuellen sowie die erwarteten Übernachtzinsen am Interbankenmarkt.

Sollte die Zentralbank ihre Zinsen reduzieren, sinkt zunächst der Übernachtzins. Die »Bid- und Offer«-Rate für dreimonatige Repos sollte hierdurch ebenfalls sinken, weil die Finanzierungskosten einer langen Nettoposition sinken, wenn Übernachtkredite günstiger werden. Sinkende Dreimonatszinsen bedeuten wiederum geringere Finanzierungskosten am Anleihemarkt. Repo-Händler können Anleihen daher zu höheren Preisen ankaufen (bei geringerer Rendite). Da eine Zinssenkung auch den langfristigen risikolosen Anleihezins reduziert, wird zudem der Gegenwartswert der Anleihen steigen und die durch die wertorientierten Händler bestimmte Außenspanne am Anleihemarkt verschiebt sich nach oben. Da die Zentralbank mit ihrem Kreditzins eine Obergrenze für den Interbankenzins setzt und als Kreditgeberin der letzten Instanz für die Banken agiert, setzt sie implizit auch eine Untergrenze für die Anleihekurse – sofern die hier dargestellten Mechanismen funktionieren.

In schwerwiegenden Krisen, in denen sehr viele Anleger gleichzeitig in Liquidität flüchten und ihre Anleihen verkaufen wollen, um sich vor möglichen Kursverlusten aufgrund sinkender Preise zu schützen, könnte der gerade beschriebene Mechanismus aber nicht mehr funktionieren. Möglicherweise finden sich für bestimmte Anleihetypen gar keine Käufer mehr. Der Markt wird dann illiquide und der Handel mit diesen Papieren eingestellt. Eine Senkung des Übernachtzinses reicht unter diesen Umständen auch nicht mehr aus, um eine Steigerung der Anleihepreise herbeizuführen. Wir werden in Kapitel 9 diskutieren, welche besonderen Maßnahmen eine Zentralbank in solchen Situationen ergreifen kann, um Anleihekurse und langfristige Zinsen zu beeinflussen.

Jede theoretische Analyse stellt lediglich eine vereinfachte Approximation der Wirklichkeit dar. Die vorangegangenen Abschnitte vermitteln einen ersten Einblick in das Geschäft der Repo-Händler und helfen dabei, die Preissetzung an den Finanzmärkten besser zu verstehen. In der Realität sind die Geschäfte der Repo-Händler jedoch noch deutlich komplexer. Die Händler unterstützen zudem auch die Platzierung von verbrieften Wertpapieren am Geld- und Kapitalmarkt, wie wir im Folgenden sehen werden.

Kernpunkte Kapitel 3.2

- Repo-Händler sind **Market-Maker**, da sie **jederzeit** Anleihen an- oder verkaufen bzw. Kredite aufnehmen oder vergeben und den **Preis bzw. Zins für ihre Geschäfte festlegen**.
- Sie sorgen dafür, dass **für heterogene Finanzprodukte ein homogener und liquider Markt** entsteht, indem sie anbieten, zu jeder Zeit Wertpapiere mit unterschiedlichem Risiko und unterschiedlicher Restlaufzeit zu kaufen oder zu verkaufen.
- Als **Finanzintermediäre** vermitteln sie zwischen Kreditgebern, die überschüssige Liquidität anlegen wollen, und Kreditnehmern, die Liquidität benötigen. Sie erfüllen die Transformationsfunktionen und unterliegen den Transformationsrisiken aus Kapitel 1.3.4.
- **Händler spekulieren auf Kurs- und Zinsentwicklungen**, indem sie die Fristigkeiten ihrer Forderungen und Verbindlichkeiten nicht perfekt aufeinander abstimmen.
- Im Falle eines Liquiditätsmangels müssen Händler **auf Kredite der Geschäftsbanken zurückgreifen**. Da die Zinsen der Geschäftsbanken von der Zentralbank beeinflusst werden, nimmt die **Geldpolitik auch Einfluss auf die Zinsen am Repo-Markt sowie die Kurse für Anleihen**.

3.3 Das Schattenbankensystem

Auch wenn das traditionelle Geschäftsbankensystem durch den Zugriff auf ein Zentralbankkonto und der Möglichkeit, Einlagen per Buchungssatz zu schöpfen, klar vom Schattenbankensystem getrennt werden kann, verschwimmen die Grenzen zwischen Banken und Schattenbanken, da traditionelle Geschäftsbanken sowohl als Originatoren an Verbriefungen beteiligt sind, wie auch als Käufer forderungsbasierter Wertpapiere auftreten.

Im Gegensatz zum traditionellen Geschäftsbankensystem, welches durch die Kreditfazilität der Zentralbank und die gesetzlich vorgeschriebene und staatlich organisierte Einlagensicherung abgesichert wird, sind Schattenbanken ausschließlich durch private Systeme versichert. Hierzu gehören die Kreditlinien der Geschäftsbanken sowie die Garantien und CDS von Versicherungsunternehmen und Banken. Durch die Absicherung über Kreditlinien von Geschäftsbanken entsteht aber ein indirekter Zugriff auf die Kreditfazilität der Zentralbank. Banken können so gesehen die Kreditgeber der letzten Instanz für Schattenbanken sein, sind hierzu aber nicht verpflichtet und werden diese Aufgabe auch nicht wahrnehmen, sofern ihnen die Kreditvergabe an Schattenbanken zu riskant erscheint. In vielen Ländern existieren zudem auch staatliche Garantien für Pensionsfonds bzw. staatlich geförderte Institutionen wie Fannie Mae & Freddie Mac in den USA, die Hypothekenkredite an Menschen mit geringerem Einkommen vermitteln. Für solche Institutionen existieren aufgrund des öffentlichen Auftrags häufig auch staatliche Kreditlinien.

Neben der besicherten Kreditvergabe über Repos gehören die in Abschnitt 3.1 skizzierten Verbriefungen von Forderungen zu den wichtigsten Produkten der Schattenbanken. Die Finanzierung illiquider langfristiger Positionen durch eher kurzfristige Verbindlichkeiten macht das Schattenbankensystem anfällig für »Runs« der Anleger auf Märkte, an denen die Verbindlichkeiten der Schattenbanken gehandelt werden. Conduits verbriefen zudem nicht nur Forderungen aus unterschiedlichsten Kreditverträgen, **sondern auch bereits verbriefte Forderungen, indem sie Tranchen aus forderungsbesicherten Wertpapieren ankaufen**. Nicht selten handelt es sich dabei um Tranchen mit relativ hohem Ausfallrisiko. Diese »**Mehrfachverbriefung**« wird häufig auch deshalb durchgeführt, weil so tatsächlich alle Forderungen **ohne Selbstbehalt** verbrieft werden können, also keine Erstverlustposition vom Sponsor übernommen wird. So werden risikoreiche Tranchen von ABS oder CDOs ein weiteres Mal gebündelt, mit den üblichen Sicherheitstechniken erweitert (Liquiditätslinien, Swaps und Sicherungsgeber) und als ABS-CDO oder CDO^2 in verschiedenen Tranchen am Kapitalmarkt platziert. Selbst die bereits zweimal verbrieften Forderungen werden zum Teil noch mehrere Male verbrieft, z. B. als CDO^n.

Das Ziel dieser mehrfachen Verbriefungen ist es, durch Diversifikation des Kreditportfolios das Zahlungsausfallrisiko für die Käufer weiter zu verringern und so die Wertpapiere für Anleger am Kapitalmarkt attraktiv zu machen. Hierdurch konnten vor der Finanzkrise auch risikoreiche Forderungen als Senior-Tranchen verbrieft und z. B. von Pensionsfonds und Versicherern gekauft werden, denen spekulative Anlagen in einigen Ländern gesetzlich untersagt sind. Die Rating-Agenturen erachteten es als sehr unwahrscheinlich, dass viele Kreditnehmer aus verschiedenen risikoreichen ABS-Tranchen gleichzeitig ausfallen würden und schätzten die Mezzanine-Tranchen von Wertpapieren aus mehrfach verbrieften risikoreichen Forderungen daher als relativ sicher ein. Aus schlecht bewerteten Wertpapiertranchen wurde so durch eine Neuzusammensetzung der gleichen Forderungen ein Wertpapier mit AAA-Ranking.

Abbildung 3.7 skizziert die Beziehungen innerhalb des Schattenbankensektors sowie die Verbindungen zu den traditionellen Geschäftsbanken. Diese bereits relativ komplexe Darstellung ist immer noch eine starke Vereinfachung der tatsächlichen Beziehungen, da z. B. Beziehungen aufgrund von Sicherungstechniken (z. B. Liquiditätslinien, Kreditausfallversicherungen und andere Derivate) nicht berücksichtigt sind.

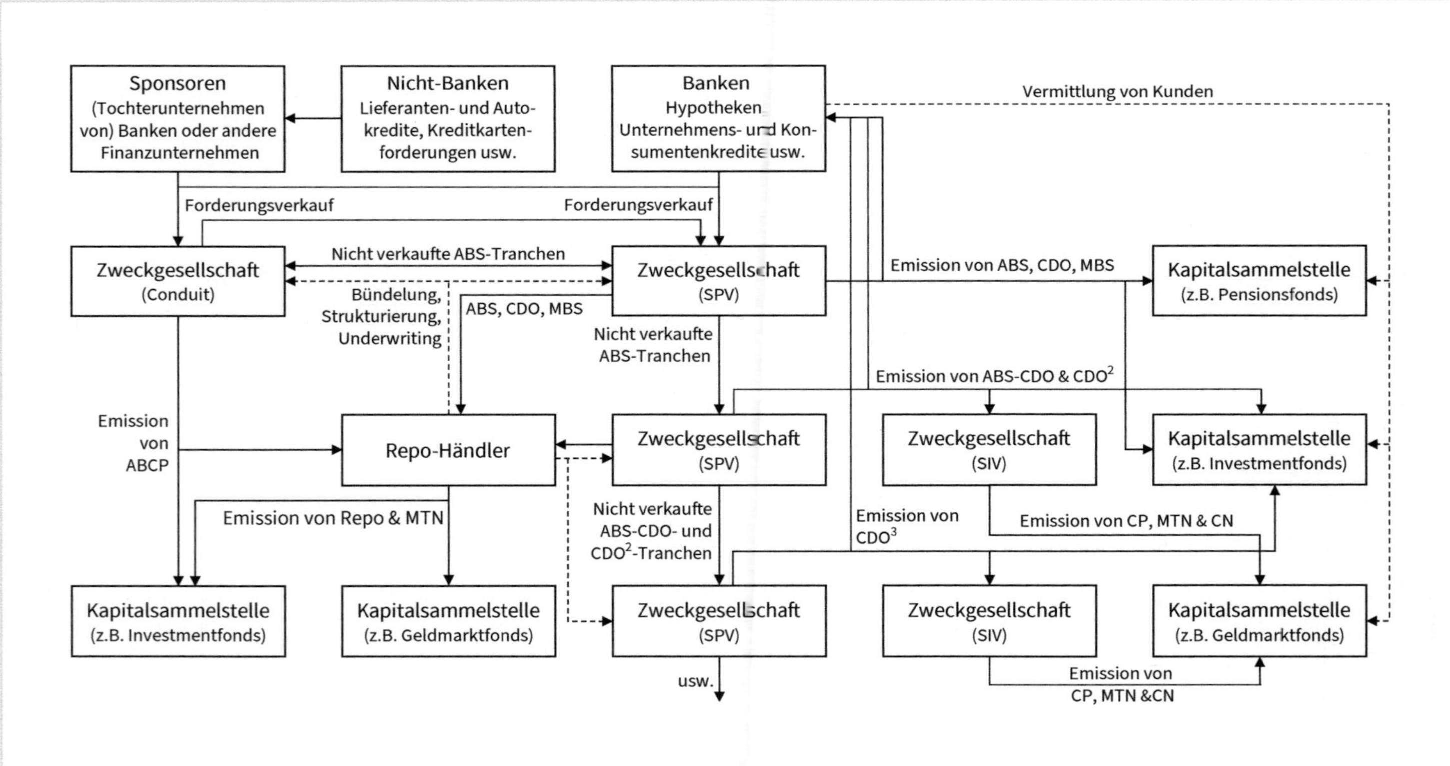

Abb. 3.7: Das Schattenbankensystem.
Anmerkungen: *SPV:* Special Purpose Vehicle; *SIV:* Structured Investment Vehicle; *ABS:* Asset-Backed Securities; *CDO:* Collateralized Debt Obligations; *MBS:* Mortgage-Backed Securities; *ABCP:* Asset-Backed Commercial Paper; *CP:* Commercial Paper; *MTN:* Medium-Term Note; *CN:* Capital Note.
Quelle: Eigene Darstellung.

Pozsar, Adrian, Ashcraft & Boesky (2013) beschreiben in einer Studie für die Landeszentralbank von New York die unterschiedlichen Aufgaben der Schattenbankinstitutionen bei der Verbriefung von Forderungen wie folgt:[57]

- **Kreditbeschaffung**: Bei einer traditionellen Verbriefung (z. B. von Hypothekenkrediten) übernimmt diese Aufgabe eine Geschäftsbank, die als Originator auftritt und mithilfe ihres Geldschöpfungsprivilegs bei der Kreditvergabe Einlagen erzeugt. Bei Unternehmenskrediten (z. B. ausstehende Rechnungen aus Güterverkäufen, Leasingverträgen, Auto- oder Studentenkrediten oder Kreditkartenforderungen usw.) werden diese Kredite häufig zunächst von Tochterunternehmen herkömmlicher Banken oder anderen Finanzunternehmen (z. B. Investmentbanken) angekauft, die als Sponsoren auftreten und die Kredite im Anschluss an Zweckgesellschaften weiterverkaufen. Solche Finanzinstitute finanzieren sich über kurzfristige Schuldverschreibungen wie CP oder MTN, aber auch über längerfristige Anleihen.
- **Kredit- und ABS-Aufbewahrung**: Die Kredite werden von den Zweckgesellschaften in ihrer eigenen Bilanz gehalten. Die Zweckgesellschaften können Conduits sein (im Falle kurzfristiger ABS) oder SPV (bei längerfristigen ABS). Ein Conduit könnte einige Kredite auch an ein SPV weiterverkaufen. Ebenso ist es möglich, dass ein Conduit ABS oder CDO^2 usw. von einem SPV abkauft und in der Bilanz behält. Die Zweckgesellschaften finanzieren sich über die Emission von entweder kurzfristigen ABCP oder langfristigen ABS, CDO oder MBS.
- **ABS-Emission**: Die Bündelung und Strukturierung der Forderungen mithilfe der üblichen Sicherungstechniken (Swaps, Liquiditätslinien, Versicherungen) wird häufig vom »**Syndication Desk**« spezialisierter Repo-Händler übernommen. Dies betrifft sowohl die traditionellen ABS, CDO und MBS wie auch ABCP oder CDO^2 usw. Die Händler verpflichten sich zudem, das am Markt zu platzierende Kreditvolumen zu übernehmen (**underwriting**). Sollten nicht alle Wertpapiere verkauft werden können, verbleiben diese also zunächst in den Büchern der Händler, die diese über Repos und MTN finanzieren.
- **ABS-Intermediation**: Im Falle mehrfach verbriefter Forderungen kommt es vor, dass die Finanzprodukte von **strukturierten Investmentgesellschaften (Structured Investment Vehicles, SIV)** angekauft werden, die sich wieder über die Herausgabe kurzfristiger Wertpapiere wie CP, MTN oder CN finanzieren. Es handelt sich hierbei also um ähnliche Zweckgesellschaften wie die Conduits, die langfristige Positionen durch Herausgabe kurzfristiger Wertpapiere finanzieren und daher einem hohen Liquiditätsrisiko ausgesetzt sind.
- **Wholesale-Finanzierung**: Die endgültige Finanzierung der Conduits, SPV und SIV erfolgt größtenteils am Wholesale-Markt über den Ankauf von Kapitalsammelstellen (Pensions-, Investment- oder Geldmarktfonds, Versicherungsgesellschaften usw.) oder direkten Geldmarktinvestoren (z. B. Repo-Händler). Die Kapitalsammelstellen finanzieren die Ankäufe über das ihnen anvertraute Geldvermögen ihrer Kunden. Die Kunden profitieren von der Risikodiversifikation der ABS und die Kapitalsammelstellen erhalten Wertpapiere, die relativ liquide sind, weil sie bei einer Änderung der Risikoeinschätzungen auch wieder verkauft werden können. Geldmarktinvestoren finanzieren sich im Wesentlichen über Repos und MTN. Aber auch Banken kaufen ABS, um ihr Forderungsportfolio zu diversifizieren.

57 Siehe auch Pozsar, Adrian, Ashcraft & Boesky (2010) oder Pozsar (2015).

Selbstverständlich werden nicht alle Forderungen mehrfach verbrieft. Es ist durchaus möglich, dass ein Bankkredit lediglich an eine Zweckgesellschaft verkauft wird und von dort als ABS an eine Investmentbank gelangt. Je schlechter die Bonität der Kreditnehmer ist, desto mehr Schritte werden jedoch benötigt, um ihre Kredite als Wertpapiere am Kapitalmarkt zu platzieren. Bei jeder weiteren Mischung von bereits gebündelten Krediten wird durch Diversifikation des Forderungsportfolios das Risiko weiter gestreut, um es für den einzelnen Anleger zu verringern.

Der Großteil dieser sogenannten »**Schattenbankintermediation**« kann **innerhalb einer Finanzholdinggesellschaft** (auch **Bankholding**) erfolgen. Dies ist eine Unternehmensverbindung, in der mehrere Tochterunternehmen im Finanzsektor tätig sind. Häufig gehört zu der Holding auch eine traditionelle Geschäftsbank, welche die ursprünglichen Kredite vergibt oder als Sponsor des Conduits agiert. Die Repo-Händler, die auf die Bündelung und Strukturierung der angekauften Forderungen spezialisiert sind, können ebenfalls Teil der Bankholding sein. Lediglich die Zweckgesellschaften und Fonds, die ggf. die mehrfach verbrieften Forderungen ankaufen, agieren außerhalb der Bilanzen der Bankholding-Tochterunternehmen. Gleichzeitig verwaltet die Bank (oder eine Tochter) der Holding die Vermögenswerte ihrer Klienten und berät diese bzgl. ihrer Anlageentscheidungen. Sie kann daher auch jene Fonds vermitteln, die in Wertpapiere investiert haben, denen ihre eigenen Forderungen zugrunde liegen.

Die Vorteile der Verbriefungen wurden bereits in Abschnitt 3.1.5 behandelt. Jedoch können auch Nachteile auf der gesamtwirtschaftlichen Ebene entstehen. Banken betreiben durch die Auslagerung der Kreditforderungen an eine Zweckgesellschaft **Regulierungsarbitrage** und umgehen so die Vorschriften der Bankenaufsicht. Da die Kredite nicht mehr in ihrer eigenen Bilanz auftauchen, müssen sie diese z. B. nicht mehr mit Eigenkapital unterlegen. Sie verzichten zwar auf die regelmäßigen Zinsgewinne aus der Differenz zwischen ihren Kreditzinsen und Zinsen ihrer Verbindlichkeiten, verdienen aber durch Abschlussgebühren und Servicing-Provisionen, ohne das Risiko eines Kreditausfalls selbst zu tragen. Dies kann dazu führen, dass die Bonitätsprüfungen von Banken nicht mehr sachgemäß durchgeführt werden und im Durchschnitt riskantere Kredite vergeben werden, wodurch das Risiko eines Forderungsausfalls steigt. Ein vergleichbares »Moral hazard«-Problem entsteht auch bei Unternehmen, die ihren Kunden eine Kreditfinanzierung anbieten und diese Kredite regelmäßig an einen Conduit verkaufen, oder einer Kreditkartenfirma, die Kundenkredite weiterverkauft usw.

Die Risikostreuung aufgrund der Diversifikation des Portfolios führt zwar dazu, dass sich die erwarteten Forderungsausfälle für jeden einzelnen Gläubiger verringern. Da das Kreditrisiko aber nicht mehr vom ursprünglichen Gläubiger getragen wird, besteht die Gefahr, dass auch Kunden mit sehr geringer Bonität Kredite gewährt werden. **Das gesamtwirtschaftliche Kreditausfallrisiko steigt daher aus zwei Gründen: Es werden (i) mehr Kredite an (ii) Kreditnehmer mit im Durchschnitt höherem Ausfallrisiko vergeben.** Die erhöhte Kreditvergabe der Banken ist in den Bankbilanzen im Nachhinein nicht mal mehr zu erkennen, da die zusätzlichen Kredite aufgrund der Verbriefung ihrer Forderungen aus den eigenen Büchern wieder verschwinden.

Die Rating-Agenturen, die eine unabhängige Bewertung der ABS-Tranchen erstellen sollen, werden zudem von den Zweckgesellschaften beauftragt und haben vor der Finanzkrise häufig sehr wohlwollende Bewertungen abgegeben, um auch bei nachfolgenden Emissionen wieder beauftragt zu werden. Das Verbriefungssystem der Schattenbanken wird daher als eine wesentliche Ursache für den Anstieg der Instabilität des Finanzsektors seit Mitte der 1990er-Jahre angesehen.

Kernpunkte Kapitel 3.3

- Mithilfe von **Mehrfachverbriefungen** werden besonders risikoreiche Wertpapiertranchen durch eine Neuzusammensetzung der gleichen Forderungen zu einem Wertpapier, das als relativ sicher bewertetet wird.
- Die Risikostreuung aufgrund der Diversifikation des Portfolios führt zwar dazu, dass die erwarteten Forderungsausfälle für jeden einzelnen Gläubiger fallen, das gesamtwirtschaftliche Kreditausfallrisiko kann jedoch aus zwei Gründen steigen: **Es werden (i) mehr Kredite an (ii) Kreditnehmer mit im Durchschnitt höherem Ausfallrisiko vergeben.**

4 Internationaler Zahlungsverkehr

Bisher wurde der Zahlungsverkehr lediglich zwischen Akteuren innerhalb eines Währungsraums beschrieben. Überweisungen zwischen zwei Industrienationen mit unterschiedlichen Währungen erfolgen heutzutage ähnlich problemlos. Der folgende Abschnitt erläutert zunächst, wie der Zahlungsausgleich zwischen den Geschäftsbanken bei einer grenzüberschreitenden Überweisung erfolgen kann. Hierzu beginnen wir mit einfachen Beispielen, mittels derer die Grundlagen internationaler Überweisungen skizziert werden, bevor wir im darauffolgenden Abschnitt die Aufgabe und Funktionsweise von Devisenhändlern analysieren. Im Anschluss werden Zahlungsbilanzkrisen untersucht und mögliche internationale Kreditgeber der letzten Instanz dargestellt.

4.1 Grundlagen internationaler Überweisungen

Betrachten wir einen amerikanischen Kunden, der Güter im Wert von 100.000 Euro von einem deutschen Exporteur kauft. Der Wechselkurs zwischen dem US-Dollar und dem Euro sei 1:1. Für Im- und Exporteur gestaltet sich der Kauf bzw. Verkauf ähnlich einfach wie bei einer inländischen Transaktion. Die Bankguthaben des inländischen (deutschen) Exporteurs werden erhöht (in Euro), während die Einlagen des ausländischen Importeurs verringert werden (in Dollar). Eine Abrechnung zwischen den beteiligten Geschäftsbanken in Form von Reserveguthaben ist nun aber nicht möglich, weil die Banken ihre Konten bei unterschiedlichen Zentralbanken in unterschiedlicher Währung führen. Die deutsche Geschäftsbank könnte zum Ausgleich für die Erhöhung ihrer Verbindlichkeiten (das Guthaben des Exporteurs) aber eine Dollar-Forderung gegenüber der amerikanischen Bank erhalten. Die Forderung könnte ein internationaler Interbankenkredit sein oder auch aus jederzeit fälligen Sichteinlagen bestehen, die zum Einlagenzins der Bank verzinst werden. Dies ist in Abbildung 4.1 als erstes Beispiel skizziert. Bei dieser Option würde die deutsche Geschäftsbank das Wechselkursrisiko tragen, da sie sowohl Dollar-Forderungen wie Euro-Verbindlichkeiten in ihrer Bilanz führt. Die US-Bank vernichtet in diesem Fall in Dollar notierte digitale Schuldscheine (die Kundeneinlagen) und schafft im Gegenzug neue in Dollar notierte Schuldscheine, welche die deutsche Geschäftsbank erhält. Das zweite Beispiel zeigt den gleichen Vorgang, allerdings mit einer in Euro notierten Forderung. In diesem Fall würde die US-Geschäftsbank das Wechselkursrisiko tragen. Im dritten Beispiel werden vorhandene Euroguthaben der amerikanischen Geschäftsbank zum Zahlungsausgleich abgebaut.

1. Deutsche Geschäftsbank erhält Dollar-Forderung:

Geschäftsbank USA (GBU)	
	– Einlagen $ Kunde + Verb. $ GBD

Geschäftsbank Deutschland (GBD)	
+ Forderung $ GBU	+ Einlagen € Kunde

Amerikanischer Importeur	
– Einlagen $ + Güter	

Deutscher Exporteur	
+ Einlagen € – Güter	

2. Deutsche Geschäftsbank erhält Euro-Forderung:

Geschäftsbank USA (GBU)	
	– Einlagen $ Kunde + Verb. € GBD

Geschäftsbank Deutschland (GBD)	
+ Forderung € GBU	+ Einlagen € Kunde

3. Amerikanische Geschäftsbank reduziert Euroeinlagen:

Geschäftsbank USA (GBU)	
– Einlagen € GBD	– Einlagen $ Kunde

Geschäftsbank Deutschland (GBD)	
	+ Einlagen € Kunde – Einlagen € GBU

4. Deutsche Geschäftsbank erhält Dollareinlagen bei Korrespondenzbank:

Korrespondenzbank USA (KBU)	
+ Einlagen $ GBU	+ Einlagen $ GBD

Geschäftsbank USA (GBU)	
	– Einlagen $ Kunde + Einlagen $ KBU

Geschäftsbank Deutschland (GBD)	
+ Einlagen $ KBU	+ Einlagen € Kunde

5. Amerikanische Geschäftsbank reduziert Euroeinlagen bei Korrespondenzbank:

Korrespondenzbank Deutschland (KBD)	
– Reserven €	– Einlagen € GBU

Geschäftsbank USA (GBU)	
– Einlagen € KBD	– Einlagen $ Kunde

Geschäftsbank Deutschland (GBD)	
+ Reserven €	+ Einlagen € Kunde

Abb. 4.1: Einfache Überweisungsbeispiele.
Quelle: Eigene Darstellung.

Offensichtlich kann die Verrechnung der Banken bei einer Überweisung zwischen zwei Währungsräumen ganz ähnlich verlaufen wie innerhalb eines Hoheitsgebiets, nämlich durch die Schaffung zusätzlicher oder dem Abbau vorhandener Forderungen und Verbindlichkeiten. Jedoch sind nicht alle Geschäftsbanken bereit, die Schuldscheine jeder anderen im Ausland ansässigen Geschäftsbank zu akzeptieren. Seit den 1970er-Jahren hat sich zwischen den Industrienationen daher ein Netz von Korrespondenzbanken gebildet, die Einlagen für ihre ausländischen Partnerbanken führen. Über das Zentralbankkonto der Korrespondenzbanken können ausländische Geschäftsbanken implizit Zugriff auf inländische Reserveguthaben erhalten, die zum Zahlungsausgleich mit inländischen Banken verwendet werden können.

In unserem Überweisungsbeispiel könnte die deutsche Geschäftsbank z. B. Dollarguthaben auf dem Konto einer amerikanischen Korrespondenzbank erhalten, die wiederum eine Forderung gegen die amerikanische Geschäftsbank des Importeurs erhält, z. B. Sichtguthaben wie in Beispiel 4 der Abbildung 4.1 dargestellt. Da die Einlagen in Dollar notiert sind, trägt die deutsche Geschäftsbank in diesem Beispiel wieder das Wechselkursrisiko. Würde das Konto in Euro geführt werden, würde die Korrespondenzbank das Risiko tragen. Der internationale Zahlungsverkehr in unterschiedlichen Währungen wird tlw. auch über mehrere Korrespondenzbanken vollzogen. Die Geschäftsbanken von Im- und Exporteuren könnten z. B. jeweils eine Korrespondenzbank in ihrem eigenen Land nutzen, die wiederum gegenseitig Konten für die jeweils andere Korrespondenzbank führen. Selbstverständlich können auch bereits vorhandene Guthaben in ausländischer Währung dazu genutzt werden, den Zahlungsausgleich durchzuführen. Besitzt z. B. die amerikanische Geschäftsbank Euroguthaben bei einer deutschen Korrespondenzbank, können diese Guthaben für die Überweisung genutzt werden, wie in Beispiel 5 illustriert. Wie dieses Beispiel zeigt, kann der Zahlungsausgleich zwischen einer Korrespondenzbank und einer Geschäftsbank im gleichen Währungsraum natürlich auch über Reserveguthaben erfolgen, da beide Banken ein Reservekonto bei der gleichen Zentralbank besitzen.

In Abschnitt 1.2 wurde bereits darauf hingewiesen, dass die Interpretation internationaler Buchungsidentitäten selbst erfahrene Ökonomen zu Fehlschlüssen verleitet, die im Wesentlichen auf der **Verwechslung von Ersparnis und Finanzierung** basieren. So wird aus der Identität der inländischen Ersparnis mit der Summe aus inländischen Investitionen und Außenhandelsüberschuss regelmäßig der Fehlschluss gezogen, dass die inländische Ersparnis entweder inländische Investitionen oder den Außenhandelsüberschuss finanzieren würde.[58] Die obigen Beispiele zeigen jedoch, dass **für die Zahlung eines Exportguts kein zuvor im Inland angespartes Geldvermögen dem Ausland geliehen werden musste**. Stattdessen erhielt die deutsche Geschäftsbank eine neu geschaffene Forderung oder das Guthaben der amerikanischen Bank wurde verringert. Selbstverständlich erhöhen die neu geschaffenen Forderungen bzw. abgebauten Verbindlichkeiten inländischer Banken gegenüber ihren ausländischen Geschäftspartnern die gesamtwirtschaftliche Ersparnis aufgrund der Erhöhung des inländischen Nettogeldvermögens. Diese Erhöhung ist durch den Export aber erst entstanden.

Die Finanzierung der oben gezeigten Ausgabe erfolgte für den amerikanischen Importeur aus dem Sichtguthaben bei seiner Bank. So gesehen haben die individuellen Ersparnisse des amerikanischen Käufers – und nicht die deutschen Ersparnisse – den deutschen Export (den amerikanischen Import) finanziert. **Zudem findet eine Erhöhung der Zahlungsmittel (Buchgeldschöpfung) im Exportland Deutschland sowie eine Reduktion der Zahlungsmittel (Buchgeldvernichtung) im Importland USA statt.** Auch dies scheint der Intuition einiger Ökonomen zu widerstreben, die behaupten, dass inländische Ersparnisse für Investitionen fehlen

58 Vgl. Krugman (2007), Blanchard & Milesi-Ferretti (2009) oder Blanchard & Milesi-Ferretti (2011).

würden, wenn diese bereits den Exportüberschuss finanzieren müssten.[59] Der zusätzliche Zahlungsmittelbestand exportierender Unternehmen erleichtert natürlich die Finanzierung inländischer Investitionen, auch wenn gleichzeitig die gesamtwirtschaftliche Ersparnis im Ausland gestiegen ist. Zudem haben wir bereits in Abschnitt 1.2.2 ausführlich diskutiert, dass Ersparnisse im Inland keine Voraussetzung für Investitionen darstellen.

Kernpunkte Kapitel 4.1

- Internationale Überweisungen können durch den **Aufbau zusätzlicher oder** den **Abbau vorhandener Forderungen und Verbindlichkeiten** abgerechnet werden.
- Durch den Aufbau zusätzlicher Forderungen und Verbindlichkeiten in **unterschiedlichen Währungen** entsteht für eine Partei ein **Wechselkursrisiko**.
- Häufig wird der Zahlungsverkehr über eine **Korrespondenzbank** abgewickelt, um so implizit Zugriff auf das ausländische Zentralbankkonto zu bekommen.
- Ein Export geht i. d. R. mit einer **Erhöhung der Zahlungsmittel im Inland (Buchgeldschöpfung)** sowie einer **Reduktion der Zahlungsmittel (Buchgeldvernichtung) im Ausland** einher.

4.2 Devisenhändler und Wechselkurse

Das internationale Netz von Korrespondenzbanken sorgt für einen reibungslosen internationalen Zahlungsverkehr, indem es Banken ermöglicht, Einlagen in ausländischen Währungsräumen zu erhalten und so implizit auch am ausländischen Zahlungsausgleich mit Zentralbankguthaben teilzunehmen. **Forderungen, die in ausländischer Währung notiert sind, bezeichnet man auch als Devisen.** Banken halten Devisen aber nicht nur, um ihren internationalen Zahlungsverkehr damit abzurechnen. Sie können die Einlagen eines anderen Währungsraumes z. B. auch dazu verwenden, Wertpapiere dieses Währungsraumes zu kaufen, um Zinsen zu erhalten oder auf Kursgewinne zu spekulieren. Bei solchen Geschäften gibt es zusätzlich zu den bereits in Abschnitt 1.3.4 diskutierten Risiken auch ein Wechselkursrisiko. Kreditinstitute organisieren ihre Aktivseite, um einerseits hohe Renditen zu erzielen, andererseits aber auch die Risiken ihrer Geschäfte tragfähig zu halten. Möglicherweise möchte ein Kreditinstitut daher seinen Devisenbestand reduzieren. In diesem Fall kann es ausländische Einlagen bei einem **Devisenhändler** in die inländische Währung tauschen.

4.2.1 Funktion von Devisenhändlern

Devisenhändler sind die **Market-Maker für Währungstäusche**. Sie besitzen Einlagen in verschiedenen Währungsräumen, sind jederzeit bereit, diese zu tauschen, und legen den Wechselkurs für ihre Tauschgeschäfte fest. Beschränken wir unsere Betrachtung zunächst auf zwei

59 Siehe hierzu auch: https://makronom.de/kapitalexport-leistungsbilanzueberschuss-exportieren-wir-wirklich-unsere-ersparnisse-25145.

Währungen, Euro und Dollar, kann man sich ihre Bilanz zunächst wieder vereinfacht vorstellen als einen Lagerbestand von Einlagen im Dollar- und Euro-Raum:

Vereinfachte Bilanz eines Devisenhändlers	
Dollareinlagen Euroeinlagen	Nettovermögen (Eigenkapital)

Devisenhändler sind jederzeit bereit, Einlagen der einen Währung gegen Einlagen der anderen zu tauschen, und verdienen wie die Repo-Händler an der **Differenz zwischen »Bid«- und »Offer«-Kurs, also An- und Verkaufspreis.** Sinkt ihr Lagerbestand von Euroeinlagen, weil viele Kunden Dollar in Euro tauschen wollen, werden sie mehr Dollar pro Euro verlangen, da sie sich zu einem späteren Zeitpunkt evtl. neue Euroeinlagen zu einem noch schlechteren Kurs besorgen müssen. Der Euro würde dann aufwerten. Devisenhändler sind häufig bei einer Bank angestellt, die ihren Kunden den Tausch von Währungen als Service anbieten. Der Kurs der Devisenhändler einer Bank bestimmt so auch den Kurs, zu dem diese Bank bei Auslandsüberweisungen ihrer Kunden die nationale Währung in eine ausländische tauscht.

Der im vorangegangenen Abschnitt beschriebene Zahlungsausgleich findet ohne Währungstausch statt, indem Banken zusätzliche Forderungen und Verbindlichkeiten aufbauen oder vorhandene abbauen. Da in diesem Fall keine Einlagen in unterschiedlichen Währungen getauscht werden, wirken sich die Vorgänge auch nicht auf den Wechselkurs aus. Beim Tausch von in- und ausländischen Einlagen ändert sich hingegen die Zusammensetzung der Bilanz eines Devisenhändlers, der daraufhin ggf. den Preis der Währungen an die neue Bilanzzusammensetzung anpasst. Abbildung 4.2 skizziert, wie eine deutsche Geschäftsbank ihr Dollarguthaben bei einer US-Korrespondenzbank an einen Devisenhändler verkauft. Die deutsche Geschäftsbank erhält von der Euro-Geschäftsbank des Devisenhändlers nun Zentralbankguthaben, also eine in der Geldhierarchie höher angesiedelte Verbindlichkeit, die von den US-Geschäftsbanken nicht geschaffen werden kann.[60] Da sich die Zusammensetzung der Einlagen des Devisenhändlers zu Gunsten der Dollarguthaben erhöht hat, sind seine Euroeinlagen relativ knapper geworden. Er könnte in Zukunft daher mehr Dollar pro Euro verlangen, was eine Aufwertung des Euro bedeutet.

60 Sollte die Euro-Geschäftsbank des Devisenhändlers ihren Sitz nicht in Deutschland haben erfolgt der Zahlungsausgleich zwischen den beiden Banken im Euro-Raum ggf. über das TARGET2-System, das in Abschnitt 9.2.1 behandelt wird.

Devisenhändler	
+ Dollareinlagen $ – Euroeinlagen €	

Geschäftsbank Deutschland (GBD)	
– Einlagen $ KBU + Reserven €	

Korrespondenzbank USA (KBU)	
– Reserven $	– Einlagen $ GBD

Euro-Bank des Devisenhändlers	
– Reserven €	– Euroeinlagen €

US-Bank des Devisenhändlers	
+ Reserven $	+ Dollareinlagen $

Abb. 4.2: Deutsche Geschäftsbank verkauft Dollarguthaben an Devisenhändler.
Quelle: Eigene Darstellung.

Bei der Abwicklung von Devisengeschäften über Korrespondenzbanken entsteht ein **Erfüllungsrisiko**, da die beteiligten Korrespondenzbanken ihre Geschäfte häufig erst mit zeitlicher Verzögerung abwickeln. Man spricht auch vom »Herstatt-Risiko«, da die deutsche Herstatt-Bank 1974 aufgrund von Devisenspekulationen zusammenbrach und ihre Zahlungsverpflichtungen nicht mehr erfüllen konnte. Um ein solches Kontrahentenausfallrisiko zu vermeiden, gibt es **internationale Devisenabrechnungssysteme, wie das »Continuous Linked Settlement« (CLS)** der CLS Group Holdings AG (seit September 2002), an dem inzwischen 69 Kreditinstitute aus 18 unterschiedlichen Währungsräumen teilnehmen. In 2009 wurden bereits mehr als 50 % aller weltweiten Devisentransaktionen über CLS abgerechnet. Die Transaktionen der teilnehmenden Banken werden von den nationalen Zentralbanken der teilnehmenden Währungsräume überwacht.[61]

Das CLS bietet Multiwährungskonten für alle Teilnehmer an und verbucht simultan Forderungen und Verbindlichkeiten in der Abwicklungsperiode in den eigenen Büchern (Zahlung-gegen-Zahlung). Neben Devisen werden auch andere Finanzinstrumente wie z. B. CDS abgerechnet. Der Vorteil des CLS-Systems besteht darin, dass es Reservekonten bei Zentralbanken aller teilnehmenden Länder besitzt. CLS ist daher ein internationales Clearinghaus, bei dem auch nur die saldierten Nettobeträge tatsächlich gezahlt werden müssen (ca. 2 % der Bruttobeträge). Durch die gegenseitige Aufrechnung von Forderungen und Verbindlichkeiten wird (wie im Inland auch) die eigene Liquidität wesentlich weniger belastet, da nur die Nettoverbindlichkeiten ausgeglichen werden müssen.

Abbildung 4.3 skizziert den Zahlungsausgleich über CLS für zwei Länder mit unterschiedlichen Währungen: die USA und Deutschland. Wir unterstellen der Einfachheit halber, dass der Wechselkurs wieder 1:1 beträgt, und gehen davon aus, dass am Ende des Geschäftstages die deutschen Geschäftsbanken einen negativen Saldo bei der CLS haben, also Nettoverbindlichkeiten, während die US-Geschäftsbanken Nettoforderungen gegen das Clearinghaus besitzen. Für den Zahlungsausgleich bucht die FED Dollar-Reserven der CLS auf die Konten der US-Geschäftsbanken um, während die Bundesbank die Euroguthaben der deutschen Geschäftsbanken auf das Konto der CLS umbucht. Da sich die Dollar-Reserven des CLS-Systems durch den Vorgang

61 Siehe Mägerle & Maurer (2009).

verringert haben, wird man ggf. in Zukunft mehr Euro für einen Dollar verlangen, sodass der Dollar aufwertet.

CLS	
– Forderungen $ GBD + Reserven € – Reserven $ FED	– Verbindlichkeiten $ GBU

Bundesbank (BuBa)	
	– Reserven € GBD + Reserven € CLS

FED	
	+ Reserven $ GBU – Reserven $ CLS

Geschäftsbanken Deutschland	
– Reserven € BuBa	– Verb. $ CLS

Geschäftsbanken USA	
+ Reserven $ FED – Ford. $ CLS	

Abb. 4.3: Zahlungsausgleich über CLS.
Quelle: Eigene Darstellung.

4.2.2 Matched-Book- und spekulative Devisenhändler

Die obige Beispielbilanz eines Devisenhändlers ist vereinfacht. Ähnlich wie die Repo-Händler halten auch die Devisenhändler nur wenige Einlagen, da diese nur gering verzinst werden. Stattdessen nehmen und vergeben sie besicherte Kredite in unterschiedlichen Währungsräumen und arbeiten ebenfalls mit einer Art »Just-in-time-Verfahren«. Sie können z. B. einen Kredit am Euro-Geldmarkt aufnehmen, sofern ihre Kunden Euro mit Dollar kaufen wollen. Die hierdurch erhaltenen Dollareinlagen können dann am Dollar-Geldmarkt wieder verliehen werden. Ebenso könnte ein Devisenhändler andere Forderungen in unterschiedlichen Währungen halten (z. B. Anleihen) und sich ggf. mit Derivaten gegen Wechselkurs- oder Zinsrisiken absichern.

Betrachten wir einen Devisenhändler, der sich für 3 Monate 100.000 Euro leiht, diese gegen Dollar an seine Kunden verkauft und das Dollarguthaben in eine US-Staatsanleihe investiert. Die Bilanz dieses Händlers würde sich dann wie folgt verändern:

Devisenhändler			
Einlagen Euro	+ 100 EUR	Repo (3 Monate)	+ 100 EUR
Einlagen Euro	– 100 EUR		
Einlagen Dollar	+ 100 USD		
Einlagen Dollar	– 100 USD		
US-Staatsanleihe	+ 100 USD		

Zusammengefasst finanziert er eine langfristige US-Staatsanleihe mit einem 3-monatigem Euro-Kredit:

Devisenhändler			
US-Staatsanleihe	+ 100 USD	Repo (3 Monate)	+ 100 EUR

Selbstverständlich kann der Devisenhändler auch kürzere Euro-Repo-Kredite (z. B. über Nacht) aufnehmen und damit inverse Dollar-Repos (statt Anleihekäufe) für eine etwas längere Laufzeit (z. B. 3 Monate) finanzieren. Zusätzlich zum Wechselkursrisiko ist der Devisenhändler den üblichen Kreditausfall-, Preis-, Liquiditäts- und Zinsänderungsrisiken ausgesetzt. Für den aktuellen Wechselkurs spielen daher auch Erwartungen über die zukünftige Entwicklung des Wechselkurses sowie der Wertpapierpreise und der Zinsen in den beteiligten Währungsräumen eine Rolle. Devisenhändler müssen bei ihrer Preissetzung berücksichtigen, dass sie ggf. neue Einlagen zu einem höheren Preis kaufen bzw. zu einem höheren Zins leihen müssen oder bei der Anlage in Wertpapiere Kursverluste riskieren. Die in Abschnitt 3.2 gezeigten Treynor-Diagramme ließen sich in modifizierter Form auch auf Devisenhändler übertragen.

Unter der Voraussetzung liquider Märkte können auch Devisenhändler eine vollständige Fristenkongruenz herstellen. Da sich in der Bilanz Positionen befinden, die in unterschiedlichen Währungen notiert sind, muss ein **Matched-Book neben der zeitlichen auch die räumliche Dimension umfassen**: Um Liquiditäts-, Preis- und Wechselkursrisiko zu eliminieren, müssen die Fälligkeitszeitpunkte von Forderungen und Verbindlichkeiten *in der gleichen Währung* aufeinander abgestimmt sein. Devisenhändler können dies erreichen, indem sie sich Geld in unterschiedlichen Währungen am Terminmarkt leihen. Die Vorgänge in der folgenden Bilanz zeigen, wie ein Devisenhändler zunächst einen Dollar-Kredit aufnimmt, um die Dollar-Nachfrage einer Euro-Bank zu bedienen, im Anschluss die erhaltenen Euroeinlagen wieder verleiht und sich schließlich am Terminmarkt vor Wechselkursrisiken absichert:

»Matched Book«-Devisenhändler			
Einlagen Dollar	+ 100 USD	Repo (3 Monate)	+ 100 USD
Einlagen Dollar	– 100 USD		
Einlagen Euro	+ 100/E EUR		
Einlagen Euro	– 100/E EUR		
Inv. Repo (3 Monate)	+ 100/E EUR		
Absicherung am Terminmarkt			
EUR-Einlagen in 3 Mon.	–100 (1 + i)/E EUR		
USD-Einlagen in 3 Mon.	+ F · 100 (1 + i)/E USD		

Die Variable E stellt den Euro-Dollar Wechselkurs in Mengennotierung (Dollar pro Euro) dar, sodass ein Anstieg von E eine Aufwertung des Euro repräsentiert. Für die geliehenen 100 Dollar bekommt der Händler 100/E Euro, die er daraufhin für 3 Monate verleiht. In 3 Monaten hat er daher eine in Dollar notierte Zahlungsverpflichtung, aber eine in Euro notierte Einzahlung. Um sich abzusichern, tauscht er daher Euro gegen Dollar am Terminmarkt zum Terminkurs F (vgl. Kap. 1.3.5). So steht der Dollarzahlungsverpflichtung in 3 Monaten eine Dollareinzahlung gegenüber, die der Händler für die Euros erhält, die er in 3 Monaten von seinem Kreditnehmer zurückbekommt (i stellt den Zinssatz für dreimonatige Kredite im Euro-Raum dar).

Der Terminkurs sollte die **gedeckte Zinsparität (im Englischen »covered interest parity«, kurz CIP)** erfüllen, die eine Arbitragebedingung darstellt:

$$(4.1) \quad (1 + i) = \frac{E(1 + i^*)}{F},$$

wobei i^* den amerikanischen Zinssatz für dreimonatige Kredite darstellt. Die linke Seite repräsentiert die in Euro gemessenen Einnahmen aus der Anlage eines Euro im Euro-Raum: Für jeden eingesetzten Euro erhält ein Anleger $1 + i$ Euro zurück. Die rechte Seite stellt die in Euro gemessenen Einnahmen aus der Anlage eines Euros im Dollar-Raum dar, wenn man sich gegen Wechselkursrisiken am Terminmarkt absichert. Hierzu müssen Euros zunächst in Dollar getauscht werden. Für jeden Euro erhält man E Dollar, die man dann zu einem Zins von i^* anlegen kann. Die $E(1 + i^*)$ Dollar werden dann zum Terminkurs F wieder in Euro getauscht, sodass man pro eingesetzten Euro $E(1 + i^*)/F$ Euro erhält.

Ist (4.1) nicht mit Gleichheit erfüllt, entsteht eine risikolose Gewinnmöglichkeit. Sollte die rechte Seite der Gleichung z. B. größer als die linke sein, könnte man sich im Euro-Raum Geld leihen, gegen Dollar tauschen, im Dollar-Raum verleihen und sich am Terminmarkt absichern. Am Ende der Kreditlaufzeit wären die in Euro zurückgetauschten Dollar-Einnahmen größer als die Kreditsumme. Da solche risikolosen Gewinnoptionen von den Finanzmarktteilnehmern genutzt werden, würde am Terminmarkt eine große Nachfrage nach Euros entstehen. Devisenhändler am Terminmarkt würden daher ihren Terminkurs für Euros anheben bis (4.1) mit Gleichheit erfüllt ist. Unter diesen Umständen würde der oben beschriebene Devisenhändler exakt die Summe in Dollar erhalten, die er in 3 Monaten inkl. Zinsen an seinen Kreditgeber zurückzahlen muss.

Für eine grenzüberschreitende Arbitrage muss jedoch eine Vielzahl von Voraussetzungen erfüllt sein, wie ein freier Kapitalverkehr, keine Transaktionskosten, rationale Akteure, Informationseffizienz und vollständige Markttransparenz (siehe Bundesbank (2022)). Mehrling (2015) argumentiert zudem, dass **für die Herleitung der CIP implizit angenommen wird, dass Liquidität jederzeit kostenlos verfügbar** ist. Abweichungen von der CIP sind schon deswegen nötig, weil die Händler an den Terminmärkten eine Spanne zwischen »Bid- und Offer«-Kursen festlegen. Auf liquiden Märkten sollte diese Spanne gering sein, ist Liquidität jedoch knapp, wird sie ansteigen. Zudem werden unabhängig von der Spanne Abweichungen von der CIP entstehen, weil die Ausschöpfung des risikolosen Gewinns nur in vollständig liquiden Märkten möglich ist. Größere Abweichungen der Terminkurse von der CIP weisen daher auf Liquiditätsengpässe am Devisenmarkt hin.

Spekulative Händler werden ihre Devisengeschäfte zudem absichtlich nicht absichern, weil sie darauf hoffen, dass der Wechselkurs sich zu ihren Gunsten entwickelt. Sollte der Euro während der Kreditlaufzeit z. B. stärker aufwerten als im Terminkurs abgebildet, kann der Händler im obigen Beispiel einen zusätzlichen Gewinn erzielen. Die aus spekulativen Motiven getriebene Nachfrage nach Einlagen in unterschiedlichen Währungen beeinflusst natürlich auch die tatsächliche Wechselkursentwicklung und kann so zu einer selbsterfüllenden Prophezeiung werden und Wechselkurskrisen auslösen, die wir im Folgenden behandeln werden.

Kernpunkte Kapitel 4.2

- **Devisenhändler sind die Market-Maker für Währungstausch und legen die Wechselkurse fest**, zu denen sie bereit sind, Zahlungsmittel in unterschiedlichen Währungen zu tauschen.
- Hierzu **leihen und verleihen Händler Einlagen in verschiedenen Währungen** und sichern sich ggf. mithilfe von **Termingeschäften am Devisenmarkt** oder anderen **Derivaten** ab.
- Sie spekulieren aber auch auf **Entwicklungen des Wechselkurses** sowie der **Wertpapierpreise oder Zinsen** in verschiedenen Währungsräumen.
- Zusätzlich zum **Kreditausfall-, Preis-, Liquiditäts- und Zinsänderungsrisiko** besteht für Devisenhändler ein **Wechselkursrisiko.**
- **Abweichungen der gedeckten Zinsparität (CIP)** deuten auf **Liquiditätsengpässe** am Devisenmarkt hin.

4.3 Zahlungsbilanzkrisen

Wie wir in Abschnitt 4.1 gesehen haben, wird der internationale Zahlungsausgleich i.d.R. von Banken und Schattenbanken durch die Schaffung von Verbindlichkeiten (oder Forderungen) in der akzeptierten Währung vollzogen. Wenn die Verbindlichkeiten in ausländischer Währung jedoch nicht mehr finanziert werden, weil ausländische Kreditgeber nicht mehr bereit sind, Kredite zu erneuern, oder ausländische Investoren ihre inländischen Finanzanlagen verkaufen, kann dies eine **drastische Abwertung der eigenen Währung** zur Folge haben. Die Abwertung kann sowohl aufgrund von Krediten bzw. Schuldpapieren, die tatsächlich in einer ausländischen Währung notiert sind, ausgelöst werden, aber auch durch Schuldverschreibungen in inländischer Währung, die von Ausländern gekauft wurden. Sollten diese im großen Umfang ihre in der inländischen Währung notierten Wertpapiere verkaufen, würde auch dies vermutlich eine drastische Abwertung der inländischen Währung zur Folge haben. Auslöser einer solchen Wechselkurskrise können bereits geringe Vertrauensverluste in die Tragfähigkeit der inländischen Auslandsverschuldung sein, die eine sich selbst verstärkende Eigendynamik entwickeln.

Die finanzielle Verwundbarkeit eines Landes wird häufig aus Ungleichgewichten in der Zahlungsbilanz eines Landes abgeleitet und daher vereinfacht von einer **Zahlungsbilanzkrise** gesprochen, wenn die gerade skizzierten Probleme entstehen sollten. Um zu verstehen, warum die Analyse von Ungleichgewichten in der Zahlungsbilanz nicht ausreicht, um potenzielle Finanzierungsprobleme zu erkennen, werden im Folgenden zunächst die Teilbilanzen der Zahlungsbilanz vorgestellt.

4.3.1 Grundlagen der Zahlungsbilanz

Die Zahlungsbilanz erfasst alle Transaktionen einer Volkswirtschaft zwischen In- und Ausländern.[62] Der Begriff »Zahlungsbilanz« führt doppelt in die Irre, weil es sich um die Erfassung von Transaktionen (Stromgrößen) während eines gewissen Erfassungszeitraumes handelt, nicht um Bestandsgrößen (wie in Bilanzen üblich). Außerdem werden nicht nur direkte Zahlungen erfasst, sondern auch Zahlungen auf Ziel oder Güterübertragungen, denen überhaupt keine Zahlungen gegenüberstehen.

Der Begriff Zahlungsbilanz soll letztlich darauf hinweisen, dass selbige aufgrund der doppelten Buchführung **immer ausgeglichen sein muss.** Abgesehen von Schenkungen steht jeder Übertragung von Verfügungsrechten aus dem Inland eine gleich große Übertragung aus dem Ausland gegenüber. Dem Verkauf eines deutschen Automobils an einen im Ausland Ansässigen steht z. B. die Zahlung des Kunden gegenüber. Gelegentlich liest man von Zahlungsbilanzungleichgewichten, wodurch der Eindruck entsteht, eine Zahlungsbilanz könne unausgeglichen sein. Da die Grundsätze der doppelten Buchführung immer zu einem Ausgleich der Zahlungsbilanz führen, sind hiermit Ungleichgewichte in den Unterkonten der Zahlungsbilanz gemeint, i.d.R. in der **Leistungs- bzw. der Kapitalbilanz**, den bedeutendsten Posten der Zahlungsbilanz.[63]

Die Zahlungsbilanz enthält noch weitere sprachliche wie buchungstechnische Besonderheiten, weshalb der korrekte Umgang mit ihr (bzw. ihren Unterkonten) häufig Schwierigkeiten bereitet. Es hat sich international durchgesetzt, eine positive Kapitalbilanz als **Nettokapitalexport**, also **Aufbau von Auslandsvermögen**, zu verstehen. Verkauft ein deutscher Exporteur z. B. Güter an einen US-Kunden auf Ziel, wird durch die Rechnungsstellung Geldvermögen im Inland aufgebaut. Die Rechnung stellt aus volkswirtschaftlicher Sicht eine Forderung eines Inländers gegen einen Ausländer dar, entspricht also dem inländischen Aufbau von Geldvermögen im Ausland.

Damit sich bei diesem Vorgang die Buchungen von Leistung (Güter) und Finanzstrom (Forderung) in der Bilanz gegenseitig aufheben, müsste die Kapitalbilanz in diesem Fall einen negativen Wert aufweisen und so die Gegenposition zum positiven Wert in der Handelsbilanz bilden, sodass die Summe beider Unterkonten null ergibt. Da der Aufbau von Auslandsvermögen aber zu einem positiven Saldo in der Kapitalbilanz führt, entspricht der Saldo der Kapitalbilanz weitestgehend dem der Leistungsbilanz und nicht die Summe, sondern die Differenz beider Unterkonten ist null (bis auf den statistischen Fehler aufgrund ungenügender Erfassung aller Transaktionen und dem Saldo der Vermögensübertragungen, denen keine Leistungsübertra-

62 Als Inländer gelten alle Personen, die ihren Wohnsitz im Inland haben, also auch ausländische Einwohner. Unternehmen, die sich größtenteils in ausländischer Hand befinden, aber ihren Sitz im Inland haben, werden ebenfalls dem Inland zugeordnet, sofern sie mit dem Inland wirtschaftlich enger verbunden sind als mit anderen Ländern.

63 Studierende, die weiterführende, insbesondere angelsächsische, Literatur verwenden, sollten mit den folgenden Begriffen der Zahlungsbilanz vorsichtig sein. Seit der Revision des Buchhaltungssystems des IWF im Jahre 1993 umfasst der »Capital Account« keine laufenden Zahlungen mehr und ist daher nahezu bedeutungslos, während der Financial Account den überwiegenden Teil der Buchungen enthält, die man in Deutschland als Kapitalbilanz zusammenfasst (vgl. IMF, 2013).

gung gegenübersteht). Der Begriff Kapitalexport führt bei Laien zudem zu Missverständnissen, weil der Zahlungsstrom exakt in entgegengesetzter Richtung verläuft: Der ausländische Importeur bezahlt den inländischen Exporteur und erhöht somit das Nettogeldvermögen im Inland (vgl. Kap. 4.1). Kapital ist im volkswirtschaftlichen Sinne eben nicht mit Geld gleichzusetzen, sondern mit physischen Ressourcen. Verständlicher wäre vermutlich der Ausdruck **Nettodevisenimport**, da man netto immer Forderungen gegenüber dem Ausland aufbaut, wenn die Leistungsbilanz einen positiven Saldo aufweist (wie wir in Kürze sehen werden).

Zahlungsbilanz

Leistungsebene (Einnahmen und Ausgaben)

Ausfuhren bzw. Einnahmen		Einfuhren bzw. Ausgaben	
Leistungsbilanz			
Warenhandel (Handelsbilanz)			
Warenexporte	1.566,8	Warenimporte	1.325,4
		Saldo der Handelsbilanz (1)	241,4
Dienstleistungen (Dienstleistungsbilanz)			
Dienstleistungsexporte	406,9	Dienstleistungsimporte	469,9
		Saldo (2)	- 63
Primäreinkommen			
Empfangene Einkommen	399,9	Geleistete Einkommen	256
		Saldo (3)	143,9
Sekundäreinkommen			
Empfangene Übertragungen	109	Geleistete Übertragungen	173,6
		Saldo (4)	- 64,6
Summe Leistungsbilanz	2.482,7	Summe Leistungsbilanz	2.225
(A) Saldo der Leistungsbilanz = (1) + (2) + (3) + (4)			257,7
Vermögensänderungsbilanz			
Empfangene Vermögensübertragungen	111	Geleistete Vermögensübertragungen	138,2
		(B) Saldo	- 27,3
(C) Saldo der statistisch nicht aufgliederbaren Transaktionen (Restposten)			29,3

Finanzebene

Δ Forderungen ggb. Ausland		Δ Verbindlichkeiten ggb. Ausland	
Kapitalbilanz			
Direktinvestitionen			
Inländische (im Ausland getätigte) Direktinvestitionen	74,7	Ausländische (im Inland getätigte) Direktinvestitionen	15
		Saldo (5)	59,7
Wertpapieranlagen			
Inländischer Erwerb (+)/Verkauf (–) ausländischer Wertpapiere	149,3	Ausländischer Erwerb (+)/ Verkauf (–) inländischer Wertpapiere	148,2
		Saldo (6)	1,2
Finanzderivate			
Nettoforderungen aufgrund von Derivathandel	59,9	-	-
		Saldo (7)	59,9
Übriger Kapitalverkehr			
Sonstige Forderungen (Handelskredite, Einlagen bei ausländischen Banken etc.)	2,4	Sonstige Verbindlichkeiten (Handelskredite, Verbindlichkeiten ggb. ausländischen Banken etc.)	- 135,7
		Saldo (8)	138
Währungsreserven			
Nettoforderungen der Zentralbank in ausl. Währung	0,9	-	-
		Saldo (9)	0,9
Summe Kapitalbilanz	287,2	Summe Kapitalbilanz	27,5
(D) Saldo der Kapitalbilanz = (5) + (6) + (7) + (8) + (9)			259,7

Saldo LB (A) + Saldo der VÜB (B) + Restposten (C)
= Saldo der KB (D) = 259,7

Tab. 4.1: Schematische Darstellung der Zahlungsbilanz Deutschlands 2023 (in Mrd. Euro).
Quelle: Bundesbank; eigene Darstellung (Additionsfehler aufgrund von Rundungen).

Da es sich bei der Zahlungsbilanz eigentlich gar nicht um eine Bilanz handelt, wird sie i.d.R. tabellarisch erfasst. Tabelle 4.1 stellt die Bestandteile der Zahlungsbilanz der Anschaulichkeit halber dennoch in Form von T-Konten gegenüber. Ausgaben und Einnahmen (Leistungsebene) von Inländern werden auf der linken Seite erfasst und den Veränderungen von Forderungen und Verbindlichkeiten (Finanzebene) auf der rechten Seite gegenübergestellt.

- Die **Leistungsbilanz** (auch Bilanz der laufenden Posten) erfasst alle Veränderungen auf der Leistungsebene, die bei Leistungstransaktionen zwischen In- und Ausländern entstehen. Ausfuhren bzw. Einnahmen werden auf der linken Seite verbucht; Einfuhren bzw. Ausgaben auf der rechten Seite. Der Saldo der Leistungsbilanz sowie die Salden der Unterkonten weisen einen positiven Betrag aus, wenn Inländer mehr Einnahmen aus dem Ausland erhalten als umgekehrt. Ein Aktivsaldo ist also mit einer Verbesserung der Nettoposition gegenüber dem Ausland verbunden.

  Die Unterkonten der Leistungsbilanz lauten:
  - Die **Handelsbilanz** erfasst den Warenverkehr (Im- und Export).[64]
  - Die **Dienstleistungsbilanz** erfasst den Dienstleistungsverkehr (Im- und Export). Gelegentlich spricht man auch von unsichtbaren Ein- und Ausfuhren. Hier wird auch der Reiseverkehr aufgeführt. Der Kauf eines Mittagessens im Urlaub in Italien stellt in der Dienstleistungsbilanz einen Import ausländischer Dienstleistungen dar (Ausgaben deutscher Touristen im Ausland). Auch Transport- und Versicherungsdienstleistungen und Lizenzen, Patente o.Ä. werden hier erfasst. Handels- und Dienstleistungsbilanz werden häufig zum **Außenbeitrag** zusammengefasst.
  - Die **Primäreinkommen** (ehemals Bilanz der Erwerbs- und Vermögenseinkommen) erfassen den grenzüberschreitenden Verkehr von Einkommen, z.B. im Ausland erworbenes Einkommen deutscher Staatsbürger (Arbeitseinkommen, Zinsen, Dividenden, Pachten, Mietzahlungen etc.) sowie Produktions- und Importabgaben und Subventionen.
  - Die **Sekundäreinkommen** (ehemals Bilanz der laufenden Übertragungen) umfassen unentgeltliche Leistungen (also ohne Gegenleistung), wie z.B. Zahlungen von Inländern an ausländische Verwandte oder regelmäßige Übertragungen des öffentlichen Sektors in Form von Entwicklungshilfe. Hierbei muss es sich um regelmäßige Zahlungen handeln. Einmalige Vermögensübertragungen werden hingegen von der Bilanz der Vermögensübertragungen gesondert berichtet. Einen wesentlichen Posten in der Bilanz der laufenden Übertragungen stellen die Beiträge der Bundesrepublik Deutschland an den EU-Haushalt dar.
- Die **Vermögensänderungsbilanz** (ehemals Bilanz der Vermögensübertragungen) wird auch als Schenkungsbilanz bezeichnet und erfasst einmalige Vermögensübertragungen, denen keine Gegenleistung gegenübersteht. Hierzu zählen z.B. Schuldenerlasse, Erbschaften und

---

64 Wir werden in dieser Einführung nicht auf die Bewertungsdetails der Erfassung näher eingehen. So macht es für die Aufteilung eines Warenexportes inkl. Transport einen Unterschied, ob die Ware zu »fob«-Preisen (free on board) erfasst wird oder zu »cif«-Preisen (cost, insurance and freight). »Fob«-Preise erfassen den Wert bis zur Zollgrenze des ausführenden Landes, »cif«-Preise bis zur Zollgrenze des einführenden Landes. Fracht- und Versicherungskosten werden im ersten Fall als ausländische Dienstleistung erfasst, im zweiten Fall in der Handelsbilanz berücksichtigt. Da sich lediglich die Zusammensetzung der Leistungsbilanz ändert, nicht aber ihr Saldo, wird im Folgenden auf diese Unterscheidung verzichtet. Des Weiteren werden die Ergänzungen zum Warenhandel, welche die zunächst in Zolllagern befindlichen Waren erfassen, nicht näher behandelt.

Schenkungen (inkl. der Steuern hierauf), Investitionszuschüsse, einmalige Entwicklungshilfeausgaben etc.

- Die **Kapitalbilanz** erfasst alle Veränderungen auf der Finanzebene, die bei Leistungs- und Finanztransaktionen zwischen In- und Ausländern entstehen. Dies entspricht allen Änderungen in den Beständen der auf eine Währungseinheit lautenden Forderungen und Verbindlichkeiten gegenüber Ausländern, wie auch Vermögenswerte mit Anlagecharakter (z. B. Unternehmensbeteiligungen oder Immobilien). Da in der Kapitalbilanz Bestandsänderungen gebucht werden, sind im Gegensatz zur Leistungsbilanz positive wie negative Buchungen möglich. Forderungen wie Verbindlichkeiten können steigen wie auch fallen, negative Im- bzw. Exporte sind hingegen nicht möglich. Folgende Unterkonten werden in der Kapitalbilanz geführt:
  - Unter **Direktinvestitionen** werden vor allem Unternehmensbeteiligungen mit mindestens 10% des Kapitals bzw. der Stimmrechte verbucht, aber auch kurzfristige Finanztransaktionen zwischen Konzernunternehmen wie auch der grenzüberschreitende Handel mit Immobilien. Grundsätzlich sollen Investitionen mit intensivem unternehmerischen Charakter erfasst werden. Häufig werden Direktinvestitionen getätigt, um Auslandsmärkte zu sichern, indem Marketing-, Service-, Vertriebs- und Reparaturnetzwerke errichtet werden.
  - Unter **Wertpapieranlagen** werden ausländische Portfolioinvestitionen mit dem Hauptzweck der Gewinnerzielung erfasst, bei denen die Investorin aber keine Kontrolle über ein Unternehmen anstrebt.
  - **Finanzderivate** werden gesondert von den Wertpapieren erfasst, weil es sich vielfach um Produkte handelt, die nicht auf organisierten Märkten gehandelt werden. Es wird lediglich der Saldo statistisch erfasst.
  - Im **übrigen Kapitalverkehr** werden vor allem Finanz- und Handelskredite sowie grenzüberschreitende Bankguthaben erfasst. Den größten Posten bilden die monetären Finanzinstitute (MFI) ohne die Bundesbank, also der Geschäftsbankensektor.
  - Die **Währungsreserven** (ehemals Devisenbilanz) erfassen Veränderungen der Währungsreserven der Zentralbank. Hierzu gehören vor allem Gold und Goldforderungen sowie Sonderziehungsrechte beim Internationalen Währungsfonds (siehe Abschnitt 4.4.1), aber auch Wertpapiere in ausländischer Währung sowie Einlagen bei anderen Zentralbanken, Geschäftsbanken in anderen Ländern, der Bank für Internationalen Zahlungsausgleich und dem Internationalen Währungsfonds.[65] Es wird lediglich der Saldo der Veränderungen statistisch erfasst.[66]
- Der **Saldo der statistisch nicht aufgliederbaren Transaktionen (Restposten)** gleicht statistische Ermittlungsfehler wie auch nicht erfasste Positionen aus. Theoretisch müsste die Zahlungsbilanz aufgrund der doppelten Buchführung immer ausgeglichen sein. In der Realität werden jedoch weder alle Transaktionen erfasst, noch werden diese mit absoluter

65 Gold ist aus historischen Gründen immer noch ein international anerkanntes Zahlungsmittel, das die meisten Zentralbanken zur Tilgung von Verbindlichkeiten akzeptieren. Zudem lassen sich Goldreserven am Markt jederzeit gegen Devisen eintauschen. Die Kapitalbilanz ohne die Währungsreserven der Zentralbank wird gelegentlich auch als Kapitalbilanz *im engeren Sinne* bezeichnet.

66 Veränderungen von Forderungen und Verbindlichkeiten der Zentralbank, die nicht als Währungsreserven gelten, werden in den anderen Konten erfasst (Auslandsforderungen gegenüber Teilnehmerländern der Währungsunion bzw. der EZB, wie die TARGET2-Salden, werden z. B. im übrigen Kapitalverkehr erfasst).

Genauigkeit verbucht. Meldefreigrenzen, Periodisierungsfehler (Buchungsverzögerungen), fehlerhafte Meldungen etc. führen zu statistischen Fehlern, die mit dem Restposten aufgefangen werden. Daten über den Reiseverkehr werden zum Beispiel teilweise auf Basis von Direktbefragungen einer Haushaltsstichprobe geschätzt. Zudem wird die Außenhandelsstatistik vom Statistischen Bundesamt erfasst, während der Zahlungsverkehr von der Bundesbank notiert wird. Der Restposten ist so definiert, dass er der Differenz zwischen der Summe aus Leistungs- und Vermögensübertragungsbilanz zur Kapitalbilanz entspricht. Bei fehlenden Einnahmen ist der Restposten positiv, bei fehlenden Ausgaben negativ. Er ist ökonomisch nicht interpretierbar. Da sich Fehlbewertungen teilweise gegenseitig aufheben, kann eine verbesserte Erfassung den Restposten sogar vergrößern.

4.3.2 Missverständnisse und Fehlschlüsse

Tabelle 4.1 zeigt, dass ein Ungleichgewicht in der Zahlungsbilanz unmöglich ist. Wenn von einem Zahlungsbilanzungleichgewicht gesprochen wird, ist ein Saldo in der Kapital- bzw. Leistungsbilanz gemeint. Wie in Abschnitt 1.2.1 gezeigt, führen nur Leistungstransaktionen zu einer Veränderung des Nettogeldvermögens, während Finanztransaktionen lediglich die Zusammensetzung des Geldvermögens verändern, ohne den Saldo zu beeinflussen. Eine internationale Finanztransaktion ist daher immer gleichzeitig ein Kapitalim- wie auch -export und kann den Saldo der Leistungs- oder Kapitalbilanz nicht verändern. Kauft eine Inländerin beispielsweise ein ausländisches Wertpapier, steigen zum einen die inländischen Forderungen gegenüber dem Ausland (Kapitalexport), gleichzeitig werden aber die Verbindlichkeiten des Inlands in gleicher Höhe steigen oder andere Forderungen abgebaut (Nettoverringerung der Forderungen gegenüber dem Ausland = Kapitalimport). Zahlt die Wertpapierkäuferin z. B. mit einer Überweisung von Einlagen auf einem inländischen Bankkonto, könnte die Bank der Wertpapierverkäuferin Einlagen bei der Geschäftsbank der Wertpapierkäuferin erhalten. Ganz egal, wie die Transaktion im Detail verläuft, es findet immer ein gleichzeitiger Kapitalim- wie -export statt. Auch die Rückzahlung eines im Ausland aufgenommenen Kredits verändert den Saldo von Leistungs- und Kapitalbilanz nicht. Zum einen werden die Verbindlichkeiten der inländischen Kreditnehmerin reduziert (Nettozunahme der Forderungen gegenüber dem Ausland = Kapitalexport), zum anderen müssen für den Zahlungsverkehr zwischen den beteiligten Banken notwendigerweise andere Verbindlichkeiten auf- oder vorhandene Forderungen abgebaut werden (Nettoverringerung der Forderungen gegenüber dem Ausland = Kapitalimport).

Ausschließlich Leistungstransaktionen können zu einer Veränderung des Saldos der Leistungs- und Kapitalbilanz führen, weil hier dem Kapitalexport (bzw. Kapitalimport) die Übertragung einer Leistung gegenübersteht, nicht die eines Finanzinstruments. Kumhof, Rungcharoenkitkul & Sokol (2020) weisen darauf hin, dass das mangelnde Verständnis dieser Buchungsgrundsätze der Zahlungsbilanz dazu führt, dass einige Ökonomen sich über die **hohe Korrelation von Kapitalim- und exporten** wundern. Broner, Didier, Erce & Schmukler (2013) versuchen diesen empirischen Befund z. B. damit zu erklären, dass das Geld, das von einem Land in ein anderes investiert wird, von den dort Ansässigen wieder verwendet würde, um im ursprünglichen Geldgeberland zu investieren. Die hohe Korrelation der Bruttogrößen von Kapitalim- und -exporten ist aber lediglich der zugenommenen Bedeutung internationaler Finanztransaktionen geschuldet. Gäbe es keine Leistungstransaktionen (oder wären die bilateralen Leistungsbilanzen zwischen zwei Ländern ausgeglichen), müsste sogar eine perfekte Korrelation bestehen (wenn vom Restposten und der einmaligen Vermögensübertragungen abstrahiert wird). **Ob in einem Land viel Geld investiert wird, lässt sich daher nicht am Saldo der Kapitalbilanz ablesen, sondern nur an der Zusammensetzung der Bruttofinanzströme.**

I.d.R. werden Leistungs- und Kapitalbilanz gleichgesetzt, da die Bilanz der Vermögensübertragungen unbedeutend und der statistische Fehler ökonomisch nicht interpretierbar ist. Da der Saldo der Kapitalbilanz der Nettozunahme des Auslandsvermögens entspricht, stellt die Summe der vergangenen Salden das Nettogeldvermögen im Ausland dar. Ein dauerhaftes Defizit in der Leistungsbilanz führt dementsprechend zu einer immer größeren Nettoauslandsverschuldung. Da Wechselkurskrisen häufig auf eine hohe Auslandsverschuldung zurückzuführen sind, wird der Saldo der Leistungsbilanz bzw. die Summe der vergangenen Salden als Indikator für die finanzielle Verwundbarkeit eines Landes herangezogen und bei einer hohen Nettoauslandsverschuldung vor der Gefahr einer **Zahlungsbilanzkrise** gewarnt.

Viele Autoren, hierunter Borio (2016) und Kumhof, Rungcharoenkitkul & Sokol (2020), argumentieren inzwischen aber, dass der Leistungsbilanzsaldo ein schlechter Indikator für die finanzielle Verwundbarkeit eines Landes darstellt. Um die finanzielle Tragfähigkeit der Auslandsverschuldung zu bewerten, muss ein weiteres Mal zwischen Finanzierung und Ersparnis (Vermögensbildung) unterschieden werden. Der Leistungsbilanzsaldo stellt per Definition die Zunahme der Nettoersparnis einer Volkswirtschaft dar, also den Nettoaufbau von Forderungen gegen das Ausland. Er sagt aber nichts darüber aus, **in welcher Höhe finanzielle *Brutto*beziehungen zwischen In- und Ausland bestehen, die ggf. nicht aufrechterhalten werden können**. Auch bei einer ausgeglichenen Leistungsbilanz oder einem Überschuss können sich inländische Wirtschaftssubjekte im Ausland verschulden, da eine Kreditaufnahme eine Finanztransaktion darstellt, die per Definition keine Veränderung in der Leistungsbilanz hervorruft. Auch hier ist eine detaillierte Analyse der Zusammensetzung von Bruttoforderungen und -verbindlichkeiten eines Landes nötig, um die Wahrscheinlichkeit einer Zahlungsunfähigkeit einschätzen zu können. Daher wäre es vermutlich zielführender von einer **internationalen Liquiditätskrise** zu sprechen, für die nicht die Ungleichgewichte in der Leistungsbilanz, sondern finanzielle Bruttobeziehungen ausschlaggebend sind, die häufig auch in Überschussländern zu finden sind, wie in den USA vor der großen Depression oder Japan in den 1980ern.

Die finanzielle Verwundbarkeit einer Volkswirtschaft hängt von der Größe und der Anfälligkeit der Bruttoverbindlichkeiten für einen plötzlichen Rückzug ausländischer Kreditgeber ab. Hierbei spielt auch die Art der Verbindlichkeiten, wie z. B. die Restlaufzeit, eine wichtige Rolle. Die Kreditgeber beenden bei einem Abzug nicht die Finanzierung des Leistungsbilanzdefizits, sondern der Bruttoauslandsverschuldung. Nichtsdestotrotz können große und dauerhafte Leistungsbilanzdefizite nützliche Indikatoren für eine Liquiditätskrise sein, sollten aber um eine Untersuchung der Bruttoverbindlichkeiten und ihrer Laufzeiten ergänzt werden. Die unter Makroökonomen beliebte Ableitung des Umfangs sowie der Richtung von Zahlungsströmen allein aus der Höhe eines Leistungsbilanzdefizits kann hingegen zu fehlgeleiteten Politikempfehlungen führen.[67]

4.3.3 Zentralbankinterventionen zur Stabilisierung des Wechselkurses

Wenn ausländische Kreditgeber nicht mehr bereit sind, Kredite zu erneuern, und ausländische Investoren ihre Finanzanlagen im Inland verkaufen, kann Abwertungsdruck auf den Wechselkurs einer Währung entstehen. Ausländische Kreditgeber und Investoren wollen ihr Geldvermögen dann wieder in ihrer eigenen Währung halten und die inländische Währung wird am Devisenmarkt verkauft. Evtl. wollen auch Inländer ihre inländischen Einlagen in eine ausländische Währung tauschen, wenn sie eine Abwertung der eigenen Währung erwarten. Eine abrupte Abwertung führt aber dazu, dass ausländische Produkte schlagartig teurer werden und die inländischen Konsumentenpreise steigen. Zudem wird die Rückzahlung von Krediten in ausländischer Währung mit dem inländischen Geld erschwert, wenn die eigene Währung an Außenwert verliert. Dies verringert das Vertrauen internationaler Investoren und Kreditgeber zusätzlich und verstärkt den Abzug finanzieller Mittel aus dem Ausland und somit den Verfall des Wechselkurses. Es entsteht ein sich selbst verstärkender Teufelskreis.

Grundsätzlich kann eine Wechselkursabwertung durch gezielte Interventionen am Devisenmarkt von einer Zentralbank verringert oder bestenfalls sogar verhindert werden. Hierzu muss die Zentralbank ausländische Währungsreserven verkaufen, also gegen inländische Reserven tauschen, um so den Kurs der inländischen Währung zu stützen. Die Devisenhändler besitzen dann wieder relativ mehr ausländische Einlagen, was tendenziell zu einer Aufwertung der inländischen Währung führt. Da die ausländischen Währungsreserven einer Zentralbank jedoch begrenzt sind, kann eine Abwertung nicht unbegrenzt abgewehrt werden.

Auch eine plötzliche und starke Aufwertung des Wechselkurses kann für ein Land problematisch sein, weil die Exporte für ausländische Kunden teurer werden und der inländische Exportsektor an Wettbewerbsfähigkeit verliert. Um eine abrupte Aufwertung zu korrigieren, muss eine Zentralbank ausländische Währungsreserven mit nationaler Währung ankaufen, um so den Kurs der ausländischen Währung zu stützen (und die eigene Währung abzuwerten). Da eine Zentralbank die nationale Währung (Reserven) in unbegrenzter Menge selber schaffen kann, steht ihr diese Option immer offen. Jedoch geht eine gezielte Abwertung der inländischen Währung zulasten der Handelspartner, deren Währung zwangsläufig aufwerten muss. Diese könnten daher Maßnahmen ergreifen, um die eigene Währung abzuwerten, und so die inländischen Interventionen konterkarieren, sofern sie den Eingriff in den Devisenmarkt für nicht gerechtfertigt halten.

67 Siehe auch Borio & Disyatat (2015).

Um die Funktionsweise solcher Zentralbankinterventionen zu verdeutlichen, betrachten wir die EWS-Krise von 1992 (auch Pfund- oder Bundesbankkrise genannt). Bereits vor der endgültigen Auflösung des Bretton-Woods-Systems in 1973 beschlossen die Mitglieder der Europäischen Währungsgemeinschaft (EWG), Schwankungen ihrer Wechselkurse nur noch innerhalb einer Bandbreite von ± 2,5% zuzulassen, um sich vor den Risiken von Wechselkursschwankungen zu schützen. 1979 trat schließlich das Europäische Währungssystem (EWS) in Kraft und alle Teilnehmerländer fixierten den Wert ihrer einheimischen Währung ggb. dem ECU als international anerkannte Zahlungseinheit und Reservewährung der Zentralbanken. Die Bandbreite von ± 2,5% wurde zunächst beibehalten.

Die deutsche Volkswirtschaft erlebte aufgrund der verstärkten Bautätigkeit in den neuen Bundesländern nach der Wiedervereinigung 1989/90 für einige Jahre einen kräftigen Aufschwung. Infolgedessen stiegen in Deutschland die Löhne stärker als in den europäischen Nachbarländern. Zudem wurde die ostdeutsche Mark zu einem für die neuen Bundesländer vermutlich zu starkem Kurs in die westdeutsche Mark getauscht, wodurch die DDR-Produkte sehr schnell zu teuer wurden. Die Löhne waren in der neuen Währung im Verhältnis zur landeseigenen Produktivität zu hoch. Die Währungsunion zwischen West- und Ostdeutschland führte auch deshalb zu jahrelangen Abwanderungsbewegungen aus den neuen Bundesländern, weil der Osten Deutschlands unter diesen Umständen nicht wettbewerbsfähig war.

Die Nettoexporte Westdeutschlands erreichten vor der Wiedervereinigung einen Rekordwert von ca. 5,5% des BIP. Jedoch sank der Außenbeitrag Gesamtdeutschlands nach der Wiedervereinigung aufgrund des Verlustes preislicher Wettbewerbsfähigkeit und war für eine kurze Zeit sogar negativ (-0,5% des BIP). Die deutsche Bundesbank erhöhte aus Angst vor einer Lohn-Preis-Spirale und dem damit verbundenen weiteren Verlust an Wettbewerbsfähigkeit daraufhin ihren Kreditzins zwischen September 1989 und Dezember 1991 von 7% auf 9,5%. Die hohen deutschen Zinsen führten zu vermehrten Finanzströmen aus dem Rest des EWS nach Deutschland und erzeugten einen Abwertungsdruck auf die Währungen dieser Länder (und einen Aufwertungsdruck auf die Deutsche Mark). Um die Finanzströme umzukehren, hätten diese Länder die Zinsen ebenfalls anheben müssen, um Wertpapiere in der einheimischen Währung wieder attraktiver zu machen. Allerdings waren die anderen Länder keineswegs in einer vergleichbaren Situation wie die deutsche Volkswirtschaft. England befand sich in einer Rezession und steigende Zinsen, um den Wechselkurs zur D-Mark zu halten, hätten den Abschwung vermutlich weiter verschärft. Daher entschied sich die Bank of England, die Zinsen vorerst nicht zu erhöhen und stattdessen ihre ausländischen Währungsreserven zu nutzen, um Pfundreserven anzukaufen und so den Kurs der englischen Währung zu stützen.

Die Devisenmarktinterventionen der Bank of England (BoE) sind in Abbildung 4.4 skizziert. Um eine Abwertung des Pfunds zu verhindern, verkauft sie in dem Beispiel in D-Mark notierte Währungsreserven. Die BoE besitzt ein Reservekonto bei der Bundesbank, auf dem i. d. R. aber kein Guthaben vorhanden ist, weil dieses nicht verzinst wird. Stattdessen hält sie Devisen in Form von verzinsten deutschen Staatsanleihen, die sie an eine deutsche Bank verkauft, um hierfür D-Mark-Guthaben bei der Bundesbank zu bekommen. Dieses Guthaben kann die BoE nun gegen Pfund-Guthaben an einen Devisenhändler verkaufen. Die in Pfund notierten Einlagen des Devisenhändlers sowie die Pfund-Reserveguthaben seiner englischen Geschäftsbank werden dabei vernichtet und die Bundesbank bucht die Guthaben der BoE auf das Konto der deutschen Geschäftsbank des Devisenhändlers um. Da der Devisenhändler nun weniger Pfund besitzt, sollte das Pfund tendenziell aufwerten. Sollte der Devisenhändler direkt bei der deutschen Geschäftsbank angestellt sein, kann man die Bilanzen von Händler und Bank konsolidieren, wie es im unteren Abschnitt der Abbildung 4.4 gezeigt wird.

1. Schritt: BoE verkauft deutsche Staatsanleihe, um Guthaben bei der BuBa zu bekommen:

Bank of England (BoE)	
– Staatsanleihen DM + Reserven DM	

Geschäftsbank DEU (GBD)	
+ Staatsanleihen DM – Reserven DM	

Bundesbank (BuBa)	
	– Reserven DM GBD + Reserven DM BoE

2. Schritt: BoE kauft mit D-Mark Reserven Pfund -Einlagen:

Bank of England (BoE)	
– Reserven DM BuBA	– Reserven GBE

Bundesbank (BuBa)	
	– Reserven DM BoE + Reserven DM GBD

Devisenhändler	
+ Einlagen DM – Einlagen Pfund	

Deutsche Bank des Devisenhändlers (GBD)	
+ Reserven DM	+ Einlagen DM

Englische Bank des Devisenhändlers (GBE)	
– Reserven Pfund	– Einlagen Pfund

2. Schritt mit deutscher Geschäftsbank als Devisenhändler:

Bank of England (BoE)	
– Reserven DM BuBa	– Reserven GBE

Bundesbank (BuBa)	
	– Reserven DM BoE + Reserven DM GBD

Deutsche Bank als Devisenhändler (GBD)	
+ Reserven DM – Einlagen Pfund	

Geschäftsbank England (GBE)	
– Reserven Pfund	– Einlagen Pfund

Abb. 4.4: Devisenmarktintervention der BoE zur Abwendung einer Abwertung.
Quelle: Eigene Darstellung.

Da die BoE aber nur eine beschränkte Menge ausländischer Währungsreserven besaß, wurde Spekulanten schnell klar, dass der Kurs zur D-Mark so nicht dauerhaft gehalten werden konnte. Als dann noch britische Politiker aus der zweiten Reihe einen Austritt aus dem EWS forderten, dem England erst Ende 1990 beigetreten war, begannen internationale Investoren auf einen Austritt Englands aus dem EWS zu wetten (der bekannteste war George Soros). Es wurde erwartet, dass England die Verteidigung der Pfund-Parität und somit die Bindung zum EWS aufgeben würde. Die daraus resultierende Abwertung würde über vergünstigte Exportpreise in ausländischer Währung die wirtschaftliche Erholung unterstützen. Aufgrund dieser Erwartung verkauften Anlegerinnen in Pfund notierte Finanzanlagen, liehen sich Pfund-Einlagen zu geringen Zinsen, um diese in Finanzinstrumente zu investieren, die in anderen Währungen notiert waren, oder nutzten vergleichbare Transaktionen, um auf eine Abwertung des Pfunds zu spekulieren. Hierdurch erhöhte sich der Abwertungsdruck auf das Pfund zusätzlich. England stand nun vor der Wahl, durch hohe Zinsen (weit höher noch als das deutsche Niveau) den internationalen Investoren einen Anreiz zu geben, weiter in Pfund zu investieren oder den Wechselkurs des Pfundes freizugeben. Im September 1992 entschied man sich schließlich für einen flexiblen Wechselkurs zum Euro und begann, die Zinsen in den folgenden Jahren zu senken, um die wirtschaftliche Entwicklung zu unterstützen.

So wurde die spekulative Attacke zu einer sich selbst erfüllenden Prophezeiung: Die erwartete Abwertung erzeugte Finanzströme, die eine tatsächliche Abwertung herbeiführten. Der Ursprung dieser Entwicklung lag aber in der unterschiedlichen konjunkturellen Situation der EWS-Mitglieder sowie der unilateralen Entscheidung der Bundesbank, die Zinsen zu erhöhen.[68] Auch andere EWS-Mitglieder sowie Länder, die dem EWS beitreten wollten, gerieten in ähnliche Krisen. Italien verließ vorübergehend das EWS und Spanien sowie auch Portugal werteten im selben und in den darauffolgenden Jahren ihre Währung ab. Die erlaubten Wechselkursschwankungen im EWS wurden daraufhin zeitweise auf ±15% angehoben. England strebte nie wieder eine Euro-Mitgliedschaft an.

Kernpunkte Kapitel 4.3

- Die Zahlungsbilanz erfasst **alle Transaktionen zwischen In- und Ausländern**. Aufgrund der doppelten Buchführung ist die Zahlungsbilanz immer ausgeglichen.
- Die Teilbilanzen der Zahlungsbilanz sind die **Leistungsbilanz**, die **Bilanz der Vermögensübertragungen**, die **Kapitalbilanz** sowie der **Restposten** der statistisch nicht aufgliederbaren Transaktionen.
- Da ein **Nettokapitalexport** durch einen **positiven Saldo in der Kapitalbilanz** dargestellt wird, entspricht die Summe der Salden von Leistungs-, Vermögensübertragungsbilanz und Restposten dem Saldo der Kapitalbilanz.
- Um die **Wahrscheinlichkeit einer Zahlungsbilanzkrise** einzuschätzen, reicht es nicht aus, den Saldo der Kapitalbilanz bzw. die Nettoauslandsverschuldung zu betrachten. Stattdessen muss die **Zusammensetzung der finanziellen Bruttobeziehungen** betrachtet werden.
- Eine **spekulative Attacke** kann zu einer sich **selbst erfüllenden Prophezeiung** werden, wenn ausländische Anlegerinnen aufgrund einer erwarteten Krise Forderungen ggb. dem Inland verkaufen und so eine Abwertung herbeiführen.

68 Einige Kommentatoren jener Zeit unterstellten der Bundesbank gar, eine vollständige Auflösung des EWS verursachen zu wollen, um die Einführung des Euros zu verhindern.

4.4 Internationale Kreditgeber der letzten Instanz (ILOLR)

Das auf Schuldscheinen der Zentralbanken basierende nationale Zahlungsausgleichssystem wurde im Wesentlichen gegründet, um einen stabilen Zahlungsverkehr zu gewährleisten. Die Zentralbank verhindert als Kreditgeber der letzten Instanz, dass sich Liquiditätsengpässe zu Krisen des gesamten Bankensektors entwickeln, indem sie per Buchungssatz Reserven schafft, die zum Zahlungsausgleich genutzt werden können. Das vorangegangene Beispiel der EWS-Krise zeigt, dass es einer solchen Institution auch im internationalen Zahlungsverkehr bedarf. Bereits ein Jahr nach Einführung des Bretton-Woods-Systems in 1944 wurde daher der Internationale Währungsfonds (IWF) gegründet, dessen Hauptaufgabe darin besteht, Länder mit Zahlungsproblemen durch Währungsreserven zu unterstützen.

Das internationale Kreditsystem hat sich in den letzten Jahrzehnten zudem sehr stark verändert. Viele Finanzinstitute emittieren inzwischen Termineinlagen in ausländischer Währung, die z.T. auch sehr kurze Laufzeiten haben. Der bedeutendste Geldmarkt für sogenannte »Offshore«-Dollar, also Dollar-Termineinlagen, die von Finanzinstituten außerhalb der USA geführt werden, ist der **Eurodollarmarkt**, der sich in den 1960er-Jahren entwickelte, um die Bankenregulierung durch den Glass-Steagall-Act zu umgehen (siehe Kap. 8.2). Die dort handelnden Finanzinstitute sind häufig Auslandsniederlassungen amerikanischer Banken mit Sitz in Europa (vor allem in London). Der »Euro« in Eurodollar bezieht sich also auf den Kontinent, nicht auf die erst 1999 eingeführte europäische Gemeinschaftswährung. Die Dauer der Termineinlagen am Eurodollarmarkt beträgt für gewöhnlich maximal 6 Monate, der größte Teil der Einlagen stellt jedoch Übernachtgeld dar.

Inzwischen repräsentiert der Eurodollarmarkt den wichtigsten internationalen Geldmarkt und versorgt auch viele US-Banken mit kurzfristiger Liquidität. Die Einlagen einzelner Kunden liegen i.d.R. über 5 Mio. Dollar und überschreiten im Übernachtmarkt nicht selten die Grenze von 500 Mio. Dollar. Der Eurodollarmarkt ist also kein Markt für »Retail-Kunden«, die geringe Summen hinterlegen oder leihen möchten, sondern für Großbanken und Kapitalsammelstellen mit sehr hohen Bilanzsummen. Häufig handelt es sich um Repo-Händler, die sich Dollar über Repo-Geschäfte besorgen und über inverse Repos verleihen. Da Finanzinstitute außerhalb der USA kein Reservekonto bei der FED besitzen und keine Zentralbankkredite aufnehmen können, sind sie im Notfall darauf angewiesen, Dollarkredite von ihrem Mutterunternehmen oder einer anderen US-Bank aufzunehmen.

Sollten sie keine internationalen Interbankenkredite bekommen, kann auch die nationale Zentralbank ihnen nur begrenzt weiterhelfen, da ihr ausländische Währungsreserven nur in begrenztem Umfang zur Verfügung stehen. Sollte die Liquidität im Markt für Kredite in US-Dollar gering sein, werden die Zinsen für Dollar-Kredite steigen, weil die potenziellen Kreditnehmer bereit sind, höhere Zinsen zu zahlen. Zudem könnte der Dollar aufwerten, weil Einlagen in anderen Währungen gegen Dollareinlagen getauscht werden, und die Kurse für in Dollar notierte Wertpapiere könnten fallen, wenn diese verkauft werden, um Dollareinlagen zu erhalten. Gleiches gilt natürlich auch für jeden anderen Offshore-Markt, in dem Termineinlagen in einer ausländischen Währung emittiert werden.

Um diese Effekte zu verhindern und das Kreditsystem zu stabilisieren, braucht es auch hier einen internationalen Kreditgeber der letzten Instanz, der im Notfall höherwertige Verbindlichkeiten emittieren kann, die zum Zahlungsausgleich akzeptiert werden. Die in Abschnitt 1.1.3 eingeführte Hierarchie der Verbindlichkeiten lässt sich hierfür auf den internationalen Kontext ausweiten.[69]

4.4.1 Internationale Währungshierarchie

Verbindlichkeiten von Finanzinstituten, die in unterschiedlichen Währungen notiert sind, werden nicht gleichermaßen als internationales Zahlungsmittel akzeptiert. Ungefähr 40% aller internationalen Zahlungen werden mit US-Dollar bestritten und knapp die Hälfte aller grenzüberschreitenden Kredite und internationalen Schuldverschreibungen sind in US-Dollar notiert. Zudem ist der US-Dollar an 85% aller Transaktionen am Devisenmarkt beteiligt und macht 61% aller Währungsreserven aus (vgl. Murau, Pape & Pforr (2023)). Er stellt somit die eindeutige Weltreservewährung dar.

Murau, Pape & Pforr (2023) leiten die internationale Währungshierarchie nach der potentiellen Zugriffsmöglichkeit auf die Weltreservewährung ab:

- Währungsräume mit **ständigen bilateralen Swap-Linien** (USA, Euro-Zone, Japan, Großbritannien, Schweiz und Kanada) stehen an der Spitze der Währungshierarchie. Ihre Zentralbanken können die eigenen Verbindlichkeiten, die sie **unbegrenzt** herstellen können, gegen Verbindlichkeiten der jeweils anderen Zentralbanken tauschen. Die Länder dieser Währungsräume werden auch die C6-Länder genannt.
- Zentralbanken in Währungsräumen mit **temporären Swap-Linien** (Australien, Brasilien, Dänemark, Mexiko, Neuseeland, Norwegen, Singapur, Südkorea und Schweden) hatten in der Vergangenheit einen zeitlich begrenzten Zugang zu US-Dollar-Reserven, wenn die FED Währungs-Swaps mit ihnen zur Stabilisierung des internationalen Finanzsystems für notwendig erachtete. Gemeinsam mit den C6-Ländern (ohne USA) werden diese Währungsräume auch die C14-Länder genannt.
- Des Weiteren können alle Zentralbanken mit einem FIMA-(Foreign and International Monetary Authorities)-Konto bei der FED die **FIMA-Repo-Fazilität** nutzen und sich durch die Hinterlegung von US-Staatsanleihen Guthaben bei der FED leihen.
- Die letzte Möglichkeit, Reserve-Guthaben bei der FED zu bekommen, ist die Nutzung der **Sonderziehungsrechte beim IWF**.

69 Siehe auch Murau & van 't Klooster (2023), Murau, Pape & Pforr (2023) oder Mehrling (2015).

4.4.2 Die Swap-Linien und die FIMA-Repo-Fazilität der FED

Als zu Beginn der Finanzkrise in 2007 vielen Währungsgebieten Dollareinlagen fehlten, um ihren Zahlungsausgleich zu vollziehen, weil die Kreditvergabe der US-Banken zurückging, führte die **FED Swap-Linien ein, um andere Zentralbanken mit Dollarguthaben bei der FED zu versorgen**. Diese Zentralbanken können bei der FED einen Kredit aufnehmen und als Sicherheit die eigene Währung hinterlegen. Die beiden Währungsräume tauschen also gegenseitig ihre Währungsreserven.[70] Mit den Dollar-Reserven kann man dann einheimischen Finanzinstituten, die keine Dollar-Kredite mehr bekommen, helfen, ihre Dollar-Verbindlichkeiten zu zahlen.

Abbildung 4.5 skizziert die Nutzung einer Swap-Linie. Die EZB tauscht mit der FED Euro- gegen Dollar-Reserven, um diese einer Euro-Geschäftsbank zu leihen, die keinen, für den Zahlungsausgleich mit einer US-Geschäftsbank nötigen, Dollar-Kredit bekommt. Da die Initiative von der EZB ausgeht, handelt es sich um einen Kredit der FED, der am Ende der Laufzeit zurückgezahlt werden muss und für den die EZB einen Zins zahlen muss. Die EZB kann der Euro-Geschäftsbank nun einen Dollar-Kredit geben. Da diese kein Reservekonto bei der FED hat, werden ihr die Dollar auf dem Konto der EZB gutgeschrieben. Wenn die Euro-Geschäftsbank ihre Dollar-Verbindlichkeit begleicht, bucht die FED die Dollarguthaben der EZB auf das Konto der US-Geschäftsbank um. Ursprünglich wurden Swap-Linien für den Zeitraum von 7 Tagen genutzt. Es ist inzwischen aber auch jeder andere Zeitraum denkbar. Sofern die Euro-Geschäftsbank wieder einen Dollar-Kredit von einem privaten US-Kreditinstitut bekommt, kann sie ihre Dollareinlagen verwenden, um den Kredit bei der EZB zurückzuzahlen, die dann den Kredit bei der FED begleichen kann.

70 Mehrling (2015) weist darauf hin, dass diese Swap-Linien schon 1961 eingeführt wurden, um die Goldparität des US-Dollars zu sichern.

1. Schritt: EZB und FED tauschen Reserven

EZB	
+ Reserven $ FED	+ Reserven € FED

FED	
+ Reserven € EZB	+ Reserven $ EZB

2. Schritt: EZB gibt europäischer Bank einen Dollarkredit

EZB	
+ Kredit $ GBE	+ Reserven $ GBE

Geschäftsbank im Euro-Raum (GBE)	
+ Reserven $ EZB	+ Kredit $ EZB

3. Schritt: Europäische Geschäftsbank zahlt US-Forderung

EZB	
– Reserven $ FED	– Reserven $ GBE

FED	
	– Reserven $ EZB + Reserven $ GBU

Geschäftsbank im Euro-Raum (GBE)	
– Reserven $ EZB	– Verbindlichkeit $ GBU

Geschäftsbank USA (GBU)	
– Forderung $ GBE + Reserven $ FED	

1. bis 3. konsolidiert:

EZB	
+ Kredit $ GBE	+ Reserven € FED

FED	
+ Reserven € EZB	+ Reserven $ GBU

Geschäftsbank im Euro-Raum (GBE)	
	+ Kredit $ EZB – Verbindlichkeit $ GBU

Geschäftsbank USA (GBU)	
– Forderung $ GBE + Reserven $ FED	

Abb. 4.5: Beispiel zur Nutzung einer Swap-Linie.
Quelle: Eigene Darstellung.

Seit Oktober 2013 bestehen dauerhafte und unbegrenzte gegenseitige Swap-Linien zwischen den sechs oben genannten bedeutendsten Zentralbanken. Zudem wurden die Swap-Linien der FED temporär auch den anderen Zentralbanken der C14-Länder zur Verfügung gestellt. Die Zinsen für einen besicherten Kredit bei der FED liegen 25 Basispunkte über dem Zins des US-Dollar Overnight Index Swaps (OIS) für die entsprechende Laufzeit.[71] Dass sich auch Länder mit einem Leistungsbilanzüberschuss mit Dollar-Reserven versorgten, zeigt noch einmal, dass der Liquiditätsbedarf sowie die finanzielle Verwundbarkeit eines Landes nicht zwingend an seiner Leistungsbilanz abgelesen werden kann. Die USA stellen die Swap-Linien offensichtlich nicht uneigennützig zur Verfügung: Wenn Akteure, die auf Dollarguthaben angewiesen sind, sich diese nur beschaffen können, indem sie ihre in Dollar notierten Forderungen verkaufen, könnte dies zu einem starken Verfall der Wertpapierkurse führen. Solche Kurseinbrüche können wiederum zu finanziellen Turbulenzen führen, die in Teil III dieses Lehrbuchs diskutiert werden.

Neben den Swap-Linien der C14-Länder besteht seit März 2020 die Möglichkeit, die **FIMA-Repo-Fazilität** der FED zu nutzen und sich über Nacht US-Reserven gegen die Hinterlegung von US-Staatsanleihen zu leihen. Der Zinssatz für solche Kreditgeschäfte liegt mit 25 Basispunk-

71 Die US-Dollar-OIS-Rate ist der feste Zinssatz, der für die entsprechende Laufzeit gegen die Fed Funds Rate getauscht wird (siehe Abschnitt 1.3.5).

ten über dem Zins auf Überschussreserven auf einem vergleichbaren Niveau wie der Zins der Swap-Linien, allerdings ist die Nutzung der FIMA-Repo-Fazilität dadurch eingeschränkt, dass als Sicherheit nicht die eigenen Reserven genutzt werden können, die eine Zentralbank unbegrenzt herstellen kann, sondern US-Staatsanleihen.

4.4.3 Der internationale Währungsfonds (IWF) und die Sonderziehungsrechte

Der Internationale Währungsfonds (IWF) wurde 1944 gegründet, um Länder mit Zahlungsbilanzproblemen mit Währungsreserven zu unterstützen. Hierzu wurde jedem Mitgliedsland eine Quote zugewiesen, die das Stimmrecht im IWF repräsentiert. Gemäß dieser Quote werden regelmäßige Beiträge in Form von Gold und Zentralbank-Guthaben (nationale Währungsreserven) in den Fonds eingezahlt. Die Währungsreserven können Mitgliedsländern als Kredit zur Verfügung gestellt werden, wenn diese sie benötigen. Hierbei vollzieht der IWF keine Bilanzverlängerung, bei der zusätzliche Zahlungsmittel geschaffen werden, sondern leitet lediglich vorhandene Währungsreserven von Ländern mit Liquidität an Länder mit Bedarf weiter und erhebt hierfür Zinsen, die er an die Geldgeber weiterreicht.[72]

Da für die internationale Zahlungsabwicklung vor allem Dollar-Reserven benötigt wurden, waren diese in den Nachkriegsjahrzehnten i. d. R. knapp. Die Einführung von **Sonderziehungsrechten (SZR)** in 1969/70 sollte diese Knappheit verringern, da die SZR gegen US-Dollar getauscht werden konnten. Entgegen der weitverbreiteten Ansicht, der IWF würde mit den SZR eine international akzeptierte eigene Währung emittieren, handelt es sich bei den SZR lediglich um Ansprüche, die gegen andere Währungen getauscht werden können, die aber keine Verbindlichkeiten des IWF darstellen. Mitgliedsländer müssen zunächst eine Institution festlegen, die am System der SZR teilnimmt. In den meisten Ländern ist dies die nationale Zentralbank, in den USA der »**Exchange Stabilization Fund (ESF)**«. Eine neue Verteilung von SZR wirkt sich nur auf die Bilanz der ernannten Institution aus, die im Anschluss eine Bilanzverlängerung vollzieht. Die Vermögenswerte in ihrer Bilanz werden als Bestände (Holdings) und die Verbindlichkeiten als Zuweisung (Allocation) bezeichnet.

Wenn ein Mitgliedsland SZR gegen eine andere Währung tauschen möchte, wartet der IWF darauf, dass ein anderes Teilnehmerland sich bereit erklärt, die gewünschten Währungsreserven aus dem eigenen Bestand zur Verfügung zu stellen. Sollte sich niemand freiwillig bereit erklären, kann der IWF seine Mitglieder zum Tausch zwingen.[73] In der Bilanz des IWF wird dann lediglich notiert, welches Teilnehmerland weniger Bestände als Zuweisungen hat bzw. umgekehrt. Länder mit Bestandsdefiziten zahlen entsprechend Zinsen an Länder mit Bestandsüberschüssen sowie eine Gebühr an den IWF.

72 Der vorliegende Abschnitt orientiert sich an der Darstellung von Murau, Pape & Pforr (2023).

73 Der Wechselkurs der SZR entspricht einem gewichteten Mittel der Mitgliedsländer-Währungen, in dem der US-Dollar und der Euro den größten Anteil haben.

Das obige Beispiel in Abbildung 4.6 zeigt, wie Bangladesch SZR gegen Dollar-Reserven über die EZB tauscht. Die Zentralbank von Bangladesch erhält für ihre SZR Guthaben bei der FED, während die Guthaben der EZB entsprechend reduziert werden. Der IWF erhöht den SZR-Überschuss der EZB sowie das Defizit von Bangladesch, um auf dieser Basis die Zinsen zu erheben. **Die Menge der US-Dollar-Reserven hat sich durch die Transaktion nicht verändert**. Lediglich die Verteilung ist nun eine andere. Im unteren Beispiel ist zu sehen, wie die Zentralbank von Bangladesch SZR mit dem ESF gegen Dollar-Reserven tauscht. **Der ESF verkauft hierzu ein SZR-Zertifikat an die FED, die daraufhin zusätzliche Dollar-Reserveguthaben schafft**, die über den ESF an die Zentralbank von Bangladesch gelangen.

1. Zentralbank von Bangladesch tauscht SZR bei der EZB gegen USD-Reserven:

FED	
	– Reserven $ EZB + Reserven $ ZBB

SZR-Abteilung IWF	
+ SZR-Defizit ZBB	+ SZR-Überschuss EZB

EZB	
– Reserven $ + SZR-Bestände	

Zentralbank Bangladesch (ZBB)	
+ Reserven $ – SZR-Bestände	

2. Zentralbank von Bangladesch tauscht SZR beim ESF gegen USD-Reserven:

FED	
+ SZR Zertifikate	+ Reserven $ ESF
	– Reserven $ ESF + Reserven $ ZBB

SZR-Abteilung IWF	
+ SZR-Defizit ZBB	+ SZR-Überschuss ESF

Exchange Stabilization Fund (ESF)	
+ Reserven $	+ SZR Zertifikate
– Reserven $ + SZR-Bestände	

Zentralbank Bangladesch (ZBB)	
– SZR-Bestände + Reserven $	

Abb. 4.6: Nutzung der Sonderziehungsrechte des IWF, um US-Dollar-Reserven zu erhalten.
Quelle: Eigene Darstellung.

IWF-Mitglieder haben zwei unterschiedliche Möglichkeiten, zusätzliche Währungsreserven zu erhalten: direkte Kredite über die Einzahlungen von Mitgliedsbeiträgen oder die Umwandlung von SZR. Beide Möglichkeiten sind jedoch nur eingeschränkt nutzbar, weil sowohl die Währungsreserven des IWF wie auch die Bestände der Sonderziehungsrechte begrenzt sind.[74] **Direkte Kredite des IWF werden zudem i. d. R. an politische Reformen, wie Sparmaßnahmen, Liberalisierung von Güter-, Arbeits- und Finanzmärkten oder die Privatisierung staatlicher Unternehmen geknüpft.** Der IWF erachtet diese Reformen für notwendig, weil er davon ausgeht, dass die Kreditnehmer nur so in die Lage versetzt werden, den Ursprung ihrer Zahlungsbilanzkrise zu beheben und die Kredite langfristig wieder zurückzuzahlen. Die Maßnahmen, die der IWF seinen Kreditnehmern auferlegt, sind i. d. R. mit einer Austeritätspolitik verbunden. Dieser Begriff leitet sich vom englischen Wort »Austerity« ab, das als Strenge übersetzt werden

74 Eine weitere Zuteilung von SZR betrifft alle Teilnehmerländer gemäß ihren Quoten und muss von der IWF-Leitung beschlossen werden.

kann. Die Reformen sollen im Wesentlichen zu Einsparungen im Staatshaushalt und relativen Lohnsenkungen führen, was wiederum die Wettbewerbsfähigkeit des Landes und somit die Beurteilung der zukünftigen Zahlungsfähigkeit verbessern sollen. Eine Aktivierung der Handelsbilanz würde zu einem Nettodevisenzufluss führen und könnte die Zahlungsbilanzkrise abwenden.

Wie wir bereits analysiert haben, kann ein Land aber auch bei positiver Leistungsbilanz stark im Ausland verschuldet sein, sodass ein plötzlicher Zusammenbruch finanzieller Beziehungen zu einer Zahlungsbilanzkrise führen kann. Ebenso ist eine negative Leistungsbilanz nicht immer ein Zeichen von Zahlungsproblemen. Die USA hat seit den frühen 1980ern mit der Ausnahme von nur einem Jahr (1991) ein Leistungsbilanzdefizit. Dies hat bisher aber keinen Druck auf den Wechselkurs ausgeübt, weil internationale Investoren ihr Geldvermögen nach wie vor gerne im Dollar-Währungsraum anlegen. Niemand würde der USA unterstellen, dass sie ein Zahlungsbilanzproblem hätte. Auch die Stellung des US-Dollars als international anerkanntes Zahlungsmittel hat bisher nicht unter dem Leistungsbilanzdefizit gelitten.

Das hohe Ansehen der US-Volkswirtschaft, das zu der besonderen Stellung des US-Dollars beigetragen hat, kann auch durch die stabilen Wachstumserwartungen erklärt werden. Länder, die schnell wachsen, verzeichnen aber häufig ein Leistungsbilanzdefizit, da das steigende Einkommen zum Teil auch für Importe ausgegeben wird. Zudem locken gute Wachstumsaussichten ausländische Investoren an, was tendenziell zu einer Erhöhung des inländischen Wechselkurses und somit einer Verteuerung der Exporte führen kann. Dieser relative Preisanstieg könnte wiederum dazu führen, dass ausländische Kunden weniger inländische Güter nachfragen.

Austeritätspolitik führt zunächst vermutlich zu einer schlechteren wirtschaftlichen Entwicklung, weil staatliche und private Ausgaben sinken. Ob die Verbesserung der preislichen Wettbewerbsfähigkeit durch die relativen Lohnsenkungen diesen Effekt mittelfristig aufwiegen kann, ist umstritten. Ebenso ist nicht klar, ob internationale Investoren die Austeritätspolitik als positives Signal interpretieren und wieder bereit sind, im Krisenland zu investieren. Lohnsenkungen können sich über die Verschlechterung der inländischen Nachfrage kurzfristig negativ auf die wirtschaftliche Entwicklung auswirken. Sie sind zudem politisch nur sehr schwierig durchzusetzen und führen regelmäßig zu Protesten und politischer Instabilität. Daher stellt sich die Frage, ob eine kontrollierte mittelfristige Abwertung der eigenen Währung aus ökonomisch wie politischen Erwägungen vorzuziehen wäre. Die Befürworter der IWF-Auflagen gehen jedoch davon aus, dass Austeritätspolitik und strukturelle Reformen die gleichgewichtige Arbeitslosigkeit senken und das Wachstum stärken (vgl. Abschnitt 6.1).

Direkte Kredite des IWF sind aufgrund der Auflagen bei vielen Ländern unbeliebt. Die Nutzung der Sonderziehungsrechte sind zwar nicht mit Auflagen belegt, aber als Notfallkredite unbrauchbar, da die Konvertierung der SZR bis zu 11 Tagen dauern kann. Daher existieren auch Swap-Linien zwischen Entwicklungs- und Schwellenländern, die aufgrund des Misstrauens gegenüber dem IWF entstanden sind. Werden mithilfe dieser Swap-Linien Dollar-Reserven verliehen, führen diese Kredite im Gegensatz zu den Swap-Linien der FED jedoch nicht zu einer Ausweitung der Dollar-Reserven, sondern lediglich zu einer effizienteren Nutzung vorhandener Dollar-Reserven. Einige Ökonomen kritisieren daher die Entscheidung, unbegrenzte Swap-Linien lediglich den C6-Ländern zur Verfügung zu stellen und temporäre Swap-Linien mit anderen Ländern nur dann zu ermöglichen, wenn dies im Interesse der USA liegt, da die USA hierdurch die Stellung des US-Dollars als internationale Reservewährung missbrauchen kann, um geopolitische Interessen zu verfolgen.

Kernpunkte Kapitel 4.4

- Der **US-Dollar stellt die Weltreservewährung** dar, in der auch der Großteil internationaler Zahlungen abgewickelt wird.
- Die **C6-Länder** (USA, Euro-Zone, Japan, Großbritannien, Schweiz und Kanada) haben ständige **bilaterale Swap-Linien** vereinbart, um einen Mangel von internationalen Währungsreserven zu beseitigen. Diese können unbegrenzt genutzt werden, weil als Sicherheit die eigenen Reserven hinterlegt werden.
- Australien, Brasilien, Dänemark, Mexiko, Neuseeland, Norwegen, Singapur, Südkorea und Schweden hatten zudem **temporären Zugriff auf Swap-Linien der US-FED**.
- Über die **FIMA-Repo-Fazilität** können sich andere Währungsräume durch **Hinterlegung von US-Staatsanleihen** US-Dollar-Reserven bei der FED leihen. Die Fazilität ist durch die Verfügbarkeit von US-Staatsanleihen jedoch eingeschränkt.
- Zudem besteht die Möglichkeit, **Kredite oder Sonderziehungsrechte des IWF** zu nutzen, um US-Dollar-Reserven zu bekommen. Diese Möglichkeit ist aber durch die Höhe der Währungsreserven des IWF sowie der Sonderziehungsrechte nur begrenzt nutzbar und **aufgrund des langen Vorlaufs als Notfalloption unbrauchbar.**

Teil II: Konventionelle Geldpolitik

5 Zinssteuerung

Das Instrumentarium für die praktische Durchführung der Geldpolitik haben wir in Kapitel 2.2 kennengelernt. Das Zentralbankkomitee wird von dem makroökonomischen Ressort beraten und bestimmt in seinen regelmäßigen Sitzungen die Zielvorgabe für den Interbankenzins. Die Abteilung für Märkte legt daraufhin mit den Zinsen für ihre Fazilitäten den Korridor im Interbankenmarkt fest und führt regelmäßige Offenmarktoperationen durch. Im Folgenden werden die Details und die unterschiedlichen Strategien der Zinssteuerung verschiedener Zentralbanken näher betrachtet. Hierzu entwickeln wir zunächst ein Modell, das den Einfluss der Zentralbankinstrumente auf den Übernachtzins am Interbankenmarkt beschreibt. Im Anschluss werden verschiedene Varianten der Zinssteuerung besprochen.

5.1 Ein Modell zur Steuerung des Übernachtzinses

Der Modellrahmen, mit dem wir die unterschiedlichen Möglichkeiten der Steuerung des Übernachtzinses analysieren, wird u.a. in Borio (1997), Woodford (2000 und 2001), Ennis & Keister (2008), Sellin & Sommmar (2014) und Lavoie (2014) entwickelt und in zahlreichen Zentralbankpublikationen verwendet.[75]

5.1.1 Einfluss autonomer Faktoren auf Reserveangebot und -nachfrage

Tabelle 5.1 zeigt eine vereinfachte Zentralbankbilanz. Alle Einträge, die nichts mit geldpolitischen Maßnahmen (Offenmarktgeschäfte, ständige Fazilitäten und Mindestreserve) zu tun haben, werden von Zentralbanken als **autonome Faktoren** bezeichnet. Hierzu gehören neben dem Bargeld und dem Guthaben der Regierung auch Nettoauslandsforderungen sowie das Eigenmittelportfolio (inländisches Anlagevermögen). Alle weiteren Posten wurden unter »Andere autonome Faktoren« zusammengefasst. Auch das Sachanlagevermögen (Gebäude etc.) und das Eigenkapital der Zentralbank wurden hierunter subsumiert.[76]

75 Siehe z. B. Goodfriend (2002), Keister, Martin & McAndrews (2008), Logan (2017) oder Ihrig & Wolla (2020).

76 Gewinne, die aus inländischen Anlageinvestitionen entstehen, werden verwendet, um die Kosten der Zentralbank für Mitarbeiter, Mieten etc. zumindest teilweise abzudecken. Andere autonome Faktoren sind im Euro-System z. B. in Euro notierte Forderungen und Verbindlichkeiten gegenüber Nichtbanken oder gegenüber Ansässigen außerhalb des Währungsgebiets.

Aktiv	Passiv
Liquidität erhöhend	*Liquidität reduzierend*
Autonome Faktoren: Nettoauslandsforderungen Eigenmittelportfolio (inkl. Anlagevermögen)	**Autonome Faktoren:** Bargeld Sichtguthaben (Reserven) der Regierung Andere autonome Faktoren (netto)
Offenmarktoperationen: Sicherheiten aus endgültigen Ankäufen Kurzfristige Kredite (inverse Repos) Langfristige Kredite (inverse Repos)	**Offenmarktoperationen:** Eigene Schuldverschreibungen Kurzfristige Repos Langfristige Repos
Kreditfazilität	**Guthaben des Bankensektors** Mindestreserve
	⇒ Überschussreserven (ggf. Einlagefazilität)

Tab. 5.1: Vereinfachte Zentralbankbilanz.
Quelle: Eigene Darstellung in Anlehnung an Bindseil (2014, S. 26).

Da die Zentralbank mit Reserven zahlt, führt jede Erhöhung von Vermögenswerten im Besitz der Zentralbank (Aktivseite der Bilanz) zu einer Ausweitung der Liquidität im Bankensektor, während jede Verringerung Liquidität reduziert. Bei den Verbindlichkeiten auf der Passivseite der Bilanz ist es genau umgekehrt: Eine Erhöhung der Verbindlichkeiten aufgrund der Veränderung autonomer Faktoren oder aufgrund von Offenmarktoperationen reduziert die Reserveguthaben von Banken, während eine Verringerung mit einer Ausweitung ihrer Reserven einhergeht.[77] Die Differenz zwischen den genannten Positionen auf der Aktiv- und der Passivseite entspricht dem Guthaben, das die Banken bei der Zentralbank als Mindestreserve oder Überschussreserven (ggf. inkl. Einlagefazilität) halten. Eine Veränderung der Positionen wirkt sich auf die Liquidität der Banken aus, weil sich die Reserveguthaben ebenfalls ändern.

In dem Beispiel zur Zahlungsabwicklung in Abschnitt 2.1.2 gibt es für den aggregierten Bankensektor keinen Grund, Guthaben bei der Zentralbank zu halten. Da der Zahlungsabgang einer Bank immer den Zahlungszufluss einer anderen Bank darstellt, addieren sich alle Salden der einzelnen Geschäftsbanken zu null und die Banken können sich gegenseitig verzinste Kredite gewähren, um ihre Zahlungen auszugleichen. Es gibt aber eine Vielzahl von Gründen, warum sich die individuellen Verrechnungssalden der Banken nicht zu null addieren:

- **Operationen mit Personen und Institutionen außerhalb des Bankensektors** verändern die Höhe des Reserveangebots im Interbankenmarkt:
  - *Privatsektor (ohne Banken):* Eine Veränderung der Bargeldhaltung führt zu einer Veränderung der Reserveguthaben des Bankensektors, weil Banken Bargeld von der Zentralbank nur gegen Zahlung von Reserven bekommen.

77 Wir verzichten auf die Betrachtung von Transaktionen mit dem Ausland. Ausländische Zentralbanken können z. B. ein Konto bei der inländischen Zentralbank besitzen und durch den Kauf oder Verkauf von Wertpapieren ihr Reserveguthaben verändern.

- *Zentralbank:* Maßnahmen der Zentralbank beeinflussen die Liquidität des Bankensektors. Ein Ankauf von Wertpapieren oder anderen Forderungen erhöht die Reserveguthaben des Bankensektors, ein Verkauf reduziert sie. Dies gilt auch für temporäre An- und Verkäufe (Kredite).
- *Regierung:* Transaktionen mit der Regierung wirken sich auf die Reservemenge im Bankensektor aus, weil sie über das Regierungskonto bei der Zentralbank abgewickelt werden. Zahlungen an die Regierung verringern die Reserven der Banken, Zahlungen von der Regierung erhöhen sie.

- Sind Banken zum Halten einer Mindestreserve verpflichtet, können sie einen Teil ihres Zentralbankguthabens nicht an andere Banken verleihen. Hierdurch verändert sich der Reservebedarf des Bankensektors, sobald sich die Höhe der Einlagen verändert. Neben der Kreditvergabe bzw. -rückzahlung führen u. a. Wertpapieran- oder -verkäufe von Nichtbanken oder Transaktionen des Privatsektors mit der Regierung zu solchen Veränderungen. Diese Veränderung wirkt i. d. R. erst zeitverzögert, weil sich das Mindestreserve-Soll auf einen in der Vergangenheit liegenden Berichtsmonat bezieht.
- Banken horten ggf. aufgrund von Unsicherheit Reserven, die über ihr Mindestreserve-Soll hinausgehen. Möglicherweise müssen nach Geschäftsschluss am Interbankenmarkt noch Transaktionen abgewickelt werden, für die Reserven benötigt werden. Vielleicht sind die Banken sich auch nicht sicher, zu welchen Konditionen sie in den kommenden Tagen Reserven leihen können, falls ihnen welche fehlen. Sie verleihen ihre Reserven auch dann nicht am Interbankenmarkt, wenn sie befürchten, dass ihre Geschäftspartner die Kredite später nicht zurückzahlen können.

Betrachten wir beispielhaft die Bezahlung einer privaten Leistung über das Zentralbankkonto einer Regierung:

Regierung	
– Reserven	– Nettovermögen

Zentralbank	
	Reserven: – Regierung + Banken

Bankensektor	
+ Reserven	+ Einlagen Kunde

Zahlungsempfänger	
+ Bankguthaben	+ Nettovermögen

Die Regierung weist die Zentralbank an, die Zahlung durchzuführen, woraufhin die Zentralbank Reserven des Regierungskontos auf das Konto der Bank des Zahlungsempfängers umbucht. Im Gegenzug schreibt die Bank dem Zahlungsempfänger den entsprechenden Zahlungsbetrag auf seinem Bankkonto gut. Durch die Zahlung der Regierung ist die Reservemenge im Bankensektor gestiegen. Zudem hat die Bank neues Buchgeld geschöpft und dem Zahlungsempfänger gutgeschrieben. Bei einer Steuerzahlung würde der Vorgang in umgekehrter Richtung ablaufen, Reserven im Bankensektor würden verringert und Buchgeld vernichtet werden.

Transaktion	R^s	$R^{d\dagger}$	M	$i_{O/N}$
Geschäftsbank vergibt Kredit	–	↑	↑	↑†
Bankkredit wird zurückgezahlt	–	↓	↓	↓†
Regierung kauft Leistung vom Privatsektor	↑	↑	↑	↓‡
Regierung verkauft Anleihe an Geschäftsbank	↓	–	–	↓
Regierung verkauft Anleihe an Nichtbank	↓	↓	↓	↑‡
Privatsektor zahlt Steuern oder Gebühren an Regierung	↓	↓	↓	↑‡
Privatsektor erhöht Bargeldhortung *	↓	↓	↓	↑‡
Privatsektor verringert Bargeldhortung *	↑	↑	↑	↓‡
Bankanleihe im Besitz einer Nichtbank wird zurückgezahlt	–	↑	↑	↑†
Staatsanleihe im Besitz einer Geschäftsbank wird zurückgezahlt	↑	–	–	↓
Staatsanleihe im Besitz einer Nichtbank wird zurückgezahlt	↑	↑	↑	↓‡
Regierung zahlt Zinsen für Staatsanleihe an Geschäftsbank	↑	–	–	↓
Nichtbank zahlt Zinsen an Geschäftsbank	–	↓	↓	↓†
Zentralbank vergibt Kredit an Geschäftsbank	↑	–	–	↓
Geschäftsbank zahlt Zentralbankkredit zurück	↓	–	–	↑
Zentralbank vergibt Kredit an Nichtbank	↑	↑	↑	↓‡
Nichtbank zahlt Zentralbankkredit zurück	↓	↓	↓	↑‡
Zentralbank kauft Wertpapier von Geschäftsbank	↑	–	–	↓
Zentralbank verkauft Wertpapier an Geschäftsbank	↓	–	–	↑
Zentralbank kauft Wertpapier von Nichtbank	↑	↑	↑	↓‡
Zentralbank verkauft Wertpapier an Nichtbank	↓	↓	↓	↑‡
Nichtbank zahlt Zinsen an Zentralbank	↓	↓	↓	↑‡
Geschäftsbank zahlt Zinsen an Zentralbank	↓	–	–	↑
Unternehmensanleihe im Besitz der Zentralbank wird zurückgezahlt	↓	↓	↓	↑‡
Bankanleihe im Besitz der Zentralbank wird zurückgezahlt	↓	–	–	↑

Tab. 5.2: Einfluss diverser Transaktionen auf Reserveangebot und -nachfrage, Sichteinlagen und Interbankenzins. **Quelle:** Eigene Darstellung.

Anmerkungen:
R^s: Reserveangebot (Zentralbankguthaben von Banken ohne Regierungssektor), R^d: Reservenachfrage des Bankensektors, M: Sichteinlagen bei Banken, $i_{O/N}$: Übernachtzins im Interbankenmarkt, †: Nur wenn eine MIndestrendite verlangt wird, ‡: Da in gleicher Höhe Reserven und Einlagen geschaffen bzw. vernichtet werden, würde der Übernachtzins nicht reagieren, wenn die Mindestreserve 100 % betragen würde, da sich in diesem Fall Reserveangebot und -nachfrage in gleichem Umfang verändern würden, *: Sollte soviel Bargeld abgehoben werden, dass die Geschäftsbanken ihre Zentralbankreserve gegen Bargeld tauschen müssen, würde sich hierdurch das Reserveangebot verringern, was tendenziell zu einem Anstieg des Übernachtzinses führen würde.

Tabelle 5.2 listet die wichtigsten Transaktionen auf, die zu einer Veränderung von Reserveangebot bzw. -nachfrage im Interbankenmarkt führen. Die Transaktionen oberhalb der durchgezogenen Linie gehen aus einer Veränderung autonomer Faktoren hervor und können von der Zentralbank lediglich geschätzt werden.[78] Darunter sind geldpolitische Transaktionen aufgeführt, die gezielt von der Zentralbank durchgeführt werden, sowie Zahlungen, die aufgrund von vorangegangenen geldpolitischen Aktionen entstehen (wie Zins- oder Tilgungszahlungen).

5.1.2 Herleitung der Zinskurve

Stellt die Zentralbank zwei ständige Fazilitäten zur Verfügung, sollte der Übernachtzins $i_{O/N}$ zwischen den Zinsen der Kredit- und Einlagefazilität (i_C und i_D) liegen.[79] Die exakte Höhe des Zinses für Übernachtkredite hängt davon ab, ob die Reservemenge ausreicht, um nach Berücksichtigung der Reserveveränderungen durch autonome Faktoren die Mindestreserveverpflichtung zu erfüllen. **Übersteigt das Mindestreserve-Soll die Reserveguthaben des Bankensektors, werden sich einige Banken Reserven bei der Zentralbank leihen müssen.** Weil die Banken um die knappen Reserven konkurrieren, werden Banken mit Reservebedarf dann höhere Zinsen bieten, um den teureren Kredit der Zentralbank zu umgehen. **Sind die Guthaben hingegen größer als das Mindestreserve-Soll, werden einige Banken mit Reserveüberschüssen ihre nicht benötigten Zentralbankguthaben am Interbankenmarkt nicht verleihen können**, weil sie keinen Kreditnehmer finden. Sie werden daher Kredite an andere Banken zu einem niedrigeren Zins anbieten, um diese Kredite attraktiver zu machen, da sie lediglich den Zins der Einlagefazilität erhalten, wenn sie ihre Reserven nicht verleihen können.

Im folgenden Modell zur Bestimmung des Interbankenzinses definieren wir die **Nettoreservemenge (R_N) im Interbankenmarkt** als den Teil der Reserven, der **über das Mindestreserve-Soll hinausgeht.** Der Modellrahmen lässt sich in fünf Schritten erklären (vgl. Abbildung 5.1):

1. Am Morgen nimmt die Zentralbank **Offenmarktoperationen** vor, um den Banken Liquidität zur Verfügung zu stellen. Je nach Art des Bieterverfahrens wird in Kooperation mit dem Geschäftsbankensektor das Reserveangebot aus den heutigen und vergangenen Offenmarktgeschäften festgelegt.
2. Im Laufe des Tages entstehen eine Vielzahl von Reservezu- und -abflüssen im Bankensektor aufgrund von Fluktuationen autonomer Faktoren. Diese **Liquiditätsschocks** können durch Steuerzahlungen, Staatsausgaben, Bargeldabhebungen bzw. -einzahlungen etc. entstehen (siehe Tabelle 5.2).

78 Eine Veränderung der Überschussreservehaltung aufgrund von Unsicherheit kann Angebot und Nachfrage auf dem Interbankenmarkt ebenfalls beeinflussen.

79 Die tatsächlichen Ober- und Untergrenzen des Zinskorridors im Interbankenmarkt werden vermutlich etwas über den Zinsen der Fazilitäten liegen. Zum einen steuern Zentralbanken den Übernachtzins für unbesicherte Kredite, weshalb Kreditnehmer bereit sein werden, einen etwas höheren Zins als den Zins der Kreditfazilität zu zahlen, da sie keine Sicherheiten hinterlegen müssen. Zudem werden Kreditgeber einen etwas höheren Zins als den Zins der Einlagefazilität verlangen, um das Risiko eines Kreditausfalls zu berücksichtigen.

3. Im Anschluss beginnt der **Handel auf dem Interbankenmarkt**. Banken mit Liquiditätsbedarf wollen möglichst günstig Kredite aufnehmen, Banken mit Liquiditätsüberschuss wollen Reserven möglichst teuer verleihen. Die Verhandlungen bestimmen den Übernachtzins auf Basis der zu diesem Zeitpunkt vorhandenen Nettoreservemenge. Sind Reserven knapp, weil das Angebot nicht ausreicht, um die Mindestreserveverpflichtung zu erfüllen ($R_N < 0$), wird sich der Zins der Obergrenze des Zinskorridors nähern. Sind Reserven im Überfluss vorhanden ($R_N > 0$), wird der Zins sich der Untergrenze nähern.
   Geld- und Interbankenmarkt schließen aber bereits um 17:00 Uhr, während die letzten Überweisungen aus dem Zahlungssystem erst um 18:30 Uhr abgewickelt werden. Geschäftsbanken wissen selbst nach Geschäftsschluss am Interbankenmarkt also noch nicht, ob sie genügend Reserveguthaben besitzen, um ihre Innertageskredite zurückzuzahlen und ihr Mindestreserve-Soll zu erfüllen, da ein Reserveüberschuss sich in den letzten 1,5 Stunden in ein Defizit wandeln könnte. Jede einzelne Bank ermittelt ihren individuellen Reservebedarf also aus ihrem *erwarteten* Reservebestand am Ende des Geschäftstages.
4. Nach Geschäftsschluss am Interbankenmarkt werden die letzten Zahlungen abgewickelt. Diese finale Veränderung der autonomen Faktoren bezeichnen wir als **späten Liquiditätsschock ε^A**. Erst jetzt stellt sich für jede einzelne Bank heraus, ob sie genügend Zentralbankguthaben besitzt, um ihre Innertageskredite zurückzuzahlen und die Mindestreserveverpflichtung zu erfüllen. **Am Ende des Geschäftstages beträgt die Reservemenge im Bankensektor nach Abzug des Mindestreserve-Solls der Nettoreservemenge zuzüglich des späten Liquiditätsschocks: $R_N + \varepsilon^A$.**
5. Zum Geschäftsschluss der Banken **werden schließlich die Fazilitäten in Anspruch genommen.** Banken mit zu geringen Reserveguthaben müssen sich einen Kredit bei der Zentralbank nehmen. Banken mit Überschussreserven können diese in der Einlagefazilität hinterlegen (sofern die Überschussreserven nicht automatisch mit i_D verzinst werden).

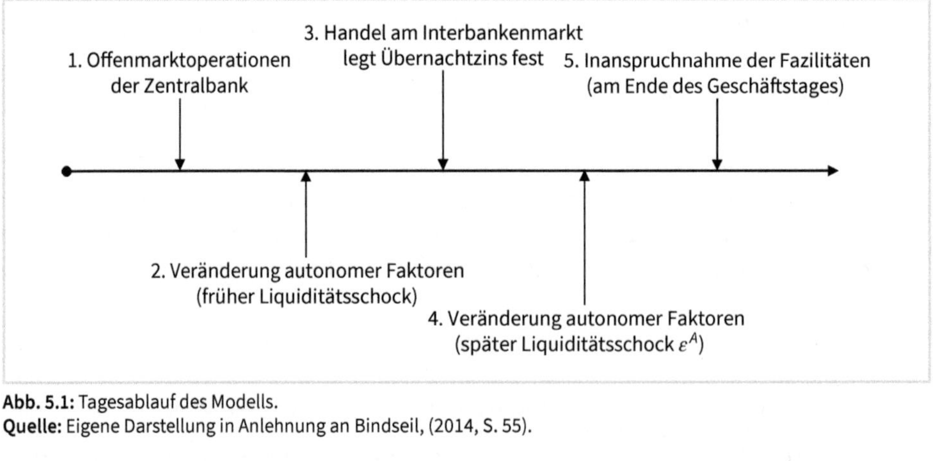

Abb. 5.1: Tagesablauf des Modells.
Quelle: Eigene Darstellung in Anlehnung an Bindseil, (2014, S. 55).

Zentral- und Geschäftsbanken können in Schritt 1 zwar das Reserveangebot aus den Offenmarktgeschäften bestimmen, aber nicht die Nettoreservemenge, da erst nach den Veränderungen autonomer Faktoren in Schritt 2 feststeht, wie viele Reserven sich für den Handel am Interbankenmarkt tatsächlich im Bankensektor befinden. **Die Geschäftsbanken müssen ihre Gebote in den Bieterverfahren und die Zentralbank ihr Reserveangebot in den Offenmarktoperationen auf Basis der *erwarteten* Liquiditätsschocks treffen. In Schritt 3 wird der Übernachtzins dann auf Basis der Nettoreservemenge im Interbankenmarkt verhandelt, obwohl erst nach Schritt 4 der individuelle wie vollständige Reservebestand der Banken final feststeht.**

Man spricht von einer **kurzen Liquiditätsposition** im Bankensektor, sofern die Reserven am Ende des Tages nicht ausreichen, um den tatsächlichen Bedarf des Bankensektors zu decken ($R_N + \varepsilon^A < 0$). Einige Banken müssen dann am Ende des Tages die Kreditfazilität nutzen, um das Mindestreserve-Soll zu erfüllen. Eine **lange Position** bezeichnet hingegen eine Situation, in der die Reserveguthaben den Bedarf der Banken überschreiten ($R_N + \varepsilon^A > 0$). Einige Banken werden daher ihre Überschussreserven nicht verleihen können. **Da der Übernachtzins zwischen den Marktteilnehmern verhandelt werden muss, *bevor* die finale Position des Bankensektors am Ende des Tages bekannt ist, hängt der Übernachtzins von der *Erwartung* dieser Position ab.** Der Übernachtzins entspricht daher einem Mittel aus den Zinsen der Kredit- und Einlagefazilität, gewichtet mit der Wahrscheinlichkeit P, dass der Bankensektor am Ende des Tages eine kurze oder lange Position einnimmt:

$$i_{O/N} = P(kurz)\, i_C + P(lang)\, i_D$$

$$= i_D + P(kurz)(i_C - i_D), \text{ mit } P(lang) = 1 - P(kurz).$$

Steigt die Wahrscheinlichkeit für eine kurze Position, steigt auch der Übernachtzins und nähert sich dem Zins der Kreditfazilität. Banken sind bereit, einen umso höheren Zins am Interbankenmarkt zu zahlen, je höher die Wahrscheinlichkeit ist, dass sie andernfalls einen noch teureren Zentralbankkredit aufnehmen müssen. Sinkt die Wahrscheinlichkeit für eine kurze Position, nähert sich der Übernachtzins hingegen dem Zins der Einlagefazilität. Banken mit Überschussreserven werden es umso schwerer haben einen Kreditnehmer zu finden, umso höher die Wahrscheinlichkeit für eine lange Position ist, weil weniger Banken Reserven leihen wollen, um sich vor einem Zentralbankkredit zu schützen.

Die Wahrscheinlichkeit für eine kurze oder lange Position hängt von der zum Zeitpunkt der Verhandlungen im Interbankenmarkt bekannten Nettoreservemenge sowie den (stochastischen) Eigenschaften des späten Liquiditätsschocks ab. Unter der Annahme, dass ε^A normal verteilt ist und einen Erwartungswert von null hat, folgt für die Wahrscheinlichkeit einer kurzen Position im Bankensektor:

$$P(kurz) = P\left(R_N \leq \varepsilon^A\right) = \Phi\left(-\frac{R_N}{\sigma_A}\right),$$

wobei $\Phi(\cdot)$ die kumulative Standardnormalverteilung und σ_A die Standardabweichung des Schocks repräsentieren. Der Übernachtzins kann daher in Abhängigkeit der Nettoreservemenge im Interbankenmarkt wie folgt berechnet werden:[80]

$$i_{O/N} = i_D + \Phi\left(-\frac{R_N}{\sigma_A}\right)(i_C - i_D).$$

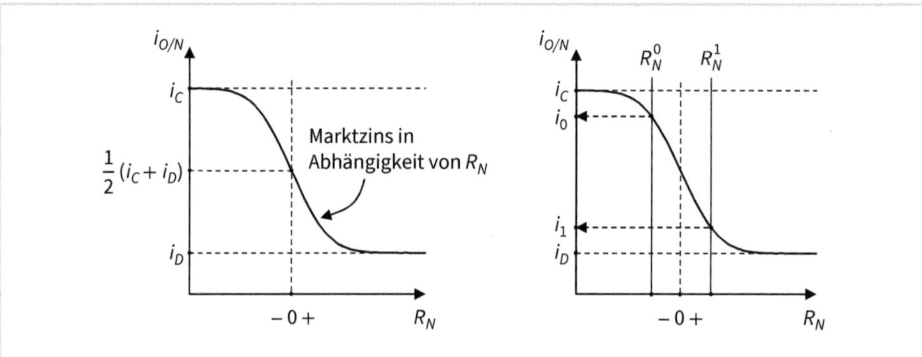

Abb. 5.2: Bestimmung des Übernachtzinses am Interbankenmarkt.
Quelle: Eigene Darstellung.

Die schwarze Kurve in Abbildung 5.2 repräsentiert die Abhängigkeit des Übernachtzinses von der Nettoreservemenge im Interbankenmarkt. Die horizontalen Linien auf der y-Achse bei i_C und i_D stellen die Ober- und Untergrenze für den Übernachtzins dar. Auf der x-Achse ist die Nettoreservemenge (R_N) während des Handels im Interbankenmarkt abgetragen. Beträgt $R_N = 0$, entspricht die Reservemenge zum Zeitpunkt des Handels im Interbankenmarkt exakt dem Mindestreserve-Soll. Der Übernachtzins wird dann in der Mitte des Zinskorridors liegen, weil die Wahrscheinlichkeiten für eine kurze bzw. lange Position jeweils 50 % entsprechen:

$$i_{O/N} = P(kurz)\, i_C + P(lang)\, i_D = \tfrac{1}{2}(i_C + i_D).$$

Mit steigendem Liquiditätsdefizit des Bankensektors $(R_N < 0)$ erhöht sich die Wahrscheinlichkeit, dass auch am Ende des Tages nicht genügend Reserven vorhanden sein werden. Um einen Zentralbankkredit zu umgehen, werden die Institute, die sich am Interbankenmarkt Reserven leihen wollen, daher bereit sein, einen umso höheren Zins zu bezahlen, je größer das Liquiditätsdefizit ist. Der Übernachtzins steigt, weil Reserven knapp sind. Sind Reserven hingegen reichlich vorhanden ($R_N > 0$), steigt die Wahrscheinlichkeit, am Ende des Tages für seine Überschussreserven lediglich den Einlagenzins zu bekommen. Dies drückt den Übernachtzins nach unten. Der Übernachtzins fällt, weil viele Reserven verfügbar sind.

80 Siehe z. B. Woodford, (2000) oder Bindseil (2014, Kap. 4) für eine detailliertere Herleitung.

Häufig wird die Zinskurve als Reservenachfrage eingeführt und behauptet, dass die Differenz zwischen den Kreditzinsen der Zentralbank und des Interbankenmarktes (i_C - $i_{O/N}$) die Höhe der durch Inanspruchnahme der Kreditfazilität geliehenen Reserven bestimmt. Eine Bank würde demnach mehr Kredite von der Zentralbank aufnehmen, wenn die Zentralbankkredite im Vergleich zum Interbankenzins relativ günstiger würden. Banken haben aber keinen Anreiz, zusätzliche Übernachtkredite bei der Zentralbank aufzunehmen, wenn sie diese nicht benötigen. Reichen ihre Reserven nicht aus, um ihre Innertageskredite zurückzuzahlen und die Mindestreserveverpflichtung zu erfüllen, haben sie zudem nicht die Wahl, auf einen Kredit zu verzichten. Bindseil (2014) bezeichnet diese Argumentationskette als **Reversed Causation Fallacy** (Fehlschluss der umgekehrten Kausalität), weil sie Ursache und Wirkung vertauscht. **Die Wahrscheinlichkeit, die Kreditfazilität in Anspruch nehmen zu müssen, *bestimmt* den Interbankenzins** (und somit auch die Differenz zwischen i_C und $i_{O/N}$). Die Liquiditätsposition des Bankensektors sowie die Verteilung der Reserven zwischen den Banken entscheidet darüber, ob und welche Banken Kredite bei der Zentralbank aufnehmen müssen.

5.1.3 Fazilitätenbasierte Geldpolitik

Die rechte Seite von Abbildung 5.2 zeigt, wie eine Zentralbank den Zins im Interbankenmarkt steuern kann, indem sie mit ihren Offenmarktoperationen das Nettoreserveangebot beeinflusst. Möchte sie einen Zinssatz i_0 erreichen, sollte sie ihre Offenmarktgeschäfte so gestalten, dass die Nettoreserven dem Niveau R_N^0 entsprechen, für einen Zinssatz von i_1 müssten die Nettoreserven auf R_N^1 steigen. Den gewünschten Zins täglich exakt zu treffen, ist eine schwierige Aufgabe, da sich Veränderungen der autonomen Faktoren nur ungenau vorhersagen lassen. Zentralbanken beschäftigen daher eine Vielzahl von Analysten und befragen Marktteilnehmer, um möglichst gute Prognosen für die Durchführung ihrer Offenmarktgeschäfte zu erhalten. In den USA sprechen die Mitarbeiter des Open Market Desk (kurz »The Desk«) jeden Morgen mit Primärhändlern, großen Banken, Prognostikern etc., um die aktuellen Konditionen auf Finanz- und Devisenmärkten zu erfassen. Sie werten zudem Daten des Finanzministeriums aus, um Steuer- und Gehaltszahlungen oder andere staatliche Ein- und Auszahlungen zu berücksichtigen. Nachdem alle Informationen gesichtet wurden, wird ein Plan in einer Telefonkonferenz abgestimmt, die Primärhändler werden um Gebote für die täglichen Auktionen gebeten und die besten Gebote werden bedient. **Im täglichen operativen Geschäft agiert die Zentralbank also eher passiv und versucht, Veränderungen autonomer Faktoren so gut es geht auszugleichen, um die Nettoreserven und den Zinssatz auf dem gewünschten Niveau zu halten.**

In vielen Einführungslehrbüchern wird nach wie vor der Eindruck erweckt, die Zentralbank würde eine gewünschte Zinsveränderung primär durch eine Veränderung der Zentralbankgeldmenge erreichen. Dahinter verbirgt sich die Vorstellung, dass man zur Senkung der kurzfristigen Zinsen zusätzliche Offenmarktoperationen durchführt, um die Reservemenge zu erhöhen und so die Zinsen nach unten zu drücken. Unser Modell zeigt, dass dies innerhalb der durch die Fazilitäten gesetzten Zinsgrenzen prinzipiell möglich wäre. Es ist jedoch unüblich, allein durch Offenmarktoperationen, eine *Veränderung* des Zielzinses zu erreichen. Die OMO dienen im täglichen Geschäft eher dazu, den Zins möglichst *konstant* auf dem derzeitigen Zielniveau zu halten. Stattdessen werden die Zinsen der Fazilitäten verändert (und ggf. der Zins der temporären Offenmarktoperationen), um einen neues Zielniveau zu erreichen. Die linke Grafik in Abbildung 5.3 zeigt, wie durch Verschiebung des Kredit- und Einlagenzinses der Übernachtzins nach unten gedrückt wird. Die Verringerung von i_C^0 und i_D^0 auf i_C^1 und i_D^1 senkt den Übernachtzins bei *gleichbleibenden* Nettoreserven von i_0 auf i_1.

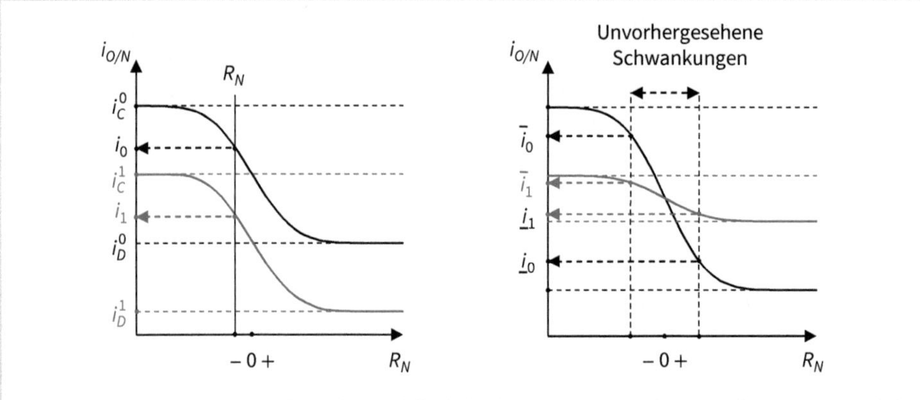

Abb. 5.3: Fazilitätenbasierte Geldpolitik.
Quelle: Eigene Darstellung.

Sofern sich das Mindestreserve-Soll sowie die autonomen Faktoren nicht ändern, **lässt sich eine Zinsveränderung allein durch Verschiebung des Zinskorridors erreichen, ohne die Reservemenge anzupassen.** Borio & Disyatat (2010) sprechen vom **Entkopplungsprinzip**, weil unterschiedliche Zinssätze bei der *gleichen* Reservemenge realisiert werden können. Sollte die Zentralbank eine Mindestreserve verlangen, ist es jedoch wahrscheinlich, dass eine Zinssenkung zu einer erhöhten Kreditvergabe führt und daher zusätzliche Sichtguthaben von Bankkunden entstehen, die zu einem erhöhten Reservebedarf zur Erfüllung der Mindestreserve führen.[81] Um die Nettoreservemenge konstant zu halten, wie in Abbildung 5.3 gezeigt, müsste die Zentralbank unter diesen Umständen ihr Reserveangebot über Offenmarktoperationen erhöhen. Jedoch ist auch mit Mindestreserve der Zusammenhang zwischen Reserveangebot und Zinsen nicht eindeutig. Häufig werden Zinsen in einer Krise gesenkt, in der die Kreditnachfrage rückläufig ist. Ob die für die Mindestreserveverpflichtung notwendigen Reserven aufgrund der Zinssenkung ansteigen, hängt dann davon ab, ob die geringeren Zinsen den krisenbedingten Rückgang der Kreditnachfrage überkompensieren. Eine eindeutige Korrelation zwischen Reservemenge und Zinssatz ist daher auch in Währungssystemen mit Mindestreserve nicht gegeben.

81 Wie oben schon erwähnt, wird ein solcher Effekt mit zeitlicher Verzögerung eintreten, weil sich das Mindestreserve-Soll der Banken auf einen vergangenen Berichtsmonat bezieht.

Da sich die tatsächlichen Veränderungen der autonomen Faktoren sowie des Bedarfs für die Mindestreserve nicht perfekt vorhersagen lassen, entstehen unvorhergesehene Schwankungen der Nettoreservemenge, wie in der rechten Grafik von Abbildung 5.3 gezeigt. Der Zinssatz schwankt daher zwischen $\underline{i}_0$ und $\bar{i}_0$. Zentralbanken versuchen diese Fluktuationen möglichst gering zu halten, **um ihre Glaubwürdigkeit zu erhöhen und ein klares Signal an den Bankensektor zu senden.** Die Variabilität des Übernachtzinses hängt von der Steigung der Zinskurve ab, die von einer Vielzahl institutioneller und technischer Faktoren beeinflusst wird, wie dem monopolistischen Wettbewerb im Bankensektor oder der Glaubwürdigkeit, Transparenz und Kommunikation der Zentralbank. Offensichtlich beeinflusst auch die Differenz zwischen Kredit- und Einlagenzins der Zentralbank die Steigung der Zinskurve und somit die Varianz des Übernachtzinses. Der engere Zinskorridor in der Abbildung verringert die Schwankungsbreite des Marktzinses auf das Intervall $[\underline{i}_1, \bar{i}_1]$.

Um diese Schwankungen vollständig zu eliminieren, könnte eine Zentralbank die Zinsen für Kredit- und Einlagefazilität auch auf das Zielzinsniveau setzen. Ein solcher Nullkorridor würde jedoch dazu führen, dass Banken nicht mehr am Interbankenmarkt handeln, weil man sich den Aufwand, einen Kreditnehmer oder -geber zu finden, sparen kann, wenn man stattdessen die Fazilitäten der Zentralbank nutzt. Viele Ökonomen halten es jedoch für sinnvoller, wenn die Banken sich gegenseitig Kredite gewähren, damit der Bankensektor selbst die Kreditrisiken einschätzt und trägt. Banken mit risikoreichen Bilanzpositionen werden es schwerer haben, am Interbankenmarkt einen Kredit zu bekommen, und durch einen höheren Übernachtzins diszipliniert. Zudem würde die Zentralbank im Falle eines Nullkorridors die Kontrolle über ihre Bilanzsumme vollständig verlieren, weil die Nutzung der Fazilitäten allein von den Banken bestimmt wird. **Je größer die Bandbreite des Korridors ist, desto höher ist der Anreiz der Banken, Kredite am Interbankenmarkt zu nutzen, desto höher ist aber auch die Variabilität des Übernachtzinses.**[82]

5.1.4 Die Wirkungsweise von Mindestreserven

Im Falle einer Mindestreservepflicht müssen Banken einen gewissen Prozentsatz ihrer Kundeneinlagen in Form von Reserven bei der Zentralbank halten und andernfalls Strafen zahlen. Diese Verpflichtung wurde eingeführt, damit Geschäftsbanken im Falle eines Liquiditätsmangels zunächst auf die Mindestreserve zurückgreifen konnten, bevor die Zentralbank weitere Maß-

82 Über die Zinsdifferenz kann die Zentralbank den Banken zumindest Anreize setzen, die Fazilitäten nicht zu nutzen. Eine Möglichkeit, die Nachteile eines Nullkorridors zu verringern, besteht zudem in der Nutzungseinschränkung von Kredit- und Einlagefazilität zum Zielzins der Zentralbank. Eine TARALAC-Fazilität (**ta**rget **ra**te **li**mited **ac**cess) könnte es Banken erlauben, die Fazilitäten nur bis zu einem gewissen Umfang zum Zielzins zu nutzen (siehe z. B. Bindseil (2014, Kap. 6.3)). Für Zentralbankkredite und -guthaben, die über diesen Umfang hinausgehen, wird hingegen der übliche Zinskorridor angewendet, in dem der Kredit- über dem Einlagenzins liegt. Bei einem Umfang von $\bar{R}$ würde die Zinskurve dann zwischen $-\bar{R}$ und $+\bar{R}$ horizontal verlaufen. Mit der Wahl des Umfangs der TARALAC-Fazilität kann die Zentralbank nun festlegen, wie wichtig ihr das Ziel eines stabilen Übernachtzinses im Verhältnis zu einem aktiven Interbankenmarkt und einer selbstbestimmten Zentralbankbilanz ist.

nahmen ergriff. Dies ist z. B. der Fall, wenn viele Kunden aufgrund eines Vertrauensrückgangs gleichzeitig ihre Einlagen abheben wollen. Da Mindestreserven zusätzliche Kosten für den Bankensektor verursachen, weil dieser sich Reserven von der Zentralbank leihen muss, wurde die Mindestreserve lange Zeit mit dem Zielzins der Zentralbank verzinst. Aufgrund der hohen Reserveüberschüsse des Bankensektors im Anschluss der Anleiheankaufprogramme nach der Finanz- und der Coronakrise (siehe Kap. 9 und 10), haben einige Zentralbanken die Verzinsung der Mindestreserve wieder abgeschafft, um die Zinszahlungen an den Bankensektor zu verringern.

Wie oben bereits erklärt, gilt das Entkopplungsprinzip in einem Währungssystem mit Mindestreservepflicht nicht mehr, sofern eine Änderung des Zinsniveaus Einfluss auf die Kreditnachfrage nimmt. Die Zinssteuerung wird durch eine jederzeit zu erfüllende Mindestreserve letztlich erschwert, weil man auch die Menge der Kundeneinlagen schätzen muss, die von der Menge vergebener bzw. zurückgezahlter Kredite, den Wertpapieran- bzw. -verkäufen des Bankensektors etc. abhängt. Eine geschickte Ausgestaltung der Mindestreservepflicht kann dennoch dazu beitragen, die Zinsen im Interbankenmarkt präziser zu steuern. Eine Mindestreserve, die lediglich im Durchschnitt einer gewissen Periode erfüllt werden muss, führt zu einer Glättung der Zinsen im Interbankenmarkt, weil Banken aufgrund der Mindestreserve ein Liquiditätspuffer für den Zahlungsausgleich zur Verfügung steht. Sollten die Reserven an einem bestimmten Tag im Interbankenmarkt knapp sein, können Banken auf diesen Puffer zurückgreifen, statt sich Reserven zu einem vergleichsweise hohen Zins zu leihen. Um am Ende der Erfüllungsperiode den Mindestreservesatz zu erfüllen, können sie sich an einem anderen Tag Reserven im Interbankenmarkt beschaffen, wenn wieder mehr Reserven vorhanden sind und der Druck auf den Übernachtzins geringer ist. Sind an einem bestimmten Tag zu viele Reserven im Markt, können Banken diese Überschüsse für ihre Mindestreserve verwenden, statt sie zu vergleichsweise geringen Zinsen zu verleihen. Banken können ihre Mindestreserveguthaben über den Erfüllungszeitraum verteilen und müssen sich nicht jeden Tag um Reserven bemühen, falls ihr Zentralbankguthaben unter das Reserve-Soll fällt.

Der Übernachtzins reagiert daher schwächer auf Schwankungen der Nettoreserven, weil diese teilweise über den Mindestreservepuffer ausgeglichen werden. Sollte die Veränderung von Reserven aufgrund von autonomen Faktoren an bestimmten Tagen etwas stärker oder schwächer ausfallen als üblich, entsprechen die Nettoreserven nicht dem Niveau, das mit dem Zielzins vereinbar ist. Sofern die Banken wissen, dass die Zentralbank den Zielzins erreichen will, indem sie in den kommenden Tagen wieder mehr Liquidität zur Verfügung stellt, gibt es jedoch keinen Grund für Banken, Reserven an genau diesem Tag zu einem höheren Zins zu leihen bzw. zu einem niedrigeren Zins zu verleihen. Die Kurve des Übernachtzinses sollte während der Erfüllungsperiode daher relativ flach verlaufen. Die grauen Kurven in Abbildung 5.4 illustrieren diesen Effekt. Auf der linken Seite ist gezeigt, wie eine Mindestreserve die Zinskurve im Umfeld des Zielzinses i_T (für »Target rate«) glättet. Da der Zielzins über der Mitte des Korridors liegt, wird er mit einem negativen Nettoreserveniveau erreicht. Da die Reserven von der Zentralbank also grundsätzlich knappgehalten werden, ist die Wahrscheinlichkeit für eine kurze Position im Interbankenmarkt höher als für eine lange. Der Mindestreservepuffer führt dazu, dass kleine Schwankungen der Nettoreserven nur sehr geringe Auswirkungen auf den Zinssatz haben. Die rechte Seite der Abbildung illustriert, warum dies während der Erfüllungsperiode zu einer Verringerung der Zinsschwankungen beiträgt. Ohne Mindestreserve schwankt der Übernachtzins aufgrund unvorhergesehener Veränderungen autonomer Faktoren zwischen $\underline{i}_0$ und $\bar{i}_0$. Die Mindestreserveverpflichtung reduziert diese Schwankungen auf das Intervall $[\underline{i}_1, \bar{i}_1]$.

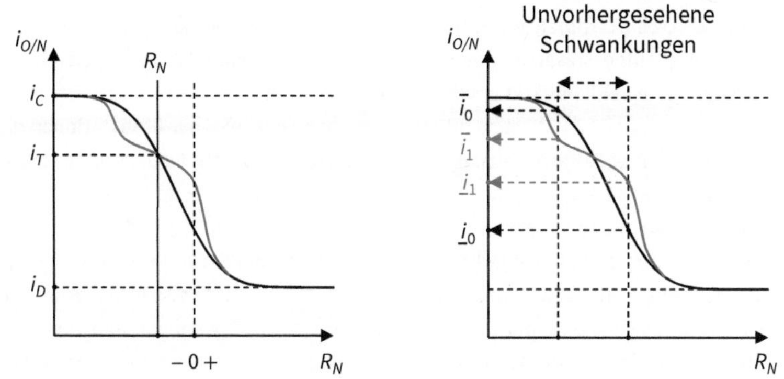

Abb. 5.4: Die Auswirkung einer Mindestreservevorschrift.
Quelle: Eigene Darstellung.

Die Mindestreserve der Banken ermöglicht einer Zentralbank zudem, Offenmarktoperationen mit einer geringeren Frequenz durchzuführen, wie es z. B. die EZB mit ihren wöchentlichen Auktionen macht. Da kurzfristige Schwankungen des Reservebedarfs der Banken einen geringeren Einfluss auf die Zinshöhe nehmen, muss die Zentralbank eine temporäre Veränderung der autonomen Faktoren nicht sofort ausgleichen, um große Zinsschwankungen zu verhindern. Währungsräume mit einer im Durchschnitt einer Periode zu erfüllenden Reservepflicht beobachten allerdings am Ende jeder Erfüllungsperiode eine besonders starke Volatilität des Interbankenzinses. Stellt sich am Ende der Periode heraus, dass im Durchschnitt zu wenig Reserven vorhanden waren, wird der Bankensektor dann kurzfristig einen besonders hohen Reservebedarf haben, um die Mindestreserve zu erfüllen. Spätestens am letzten Tag der Erfüllungsperiode hat eine Bank mit einem Reservedefizit keine andere Wahl, als Reserven zu leihen, und wird dafür jeden Zins akzeptieren, der unter dem Kreditzins der Zentralbank liegt. Sollte sich hingegen herausstellen, dass im Durchschnitt zu viele Reserven vorhanden waren, werden Banken mit Reserveüberschuss zu jedem Zins ihr Zentralbankguthaben verleihen, der noch über dem Einlagenzins liegt. An den letzten Tagen der Erfüllungsperiode schwankt der Zins daher stark, weil die Prognosefehler des zurückliegenden Zeitraums korrigiert werden müssen. Einige Zentralbanken führen an diesen Tagen daher zusätzliche Offenmarktoperationen durch, um Überschussliquidität abzuschöpfen oder fehlende Liquidität zur Verfügung zu stellen, wie die EZB. Andere Zentralbanken verengen den Zinskorridor (z. B. BoE) oder ermöglichen es, Überschüsse oder Defizite einer Erfüllungsperiode in den nächsten Zeitraum zu übertragen (z. B. FED bis 2020). Die meisten Währungsräume haben die Mindestreserveverpflichtung in den vergangenen Jahrzehnten jedoch abgeschafft (z. B. Neuseeland, Australien, Kanada und die USA).

Kernpunkte Kapitel 5.1

- Positionen in der Zentralbankbilanz, die nichts mit geldpolitischen Maßnahmen (Offenmarktgeschäfte, ständige Fazilitäten und Mindestreserve) zu tun haben, werden von Zentralbanken als **autonome Faktoren** bezeichnet. Eine Änderung der autonomen Faktoren wirkt sich auf die Höhe der Reserven im Bankensektor aus.
- Der **Reservebedarf** des Bankensektors hängt im Wesentlichen davon ab, in welcher Höhe **Transaktionen mit Wirtschaftssubjekten außerhalb des Bankensektors** vollzogen werden, ob und in welcher Höhe eine **Mindestreserve** verlangt wird und ob die Banken sich **gegenseitig ausreichend Kredite auf dem Interbankenmarkt gewähren**.
- Im täglichen operativen Geschäft versucht die Zentralbank mit Offenmarktoperationen die **Veränderungen autonomer Faktoren auszugleichen**, um den Zinssatz auf dem gewünschten Niveau zu halten.
- **Um den Interbankenzins zu ändern,** werden die Zinsen der Fazilitäten geändert.
- Die Reservemenge im Interbankenmarkt bestimmt den Interbankenzins (innerhalb des Zinskorridors) und die Zinsdifferenz zur Kreditfazilität und nicht umgekehrt (**Reverse Causation Fallacy**).
- Je nach Ausgestaltung des geldpolitischen Systems kann die Reservemenge vom Zinssatz vollständig entkoppelt sein. Unterschiedliche Zinsen können bei gleicher Reservemenge existieren (**Entkopplungsprinzip**).
- Eine **Mindestreserve**, die lediglich **im Durchschnitt einer gewissen Periode** erfüllt werden muss, kann zu einer **Glättung der Zinsen** im Interbankenmarkt führen, weil Schwankungen der Nettoreserven teilweise über den Mindestreservepuffer ausgeglichen werden.

5.2 Varianten der Zinssteuerung

Die Steuerung des Interbankenzinses mithilfe von Offenmarktgeschäften und Fazilitäten kann institutionell unterschiedlich ausgestaltet werden. Historisch gesehen ist der zweiseitige Fazilitätenkorridor eine eher junge Entwicklung. Insbesondere die Verzinsung von Überschussreserven war bis zu den 1990er-Jahren nicht üblich. Eine Steuerung des Übernachtzinses kann aber auch ausschließlich mit einer Kreditfazilität erfolgen. Die Untergrenze des Korridors entspricht dann null, weil keine Bank Reserven verleihen würde, wenn sie hierfür einen Zins bezahlen müsste.

5.2.1 Der Zins der Kreditfazilität als operationales Ziel (»Ceiling-Regime«)

Die radikalste Variante der Zinssteuerung mit einer Kreditfazilität besteht darin, die Nettoreservemenge durch Offenmarktoperationen so gering zu halten, dass der Übernachtzins dem Zins der Kreditfazilität entspricht. Es sind hierzu die folgenden drei Schritte notwendig:

- Der Interbankenmarkt wird in eine systematische und ausreichend große **negative Liquiditätsposition** ($R_N < 0$) gebracht, indem Abflüsse aufgrund autonomer Faktoren nicht über Offenmarktoperationen ausgeglichen werden. Eine Zentralbank kann auch über endgültige Verkäufe von Sicherheiten aus ihrem Bestand oder durch den Verkauf von Zentralbankschuldverschreibungen ein solches Defizit erzeugen.

- Es werden **keine weiteren Kreditoperationen** durchgeführt.
- Der **Zins der Kreditfazilität wird auf den gewünschten Übernachtzins** gesetzt.

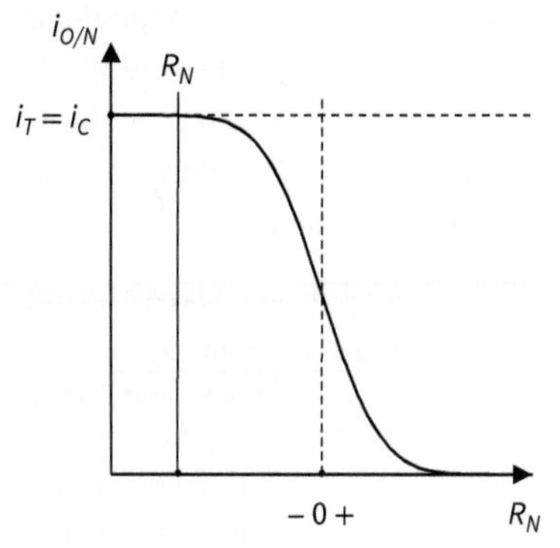

Abb. 5.5: Der Zinssatz der Kreditfazilität als operationales Ziel.
Quelle: Eigene Darstellung.

Das Ergebnis dieser Prozedur ist in Abbildung 5.5 dargestellt. Die Zentralbank erzeugt mit ihrer Offenmarktpolitik ein permanentes Liquiditätsdefizit und *zwingt* die Geschäftsbanken, die Kreditfazilität der Zentralbank in Anspruch zu nehmen. Ist diese jederzeit nutzbar, wird sich keine Bank zu einem höheren Zins Reserven von anderen Banken leihen. Solange das Defizit nur groß genug ist, wird aber auch keine Bank bereit sein, für einen deutlich geringeren Zins Reserven zu verleihen, weil sie aufgrund des Liquiditätsdefizits immer eine Bank findet, die bereit ist, einen Kredit zu einem Zins nahe dem Kreditzins der Zentralbank aufzunehmen. Die Wahrscheinlichkeit, dass der Bankensektor am Ende des Geschäftstages eine kurze Position einnimmt, beträgt annähernd 100%. Der Interbankenzins entspricht daher in etwa dem Kreditzins der Zentralbank und kann ohne besonders präzise geldpolitische Transaktionen festgelegt werden. Solange das Liquiditätsdefizit groß genug ist, werden kleinere Schwankungen der Nettoreserven sich zudem kaum auf den Übernachtzins auswirken, weil die Zinskurve nahezu horizontal verläuft. Dies schränkt die Volatilität des Übernachtzinses ein. Der Nachteil ist jedoch, dass aufgrund des Reservemangels im Interbankenmarkt der Handel zwischen Banken sehr gering ist.

Im 19. Jahrhundert beeinflussten viele Zentralbanken (insbesondere in Kontinentaleuropa) den Übernachtzins ausschließlich mithilfe einer Kredit- und/oder Diskontierungsfazilität. Die deutsche Reichsbank bot zusätzlich zu einer Kreditfazilität, die als Lombardfazilität bezeichnet wurde, die Möglichkeit an, Wechsel zu diskontieren, also gegen einen Abschlag, den Diskontsatz, in Zentralbankguthaben zu tauschen. Der Diskontsatz lag etwa 100 Basispunkte unter dem Zins der Lombardfazilität, die Diskontierungsfazilität akzeptierte aber lediglich Wechsel von Schuldnern besonders hoher Bonität, während die Lombardfazilität auch schlechtere Schuldverschreibungen als Sicherheit akzeptierte. Die Wahl zwischen einem höher verzinsten Kredit oder einer Diskontierung wurde daher vor allem von der Verfügbarkeit diskontierungsfähiger Wechsel beeinflusst. Die Lombardfazilität wurde aufgrund des höheren Zinses eher für den kurzfristigen Liquiditätsbedarf genutzt. Die zusammengefasste Bilanz der Reichsbank in Tabelle 5.3 zeigt, dass ihre geldpolitischen Operationen vor allem aus der Diskontierung von Wechseln bestanden. Endgültige Anleihekäufe wurden hingegen nur sehr wenig getätigt. Der Bankensektor befand sich permanent in einem umfangreichen Liquiditätsdefizit und musste sich über die Diskontierung von Wechseln mit Reserven versorgen, um die Mindestreserveanforderungen zu erfüllen. Einige Banken mussten sich zudem Reserven über die Lombardfazilität leihen, weil sie keine ausreichend guten Sicherheiten vorlegen konnten. Der Übernachtzins wurde daher im Wesentlichen mit dem Diskontsatz gesteuert, aber mit dem Lombardsatz final nach oben begrenzt.

Reichsbankbilanz (in Mrd. Reichsmark)			
Autonome Faktoren:		**Autonome Faktoren:**	
Gold und Münzen	730	Bargeld	1.410
Geldpolitische Operationen:		Sichtguthaben Regierung	110
Angekaufte Sicherheiten	85	Andere autonome Faktoren (netto)	142
Diskontierte Wechsel	1.088	**Einlagen der Geschäftsbanken**	
Lombardfazilität	146	**(zur Erfüllung der Mindestreserve)**	**387**
Summe	**2.049**	**Summe**	**2.049**

Tab. 5.3: Bilanz der Reichsbank Ende 1900.
Quelle: Bindseil (2014, S. 51).

5.2.2 Zinssteuerung mit »relativ knappen« Reserven

Eine gemäßigtere Variante der Zinssteuerung mit einer Kreditfazilität besteht darin, das Reserveangebot lediglich so knapp zu halten, dass der Übernachtzins sich dem Kreditzins der Zentralbank annähert, aber nicht dem Zins der Kreditfazilität entspricht, um so den Handel am Interbankenmarkt nicht zu sehr einzuschränken. Ein solches System wurde in der Nachkriegszeit von der FED angewendet. Das Federal Open Market Committee (FOMC) gab dem Open Market Desk (OMD) einen Zielbereich vor, in dem sich der Interbankenzins für unbesicherte Übernachtkredite zwischen privaten Geschäftsbanken bewegen sollte. Der relevante **Übernachtzins der USA wird Fed Funds Rate (FFR)** genannt, da die Geschäftsbanken ihre Übernachtkredite aufgrund des Handels mit Zentralbankreserven als **Fed Funds** bezeichnen.

Ähnlich wie die Reichsbank bot die FED den Banken sowohl eine Diskontierungs- wie eine Kreditfazilität an. Die Bezeichnung »**Discount Window**«, die bis heute häufig für die Kreditfazilität der FED verwendet wird, ist ein irreführender Anachronismus, weil es sich seit langem um keine reine Diskontierungsfazilität mehr handelt. Die Möglichkeiten, von der Zentralbank besicherte Kredite aufzunehmen, wurden im Rahmen der Bankenreform nach der Finanzkrise von 1929 bereits in den 1930er-Jahren gelockert. Es wurden eine Vielzahl von Sicherheiten akzeptiert und auch längerfristige Kredite vergeben.[83]

83 Zu den verschiedenen offiziellen geldpolitischen Zielen der FED siehe Moore (1988, Kap. 6) und Bindseil (2004).

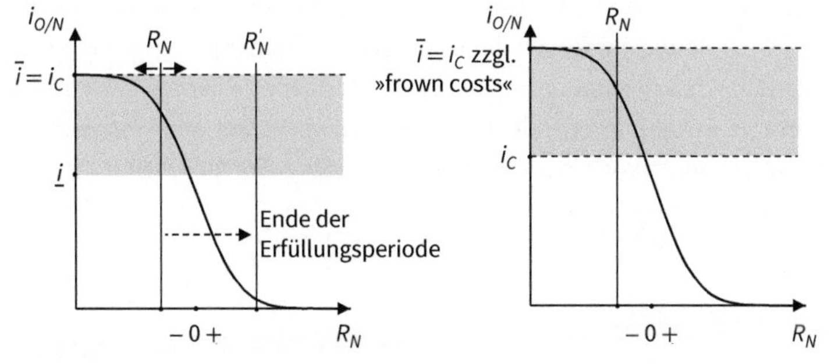

Abb. 5.6: Die USA von 1930–1982 – Zielbereiche in einem asymmetrischen Korridor.
Quelle: Eigene Darstellung.

Die linke Grafik in Abbildung 5.6 skizziert das US-Zinssteuerungssystem bis Mitte der 1960er-Jahre. Da Überschussreserven nicht verzinst wurden, handelte es sich ebenfalls um ein einseitiges Fazilitätensystem. Der Kreditzins der Zentralbank stellte die Obergrenze im Interbankenmarkt dar ($\bar{i} = i_C$). Bis in die 1970er-Jahre versuchte die FED vorherzusagen, welche Reservemenge notwendig war, um eine Fed Funds Rate zu erreichen, die im vorgegebenen Zielbereich lag. Sie führte im entsprechenden Umfang geldpolitische Operationen durch, die im Wesentlichen aus endgültigen An- und Verkäufen von US-Staatsanleihen am offenen Markt bestanden. Zudem gab es eine Mindestreserve, die im Durchschnitt einer vorgegebenen Periode erfüllt werden musste und die Entwicklung des Übernachtzinses vermutlich innerhalb dieser Periode etwas geglättet hat.

Da aufgrund knapp gehaltener Reserven eine hohe Wahrscheinlichkeit bestand, einen Zentralbankkredit am Ende des Erfüllungszeitraums der Mindestreserveverpflichtung aufnehmen zu müssen, horteten einige Banken, wenn möglich, Überschussreserven innerhalb der Erfüllungsperiode. Da diese nicht verzinst wurden, mussten sie abwägen, ob sie ihre Reserven behielten, um einen Notfallkredit zum Zins der Kreditfazilität zu umgehen, oder zum Übernachtzins am Interbankenmarkt verliehen. Am Ende der Erfüllungsperiode stellte sich regelmäßig heraus, dass der Bankensektor zu viele Reserven gehortet hatte und Zentralbank und Geschäftsbanken den Bedarf nach Reserven zu hoch einschätzten. An den letzten Tagen der Erfüllungsperiode wollte daher eine Vielzahl der Banken ihren Reservebestand verringern, weil sie deutlich mehr unverzinste Reserven besaßen, als zur Erfüllung der Mindestreserveverpflichtung notwendig waren. Die zum Handel im Interbankenmarkt verfügbaren Nettoreserven stiegen an diesen Tagen deutlich an und ließen den Zins regelmäßig auf nahe null fallen. In der linken Grafik in Abbildung 5.6 ist dies anhand der Nettoreservemenge R_N' dargestellt.

Abbildung 5.7 zeigt die Entwicklung der US-Zinsen zwischen 1956 und 1964 und veranschaulicht anhand der regelmäßigen Ausschläge nach unten den Einfluss der Mindestreserveverpflichtung auf die Fed Funds Rate. Der Interbankenzins wurde durch den Kreditzins zwar begrenzt, weshalb es keine nennenswerten Ausschläge nach oben gab, seine Entwicklung war aber sehr volatil, weil die Spannweite möglicher Zinsen ohne die Verzinsung von Überschussreserven sehr groß ist. Häufig entsprach der Übernachtzins dem Kreditzins der FED, so wie in der extremeren Variante der Zinssteuerung im vorangegangenen Abschnitt. An den letzten Tagen der Mindestreserve-Erfüllungsperiode sank der Übernachtzins aber regelmäßig gegen null, weil die Banken aus Angst vor einem Liquiditätsmangel zuvor Überschussreserven horteten, die sie nun verleihen wollten.

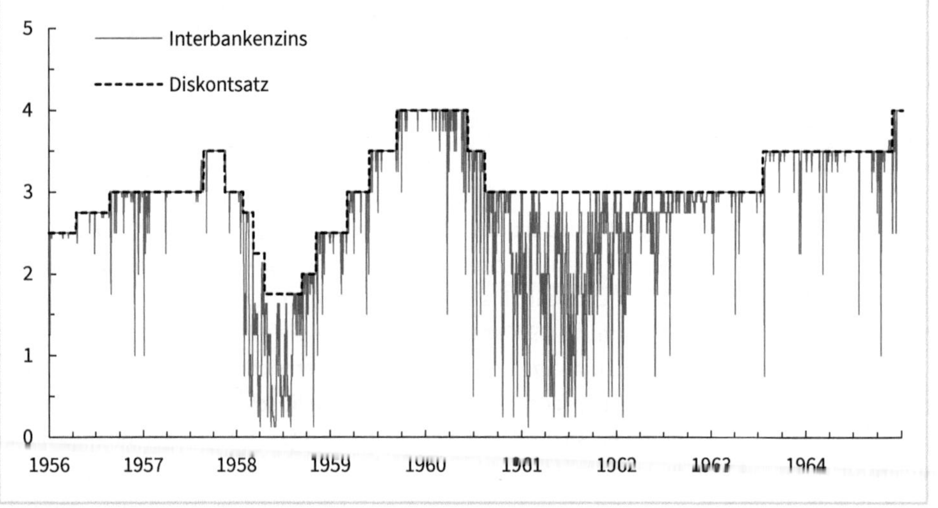

Abb. 5.7: Zinssätze am US-Interbankenmarkt von 1956–1964.
Anmerkungen: *Interbankenzins:* Effective Fed Funds Rate, Tagesdurchschnitt, *Diskontsatz:* Discount Rate.
Quelle: FRED; eigene Darstellung.

Mitte der 1960er-Jahre änderte die FED ihre Strategie. Die monetaristische Theorie, die zu dieser Zeit in akademischen Kreisen immer beliebter wurde, beeinflusste auch das Denken der Zentralbanker. Dies lag auch an den steigenden Inflationsraten, die von Monetaristen auf eine zu stark steigende Geldmenge zurückgeführt wurde, die aufgrund der Kreditfazilität von der Zentralbank nicht kontrolliert werden konnte. Der FED wurde von den Monetaristen vorgeworfen, den Zins daran zu hindern, auf ein Niveau zu steigen, das mit einem gesamtwirtschaftlichen Gleichgewicht vereinbar sei. Daher entschied sich die FED, Umfang, Häufigkeit und Dauer der Nutzung des Diskontfensters zu begrenzen und die Bedingungen für die zu hinterlegenden Sicherheiten zu verschärfen. Diskontbeauftragte, die über eine Kreditgewährung entschieden, hatten einen erheblichen Ermessensspielraum. Sie konnten Banken, die einen Kredit aufnehmen wollten, einer strengeren Überwachung unterziehen und zusätzliche Informationen verlangen. Nutzer der Kreditfazilität waren stigmatisiert, weil sie der FED signalisierten, dass sie Probleme haben und stärker kontrolliert werden sollten (Gorton & Metrick, 2013). Banken versuchten daher, Zentralbankkredite zu meiden.

Moore (1988, Kap. 6) bezeichnet diese impliziten Kosten der Kreditfazilität als **»frown costs«**, also Kosten der Missbilligung. Sie erhöhten die tatsächlichen Kosten der Kreditaufnahme und führten dazu, dass der Interbankenzins über dem Zins der Kreditfazilität lag, wie im rechten Teil von Abbildung 5.6 gezeigt. Banken waren nun bereit, am Interbankenmarkt einen höheren Zins zu zahlen als den der Kreditfazilität, um die impliziten zusätzlichen Kosten aufgrund der Schikanen der FED zu umgehen. Bindseil (2004) argumentiert, dass die FED ihre Zinssteuerung in dieser Zeit verschleiern wollte, um für Fehlentscheidungen bzgl. der Zinssetzung nicht verantwortlich gemacht zu werden. Den Monetaristen, die die »Manipulation des Marktzinses« kritisierten, konnte man entgegnen, dass die Kreditzinsen der FED dem Marktzins lediglich *folgen* würden, ihn aber nicht beeinflussten. Die Zinssteuerung wurde in dieser Phase durch die »frown costs« der Kreditfazilität zusätzlich erschwert, weil man das Reserveangebot durch diskretionäre Anleihean- und verkäufe nun so steuern musste, dass der Übernachtzins auf der Zinskurve inkl. der nicht messbaren impliziten Kosten innerhalb des gewünschten Zielbereichs lag. Da der richtige Umfang der Offenmarktoperationen unter diesen Umständen schwer zu bestimmen war, schwankte der Übernachtzins sehr stark.

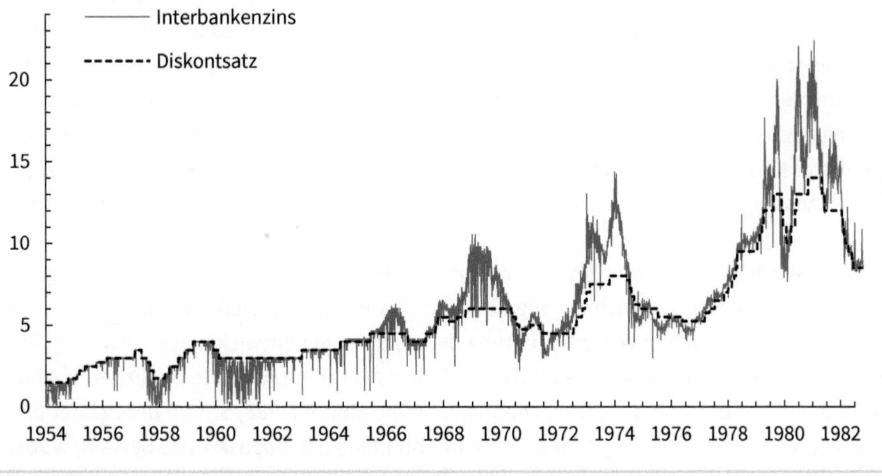

Abb. 5.8: Zinssätze am US-Interbankenmarkt von 1954–1982.
Anmerkungen: *Interbankenzins:* Effective Fed Funds Rate, Tagesdurchschnitt, *Diskontsatz:* Discount Rate.
Quelle: FRED; eigene Darstellung.

Abbildung 5.8 zeigt die Entwicklung der US-Zinsen zwischen 1954 und 1982. Mitte der 1960er-Jahre begann der Übernachtzins den Diskontsatz der FED zu übersteigen. Für die Zinssteuerung mussten nun zusätzlich die impliziten »frown costs« der Kreditfazilität berücksichtigt werden. Da die Banken den Gang zum Diskontfenster der FED vermeiden wollten, horteten sie weiterhin Reserven, wenn möglich. Da es keine ständig nutzbare Kreditfazilität gab, war der Zins nicht klar nach oben begrenzt und es sind nun auch große Ausschläge nach oben zu beobachten, wenn die Reserven am Ende der Erfüllungsperiode geringer waren, als der Bankensektor erwartete. Dennoch bewegte sich der durchschnittliche Übernachtzins auch nach 1960 in

Einklang mit dem Diskontsatz. Dies zeigt, dass die FED weiterhin kein Interesse daran hatte, die Zinsbestimmung vollständig den Kräften eines freien Marktes zu überlassen. Da die Nutzung der Kreditfazilität eingeschränkt war, wurde die gesamte Reservemenge noch stärker anhand von diskretionären Offenmarktoperationen so gesteuert, dass der Zins gewisse Grenzniveaus nicht überschritt. Eine präzise Steuerung war unter diesen Umständen aber nicht möglich und die Volatilität des Übernachtzinses stieg deutlich an.

Ab Mitte der 1970er-Jahre begann die FED zudem Geldmengenziele zu veröffentlichen und verfolgte in den Jahren von 1979–1982, in denen Paul Volcker Zentralbankpräsident war, sogar offiziell eine Geldmengensteuerung (ohne Zielbereich für den Zins). Um die zweistelligen Inflationsraten zu verringern, verknappte die FED die Menge der Reserven, schränkte die Nutzung der Kreditfazilität weiter ein und ließ den Zins ansteigen. Die Summe aus dem Reserveangebot aus den Offenmarktgeschäften und der Kreditfazilität konnte sie jedoch nie unter das Niveau des Mindestreserve-Solls fallen lassen, weil hierdurch der gesamte Bankensektor in eine Liquiditätskrise geraten wäre. Die FED verlor an vielen Tagen jedoch die Kontrolle über den Übernachtzins. Die Schwankungen für Übernachtkredite lagen in einer Größenordnung, die in der gesamten Nachkriegszeit zuvor nicht beobachtet wurde. An einigen Tagen stieg der Interbankenzins auf mehr als 20 % und war nahezu doppelt so hoch wie der Kreditzins der Zentralbank. In der Folge stiegen auch die Kreditzinsen an den Privatsektor. Banken verbrauchten in dieser Zeit die in der Vergangenheit aufgebauten Überschussreserven und reduzierten ihre Kreditvergabe, aus Angst, das Mindestreserve-Soll nicht erfüllen zu können. Steigende Zinsen und ein eingeschränktes Kreditangebot führten zu einem deutlichen Rückgang der Investitionen sowie einem starken Anstieg der Arbeitslosigkeit, der von einer fallenden Inflationsrate begleitet wurde.

Da der Übernachtzins regelmäßig außer Kontrolle geriet, wandte man sich in den Folgejahren wieder von der Geldmengensteuerung ab. Offiziell verfolgte die FED zwar weiterhin auch ein Geldmengenziel, intern sank die Bedeutung der Geldmengenentwicklung aber wieder. Zudem wurde ab 1982 mit der **FED Target Rate** ein Zielzins veröffentlicht. Die impliziten Kosten der Kreditfazilität blieben aber weitestgehend bestehen. Moore (1988, S. 120) bezeichnet dies als **»dreckige« Zinssteuerung**. Die linke Grafik in Abbildung 5.9 illustriert das System, wobei die graue Linie den Einfluss der Mindestreserve während der Erfüllungsperiode beschreibt. In 2003 wurde die Kreditfazilität wieder jederzeit frei verfügbar und die FED benannte den Diskontsatz in **Primary Credit Rate** um. Der Zielzins lag fortan wieder unter dem Zins der Kreditfazilität, wie in der rechten Grafik der Abbildung gezeigt.

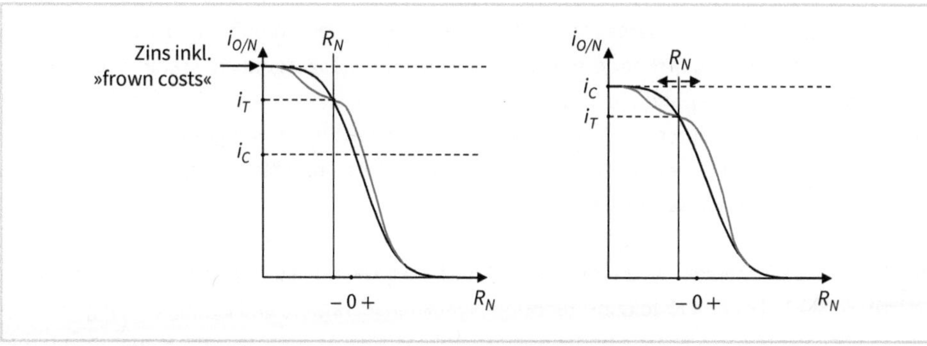

Abb. 5.9: Die USA von 1982–2008 – Zielzinsen in einem asymmetrischen Korridor.
Quelle: Eigene Darstellung.

Abbildung 5.10 führt die Zinsentwicklung der USA für die Jahre von 1984 bis 2008 fort. Auch wenn der Zielzins tlw. weit über dem Diskontsatz lag, gab es nach 1982 keinen Zweifel mehr daran, dass die FED eine Zinssteuerung verfolgte. Der Interbankenzins bewegte sich immer in der Nähe der Vorgabe. Da die Zinssteuerung aufgrund impliziter Kosten und fehlender Obergrenze nur sehr schwer umzusetzen war, gab es an vielen Tagen jedoch deutliche Abweichungen des Übernachtzinses von seinem Zielwert – insbesondere an den letzten Tagen der Mindestreserve-Erfüllungsperiode. Seit der Einführung einer frei verfügbaren Fazilität liegt die effektive Fed Funds Rate wie erwartet durchgängig unter dem Zins der Kreditfazilität und ist weniger volatil als zuvor.

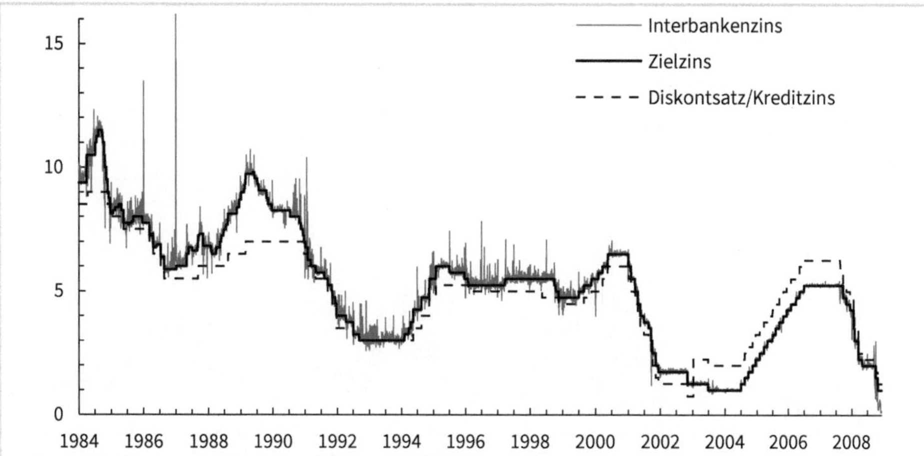

Abb. 5.10: Zinssätze am US-Interbankenmarkt von 1984–2008.
Anmerkungen: *Interbankenzins:* Effective Fed Funds Rate, Tagesdurchschnitt, *Diskontsatz:* Discount Rate, *Zielzins:* Target Rate, *Kreditzins:* Primary Credit Rate (ab 2003).
Quelle: FRED; eigene Darstellung.

Eine dem amerikanischen System vergleichbare Entwicklung der Zinssteuerung lässt sich in Deutschland beobachten. Auch die Bundesbank beeinflusste die Zinssätze am Interbankenmarkt, wie schon die Reichsbank, mit einer Kredit- und einer Diskontierungsfazilität. Die

Lombardfazilität, die für Übernachtkredite verwendet werden konnte, lag dabei i. d. R. einen Prozentpunkt über dem Diskontierungssatz. Die Zinsen für Tagesgeld am Frankfurter Bankenplatz seit 1960 sind in Abbildung 5.11 gezeigt. Wie in den USA wurde der Tagesgeldzins bis Anfang der 1970er-Jahre durch die Fazilitäten der Bundesbank bis auf wenige Ausnahmetage nach oben begrenzt. Auch in Deutschland sind jedoch deutliche Ausschläge aufgrund der Mindestreserve-Erfüllungsperiode zu erkennen.

Nach den Zinserhöhungen 1972 erreichte der Interbankenzins in den Folgejahren der Ölpreiskrise Werte, die weit über den Kreditzins der Bundesbank hinausragten, und betrug an einigen Tagen sogar 36 % (während der Kreditzins der Bundesbank lediglich 9 % betrug). Vom Monetarismus beeinflusst haben auch die Bundesbanker die Nutzung der Kreditfazilität stark eingeschränkt und die Kontrolle über den Tagesgeldzinssatz abgegeben. Ab Mitte der 1980er spielte die Geldmengensteuerung in der tatsächlichen Ausgestaltung der Bundesbankpolitik aber keine Rolle mehr. Auch wenn die Bundesbank offiziell an einer Geldmengensteuerung festhielt, bewegte sich der Übernachtzins im Wesentlichen zwischen den Zinsen der Diskontierungs- und der Lombardfazilität. In den letzten 15 Jahren der Deutschen Mark wurde zweifelsfrei eine Zinssteuerung verfolgt. Dennoch veröffentlichte die Bundesbank regelmäßig Geldmengenziele, die in den allermeisten Fällen jedoch verfehlt wurden. Auch hier liegt der Verdacht nahe, dass man mit den Geldmengenzielen den Anschein einer monetaristischen Strategie erwecken wollte. Schließlich hatte die Bundesbank den Ruf eines besonders hartnäckigen Inflationsbekämpfers zu verteidigen, der mit der vom Monetarismus propagierten Geldmengensteuerung verbunden wurde.

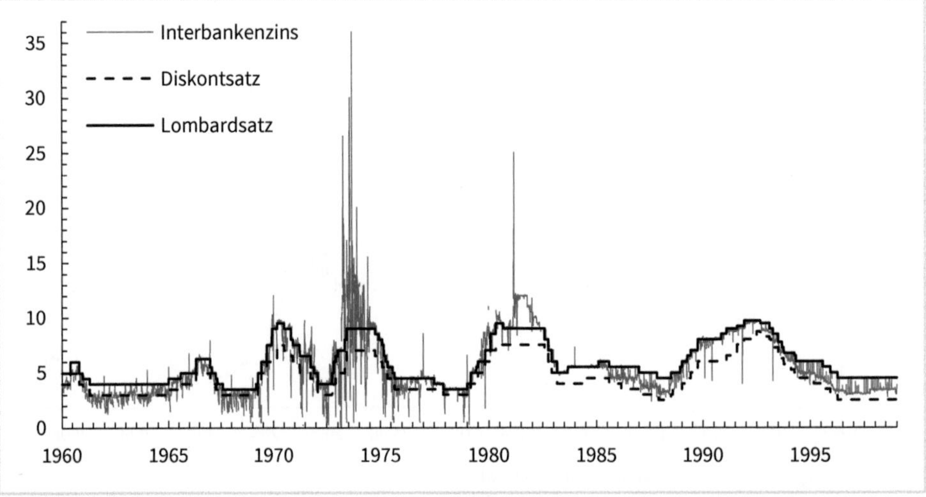

Abb. 5.11: Zinssätze am deutschen Interbankenmarkt von 1960–1999.
Anmerkungen: *Interbankenzins:* Geldmarktsätze am Frankfurter Bankplatz / Tagesgeld / Tagesdurchschnitt.
Quelle: Bundesbank; eigene Darstellung.

5.2.3 Der symmetrische Korridor

Ohne Einlagefazilität schwankt die Bandbreite möglicher Zinssätze mit der Höhe des Kreditzinses. Da dies eine präzise Zinssteuerung erschwert, führten viele Zentralbanken eine Verzinsung von Überschussreserven ein, um ihre Zinssteuerung zu verbessern. In den 1990ern setzte sich der **symmetrische Korridor** als das beliebteste Zinssteuerungssystem durch und wurde bis zur Finanzkrise von sehr vielen Zentralbanken genutzt. Er zeichnet sich dadurch aus, dass der angestrebte Zinssatz im Interbankenmarkt (das operationale Ziel) genau in der Mitte zwischen den Zinsen von Kredit- und Einlagefazilität liegt und ist in Abbildung 5.12 dargestellt. Die graue Linie repräsentiert abermals den Einfluss einer Mindestreserveverpflichtung während der Erfüllungsperiode.

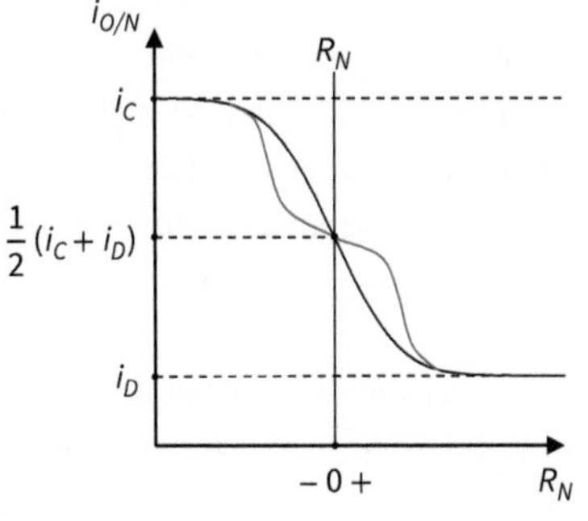

Abb. 5.12: Der symmetrische Korridor.
Quelle: Eigene Darstellung.

Die Zentralbank versucht über ihre Offenmarktoperationen die Nettoreserven im Interbankenmarkt genau so zu steuern, dass der Einfluss autonomer Faktoren perfekt ausgeglichen wird und der Mindestreservebedarf der Banken gedeckt ist. Sollte dies gelingen, so betragen die Wahrscheinlichkeiten für eine kurze bzw. lange Position im Bankensektor am Ende des Tages jeweils 50 % und der Interbankenzins sollte sich genau in der Mitte zwischen Kredit- und Einlagenzins befinden. In der Beschreibung der US-Zinssteuerung der Nachkriegszeit wurde argumentiert, dass die Banken Überschussreserven hielten, um sich vor Zentralbankkrediten zu schützen. Bei einem gut funktionierenden Interbankenmarkt und frei verfügbaren Fazilitäten sollte die Nachfrage nach Überschussreserven sehr gering sein. Bei einem klar kommunizierten Zielzins in der Mitte des Korridors sowie relativ guten Prognosen der autonomen Faktoren sollte die Reservenachfrage des Bankensektors ausschließlich dem Mindestreserve-Soll entsprechen und ohne Mindestreservepflicht theoretisch null betragen. Der Vorteil des symmetrischen Korridors im Vergleich zum Ceiling-Regime ist der rege Handel am Interbankenmarkt. Kleine Schwankungen der Nettoreserven können jedoch verhältnismäßig große Schwankungen des Übernachtzinses hervorrufen, da die Zinskurve für $R_N = 0$ sehr steil verläuft.

Die Zentralbanken von Australien, Kanada und Neuseeland haben ein symmetrisches Korridorsystem ohne Mindestreserve in den 1990ern eingeführt. Durch eine enge Zusammenarbeit mit dem Finanzministerium und mehreren täglichen Offenmarktoperationen (z. B. zu Beginn und am Ende eines jeden Tages) schaffen es diese Zentralbanken, den Zins nahezu perfekt zu steuern. Da sich alle Geschäftsbanken auf das Angebot der Zentralbank verlassen und Ungleichgewichte in der Liquiditätsposition so gut wie möglich ausgeglichen werden, bewegt sich der Interbankenzins sehr nahe am operationalen Ziel und die Banken müssen die Fazilitäten kaum in Anspruch nehmen. Zudem ist die Nachfrage nach Überschussreserven nach Einführung des symmetrischen Korridors deutlich zurückgegangen. Eine Möglichkeit, das Reserveangebot über die Offenmarktgeschäfte möglichst nah an den Reservebedarf des Bankensektors heranzuführen, sind Bieterverfahren mit Vollzuteilung zum Zielzins. In diesem Fall kann der Bankensektor genau so viele Reserven bekommen, wie er zu Beginn des Tages für nötig hält. Ein solches System wurde z. B. von Dänemark und Finnland für einige Jahre angewendet. Selbstverständlich können auch hier unvorhergesehene Veränderungen der autonomen Faktoren dazu führen, dass die Reserven im Interbankenmarkt nicht ausreichen. Ob es besser ist, die Höhe der Zuteilung von der Zentralbank oder den Geschäftsbanken entscheiden zu lassen, hängt letztlich davon ab, wer bessere Informationen über den Reservebedarf des Bankensektors besitzt.

Abbildung 5.13 zeigt, mit welcher Präzision die Zentralbank von Australien seit November 1999 ein solches Korridorsystem umgesetzt hat. Um die Jahrtausendwende herum begannen die Banken der neuen Politik der Zentralbank immer stärker zu vertrauen und der Interbankenzins entspricht seit 2003 fast täglich exakt dem Ziel der Zentralbank. Die Überschussreserven im Interbankenmarkt sanken von durchschnittlich 5.696 Mio. australischen Dollar in den Jahren 1994–1999 auf gerade mal 985 Mio. im Jahr 2000 und lagen zwischen 2002 und 2006 zwischen 740 und 800 Mio. Dollar. In Kanada, das ebenfalls in den 1990ern ein Korridorsystem ohne Mindestreservepflicht etablierte, hatte der Bankensektor zu jener Zeit regelmäßig ein Reserveguthaben von nahezu null.

Auch die EZB hat von Beginn an einen symmetrischen Korridor verwendet. Der europäische Interbankenmarkt ist in Abbildung 5.14 dargestellt. Der Übernachtzinssatz im Interbankenmarkt wird durch den Euro Overnight Index Average (EONIA) dargestellt. Dieser Zinssatz ist ein berechneter Durchschnittssatz, der auf Basis tatsächlicher Kredite im Übernachtgeschäft von 30 Banken ermittelt wird.[84] Bis 2008 wandte die EZB ein amerikanisches Zinstenderverfahren für ihre Offenmarktgeschäfte an, bei dem der Hauptrefinanzierungszinssatz dem Mindestbietungssatz entsprach (siehe Abschnitt 2.2.3). Der tatsächliche Zinssatz der Offenmarktgeschäfte lag daher i. d. R. etwas über dem Hauptrefinanzierungszinssatz.

84 Andere Referenzzinssätze für Tagesgeld sind z. B. die London Interbank Offered Rate (LIBOR) sowie die Euro Interbank Offered Rate (EURIBOR), die allerdings nur über Umfragen ermittelt werden und daher manipulationsanfällig sind, wie der Skandal um die Manipulationen dieser Zinssätze in 2012 zeigte. Seit Oktober 2019 wurde der EONIA vom €STR abgelöst, der auf gemeldeten unbesicherten Krediten in einer Höhe von mindestens 1 Mio. Euro basiert.

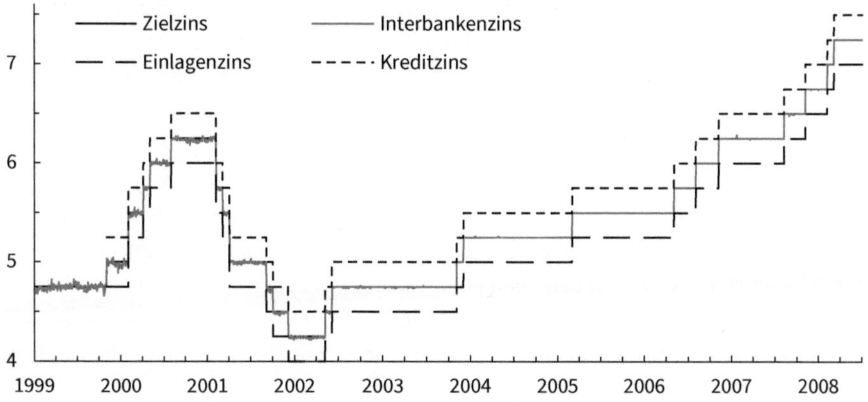

Abb. 5.13: Zinssätze am australischen Interbankenmarkt von 1999–2008.
Anmerkungen: *Zielzins:* Cash Rate Target, *Interbankenzins:* Interbank Overnight Cash Rate, Tagesdurchschnitt, *Kreditzins:* Overnight Repo Rate, *Einlagenzins:* Interest Rate on Exchange Settlement Account.
Quelle: Reserve Bank of Australia; eigene Darstellung.

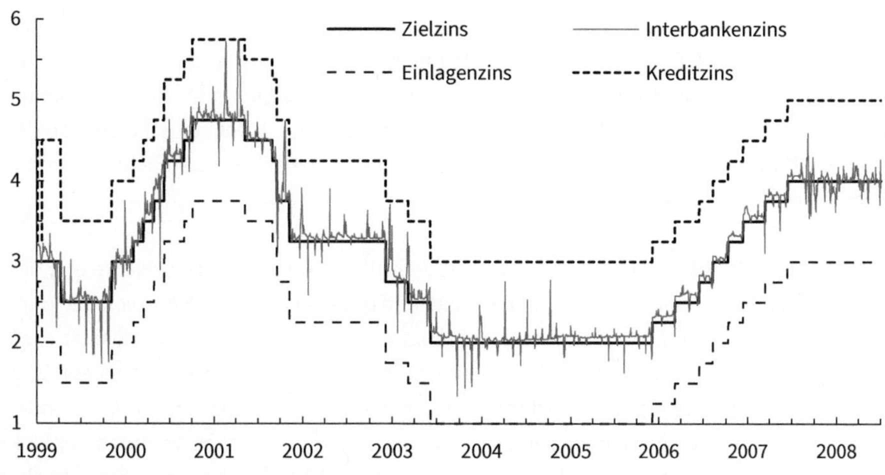

Abb. 5.14: Zinssätze am europäischen Interbankenmarkt von 1999–2008.
Anmerkungen: *Zielzins:* Hauptrefinanzierungszinssatz, *Interbankenzins:* EONIA, Tagesdurchschnitt.
Quelle: Bundesbank; eigene Darstellung.

Die EZB führt ihre Offenmarktoperationen lediglich einmal die Woche durch (in den ersten Jahren sogar nur alle zwei Wochen). Für sie ist die Glättungsfunktion einer Mindestreserve daher sehr wichtig, weil sie nicht täglich auf Veränderungen des Reservebedarfs aufgrund autonomer Faktoren reagiert. Am Ende der Erfüllungsperiode entstehen daher auch im Euro-Raum regelmäßig Ausschläge nach oben oder unten, wenn der Bankensektor realisiert, dass sich über den gesamten Zeitraum der Erfüllungsperiode zu viele oder zu wenige Reserven im Bankensektor befanden. Da dann besonders viele Banken befürchten, die Kredit- oder Einlagefazilität nutzen zu müssen, schlägt der Zins stark nach oben oder unten aus. Die EZB führt an diesen Tagen gelegentlich Feinsteuerungsoperationen durch, um mit Offenmarktgeschäften die Liquiditätsposition des Bankensektors zu beeinflussen.

Im Vergleich zum australischen Interbankenmarkt zeigt sich, dass die Zinsentwicklung im Euro-Raum sehr viel volatiler verlaufen ist. Dies liegt zum einen an der geringen Frequenz der Offenmarktoperationen und zum anderen daran, dass eine Vielzahl unterschiedlicher Länder mit verschiedenen Terminen für Steuerzahlungen, Anleiheemissionen sowie anderen individuellen Charakteristika in einem Interbankenmarkt vereint ist. Der Reservebedarf der Banken ist folglich sehr viel schwerer einzuschätzen als in einem kleinen und relativ homogenen Währungsraum wie Australien.

Die Wirkungsweise einer Mindestreserve lässt sich auch am Beispiel Großbritanniens beobachten. Bis 2006 gab es dort eine Mindestreservepflicht, die täglich zu erfüllen war. Abbildung 5.15 zeigt, wie schwierig in einem solchen System die Steuerung des Interbankenzinses ist, weil man den Reservebedarf des Bankensektors aufgrund von veränderter Kreditvergabe im Vorfeld nur sehr schwer einschätzen kann. Zudem gab es bis Mitte 2001 keine Verzinsung von überschüssigen Reserven und die Nutzung der Kreditfazilität war nur bis 16:20 Uhr möglich. Die britische Zentralbank (Bank of England, kurz BoE) hat täglich bis zu vier Offenmarktoperationen mit 2-wöchiger Laufzeit durchgeführt, um Banken die notwendige Liquidität für ihren Zahlungsausgleich zur Verfügung zu stellen. Die Banken konnten jedoch schlecht einschätzen, ob sie die Kreditfazilität nutzen müssen oder nicht. Aus diesem Grund war der Übernachtzins am Interbankenmarkt (SONIA) sehr volatil.

Von 2006 bis 2009 führte die BoE deshalb eine *freiwillige* ex ante-Mindestreserve ein, die im Durchschnitt eines Monats erfüllt werden musste und deren individuelle Höhe von den Banken selber festgelegt wurde. Da die Mindestreserve zum angestrebten Interbankenzinssatz der BoE verzinst wurde, entstanden keine zusätzlichen Kosten und viele Banken nutzten diese Option, um ihren Zahlungsausgleich zu erleichtern. Zudem wurden am Tag der Erfüllungsperiode die Grenzen der Fazilitäten auf lediglich ± 25 Basispunkte (0,25%) verengt, wodurch die Fluktuationen des Zinses verringert werden konnten, wie in der Abbildung zu sehen ist.[85] Nach der Finanzkrise wurde die Mindestreserveverpflichtung vollständig abgeschafft.

85 Siehe Tucker (2004) für eine Beschreibung der geldpolitischen Strategie der BoE.

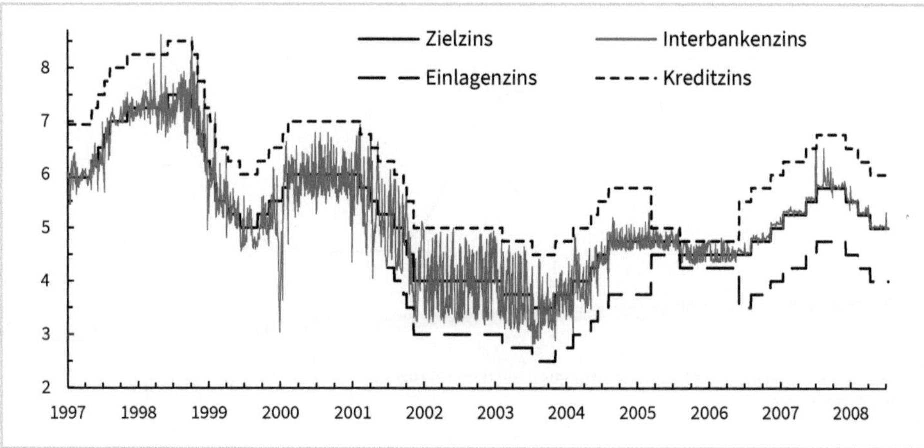

Abb. 5.15: Zinssätze am britischen Interbankenmarkt von 1999–2008.
Anmerkungen: *Zielzins:* Bank Rate, *Interbankenzins:* SONIA, Tagesdurchschnitt, *Kreditzins:* Interest Rate on Lending Facility, *Einlagenzins:* Interest Rate on Deposit Facility.
Quelle: Bank of England; eigene Darstellung.

5.2.4 Der Zins der Einlagefazilität als operationales Ziel (»Floor-Regime«)

Eine weitere Möglichkeit, den Zins im Interbankenmarkt mit lediglich einer Fazilität zu beeinflussen, ist ein **Floor-Regime**. Hierzu erzeugt die Zentralbank einen permanenten Reserveüberschuss, der so groß ist, dass der Übernachtzins auf seine Untergrenze sinkt. Es sind wiederum drei Schritte notwendig:

- Der Interbankenmarkt wird durch endgültige Ankäufe von Sicherheiten in eine systematische und ausreichend **große positive Liquiditätsposition** ($R_N > 0$) gebracht.
- Es werden **keine weiteren geldpolitischen Operationen** durchgeführt.
- Der **Zins der Einlagefazilität wird auf den gewünschten Zielzins** gesetzt.

Die Funktionsweise eines solchen Untergrenzen-Systems ist in Abbildung 5.16 dargestellt. Das operationale Ziel entspricht dem Einlagenzins und kann ohne besonders detaillierte Kenntnisse über Veränderungen der autonomen Faktoren erreicht werden, solange über Wertpapierankäufe ein genügend großer Überschuss der Reserven erzeugt wird. Da die Zinskurve in dem Abschnitt, in dem die Nettoreserven sie schneidet, nahezu horizontal verläuft, werden sich Fehleinschätzungen der Zentralbank nur geringfügig auf den Interbankenzins auswirken. Solange die Zentralbank keine Kreditgeschäfte mit dem Privatsektor tätigt, sondern ausschließlich Käufe von Sicherheiten am offenen Markt, können die Banken ihre überschüssigen Reserven nicht an die Zentralbank zurückgeben und müssen diese in der Einlagefazilität hinterlegen. Der Zins kann einfach durch Veränderung des Einlagenzinses gesteuert werden.

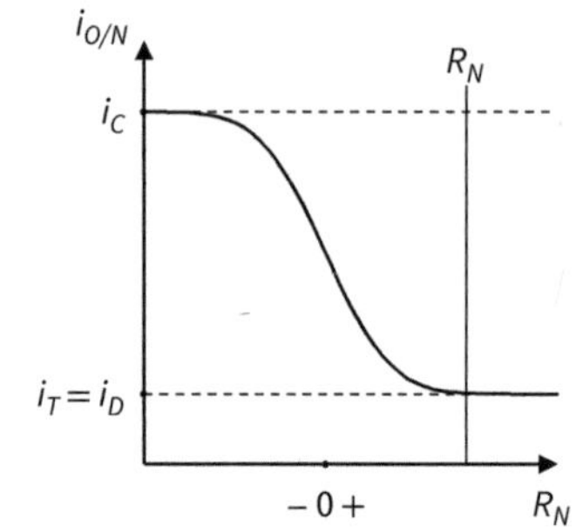

Abb. 5.16: Der Einlagenzinssatz als operationales Ziel (Floor-System).
Quelle: Eigene Darstellung.

Solange der Einlagenzins positiv ist und dem Interbankenzins entspricht, entstehen keine zusätzlichen Kosten für die Banken. Wie im Ceiling-Regime werden aber nur noch wenige Kredite am Interbankenmarkt gehandelt, weil nur noch wenige Banken Reserven leihen müssen. Die Zentralbank hält zudem eine Vielzahl privater Schuldverschreibungen, die im Falle eines Zahlungsausfalls abgeschrieben werden müssen. Hierdurch würde das Eigenkapital der Zentralbank sinken, was die Durchführung geldpolitischer Maßnahmen aber nicht grundsätzlich beeinträchtigen muss. Zudem kann die Zentralbank auch weiterhin nur qualitativ hochwertige Sicherheiten ankaufen, um Zahlungsausfälle zu vermeiden.

Postkeynesianer wie Fullwiler (2005) und Zentralbanker wie Keister, Martin & McAndrews (2008) haben die Möglichkeit eines Floor-Regimes bereits vor der Finanzkrise diskutiert, die praktische Umsetzung eines solchen Systems erfolgte jedoch erst danach, da der Interbankenmarkt in einigen Währungsräumen zusammenbrach (hierunter der Euro-Raum sowie die USA, siehe Kap. 9). Banken mit Reserveguthaben vertrauten potenziellen Kreditnehmern nicht mehr und waren verunsichert bzgl. des Marktwerts der als Sicherheiten hinterlegten Wertpapiere. Daher brach der Handel mit Reserven in diesen Währungsräumen zusammen. Wenn Banken sich gegenseitig kaum noch Kredite gewähren, steigt die Nutzung der Fazilitäten sprunghaft an. Banken mit Reserveguthaben hinterlegen ihre Reserven in der Einlagefazilität, während Banken mit Defiziten die Kreditfazilität nutzen müssen, um sich fehlende Reserven zu leihen. Zentralbanken erhöhten daraufhin den Umfang ihrer Offenmarktgeschäfte, um zusätzliche Reserven bereitzustellen, sodass der Zahlungsverkehr auch ohne einen regen Interbankenhandel und permanenter Nutzung der Kreditfazilität durchgeführt werden konnte. Da der Bankensektor nun Reserven im Überfluss besaß, näherte sich der Zins im Interbankenmarkt dem Einlagenzins. Ein Großteil des Zahlungsausgleichs erfolgte nun aber ohnehin direkt über die Reservekonten bei den Zentralbanken und nicht über den Interbankenmarkt.

Besonders deutlich ist diese Entwicklung im Euro-Raum zu sehen, wie Abbildung 5.17 zeigt. Nach Ausbruch der Finanzkrise hat die EZB begonnen, ihre Zinssätze zu senken, um Kredite günstiger zu machen und Investitionen anzuregen. Aus Furcht vor Kreditausfällen begannen

Banken aber, ihre Überschussreserven lieber in der Einlagefazilität zu halten, als im Interbankenmarkt zu verleihen. Um eine Liquiditätskrise zu verhindern und die Stabilität des Bankensystems zu sichern, kaufte die EZB in erheblichem Umfang Anleihen auf. Aufgrund des Reserveüberschusses im Bankensektor näherte sich der Interbankenzins immer stärker seiner Untergrenze, lag wegen des Risikos bei unbesicherten Krediten aber durchgehend etwas über dem Zins der Einlagefazilität.

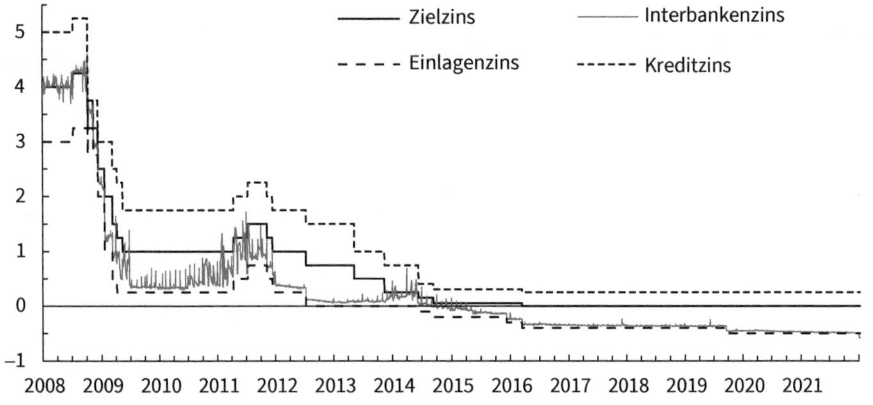

Abb. 5.17: Euro-Interbankenmarkt nach Ausbruch der Finanzkrise.
Anmerkungen: *Zielzins:* Hauptrefinanzierungszinssatz, *Interbankenzins:* EONIA, Tagesdurchschnitt.
Quelle: Bundesbank; eigene Darstellung.

Kernpunkte Kapitel 5.2

- In einem **Ceiling-Regime (Obergrenzen-Regime)** entspricht der Zielzins dem Zins der Kreditfazilität und der Bankensektor befindet sich permanent in einem Liquiditätsdefizit. Es werden keine präzisen Informationen über die Veränderungen autonomer Faktoren benötigt, um den Zins zu steuern, da die Zinskurve im Zielbereich sehr flach verläuft. Der Interbankenhandel wird aber nur wenig genutzt, da der Zahlungsausgleich zu einem großen Teil über Zentralbankkredite erfolgt.
- In einem **symmetrischen Korridorsystem liegt das operationale Ziel in der Mitte** zwischen dem Zins der Kredit- und der Einlagefazilität. Die Banken leihen sich gegenseitig Reserven und nutzen die Fazilitäten der Zentralbank nur wenig. Geringe Schwankungen der Nettoreserven können aber große Schwankungen des Interbankenzinses hervorrufen, da die Zinskurve sehr steil verläuft.
- In einem **Floor-Regime (Untergrenzen-Regime)** entspricht der Zielzins dem Zins der Einlagefazilität und der Bankensektor besitzt hohe Überschussreserveguthaben. Es werden keine präzisen Informationen über die Veränderungen autonomer Faktoren benötigt, um den Zins zu steuern, da die Zinskurve im Zielbereich sehr flach verläuft. Der Interbankenhandel wird aufgrund der Überschussreserven aber nur wenig genutzt. Zudem hält die Zentralbank viele private Schuldverschreibungen.

6 Inflationssteuerung

Das primäre Ziel aller Zentralbanken ist heute die Preisstabilität, definiert als eine niedrige und stabile Inflationsrate. Im Wesentlichen versucht die Zentralbank, die gesamtwirtschaftliche Nachfrage zu beeinflussen, indem sie über eine Steuerung des Interbankenzinses die Zinsstruktur verändert. Ist die Inflationsrate zu hoch, sollen höhere Zinsen die Investitionsgüternachfrage abbremsen, um den Preisauftrieb zu reduzieren; ist die Inflationsrate zu niedrig, sollen geringere Zinsen Investitionen anregen und die Preisentwicklung beschleunigen. Die meisten Zentralbanken verfolgen hierzu eine Strategie der **direkten Inflationssteuerung (»Inflation Targeting«)**, bei der ein Inflationsziel formuliert wird, das über den Einfluss der Nachfrage auf die Lohn- und Preisentwicklung erreicht werden soll.

6.1 Die Theorie der natürlichen Arbeitslosenquote

Die wichtigste theoretische Grundlage zur Stabilisierung der wirtschaftlichen Entwicklung um einen gleichgewichtigen Wachstumspfad mit stabiler Preisentwicklung ist die Theorie der natürlichen Arbeitslosenquote, die Ende der 1960er-Jahre vor allem durch Phelps (1967) und Friedman (1968) bekannt wurde. Sie dominiert die Denkweise über die Zinspolitik der Zentralbanken bis heute und wird in den folgenden Abschnitten dargestellt.

6.1.1 Inflation, Löhne und Produktivität

Der wichtigste Indikator für die Entwicklung des Preisniveaus sind die **gesamtwirtschaftlichen Lohnstückkosten**, die den **Anteil der Lohnkosten an einer produzierten Einheit** zusammenfassen. Eine theoretische Fundierung für den starken Gleichlauf von Preisen und Lohnstückkosten liefert die sogenannte **Preissetzung mittels eines Gewinnaufschlags (Mark-Up Pricing).**[86] Um Gewinne zu erzielen muss ein Unternehmen die eigenen Preise so festlegen, dass diese über den **variablen Durchschnittskosten (durchschnittliche Stückkosten)** liegen. In einer geschlossenen Volkswirtschaft entsprechen die variablen Durchschnittskosten bei einer *gesamtwirtschaftlichen* Betrachtung den einheimischen durchschnittlichen Lohnkosten. Da die Ausgaben eines Unternehmens den Einnahmen eines anderen entsprechen und jedes Vorprodukt (inkl. eingesetzter Maschinen) selbst wieder auf den Einsatz von Arbeit und anderen Vorprodukten zurückgeführt werden kann, stellen bei der gesamtwirtschaftlichen Betrachtung einer geschlossenen Volkswirtschaft lediglich die Ausgaben für Lohnzahlungen Kosten dar. Die vom Inland bezogenen Vorprodukte können bei der Betrachtung der gesamtwirtschaftlichen Kosten vernachlässigt werden.

86 Die empirische Literatur, die die Annahme eines Mark-Up Pricing für diverse Jahrzehnte und Länder bestätigt, ist überwältigend. Siehe Lee (1999) und Downward (1999) für einen Überblick oder Blinder, Canetti, Lebow & Rudd (1998) bzw. Fabiani et al. (2006).

Die gesamtwirtschaftlichen Lohnstückkosten entsprechen den **Lohnkosten pro produzierter Einheit des BIP** und lassen sich berechnen, indem man die Lohnsumme durch die Menge der produzierten Güter teilt. Offensichtlich werden die Lohnstückkosten von den Löhnen wie der Produktivität der Arbeitnehmer beeinflusst. Die Produktivität gibt an, wie viele Einheiten eines Guts mit einer Einheit Arbeit produziert werden können (Output pro Input). Bezeichnen wir die Arbeitsproduktivität mit A, gilt $A = Y/N \Leftrightarrow N = Y/A$, wobei N die eingesetzten Arbeitsstun den und Y das reale Bruttoinlandsprodukt darstellen. Demnach lassen sich die gesamtwirtschaftlichen Lohnstückkosten auch berechnen, indem man den Nominallohn eines Arbeitnehmers durch seine Produktivität teilt:

$$LSK = \frac{WN}{Y} = \frac{W}{A},$$

wobei W den Stundenlohn repräsentiert.[87] Steigt die Produktivität, lässt sich die gleiche Gütermenge mit weniger Arbeitseinsatz herstellen und die Lohnkosten pro Stück sinken. In einer geschlossenen Volkswirtschaft entspricht der Gewinn pro produzierter Einheit der Differenz aus dem Preis, den man für die produzierten Güter erzielt, und den Lohnstückkosten. **Der Preis entspricht demnach einem Gewinnaufschlag μ_P auf die Lohnstückkosten:**

$$P = (1 + \mu_P)\text{LSK}.$$

Wie bei den Banken in Abschnitt 2.3.1 hängt der Aufschlag, den die Unternehmen durchsetzen können, von der Intensität des Wettbewerbs auf den Gütermärkten ab (dem **Grad des monopolistischen Wettbewerbs**). Bei hoher Konkurrenz werden die Gewinnaufschläge eher gering sein, weil man bei höheren Preisen Marktanteile an Konkurrenten verliert.

In einer offenen Volkswirtschaft beeinflussen auch Importpreise die Preisentwicklung im Inland. Anders als bei inländischen Vorprodukten stellen die Ausgaben für ausländische Vorprodukte nämlich keine Einnahmen mehr für inländische Unternehmen dar und sind daher Teil der gesamtwirtschaftlichen Durchschnittskosten. **Seien V die durchschnittlichen Kosten für aus dem Ausland bezogene Vorleistungen**, so folgt für die Preissetzung der Unternehmen:

$$(6.1) \quad P = (1 + \mu_P)\left(\frac{W}{A} + V\right).$$

Die variablen Durchschnittskosten bestehen in einer offenen Volkswirtschaft aus den Lohnstückkosten (W/A) sowie den durchschnittlichen Kosten für importierte Vorprodukte. Definieren wir das Verhältnis zwischen den Kosten für aus dem Ausland bezogene Vorprodukte und den Lohnstückkosten als $v = \frac{V}{W/A}$, so folgt aus (6.1):

$$(6.2) \quad P = (1 + \mu_P)(1 + v)\frac{W}{A}.$$

87 I.d.R. repräsentiert W den Stundenlohn und N wird in Stunden gemessen. Möglich ist es aber auch, N als Anzahl der Arbeitnehmer zu definieren und W als durchschnittlichen Monatslohn.

Die Preise werden nun mittels eines Gewinn- und eines Vorleistungsaufschlags gesetzt. Inflation (die prozentuale Veränderung der Preise) hat demnach drei Ursachen:

- **Steigende Lohnstückkosten:** Sollten die Löhne schneller steigen als die Produktivität, nehmen die Kosten der Unternehmen zu. Diese werden daraufhin die Preise erhöhen.
- **Steigende Gewinnaufschläge:** Sollten die Unternehmen in der Lage sein, höhere Gewinnaufschläge durchzusetzen, wird sich die Differenz zwischen Kosten und Preisen erhöhen. Bei gleichen Kosten steigen hierdurch die Preise.
- **Steigende relative Ausgaben für importierte Vorleistungen:** Sollten importierte Vorleistungen schneller als die inländischen Lohnstückkosten steigen, werden die Kosten der Unternehmen zunehmen. Diese werden die Kostensteigerung über höhere Preise an die Kunden weitergeben, um ihren Gewinnaufschlag halten zu können.

Gewinnaufschläge und relative Kosten für importierte Vorprodukte steigen i.d.R. nicht kontinuierlich an. Der Wettbewerbsdruck zwischen den verschiedenen Anbietern sorgt dafür, dass die Unternehmen ihre Preise nicht beliebig erhöhen können, um so ihren Anteil am gesamtwirtschaftlichen Einkommen immer weiter zu erhöhen. Die relativen Kosten für importierte Vorleistungen hängen von der Lohnstückkostenentwicklung im Ausland sowie dem Wechselkurs ab und sind ebenfalls verhältnismäßig konstant. Beispiele für einen relativen Anstieg importierter Vorleistungen sind die Ölpreiskrisen der 1970er-Jahre, der Anstieg der Rohstoffpreise aufgrund zusammengebrochener Lieferketten im Zusammenhang mit der Corona-Krise sowie der Blockade des Suezkanals in 2021 oder der Anstieg der importierten Energiepreise in Folge des Ukraine-Konflikts ab 2022. Hierbei handelt es sich aber um **einmalige Preissteigerungen (*Niveaueffekte*)**: Nachdem die relativen Kosten *einmalig* angestiegen sind, sind sie im Anschluss wieder konstant. Der Kostenanstieg erhöht dann einmalig das Preisniveau, muss aber keine dauerhaft höhere Inflationsrate verursachen.

Solange die Gewinnaufschläge und die relativen Kosten für importierte Vorleistungen sich nicht ändern, steigen die Preise immer dann, wenn die Löhne schneller als die **Produktivität steigen**. Bezeichnen wir prozentuale Veränderungen mit $\%\Delta$ und die Inflationsrate mit $\pi_t = \%\Delta P_t$, folgt aus (6.2):

$$(6.3) \quad \pi_t = \%\Delta W_t - \%\Delta A_t + \varepsilon_t^{\pi},$$

wobei der Term ε_t^{π} Veränderungen von μ_P und v zusammenfasst und t einen Zeitindex darstellt. Tabelle 6.1 sowie Abbildung 6.1 zeigen, dass die prozentualen Veränderungen der Lohnstückkosten ($\%\Delta W_t - \%\Delta A_t$) und der Preise sehr ähnlich sind. Eine lineare Regression der Inflationsraten dieser Länder auf die prozentualen Veränderungen der Lohnstückkosten für den Zeitraum von 1961 bis 2020 ergibt $\%\Delta P = 0.0429 + 1.0034\%\Delta LSK$ bei einem Bestimmtheitsmaß von 0,9936. Für die betrachteten 42 Länder wurde ein Anstieg der Lohnstückkosten um 5% im Durchschnitt von einem Preisanstieg um ca. 5,06% begleitet. Im rechten Teil der Abbildung ist die Entwicklung der Inflationsrate sowie der jährlichen prozentualen Veränderung der Lohnstückkosten in Deutschland von 1961 bis 2020 zu sehen. Es ist deutlich zu erkennen, dass die Preise weniger schwanken als die Lohnstückkosten. Die hohe Volatilität Letzterer ist vor allem auf Schwankungen der gemessenen Produktivitätsentwicklung zurückzuführen. Da Preisveränderungen administrative Kosten verursachen, wird zudem nicht jede Kostenveränderung sofort auf die Preise übertragen. Stattdessen lassen Unternehmen die Gewinnaufschläge schwanken, um die Preisentwicklung zu glätten.[88]

Land	%ΔLSK	%Δ P	Land	%ΔLSK	%Δ P
Australien (bis 2019)	4.79	4.87	Malta (ab 1992)	2.69	2.45
Belgien	3.49	3.33	Mexico (1996–2019)	7.73	7.68
Bulgarien (ab 2000)	5.40	4.56	Neuseeland (1987–2019)	2.37	2.48
Dänemark	4.44	4.47	Niederlande	3.55	3.40
Deutschland	2.76	2.70	Nord Mazedonien (1998–2018)	1.79	2.99
Estland (ab 1994)	8.31	7.64	Norwegen	4.58	4.73
EU (ab 1996)	1.85	1.86	Österreich	3.07	3.22
Euro-Zone (ab 1996)	1.55	1.57	Polen (ab 1993)	6.13	7.04
Finnland	4.47	4.84	Portugal	7.40	7.53
Frankreich	3.02	4.08	Rumänien (ab 1995)	21.01	21.33
Griechenland	7.73	8.26	Schweden	4.57	4.57
Island (ab 1971)	16.99	16.84	Schweiz (ab 1992)	0.52	0.50
Irland	4.45	5.62	Slowenien (ab 1996)	3.62	3.67
Italien	5.96	6.32	Slowakei (ab 1996)	3.59	2.82
Japan (ab 1981)	- 0.22	0.21	Spanien	6.33	6.50
Kanada	3.73	3.85	Tschechien (ab 1994)	4.37	3.47
Korea (2005–2019)	1.23	1.59	Türkei (ab 1991)	31.67	31.95
Kroatien (ab 1996)	2.82	2.90	Ungarn (ab 1996)	6.00	6.47
Lettland (ab 1997)	5.04	4.36	USA	3.17	3.28
Litauen (ab 1997)	3.49	2.98	Vereinigtes Königreich	5.41	5.47
Luxemburg	4.06	3.91	Zypern (ab 1996)	1.57	1.67

Tab. 6.1: Inflation und Lohnstückkosten (1961–2020).
Anmerkungen: *%Δ LSK:* Prozentuale Veränderung der Lohnstückkosten; *%Δ P:* Prozentuale Veränderung des BIP-Deflators.
Quelle: AMECO; eigene Berechnungen und eigene Darstellung.

88 Ähnliches gilt für alle anderen betrachteten Länder. Die durchschnittliche Varianz der prozentualen Lohnstückkostenveränderungen liegt mit ca. 20,24 über der Varianz der Inflationsraten mit ca. 16,25 (für die betrachteten 42 Länder).

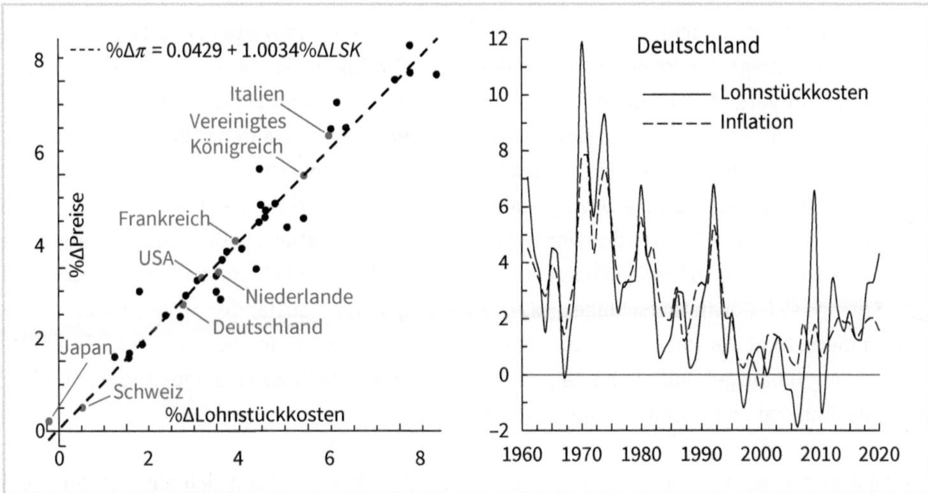

Abb. 6.1: Inflation und Lohnstückkosten (1961–2020).
Anmerkungen: Links sind die prozentualen Veränderungen des BIP-Deflators sowie der Lohnstückkosten aus Tabelle 6.1 zu sehen (Länder mit Werten über 10 % wurden vernachlässigt). Die Gerade zeigt den geschätzten linearen Zusammenhang zwischen den beiden Größen aus allen Ländern der Tabelle 6.1. Rechts ist die jährliche prozentuale Veränderung des BIP-Deflators und der Lohnstückkosten in Deutschland von 1961–2020 zu sehen.
Quelle: AMECO; eigene Berechnungen und eigene Darstellung.

Gleichung (6.2) stellt gewissermaßen eine Identität dar: Da der Gewinn pro produzierter Einheit der Differenz aus dem Preis und den Stückkosten entspricht, muss μ_P dem Gewinnaufschlag (pro Stück) entsprechen. Sollten die Preise sich ändern, muss sich per Definition auch mindestens eine der drei oben genannten Größen ändern. Um aus der Identität einen kausalen Zusammenhang herzuleiten, braucht es jedoch ergänzende theoretische Annahmen. Wir haben die Gleichung bisher als Preissetzung interpretiert, sind also davon ausgegangen, dass die Unternehmen auf die Lohnentwicklung reagieren. Selbstverständlich ist es aber auch möglich, dass die Löhne auf die Preisentwicklung reagieren, weil die Arbeitnehmer steigende Preise durch höhere Lohnforderungen zu kompensieren versuchen. Wenn die steigenden Löhne dann wiederum zu steigenden Preisen führen, kann eine sogenannte Lohn-Preis-Spirale entstehen, die eine dauerhaft höhere Inflationsrate zur Folge hätte. Dies kann auch dadurch ausgelöst werden, dass einmalig die Gewinnaufschläge oder die importierten Vorleistungen steigen, wenn die Arbeitnehmer den hieraus resultierenden Preisanstieg durch steigende Löhne kompensieren können und die Unternehmen wiederum mit höheren Preisen auf den Anstieg der Löhne reagieren. Solche Überlegungen werden im theoretischen Ansatz der folgenden Abschnitte eine wichtige Rolle spielen.

Aus (6.2) lässt sich der Zusammenhang zwischen Reallohn, Produktivität, Gewinnaufschlag und relativen Kosten für importierte Vorleistungen ableiten:

(6.4) $$\frac{W}{P} = \frac{A}{(1 + \mu_P)(1 + v)}.$$

Solange die Gewinnaufschläge und die relativen Ausgaben für importierte Vorleistungen sich nicht ändern, steigt der Reallohn proportional zur Produktivität. Diese Entwicklung ist unabhängig vom Verlauf der nominalen Löhne (solange alle anderen Faktoren gleichbleiben). Da Gewerkschaften nur über den nominalen Lohn verhandeln, während die Arbeitgeber das Preisniveau festlegen, können sie den Reallohn mit ihrer Lohnverhandlung also nur dann beeinflussen, wenn hierdurch die Gewinnaufschläge fallen. Dies könnte z. B. der Fall sein, wenn ein hinreichend großer internationaler Wettbewerbsdruck existiert, sodass Unternehmen davor zurückschrecken, Lohnstückkostensteigerungen vollumfänglich auf die Preise zu übertragen. Solange sich Gewinnaufschläge und relative Ausgaben für ausländische Vorprodukte aber nicht ändern, folgt der Reallohn ausschließlich der Produktivität und über die Produktivitätsentwicklung hinausgehende Lohnsteigerungen führen lediglich zu steigenden Preisen, ohne die reale Kaufkraft der Arbeitnehmer zu verbessern.

Da die Arbeitsproduktivität gerade so definiert ist, dass $Y = AN$, lässt sich aus (6.4) auch die **Lohnquote**, also der Anteil der Löhne am BIP berechnen:

$$(6.5) \quad \frac{\frac{W}{P}N}{Y} = \frac{\frac{W}{P}N}{AN} = \frac{\frac{W}{P}}{A} = \frac{1}{(1+\mu_P)(1+\nu)}.$$

Solange alle anderen Faktoren gleichbleiben, ist auch die Lohnquote vom Verlauf der Nominallöhne unabhängig und wird lediglich von den Aufschlägen der Unternehmen für Gewinne und importierte Vorleistungen bestimmt. Der *Anteil* der Arbeitnehmereinkommen am gesamtwirtschaftlichen Einkommen ist von der Produktivitätsentwicklung unabhängig, weil sowohl die Reallöhne wie auch das BIP mit der Produktivität steigen.

6.1.2 Lohnpolitik

Lohnpolitik im weitesten Sinne umfasst alle Maßnahmen, welche die Entwicklung des Lohnniveaus beeinflussen, also auch staatliche Maßnahmen, die auf das Verhandlungsergebnis der Tarifparteien (Arbeitnehmer- und Unternehmervertreter) einwirken. Eine Regierung kann z. B. über Mindestlöhne eine Lohnuntergrenze definieren und im Zeitablauf steigern, um das durchschnittliche Lohnniveau zu erhöhen. Ebenso können Löhne im öffentlichen Sektor, soziale Leistungen wie das Arbeitslosengeld oder Appelle und unverbindliche Empfehlungen die Verhandlungen der Tarifparteien beeinflussen. Es ist zudem möglich, die Entwicklung der Tariflöhne an die Preisentwicklung zu koppeln (Indexierung). Allgemeinverbindlichkeitserklärungen, die dazu führen, dass von Tarifpartnern ausgehandelte Löhne auf eine gesamte Branche angewendet werden müssen, nehmen ebenfalls auf die Lohnverhandlungen Einfluss, weil sie den Tarifpartnern die Befürchtung nehmen, dass Unternehmen mit Tarifverträgen bei steigenden Löhnen und Preisen einen Wettbewerbsnachteil gegenüber anderen Unternehmen erfahren.

Lohnpolitik im engeren Sinne umfasst lohnpolitische Richtlinien, an denen sich Gewerkschaften und Arbeitgeber orientieren, um Verteilungskonflikte zu entschärfen und harte Arbeitskämpfe zu vermeiden. Aus Sicht der Gewerkschaften müssten die Löhne um die Produktivität zuzüglich der vergangenen Inflationsrate steigen, um sicherzustellen, dass der Anteil der Löhne am Gesamteinkommen bei gleicher Beschäftigung nicht fällt. Hierdurch wird zum einen der Kaufkraftverlust aufgrund höherer Preise ausgeglichen und zum anderen die Arbeitnehmer am Zuwachs der Produktion beteiligt. Eine solche Lohnpolitik soll aus Sicht der Gewerkschaften verhindern, dass die Unternehmen ihre Gewinnaufschläge erhöhen oder höhere Kosten für importierte Vorleistungen ausschließlich von den Arbeitnehmern getragen werden. Da das Ergebnis einer solchen Richtlinie ein konstanter Anteil der Arbeitnehmereinkommen am gesamtwirtschaftlichen Einkommen ist, wird die aus ihr resultierende Lohnforderung auch **verteilungsneutraler Spielraum** genannt:[89]

$$(6.6) \quad \%\Delta W_t = \%\Delta A_t + \pi_{t-1} \overset{(6.3)}{\Longrightarrow} \pi_t = \pi_{t-1} + \varepsilon_t^{\pi}.$$

Solange sich der Gewinnaufschlag sowie die relativen Ausgaben für ausländische Vorprodukte nicht ändern ($\varepsilon_t^{\pi} = 0$), bleibt die Inflationsrate unter Anwendung einer verteilungsneutralen Lohnpolitik konstant und die reale Kaufkraft der Arbeitnehmer steigt um die Produktivität. Produktion und Unternehmensgewinne steigen (bei gleicher Beschäftigung) dann ebenfalls um die Produktivität und die Einkommensverteilung bleibt gleich.

Sollte ε_t^{π} jedoch temporär steigen, würde sich dies in einer dauerhaft höheren Inflationsrate niederschlagen, auch nachdem die Veränderung wieder verschwunden ist. Beispielsweise führt eine einmalige Steigerung der relativen Ausgaben für ausländische Vorleistungen zu einer Erhöhung der Kosten inländischer Unternehmen, die daraufhin die Preise einmalig stärker anheben. Jedoch würden die Gewerkschaften die höhere Preissteigerungsrate in den folgenden Lohnverhandlungen berücksichtigen und die Inflationsrate somit dauerhaft erhöhen. Obwohl die Unternehmen absolut betrachtet nicht mehr Gewinn erzielen, würde sich die Verteilung dennoch zugunsten der Unternehmensgewinne verschieben. Da die Unternehmen die Kostensteigerung aufgrund der ausländischen Vorprodukte auf die Arbeitnehmer überwälzen können, sind diese die Leidtragenden der ausländischen Preiserhöhung. Solange die Preissetzung gemäß (6.2) erfolgt, sinkt der Reallohn, wenn ausländische Vorprodukte teurer werden, sofern sich die Gewinnaufschläge der Unternehmen nicht ändern, wie Gleichung (6.4) verdeutlicht.

Um die Inflationsrate mittelfristig auf einem Zielwert zu stabilisieren, müsste sich die Lohnentwicklung an der *angestrebten* statt der *vergangenen* Inflationsrate orientieren. Bezeichnen wir den Zielwert der Inflation mit π^*, wäre die sogenannte **goldene Regel der Lohnpolitik** gegeben durch

$$\%\Delta W_t = \%\Delta A_t + \pi^* \overset{(6.3)}{\Longrightarrow} \pi_t = \pi^* + \varepsilon_t^{\pi}.$$

89 Da die Produktivitätsentwicklung starken Schwankungen unterliegt und die aktuelle Produktivitätssteigerung zum Zeitpunkt der Lohnverhandlung noch nicht bekannt ist, wird in Lohnverhandlungen i. d. R. ein Durchschnittswert der vergangenen Jahre verwendet. Wie in Abbildung 6.1 gezeigt, reagieren die Arbeitgeber bei der Preissetzung auch nicht sofort auf jede Produktivitätsveränderung, sondern orientieren sich ebenfalls an der durchschnittlichen Entwicklung und lassen die Gewinnaufschläge schwanken. Man könnte $\%\Delta A_t$ in (6.6) daher auch als eine durchschnittliche Produktivitätsveränderung der vergangenen Jahre interpretieren.

Solange sich der Gewinnaufschlag sowie die relativen Ausgaben für ausländische Vorprodukte nicht ändern ($\varepsilon_t^{\pi} = 0$), entspricht die Inflationsrate nun ihrem Zielwert: $\pi = \pi^*$. Ein einmaliger Anstieg der relativen Preise für ausländische Vorprodukte oder des Gewinnaufschlags würde sich zudem auch nur einmalig auf die Inflationsrate auswirken, weil die Arbeitnehmervertreter den Anstieg der Inflationsrate in der darauffolgenden Tarifrunde nicht mehr berücksichtigen, sondern sich an der Zielinflationsrate orientieren.

Solange die Arbeitgeber ihre Preise gemäß Gleichung (6.2) setzen, haben lohnpolitische Richtlinien keinen Einfluss auf die reale Verteilung. Höhere relative Preise für ausländische Vorprodukte würden zu einer Verringerung, niedrigere zu einer Erhöhung der Lohnquote führen. Die goldene Regel würde dabei lediglich garantieren, dass die Inflationsrate konstant bleibt. Aus Sicht der Gewerkschaften stellt sich jedoch die Frage, ob stärkere Lohnerhöhungen ggf. zu sinkenden Gewinnaufschlägen führen könnten, weil die Arbeitgeber die Kostensteigerungen nicht vollständig an ihre Kunden weiterreichen können oder wollen (z. B. um ihre internationale Wettbewerbsfähigkeit nicht zu verringern). Der reale Einkommensverlust aufgrund höherer Importpreise würde dann zwischen Arbeitnehmern und -gebern aufgeteilt werden.

In der Nachkriegszeit stellten (implizite oder explizite) lohnpolitische Richtlinien in vielen Ländern, hierunter die USA, die skandinavischen Länder, Österreich und Deutschland, einen Richtwert für die Tarifparteien bereit, zum Teil unterstützt durch Appelle der Regierung und der Zentralbank. Diese als **korporatistisches Modell** bezeichnete Kooperation strebte eine Lohnentwicklung an, die neben einer stabilen Inflationsrate auch eine gesamtwirtschaftlich ausreichende Nachfrage gewährleisten sollte, weil die Reallöhne mit derselben Rate wie die Produktion stiegen.[90]

Flächendeckende Tarifverträge waren die Voraussetzung dafür, dass Arbeitgeberverbände und Gewerkschaften eine solche gesamtwirtschaftlich orientierte Lohnsteigerung durchsetzen konnten. Postkeynesianische Ökonomen sind zudem der Auffassung, dass Tarifverträge ein wettbewerbsförderndes Marktinstrument sein können, das die Produktivität steigert.[91] Sollten schlecht aufgestellte Unternehmen geringere Löhne als ihre Konkurrenten zahlen, könnten sie sich am Markt halten, obwohl sie mit veralteten Technologien produzieren oder ineffiziente Organisationsstrukturen aufweisen. Bei einem einheitlichen Branchenlohn würden die weniger produktiven Unternehmen hingegen vom Markt verdrängt werden, weil sie höhere Preise verlangen müssten. Da die produktiveren Unternehmen überleben, steigt das durchschnittliche Produktivitätsniveau, was wiederum zu einer Steigerung der Reallöhne führt.

Wenn Unternehmen wissen, dass sie durch Investitionen in neue Technologien keine Marktanteile gewinnen können, weil Konkurrenten sich durch geringere Lohnzahlungen wettbewerbs-

90 Auch der Sachverständigenrat zur Begutachtung der gesamtwirtschaftlichen Entwicklung basierte seine Empfehlungen bis in die 1990er-Jahre auf solchen Überlegungen. Im Anschluss setzte sich die Vorstellung durch, dass die Arbeitnehmer auf einen Lohnzuwachs aufgrund der steigenden Produktivität verzichten sollten, um so den Unternehmen mehr Spielraum für Investitionen zu geben und die Arbeitsnachfrage zu erhöhen (»Produktivität für Beschäftigung reservieren«).

91 Vgl. King (2013).

fähig machen, könnte dies zudem zu geringeren Investitionen führen. Tarifverträge verhindern dies und führen dazu, dass die Unternehmen einer Branche nicht mehr um den geringeren Lohn, sondern um die bessere Technologie konkurrieren. Dies erhöht den Anreiz, über Investitionen die unternehmensinterne Produktivität zu steigern. Man bezeichnet steigende Löhne in diesem Zusammenhang auch als »Produktivitätspeitsche«, weil höhere Lohnkosten die Unternehmen zusätzlich anspornen, in arbeitssparende Produktionsweisen zu investieren. Die Innovationsforscher Vergeer und Kleinknecht (2010, 2014) zeigen in einer Analyse von 20 OECD-Ländern für den Zeitraum 1960–2004, dass Lohnzurückhaltung das Wachstum der Arbeitsproduktivität signifikant negativ beeinflusst: 1% weniger (bzw. mehr) Reallohnerhöhung impliziert ein durchschnittlich 0,32% bis 0,49% niedrigeres (bzw. höheres) Wachstum der Wertschöpfung pro Arbeitsstunde. Lohnzurückhaltung verringert demnach die Produktivitätszuwächse und somit auch den zukünftigen Spielraum für Reallohnsteigerungen.

Orientieren sich Lohnabschlüsse zudem an der *durchschnittlichen* Produktivität einer Volkswirtschaft und nicht an der branchenspezifischen, hat dies Auswirkungen auf die relativen Preise unterschiedlicher Sektoren. Für Branchen mit überdurchschnittlichem Produktivitätszuwachs ist der Anstieg der Lohnstückkosten und somit der Preisdruck geringer als im Durchschnitt. Branchen mit unterdurchschnittlichen Produktivitätszuwächsen müssen ihre Preise hingegen stärker erhöhen. Sollten die Kunden die nun relativ günstigeren Produkte stärker nachfragen, könnten die Bereiche einer Volkswirtschaft besonders stark expandieren, die hohe Produktivitätszuwächse verzeichnen, sodass auch gesamtwirtschaftlich die Produktivitätszuwächse im Durchschnitt höher ausfallen.

Es gibt aber auch einen gesellschaftspolitischen Grund dafür, dass sich die Lohnentwicklung am durchschnittlichen Produktivitätszuwachs orientieren sollte. In vielen Dienstleistungsbereichen kann die Produktivität einer einzelnen Arbeitskraft nämlich nicht erfasst werden. Für eine Krankenschwester, einen Altenpfleger oder eine Putzkraft lässt sich nicht seriös messen, wie sehr sie zum Gesamterfolg eines Unternehmens beitragen. Aufgrund der gestiegenen Arbeitsteilung ist es in den meisten Branchen unmöglich, festzustellen, welchen Beitrag ein einzelner Arbeitsschritt auf das Endprodukt hat. Auf der gesamtwirtschaftlichen Ebene kann man die Produktivität hingegen recht einfach berechnen, indem man die reale Produktion durch die Anzahl der geleisteten Arbeitsstunden teilt.

Wenn sich die Lohnforderungen an der gesamtwirtschaftlichen Durchschnittsproduktivität orientieren, werden alle Arbeitnehmerinnen am technischen Fortschritt beteiligt und die vorhandenen Lohnunterschiede werden sich nicht systematisch weiter ausdehnen. Die Orientierung an der Durchschnittsproduktivität verhindert also, dass sich die Lohnspreizung innerhalb der Arbeitnehmereinkommen immer weiter erhöht. Zudem ist gesichert, dass auch solche Arbeitnehmer, die einfache Tätigkeiten ausüben, von der allgemeinen Einkommenssteigerung profitieren. Einfache Dienstleistungen werden in entwickelten Volkswirtschaften hierdurch aber relativ teuer, was zur Folge haben kann, dass einige davon nicht mehr angeboten oder automatisiert werden.

Neoklassisch geprägte Ökonominnen kritisieren diesen Punkt. Eine ausreichende Lohnspreizung sei aus ihrer Sicht notwendig, weil gering qualifizierte Arbeitnehmer nur dann eine Beschäftigung finden würden, wenn der Lohn an ihre geringe Produktivität angepasst wird. (Post-) Keynesianisch geprägte Ökonominnen sehen hingegen nicht den zu hohen Lohn, sondern die zu geringe Nachfrage als Grund für die Arbeitslosigkeit. Würde man die effektive Nachfrage steigern, gäbe es auch bei höherem Lohn Tätigkeiten, die geringer qualifizierte Arbeitnehmer ausführen könnten.

6.1.3 Inflation und Arbeitslosigkeit: Die Phillipskurve

Der Zusammenhang zwischen Inflationsrate und Arbeitslosigkeit wird mithilfe sogenannter **Phillipskurven** dargestellt. Spätestens seit den 1960er-Jahren bilden sie die Grundlage jeder wissenschaftlichen Auseinandersetzung über den Einfluss, den eine Nachfragesteigerung auf die Preisentwicklung haben könnte. Phillipskurven haben ihren Namen dem britischen Ökonom A. W. Phillips zu verdanken, der in einer empirischen Arbeit einen negativen Zusammenhang zwischen Arbeitslosenquoten und Nominallohnsteigerungen in Großbritannien zwischen 1861 und 1913 fand (Phillips, 1958). Zu einem ähnlichen Bild gelangten auch Samuelson & Solow (1960) für die USA von 1900 bis 1960. Nähert sich die Volkswirtschaft der Vollbeschäftigung, steigen die Nominallöhne demnach schneller. Unternehmen suchen nach Arbeitskräften, um ihre Produktion zu erhöhen, und sind bereit, höhere Löhne als ihre Konkurrentinnen zu bieten. Ebenso könnten Sektoren, die ihre Kapazitätsgrenze erreichen, ihre Gewinnaufschläge erhöhen, wenn die Verbraucherinnen mehr Produkte konsumieren wollen als (kurzfristig) hergestellt werden können. Arbeitnehmer werden zudem intensiver für ein höheres Lohnniveau kämpfen, wenn sie aufgrund der guten wirtschaftlichen Auslastung leichter einen neuen Job finden. Bei hoher Arbeitslosigkeit ist es hingegen einfacher, auch bei geringerem Lohn noch Arbeitskräfte zu finden.

Viele Ökonomen und Politikerinnen der Nachkriegszeit glaubten an einen stabilen Zusammenhang zwischen Inflation und Arbeitslosigkeit und waren bereit, eine etwas höhere Inflationsrate in Kauf zu nehmen, sofern dies notwendig sei, um die Arbeitslosigkeit zu senken. Der vermeintlich stabile Zusammenhang zwischen Inflation und Arbeitslosigkeit brach aber im Zuge der Lohn-Preis-Spiralen nach den Ölpreiskrisen in den 1970er-Jahren zusammen. Das Phänomen der Stagflation, also einer stagnierenden Beschäftigung bei steigenden Inflationsraten, schien den durch die Phillipskurve beschriebenen Zusammenhang zu widerlegen. Monetaristisch geprägte Ökonominnen drehten in der Folge die Beziehung zwischen Arbeitslosigkeit und Inflation um: Statt eine höhere Inflation in Kauf nehmen, um die Arbeitslosigkeit niedrig zu halten, sollte man die **Arbeitslosigkeit steuern, um so die Inflation zu stabilisieren**. Die Arbeitslosenquote, die mit einer stabilen Inflation einhergeht, sei die **gleichgewichtige bzw. natürliche Arbeitslosenquote**, die durch Steigerungen der Nachfrage nicht gesenkt werden könnte, ohne sich selbst verstärkende Preissteigerungen zu erzeugen. Dieses theoretische Konzept wurde in Phelps (1967) und Friedman (1968) bereits vor der Stagflation entwickelt und prägt bis heute die moderne Makroökonomik.

Die natürliche Arbeitslosenquote hängt ausschließlich von strukturellen Faktoren ab, nämlich der **Verhandlungsmacht der Arbeitnehmer** oder der **Wettbewerbsintensität auf den Gütermärkten**. Je stärker die Arbeitnehmer organisiert sind, desto eher werden sie versuchen, über höhere Lohnforderungen die Einkommensverteilung zu ihren Gunsten zu verändern. Eine geringere Arbeitslosigkeit führt daher umso schneller zu sich selbst verstärkenden Lohn-Preis-Spiralen, je höher die Gewerkschaftsmacht ist. Damit Lohn-Preis-Spiralen erst bei einer geringeren Arbeitslosenquote entstehen, muss man daher den Arbeitsmarkt »flexibilisieren«, um die von der Arbeitslosigkeit unabhängige Verhandlungsposition der Gewerkschaften zu schwächen. Eine weitere Möglichkeit die gleichgewichtige Arbeitslosigkeit zu verringern, ist die Stärkung des Wettbewerbs zwischen den Unternehmen. Diese führt nämlich dazu, dass die Gewinnaufschläge sinken, wodurch die Preise fallen und der Reallohn steigt. Aufgrund der Umverteilung zugunsten der Arbeitnehmer entstehen sich selbst verstärkende Lohn-Preis-Spiralen bei höherem Wettbewerb daher erst bei einer geringeren Arbeitslosigkeit.

Für die formale Herleitung der natürlichen Arbeitslosenquote nehmen wir an, dass die Arbeitnehmer zunächst das Lohnniveau verhandeln und die Arbeitgeber im Anschluss das Preisniveau festlegen.[92] Das Lohnniveau wird von den folgenden Faktoren beeinflusst:

- **Das erwartete Preisniveau P^e:** Wird ein Preisanstieg erwartet, verlangen die Arbeitnehmer eine Lohnsteigerung, um ihre Kaufkraft aufrecht zu erhalten.
- **Die Höhe der Arbeitslosenquote u:** Bei höherer Arbeitslosigkeit fällt es Arbeitnehmern schwerer, hohe Lohnzuwächse durchzusetzen, da Arbeitgeberinnen ihre Angestellten mit den zahlreichen Arbeitslosen ersetzen könnten, die ggf. auch bereit wären, für weniger Lohn zu arbeiten. Daher fallen die Lohnzuwächse in Zeiten hoher Arbeitslosigkeit moderater aus. Gewerkschafter sind eher bereit, dem Wunsch der Arbeitgeber nach geringeren Lohnforderungen nachzugeben, je größer die Angst vor dem eigenen Arbeitsplatzverlust ist. Je geringer die Arbeitslosenquote ist, desto wahrscheinlicher ist es hingegen, bei einem Jobverlust eine besser bezahlte Beschäftigung zu finden. Dies bestärkt die Arbeitnehmer darin, einen höheren Lohn zu fordern. Zudem sind Arbeitgeber aufgrund der Knappheit verfügbarer Arbeitskräfte eher bereit, Arbeitnehmerinnen mithilfe besserer Bezahlung von einem Arbeitsplatzwechsel abzuhalten bzw. von ihren Konkurrentinnen abzuwerben.
- **Der Index für die durchschnittliche (von der Arbeitslosigkeit unabhängige) Verhandlungsmacht der Arbeitnehmer z:** Je arbeitnehmerfreundlicher der Arbeitsmarkt gestaltet ist, desto leichter fällt es den Gewerkschaften, höhere Löhne durchzusetzen. Ein hoher Kündigungsschutz mit großzügigen Abfindungsregelungen sowie generöse Arbeitslosengeldzahlungen bzw. Sozialhilfeleistungen reduzieren die Angst vor einem Arbeitsplatzverlust und bestärken die Arbeitnehmervertreter. Flächendeckende Tarifverträge dämpfen die Sorgen eines Verlustes von Wettbewerbsfähigkeit, weil alle Konkurrenten ebenfalls die Löhne erhöhen müssen. Ein Mindestlohn könnte die Gewerkschaften ermuntern, die Tariflöhne zu erhöhen, um den Abstand zum Mindestlohn zu vergrößern. Alle Regelungen, die in diesem Sinne die Verhandlungsmacht der Arbeitnehmer stärken und nicht von der Arbeitslosigkeit abhängen, sind in der Variable z zusammengefasst.

92 Das Modell ist eine erweiterte Variante des Modells aus Blanchard & Illing (2014).

- **Die Arbeitsproduktivität *A*:** Die Arbeitnehmer möchten an einer Steigerung der Produktion beteiligt werden und berücksichtigen daher Produktivitätsveränderungen in ihren Lohnforderungen.

Die folgende Lohnsetzungskurve berücksichtigt diese Einflussfaktoren:

$$(6.7) \quad W = AP^e F(u,z), \; F_u^{'} < 0, \; F_z^{'} > 0,$$

wobei die Funktion $F(u,z)$ den negativen Einfluss der Arbeitslosenquote sowie den positiven Einfluss der durchschnittlichen Verhandlungsmacht reflektiert. Unterstellen wir einen linearen Zusammenhang, $F(u,z) = 1 - \alpha u + z$, können wir in Verbindung mit der Preissetzung der Unternehmen (6.2) eine Beziehung zwischen Preisen und Arbeitslosigkeit herleiten:

$$(6.8) \quad P_t = P_t^e (1 + \mu_P)(1 + v)\left(1 - \alpha u_t + z\right),$$

wobei der konstante Parameter α abbildet, wie stark sich die Arbeitslosenquote auf die Lohnsetzung auswirkt. Wie in Abschnitt 6.1.1 gezeigt, verändern sich μ_P und v im Zeitablauf nur wenig. Dies gilt auch für die durchschnittliche Verhandlungsmacht der Arbeitnehmer, die im Wesentlichen von politischen Rahmenbedingungen abhängt. Daher werden α, μ_P, v und z im Folgenden als kurzfristig konstante **strukturelle Parameter** bezeichnet und haben keinen Zeitindex.

Die Preisentwicklung hängt weiterhin vom Gewinnaufschlag sowie den relativen Ausgaben für importierte Vorprodukte ab. Nun führen aber auch Veränderungen der Preiserwartungen, der Arbeitslosigkeit und der durchschnittlichen Verhandlungsmacht zu Veränderungen der Preise, weil sie die Lohnverhandlungen beeinflussen. Die Produktivitätsentwicklung nimmt hingegen keinen Einfluss mehr auf die Preise, weil sie in den Lohnverhandlungen berücksichtigt wird.

Teilen wir (6.8) durch das Preisniveau der Vorperiode P_{t-1}, so erhalten wir nach einigen Umformungen:

$$1 + \pi_t = \left(1 + \pi_t^e\right)(1 + \mu_P)(1 + v)(1 - \alpha u_t + z)\,.$$

Da für kleine Zahlen x und y sowohl die Approximation $(1 + x)(1 + y) \approx (1 + x + y)$ als auch $\frac{(1+x)}{(1+y)} \approx (1 + x + y)$ anwendbar ist, lässt sich hieraus folgende Phillipskurve ableiten:

$$(6.9) \quad \pi_t = \pi_t^e + (\mu_P + v + z) - \alpha u_t\,.$$

Die aktuelle Inflationsrate hängt demnach von den folgenden Faktoren ab:

- **Die Inflationserwartung π_t^e:** Wenn die Arbeitnehmer eine höhere Inflationsrate erwarten, wollen sie auch höhere Nominallohnsteigerungen durchsetzen, um ihre Kaufkraft zu erhalten und den angestrebten Reallohn zu erreichen. Dies führt zu schneller steigenden Produktionskosten und somit schneller steigenden Preisen. Wenn die Preiserwartungen schneller ansteigen, steigt daher auch das tatsächliche Preisniveau schneller. Es ergibt sich ein **positiver Zusammenhang zwischen erwarteter und tatsächlicher Inflation**.

- **Die Arbeitslosenquote u_t: Je höher die Arbeitslosigkeit, desto schwieriger fällt es den Arbeitnehmern, höhere Löhne durchzusetzen.** Hieraus resultiert bei höherer Arbeitslosigkeit eine niedrigere Inflationsrate.
- **Der Gewinnaufschlag μ_P:** Ein **Anstieg des Gewinnaufschlags führt zu einem Anstieg der Inflationsrate**, weil die Arbeitgeber die Preise erhöhen.
- **Die durchschnittliche Verhandlungsmacht z:** Verbessert sich die von der Arbeitslosigkeit unabhängige Verhandlungsposition der Arbeitnehmer, **steigt auch die Inflationsrate, weil die Lohnforderungen höher ausfallen.**
- **Die relativen Kosten für importierte Vorprodukte v:** Eine **Erhöhung der relativen Ausgaben für importierte Vorprodukte führt zu einer Erhöhung der Inflationsrate**, weil hierdurch die Kosten der Arbeitgeber steigen, die daraufhin ihre Preise erhöhen.

Da die tatsächliche Inflation von der erwarteten beeinflusst wird, kann eine ungerechtfertigte Erhöhung der Inflationserwartung zu einer sich selbst erfüllenden Prophezeiung werden: Wenn die Arbeitnehmer aufgrund falscher Erwartungen höhere Löhne fordern, steigt auch die tatsächliche Inflationsrate und die Erwartungen stellen sich im Nachhinein als richtig heraus. In den Folgeperioden werden die Arbeitnehmer in ihren Lohnverhandlungen nun diese höhere Inflationsrate berücksichtigen, wodurch sich das höhere Inflationsniveau festigt. Ähnliches passiert bei Lohnindexierung, wenn tarifliche Vereinbarungen an die Inflationsrate gekoppelt werden: Jeder Anstieg der Inflationsrate führt dann zu einer dauerhaft höheren Preissteigerungsrate.

6.1.4 Die natürliche Arbeitslosenquote

Zur Motivation der natürlichen Arbeitslosenquote betrachten wir zunächst ein einfaches Beispiel, bei dem wir davon ausgehen, dass die in den Lohnforderungen der Arbeitnehmerinnen berücksichtigte Inflationserwartung der aktuell bekannten Inflationsrate des Vorjahres entspricht. Fällt die Arbeitslosigkeit, werden die Gewerkschaften (unter sonst gleichen Bedingungen) gestärkt in den Arbeitskampf gehen und für einen größeren Einkommensanteil kämpfen, wodurch ein negativer Zusammenhang zwischen Lohnsteigerung und Arbeitslosigkeit entsteht, wie in der ursprünglich von Phillips untersuchten Kurve. Da die Arbeitnehmerinnen eine Erhöhung ihres Einkommensanteils anstreben, verhandeln sie eine Lohnerhöhung, die einen Prozentunkt über der Summe aus Produktvitäts- und Preisanstieg liegt. Unterstellen wir ein durchschnittliches Produktivitätswachstum von 1% und gehen von einer aktuellen Inflationsrate von 2% aus, beträgt die Lohnerhöhung dann 4%. Da die Lohnstückkosten hierdurch um 3% steigen, erhöhen die Unternehmen auch die Preise um 3%, um ihren Gewinnaufschlag und somit ihren Einkommensanteil zu halten.

Solange die Unternehmen die Preise als konstanten prozentualen Aufschlag auf die Kosten setzen, führen die höheren Lohnforderungen nicht zu einem steigenden Reallohn, sondern lediglich zu einer höheren Inflationsrate. Wenn die Inflation dauerhaft ansteigt, werden sich aber auch die Lohnforderungen der Arbeitnehmerinnen entsprechend anpassen. Sobald diese erkennen, dass sich ihr Einkommensanteil nicht erhöht hat, werden sie wieder eine Lohnerhöhung verhandeln, die einen Prozentpunkt über der Summe aus Produktivitäts- und Preisanstieg liegt, um eine relative Einkommensverbesserung zu erzielen. Da die Lohnstückkosten nun um 4% steigen, beträgt die neue Inflationsrate auch 4%. **Es entsteht eine sich selbst verstärkende Spirale aus immer schneller steigenden Löhnen und Preisen, weil die Arbeitnehmerinnen versuchen, mit steigenden Löhnen ihre Position zu verbessern, die Arbeitgeberinnen mit entsprechenden Preissteigerungen aber verhindern, dass sich die Einkommensanteile verändern.**

Damit die Arbeitnehmerinnen ihre Lohnsteigerungen reduzieren, braucht es eine höhere Arbeitslosigkeit. Erst wenn die Lohnforderungen aufgrund der höheren Arbeitslosenquote so weit gesunken sind, dass die daraus resultierende Inflationsrate mit der in den Lohnverhandlungen berücksichtigten erwarteten Inflationsrate übereinstimmt, ist der Teufelskreis aus immer schneller steigenden Löhnen und Preisen durchbrochen. Die Arbeitslosenquote, die mit dieser konstanten Inflationsrate vereinbar ist, repräsentiert die **natürliche Arbeitslosenquote** und lässt sich mit $\pi_t^e = \pi_t$ aus (6.9) ableiten:

$$u_n = \frac{\mu_P + v + z}{\alpha}. \tag{6.10}$$

Die natürliche Arbeitslosenquote wird auch **strukturelle Arbeitslosenquote** genannt, weil sie ausschließlich von den strukturellen Parametern abhängt:

- **u_n steigt mit dem Gewinnaufschlag μ_P,** weil hierdurch der Einkommensanteil der Arbeitnehmerinnen sinkt. Die geringere Lohnquote führt bei gleicher Arbeitslosigkeit aber zu sich selbst verstärkenden Lohn-Preis-Spiralen, weil die Gewerkschaften versuchen werden, ihren Einkommensanteil wieder zu erhöhen. Eine konstante Inflationsrate ist daher nur bei höherer Arbeitslosigkeit durchsetzbar.
- **u_n steigt mit dem Aufschlag für importierte Vorprodukte v,** weil auch hierdurch der Einkommensanteil der Arbeitnehmerinnen sinkt, solange die Unternehmen die Kostensteigerung aufgrund der ausländischen Vorprodukte auf die Arbeitnehmer überwälzen.
- **u_n steigt, wenn die durchschnittliche Verhandlungsmacht der Arbeitnehmerinnen z steigt, weil die Gewerkschaften umso eher versuchen werden, über steigende Löhne einen höheren Einkommensanteil durchzusetzen, je stärker ihre Verhandlungsposition ist.** Um eine sich selbst verstärkende Lohn-Preis-Spirale zu stoppen, müsste die Arbeitslosigkeit entsprechend höher sein, um die Gewerkschaften wieder zu disziplinieren und ihre Verhandlungsposition zu schwächen. Die Arbeitnehmer werden die bisherige Lohnquote nur noch bei höherer Arbeitslosigkeit akzeptieren, wenn ihre durchschnittliche Verhandlungsmacht steigt.
- **u_n steigt, wenn der Einfluss der Arbeitslosenquote auf die Inflationsrate fällt (α).** Je weniger die Arbeitslosenquote bei der Lohnsetzung der Arbeitnehmer berücksichtigt wird, desto höher muss die Arbeitslosenquote sein, die einen fortschreitenden Anstieg der Lohnsteigerungen verhindert.

Da nach (6.10) $\mu + v + z = \alpha u_n$ ist, lässt sich die Phillipskurve umschreiben zu

(6.11) $\pi_t = \pi_t^e - \alpha(u_t - u_n)$.

Folglich steigt die Inflation, wenn die Arbeitslosigkeit unter ihrem natürlichen Niveau liegt ($u_t - u_n < 0$), und fällt im umgekehrten Fall. Nur wenn die Arbeitslosenquote ihrem natürlichen Niveau entspricht, ist die Inflationsrate konstant, weil die in den Lohnforderungen berücksichtigte Inflationserwartung mit der tatsächlichen Inflation übereinstimmt. Die natürliche Arbeitslosenquote wird daher auch die **N**on-**A**ccelerating-**I**nflation-**R**ate-of-**U**nemployment, kurz **NAIRU**, genannt. Es ist die Arbeitslosenquote, bei der die Inflationsrate nicht mehr ansteigt.

Wie schnell sich eine Veränderung der Arbeitslosenquote auf die Inflationsrate auswirkt, hängt entscheidend davon ab, wie sich die erwarteten Preisveränderungen an die tatsächliche Inflationsrate anpassen. Unter **adaptiven Erwartungen** entspricht die Inflationserwartung einem gewichteten Mittel aus der vergangenen Inflation und der Inflationserwartung der Vorperiode:

$$\pi_t^e = \theta \pi_{t-1} + (1 - \theta)\pi_{t-1}^e$$

$$\Leftrightarrow \Delta\pi_t^e \equiv \pi_t^e - \pi_{t-1}^e = \theta\left[\pi_{t-1} - \pi_{t-1}^e\right].$$

Die Arbeitnehmer korrigieren demnach ihre Inflationserwartung, falls diese in der Vergangenheit falsch war. Der Parameter $0 < \theta \leq 1$ gibt dabei an, wie schnell die Arbeitnehmer ihren Erwartungsfehler, $\pi_{t-1} - \pi_{t-1}^e$, berichtigen. Für $\theta = 1$ spricht man von **extrapolativen** Erwartungen und die Inflationserwartung entspricht der Inflation der Vorperiode ($\pi_t^e = \pi_{t-1}$), so wie in dem Beispiel zu Beginn dieses Abschnitts. Unter dieser Voraussetzung hängt die *Veränderung* der aktuellen Inflationsrate von der Differenz aus tatsächlicher und natürlicher Arbeitslosenquote ab:

(6.12) $\Delta\pi_t = \pi_t - \pi_{t-1} = -\alpha(u_t - u_n)$.

Die wohl bedeutendste Schlussfolgerung der NAIRU-Theorie ist, dass sich die **Arbeitslosigkeit nur durch eine Veränderung der strukturellen Faktoren dauerhaft senken lässt**. Jeder Versuch, die Arbeitslosigkeit über eine erhöhte Nachfrage unter das natürliche Niveau zu bringen, wird langfristig lediglich die Inflationsrate steigern, weil die geringere Arbeitslosigkeit zu steigenden Löhnen führt. Zudem muss man eine Phase höherer Arbeitslosigkeit in Kauf nehmen, um eine gestiegene Inflationsrate wieder zu senken.

Abbildung 6.2 zeigt diese Dynamik für eine Phillipskurve mit extrapolativen Erwartungen: $\pi_t = \pi_{t-1} - \alpha\left(u_t - u_n\right)$. PC_0 repräsentiert die Phillipskurve für eine Inflationserwartung von π_0. Die Kurve ist negativ geneigt, weil ein Anstieg der Arbeitslosigkeit zu einem Rückgang der Inflationsrate führt. Entspricht die Arbeitslosenquote ihrem natürlichen Niveau, sind tatsächliche und erwartete Inflation identisch und das Modell befindet sich im Gleichgewicht E_0 (für Equilibrium). Eine Regierung kann mithilfe von expansiver Geld- oder Fiskalpolitik

(Zinssenkungen oder Nettoausgabenerhöhungen) die Arbeitslosigkeit auf ein geringeres Niveau bringen ($u' < u_n$), wodurch die Inflationsrate auf π_1 ansteigt. Solange die Inflationserwartungen der Arbeitnehmer noch der alten Inflationsrate entsprechen $\left(\pi_1^e = \pi_0\right)$, kann ein beliebiger Punkt auf $PC_1 = PC_0$ erreicht und eine höhere Inflationsrate aufgrund der geringeren Arbeitslosigkeit in Kauf genommen werden (Punkt A). Die Arbeitnehmer werden ihre Inflationserwartung in der Folgeperiode jedoch an die gestiegene Inflationsrate anpassen und die Phillipskurve verschiebt sich nach oben. Auf der neuen Phillipskurve PC_2 entspricht die Arbeitslosenquote ihrem natürlichen Niveau, wenn die Inflationsrate der neuen Erwartung $\pi_2^e = \pi_1$ entspricht. Bei einer Arbeitslosenquote in Höhe von u_1 wird die tatsächliche Inflation auf π_2 steigen (Punkt B), weil die Arbeitnehmer den vorangegangenen Anstieg der Inflationsrate in ihren Lohnverhandlungen berücksichtigen.

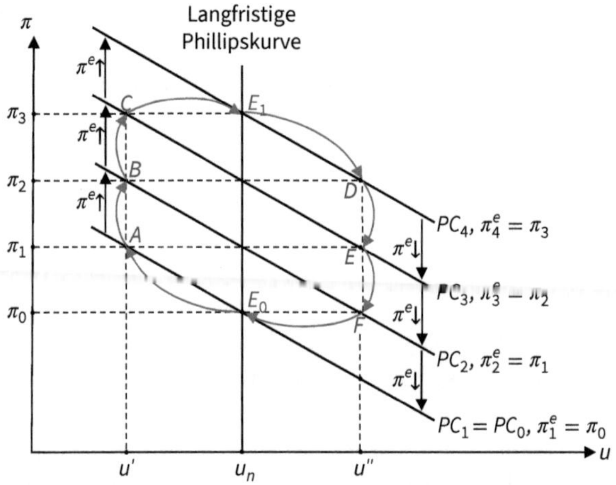

Numerisches Beispiel für
$\pi_t = \pi_t^e - 0{,}5(u_t - 0{,}05)$

	t	u_t	$u_t - u_n$	π_t^e	π_t
E_0	0	5%	0%	2%	2%
A	1	3%	-2%	2%	3%
B	2	3%	-2%	3%	4%
C	3	3%	-2%	4%	5%
E_1	4	5%	0%	5%	5%
D	5	7%	2%	5%	4%
E	6	7%	2%	4%	3%
F	7	7%	2%	3%	2%
E_0	8	5%	0%	2%	2%

Abb. 6.2: Inflationsdynamik bei Phillipskurve mit natürlicher Arbeitslosenquote.
Anmerkungen: Die Erwartungen werden extrapolativ gebildet, $\pi_t^e = \pi_{t-1}$, sodass die Phillipskurve durch $\pi_t = \pi_{t-1} - \alpha\left(u_t - u_n\right)$ gegeben ist.
Quelle: Eigene Darstellung.

Da die tatsächliche Inflation (π_2) aber weiterhin über der erwarteten (π_1) liegt, werden die Arbeitnehmer ihre Inflationserwartungen in der nächsten Lohnverhandlung ein weiteres Mal revidieren ($\pi_3^e = \pi_2$). Solange die Arbeitslosenquote unter ihrem natürlichen Niveau liegt, verschiebt sich die Phillipskurve also immer weiter nach oben ($PC_2 \rightarrow PC_3 \rightarrow PC_4 \rightarrow \cdots$). Erst wenn die Arbeitslosigkeit aufgrund einer restriktiveren Geld- oder Fiskalpolitik wieder auf das natürliche Niveau gestiegen ist, stabilisiert sich die Preisdynamik, weil die tatsächliche Inflationsrate wieder ihrer Erwartung entspricht. In der Abbildung entschließt sich die Regierung, nach 3 Perioden den Anstieg der Inflationsrate durch eine restriktivere Politik zu stoppen, welche die Arbeitslosigkeit wieder auf ihr natürliches Niveau erhöht (in Punkt E_1 bei einer Inflationsrate von π_3). Die wirtschaftspolitischen Maßnahmen zur Senkung der Arbeitslosigkeit hatten langfristig keinen Erfolg und haben lediglich die Inflationsrate erhöht.

Um die Inflationsrate zu reduzieren, müssen die Inflationserwartungen wieder gesenkt werden. Hierzu muss mittels einer restriktiven Geld- oder Fiskalpolitik eine **Überschussarbeitslosigkeit** ($u'' > u_n$) erzeugt werden, damit zunächst die tatsächliche Inflationsrate und im Anschluss die Erwartungen fallen. Bei höherer Arbeitslosigkeit fallen die Lohnsteigerungen geringer aus und die Inflationsrate sinkt zunächst wieder auf π_2. Wenn die Arbeitnehmer realisieren, dass die tatsächliche Inflation gesunken ist, passen sie ihre Erwartungen nach unten an, was zu einer Rückverschiebung der Phillipskurve auf PC_3 führt. Die Überschussarbeitslosigkeit wird im Anschluss gehalten bis sich die Phillipskurve sukzessive in ihre Ausgangslage zurückverschoben hat ($PC_4 \rightarrow PC_3 \rightarrow PC_2 \rightarrow PC_1$) und die gewünschte Zielinflationsrate wieder erreicht ist. Nun können Regierung und Zentralbank die restriktive Politik beenden und zu einer Geld- und Fiskalpolitik unter der »natürlichen« Auslastung der Wirtschaft zurückkehren. **Gemäß der NAIRU-Theorie besteht der Konflikt zwischen Arbeitslosigkeit und Inflation daher nur kurzfristig und die langfristige Phillipskurve verläuft vertikal auf Höhe der natürlichen Arbeitslosenquote.**[93]

Kernpunkte Kapitel 6.1

- Folgen die Preise einem Aufschlag auf die variablen Durchschnittskosten, steigt die **Inflationsrate**, wenn die **Löhne im Verhältnis zur Produktivität** (Lohnstückkosten), die **Gewinnaufschläge** der Unternehmen oder die **relativen Preise ausländischer Vorprodukte** steigen. **Die prozentuale Veränderung der Lohnstückkosten (Verhältnis der Löhne zur Produktivität) ist ein guter Inflationsindikator.**
- **Lohnpolitik** im engeren Sinne beschreibt Richtlinien über die Lohnentwicklung und nimmt Einfluss auf die Preisentwicklung. **Steigen die Löhne mit Produktivität und Zielinflationsrate (goldene Regel der Lohnpolitik)**, wird bei konstanten Gewinnaufschlägen und unveränderten relativen Preisen für importierte Vorprodukte die Inflationsrate auf ihrem Zielwert stabilisiert.
- **Flächendeckende Tarifverträge** können helfen, eine solche Lohnentwicklung herbeizuführen. Zudem können sie einen Wettbewerb um sinkende Löhne verhindern und durch einen Wettbewerb um Innovationen ersetzen.
- Den negativen Zusammenhang zwischen Lohnänderungen (bzw. Inflation) und Arbeitslosigkeit bezeichnet man als **Phillipskurve**.
- Nach der Theorie der **natürlichen Arbeitslosenquote** führt eine Erhöhung der Nachfrage, die die Arbeitslosenquote unter ihr natürliches Niveau senkt, zu dauerhaft steigenden Inflationsraten. Die natürliche Arbeitslosenquote beschreibt daher die Quote, bei der die **Inflationsrate konstant** ist, und wird auch als **N**on-**A**ccelerating-**I**nflation-**R**ate-of-**U**nemployment, kurz **NAIRU** bezeichnet.
- Gemäß der NAIRU-Theorie können Geld- und Fiskalpolitik die Arbeitslosigkeit nicht dauerhaft unter ihr natürliches Niveau senken, ohne stetig steigende Inflationsraten zu erzeugen. **Ausschließlich strukturelle Maßnahmen** sind in der Lage, die natürliche Arbeitslosenquote langfristig zu reduzieren.

93 Dies ist das Standardbeispiel der sogenannten **Lucas-Kritik.** Lucas (1976) zeigt in einer formalen Analyse, dass das optimale Verhalten des Privatsektors von der Wirtschaftspolitik abhängt und schlussfolgert, dass sich aus geschätzten Beziehungen der Vergangenheit nur sehr eingeschränkt Politikempfehlungen für die Zukunft ableiten lassen. Sobald die Politik gewillt ist, eine höhere Inflationsrate in Kauf zu nehmen, um die Arbeitslosigkeit zu senken, bricht der bekannte Zusammenhang zwischen Arbeitslosigkeit und Inflation zusammen, weil die Löhne der Arbeitnehmerinnen immer stärker ansteigen.

6.2 Das IS-PC-MR-Modell

Die Theorie der natürlichen (gleichgewichtigen) Arbeitslosenquote stellt die wichtigste theoretische Grundlage für die konventionelle Geldpolitik dar. Steigende Inflationsraten aufgrund einer zu niedrigen Arbeitslosenquote werden mit höheren Zinsen bekämpft, während bei fallenden Inflationsraten niedrigere Zinsen die Beschäftigung anregen sollen, um die Preisentwicklung wieder auf ihr Zielniveau zu heben. Zur Analyse dieser geldpolitischen Strategie wird im Folgenden ein Modell entwickelt, das paradigmatisch einer modernen Form der **neoklassischen Synthese** entspricht. Die Synthese besteht darin, dass kurzfristig keynesianisch geprägte Effekte möglich sind, weil die Produktion von der Nachfrage abhängt, langfristig aber immer ein Gleichgewicht erreicht wird, das lediglich von strukturellen Faktoren beeinflusst wird, wie es in der Neoklassik üblich ist. Die formalen Grundlagen heutiger State-of-the-Art-Modelle neukeynesianischer Art sind zwar wesentlich komplexer, die Dynamik sowie die Schlussfolgerungen des folgenden Modells sind aber sehr ähnlich:[94]

- Geld- und Fiskalpolitik haben nur in der kurzen Frist Einfluss auf Produktion und Beschäftigung. Expansive Maßnahmen erhöhen in der langen Frist lediglich die Inflationsrate.
- Um die Inflationsrate zu stabilisieren, muss eine Zentralbank die Zinsen derart beeinflussen, dass die Produktion mit ihrem natürlichen Niveau übereinstimmt.

Wie die State-of-the-Art-Modelle auch besteht das folgende **IS-PC-MR**-Modell im Wesentlichen aus drei Gleichungen: einer **IS**-Kurve, einer Phillipskurve (**PC**) und einer geldpolitischen Reaktionsfunktion (**M**onetary **R**ule). Letztere sollte nicht mit einer Geld*mengen*regel verwechselt werden. Die geldpolitische Reaktionsfunktion beschreibt, wie die Zentralbank den *Zins* setzen sollte, um ihre Ziele bestmöglich zu erreichen. Da die IS-Kurve den Einfluss des Realzinses auf die Produktion (und nicht die Arbeitslosigkeit) beschreibt, wird auch die Phillipskurve in Abhängigkeit der Produktion formuliert.

6.2.1 Das natürliche Produktionsniveau

Produktivitätssteigerungen führen dazu, dass eine Volkswirtschaft bei gleichem Arbeitskräfteeinsatz mehr produzieren kann, beeinflussen also die *langfristige* Entwicklung. Da die konventionelle Geldpolitik lediglich darauf abzielt, *kurzfristige* Schwankungen von Inflation und Arbeitslosigkeit um einen gleichgewichtigen Wachstumspfad zu stabilisieren, wird die Entwicklung der Produktivität sowie des Kapitalstocks (produktives Sachvermögen) in den geldpolitischen Modellanalysen üblicherweise vernachlässigt.

Abbildung 6.3 zeigt grafisch den Unterschied zwischen der langfristigen Entwicklung, die man als **Wachstum** bezeichnet, und den kurzfristigen Schwankungen, die man **Konjunktur** nennt. Im oberen Teil ist links eine hypothetische Zeitreihe für das reale BIP (Y_t) zu sehen. Der Pro-

94 Eine ausführlichere Herleitung findet man z. B. in Carlin & Soskice (2006).

duktionsindex schwankt um einen Wachstumspfad. Rechts daneben ist die Entwicklung in eine lineare Wachstumskomponente (Y_t^{Trend}) sowie die kurzfristigen Schwankungen um den langfristigen Trend zerlegt. Der langfristige Trend wird als **gleichgewichtiger** Produktionspfad interpretiert. Befindet sich die Volkswirtschaft auf diesem Pfad, entspricht die Arbeitslosigkeit ihrem natürlichen Niveau. Die Konjunkturkomponente des realen BIP nennt man auch **Produktionslücke** (im Englischen »output gap«). Sie entspricht den Abweichungen der tatsächlichen Entwicklung vom Trend ($Y_t - Y_t^{Trend}$) und zeigt, wie sehr sich eine Volkswirtschaft von ihrem Gleichgewichtspfad entfernt hat. Eine steigende (bzw. fallende) Produktionslücke stellt einen Aufschwung (bzw. Abschwung) dar. Eine positive Lücke verbindet man mit einem wirtschaftlichen Boom, eine negative mit einer Schwächephase.[95]

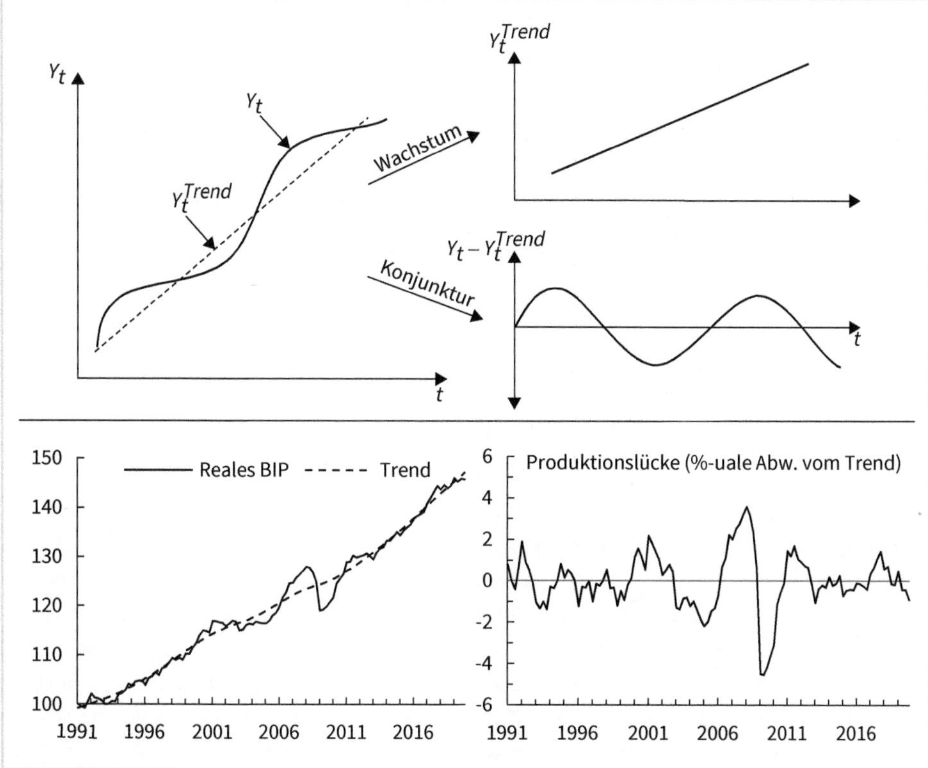

Abb. 6.3: Wachstum und Konjunktur.
Anmerkungen: *Reales BIP:* Preisbereinigtes Bruttoinlandsprodukt in Deutschland (Quartalsdaten von 1991, 1. Quartal, bis 2019, 4. Quartal), *Trend:* Trendkomponente des realen Bruttoinlandsprodukts (berechnet mit einem HP-Filter, λ=1600), *Produktionslücke:* prozentuale Abweichungen des realen Bruttoinlandsprodukts vom Trend.
Quelle: Statistisches Bundesamt; eigene Berechnungen und eigene Darstellung.

95 Häufig wird eine negative Produktionslücke als Rezessionen bezeichnet. Statistikämter definieren als Rezessionen jedoch nur Phasen, in denen das reale BIP für eine gewisse Zeit sinkt. Eine negative Produktionslücke kann aber auch bei weiterhin positiver Wachstumsrate des realen BIP auftreten.

Übersteigt das reale BIP seinen Trendpfad, ist die Produktionslücke positiv und die Arbeitslosigkeit fällt unter ihr natürliches Niveau. Die Preise drohen nun schneller zu steigen und die Zentralbank sollte mit einer Zinserhöhung die wirtschaftliche Entwicklung abbremsen. Wenn sich das reale BIP hingegen unterhalb seines Trendpfades befindet, ist die Produktionslücke negativ und die Arbeitslosigkeit übersteigt ihr natürliches Niveau. Da die Inflationsrate fällt, sollte die Zentralbank nun mit geringeren Zinsen versuchen, die wirtschaftliche Entwicklung zu unterstützen.

Zur Trendbereinigung volkswirtschaftlicher Kenngrößen wird i.d.R. kein linearer, sondern ein flexibler Trend unterstellt. Viele exogene Größen beeinflussen schließlich die langfristige Entwicklung. Veränderungen politischer Rahmenbedingungen, wie die Gestaltung des Arbeitsmarktes, oder weitreichende Innovationen, wie die Erfindung der Elektrizität oder der künstlichen Intelligenz, können z.B. Gründe dafür sein, dass sich die gleichgewichtige Wachstumsrate einer Volkswirtschaft ändert. Um den Trend einer volkswirtschaftlichen Kenngröße zu berechnen, werden daher häufig komplizierte statistische Verfahren verwendet, mit denen man versucht, einen Kompromiss zwischen einem gleichmäßigen, aber dennoch flexiblen Trend zu finden. Das beliebteste Verfahren stellt der nach den Ökonomen Hodrick und Prescott benannte HP-Filter dar (Hodrick & Prescott, 1997). Dieser erzeugt die Trendzeitreihe Y_t^*, die das folgende Minimierungsproblem löst:

$$\min_{\{Y_t^*\}} \underbrace{\sum_{t=1}^{T} \left(Y_t - Y_t^*\right)^2}_{\text{flexibler Trend}} + \underbrace{\lambda \sum_{t=2}^{T-1} \left[\overbrace{\left(Y_{t+1}^* - Y_t^*\right)}^{\Delta Y_{t+1}^*} - \overbrace{\left(Y_t^* - Y_{t-1}^*\right)}^{\Delta Y_t^*} \right]^2}_{\text{gleichmäßiger Trend}} .$$

Die erste Summe stellt die quadratischen Abweichungen des Trends von der tatsächlichen Zeitreihe dar. Würde man nur diese Abweichungen minimieren, würde der gesuchte Trend der tatsächlichen Zeitreihe entsprechen ($Y_t^* = Y_t$). Die zweite Summe stellt die quadratischen Abweichungen der Veränderungen des Trends im Vergleich zur Vorperiode dar. Würde man nur diesen Teil minimieren, wäre das Ergebnis eine konstante Veränderung, also ein linearer Trend, wie im obigen Teil der Abbildung 6.3. Der Parameter λ gewichtet die beiden Ziele (gleichmäßiger vs. flexibler Trend). Für $\lambda = 0$ entspräche die Trendzeitreihe der tatsächlichen Entwicklung und für $\lambda \to \infty$ ergäbe sich ein linearer Trend. In der Wissenschaft hat sich für Quartalsdaten der Wert $\lambda = 1600$ durchgesetzt. Im unteren Teil der Abbildung sind Quartalsdaten des deutschen preisbereinigten BIP mithilfe eines HP-Filters in Wachstumskomponente und Produktionslücke zerlegt worden. Letztere wird nicht in absoluten, sondern prozentualen Abweichungen vom Trend gezeigt.

Um die Phillipskurve aus (6.11) mit dem Produktionsniveau zu verbinden, lässt sich der Zusammenhang zwischen Arbeitslosigkeit und Produktion nutzen. Sei U die Anzahl der Arbeitslosen und L die Anzahl der Erwerbsfähigen, dann gilt für die Arbeitslosenquote folgender Zusammenhang:

(6.13) $$u = \frac{U}{L} = \frac{L - N}{L} = 1 - \frac{N}{L} = 1 - \frac{Y}{AL},$$

wobei im letzten Schritt $Y = AN$ genutzt wurde. Für eine gegebene Erwerbsbevölkerung und bei gegebener Produktivität besteht also ein negativer Zusammenhang zwischen Arbeitslosenquote und Produktion: Steigt die Produktion, werden mehr Menschen eingestellt und die Arbeitslosigkeit sinkt. Dementsprechend gibt es ein **natürliches Produktionsniveau** Y_n, zu dem die Arbeitslosenquote ihrem natürlichen Niveau entspricht:

$$u_n = 1 - \frac{Y_n}{AL}$$

$$\Leftrightarrow Y_n = AL(1 - u_n) = AL\left(1 - \frac{\mu_P + v + z}{\alpha}\right) = AL\left(\frac{\alpha - \mu_P - v - z}{\alpha}\right). \tag{6.14}$$

Die Gleichung zeigt, dass das natürliche Produktionsniveau sowohl von den strukturellen Arbeitsmarktfaktoren μ_P, v, z und α abhängt wie auch von der Produktivität und der Erwerbsbevölkerung. Ein stetiger Anstieg der Produktivität führt bei gleichem Arbeitskräfteeinsatz zu einem stetigen Anstieg des natürlichen Produktionsniveaus, wie in der Wachstumskomponente des BIP. Ebenso erhöht bei gleicher Produktivität ein Anstieg des Arbeitskräfteeinsatzes das natürliche Produktionsniveau. Da die konventionelle Geldpolitik lediglich auf die kurzfristige Konjunkturkomponente des BIP reagiert und daher auch als **Konjunkturpolitik** bezeichnet wird, kann in der Modellanalyse von Änderungen der Produktivität oder der Erwerbsbevölkerung abstrahiert und AL auf eins normiert werden.

Um die Arbeitslosenquote in (6.11) mit dem Produktionsniveau auszutauschen, setzen wir (6.13) und (6.14) mit $AL = 1$ in die Phillipskurve ein:

$$\pi = \pi^e + \alpha(Y - Y_n).$$

Die Interpretation der neuen Phillipskurvenvariante hat sich durch die Umformung nicht geändert: Ist die Produktion größer als ihr natürliches Niveau $(Y > Y_n \Rightarrow Y - Y_n > 0)$, so liegt die Arbeitslosenquote unterhalb ihres natürlichen Niveaus und die Inflationsrate steigt. Ist die Produktion geringer als ihr natürliches Niveau, liegt die Arbeitslosenquote über ihrem natürlichen Niveau und die Inflationsrate sinkt. Weil der Zusammenhang zwischen Produktion und Arbeitslosigkeit negativ ist, verläuft die Phillipskurve in einem Diagramm mit Y auf der x-Achse und π auf der y-Achse nun aber steigend, weil ein Anstieg der Produktion die Inflationsrate tendenziell erhöht.

6.2.2 Grundlagen des Modells

Wir gehen im Folgenden davon aus, dass die Zentralbank die aktuelle Produktion über den Einfluss des Übernachtzinses auf die Kreditzinsen perfekt bestimmen kann und verwenden der Einfachheit halber die Produktion als Instrument der Geldpolitik. Später werden wir eine Reaktionsfunktion der Zentralbank herleiten, die ihr Zinssetzungsverhalten in Abhängigkeit von

Inflation und Produktionslücke beschreibt. Zudem wird vereinfachend von dem Zins gesprochen, wenn die Zentralbank mit ihren verschiedenen Zinsen das Niveau der Kreditzinsen bestimmt.

Die Zentralbank verfolgt zwei Ziele: Sie möchte die Inflationsrate auf dem gewünschten Zielniveau π^* sowie die Produktion auf ihrem natürlichen Niveau stabilisieren. Die beiden Ziele erzeugen regelmäßig einen Konflikt: Um eine zu hohe Inflationsrate zu reduzieren, muss die Produktion temporär unter ihrem natürlichen Niveau liegen und somit eine höhere Arbeitslosigkeit in Kauf genommen werden. Wie drastisch die Zentralbank auf einen Anstieg der Inflation reagiert – wie sehr sie also bereit ist, einen Anstieg der Arbeitslosigkeit zur Senkung der Inflationsrate zu akzeptieren –, hängt davon ab, wie die beiden Ziele gewichtet sind. In der folgenden Verlustfunktion L (für Loss) wird diese Gewichtung durch den Parameter β repräsentiert:

$$L = \underbrace{(Y - Y_n)^2}_{\text{Produktionsziel}} + \beta \underbrace{(\pi - \pi^*)^2}_{\text{Inflationsziel}} .$$

Der erste Term der Verlustfunktion stellt die quadratischen Abweichungen der Produktion vom Zielniveau dar, während der zweite Term die quadratischen Abweichungen der Inflationsrate vom Zielwert repräsentiert. Positive wie negative Abweichungen vom Produktions- und Inflationsziel werden demnach gleichermaßen als Verluste gewertet. Gründe für eine niedrige, aber positive Inflationsrate wurden bereits in Abschnitt 2.2.1 dargestellt. Warum aber sollte eine Zentralbank etwas gegen ein Produktionsniveau haben, das über dem natürlichen Niveau liegt? Der Grund ist, dass die damit verbundene Arbeitslosenquote unter ihrem natürlichen Niveau liegt, was zukünftig zu steigenden Inflationsraten führt.

Der Gewichtungsparameter β bildet den Grad der Inflationsaversion der Zentralbank ab. Je höher der β-Wert, desto stärker gehen Abweichungen der Inflationsrate von ihrem Zielwert in die Verlustfunktion ein. Für $\beta \rightarrow \infty$ hat das Produktionsziel keine Bedeutung mehr und die Zentralbank wäre bereit, jede Abweichung der Produktion von ihrem Zielwert zu akzeptieren, um die Inflationsrate auf ihr Zielniveau zu bringen. Für $\beta = 0$ zählt ausschließlich das Produktionsziel und die Zentralbank würde jede Inflationsrate in Kauf nehmen, die zu einer Rückkehr der Produktion zu ihrem natürlichen Niveau führt. Abbildung 6.4 illustriert den Einfluss von β auf die Verlustfunktion. Zu jeder Verlusthöhe gibt es eine Höhenlinie, die eine Ellipse um den Punkt $\left(Y_n, \pi^*\right)$ darstellt. Da alle Punkte auf dieser Ellipse mit dem gleichen Verlust verbunden sind, ist die Zentralbank indifferent zwischen den verschiedenen Punkten auf einer Ellipse, weshalb die Ellipsen auch als **Indifferenzkurven** bezeichnet werden. Je weiter eine Indifferenzkurve vom Punkt $\left(Y_n, \pi^*\right)$ entfernt ist, desto höher ist der Verlust, der durch die Ellipse repräsentiert wird.

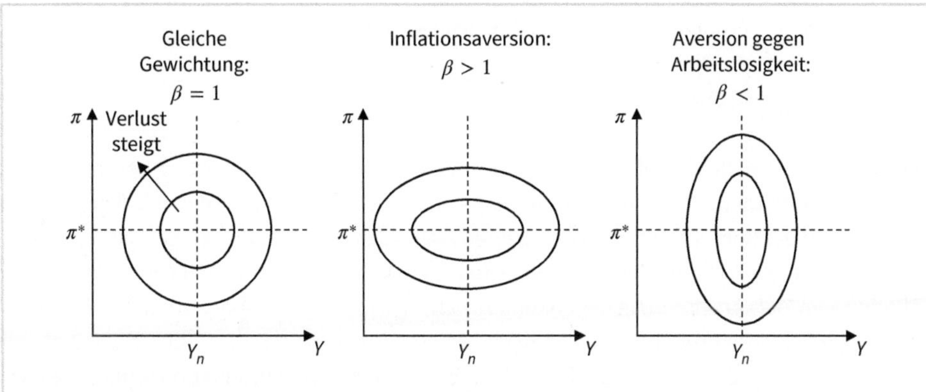

Abb. 6.4: Verlustellipsen der Zentralbank.
Quelle: Eigene Darstellung in Anlehnung an Carlin & Soskice (2006, S. 143).

Für $\beta = 1$ werden beide Ziele der Zentralbank gleich gewichtet und die Indifferenzkurven stellen Kreise dar. Sollte $\beta > 1$ sein, wird das Inflationsziel höher gewichtet als das Produktionsziel. Die Bereitschaft, eine Abweichung der Produktion vom Gleichgewicht in Kauf zu nehmen, um die Inflationsrate zu stabilisieren, ist nun größer und die Ellipsen sind in einem (Y,π)-Koordinatensystem gestaucht. Sollte hingegen $\beta < 1$ sein, wird das Produktionsziel höher gewichtet als das Inflationsziel und die Bereitschaft, eine Abweichung der Inflationsrate vom Zielniveau in Kauf zu nehmen, um die Produktion zu stabilisieren, ist größer. Die Ellipsen sind dementsprechend gestreckt.

Die Zentralbank kann die Kombination von Inflation und Produktion nicht völlig frei wählen, da die Kombination mit der augenblicklichen Lage der Phillipskurve vereinbar sein muss. Um den für ihre Präferenzen optimalen Kompromiss zwischen Produktions- und Inflationsziel zu finden, minimiert die Zentralbank ihre Verlustfunktion unter Berücksichtigung der Phillipskurve als Nebenbedingung:

$$\min_{\{Y\}} (Y - Y_n)^2 + \beta(\pi - \pi^*)^2$$

unter der Nebenbedingung

$$\pi = \pi^e + \alpha(Y - Y_n).$$

Das Produktionsniveau, das den Verlust der Zentralbank minimiert, wird dann durch eine entsprechende Zinssetzung über den Einfluss auf die Investitionen erreicht und impliziert (über die Phillipskurve) ein entsprechendes Inflationsniveau. Setzen wir die Phillipskurve in die Zielfunktion ein, erhalten wir ein unrestringiertes Optimierungsproblem:

$$\min_{\{Y\}} (Y - Y_n)^2 + \beta\Big(\underbrace{\pi^e + \alpha(Y - Y_n)}_{\pi} - \pi^*\Big)^2.$$

Die Lösung dieses Problems ergibt das optimale Produktionsniveau:

(6.15) $(Y - Y_n) = -\alpha\beta(\pi - \pi^*) \Leftrightarrow Y = Y_n - \alpha\beta(\pi - \pi^*)$.

Gleichung (6.15) stellt die geldpolitische Regel (MR) der Zentralbank dar und beschreibt den optimalen Kompromiss zwischen Produktions- und Inflationsziel für ihre durch β gegebenen Präferenzen. Der Konflikt zwischen den beiden Zielen der Zentralbank besteht darin, die Produktionslücke $(Y - Y_n)$ zu wählen, die man in Kauf zu nehmen bereit ist, um die Abweichung der Inflation vom Zielwert $(\pi - \pi^*)$ in der Zukunft zu verringern. Die Zentralbank setzt den Zins dann so, dass genau diese Produktionslücke realisiert wird. Sollte die Inflation über ihrem Zielwert liegen $(\pi > \pi^*)$, wird die Zentralbank den Zins so wählen, dass die Produktion unter ihrem natürlichen Niveau liegt $(Y < Y_n)$, da sie so die Inflationsrate reduzieren kann.

Wenn β steigt, ist die Präferenz für das Inflationsziel größer und man wird eine höhere Produktionslücke akzeptieren, um die Inflation zu stabilisieren. Sollte α steigen, verläuft die Phillipskurve steiler. Der Konflikt zwischen Inflations- und Produktionsstabilisierung hat sich aus Sicht der Zentralbank also verbessert, weil eine Veränderung der Produktion nun einen größeren Effekt auf die Inflationsrate hat. Die Zentralbank wird daher stärker auf Abweichungen der Inflation von ihrem Zielwert $(\pi - \pi^*)$ reagieren, weil die Inflationsvermeidung nun mit geringeren Kosten (in Form von höherer Arbeitslosigkeit) verbunden ist. Der geringere Verlust aufgrund der schnelleren Rückkehr der Inflation zu ihrem Zielwert überwiegt den höheren Verlust aufgrund der größeren Produktionslücke.

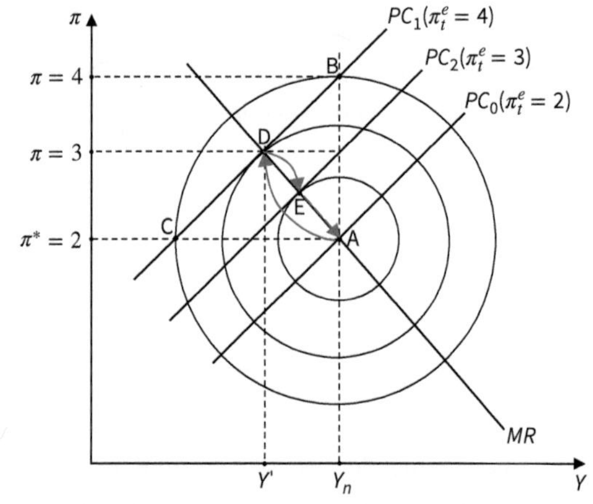

Abb. 6.5: Grafische Lösung des Modells.
Quelle: Eigene Darstellung in Anlehnung an Carlin & Soskice (2006, S. 144/145).

Abbildung 6.5 zeigt die grafische Lösung des Modells. Gehen wir von einer Zielinflation von 2 % aus, so stellt der Punkt *A* das Gleichgewicht des Modells dar: Die Produktion entspricht ihrem natürlichen Niveau ($Y = Y_n$) und Inflation und Inflationserwartungen entsprechen der Zielinflation ($\pi^e = \pi = \pi^*$). Die Kreise um dieses Gleichgewicht repräsentieren die Verlustellipsen der Zentralbank. Für $\pi^e = \pi^*$ entspricht die Lage der Phillipskurve PC_0.

Betrachten wir nun eine Situation, in der die Inflationserwartung $\pi^e = 4\%$ beträgt und die Lage der Phillipskurve von PC_1 repräsentiert wird. Die Zentralbank kann durch eine entsprechende Zinssetzung die Produktion beeinflussen und für die gegebene Inflationserwartung von 4% die tatsächliche Inflation bestimmen. Sie könnte z. B. den Punkt *B* auf PC_1 wählen. Die Produktion wäre dann im Gleichgewicht, die Inflationsrate würde aber dauerhaft zwei Prozentpunkte über ihrem Zielniveau liegen. Sie könnte auch den Punkt *C* wählen, in dem die Inflationsrate ihrem Zielniveau entspricht, die Produktion aber sehr deutlich unter dem natürlichen Niveau liegt und die Arbeitslosigkeit entsprechend hoch wäre. Da beide Punkte auf der gleichen Verlustellipse liegen, ist die Zentralbank zwischen diesen beiden Punkt indifferent. Alle Punkte auf der Phillipskurve zwischen *B* und *C* weisen aber einen geringeren Verlust auf, weil sie auf Ellipsen liegen, die näher am angestrebten Punkt *A* liegen. Der Punkt mit dem geringsten Verlust, den die Zentralbank gerade noch erreichen kann, ist der Punkt *D*. Hier entspricht die Steigung der Phillipskurve gerade der Steigung der Verlustellipse, wie auch die Optimalitätsbedingung (6.15) erfordert, wenn man sie umformt:

$$\alpha = \underbrace{-\frac{(Y - Y_n)}{\beta(\pi - \pi^*)}}_{\text{Steigung der Verlustellipse}} .$$

Da in Punkt *D* die Produktion unter ihrem natürlichen Niveau liegt ($Y' < Y_n$), steigt die Inflationsrate trotz Inflationserwartungen von 4% lediglich auf 3%. Da sich die Inflationserwartungen in der Folge an die geringere Inflationsrate anpassen, verschiebt sich die Phillipskurve nach unten. Unterstellen wir extrapolative Erwartungen, entspricht die Inflationserwartung der nächsten Periode gerade $\pi^e = 3\%$. Die verlustminimierende Kombination aus Inflation und Produktion wird nun im Punkt *E* erreicht. In der Folgeperiode wird sich die Phillipskurve weiter nach unten verschieben, da die Erwartungen sich erneut an die gesunkene tatsächliche Inflationsrate anpassen. **Die Gerade MR verbindet die optimalen Punkte und repräsentiert die optimale Reaktionsfunktion der Zentralbank. Sie beschreibt den Anpassungspfad der Volkswirtschaft, der nach einer Abweichung vom Gleichgewicht eingeschlagen wird.**

6.2.3 Erweiterung um eine IS-Kurve

In der bisherigen Darstellung wurde auf eine explizite Betrachtung der Zinsen verzichtet und vereinfacht angenommen, dass die Zentralbank die Produktionslücke steuern kann. Im Folgenden wird das Modell nun um eine IS-Kurve erweitert, die den Zusammenhang zwischen Produktion, Zinsen und erwarteter Inflation darstellt. Mithilfe dieser Beziehung lässt sich die optimale Zinsreaktion der Zentralbank herleiten, da für gegebene Inflationserwartungen die IS-Kurve die für die Zentralbank optimale nominale Zinshöhe bestimmt. Wir gehen dabei vereinfachend davon aus, dass die Zentralbank den kurzfristigen Kreditzins durch Beeinflussung des Interbankenzinses perfekt steuern kann und setzen den Zentralbankzins im Folgenden mit dem für die Investitionen relevanten Kreditzins gleich.

Um den Zusammenhang zwischen Produktion, Nominalzins und Inflationserwartungen zu verstehen, werden wir zunächst den Unterschied zwischen nominalen und realen Zinsen analysieren. **Nominalzinsen** sind Zinsen, die **in einer Währungseinheit** (z. B. Euro oder Dollar) ausgedrückt werden. **Realzinsen** stellen dagegen Zinsen dar, die **in Einheiten eines Warenkorbs** ausgedrückt werden, so wie der Reallohn die Kaufkraft des Nominallohns abbildet. Da Zinsen über einen Zeitraum gezahlt werden, muss bei der Preisbereinigung von Zinsen jedoch nicht der aktuelle Preis, sondern die (erwartete) Preisveränderung berücksichtigt werden.

Eine Kreditnehmerin, die sich heute für ein Jahr 100 Euro zu einem Zins von 5% leiht, muss in einem Jahr 105 Euro zurückzahlen. Sie kann sich mit dem Kredit heute zusätzliche Güter im Wert von 100 Euro kaufen. Auf wie viele Güter sie im kommenden Jahr verzichten muss, wenn sie den Kredit zurückzahlt, hängt jedoch von der Inflationsrate ab:

- Bei einer Inflation von 5% kosten die Güter, die die Kreditnehmerin heute zusätzlich erwerben kann, im nächsten Jahr 105 Euro. Sie muss im nächsten Jahr auf genauso viele Güter verzichten, wie sie heute zusätzlich kaufen kann. In realen Gütereinheiten gerechnet zahlt sie also gar keinen Zins. Der Realzins beträgt null.
- Bei einer Inflation von 2% kosten die Güter im kommenden Jahr nur 102 Euro. Die Kreditnehmerin muss im nächsten Jahr auf ca. 3% mehr Güter verzichten, als sie heute zusätzlich kaufen kann: 105/102 – 1 ≈ 3%. Der Realzins beträgt daher 3%.
- Bei einer Inflation von 8% kosten die Güter im kommenden Jahr sogar 108 Euro. Die Kreditnehmerin müsste im kommenden Jahr daher auf ca. 3% weniger Güter verzichten, wie sie heute zusätzlich kaufen kann: 105/108 – 1 ≈ -3%. Der Realzins beträgt nun -3%.

Für die Kreditnehmerin bestimmt zum Zeitpunkt der Kreditaufnahme der Nominalzins sowie die erwartete Preisentwicklung, auf wie viele Gütereinheiten sie erwartet, in Zukunft verzichten zu müssen, um den Kredit zurückzuzahlen. Tabelle 6.2 verallgemeinert das obige Beispiel und zeigt, dass der Zusammenhang zwischen Realzins r_t und Nominalzins i_t durch folgende Gleichung gegeben ist:

$$1 + r_t = (1 + i_t)\frac{P_t}{P^e_{t+1}} \Leftrightarrow r_t \approx i_t - \pi^e_{t+1}.$$

Wenn der Nominalzins und die erwartete Inflationsrate nicht zu groß sind, kann der Realzins durch die Differenz zwischen dem Nominalzins und der erwarteten **Inflationsrate** approximiert werden (sogenannte **Fisher-Gleichung**).

Nominale Berechnung (in Währungseinheiten)		
Kredit:	Heute (t): $100\,€$	Rückzahlung in einem Jahr ($t+1$): $(1 + i_t)100\,€$
Nominalzins (i_t):	$\frac{(1 + i_t)100\,€}{100\,€} - 1$	
Reale Berechnung (in Gütereinheiten)		
Kaufkraft:	Heute (t): $\frac{100\,€}{P_t}$	Rückzahlung in einem Jahr ($t+1$): $\frac{(1 + i_t)100\,€}{P^e_{t+1}}$
Realzins (r_t):	$\frac{(1 + i_t)100\,€/P^e_{t+1}}{100\,€/P_t} - 1 = (1 + i_t)\frac{P_t}{P^e_{t+1}} - 1$	

Tab. 6.2: Reale und nominale Zinsen.
Quelle: Eigene Darstellung.

Da der Realzins anzeigt, auf wie viele zusätzliche Güter eine Kreditnehmerin bei Rückzahlung eines Kredits verzichten muss, nimmt er Einfluss auf die private Investitionstätigkeit. Wenn die Inflationserwartungen steigen, fällt der Realzins und ein Unternehmen wird tendenziell eher bereit sein, einen Kredit aufzunehmen, weil das Geld bei der Rückzahlung des Kredits eine geringere Kaufkraft hat. Aus Unternehmersicht bedeuten höhere Preise zudem höhere Erlöse, wodurch sich Kredite leichter zurückzahlen lassen. Geringere Realzinsen steigern die Investitionsgüternachfrage und somit auch die Produktion. Dieser negative Zusammenhang wird häufig als IS-Kurve bezeichnet:[96]

(6.16) $Y = A - a\,r.$

Der Parameter a gibt an, wie sehr die Produktion vom Realzins abhängt, während A alle Einflussfaktoren zusammenfasst, die nicht von der Höhe des Realzinses abhängen. Hierzu gehören autonome (zinsunabhängige) Investitionsausgaben sowie privater und staatlicher Konsum, staatliche Investitionen und der Außenbeitrag (Exporte abzgl. Importe). Die IS-Kurve repräsentiert die **Nachfrageseite** einer Ökonomie. Befindet sich die Produktion im Gleichgewicht ($Y = Y_n$), ergibt sich aus (6.16) ein **natürlicher** (gleichgewichtiger) **Realzins:**

$$r_n = \frac{A - Y_n}{a}.$$

96 Wie in Abschnitt 1.2.2 dargestellt, entsprechen die Investitionen I einer geschlossenen Volkswirtschaft immer den Ersparnissen S. Dieser Gleichheit hat die IS-Kurve ihren Namen zu verdanken. Sie kann recht einfach aus einem Standard-Gütermarktmodell (keynesianisches Kreuz) hergeleitet werden, siehe z. B. Blanchard & Illing (2021).

Dies ist der Realzins, der mit einer stabilen Inflationsrate einhergeht. Der natürliche Realzins **hängt sowohl von strukturellen Faktoren ab** (Einflussfaktoren von Y_n und Verhaltensparameter der Konsum- und Investitionsgüternachfrage, die sich auf die Produktion auswirken) **wie auch von den fiskalpolitischen Variablen** (Höhe der Staatsausgaben und Steuern). Er kann sich ändern, wenn z. B. die Staatsausgaben dauerhaft ansteigen, was zu einem Anstieg von A führen würde, weil die Nachfrage bei gleichem Realzins steigt. Der natürliche Realzins kann zudem zu **unterschiedlichen Niveaus von Inflation und Nominalzins** erreicht werden.

Das vollständige Modell inklusive einer IS-Kurve und unter der Annahme extrapolativer Erwartungen ($\pi_t^e = \pi_{t-1}$) wird durch die folgenden Gleichungen beschrieben:

Phillipskurve: $\pi_t = \pi_t^e + \alpha(Y_t - Y_n) + \varepsilon_t^\pi$

IS-Kurve: $Y_t = A - a\, r_t$

Realzins: $r_t = i_t - \pi_{t+1}^e$

Extrapolative Erwartungen: $\pi_t^e = \pi_{t-1}$

Reaktionsfunktion: $Y_t = Y_n - \alpha\beta\left(\pi_t - \pi^*\right)$

Der Schockterm ε_t^π wurde bereits in Abschnitt 6.1.1 eingeführt, um Veränderungen des Gewinnaufschlags oder der relativen Kosten für ausländische Vorprodukte in der Phillipskurve abzubilden. Er kann aber auch als unerwartete Veränderung der Inflationserwartungen oder temporäre Veränderung der Verhandlungsmacht der Arbeitnehmer interpretiert werden und führt wie zuvor zu einer Verschiebung der Phillipskurve. Wir analysieren im Folgenden einen einmaligen positiven Inflationsschock $\left(\varepsilon_1^\pi > 0\right)$, ohne genauer auf die Ursache einzugehen.

Abbildung 6.6 stellt das um die IS-Kurve erweiterte Modell grafisch dar. Im unteren Teil sind wieder die Verlustellipsen der Zentralbank sowie die von den Inflationserwartungen abhängigen Phillipskurven gezeigt. In der Ausgangssituation entsprechen Inflation und Inflationserwartung ihrem Zielwert, die Phillipskurve wird durch PC_0 repräsentiert und die Produktion befindet sich im Gleichgewicht (Punkt E). Im oberen Koordinatensystem ist die Beziehung zwischen Realzins und Produktion zu sehen. Der Realzins, zu dem die Produktion ihrem natürlichen Niveau entspricht, ist der natürliche Realzins r_n.

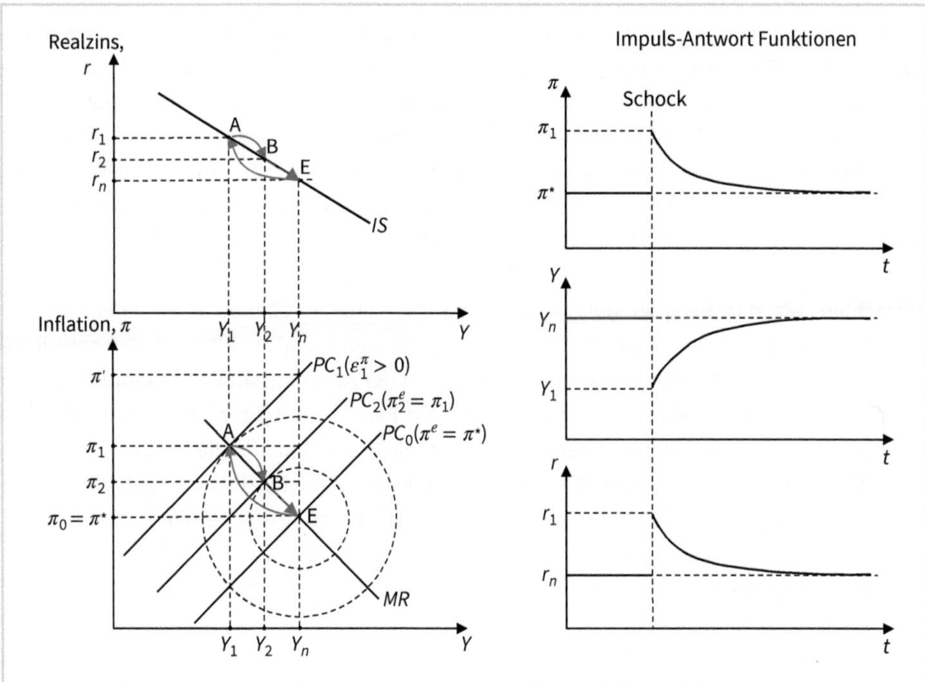

Abb. 6.6: Grafische Lösung des Modells (inkl. IS-Kurve).
Quelle: Eigene Darstellung.

Der positive Schock verschiebt die Phillipskurve nach oben (auf PC_1) und die Zentralbank wird gemäß ihren Präferenzen die Volkswirtschaft über den durch die geldpolitische Regel *MR* dargestellten Anpassungspfad wieder zum Gleichgewicht zurückführen. Um zu verhindern, dass die Inflationsrate auf π' steigt, führt sie einen Rückgang der Produktion auf Y_1 herbei, sodass die Inflationsrate lediglich auf π_1 steigt (Punkt A). Im oberen Teil der Abbildung lässt sich nun der Realzins r_1 ablesen, der für diesen Rückgang notwendig ist. Für gegebene Inflationserwartungen bestimmt dieser Realzins schließlich die Höhe des notwendigen nominalen Zentralbankzinses.

In der darauffolgenden Periode ist der Inflationsschock zwar vorüber $\left(\varepsilon_2^{\pi} = 0\right)$, die Inflationserwartungen sind jedoch auf $\pi_2^e = \pi_1$ gestiegen. Die Phillipskurve verschiebt sich daher nicht in die Ausgangslage zurück, sondern lediglich auf PC_2. Auf der neuen Phillipskurve stellt der Punkt *B* die Kombination von Inflation und Produktion mit dem geringsten Verlust dar. Um diesen Punkt zu erreichen, muss die Produktion wieder etwas steigen (auf Y_2). Hierzu senkt die Zentralbank den Realzins auf r_2. In den Folgeperioden verschiebt sich die Phillipskurve schrittweise weiter nach unten, der Realzins und die Inflationsrate sinken und die Produktion steigt, bis das alte Gleichgewicht wieder erreicht ist.

Auf der rechten Seite der Abbildung sind die sogenannten **Impuls-Antwort-Funktionen** (im Englischen Impulse-Response-Functions, kurz **IRF**) nach einem Inflationsschock zu sehen. Sie zeigen die Reaktionen (Antworten) der **endogenen** Modellvariablen aufgrund eines **exogenen**

Schocks (dem Impuls) im Zeitablauf. Als endogen werden die Variablen bezeichnet, die durch das Modell bestimmt werden, während die exogenen Variablen außerhalb des Modells festgelegt werden. Zunächst sind alle endogenen Variablen im Gleichgewicht. Der Inflationsschock führt dazu, dass die Inflationsrate steigt und die Zentralbank den Realzins erhöht. Infolge der Zinserhöhung sinkt die Produktion unter ihr Gleichgewichtsniveau. Dies führt schließlich dazu, dass die Inflationsrate wieder fällt, sodass der Realzins gesenkt werden kann und auch die Produktion wieder zu ihrem Gleichgewicht zurückkehrt.

Betrachten wir das Beispiel nun noch einmal für eine vorgegebene Parametrisierung: $\alpha = \beta = a = 1$ und $A = 1{,}02$. Die Zielinflationsrate beträgt $\pi^* = 2\%$ und das natürliche Produktionsniveau ist auf eins normiert: $Y_n = 1$.[97] In der Ausgangssituation befindet sich die Produktion im Gleichgewicht $(Y_0 = Y_n = 1)$ und der Realzins beträgt $r_n = A - Y_n = 2\%$. Der Inflationsschock beträgt in der ersten Periode einmalig $\varepsilon_1^\pi = 4\%$. Um die Dynamik der endogenen Variablen des Modells herzuleiten, setzen wir die extrapolative Erwartungsbildung in die Phillipskurve ein, um das folgende Gleichungssystem für π_t und Y_t zu erhalten:

$$\pi_t = \pi_{t-1} + \alpha(Y_t - Y_n) + \varepsilon_t^\pi$$

$$Y_t = Y_n - \alpha\beta\left(\pi_t - \pi^*\right).$$

Nun kann die Phillipskurve in die Reaktionsfunktion der Zentralbank eingesetzt werden, um die Produktion in Periode t zu berechnen:

$$Y_t = Y_n - \frac{\alpha\beta}{1 + \alpha^2\beta}\left(\pi_{t-1} - \pi^* + \varepsilon_t^\pi\right).$$

Aufgrund des Inflationsschocks ergibt sich für die Produktion in der ersten Periode:

$$Y_1 = 1 - \frac{1 \cdot 1}{1 + 1^2 \cdot 1}(2\% - 2\% + 4\%) = 1 - \frac{1}{2} \cdot 4\% = 0{,}98.$$

Durch Einsetzen der Reaktionsfunktion in die Phillipskurve erhält man zudem eine Gleichung für die Inflationsdynamik:

$$\pi_t = \left(\frac{1}{1 + \alpha^2\beta}\right)\left(\pi_{t-1} + \alpha^2\beta\pi^* + \varepsilon_t^\pi\right).$$

97 Der Vorteil einer Normierung von $Y_n = 1$ besteht darin, dass die absoluten Abweichungen der tatsächlichen Produktion von ihrem natürlichen Niveau den prozentualen entsprechen: $\left(Y_t - Y_n\right)/Y_n = Y_t - Y_n$.

Hiermit ergibt sich für die Inflationsrate in der ersten Periode:

$$\pi_1 = \left(\frac{1}{1+1^2 \cdot 1}\right)\left(2\% + 1^2 \cdot 1 \cdot 2\% + 4\%\right) = \frac{1}{2} \cdot 8\% = 4\%.$$

Aus der Entwicklung der Produktion lässt sich mit der IS-Kurve dann die optimale Reaktion des Realzinses ableiten, $r_t = (A - Y_t)/a$, und gemeinsam mit der Inflationsrate schließlich das optimale Nominalzinsniveau berechnen, $i_t = r_t + \pi^e_{t+1} = r_t + \pi_t$.

Abbildung 6.7 zeigt auf der linken Seite die Berechnung der Impuls-Antwort-Funktionen für die gegebene Parametrisierung und einem β-Wert von 1. Rechts sind die Impuls-Antwort-Funktionen grafisch für verschiedene β-Werte illustriert. Bei einer größeren Präferenz für Inflationsvermeidung ($\beta = 3$) nimmt die Zentralbank einen stärkeren Produktionseinbruch in Kauf. Der Realzins muss entsprechend stärker erhöht werden. Da die Inflationsrate hierdurch schwächer ansteigt, bleibt die anfängliche Reaktion des Nominalzinses aber gleich. Zudem kehren alle Variablen schneller zum Gleichgewicht zurück. Die stärkere Reaktion der Zentralbank hat demnach zu einem größeren Anstieg der Arbeitslosigkeit geführt, der aber schneller wieder beseitigt wird. Bei einer geringeren Präferenz für Inflationsvermeidung ($\beta = 0.5$) lässt die Zentralbank eine höhere Inflationsrate zu, um die Produktion nicht zu sehr zu verringern. Weil die Inflation länger auf einem höheren Niveau verbleibt, verlängert sich auch die Anpassungsphase mit einer negativen Produktionslücke. Solange sich der Konflikt zwischen Inflations- und Produktionsziel, der durch die Steigung der Phillipskurve (α) repräsentiert wird, nicht ändert, bleibt die Summe der Produktionslücken für jedes β gleich. Die Zentralbank kann lediglich entscheiden, wie sie den Einkommensverlust auf die folgenden Perioden verteilt.

Numerische Berechnung der Modelldynamik für $\beta = 1$

t	π_t	π^e_t	Y_t	r_t	i_t	$Y_t - Y_n$
0	2,00%	2,00%	1,0000	2,00%	4,00%	0,00%
1	4,00%	2,00%	0,9800	4,00%	8,00%	- 2,00%
2	3,00%	4,00%	0,9900	3,00%	6,00%	- 1,00%
3	2,50%	3,00%	0,9950	2,50%	5,00%	- 0,50%
4	2,25%	2,50%	0,9975	2,25%	4,50%	- 0,25%
5	2,13%	2,25%	0,9988	2,13%	4,25%	- 0,12%
6	2,06%	2,13%	0,9994	2,06%	4,13%	- 0,06%
7	2,03%	2,06%	0,9997	2,03%	4,06%	- 0,03%
8	2,02%	2,03%	0,9998	2,02%	4,03%	- 0,02%
9	2,01%	2,02%	0,9999	2,01%	4,02%	- 0,01%
⋮	⋮	⋮	⋮	⋮	⋮	⋮

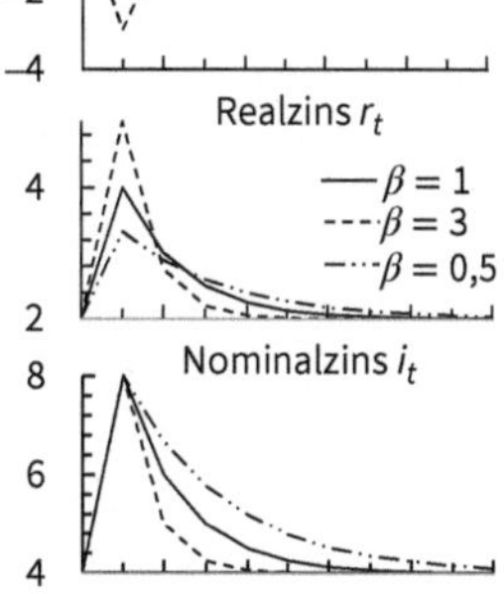

Abb. 6.7: Impuls-Antworten nach positivem Inflationsschock.
Quelle: Eigene Darstellung.

Dass sich die Inflationsrate in der ersten Periode je nach Präferenz unterschiedlich entwickelt, obwohl der Nominalzins der Zentralbank gleich bleibt, ist verwirrend und liegt daran, dass im Grundlagenmodell keine Zeitverzögerungen berücksichtigt werden. Die Zentralbank wählt aufgrund des beobachteten Inflationsschocks zeitgleich die optimale Produktionslücke und legt damit die Inflationsrate, den Realzins und den Nominalzins fest. Die Wahl einer größeren Produktionslücke führt zeitgleich zu einem höheren Realzins wie zu einer geringeren Inflationsrate, sodass der Nominalzins gar nicht stärker erhöht werden muss, um die gewünschte Entwicklung zu erreichen. Im Folgenden werden wir Zeitverzögerungen in das Modell einführen, die zu einer realistischeren Modelldynamik führen und zudem ermöglichen, eine einfache Zinsregel als Reaktionsfunktion der Zentralbank abzuleiten.

6.2.4 Das IS-PC-MR-Modell mit Zeitverzögerungen und »Taylor-Regel«

Da Investitionsprojekte einer Planung bedürfen, wirkt sich eine Zinsveränderung auch erst zeitverzögert auf die Investitionsgüternachfrage aus. Zudem werden Veränderungen der Produktionslücke die Preisentwicklung nicht sofort beeinflussen, weil Löhne i. d. R. nur alle 6–24 Monate neu verhandelt werden. Bis Zinsveränderungen sich auf die Güterpreise auswirken, können daher 12–18 Monate vergehen. Um dies zu berücksichtigen, führen wir sowohl in der IS- wie auch in der Phillipskurve eine Zeitverzögerung von jeweils einer Periode ein.[98] Eine Realzinsveränderung wirkt sich demnach erst nach einer Periode auf die Produktion und nach zwei Perioden auf die Inflationsrate aus. Da die Zentralbank dies weiß, ändern sich auch die Zeitindizes in ihrer Zielfunktion. Das Optimierungsproblem des modifizierten Modells lässt sich wie folgt zusammenfassen:

$$\min_{\{Y_{t+1}\}} (Y_{t+1} - Y_n)^2 + \beta\left(\pi_{t+2} - \pi^*\right)^2$$

unter den Nebenbedingungen

$$\pi_t = \pi_t^e + \alpha(Y_{t-1} - Y_n)$$

$$Y_t = A - a\, r_{t-1}$$

$$\pi_t^e = \pi_{t-1}$$

$$r_t = i_t - \pi_{t+1}^e.$$

98 I. d. R. stellen die Perioden in Konjunkturmodellen Quartale dar. In diesem Fall müsste man noch größere Zeitverzögerungen einführen. Für eine qualitative Analyse ist dies aber unbedeutend, weil die Perioden des Modells auch als halbe Jahre interpretiert werden können.

Die Zentralbank versucht mit dem aktuellen Zins also die Produktion in der nächsten Periode zu beeinflussen, damit diese auf die Inflationsrate in zwei Perioden einwirken kann. Das optimale Produktionsniveau (die optimale Reaktion der Zentralbank) ist nun gegeben durch

$$Y_{t+1} = Y_n - \alpha\beta\left(\pi_{t+2} - \pi^*\right).$$

Abgesehen von den Zeitindizes ist diese Bedingung identisch mit der des vorangegangenen Modells. Durch die Zeitverzögerungen besteht der Konflikt nun aber zwischen der Produktionslücke der kommenden Periode und der Abweichungen der Inflation vom Zielwert in zwei Perioden.

Abbildung 6.8 zeigt die grafische Lösung des Modells mit Zeitverzögerungen. Da die Produktion erst in der Folgeperiode auf den Realzins reagiert und die Inflationsrate von der Produktionslücke der Vorperiode abhängt, sind die Achsen der beiden Koordinatensysteme um eine bzw. zwei Perioden verschoben. Das Gleichgewicht befindet sich in Punkt *E* und die optimale Reaktionsfunktion der Zentralbank ist wieder mit *MR* gekennzeichnet. Um die Auswirkungen eines Nachfrageschocks zu untersuchen, führen wir einen Schockterm ε_t^Y in die IS-Kurve ein, der Veränderungen der staatlichen oder privaten Konsum- oder Investitionsausgaben repräsentiert: $Y_t = A - a\, r_{t-1} + \varepsilon_t^Y$. Im Folgenden werden wir einen einmaligen negativen Nachfrageschock analysieren, den wir als einen vorübergehenden Rückgang privater Investitionen interpretieren.

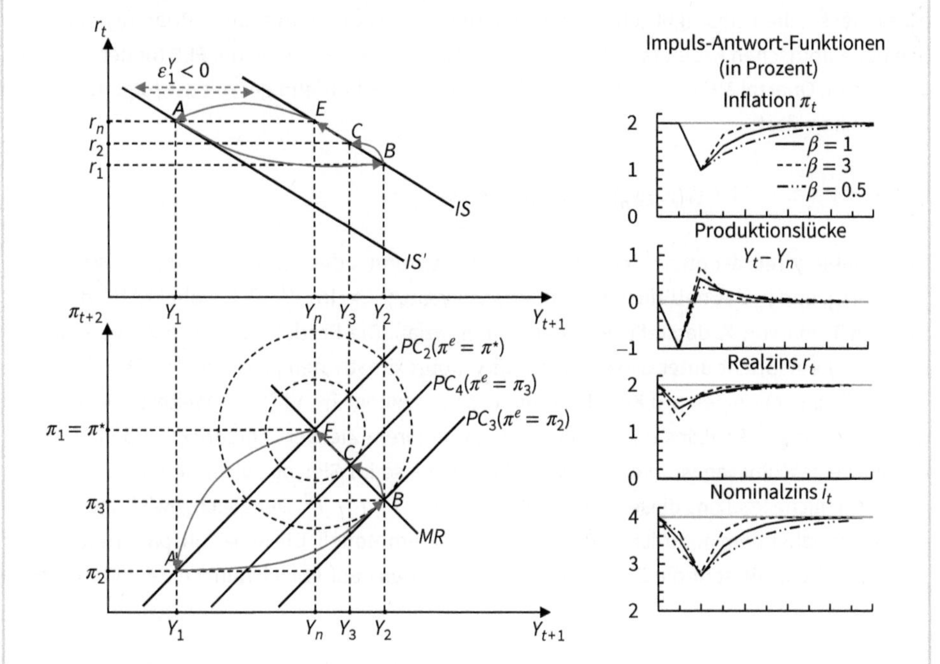

Abb. 6.8: Das IS-PC-MR-Modell mit Zeitverzögerungen.
Quelle: Eigene Darstellung.

Der Investitionsschock verschiebt die IS-Kurve in der ersten Periode nach links (von IS zu IS'), wodurch die Produktion für den gegebenen Realzins der Vorperiode r_n auf Y_1 fällt. Die Inflationsrate bleibt zunächst auf Ihrem Zielniveau, da die Produktion der Vorperiode ihrem natürlichen Niveau entsprach. Aufgrund des Produktionsrückgangs reduziert die Zentralbank aber sofort den Nominalzins, sodass der Realzins auf r_1 fällt und die Produktion in der Folgeperiode auf Y_2 steigt (Punkt *B* liegt wieder auf der alten IS-Kurve, da der Schock temporär war). Da sich die Inflationsrate in der Vorperiode im Gleichgewicht befand, entsprechen die Inflationserwartungen auch in der zweiten Periode ihrem Zielwert $\left(\pi_2^e = \pi^*\right)$. Die tatsächliche Inflationsrate fällt nun aber auf π_2, da die Produktion in der Vorperiode unter ihrem natürlichen Niveau lag (Punkt *A*). Der Rückgang der Inflation verringert die Inflationserwartung der nächsten Periode und führt zu einer Verschiebung der Phillipskurve $\left(\pi_3^e = \pi_2\right)$.

Da die Produktionslücke ab der zweiten Periode positiv ist, steigt die Inflationsrate in den Folgeperioden wieder sukzessive an und die Zentralbank kann die Zinssenkung langsam wieder zurücknehmen, sodass Produktion und Inflation wieder zu ihren Gleichgewichtswerten zurückkehren. Aufgrund der steigenden Inflationserwartungen verschiebt sich auch die Phillipskurve in jeder Periode schrittweise weiter nach oben, bis sie ihre Ausgangslage wieder erreicht hat.

Aus den Modellgleichungen mit Zeitverzögerung lässt sich eine einfache geldpolitische Reaktionsfunktion herleiten, die die optimale Nominalzinssetzung der Zentralbank in Abhängigkeit der Produktionslücke sowie der Abweichungen der Inflation von ihrem Zielwert angibt. Die Idee einer solchen Zinsregel geht auf den amerikanischen Ökonomen John Brian Taylor zurück. In einer empirischen Arbeit fand Taylor (1993), dass sich das Verhalten der FED für den Zeitraum vom ersten Quartal 1984 bis zum letzten Quartal 1992 verblüffend gut mit der folgenden Regel beschreiben lässt:

$$i_t = \pi_t + \gamma_\pi\left(\pi_t - \pi^*\right) + \gamma_y(y_t - y_n) + r^g, \; \gamma_\pi, \gamma_y > 0.$$

Die Variable y repräsentiert den natürlichen Logarithmus des realen pro Kopf Einkommens, $y_t = \ln(Y_t)$, und y_n das natürlichen Produktionsniveau, $y_n = \ln\left(Y_t^{Trend}\right)$, wobei Y_t^{Trend} den langfristigen Trend von Y_t darstellt (Produktionspotenzial). Die Produktionslücke $y_t - y_n = \ln(Y_t) - \ln\left(Y_t^{Trend}\right)$ entspricht unter diesen Umständen approximativ den prozentualen Abweichungen des tatsächlichen realen pro Kopf Einkommens von seinem Trend.[99] Des Weiteren stellt r^g den gleichgewichtigen Realzins dar. Wenn die Inflation ihrem Zielwert entspricht und die Produktionslücke geschlossen ist, die Volkswirtschaft sich also im Gleichgewicht befindet, entspricht der tatsächliche Realzins diesem Gleichgewichtswert: $i - \pi = r^g$. Der gleichgewichtige Realzins entspricht daher dem natürlichen Realzins aus unserem Modell. Die Reaktionsparameter γ_π und γ_y beschreiben, wie sehr die Zinssetzung der Zentralbank auf Abweichungen der Inflationsrate

---

99 Da für kleine Werte von X gilt, dass $\ln(1 + x) \approx x$, folgt für die prozentualen Abweichungen des BIP vom Trend: $\ln(Y) - \ln\left(Y^{Trend}\right) = \ln\left(\frac{Y}{Y^{Trend}}\right) = \ln\left(1 + \frac{Y - Y^{Trend}}{Y^{Trend}}\right) \approx \frac{Y - Y^{Trend}}{Y^{Trend}}$.

von ihrem Zielwert sowie die Produktionslücke reagiert. Steigen Inflation oder Produktion über ihre Zielwerte ($\pi_t > \pi^*$ bzw. $y_t > y_n$), erhöht die Zentralbank den Zins, um so die Rückkehr zum Gleichgewicht herbeizuführen. Taylor nutzte in seiner Studie $\gamma_\pi = \gamma_y = 0{,}5$, $\pi^* = 2\%$, $r^g = 2\%$ und eine konstante jährliche Wachstumsrate des Produktionspotenzials von 2,2 %.

Da sich die Geldpolitik der USA mit Taylors Regel gut beschrieben ließ, wurde sie zu einer beliebten Reaktionsfunktion, um die Geldpolitik in theoretischen Modellen zu charakterisieren oder zwischen Ländern zu vergleichen. In den 1990ern wurden eine Reihe von Drei-Gleichungen-Modellen entwickelt, die i.d.R. aus einer IS-Kurve, einer Phillipskurve und einer Taylor-Regel bestanden.[100] Zudem wurden vielfach Zinsreaktionsfunktionen auf der Basis von Taylor-Regeln geschätzt, um die Präferenzen verschiedener Zentralbanken empirisch zu untersuchen und zu erkennen, ob sich diese im Zeitablauf geändert haben. Länder mit einer starken Inflationsaversion, also einem großen β-Wert, reagieren aggressiver auf Abweichungen von den angestrebten Zielwerten. Ihre Reaktionsparameter sollten daher verhältnismäßig groß sein. Die Deutsche Bundesbank gilt z. B. als eine Zentralbank, bei der die Inflationsvermeidung eine vergleichsweise hohe Präferenz hatte. Der US-Notenbank sagt man hingegen nach, dass sie die Arbeitslosenquote bei ihren Zinsentscheidungen stärker berücksichtigen würde als andere Zentralbanken. Ihre Zinsregel sollte daher verhältnismäßig geringe Reaktionsparameter haben. In aktuellen Studien werden Taylor-Regeln zum Teil auch um Aktien- oder Hausmarktindizes erweitert, um zu untersuchen, ob die Zentralbank auf Blasen an diesen Märkten mit Zinserhöhungen reagieren sollte.

Um eine Taylor-Regel herzuleiten, betrachten wir wieder das zweidimensionale Gleichungssystem aus dem letzten Abschnitt und erhalten durch Einsetzen der Phillipskurve in die Reaktionsfunktion der Zentralbank wie zuvor:

$$(6.17) \quad Y_{t+1} = Y_n - \frac{\alpha\beta}{1+\alpha^2\beta}\left(\pi_{t+1} - \pi^*\right).$$

Im Gleichgewicht gilt $Y_n = A - a\, r_n$, sodass mit der IS-Kurve folgende Beziehung folgt:

$$Y_{t+1} - Y_n = -a(r_t - r_n).$$

Unter Berücksichtigung von (6.17) ergibt sich

$$r_t = \frac{\alpha\beta}{a(1+\alpha^2\beta)}\left(\pi_{t+1} - \pi^*\right) + r_n.$$

Mithilfe der Phillipskurve gelangt man so zu einer Taylor-Regel:

$$r_t = \frac{\alpha\beta}{a(1+\alpha^2\beta)}\left[\left(\pi_t - \pi^*\right) + \alpha\left(Y_t - Y_n\right)\right] + r_n.$$

100 Siehe z. B. Svensson (1997), Ball (1999), Romer (2001) oder Carlin & Soskice (2006).

Bei extrapolativen Erwartungen $\left(\pi_{t+1}^{e} = \pi_t\right)$ folgt für den Nominalzins ($i_t = r_t + \pi_{t+1}^{e}$) schließlich:

$$i_t = \pi_t + \gamma_\pi\left(\pi_t - \pi^*\right) + \gamma_y(Y_t - Y_n) + r_n, \text{ mit } \gamma_\pi \equiv \frac{\alpha\beta}{a(1+\alpha^2\beta)} \text{ und } \gamma_y \equiv \alpha\gamma_\pi.$$

Die Koeffizienten der Taylor-Regel (γ_π, γ_y) bestimmen, wie sehr die Zentralbank auf Abweichungen vom Gleichgewichtszustand reagiert, und hängen von strukturellen Parametern sowie dem Grad der Inflationsaversion ab:[101]

- Wenn β steigt, ist die Zentralbank inflationsaverser (das Inflationsziel wird in der Verlustfunktion stärker gewichtet). Der Zins der Zentralbank wird daher auf Abweichungen vom Gleichgewicht stärker reagieren, auch wenn dies größere Schwankungen in der Produktionslücke erzeugt:

$$\frac{\partial\gamma_\pi}{\partial\beta} = \frac{\alpha}{a\left(1+\alpha^2\beta\right)^2} > 0, \frac{\partial\gamma_y}{\partial\beta} = \frac{\alpha^2}{a\left(1+\alpha^2\beta\right)^2} > 0.$$

- Wenn a steigt, haben Zinsveränderungen einen größeren Einfluss auf die Investitionen. Die Zinsreaktion der Zentralbank fällt daher schwächer aus, weil geringere Zinsveränderungen ausreichen, um die Produktion zu verändern:

$$\frac{\partial\gamma_\pi}{\partial a} = -\frac{\alpha\beta}{a^2(1+\alpha^2\beta)} < 0, \frac{\partial\gamma_y}{\partial a} = -\frac{\alpha^2\beta}{a^2(1+\alpha^2\beta)} < 0.$$

- Wenn α steigt, verläuft die Phillipskurve steiler. Der Konflikt zwischen Inflation und Arbeitslosigkeit verbessert sich hierdurch, weil der Einfluss der Arbeitslosigkeit auf die Inflationsrate größer ist. Die Zentralbank kann durch eine härtere Zinsreaktion die Inflation stärker reduzieren, um einen geringeren Verlust zu erreichen. Gleichzeitig lässt sich die Inflation bereits mit einer geringen Produktionslücke verhältnismäßig gut reduzieren. Ob die Zinsen auf Abweichungen der Inflation vom Zielwert stärker reagieren, hängt von der Parametrisierung ab:

$$\frac{\partial\gamma_\pi}{\partial\alpha} = \frac{\beta\left(1-\alpha^2\beta\right)}{a\left(1+\alpha^2\beta\right)^2} > 0, \text{wenn } \alpha^2\beta < 1.$$

- Auf Abweichungen der Produktion vom Gleichgewichtswert wird bei steigendem α hingegen unabhängig von der Parametrisierung stärker reagiert, weil der Einfluss der Produktionslücke auf die Inflationsrate nun größer ist und hierdurch die »Kosten« der Inflationsvermeidung (in Form von höherer Arbeitslosigkeit) gesunken sind:

$$\frac{\partial\gamma_y}{\partial\alpha} = \frac{2\alpha\beta}{a\left(1+\alpha^2\beta\right)^2} > 0.$$

101 Für $a = \alpha = \beta = 1$ ergibt sich $\gamma_\pi = \gamma_y = 0.5$ wie in der ursprünglichen Taylor-Regel.

Zudem reagiert die Zentralbank auf einen Anstieg der Inflationsrate gemäß der Taylor-Regel überproportional:

$$\frac{\partial i_t}{\partial \pi_t} = 1 + \frac{\alpha\beta}{a(1+\alpha^2\beta)} > 1.$$

Dies bezeichnet man auch als das **Taylor-Prinzip**. Damit eine steigende Inflationsrate stabilisiert werden kann, muss die Nominalzinsreaktion **überproportional** erfolgen, um den Realzins zu erhöhen. Wäre der Anstieg des Nominalzinses geringer als die Inflationsrate, würde der Realzins aufgrund der höheren Inflationsrate fallen und die Investitionen zusätzlich anregen, was die Inflationsrate weiter nach oben treiben würde. Das Modell wäre dann instabil, weil jede Veränderung der Inflationsrate sich selbst verstärkt.

Aufgrund der Zeitverzögerungen lassen sich die Impuls-Antworten des Modells mithilfe der Taylor-Regel etwas leichter berechnen. Für die Parametrisierung aus dem vorangegangenen Abschnitt beträgt der natürliche Realzins weiterhin $r_n = 2\%$. Befindet sich das Modell in der Ausgangssituation im Gleichgewicht, entspricht der Realzins der Ausgangsperiode r_0 dem natürlichen Niveau, sodass der Nominalzins $i_0 = r_0 + \pi_0 = 4\%$ entspricht. Betrachten wir eine negativen Investitionsschock in Höhe von 1%, lassen sich aus IS- und Phillipskurve sowie der Taylor-Regel folgende Reaktionen in der ersten Periode berechnen:

$$Y_1 = A - a\, r_0 + \varepsilon_1^Y = 1{,}02 - 0{,}02 - 0{,}01 = 0{,}99$$

$$\pi_1 = \pi_0 + \alpha(Y_0 - Y_n) = \pi_0 = 2\%$$

$$\begin{aligned} r_1 &= \frac{\alpha\beta}{a(1+\alpha^2\beta)}\left[\left(\pi_1 - \pi^*\right) + \alpha(Y_1 - Y_n)\right] + r_n \\ &= \frac{1 \cdot 1}{1 \cdot (1 + 1^2 \cdot 1)}[(2\% - 2\%) + 1 \cdot (1 - 0{,}99)] + 2\% \\ &= \frac{1}{2} \cdot (-0{,}01) + 2\% = 1{,}5\% \end{aligned}$$

$$i_1 = r_1 + \pi_1 = 1{,}5\% + 2\% = 3{,}5\%.$$

Die vollständigen Impuls-Antwort-Funktionen des Modells sind auf der rechten Seite von Abbildung 6.8 dargestellt. Im Gegensatz zum Modell ohne Zeitverzögerungen reagiert der Nominalzins bei einer stärkeren Inflationsvermeidungspräferenz in der ersten Periode nun aggressiver, um die Produktion in der zweiten Periode stärker zu erhöhen und die Inflation so schneller zu ihrem Zielwert zurückzuführen.

6.2.5 »Crowding-Out« im IS-PC-MR-Modell

Auch wenn das IS-PC-MR-Modell im Kern ein *kurzfristiges* Konjunkturmodell darstellt, lassen sich mit ihm auch die Auswirkungen einer *dauerhaften* Erhöhung der Staatsausgaben untersuchen. In Abschnitt 6.1.4 wurde gezeigt, dass der Versuch, die Arbeitslosigkeit durch eine Nachfragesteigerung unter ihrem natürlichen Niveau zu halten, zu einer stetig steigenden Inflationsrate führt. Um diese wieder auf ihr altes Niveau zurückzuführen, muss die Arbeitslosenquote so lange über ihrem natürlichen Niveau liegen, bis die Inflationserwartungen wieder auf den gewünschten Wert gefallen sind. Unter der Annahme, dass die Zentralbank eine Zielinflationsrate anstrebt, wird sie bei steigenden Inflationsraten, die Zinsen erhöhen, um über eine geringere private Investitionsgüternachfrage die Arbeitslosigkeit ausreichend stark zu erhöhen. Die Folge einer dauerhaften staatlichen Ausgabenerhöhung ist daher ein vollständiges **»Crowding-Out«**, also eine gleich starke Verdrängung privater Investitionsausgaben, damit die Gesamtnachfrage bei höherem staatlichem Anteil wieder mit dem natürlichen Produktionsniveau vereinbar ist.

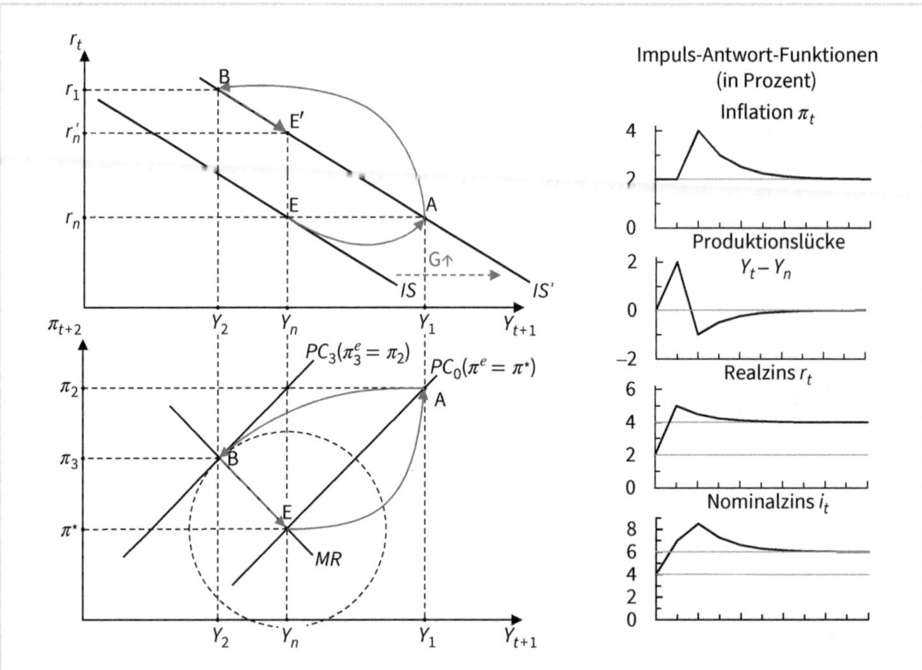

Abb. 6.9: Crowding-Out im IS-PC-MR-Modell.
Quelle: Eigene Darstellung.

Die Auswirkungen einer dauerhaften Staatsausgabenerhöhung sind in Abbildung 6.9 illustriert. In der Ausgangssituation befindet sich die Volkswirtschaft im Gleichgewichtspunkt *E* mit $Y_0 = Y_n$, $\pi_0 = \pi^*$ und $r_0 = r_n$. Eine dauerhafte Ausgabenerhöhung führt nun zu einer dauerhaften Rechtsverschiebung der IS-Kurve (von *IS* auf *IS*'), da die Nachfrage bei gleichem Realzins nun höher ist. Zum alten Realzins steigt nun die Produktion von Y_n auf Y_1, während Inflation und Inflationserwartungen zunächst auf ihrem Zielniveau π^* bleiben. Die Zentralbank erhöht aufgrund der positiven Produktionslücke den Nominalzins, um den zukünftigen Anstieg der Inflationsrate zu bekämpfen, sodass der Realzins auf r_1 steigt (Punkt *B*).

Die Zinserhöhung führt in der Folgeperiode dazu, dass die Produktion unter ihr natürliches Niveau fällt (Y_2), da nur mit einer negativen Produktionslücke die Inflation zurückgeführt werden kann. Die Inflation steigt hingegen auf π_2, weil die Produktionslücke der Vorperiode positiv war. Die Lage der Phillipskurve verändert sich in dieser Periode noch nicht, weil die Inflationserwartungen in der zweiten Periode weiterhin der Zielinflation entsprechen ($\pi_2^e = \pi_1 = \pi^*$). Wie im vorangegangenen Abschnitt kann die Zentralbank in den Folgeperioden den Realzins kontinuierlich senken, wodurch die Produktionslücke sukzessive verringert wird und die Inflationsrate sich ihrem Zielwert annähert. Im neuen Gleichgewicht entspricht der Realzins einem neuen natürlichen Niveau $r_n^{'}$, während die Produktion wieder zu ihrem alten Gleichgewichtswert Y_n zurückgekehrt ist. Formal führt die dauerhafte Erhöhung der Staatsausgaben zu einer dauerhaften Erhöhung des Parameters *A* in der IS-Kurve, wodurch der natürliche Realzins von r_n auf $r_n^{'}$ steigt.

Der rechte Teil der Abbildung 6.9 zeigt die Impuls-Antwort-Funktionen für die Parametrisierung aus den vorangegangenen Abschnitten und einer dauerhaften Erhöhung der Staatsausgaben, die zu einer Steigerung von A =1,02 auf A =1,04 führt. Kurzfristig steigt die Produktion um 2%, sinkt in der Folgeperiode jedoch unter ihr natürliches Niveau, weil nur so der zukünftige Anstieg der Inflationsrate bekämpft werden kann. Nominal- und Realzins steigen dementsprechend in der ersten Periode stark an. Während der Realzins sich im Anschluss kontinuierlich seinem neuen Gleichgewichtswert von 4% annähert, muss der Nominalzins in der zweiten Periode noch einmal erhöht werden, da die Inflationserwartungen gestiegen sind. Danach sinkt der Nominalzins kontinuierlich, bis er seinen neuen Gleichgewichtswert von 6% erreicht hat.

Da der Realzins durch die staatliche Ausgabenerhöhung gestiegen ist, sind die privaten Investitionen gesunken. Im neuen Gleichgewicht entspricht die Produktion wieder ihrem natürlichen Niveau, sodass die staatlichen Ausgaben in exakt gleicher Höhe private Investitionen verdrängt haben müssen. Nachfrage wie auch BIP sind genau so groß wie zuvor, setzen sich aber anders zusammen. Man spricht daher auch von perfektem Crowding-Out. Die Mehrheit der Ökonominnen plädiert deshalb dafür, die gesamtwirtschaftliche Stabilisierungspolitik ausschließlich von der Zentralbank durchführen zu lassen, da ansonsten die Gefahr besteht, dass die Regierung durch eine dauerhafte Erhöhung staatlicher Ausgaben private Investitionen verdrängen könnte und sich die Innovationsfähigkeit der Volkswirtschaft verschlechtert. Nur in **Ausnahmesituationen** sollte die Regierung mithilfe **temporärer** Ausgabensteigerungen die Stabilisierungspolitik der Zentralbank unterstützten. Dies wäre z. B. dann der Fall, wenn eine besonders starke Rezession die Gewinnerwartungen der Unternehmen so sehr verschlechtert, dass die Zinssenkung der Zentralbank zu keiner ausreichenden Steigerung der Investitionen führt.

6.2.6 Dynamische Inkonsistenz und Zentralbankunabhängigkeit

Die meisten Ökonominnen fordern zudem eine **politisch unabhängige** Zentralbank, damit diese nicht gezwungen werden kann, mit Zinssenkungen die Beschäftigung kurzfristig zu steigern, weil eine Regierung ihre Beliebtheitswerte erhöhen möchte. Eine Zentralbank, die der Versuchung unterliegt, ihre Regierung in einem solchen Vorhaben zu unterstützen, werde im Durchschnitt lediglich eine höhere Inflationsrate erzeugen. Dies illustriert die folgende Variante des IS-PC-MR-Modells, die auf einer dynamisch inkonsistenten geldpolitischen Strategie basiert.

Eine Strategie ist **dynamisch inkonsistent (zeitinkonsistent), wenn die zukünftigen Handlungen einer optimalen Strategie zu einem späteren Zeitpunkt nicht mehr optimal erscheinen.** Stattdessen kann eine Entscheidungsträgerin ein besseres Ergebnis erreichen, wenn sie von der ursprünglich optimalen Strategie abweicht. **Die Ankündigung der zunächst optimalen Strategie ist dann unglaubwürdig**, weil alle Beteiligten wissen, dass es für die Entscheidungsträgerin einen Anreiz gibt, später von ihr abzuweichen. Daher werden sich bereits im Vorfeld alle von der Entscheidung Betroffenen darauf einstellen, dass die angekündigte Strategie nicht umgesetzt wird. Häufig wird hierdurch ein schlechteres Ergebnis erzielt, als möglich gewesen wäre, wenn die anfängliche Strategie glaubwürdig umgesetzt worden wäre. Da jedoch der Anreiz, von der Strategie abzuweichen, ausreicht, um diese unglaubwürdig erscheinen zu lassen, lässt sich die anfänglich optimale Strategie nicht durchsetzen.

In Bezug auf die Geldpolitik besteht die optimale Strategie in der Ankündigung, die Zielinflationsrate anzustreben. Nachdem die Arbeitnehmerinnen diese in den Lohnverhandlungen berücksichtigt haben, besteht jedoch der Anreiz, durch eine Zinssenkung Produktion und Beschäftigung zu erhöhen und dafür eine höhere Inflationsrate zu tolerieren. Da die Arbeitnehmerinnen diesen Anreiz kennen, werden sie in ihren Lohnverhandlungen eine grundsätzlich höhere Inflationsrate einkalkulieren. In der Folge wird die Inflationsrate dauerhaft über dem Inflationsziel liegen.

Die folgende Darstellung ist eine Variante des Barro-Gordon-Modells (Barro & Gordon, 1983). Der Einfachheit halber wird auf Zeitverzögerungen und Zinsregel verzichtet. Die Zentralbank kann mit ihrer Zinspolitik die Nachfrage immer auf das gewünschte Niveau festlegen und so die Produktionslücke steuern, um die Inflationsrate zu beeinflussen. Sie kündigt an, die Inflationsrate auf einem Zielniveau von π^* zu stabilisieren, **strebt jedoch ein Produktionsniveau von Y^* an, das über dem natürlichen Niveau liegt:** $Y^* = \lambda Y_n$, mit $\lambda > 1$. Sie möchte die Arbeitslosigkeit also dauerhaft unter ihrem natürlichen Niveau halten. Das neue Optimierungsproblem der Zentralbank kann wie folgt zusammengefasst werden:

$$\min_{\{Y\}} (Y - Y^*)^2 + \beta(\pi - \pi^*)^2, \text{ mit } Y^* = \lambda Y_n \text{ und } \lambda > 1$$

unter der Nebenbedingung

$$\pi = \pi^e + \alpha(Y - Y_n).$$

Die optimale Reaktionsfunktion der Zentralbank hängt nun vom Produktionsziel $Y^* = \lambda Y_n$ ab:

$$Y = Y^* - \alpha\beta(\pi - \pi^*).$$

Die grafische Lösung des Modells ist in Abbildung 6.10 dargestellt. Für die neuen Präferenzen der Zentralbank repräsentiert der Punkt E^* die optimale Kombination von Inflation und Produktion. Die Verlustellipsen sowie die optimale Reaktionsfunktion *MR* sind entsprechend nach rechts verschoben. Ausgehend vom Punkt E_0, in dem die Inflation ihrem Zielwert entspricht und die Produktion sich auf ihrem natürlichen Niveau befindet, wählt die Zentralbank auf der Phillipskurve PC_0 den Punkt *A*, da dies der Punkt ist, der den geringsten Verlust erzeugt. Die Produktion steigt hierdurch über ihr natürliches Niveau auf Y_C, weshalb die Inflationsrate auf π_C steigt. Das *C* steht für »Cheating«, weil die Zentralbank versucht, die Arbeitnehmer auszutricksen. Diese berücksichtigen in ihren Lohnverhandlungen nämlich lediglich die angekündigte Inflationsrate von π^*, während die Zentralbank gewillt ist, eine Inflation von π_C zu tolerieren, sofern hierdurch die Produktion auf $Y_C > Y_n$ steigt.

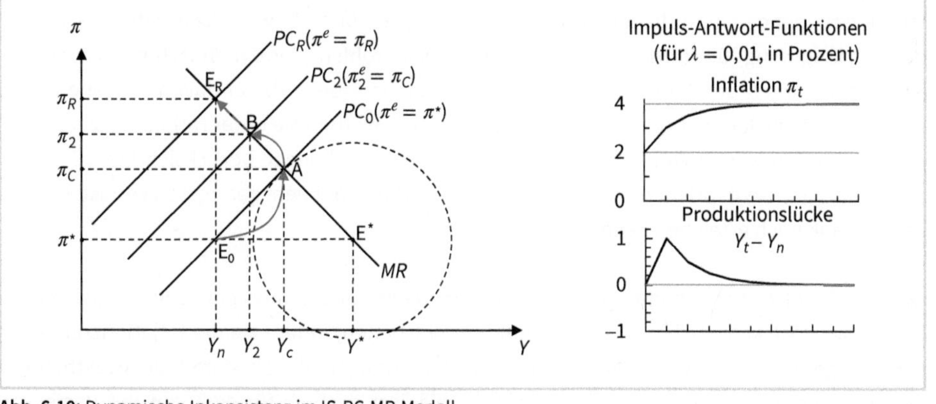

Abb. 6.10: Dynamische Inkonsistenz im IS-PC-MR-Modell.
Quelle: Eigene Darstellung in Anlehnung an Carlin & Soskice (2006, S. 162).

Das Problem dieser Zentralbankstrategie ist, dass für eine dauerhafte Umsetzung der Trickser-Lösung die Inflationserwartungen dauerhaft von der tatsächlichen Inflation abweichen müssten. Die Arbeitnehmer müssten also weiterhin darauf vertrauen, dass die Zentralbank eine Inflationsrate von π^* anstrebt, obwohl die tatsächliche Inflation dauerhaft bei $\pi_C > \pi^*$ liegt. Da die Arbeitnehmer ihre Inflationserwartungen an die tatsächliche Inflation anpassen werden, kann die Trickser-Lösung daher nicht durchgehalten werden.

Unter extrapolativen Erwartungen entspricht die Inflationserwartung in der zweiten Periode $\pi_2^e = \pi_C > \pi^*$ und die Phillipskurve verschiebt sich auf PC_2. Für die Zentralbank ist es nun optimal, den Punkt B anzustreben: Die Inflationsrate steigt auf π_2, während die Produktion auf Y_2 fällt. Langfristig bewegt sich die Volkswirtschaft entlang der optimalen Reaktionsfunktion *MR* auf den Punkt E_R zu, bei dem die Produktion wieder ihrem natürlichen Niveau entspricht und die Inflationsrate $\pi_R > \pi^*$ beträgt. Dies ist der einzige Punkt, der langfristig gehalten werden kann, weil nur hier die Inflationserwartungen mit der tatsächlichen Inflationsrate übereinstimmen (das *R* steht entsprechend für rational).

Die **Inflationsverzerrung** (im Englischen »**Inflation Bias**«) lässt sich auch formal herleiten. Wie in der Abbildung gezeigt, entspricht die Produktion langfristig wieder ihrem natürlichen Niveau. Daher lässt sich die gleichgewichtige Inflationsrate π_R berechnen, indem $Y = Y_n$ in die geldpolitische Reaktionsfunktion eingesetzt wird:[102]

$$Y_n = \lambda Y_n - \alpha\beta\left(\pi_R - \pi^*\right)$$

$$\Leftrightarrow \pi_R = \pi^* + \frac{\lambda - 1}{\alpha\beta} Y_n > \pi^*, \text{ für } \lambda > 1.$$

Die Inflationsverzerrung beträgt also $\frac{\lambda - 1}{\alpha\beta} Y_n$. Solange die Zentralbank ein Produktionsziel anstrebt, das über dem natürlichen Produktionsniveau liegt ($\lambda > 1$), wird die Inflationsrate (mindestens langfristig) über dem Zielniveau liegen. Das Problem der dynamischen Inkonsistenz ist, dass der *Anreiz* der Zentralbank ausreicht, damit die Arbeitnehmer davon ausgehen, dass die Inflationsrate langfristig $\pi_R > \pi^*$ entspricht. Daher werden sie unter rationalen Erwartungen diese Inflationsrate von Beginn an in ihren Lohnverhandlungen berücksichtigen. Die Lage der Phillipskurve entspricht dann sofort PC_R und der Punkt mit dem geringsten Verlust, den die Zentralbank noch erreichen kann, ist E_R.

Um dem Problem der dynamischen Inkonsistenz zu entfliehen, muss eine Zentralbank glaubwürdig sein. Sie kann sich z. B. eine Reputation erarbeiten, indem sie die Inflationsrate über einen längeren Zeitraum auf dem Niveau der Zielinflation stabilisiert, damit die Arbeitnehmer ihr vertrauen. Die Mehrheit der Ökonominnen plädiert deshalb für eine von der Regierung unabhängige Zentralbank, damit diese keinen Anreiz hat, die Arbeitslosigkeit unter ihr natürliches Niveau zu senken, um so die Gunst der Wähler zu gewinnen. Eine vollständig unabhängige Zentralbank hätte einen λ-Wert von eins und würde die Produktion auf ihrem natürlichen Niveau stabilisieren wollen. Da die Inflationsverzerrung mit steigender Inflationsaversion (β) sinkt, hilft es zudem, wenn Zentralbanken eine hohe Inflationsvermeidungspräferenz haben. **Zentralbanker sollten daher möglichst konservativ bzgl. der Möglichkeiten ihrer Geldpolitik eingestellt sein und der Preisstabilität die höchste Priorität beimessen** (siehe Rogoff (1985)).

102 Alternativ kann die optimale Reaktionsfunktion mit $\pi = \pi^e = \pi_R$ in die Phillipskurve eingesetzt werden.

Die Inflationsverzerrung bei dynamischer Inkonsistenz hat zudem eine Diskussion darüber entfacht, ob eine Zentralbank regelbasiert agieren sollte. Taylors ursprüngliche Schätzung war eine Illustration der vergangenen Geldpolitik und keine konkrete Handlungsempfehlung. Dennoch kann eine regelbasierte Politik eine generelle Leitlinie darstellen, um Zinsentscheidungen möglichst transparent, vorhersehbar und von politischen Entscheidungsträgern unabhängig zu machen. Spätestens mit der Finanzkrise, die unkonventionelle und diskretionäre geldpolitische Maßnahmen erforderte, ist die Diskussion um ein regelbasiertes Zentralbankverhalten jedoch in den Hintergrund gerückt. Dies hat auch damit zu tun, dass die Grundlagen und Schlussfolgerungen der NAIRU-Theorie inzwischen kritischer diskutiert werden, wie das folgende Kapitel darlegen wird.

Kernpunkte Kapitel 6.2

- Bei einer Strategie der **Inflationssteuerung** versucht die Zentralbank, die Inflationsrate auf einem Zielniveau zu stabilisieren.
- Um eine konstante Inflationsrate zu erreichen, muss hierfür die Produktion auf ihrem **natürlichen Niveau** (gemäß der NAIRU-Theorie) stabilisiert werden.
- Sollte die Inflationsrate steigen (fallen), muss die Zentralbank die Produktion temporär unter (über) ihrem natürlichen Niveau halten, um so die Lohn- und Preissteigerungen zu dämpfen (anzuregen), **damit die Inflationserwartungen wieder auf das Zielniveau fallen (steigen)**.
- Steigt der **Grad der Inflationsaversion** einer Zentralbank, wird diese eine größere Produktionslücke (Abweichung der Produktion von ihrem natürlichen Niveau) tolerieren, um die Inflationsrate zu senken.
- Die Zentralbank versucht, die Inflationsrate zu steuern, indem sie mit ihrer **Zinssetzung über die Investitionsgüternachfrage auf Produktion und Beschäftigung einwirkt** und so die Lohn- und Preisentwicklung beeinflusst.
- Die **Taylor-Regel** beschreibt das Zinssetzungsverhalten einer Zentralbank in Abhängigkeit der Produktionslücke sowie der Abweichungen der Inflationsrate von ihrem Zielwert.
- Das **Taylor-Prinzip** besagt, dass der Zins einer Zentralbank auf eine Inflationsveränderung **überproportional** reagieren muss, um so über den Realzins die Investitionen ausreichend beeinflussen zu können.
- Staatliche Ausgabenprogramme können die Volkswirtschaft gemäß der NAIRU-Theorie nur **kurzfristig** stimulieren. Langfristig führen sie hingegen lediglich zu steigenden Inflationsraten. Die Zentralbank müsste dann ihren Zinssatz anheben, sodass **die höheren staatlichen Defizite private Investitionen verdrängen (Crowding-Out)**.
- Wenn eine Zentralbank den Anreiz hat, die Produktion dauerhaft über ihr natürliches Niveau zu heben, wird die Inflationsrate im Durchschnitt höher ausfallen (sogenannte **Inflationsverzerrung**). Der Anreiz reicht aus, um dies zu verursachen, da die optimale Strategie der Zentralbank **dynamisch inkonsistent** ist.
- Um der Inflationsverzerrung zu entfliehen, sollte eine Zentralbank möglichst **politisch unabhängig** sein und **der Preisstabilität die höchste Priorität beimessen**.

7 Geld- und Fiskalpolitik

Im vorangegangenen Kapitel haben wir ein Modell analysiert, das die Mehrheitsmeinung der Ökonominnen bzgl. der gesamtwirtschaftlichen Stabilisierung einer Volkswirtschaft abbildet. Die Zentralbank sollte auf steigende Inflationsraten mit Erhöhungen und auf fallende mit Senkungen des Zinses reagieren, um so **Produktion und Arbeitslosigkeit auf ihrem natürlichen Niveau zu stabilisieren.** Die Fiskalpolitik sollte sich zurückhalten, da **höhere Staatsausgaben private Investitionen verdrängen.** Nur in schwerwiegenden Krisen sollte auch die Regierung mit einer Erhöhung ihrer Nettoausgaben die wirtschaftliche Entwicklung zusätzlich anregen. Zudem sollte eine **Zentralbank von der Regierung unabhängig** sein und der **Preisstabilität Vorrang einräumen**, um nicht zu geldpolitischen Maßnahmen verführt zu werden, die kurzfristig zu einer Senkung der Arbeitslosigkeit führen, langfristig aber lediglich die Inflationsrate erhöhen. Viele Länder haben ihre Geldpolitik aus diesen Gründen einem institutionell möglichst unabhängigen Expertengremium übergeben und den Haushaltsdefiziten der Regierung Grenzen gesetzt.

In der Zeit, in der Phelps (1967) und Friedman (1968) die Theorie der natürlichen Arbeitslosenquote entwickelten, waren viele Ökonominnen noch keynesianisch geprägt. Sie befürworteten die Kooperation von Geld- und Fiskalpolitik, die in vielen Ländern üblich war, um die Arbeitslosigkeit niedrig zu halten. Die anfängliche Skepsis gegenüber Friedmans Thesen wich bei den meisten allerdings im Zuge der steigenden Inflationsraten der 1970er-Jahre und die NAIRU-Theorie wurde zum neuen Paradigma.

Kritik wurde zunächst vor allem von heterodoxen Ökonominnen geäußert, inzwischen mehren sich aber auch kritische Stimmen im ökonomischen Mainstream, die den Konflikt zwischen Inflation und Arbeitslosenquote neu bewerten. Alan Blinder, Professor an der Princeton University, stellte in einem viel beachteten Kommentar im Wall Street Journal vom 03.05.2018 z. B. die Frage, ob der Phillipskurvenzusammenhang tot sei.[103] Und auch der ehemalige Chefökonom des IWF, Olivier Blanchard, diskutierte in seiner Zeit als Präsident der American Economic Association, ob man die Theorie der natürlichen Arbeitslosenquote verwerfen sollte. In Blanchard (2018) kommt er zu dem Schluss, dass Zentralbanken sich nicht ausschließlich auf die Existenz einer natürlichen Arbeitslosenquote verlassen, sondern auch alternative Konzepte in Erwägung ziehen sollten. So wäre es für die USA nach 2008 z. B. sinnvoll, die Produktion eine Zeit lang über ihrem natürlichen Niveau zu halten, um einen Teil der Arbeitskräfte wieder im Arbeitsmarkt zu integrieren, die diesen nach der Finanzkrise verlassen mussten. Die empirische Entwicklung nach der großen Rezession würde dafürsprechen, dass dies schlimmstenfalls zu einem temporären Anstieg der Inflationsrate führen würde. Die Wirtschaftswochenzeitung »The Economist« diskutierte im Leitartikel ihrer Ausgabe vom 25.07.2020 gar, ob die Pande-

103 Siehe https://www.wsj.com/articles/is-the-phillips-curve-dead-and-other-questions-for-the-fed-1525388237.

mie zu einem Paradigmenwechsel in der Makroökonomik führen würde.[104] Die Entwicklung der letzten 20 Jahre zeige, dass der Konflikt zwischen Arbeitslosigkeit und Inflation nur noch sehr schwach sei. Zudem sind die Schuldenquoten in nahezu allen Industrienationen seit den 1970er-Jahren stark angestiegen, ohne die Inflationsraten in die Höhe zu treiben.

Einige Ökonominnen forderten bereits vor der Pandemie eine Erhöhung schuldenfinanzierter Investitionen zur Unterstützung der ökologischen Transformation des Wirtschaftssystems durch eine Modernisierung der öffentlichen Infrastruktur. Die steigenden Inflationsraten aufgrund des Energiepreisanstiegs im Zuge des Ukrainekonflikts in 2022 stärkten wiederum Befürworter einer soliden Haushaltspolitik, wie der Streit um die Bedeutung der deutschen Schuldenbremse zeigt. Im Folgenden werden die wichtigsten Kritikpunkte bzgl. der Theorie der natürlichen Arbeitslosenquote diskutiert und alternative Sichtweisen zur Bedeutung von Geld- und Fiskalpolitik für die Entwicklung von Inflation, Produktion und Arbeitslosigkeit dargestellt.

7.1 Kritik an der Theorie der natürlichen Arbeitslosenquote

Im Jahre 1968 formulierte Milton Friedman in seiner Präsidentschaftsansprache der American Economic Association seine Theorie der natürlichen Arbeitslosenquote (Friedman, 1968). Sie bestand im Wesentlichen aus zwei Thesen: Zum einen existiere eine natürliche (gleichgewichtige) Arbeitslosenquote, die weder von Geld- noch Fiskalpolitik beeinflusst werden kann, sondern ausschließlich von strukturellen Faktoren abhängt. Zum anderen könnten Geld- und Fiskalpolitik die Arbeitslosigkeit nicht dauerhaft unter diesem natürlichen Niveau halten, ohne immer schneller steigende Preise zu verursachen. Friedmans zweite These wurde auch als »**Akzelerationshypothese**« (Accelerationist Hypothesis) bekannt. Wenn sich die Inflationserwartungen an der vergangenen Inflationsrate orientieren ($\pi_t^e = \pi_{t-1}$), wird aus dem negativen Zusammenhang zwischen Arbeitslosigkeit und Inflation ein negativer Zusammenhang zwischen der *Veränderung* der Inflationsrate und der Arbeitslosigkeit:

$$\Delta \pi_t = -\alpha(u_t - u_n).$$

Aus diesen Gründen ließe sich der Zusammenhang zwischen Inflation und Arbeitslosigkeit langfristig nicht ausnutzen: »(...) es gibt immer eine temporäre Abwägung zwischen Inflation und Arbeitslosigkeit; es gibt keine dauerhafte Abwägung« (Friedman 1968, S. 11).

Im Folgenden wird die Uneingeschränktheit der beiden von Friedman postulierten Hypothesen theoretisch wie empirisch hinterfragt. Zunächst werden Gründe genannt, warum die natürliche Arbeitslosenquote auch von der tatsächlichen Arbeitslosigkeit beeinflusst werden könnte.

104 Siehe https://www.economist.com/briefing/2020/07/25/the-covid-19-pandemic-is-forcing-a-rethink-in-macroeconomics.

Sollten sich konjunkturelle Effekte auf die natürliche Arbeitslosenquote auswirken, werden Geld- und Fiskalpolitik auch langfristig Einfluss auf die Beschäftigung haben und es könnte gerechtfertigt sein, mit diskretionären wirtschaftspolitischen Eingriffen die tatsächliche Arbeitslosigkeit zu reduzieren, selbst wenn dies temporär mit höheren Inflationsraten einhergeht. Im Anschluss werden Messprobleme bzgl. der Produktionslücke diskutiert und ihre Auswirkungen auf politische Entscheidungen analysiert.

Die hinteren Teile dieses Abschnitts setzen sich kritisch mit der Akzelerationshypothese auseinander, nach der jeder Versuch, die Arbeitslosenquote unter ihrem natürlichen Niveau zu halten, zu immer weiter steigenden Inflationsraten führen muss. Hierzu wird der Einfluss der Arbeitslosigkeit sowie der Einfluss der vergangenen Inflation in der Phillipskurve im historischen Verlauf analysiert. Obgleich Friedmans ursprüngliche Ausführungen sich auf die Arbeitslosenquote bezogen, wird im Folgenden gleichermaßen die Entwicklung des Produktionsniveaus betrachtet, da in modernen Modellen der Phillipskurvenzusammenhang i. d. R. über die Produktion abgebildet wird.

7.1.1 Gibt es eine rein strukturell bedingte Arbeitslosenquote?

Die wichtigste Voraussetzung für die Theorie der natürlichen Arbeitslosenquote ist die vollständige Trennung von Wachstum und Konjunktur, weil nur unter diesen Umständen, die langfristig durchschnittliche Arbeitslosenquote nicht von kurzfristigen Entwicklungen beeinflusst wird. Blanchard & Summers (1986) haben bereits frühzeitig begründet, warum eine hohe aktuelle Arbeitslosenquote sich aber auch auf die langfristige Arbeitslosenquote auswirken kann. Man spricht von **Pfadabhängigkeit oder Hysterese**, wenn die Arbeitslosigkeit nicht wieder zu ihrem Ausgangszustand zurückkehrt, obwohl die Ursache für ihren Anstieg wieder beseitigt wurde (Hysterese ist das griechische Wort für Nachwirkung). Die beiden wichtigsten Gründe für einen Einfluss der aktuellen Auslastung einer Volkswirtschaft auf das Produktionspotenzial und die langfristige Arbeitslosenquote sind die folgenden:

- Lange Rezessionen, die zu einer besonders hohen und lang anhaltenden Arbeitslosenquote führen, können Einfluss auf die Produktivität der Arbeitnehmerinnen nehmen und erhöhen so die Trendarbeitslosigkeit. Arbeitslose büßen einen Teil ihrer Fähigkeiten ein, wenn sie für einen längeren Zeitraum ihren Beruf nicht ausüben. Sie können im Gegensatz zu ihren angestellten Kolleginnen ihr Wissen nicht aktualisieren, weil sie keine Fortbildungen mehr machen. Einige Langzeitarbeitslose verlassen den Arbeitsmarkt schließlich vollständig und wollen keiner Beschäftigung mehr nachgehen. All das verringert das Produktionspotenzial und erhöht die langfristig beobachtbare durchschnittliche Arbeitslosenquote.
- Da bei einer schlechten wirtschaftlichen Entwicklung auch die Investitionen sinken, ist die Entwicklung des Kapitalstocks schwächer. Sollte eine Rezession zu geringeren Ausgaben für Forschung und Entwicklung führen, verschlechtert sich die Produktivitätsentwicklung zusätzlich und die Einführung von neuen Technologien könnte verlangsamt werden. Hierdurch ist die zukünftige Ausstattung mit produktivem Sachvermögen sowie das Produktionspotenzial geringer.

Bei Berücksichtigung dieser Faktoren sind natürliches Produktionsniveau und natürliche Arbeitslosenquote nicht mehr ausschließlich auf strukturelle Faktoren zurückzuführen und können von Geld- und Fiskalpolitik beeinflusst werden. Sollten in einem Abschwung produktive Kapazitäten abgebaut oder schwächer ausgebaut werden, weil Unternehmen Investitionen drosseln, sind die Produktionsmöglichkeiten im nächsten Aufschwung zunächst geringer. Wenn Unternehmen dadurch schneller an ihre Kapazitätsgrenzen gelangen und die Preisänderungsraten früher steigen, wird aus der anfänglichen Nachfrageschwäche ein Angebotsproblem. Aus diesem Grund haben Regierungen während der Lockdowns in der Corona-Krise den Unternehmenssektor finanziell unterstützt. Je mehr Unternehmen aufgrund eines temporären Nachfrageausfalls schließen müssen, desto schneller wird sich die Preisdynamik beschleunigen, wenn die Nachfrage wieder anzieht. Zudem verlieren die Arbeitskräfte während der Arbeitslosigkeit ihre Fähigkeiten, wodurch es schwieriger wird, freie Arbeitsplätze zu besetzen, und Unternehmen höhere Löhne bieten könnten, um Arbeitskräfte von ihren Konkurrentinnen abzuwerben. Auch hierdurch steigt die Inflationsrate bereits bei einer höheren Arbeitslosenquote an.

Die Preise steigen schneller, weil zum einen produktives Sachvermögen (Fabriken, Maschinen etc.) und zum anderen fähige Arbeitskräfte fehlen. Eine schlechtere Produktivitätsentwicklung verringert zudem den Raum für Reallohnsteigerungen. Solange diese Effekte im Aufschwung mit umgekehrten Vorzeichen gleichermaßen auftreten, würden sie sich im Verlauf eines Konjunkturzyklus ausgleichen. Dennoch ist es unter diesen Umständen ratsam, Abschwünge stärker zu bekämpfen als Boomphasen, um die negativen Effekte einer schwachen wirtschaftlichen Entwicklung zu minimieren und die durchschnittliche Arbeitslosenquote zu senken. Blanchard (2018) liefert sogar empirische Hinweise, dass hysteretische Effekte asymmetrisch auftreten und in Rezessionen einen stärkeren Einfluss auf die Trendentwicklung haben. Es ist schließlich einfacher, Kapazitäten abzubauen und ggf. eine Insolvenz anzumelden, als eine neue Firma aufzubauen.

Unter Berücksichtigung von Hysterese haben Geld- und Fiskalpolitik einen dauerhaften Einfluss auf Arbeitslosigkeit und Produktion. In einem starken und lang anhaltenden Abschwung könnte dieser Einfluss erheblich sein und stärkere Stabilisierungsmaßnahmen wären gesamtgesellschaftlich wünschenswert. Um die mit einem Konjunkturbereinigungsverfahren wie dem HP-Filter berechnete durchschnittliche Entwicklung als von kurzfristigen Schwankungen unabhängige Komponente zu interpretieren, müssen sich Wachstum und Konjunktur perfekt trennen lassen. Dies ist aber nicht mehr der Fall, sobald die oben genannten Effekte auftreten.

Doch selbst wenn der Trendpfad von kurzfristigen Entwicklungen unabhängig wäre, ist die Messung der Trendkomponente zur Bestimmung gleichgewichtiger Größen mit ökonometrischen Problemen behaftet. Die Annahme einer konstanten Wachstumsrate für einen längeren Zeitraum ist nicht angemessen, da sich auch strukturelle Faktoren ändern können. Wird ein HP-Filter (oder ein ähnliches Verfahren) angewendet, hängt der errechnete Trend immer davon ab, wie die konkurrierenden Ziele eines gleichmäßigen und flexiblen Trends gewichtet werden. Je mehr Flexibilität zugelassen wird, desto stärker wird die gleichgewichtige Entwicklung der tatsächlichen folgen. Zudem stellen aktuelle Daten Schätzungen dar, die häufig auch nach

Jahren noch revidiert werden und ein falsches Signal über die konjunkturelle Situation geben könnten. Hinzu kommt das Randwertproblem, das entsteht, weil sich die Trendkomponente in den aktuellsten Perioden immer an die tatsächliche Entwicklung anpasst. So wird ein Teil der konjunkturellen Entwicklung statistisch dem Trend zugeschrieben und Abweichungen vom Trend unterschätzt. Wenn die Schätzungen der aktuellen Produktionslücke aber nicht zuverlässig sind, könnte die Zentralbank nach einem Abschwung die Zinsen zu früh wieder anheben, weil die Produktion sich nach aktuellen Berechnungen bereits wieder in der Nähe ihres natürlichen Niveaus befindet, obwohl die tatsächliche Produktionslücke weiterhin relativ groß ist.

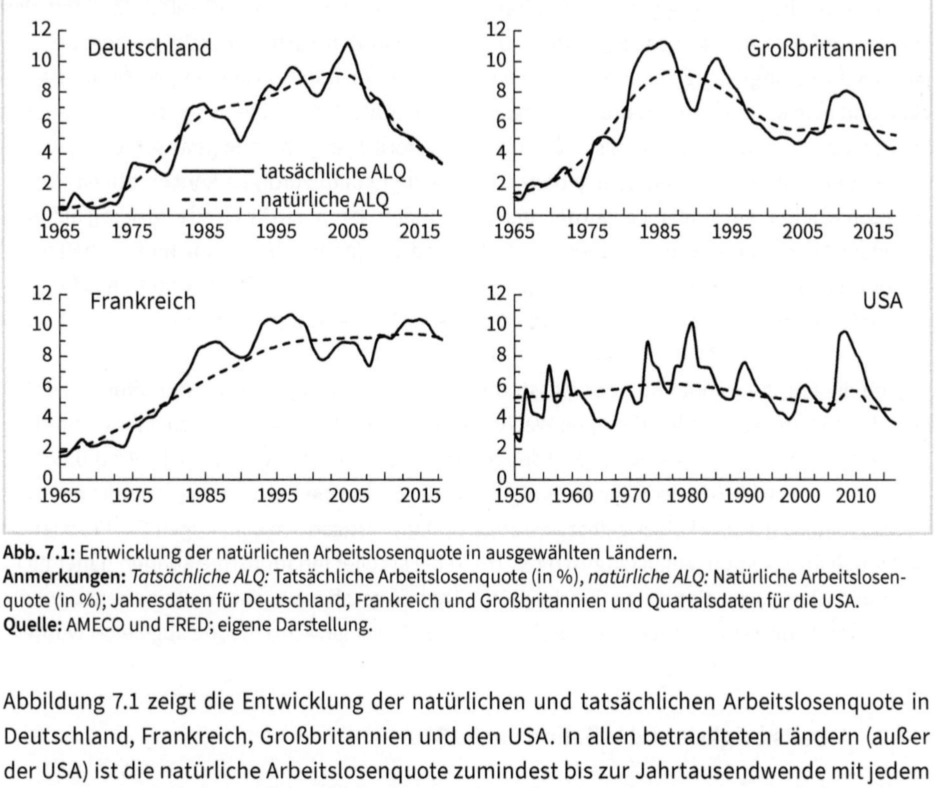

Abb. 7.1: Entwicklung der natürlichen Arbeitslosenquote in ausgewählten Ländern.
Anmerkungen: *Tatsächliche ALQ:* Tatsächliche Arbeitslosenquote (in %), *natürliche ALQ:* Natürliche Arbeitslosenquote (in %); Jahresdaten für Deutschland, Frankreich und Großbritannien und Quartalsdaten für die USA.
Quelle: AMECO und FRED; eigene Darstellung.

Abbildung 7.1 zeigt die Entwicklung der natürlichen und tatsächlichen Arbeitslosenquote in Deutschland, Frankreich, Großbritannien und den USA. In allen betrachteten Ländern (außer der USA) ist die natürliche Arbeitslosenquote zumindest bis zur Jahrtausendwende mit jedem Konjunkturzyklus angestiegen. Im Aufschwung wurden demnach nicht genügend Arbeitsplätze geschaffen, um den Verlust der Beschäftigung im vorangegangenen Abschwung vollständig zu kompensieren. In Einklang mit der NAIRU-Theorie wird diese Entwicklung von vielen Ökonominnen auf den Ausbau von Wohlfahrtsstaat und Arbeitnehmerrechten zurückgeführt. Die Arbeitsmarktreformen in Großbritannien, den USA und Deutschland führten dieser Logik folgend schließlich zu einem Rückgang der natürlichen Arbeitslosigkeit. Es ist jedoch schwer zu begründen, warum der strukturell bedingte Teil der Arbeitslosenquote vor den 1970ern so gering war, obwohl der Wohlfahrtsstaat zu dieser Zeit besonders ausgeprägt war. In den USA hat sich die natürliche Arbeitslosenquote zudem trotz der strukturellen Reformen Ronald Reagans im gesamten betrachteten Zeitraum kaum verändert und liegt bis heute relativ konstant zwischen ca. 4,5 und 6%. In den 1990ern war sie ähnlich hoch wie in den 1950ern. Auch in den Jahren, in denen Margaret Thatcher den englischen Arbeitsmarkt flexibilisierte (1979–1990), stieg die natürliche Arbeitslosenquote zunächst weiter an. Vertreter der NAIRU-Theorie führen dies darauf zurück, dass sowohl die negativen Auswirkungen des Wohlfahrtsstaats der Nachkriegszeit wie auch die Reformen seit den 1980ern einige Jahre benötigt haben, bis sie ihre Wirkung entfaltet haben.

Aus (post-)keynesianischer Sicht ist der trendmäßige Anstieg der Arbeitslosigkeit hingegen die Folge der wirtschaftspolitischen Wende nach den Ölpreiskrisen 1973 und 1979/80. Den Schlussfolgerungen des vorangegangenen Kapitels folgend lag der Fokus der Geldpolitik seit den 1980ern auf dem Aufbau von Reputation. Die Zinsen wurden deshalb bereits zu Beginn eines jeden Aufschwungs zügig angehoben, um einen drohenden Inflationsanstieg im Keim zu ersticken und eine konsequente Haltung zu signalisieren. Statt Rezessionen stärker zu bekämpfen als Boomphasen, was bei Berücksichtigung von Hysterese angemessen gewesen wäre, wurde das Gegenteil gemacht, weil Zentralbanken sich einen glaubwürdigen konservativen Ruf erarbeiten wollten. Aufschwünge wurden daher bekämpft, bevor sie ihre volle Wirkung auf dem Arbeitsmarkt entfalten konnten. Dies führte dazu, dass in jedem Abschwung mehr Arbeitsplätze verloren gingen, als im Aufschwung geschaffen wurden. Die kurzfristig höheren Arbeitslosenquoten verfestigten sich und erhöhten den Trendpfad der Arbeitslosenquote.

Führen die Angst vor Inflation oder Messprobleme zu einer vorzeitigen Zinserhöhung, die aufgrund von Hysterese den langfristigen Wachstumspfad verschlechtert, lässt sich dies empirisch nicht mehr feststellen. Da der Rückgang des Trendwachstums dazu führt, dass die Produktion im Nachhinein tatsächlich in der Nähe ihres als natürlich gemessenen Niveaus lag, wird die restriktive Geldpolitik durch ihre Folgen selbst bestätigt. Die kurzfristigen Schwankungen von Produktion und Arbeitslosigkeit um einen langfristigen Trend bei stabiler Inflationsrate können daher nicht als empirischer Nachweis für eine Gleichgewichtstheorie gesehen werden, weil sie ebenso gut die Folgen der Politik sein könnten, die aus einer falschen Gleichgewichtstheorie abgeleitet wurden.

7.1.2 Arbeitslosigkeit und Inflation nach 1970

Damit eine Arbeitslosenquote, die unterhalb der natürlichen liegt, zu einer stetig steigenden Inflationsrate führt (Akzelerationshypothese), müssen zwei Voraussetzungen erfüllt sein:

- Die Arbeitslosigkeit muss einen negativen Einfluss auf die Inflationsrate nehmen, sodass eine Verringerung der Arbeitslosenquote zu höheren Lohnforderungen und einem steigenden Niveau der Inflationsrate führt.
- Erwartungsfehler müssen korrigiert werden, damit steigende Inflationsraten von den Arbeitnehmern berücksichtigt werden und ihre Lohnforderungen erhöhen.

Das Zusammenspiel beider Punkte führt dann zum postulierten **Zusammenhang zwischen der *Höhe* der Arbeitslosigkeit und der *Veränderung* der Inflationsrate.** Damit die erste Voraussetzung erfüllt ist, muss der α-Parameter der Phillipskurve positiv sein:

$$\pi = \pi^e - \alpha(u_t - u_n).$$

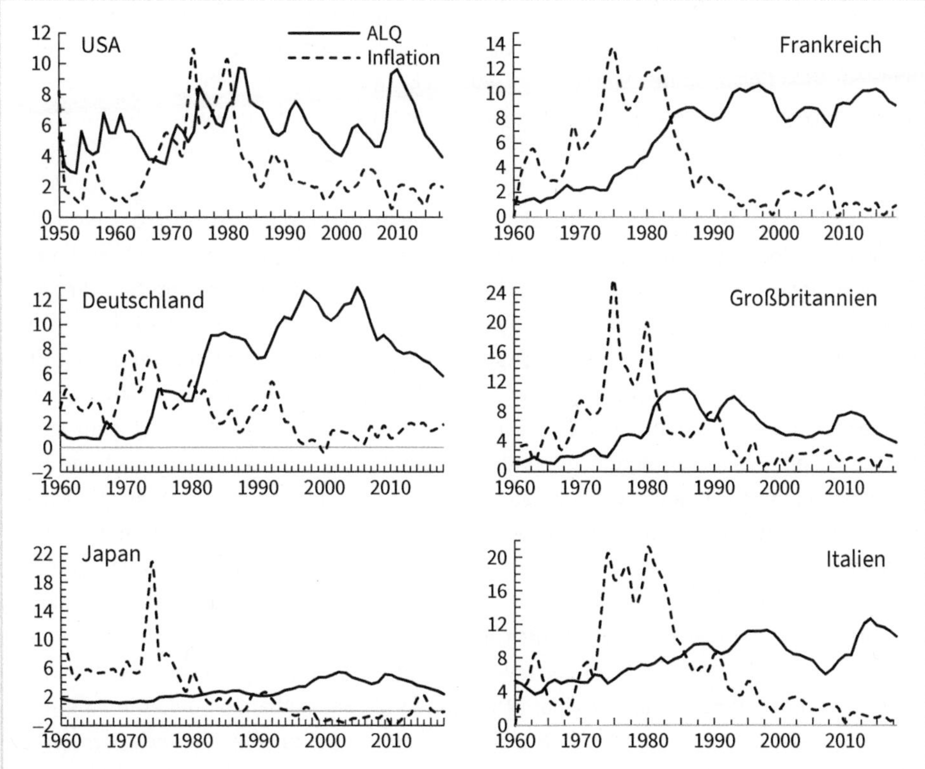

Abb. 7.2: Inflation und Arbeitslosigkeit in ausgewählten Ländern.
Anmerkungen: *ALQ:* Arbeitslosenquote (in %), *Inflation:* prozentuale Veränderung des BIP-Deflators im Vergleich zum Vorjahr; Jahresdaten.
Quelle: AMECO und FRED; eigene Darstellung.

Um einen ersten Eindruck vom Einfluss der Arbeitslosenquote auf die Inflationsrate zu bekommen, stellt Abbildung 7.2 die Entwicklung von Arbeitslosenquote und Inflation für die USA, Deutschland, Frankreich, Italien, Großbritannien und Japan gegenüber. In allen Ländern lassen sich Phasen erkennen, in denen ein Rückgang der Arbeitslosenquote von einem beschleunigten Preisanstieg begleitet oder gefolgt wurde. Ein stabiler Zusammenhang zwischen beiden Größen ist aber in keinem Land zu sehen. In Deutschland lagen die Inflationsraten zu Beginn der 1960er- und 1990er-Jahre auf einem ähnlichen Niveau. Die Arbeitslosenquote betrug in der späteren Phase aber fast 10 %, während sie in der Nachkriegszeit zum Teil unter 1 % lag. Dies spricht nicht per se gegen den Phillipskurvenzusammenhang, da sich sowohl die Erwartungen wie auch die natürliche Arbeitslosenquote verändert haben könnten. In Deutschland sind die Schätzungen der natürlichen Arbeitslosenquote nach Abbildung 7.1 deutlich angestiegen, wobei die Schätzungen der NAIRU, wie im vorangegangenen Abschnitt erklärt, unter Umständen auch von der tatsächlichen Entwicklung der Arbeitslosenquote beeinflusst wurden.

Eindeutig entgegengesetzt verlaufen Arbeitslosenquoten und Inflationsraten bestenfalls in den Jahren nach den Ölpreiskrisen. In dieser sehr besonderen Phase haben restriktive geld- und fiskalpolitische Maßnahmen die Arbeitslosigkeit in vielen Ländern erhöht, während die Inflationsraten fielen. Spätestens seit den 1990ern ist in allen betrachteten Ländern der Preisanstieg hingegen sehr gering und relativ stabil, während die Arbeitslosenquote tlw. starken Schwankungen unterlag.

Eine mögliche Erklärung für den geringen Zusammenhang zwischen Arbeitslosigkeit und Inflation in den letzten beiden Jahrzehnten könnte eine Inflationsnorm sein, an die sich die Tarifpartner aufgrund der geringen durchschnittlichen Inflationsraten orientierten. Dies kann als eine Bestätigung der konservativen Geldpolitik gesehen werden, weil die Zentralbanken es geschafft haben, durch dauerhaft niedrige Inflationsraten eine hohe Glaubwürdigkeit zu erlangen, und die Inflationserwartungen auf einem niedrigen Niveau stabilisiert haben. Die ausgesprochen niedrigen Inflationsraten der letzten Jahrzehnte könnten aber auch ganz andere Gründe haben als eine erfolgreiche Inflationssteuerung. Sie sind vermutlich auch die Folge der zugenommenen Handelsbeziehungen (Globalisierung), die den Import günstiger Vorprodukte ermöglichten und so auch die inländischen Preisentwicklungen verlangsamt haben. Der stärkere Konkurrenzdruck aus dem Ausland hat Arbeitnehmer zudem davor zurückschrecken lassen, hohe Lohnsteigerungen zu fordern. Politiker warnten in Appellen vor einem Rückgang der internationalen Wettbewerbsfähigkeit und dem damit verbundenen Arbeitsplatzverlust und Arbeitgeber drohten mit Arbeitsplatzverlagerung. Die Lohnpolitik war also relativ zurückhaltend. Von den 1980ern bis zur Finanzkrise waren die Zentralbanken daher in einer recht komfortablen Position, in der möglicherweise auch ohne ihr Zutun die Inflationsraten verhältnismäßig stabil geblieben wären.

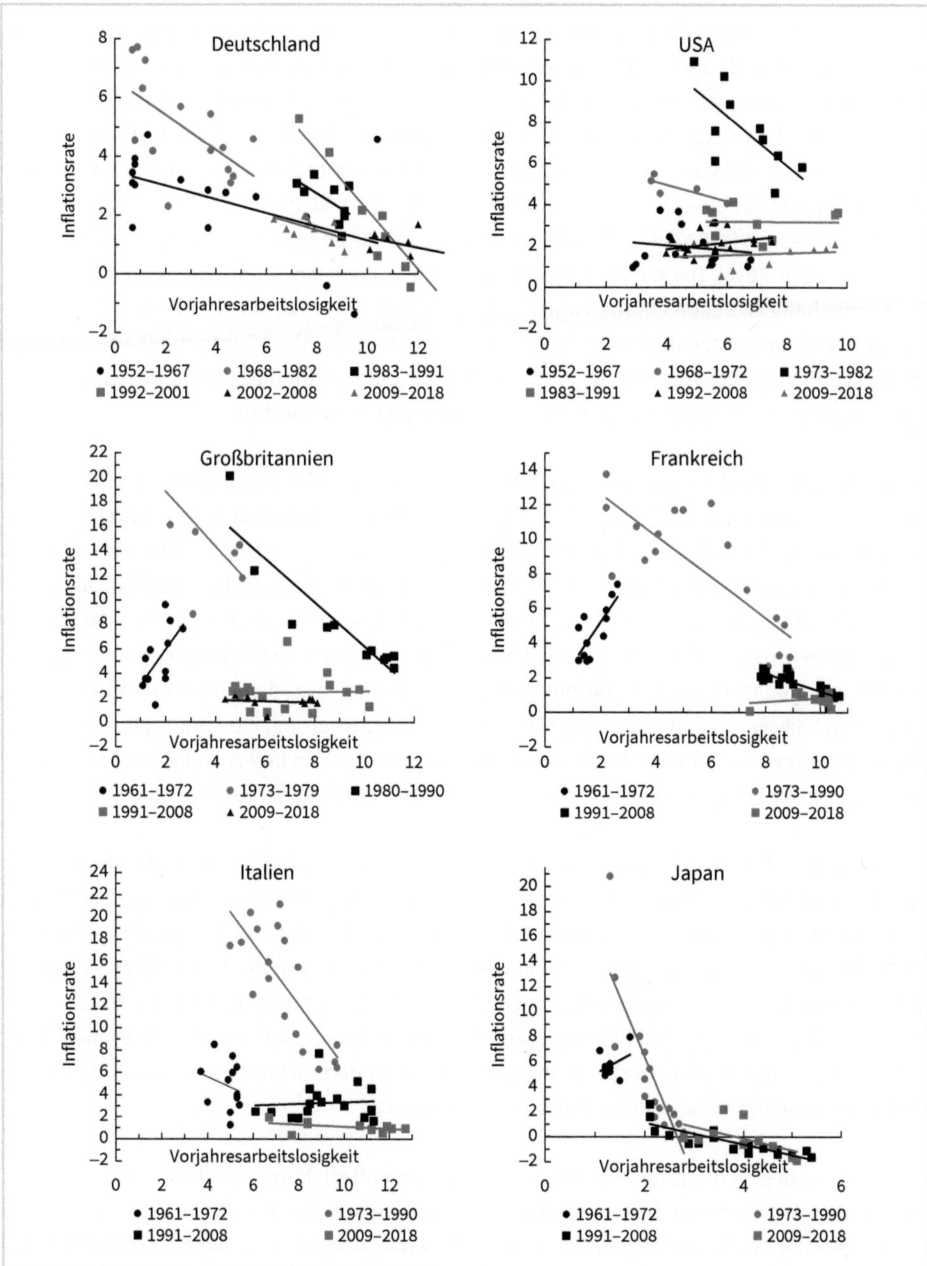

Abb. 7.3: Phillipskurven für unterschiedliche Zeiträume in ausgewählten Ländern.
Anmerkungen: *Inflationsrate*: prozentuale Veränderung des BIP-Deflators im Vergleich zum Vorjahr.
Quelle: AMECO und FRED; eigene Darstellung.

Abbildung 7.3 zeigt den Zusammenhang zwischen Inflation und Arbeitslosigkeit für verschiedene Zeiträume und Länder in typischen **Phillipskurvendiagrammen**. Da Lohnverhandlungen erst verzögert auf einen Anstieg der Arbeitslosigkeit reagieren, ist nicht die aktuelle, sondern die Vorjahresarbeitslosenquote auf der x-Achse abgetragen. Für die USA folgt die Einteilung der Zeiträume der Arbeit von Hail (2018, S. 234) und repräsentiert folgende Perioden: Nachkriegszeit (1952–1967), Amtszeit von Präsident Nixon (1968–1972), Stagflation (1973–1982), Amtszeit von Ronald Reagan (1983–1972), »Große Moderation« (1992–2008) und die große Rezession und Erholung (2009–2018). Die Kurven bestätigen für die letzten Jahrzehnte den abgeschwächten Zusammenhang zwischen Inflation und Arbeitslosigkeit. Die Phillipskurven sind im Zeitverlauf immer flacher geworden und für einige Jahre ist sogar ein positiver Zusammenhang zwischen Inflation und Vorjahresarbeitslosigkeit zu erkennen. Lediglich für die zehn Jahre nach dem Ölpreisschock ist ein deutlicher negativer Zusammenhang zu beobachten.

Die zeitliche Einteilung der deutschen Daten erfolgt nach folgendem Schema: Nachkriegsära bis zur ersten Ölpreiskrise (1952–1972), Ölpreiskrisen und Stagflation bis zum Bruch der sozialliberalen Koalition (1973–1982), Zeit vor der Wiedervereinigung (1983–1991), Zeit nach der Wiedervereinigung bis zur Einführung des Euros (1992–1998), Euro-Einführung bis zur Finanzkrise (1999–2008), Zeit nach der Finanzkrise (2009–2018). Auch für Deutschland ist der von der Phillipskurve prognostizierte Zusammenhang instabil, obgleich ein stärkerer negativer Zusammenhang zu beobachten ist als für die USA. Dies kann an der starken Exportorientierung der deutschen Volkswirtschaft liegen, die sehr geringe Lohnsteigerungen bedingt, um die internationale Wettbewerbsfähigkeit auszubauen und so die Beschäftigung zu steigern. Dennoch ist die Steigung der Phillipskurven seit der Jahrtausendwende deutlich gesunken.

Selbiges gilt auch für die Phillipskurven in den anderen dargestellten Ländern, die ebenfalls für den Zeitraum von 1973 bis 1990 deutlich negativ geneigt sind und davor bzw. danach abflachen oder sogar positiv verlaufen. All diese Beobachtungen deuten darauf hin, dass der α-Parameter in der Phillipskurvenbeziehung in den meisten Ländern nur in der besonderen Phase des Ölpreisanstiegs deutlich positiv war. Die empirische Studie von Hazell, Herreño, Nakamura & Steinsson (2022) schätzt US-Phillipskurven anhand neu konstruierter Preisindizes nicht-handelbarer Güter auf Bundesstaatenebene und kommt zu dem Schluss, dass die Steigung der Phillipskurve selbst in den 1980er-Jahren eher gering war.

Eine weitere Begründung für eine flache Phillipskurvenbeziehung könnte ein nicht-linearer Zusammenhang zwischen Arbeitslosigkeit und Inflation sein, so wie in der ursprünglich von Phillips geschätzten Beziehung zwischen Lohnsteigerung und Arbeitslosigkeit: Erst bei sehr geringer Arbeitslosigkeit stiegen die Nominallöhne stärker an, bei hoher Arbeitslosigkeit verlief die Phillipskurve hingegen nahezu horizontal. Die Schätzungen von Barnes & Olivei (2003) legen nahe, dass in den USA nur sehr hohe oder niedrige Werte der Arbeitslosigkeit die Inflationsrate deutlich beeinflussen. Für Arbeitslosenquoten zwischen 4 und 7,5% verläuft die Phillipskurve hingegen verhältnismäßig flach. Der Grenzfall einer solchen nicht-linearen Phillipskurve ist in Abbildung 7.4 skizziert. Zwischen u_0 und u_1 führen Veränderungen der Arbeitslosenquote zu keinen Veränderungen der Inflationsrate. Innerhalb dieser Spanne werden Gewerkschaften ihre Lohnforderungen an der Produktivität und der derzeitigen Inflationsnorm (π^*) ausrichten, also der Inflationsrate der vergangenen Jahre. Erst wenn die Arbeitslosigkeit unter das Niveau von u_0 fällt, steigen die Preise schneller an, weil Arbeitgeber bereit sind, höhere Löhne zu zahlen, um Arbeitnehmer von anderen Unternehmen abzuwerben, und Arbeitnehmer aufgrund der geringeren Angst vor Arbeitslosigkeit ihre Lohnforderungen erhöhen. Zwischen u_0 und u_1 hätten Geld- und Fiskalpolitik in diesem Fall einen dauerhaften Einfluss und könnten die Arbeitslosigkeit ohne inflationäre Effekte auf u_0 senken. Erst bei einer niedrigeren Arbeitslosigkeit würde die Inflationsrate ansteigen und ggf. Lohn-Preis-Spiralen entfachen.

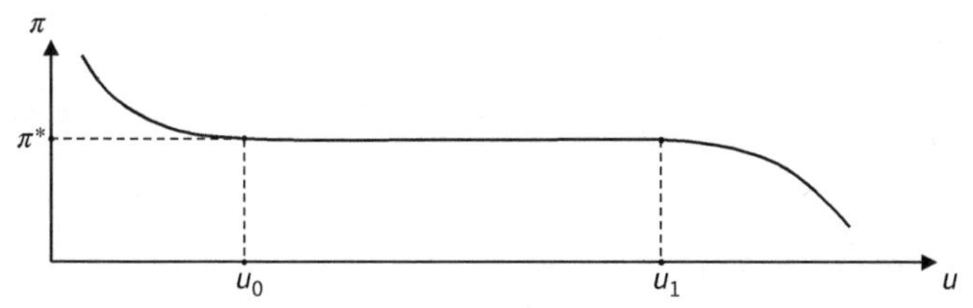

Abb. 7.4: Nicht-lineare Phillipskurve.
Quelle: Eigene Darstellung.

7.1.3 Inflationspersistenz nach 1970

Inwiefern eine steigende Inflationsrate tatsächlich Lohn-Preis-Spiralen auslöst und so zu einer immer weiter steigenden Inflationsrate führt, hängt davon ab, wie sehr die Arbeitnehmer ihre Inflationserwartung an der vergangenen Inflation ausrichten, also eine Korrektur der Erwartungsfehler stattfindet (2. Voraussetzung für die Akzelerationshypothese). Für eine solche Korrektur müsste der Parameter θ in der adaptiven Erwartungsbildung mindestens positiv sein, im besten Fall sogar Eins entsprechen:

$$\pi_t^e = \theta\pi_{t-1} + (1 - \theta)\pi_{t-1}^e.$$

Für $\theta = 0$ wären die Inflationserwartungen hingegen konstant, auch wenn sie in der Vergangenheit nicht der tatsächlichen Inflationsrate entsprachen. Abbildung 7.5 repliziert US-Schätzungen von θ aus der folgenden Phillipskurvenbeziehung von Blanchard (2018):

$$\pi_t = c + \theta\pi_{t-1} - \alpha u_t,$$

wobei c einen konstanten Achsenabschnitt darstellt. Die Schätzungen wurden für gleitende 15-Jahres-Zeiträume von 1962 bis 2016 durchgeführt. Für die 1960er liegt der geschätzte θ-Koeffizient nahe null, was für einen Phillipskurvenzusammenhang mit konstanten Inflationserwartungen spricht. In den darauffolgenden Jahren stieg der geschätzte Koeffizient kontinuierlich auf eins und verharrte dort bis in die 1990er. Seit Ende der 1990er fällt er aber wieder und liegt spätestens seit der Finanzkrise wieder nahe null.

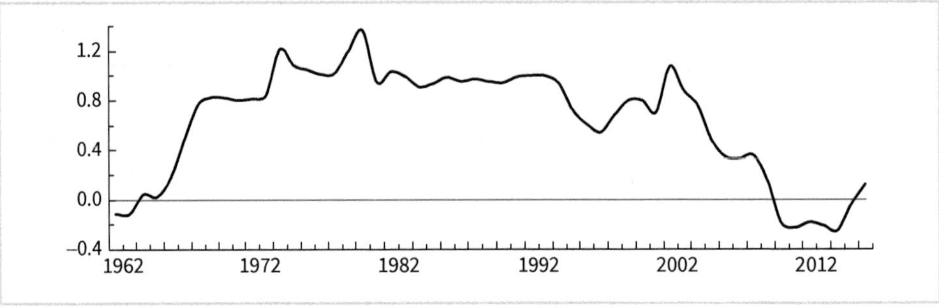

Abb. 7.5: Inflationspersistenz in den USA für gleitende 15-Jahres-Zeiträume.
Anmerkungen: Parameter θ aus Schätzung von $\pi_t = c + \theta\pi_{t-1} - \alpha u_t$ für gleitende 15-Jahres-Zeiträume.
Quelle: Blanchard (2018); eigene Darstellung.

Wenn die vergangene Inflationsrate für die zukünftige Inflationsentwicklung keine Rolle spielt, kann es keine Lohn-Preis-Spiralen geben. Möglicherweise folgen die Inflationserwartungen zumindest solange einer konstanten Inflationsnorm, solange die Inflationsrate nur geringfügig von der Norm abweicht. Unter diesen Voraussetzungen könnten Geld- und Fiskalpolitik die Arbeitslosenquote permanent etwas unter ihrem natürlichen Niveau halten, da so die Inflationsrate nur wenig ansteigt und Lohn-Preis-Spiralen nicht zu befürchten sind. Es konnte aber auch die gestiegene Glaubwürdigkeit der Zentralbanken für die konstanten Inflationserwartungen verantwortlich sein. Nach dieser Lesart hat die erfolgreiche Inflationsstabilisierung der letzten Jahrzehnte die Tarifpartner davon überzeugt, in den Lohnverhandlungen die Zielinflationsrate zu berücksichtigen. Eine im Durchschnitt etwas höhere Inflationsrate könnte diese Glaubwürdigkeit wieder zerstören und der Erwartungskorrekturparameter θ könnte wieder steigen. Die Möglichkeit, die Arbeitslosigkeit ohne inflationäre Effekte zu senken, würde in dem Moment verschwinden, in dem man sie auszunutzen versucht.

Die in diesem Abschnitt vorgestellten theoretischen Einwände und empirischen Darstellungen legen nahe, dass die NAIRU-Theorie in ihrer Reinform möglicherweise nur die sehr besonderen Jahre nach den Ölpreiskrisen adäquat beschreibt. In dieser Zeit führte ein realer Einkommenstransfer der Industrienationen an die ölexportierenden Länder zu einem Konflikt zwischen Arbeitgebern und Arbeitnehmern, der bei sehr geringer Arbeitslosigkeit zu Lohn-Preis-Spiralen führte. Eine vergleichbare Situation wurde seitdem aber nicht wieder beobachtet.[105]

Es gibt plausible Gründe dafür, dass sowohl die durchschnittliche Arbeitslosigkeit als auch das Trendwachstum des BIP von konjunkturellen Faktoren beeinflusst werden. Zudem gibt es Hinweise darauf, dass der Einfluss der Arbeitslosigkeit auf die Inflationsrate sowie der Einfluss der Inflationsrate auf die Erwartungen in den letzten Jahrzehnten abgenommen haben. Friedmans

105 Das letzte Kapitel wird auf den Anstieg der Ölpreise nach dem Angriff auf die Ukraine eingehen.

Schlussfolgerung, man könne die Arbeitslosigkeit nicht dauerhaft unter ein gleichgewichtiges Niveau senken, das von konjunkturellen Entwicklungen nicht beeinflusst wird, müsste man in seiner Reinform demnach verwerfen.

Kernpunkte Kapitel 7.1

- **Hysterese** kann dazu führen, dass kurzfristige Schwankungen der tatsächlichen Arbeitslosenquote (bzw. Produktion) ihr natürliches Niveau beeinflussen. Daher lohnt es sich, Krisen stärker zu bekämpfen, als Aufschwünge zu dämpfen.
- **Messprobleme** von Konjunkturbereinigungsverfahren (wie das Randwertproblem) können dazu führen, dass **aktuelle Schätzungen der NAIRU bzw. des Produktionspotenzials falsch sind** und auf ihrer Basis fehlgeleitete Politikempfehlungen ausgesprochen werden.
- (Post-)Keynesianer gehen davon aus, dass die starke Präferenz der Zentralbanken, Inflation zu vermeiden, seit den 1970er-Jahren den sukzessiven Anstieg der Arbeitslosenquote befördert hat. Da Krisen nicht entschlossen genug bekämpft und in Aufschwungphasen frühzeitig die Zinsen angehoben wurden, hat sich **ein Teil der konjunkturellen Entwicklung verfestigt und den langfristigen Trend beeinflusst**.
- Der **negative Zusammenhang zwischen der Arbeitslosenquote und der Inflationsrate scheint seit den 1980ern schwächer geworden zu sein**. Zudem könnte der Zusammenhang zwischen beiden Größen **nicht-linearer** Natur sein. Im Falle eines nicht linearen Zusammenhangs zwischen Inflation und Arbeitslosenquote könnten Geld- und Fiskalpolitik die Arbeitslosenquote bis zu einem gewissen Niveau senken, **ohne inflationäre Effekte** hervorzurufen.

7.2 Regierung und Zentralbank: Kontrahenten oder Partner?

In Abschnitt 6.2.5 wurde argumentiert, dass eine Erhöhung der Staatsausgaben lediglich die Inflationsrate und die Zinsen nach oben treiben würde. Dies entspricht dem Konsens im ökonomischen Mainstream, nach dem Konjunkturprogramme nur Strohfeuer seien, die langfristig private Investitionen verdrängen (Crowding-Out). Die Fiskalpolitik sollte daher nur in Ausnahmefällen zur Stabilisierung von Produktion und Beschäftigung eingesetzt werden. Nämlich dann, wenn die Geldpolitik ihre Effektivität verloren hat, z. B. weil die Erwartungen privater Investoren so schlecht sind, dass Unternehmerinnen selbst bei niedrigen Zinsen nicht bereit sind zu investieren. Außerhalb dieser Ausnahmesituationen sollte die Konjunkturpolitik hingegen der Zentralbank überlassen werden.

Zudem sollte eine Zentralbank von relativ konservativen und politisch unabhängigen Experten geführt werden, weil Politiker mit dem Privileg der Geldschöpfung nicht umgehen könnten. Eine politisch abhängige Zentralbank könnte gezwungen werden, ihrer Regierung permanent neues Geld zur Verfügung zu stellen, um zusätzliche Ausgaben zu ermöglichen und zuvor aufgenommene Staatsschulden begleichen zu können. Dies würde zu steigenden Inflationsraten führen, wenn die Arbeitslosigkeit hierdurch unter ihr natürliches Niveau gedrückt wird. Wenn eine Regierung zudem Druck auf die Zentralbank ausüben könnte, die Zinsen nicht anzuheben, weil dies den Schuldendienst der Regierung erhöhen würde, verliere die Zentralbank ihr Ziel aus den Augen, die Inflationsrate auf einem niedrigen Niveau zu stabilisieren. Um all dies zu verhindern, sollten die Ausgaben einer Regierung restringiert und die Geldpolitik einer politisch unabhängigen Institution überlassen werden. Häufig wird die Zentralbank sogar als Gegenspieler der Regierung gesehen, die mithilfe von Zinserhöhungen die Ausgabenwünsche von Politikern zügelt, wenn die Inflationsrate droht anzusteigen.

Finanzkrise und Pandemie gehören sicher zu den Ausnahmesituationen, in denen auch konservative Ökonominnen für fiskalische Ausgabenprogramme plädieren, um eine wirtschaftliche Krise schneller zu beenden. Die besonders langsame weltwirtschaftliche Erholung nach 2008 hat aber auch eine grundsätzliche Debatte zur Rolle der Fiskalpolitik entfacht. Im Folgenden werden die bedeutendsten Gründe für einen stärkeren Einsatz fiskalpolitischer Mittel diskutiert. Hierzu werden zunächst theoretische und empirische Argumente für eine fiskalpolitische Unterstützung der Geldpolitik analysiert, also einer Zusammenarbeit von Regierung und Zentralbank. Im Anschluss wird die Entwicklung staatlicher Schuldenquoten analysiert und schließlich – als extremste Alternative – die Idee einer funktionalen Finanzpolitik (im Englischen »functional finance«) dargestellt, bei der die gesamtwirtschaftliche Stabilisierung ausschließlich von der Fiskalpolitik übernommen wird.

7.2.1 Fiskalpolitik als notwendige Ergänzung der Geldpolitik

Wie im vorangegangenen Abschnitt bereits diskutiert, halten (post-)keynesianische Ökonomen die geldpolitische Strategie, sich durch eine besonders konsequente Bekämpfung der Inflation Glaubwürdigkeit zu erarbeiten, für eine bedeutende Ursache des sukzessiven Anstiegs der natürlichen Arbeitslosenquote. Aufschwünge wurden beendet, bevor sie ihre volle Wirkung entfalten konnten. Zudem wird die mangelnde fiskalpolitische Bereitschaft, mit Ausgabenprogrammen die Konjunktur zu stützen, als Grund für die schlechte Entwicklung nach den 1970er-Jahren gesehen, **da aus keynesianischer Sicht eine hinreichende Erhöhung der effektiven Nachfrage in Abschwungphasen nicht allein durch geldpolitische Maßnahmen erreicht werden kann.**

Der kurzfristige Kreditzins spielt im Vergleich zu den Gewinnerwartungen nämlich nur eine untergeordnete Rolle. »Man könne die Pferde zwar zur Tränke führen, aber nicht zum Saufen zwingen«, besagt ein englisches Sprichwort, das bereits Keynes (1936) in abgewandelter Form nutzte, um zu beschreiben, dass man Unternehmen zwar niedrige Zinsen bieten, sie aber nicht zum Investieren zwingen kann. Während die Geldpolitik darauf angewiesen ist, dass private Investoren aufgrund gesunkener Zinsen die Ausgaben erhöhen, führt die Fiskalpolitik zu einer unmittelbaren Steigerung der Nachfrage. Da sich mit steigender Nachfrage auch die Gewinnaussichten der Unternehmen verbessern, sollten höhere staatliche Ausgaben zudem private Investitionen anregen, also zu einem **Crowding-In** führen. Damit die Geldpolitik ihre volle Wirkung entfalten kann, braucht sie **Unterstützung durch eine expansive Fiskalpolitik**, damit die Unternehmen das notwendige Vertrauen in einen wirtschaftlichen Aufschwung gewinnen.

Stattdessen wurde den Ergebnissen des vorangegangenen Kapitels folgend auf eine »solide« Haushaltspolitik gesetzt, um ein Verdrängen privater Investitionen zu vermeiden und das Zinsniveau niedrig zu halten. In vielen Ländern ist die Pflicht zur Haushaltskonsolidierung sogar gesetzlich verankert. **Feste Defizitquoten**, die eine Obergrenze für staatliche Nettoausgaben relativ zum aktuellen BIP festlegen, bergen jedoch die Gefahr, dass man aufgrund einer schlechteren wirtschaftlichen Entwicklung das Defizit reduzieren muss und so zu **einer prozyklischen (krisenverstärkenden) Fiskalpolitik** gezwungen wird. Ausnahmeregelungen, die die Höhe staatlicher Defizite an die konjunkturelle Situation koppeln und höhere Defizite zulassen, sofern die Produktion unter ihrem natürlichen Niveau liegt, sollen dies verhindern. **Hierdurch wird das Randwertproblem jedoch auf die Fiskalpolitik übertragen.** Der fiskalpolitische Spielraum für Mitglieder der Euro-Zone hängt z. B. von Schätzungen der aktuellen Produktionslücke ab, die häufig ein falsches Signal über die konjunkturelle Lage vermitteln, was jedoch bestenfalls erst durch spätere Revisionen erkannt wird. Zudem sind die einzuhaltenden Quoten aus keynesianischer Sicht i. d. R. zu niedrig, sodass auch bei funktionierenden Ausnahmeregeln **der Mix aus Geld- und Fiskalpolitik im Durchschnitt zu restriktiv ist**, wodurch sich konjunkturelle Effekte verfestigten und den langfristigen Trend negativ beeinflussten.[106]

Der größte Einwand gegen eine fiskalpolitische Nachfragesteuerung ist, dass eine Regierung der Versuchung nicht widerstehen kann, durch eine Ausweitung ihres Defizits die Arbeitslosigkeit unter ihr strukturell bedingtes Niveau zu drücken und so die Inflationsrate nach oben zu treiben. Abbildung 7.6 stellt die staatlichen Finanzierungssalden ausgewählter Länder ihren Inflationsraten gegenüber und zeigt, dass höhere staatliche Defizite in den vergangenen Jahrzehnten i. d. R. keine besonders stark steigenden Inflationsraten zur Folge hatten. Dies bestärkt die Vermutung, dass die Jahre nach den Ölpreiskrisen eine Ausnahmesituation beschreiben, in der steigende Defizite mit steigenden Inflationsraten zusammentrafen. Die großen Ausgabenprogramme nach der Finanzkrise haben beispielsweise keine stark steigenden Inflationsraten hervorgerufen, sondern bestenfalls die Inflation auf einem niedrigen Niveau stabilisiert. Dies ist besonders deutlich in Japan, wo trotz Ausgabenüberschüssen von über 10 % des BIP die Inflationsrate zeitweise negativ war.

106 Auch die zurückhaltende Lohnpolitik der letzten Jahrzehnte aufgrund des größeren Wettbewerbsdrucks (Globalisierung) und geschwächter Gewerkschaften wird von (post-)keynesianischen Ökonominnen dafür verantwortlich gemacht, dass die effektive Nachfrage zu schwach war, um Investitionen anzuregen und die Arbeitslosigkeit nach einem Abschwung zurückzuführen.

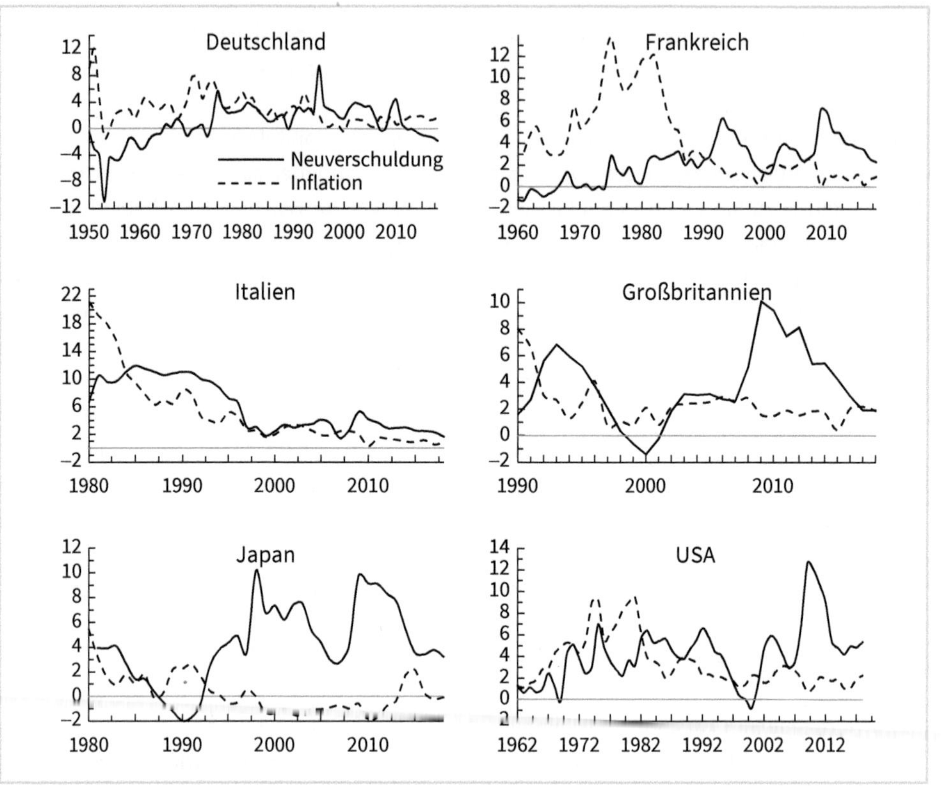

Abb. 7.6: Inflation und staatliches Finanzierungsdefizit in ausgewählten Ländern.
Anmerkungen: *Neuverschuldung:* Staatliches Finanzierungsdefizit (in % des BIP), *Inflation:* prozentuale Veränderung des BIP-Deflators im Vergleich zum Vorjahr; Jahresdaten.
Quelle: AMECO und FRED; eigene Darstellung.

Die unterschiedlichen Auswirkungen der fiskalpolitischen Konjunkturprogramme nach der Ölpreis- und der Finanzkrise lassen sich dadurch erklären, dass beide Krisen völlig unterschiedliche Ursachen hatten und die gesamtwirtschaftlichen Umstände grundsätzlich andere waren. Die Ölpreiskrisen stellten einen **Angebotsschock** dar, weil sich die Preise aufgrund eines externen Faktors erhöhten, nämlich den steigenden Ölpreisen. Die gestiegenen Ölpreise stellten höhere Kosten für aus dem Ausland bezogene Vorleistungen dar und wurden von den Unternehmen in Form höherer Preise weitergegeben (siehe Abschnitt 6.1.1), was zu einer Verringerung der Lohnquote führte (siehe Gleichung (6.5)). Aufgrund der starken Verhandlungsposition bei historisch niedrigen Arbeitslosenquoten kämpften die Arbeitskräfte für höhere Löhne und es entstand das Paradebeispiel einer Lohn-Preis-Spirale, die von den Zentralbanken mit steigenden Zinsen bekämpft wurde.

Zeitgleich brach 1973 das Weltwährungssystem »Bretton Woods« zusammen, unter dem sich 44 Teilnehmerländer auf feste Wechselkurse einigten. Die Ungewissheit darüber, zu welchem Kurs man in Zukunft Währungen tauschen würde, erhöhte die Verunsicherung und wirkte sich zusätzlich negativ auf die Investitionen aus. Daher stieg die Arbeitslosigkeit und geringere Steuereinnahmen sowie höhere Sozialausgaben steigerten das Finanzierungsdefizit der Regierungen. Zusätzlich versuchten einige Länder, über staatliche Konjunkturprogramme die Arbeitslosigkeit zu verringern. Obgleich diese Maßnahmen von der restriktiven Geldpolitik konterkariert wurden, waren die Arbeitslosenquoten Ende der 1970er in vielen Ländern noch vergleichsweise niedrig. Insbesondere, wenn man berücksichtigt, dass sich gleichzeitig in vielen Ländern das Arbeitskräftepotenzial erhöhte, weil in Folge der emanzipatorischen Bewegungen jener Zeit zunehmend auch Frauen nach Arbeit suchten. Es entstand ein Gleichlauf von steigenden Inflationsraten und staatlichen Defiziten, deren Ursachen der Anstieg der Ölpreise und die darauffolgende Rezession waren.

Die Finanzkrise war hingegen ein typischer **Nachfrageschock**. Der Privatsektor reduzierte seine Ausgaben, um eine nicht mehr tragfähige Verschuldung abzubauen (siehe Kap. 8.3). Die geringeren privaten Ausgaben reduzierten die Nachfrage und erhöhten die Arbeitslosigkeit, wodurch die Inflationsrate unter ihr Zielniveau fiel. Auch hier stiegen die fiskalischen Defizite zunächst aufgrund der niedrigeren Steuereinnahmen bei gleichzeitig höheren Sozialausgaben. Die weltweit durchgeführten Ausgabenprogramme zur Bekämpfung der Finanzkrise trieben die Defizite zusätzlich nach oben und dämpften die Rezession ab. So entstand eine Situation, in der ein steigendes Defizit mit fallenden Inflationsraten einherging. Die Haushaltskonsolidierungsmaßnahmen, die in vielen Ländern kurz nach der Finanzkrise umgesetzt wurden, führten zu einer weiterhin geringen Nachfrage, sodass in den Jahren nach der Finanzkrise nie die Gefahr einer Überhitzung drohte, in der die Teuerungsraten sich beschleunigt hätten.

Während die Ölpreiskrise einen Angebotsschock bei (nahezu) Vollbeschäftigung, steigender Arbeitsmarktpartizipation, starken Gewerkschaften und Kartellen auf nationalen Produktmärkten darstellte, repräsentiert die Finanzkrise einen Nachfrageschock bei Unterbeschäftigung, fallenden Inflationsraten und deregulierten Produktmärkten (Lonergan & Blyth, 2021). In der Zeit zwischen den beiden Krisen sind die Inflationsraten trendmäßig weltweit gefallen und auch in Phasen höherer staatlicher Defizite nicht mehr nennenswert angestiegen. Blinder (1982) argumentierte bereits wenige Jahre nach den Ölpreiskrisen, dass es sich um temporäre Schocks handelte, die wenige Jahre später überwunden waren.

Im Gegensatz zu einem Angebotsschock bewegen sich Arbeitslosigkeit und Inflation bei einem Nachfragerückgang in unterschiedliche Richtungen. Im IS-PC-MR-Modell entspricht dies einer Linksverschiebung der IS-Kurve und kann theoretisch sehr einfach bekämpft werden, weil die Zentralbank mit entsprechenden Zinssenkungen sowohl die Produktion wie auch die Inflation erhöhen kann. Die Zentralbank müsste den Zins lediglich so weit senken, dass die Produktion zeitweise ihr natürliches Niveau überschreitet, um so die gefallene Inflation wieder auf ihr Ausgangsniveau zu heben. Leider funktioniert dies in der Realität nicht so einfach, wie sich anhand der langanhaltenden Nachwirkungen der Finanzkrise gezeigt hat. Die folgende Liste führt die wichtigsten Argumente auf, warum die geldpolitischen Maßnahmen nach der Finanzkrise zu keiner schnellen Erholung führten:

- Der Privatsektor war nach der Finanzkrise stark verunsichert. Die **Gewinnerwartungen waren aufgrund des schlechten wirtschaftlichen Ausblicks sehr gering**. Die niedrigen Kreditzinsen konnten dies nicht kompensieren.
- Der Privatsektor war überschuldet, weil sowohl Unternehmen wie auch private Haushalte im Vorfeld der Finanzkrise hohe Kredite aufnahmen, die sie entweder in Finanzprodukte investierten oder zum Kauf von Immobilien nutzten. Der Wert der Finanzprodukte und Immobilien brach aber sehr plötzlich ein, woraufhin alle versuchten, ihre Verschuldung abzubauen, indem sie ihre **Ausgaben für einen verhältnismäßig langen Zeitraum reduzierten**. Die niedrigen Kreditzinsen wurden lediglich dazu verwendet, alte Kredite mit höheren Zinsen durch neue zu ersetzen, um so die Zinsbelastung zu verringern (vgl. Abschnitt 8.3).
- Aufgrund der schweren Krise hätte der Realzins sehr stark sinken müssen, um die Investitionen ausreichend anzuregen. Bei Inflationserwartungen nahe null hätte der Nominalzins daher deutlich negativer sein müssen. Negative Zinsen belasten jedoch den Bankensektor und werden vermutlich nicht an Kreditnehmer weitergeleitet. Zudem bestünde die Gefahr, dass Bankkunden ihr Geldvermögen in Form von Bargeld horten könnten, um negative Einlagenzinsen zu umgehen. Man spricht daher auch von der **Nullzinsgrenze (Zero Lower Bound, kurz ZLB)** für nominale Zinsen. Die EZB hat mit einem Einlagenzins von -0,5% den Versuch gewagt, einen negativen Interbankenzins zur Stimulation der Privatwirtschaft einzusetzen – jedoch ohne nennenswerten Erfolg (siehe Abschnitt 9.2).

Aufgrund der hier vorgebrachten Argumente befürworteten nach der Finanzkrise selbst konservative Ökonominnen staatliche Ausgabenprogramme, um die Erholung der Wirtschaft zu beschleunigen. Nur wenige Jahre später wurde jedoch die Haushaltskonsolidierung mehrheitlich wieder zur wichtigsten Aufgabe erklärt, weil man befürchtete, dass die staatlichen Ausgaben – im Einklang mit dem Modell des vorangegangenen Kapitels – private Investitionen verdrängen würden. Zudem hatte man Angst vor eine Rückkehr in die Wirtschaftspolitik der Nachkriegsjahrzehnte, in denen die Geldpolitik in vielen Ländern der Fiskalpolitik untergeordnet war. Stetig steigende Schuldenquoten könnten die Zentralbanken dann daran hindern, ihr Inflationsziel zu verfolgen, weil steigende Zinsen eine staatliche Insolvenz zur Folge haben könnten. Um dieses Argument besser zu verstehen, wird der nächste Abschnitt die Entwicklung staatlicher Schuldenquoten in Abhängigkeit von Zinsen und Wachstumsraten analysieren.

7.2.2 Schuldenarithmetik

Die akademische Diskussion über die Nachhaltigkeit staatlicher Schulden begann in den 1940er-Jahren (siehe z. B. Domar (1944)). Schließen wir zunächst aus, dass eine Regierung direkt von ihrer Zentralbank Geld bekommt, bleiben ihr zur Finanzierung staatlicher Ausgaben nur die Möglichkeiten, Anleihen zu verkaufen oder Steuern zu erheben.

Die **staatliche Budgetidentität** ist durch folgende Gleichung gegeben:

$$\Delta B_t = \underbrace{B_t - B_{t-1}}_{\text{Neuaufnahme}} = \underbrace{i\, B_{t-1}}_{\text{Zinszahlungen}} + \underbrace{(G_t - T_t)}_{\text{Primärdefizit}}$$

$$\Leftrightarrow B_t = (1 + i)\, B_{t-1} + S_t, \text{ mit } S_t \equiv G_t - T_t,$$

wobei B die kumulierten emittierten Staatsanleihen, i die Zinsen auf die Staatsanleihen, G die Staatsausgaben und T die Steuereinnahmen (abzgl. Transfers) darstellen. Die Ausgaben (inkl. Zinszahlungen für vergangene Schuldverschreibungen), die über die Steuereinnahmen hinausgehen, müssen durch zusätzliche Schuldenaufnahme (ΔB_t) gedeckt werden. Da jegliche Staatsverschuldung zur Emission staatlicher Schuldverschreibungen führt, entspricht die Höhe der Anleihen B_t auch der Höhe der Staatsverschuldung. Die Neuverschuldung ohne Zinszahlungen bezeichnet man auch als das **Primärdefizit:** $S_t = G_t - T_t$.

Die nominale Höhe der Schulden lässt sich jedoch nicht vernünftig interpretieren. Die Staatsverschuldung in Deutschland betrug 2019 z. B. rund 2.000 Mrd. Euro. Diese Größe wäre für ein Land wie die USA geradezu lächerlich, weil das BIP im Jahr 2019 dort mehr als 21.000 Mrd. US-Dollar entsprach, was zum Wechselkurs vom 23.08.2019 mehr als 19.000 Mrd. Euro entspricht. Der Schuldenstand des deutschen Staates betrug 2019 also ungefähr 10 % der jährlichen Wirtschaftsleistung der USA. Betrachten wir die deutsche Verschuldung stattdessen im Verhältnis zum BIP von Griechenland, das in 2019 in etwa 340 Mrd. Euro betrug, entspricht die deutsche Verschuldung fast 600 %. Für eine seriöse Bewertung der deutschen Verschuldung muss diese in einer sinnvollen Relation betrachtet werden. Man könnte die Entwicklung der Verschuldung z. B. im Verhältnis zum Preisniveau betrachten, da steigende Preise sowohl zu steigenden Einnahmen wie auch zu steigenden Ausgaben einer Regierung führen. Am sinnvollsten wäre es wohl, die staatlichen Schulden im Verhältnis zum staatlichen Sachvermögen zu messen, da so erfasst wird, welche Werte den staatlichen Schuldverschreibungen gegenüberstehen.

In der wissenschaftlichen Auseinandersetzung hat sich die sogenannte Schuldenquote zur Bewertung der Staatsverschuldung durchgesetzt, die das Verhältnis zum laufenden BIP angibt. Auch diese Kennzahl ist umstritten, weil sie eine Bestandsgröße, die Höhe der Verschuldung, mit einer Stromgröße, dem laufenden BIP, vergleicht. Bezeichnen wir das nominale BIP mit Y, so folgt:[107]

$$b_t = \left(\frac{1 + i}{1 + g}\right) b_{t-1} + s_t, \text{ mit } b_t = \frac{B_t}{Y_t} \text{ und } s_t = \frac{S_t}{Y_t},$$

107 Für diese Berechnung teilen wir die gesamte Gleichung zunächst durch Y_t und nutzen dann $Y_t = (1 + g)Y_{t-1}$:

$$\frac{B_t}{Y_t} = \frac{(1+i)B_{t-1}}{Y_t} + \frac{S_t}{Y_t} = \frac{(1+i)B_{t-1}}{(1+g)Y_{t-1}} + \frac{S_t}{Y_t}$$

Man könnte auch die preisbereinigte Schuldenhöhe zum preisbereinigten BIP in Beziehung setzen. Da sich die Preisindizes herauskürzen würden, wäre die betrachtete Größe die gleiche. Da hierfür jedoch der Realzins berücksichtigt werden müsste, ist die Gleichung für die Entwicklung der Schuldendynamik geringfügig komplexer.

wobei g die Wachstumsrate des BIP darstellt und b_t und s_t die **Schulden- und die Primärdefizitquote** repräsentieren.

Sollte das Primärdefizit mit dem BIP wachsen, $S_t = (1+g)S_{t-1}$, ist die Primärdefizitquote konstant ($\bar{s}$, z.B. 3% des BIP). Die Entwicklung der Schuldenquote ist dann durch folgende Gleichung gegeben:

$$b_t = \left(\frac{1+i}{1+g}\right) b_{t-1} + \bar{s}.$$

Durch Einsetzen der vergangenen Schuldenquoten erhält man eine geometrische Reihe, die konvergiert, sofern die Wachstumsrate größer ist als der Zins:

$$\lim_{t\to\infty} b_t = \underbrace{\lim_{t\to\infty} \left(\frac{1+i}{1+g}\right)^t}_{\to 0,\ \text{wenn}\ i<g} b_0 + \lim_{t\to\infty} \underbrace{\sum_{k=1}^{t} \left(\frac{1+i}{1+g}\right)^{k-1}}_{\to \frac{1+g}{g-i},\ \text{wenn}\ i<g} \bar{s}$$

$$= \left(\frac{1+g}{g-i}\right)\bar{s},\ \text{wenn}\ i < g.$$

Ob ein Primärdefizit, das einem konstanten Anteil des BIP entspricht, mit einer stabilen Schuldenquote vereinbar ist, hängt demnach entscheidend davon ab, ob die Wachstumsrate des BIP größer ist als der Zins auf Staatsanleihen:

- Für $i < g$ konvergiert die Schuldenquote gegen einen festen Wert (**abnehmendes Wachstum**). Der Anstieg des BIP ist ausreichend hoch, um die Zinszahlungen zu kompensieren.
- Für $i > g$ steigt die Schuldenquote immer weiter an (**explosives Wachstum**), weil die Zinszahlungen auf vergangene Schulden den Anstieg des BIP übersteigen, die Schulden also schneller steigen als das Einkommen.

Die Dynamik der Schuldenquote kann durch folgende Gleichung approximiert werden:

$$b_t \approx (1+i-g)b_{t-1} + \bar{s}$$

$$\Leftrightarrow \Delta b_t = b_t - b_{t-1} = (i-g)b_{t-1} + \bar{s}.$$

Abbildung 7.7 veranschaulicht die Entwicklung der Schuldenquote in Abhängigkeit ihres Vorperiodenwertes für die beiden möglichen Fälle. Auf der x-Achse ist jeweils die vergangene Höhe der Schuldenquote b_{t-1} abgetragen, während die y-Achse die Veränderung der Schuldenquote Δb_t darstellt. Je nachdem, ob der Zinssatz die Wachstumsrate übersteigt oder unterschreitet, hängt die Veränderung der Schuldenquote positiv oder negativ von der Höhe der Vorperioden-Schuldenquote ab.

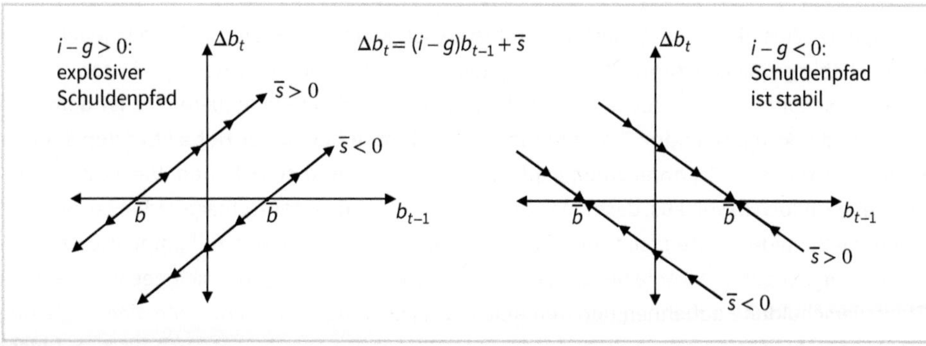

Abb. 7.7: Schuldenarithmetik.
Quelle: Eigene Darstellung in Anlehnung an Carlin & Soskice (2006, S. 184/185).

Ist die vergangene Schuldenquote null, $b_{t-1} = 0$, entspricht die Veränderung der Schuldenquote gerade der Primärdefizitquote $\Delta b_t = s_t$. Der Achsenabschnitt zeigt daher jeweils, ob ein dauerhaftes Primärdefizit ($\overline{s} > 0$) oder ein dauerhafter Primärüberschuss ($\overline{s} < 0$) realisiert wird. Für eine konstante Schuldenquote $\overline{b}$ muss die Veränderung der Schuldenquote null sein ($\Delta b_t = 0$). Der Schnittpunkt der Schuldenentwicklung mit der x-Achse zeigt daher jeweils die gleichgewichtige Schuldenquote auf.

Ist der Zins auf Staatsanleihen höher als die Wachstumsrate des BIP ($i > g$), wie im linken Teil der Abbildung, so ist dieses Gleichgewicht **instabil**. Sobald die vergangene Schuldenquote b_{t-1} das Gleichgewicht $\overline{b}$ übersteigt, ist die Veränderung der Schuldenquote positiv ($\Delta b > 0$) und die Schuldenquote steigt immer weiter an. Selbst bei einem Primärüberschuss ($\overline{s} < 0$) reichen Überschuss und Wachstumsrate dann nicht aus, um die Zinszahlungen auf bereits gemachte Schulden zu kompensieren. Ebenso würde ein Unterschreiten der gleichgewichtigen Schuldenquote zu einem permanenten Rückgang selbiger führen. Die Schuldenquote bewegt sich also von ihrem Gleichgewicht weg, sobald sie dieses einmal verlassen hat.

Wenn die Wachstumsrate des BIP hingegen den Zinssatz übersteigt ($g > i$), ist das Gleichgewicht **stabil**. Sollte die Schuldenquote b_{t-1} größer als ihr Gleichgewichtswert $\overline{b}$ sein, ist die Veränderung der Schuldenquote negativ ($\Delta b < 0$). Die Schuldenquote fällt demnach, bis sie ihr Gleichgewicht $\overline{b}$ erreicht. Selbst bei einem Primärdefizit ($\overline{s} > 0$) reicht die Wachstumsrate aus, um die Zinsen auf bereits gemachte Schulden und das Primärdefizit zu kompensieren. Sollte die Schuldenquote unter ihren Gleichgewichtswert fallen, steigt die Schuldenquote an, bis sie ihr Gleichgewicht wieder erreicht hat. Sie bewegt sich also auf ihr Gleichgewicht zu, sollte sie dieses verlassen haben.

Solange der Zins niedriger als die Wachstumsrate ist, kann eine Regierung also in jedem Jahr eine beliebig große konstante Primärdefizitquote aufweisen und trotzdem die Zinsen auf vergangene Schulden zahlen sowie die Schuldenquote langfristig stabil halten. **Es ist demnach möglich, die Ausgaben ohne Zinszahlungen dauerhaft in beliebiger Höhe über den Einnahmen zu halten ($G > T$), ohne einen explosiven Schuldenpfad zu riskieren.** Viele Ökonominnen gehen jedoch davon aus, dass Finanzmarktteilnehmer Risikoaufschläge verlangen werden, wenn die Schuldenquote steigt, um das Risiko einer Staatsinsolvenz zu kompensieren. Einige sprechen sogar von »Anleihe-Bürgerwehren« (bond vigilantes), die sich gegen eine hohe Staatsverschuldung auflehnen und den Anleihezins nach oben treiben, wenn eine Regierung ihren Staatshaushalt nicht »solide« führt. Unter diesen Umständen ist auch für $g > i$ nicht mehr jede Primärdefizitquote mit einer langfristig stabilen Schuldenquote verbunden, weil der Zinssatz steigt, wenn die Schuldenquote einen Schwellenwert überschritten hat, sodass langfristig $i > g$ gilt. Ab welcher Schwelle der Protest der Bürgerwehren zu steigenden Zinsen führt, wird von der wirtschaftlichen Verfassung und dem Ausblick auf die zukünftige Entwicklung abhängen.

Abbildung 7.8 zeigt die Entwicklung der Schuldenquoten und der langfristigen Anleihezinsen für Deutschland, die USA, Japan und Italien. Jedoch ist entgegen der Erwartung, dass bei steigenden Schuldenquoten die Zinsen ansteigen, das Gegenteil zu beobachten. Dies liegt vor allem daran, dass die Zentralbanken die kurzfristigen Zinsen aufgrund der sehr niedrigen Inflationsraten (trotz hoher Staatsschulden) auf einem geringen Niveau hielten, was sich über die Zinsstrukturkurve auch auf die langfristigen Zinsen auswirkte. Zudem wurden die langfristigen Zinsen von den Zentralbanken durch Anleiheankäufe gedrückt. Da die Zentralbank die Reserven zum Kauf dieser Anleihen unbegrenzt herstellen kann, ist es ihr möglich, jedes noch so niedrige Anleihezinsniveau durchzusetzen (siehe Kap. 9). I. d. R. reicht allein die Ankündigung solcher Käufe aus, um den Zins auf staatliche Anleihen zu drücken. Da die Finanzmarktteilnehmer unter diesen Voraussetzungen wissen, dass die Auszahlungen der Staatsanleihen in nominaler Höhe sicher sind, weil die Zentralbank eine Staatsinsolvenz nicht zulässt, sind sie bereit, Anleihen mit sehr geringer effektiver Rendite zu kaufen. Die »Bürgerwehren« an den Finanzmärkten finden schlicht keine besser verzinste risikolose Alternative zu den staatlichen Schuldverschreibungen.

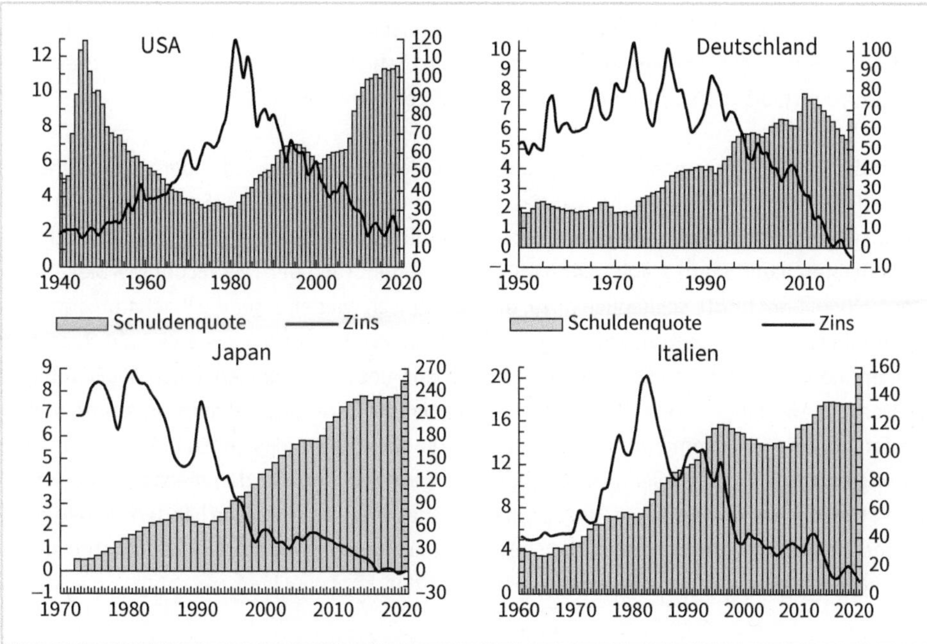

Abb. 7.8: Schuldenquoten und langfristige Zinsen in ausgewählten Ländern.
Anmerkungen: *Schuldenquote:* Verhältnis staatlicher Schulden zum Bruttoinlandsprodukt (in %, links), *Zins:* Jährliche effektive Rendite 5–10-jähriger Staatsanleihen (in %, rechts).
Quelle: Statistisches Bundesamt, AMECO und FRED; eigene Darstellung.

In Abbildung 7.9 ist die Differenz zwischen langfristigen Anleihezinsen und BIP-Wachstumsrate für ausgewählte Länder dargestellt. Bis Mitte der 1970er-Jahre lagen die Zinsen weitestgehend unter der BIP-Wachstumsrate und die Schuldendynamik war stabil. Dies lag an den verhältnismäßig hohen Wachstumsraten der Nachkriegsjahrzehnte, aber auch daran, dass die Zentralbanken mit den Regierungen kooperiert haben. Ökonominnen sprechen in diesem Zusammenhang von **fiskalischer Dominanz**, weil die Geldpolitik mit niedrigen Zinsen die Regierung unterstützte und ihre Zahlungsfähigkeit sicherstellte. Dies bedeutet aber auch, dass die Zentralbanken einen Anstieg der langfristigen Anleihezinsen selbst dann nicht zulassen konnten, wenn sie der Meinung waren, dass dieser für ihr Ziel der Preisstabilität angemessen gewesen wäre.

In den 1980ern überstiegen die Zinsen die Wachstumsraten, weil die Zentralbanken mit steigenden kurzfristigen Zinsen die Lohn-Preis-Spiralen nach der Ölpreiskrise bekämpft haben und aufgrund ihrer höheren Unabhängigkeit Eingriffe in den Staatsanleihenmarkt zunehmend unterließen. In dieser Zeit setzte sich die Vorstellung durch, **dass die Finanzmärkte die Haushaltsführung einer Regierung disziplinieren sollten**. Eine Haushaltskonsolidierung wird von den Finanzmärkten mit sinkenden Zinsen belohnt. Wer hingegen mehr Schulden macht, wird mit entsprechend höheren Zinsen bestraft. Da staatliche Ausgabenprogramme lediglich die Inflationsrate erhöhen und private Investitionen verdrängen würden, sollten die Regierungen über die Anleihezinsen dazu gebracht werden, ihre Ausgaben zu reduzieren. Die Zentralbanken sollten zudem möglichst keine Regierungsanleihen mehr ankaufen, damit die Finanzmarktbewertung der staatlichen Konsolidierungsbemühungen nicht gestört wird.

Mitte der 1990er näherte sich der Anleihezins in vielen Ländern wieder der Wachstumsrate des BIP. Der durch die Finanzmarktderegulierungen angefeuerte New-Economy-Boom führte zu steigenden Wachstumsraten. Zudem waren die Zinsen relativ niedrig, weil auch die Inflationsraten niedrig und stabil blieben. Der Zusammenbruch der New-Economy-Blase Ende der 1990er-Jahre führte schließlich dazu, dass die Zinsen wieder unter die Wachstumsrate des BIP sanken, weil die Zentralbanken mit einer expansiven Geldpolitik die globale Rezession bekämpften. Eine ähnliche Entwicklung ist nach der globalen Finanzkrise von 2008 zu beobachten. Im Anschluss haben die meisten Zentralbanken ihre Anleihekaufprogramme ausgeweitet, um einen Zusammenbruch der Anleihekurse zu verhindern (siehe Kap. 9). Aufgrund der niedrigen langfristigen Zinsen überstieg die BIP-Wachstumsrate in den meisten Ländern zunächst wieder die Anleihezinsen. Die Corona-Krise hat allerdings in vielen Ländern zu fallenden Wachstumsraten geführt und der kriegsbedingte Anstieg der Energiepreise die Inflationsraten erhöht, weshalb auch die Zinsen wieder erhöht wurden.

Während der Finanzkrise und der Corona-Pandemie wurden fiskalpolitische Beschränkungen weitestgehend aufgehoben. In diesen besonders schweren Krisen waren auch konservative Ökonominnen der Auffassung, dass die Regierung dem Wachstumseinbruch entgegenwirken sollte. Inzwischen wird jedoch mehrheitlich befürchtet, dass man aufgrund der hohen Schuldenquoten wieder in die Zeit der fiskalischen Dominanz zurückkehren könnte. Die Zentralbanken könnten sich davor scheuen, ihre Zinsen wieder anzuheben, wenn die Inflationsraten steigen, weil dies die Zinskosten der Regierungen erhöhen würde. Lassen die Zentralbanken höhere Inflationsraten zu, könnten die Regierungen ihre Verschuldung **weginflationieren**, weil steigende Preise das zu aktuellen Preisen gemessene BIP erhöhen, wodurch das Verhältnis der Schulden zum BIP fällt. Dies geht aber zulasten der Bevölkerung, die schneller steigende Preise in Kauf nehmen muss. Zudem drohen Lohn-Preis-Spiralen außer Kontrolle zu geraten, falls die Zentralbanken ihre Zinsen nicht mehr anheben, wenn die Inflationsraten steigen. Viele Ökonominnen plädieren daher zu einer schnellen Rückkehr zur Haushaltskonsolidierung. Die Mehrheit plädiert zudem weiterhin für eine strikte Trennung zwischen Geld- und Fiskalpolitik.

Die negativen Erfahrungen mit der Sparpolitik nach der Finanzkrise (insbesondere im Euro-Raum) haben jedoch auch unter orthodoxen Ökonominnen eine Debatte darüber ausgelöst, an welchen Kriterien sich die Fiskalpolitik ausrichten sollte. Lonergan & Blyth (2021) schlagen z. B. vor, die Höhe der erlaubten Defizitquote an die Differenz zwischen Anleihezinsen und Wachstumsrate zu koppeln. Solange der Zins niedrig ist, muss eine Regierung dann keine Haushaltskonsolidierung betreiben. Erst dann, wenn die Zinsen die BIP-Wachstumsrate übersteigen, muss eine Regierung ihre Defizite verringern. In Deutschland werden Reformen der Schuldenbremse diskutiert, weil diese der Regierung in ihrer heutigen Form im Durchschnitt lediglich ein Defizit von 0,35% erlaubt. Die Mehrheit deutscher Ökonominnen ist inzwischen dafür, staatliche Investitionen aus dem für die Schuldenbremse relevanten Defizit herauszurechnen, um höhere Ausgaben für Infrastruktur, Bildung und ökologischen Umbau zu ermöglichen. Schließlich sollten staatliche Investitionen auch die zukünftige Entwicklung des BIP verbessern, so-

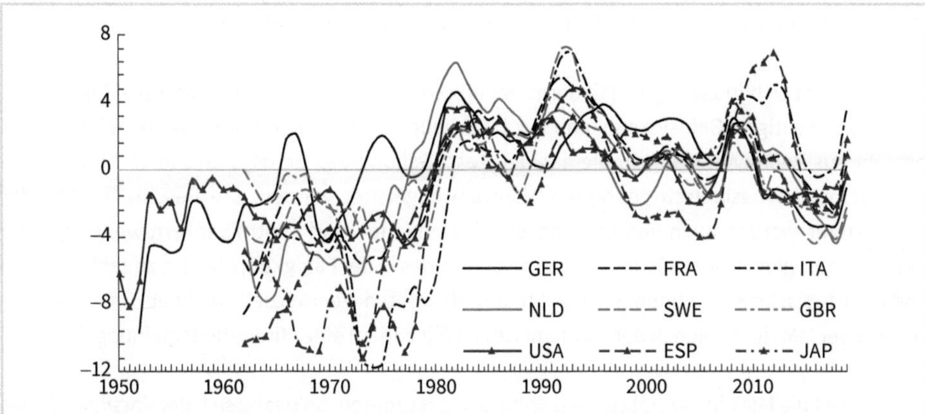

Abb. 7.9: Langfristige Zinsen abzgl. BIP-Wachstumsrate für ausgewählte Länder.
Quelle: Vor 1960: Schmelzing (2020), ab 1960: AMECO; eigene Berechnungen und eigene Darstellung.

dass $g > i$ wahrscheinlicher werden müsste. Als staatliche Investition gilt aber lediglich die Produktion von Gütern, die langfristig eingesetzt werden. Bildungsausgaben sind jedoch größtenteils mit Dienstleistungen verbunden, die per Definition den staatlichen Konsumausgaben zuzurechnen sind, auch wenn sie ebenfalls zu einer zukünftigen Steigerung der Produktivität und somit des BIP beitragen können. Daher stellt sich die Frage, ob eine Reform der Schuldenbremse durch Einführung einer Ausnahmeregelung für staatliche Investitionen nicht zu kurz greifen würde.

7.2.3 Die »Modern Monetary Theory« und funktionale Finanzpolitik

Die **Modern Monetary Theory**, kurz **MMT**, stellt den derzeit wohl fundamentalsten Gegenentwurf zur Austeritätspolitik dar. Ihre Vertreter wollen die gesamtwirtschaftliche Stabilisierung ausschließlich der Fiskalpolitik übertragen. Diese sollte eine **Vollbeschäftigungspolitik** verfolgen und ihre Nettoausgaben nicht an den Vorstellungen einer soliden Haushaltspolitik ausrichten, da es einer **monetär souveränen** Regierung niemals an Zahlungsmitteln mangeln kann, um Güter zu erwerben, die in der eigenen Währung angeboten werden. MMTler bezeichnen sich auch als **Neochartalisten**, da für sie die konstitutive Grundlage einer Währung die Fähigkeit ist, mit ihr Steuern zahlen zu können. Eine Regierung bringt zunächst durch ihre Ausgaben (und Zentralbankkredite) die Währung in Umlauf und bekommt einen Teil von ihr im Nachhinein durch Besteuerung wieder zurück. Die staatliche Währung entspricht aus funktionaler Sicht daher einer Steuergutschrift. Da der Staat **Schöpfer der Währung** ist, unterliegt er keiner finanziellen Budgetbeschränkung. Der Privatsektor als **Nutzer der Währung** ist hingegen darauf angewiesen, Währung zu erhalten, bevor er Steuern zahlen kann. Dogmatisch ist die MMT an den Postkeynesianismus angelehnt und verbindet theoretische Ansätze von Georg-Friedrich Knapp, John Maynard Keynes, Abba Lerner, Michal Kalecki und Hyman Minsky mit einer zum Verständnis monetärer Zusammenhänge hilfreichen bilanziellen Darstellung. Als Ursprung der MMT gilt Warren Moslers Artikel »Soft Currency Economics« (Mosler, 1995).

Die MMT lässt sich in zwei Teile gliedern: Der empirisch-deskriptive Teil erklärt die Zusammenhänge des heutigen Geldsystems anhand bilanzieller Darstellungen. Der zweite Teil der MMT besteht aus Politikvorschlägen, die aus der Beschreibung des Geldsystems in Verbindung mit zumeist postkeynesianisch geprägten Theorien abgeleitet werden. Die Beschreibungen des Geldsystems werden auch von orthodoxen Ökonominnen und Zentralbankern weitestgehend akzeptiert, obgleich nicht alle den Ursprung des Geldes in der Fähigkeit, Steuern zu zahlen, sehen und MMT-typische Bezeichnungen wie »Steuergutschriften« tendenziell ablehnen. Die Politikvorschläge der MMTler stellen in der akademischen Welt zudem eine Minderheitsmeinung dar.

Dennoch ist die MMT in der politischen Sphäre angekommen. So bezog sich der Vorsitzende des US-Haushaltsausschusses John Yarmouth bei Fragen nach der Finanzierbarkeit der Ausgabenprogramme der Regierung Biden explizit auf die MMT-Ökonomin Stephanie Kelton.[108] Zudem sehen insbesondere junge Politikerinnen mit der MMT eine Chance, dem Paradigma der knappen Staatskassen zu entfliehen und die sozial-ökologische Transformation des Wirtschaftssystems durch höhere staatliche Investitionen voranzutreiben. Die folgenden Abschnitte werden die Grundzüge der MMT darstellen und die Idee der funktionalen Finanzierung als Alternative zur Inflationssteuerung auf Basis der NAIRU-Theorie skizzieren.

Das Konzept der **monetären Souveränität** bildet eine wesentliche Grundlage für die Analyse der Möglichkeiten einer Regierung, auf die Auslastung einer Volkswirtschaft Einfluss zu nehmen. Für eine vollständige monetäre Souveränität müssen die folgenden drei Bedingungen erfüllt sein:

- **Die Regierung besitzt das Währungsmonopol**: Sie gibt ihre eigene Währung heraus (ggf. mithilfe ihrer Zentralbank) und bestimmt, dass alle Zahlungen an den Staat (Steuern, Abgaben etc.) nur in dieser Währung akzeptiert werden.
- **Der Wechselkurs ist flexibel**: Es wird keine Konvertierbarkeit der eigenen Währung zu einem bestimmten Wechselkurs garantiert. Ebenso besteht keine garantierte Konvertierung in einen Sachvermögenswert (wie ein Edelmetall) zu einem bestimmten Preis. Die Regierung muss daher keinen festen Wechselkurs verteidigen.
- **Die Regierung verschuldet sich nicht in fremder Währung**: Staatliche Schuldverschreibungen sind immer in der einheimischen Währung notiert.

Es gibt eine große Bandbreite politisch festgelegter Regeln, die den Grad der monetären Souveränität eines Landes bestimmen. Einige Länder sind sehr stark eingeschränkt, wie die Mitgliedsländer der Euro-Zone (siehe Kap. 9.2), andere sind nahezu vollständig souverän, wie

108 Siehe hierzu z. B. https://www.pufendorf-gesellschaft.org/post/modern-monetary-theory-und-die-regierung-biden.

die USA, Schweden oder die Schweiz. Je geringer die monetäre Souveränität ist, desto eingeschränkter ist der innenpolitische Spielraum eines Landes, weil z. B. die Verteidigung eines festen Wechselkurses in gewissen Situationen nicht mit einer expansiven Geld- oder Fiskalpolitik vereinbar sein kann. Dies wäre z. B. der Fall, wenn die Erhöhung des BIP durch steigende Staatsausgaben zu vermehrten Importen und diese wiederum zu einer Abwertung der einheimischen Währung führen würden. MMTler betonen aber, dass auch monetär nicht vollständig souveräne Länder durch ihre Analyse Erkenntnisse gewinnen und Politikvorschläge ableiten können.

In einem monetär souveränen Währungsraum kann eine Regierung nicht pleitegehen. Selbst eine unabhängige Zentralbank würde die Zahlungsunfähigkeit ihrer Regierung verhindern, da sie ansonsten fürchten muss, dass die Regierung ihre gesetzlich festgelegte Unabhängigkeit abschafft. Zentralbankunabhängigkeit ist aus MMT-Sicht daher ein rein theoretisches Konzept, das lediglich verschleiert, dass die Zentralbank eine staatliche Institution ist, die hoheitliche Aufgaben in einem Währungsgebiet übernimmt, die ihr von der Regierung übertragen werden.[109] Regierung und Zentralbank werden in MMT-Analysen daher häufig zu einem staatlichen Sektor zusammengefasst.

Um Überweisungen auf das Zentralbankkonto einer Regierung durchzuführen, müssen Banken Zentralbankguthaben besitzen (siehe Abschnitt 5.1.1). Staatsausgaben oder Zentralbankkredite müssen daher jeder Zahlung an den Staat vorausgehen und **Anleihen oder Steuern können keine Staatsausgaben finanzieren.** Die Finanzierung staatlicher Ausgaben erfolgt immer über die eigene Zentralbank. Steuern und Staatsanleihen erfüllen hingegen andere Aufgaben.

Die wichtigste Funktion von Steuern ist die Erzeugung einer Nachfrage nach staatlicher Währung, die dazu führt, dass diese als allgemeines Zahlungsmittel anerkannt wird. Durch die Auferlegung einer Steuerschuld sind Haushalte und Unternehmen bereit, sowohl gegenüber dem Staat wie auch gegenüber anderen Wirtschaftsakteuren Leistungen im Tausch gegen die staatliche Währung anzubieten. **Steuern sichern die Akzeptanz der staatlichen Währung (taxes drive money) und ermöglichen einer Regierung, private Leistungen nachzufragen.** So kann eine Regierung ihre Bürger dazu bringen, Leistungen für das Gemeinwohl aller zu erbringen, wie z. B. den Ausbau von Infrastruktur oder die Arbeit in einem Gesundheitssystem. Ein Staat benötigt das Geld der Steuerzahler nicht, um seine Ausgaben zu finanzieren, sondern um seiner Währung Wert zu verleihen.

Steuern und Subventionen können zudem dafür eingesetzt werden, private Leistungen in eine gesamtgesellschaftlich gewünschte Richtung zu beeinflussen. Umweltschädliche Produktionsweisen lassen sich mit Steuern verteuern, während sich umweltfreundliche Produktionswei-

109 Bindseil et al. (2004, S. 5) schreiben in einem Arbeitspapier der EZB in diesem Zusammenhang: »In der Praxis kann eine Zentralbank niemals eine absolute, garantierte institutionelle Unabhängigkeit erreichen. Insbesondere kann keine Regierung künftige Regierungen (unabhängig davon, ob sie durch Wahlen, Krieg oder Revolution an die Macht kommen) dazu verpflichten, das Zentralbankgesetz nicht zu ändern oder ihr ausschließliches Recht zur Ausgabe gesetzlicher Zahlungsmittel abzuschaffen.«

sen über Subventionen verbilligen lassen. Auch die Einkommens- und Vermögensverteilungen lassen sich mit Steuern und Transfers beeinflussen, wenn diese nicht den gewünschten Vorstellungen entsprechen. Und nicht zuletzt erfüllt die Einkommenssteuer die Funktion eines **automatischen Stabilisators**, da die Steuerzahlungen des Privatsektors im Aufschwung ansteigen und im Abschwung fallen. Bei gleichbleibender Höhe der Staatsausgaben verhält sich das staatliche Haushaltsdefizit umgekehrt und trägt so zur Glättung der Konjunkturzyklen und der Inflationsentwicklung bei.

Staatsanleihen hatten auch historisch nicht die Funktion, dem Staat die Finanzierung seiner Aufgaben zu ermöglichen, sondern die Zentralbank bei der Durchsetzung des Zielzinses zu unterstützen. Bevor es in den USA Zinsen auf Überschussreserven gab, dienten Staatsanleihen dazu, die Auswirkungen staatlicher Ausgaben auf den Interbankenzins zu neutralisieren. Da Geschäftsbanken bei jeder staatlichen Ausgabe zusätzliches Zentralbankguthaben erhalten, führen höhere Ausgaben tendenziell zu fallenden Zinsen im Interbankenmarkt. Ohne eine Zinsuntergrenze würden die Interbankenzinsen bei einem staatlichen Defizit daher vermutlich auf null fallen (siehe auch Abschnitt 5.2.2). Um dies zu verhindern und den Zinssatz im Interbankenmarkt zu stabilisieren, mussten die Überschussreserven wieder reduziert werden. Wenn die Regierung für jeden zusätzlichen Dollar Reserven, der durch ihre Ausgaben entsteht, den Banken einen Dollar durch den Verkauf von Staatsanleihen wieder entzieht, ist die Ausgabe in Bezug auf die Reserven im Interbankenmarkt neutral.

Tymoigne (2014, 2020) und Bell (2001) zeigen eine Reihe historischer Beispiele, in denen die US-Regierung der FED durch die Herausgabe von Staatsanleihen half, ihren gewünschten Zielzins durchzusetzen – selbst dann, wenn dies höhere Zinsen auf Staatsanleihen zur Folge hatte, die Zinslast der Regierung also erhöhte. In 2008 hat das US-Finanzministerium auf Bitte der FED staatliche Anleihen emittiert, um Zentralbankankäufe privater Anleihen aufgrund der Panik an den Finanzmärkten zu neutralisieren. Bevor Überschussreserven verzinst wurden, hat die FED den Interbankenzins im Wesentlichen durch An- und Verkauf von Staatsanleihen gesteuert und die Möglichkeit, mit Überschussreserven staatliche Schuldverschreibungen zu kaufen, half dabei, einen Minimumzins im Interbankenmarkt zu etablieren. Staatsanleihen sind aus MMT-Sicht daher kein Finanzierungs-, sondern ein geldpolitisches Instrument. Viele Zentralbanken führen bis heute den Großteil ihrer Offenmarktgeschäfte durch den An- oder Verkauf bereits emittierter staatlicher Schuldverschreibungen (sogenannter Sekundärmarkt) durch. Staatspapiere sind zudem die beliebtesten Sicherheiten in den Repo-Geschäften der Zentralbanken. Da sie als besonders sicher gelten, sind die Haircuts bei diesen Wertpapieren sehr gering. Direkte Anleiheankäufe der Zentralbank (auf dem Primärmarkt) sind in den meisten Ländern jedoch verboten, weil man eine Finanzierung staatlicher Ausgaben durch die Zentralbank verhindern möchte (in Kanada ist ein direkter Anleiheankauf bis heute erlaubt, in den USA war er es bis 1935).

Aus einer bilanziellen Sicht macht es jedoch keinen Unterschied, ob neu emittierte Staatsanleihen direkt von der Regierung abgekauft werden oder die Zentralbank bereits im Umlauf befindliche Anleihen erwirbt. In beiden Fällen führen die Ankäufe zudem dazu, dass die Anleihekurse steigen und ihre effektive Verzinsung fällt, sodass eine Regierung geringere Zinsen auf neu emittierte Schuldverschreibungen zahlen muss. Der ökonomische Mainstream unterscheidet dennoch zwischen einer »Finanzierung« staatlicher Defizite über Anleiheverkäufe an den Privatsektor oder an die Zentralbank (direkt oder indirekt). Letzteres würde die Inflation anheizen, weil zusätzliches Geld in Umlauf kommen würde, während bei einem Verkauf von Staatsanleihen an den Privatsektor die Geldmengenerhöhung aufgrund der staatlichen Ausgabe neutralisiert werden würde. Gelegentlich wird in diesem Zusammenhang sogar vor einer »Hyperinflation durch Geld drucken« gewarnt (siehe z. B. Blanchard and Illing (2021, S. 701 ff.)).

Die MMT argumentiert hingegen, dass die Finanzierung staatlicher Haushaltsdefizite durch Verkauf von Staatsanleihen an den Privatsektor oder die direkte Bereitstellung finanzieller Mittel durch die eigene Zentralbank keinen wesentlichen Unterschied macht. Sollte eine Regierung ihre Schuldverschreibungen direkt an die Zentralbank verkaufen, erhält sie im Gegenzug Reserveguthaben, die sie im Anschluss verwendet, um ihre Ausgaben zu tätigen. Da hierdurch die Reserven im Bankensektor steigen, sollte der Zins im Interbankenmarkt fallen. Um den Zins auf ihrem Wunschniveau zu halten, müsste die Zentralbank entweder

a) die Staatsanleihe an den Privatsektor weiterverkaufen, um die zusätzlichen Reserven wieder einzusammeln, oder
b) eine Zinssteuerung mit Überschussreserven etablieren und ihr operationales Ziel auf den Zins der Einlagefazilität setzen (siehe Abschnitt 5.2.4).

Im Falle von a) ist die Finanzierung über die Zentralbank im Nachhinein nicht von einem Verkauf staatlicher Schuldverschreibungen an den Privatsektor zu unterscheiden. Im Falle von b) erhält der Bankensektor durch die staatliche Ausgabe zusätzliche verzinste Reserveguthaben. Die Zinszahlungen der Zentralbank verringern die Zentralbankgewinne, die überwiegend an die Regierung ausgezahlt werden. In beiden Fällen erhält der Bankensektor also verzinste Forderungen gegenüber dem »Regierungssektor« (inkl. der Zentralbank), wobei der Zins auf Reserven vermutlich etwas geringer sein wird als der auf längerfristige Staatsanleihen.

Bei einem Verkauf von Staatsanleihen an Primärhändler (oder andere Nichtbanken), wie in den USA üblich, werden die Bankguthaben der Händler zwar in gleicher Höhe vernichtet, wie sie beim Empfänger der Staatsausgaben geschaffen werden. Dies bedeutet aber nicht, dass hierdurch der Nachfrageanstieg der staatlichen Defizite geringer wäre. Die Neutralisierung des Geldmengenanstiegs führt lediglich dazu, dass sich der Anleihezins nicht verändert, was abermals zeigt, dass Staatsanleihen ein geldpolitisches Instrument sind. Würden keine Anleihen verkauft werden, sollte der Anleihezins aufgrund der gestiegenen Geldmenge fallen (siehe Abschnitt 2.3.4). Es ist aber nicht zu erwarten, dass hierdurch die Nachfrage stärker ansteigt als bei einer Neutralisierung, da die Händler in liquiden Repo-Märkten auch ohne Zentralbankeingriff ihre Geldvermögenswerte jederzeit liquidieren könnten. Der überwiegende Teil der privaten Geldmenge wird ohnehin nicht durch die Ausgaben der Regierung, sondern durch Kreditvergabe privater Banken erzeugt.

Es macht demnach keinen großen Unterschied, ob eine Regierung Staatsanleihen an den Privatsektor oder die eigene Zentralbank verkauft. **Bei der Ausgabe entstehen zunächst immer zusätzliche Reserveguthaben im Bankensektor und zusätzliche Einlagen beim Zahlungsempfänger.** Ob diese durch einen Anleiheverkauf wieder verringert werden sollten, um die Zinsen im Interbanken- und Anleihemarkt zu stabilisieren, ist eine geldpolitische Frage. Solange Reserven verzinst werden, verursacht jedes Defizit Zinszahlungen. Selbst dann, wenn der Staat neues Bargeld in Umlauf bringen würde – Geld drucken im wörtlichen Sinne –, würden die Banken das zusätzliche Bargeld, das ihre Kunden einzahlen, gegen Reserven tauschen. Implizit zahlt die Regierung also auch in diesem Fall den Zins der Einlagefazilität auf ihre Defizite. Daher plädieren MMTler auch nicht mehrheitlich dafür, den Verkauf staatlicher Anleihen an den Privatsektor einzustellen. Fullwiler (2020) argumentiert, dass **eine monetär souveräne Regierung mit einer Zentralbank, die den Zins kontrolliert, niemals ein Finanzierungsproblem hat, weil sie ihre Schulden immer bedienen und einen explosiven Schuldenpfad aufgrund von $i > g$ ausschließen kann.**

Natürlich kann jede Ausgabe zu einer steigenden Inflationsrate führen, sofern sie einen Sektor oder eine ganze Volkswirtschaft an die Kapazitätsgrenzen führt und Lohn-Preis-Spiralen verursacht. Für die Entwicklung von Inflationsrate und Beschäftigung sind aber nur die Höhe des Defizits sowie die Art der Ausgabe entscheidend, weil hierdurch zusätzliche Nachfrage entsteht, die ggf. zu einer Überhitzung der Wirtschaft und infolgedessen einer Steigerung der Preise führen könnte. Die Art der Finanzierung ist hingegen unbedeutend.

Auch orthodoxe Ökonominnen verstehen natürlich, dass eine Regierung in der eigenen Währung nicht zahlungsunfähig werden kann, sofern die Zentralbank ihr jederzeit Reserven zur Verfügung stellt. Da sie jedoch befürchten, dass eine Regierung ohne finanzielle Restriktionen durch eine im Durchschnitt zu hohe staatliche Nachfrage inflationäre Prozesse herbeiführt, plädieren sie für solide Haushaltsregeln. Der renommierte amerikanische Ökonom Paul Samuelson sprach in einem Interview davon, dass der Aberglaube an die Notwendigkeit einer soliden staatlichen Haushaltsführung erforderlich sei, um eine Regierung vor zu hohen Ausgaben zu bewahren.[110] Aus diesem Grund gibt es in den meisten Ländern politische Regeln, die es der Zentralbank untersagen, Ausgaben der Regierung zu tätigen, sofern diese kein Guthaben bei der Zentralbank besitzt. Unter diesen Umständen ist eine Regierung davon abhängig, Anleihen an den Privatsektor zu verkaufen, sobald die Steuereinnahmen nicht ausreichen, um die Ausgaben zu decken.

Aus Sicht der MMT wird eine Staatspleite in eigener Währung aber erst durch diese Regeln ermöglicht, weil eine Regierung ggf. keine Anleihekäufer findet und die Zentralbank ihr kein Geld leihen darf. Zudem ist ein solches Szenario unrealistisch, weil selbst eine unabhängige Zentralbank eine Staatspleite verhindern würde, um ihre Unabhängigkeit nicht zu verlieren.

110 Das Interview ist in der Dokumentation »John Maynard Keynes: Life, Ideas, Legacy« von Mark Blaug zu sehen: https://www.youtube.com/watch?v=EOtFsONzMjI.

Dass Regierungen zunächst Guthaben auf ihrem Zentralbankkonto vorweisen müssen, bevor sie ihre Ausgaben tätigen können, ist eine politisch motivierte Restriktion, welche die funktionalen Zusammenhänge verschleiert. Da Reserven heutzutage verzinst werden, benötigt man die staatlichen Schuldverschreibungen zudem nicht mehr, um den Interbankenzins zu kontrollieren. Einige MMT-Ökonominnen sind daher der Auffassung, dass man die Emission von Staatsanleihen einstellen sollte, um der Erzählung zu entkommen, dass der Staat sich zunächst Geld leihen müsse, bevor er es ausgeben kann. Ob das derzeitige Geldsystem vollständig ohne Staatsanleihen als Sicherheiten auskommen würde, ist aber auch unter MMTlern umstritten.

Sicher besteht auch in einem demokratischen System immer die Gefahr, dass gewählte Politiker ohne finanzielle Restriktionen zu hohe Ausgaben tätigen oder Ausgaben, die nicht im Interesse ihrer Bürger sind. **Die Entscheidung über die Höhe und Art staatlicher Ausgaben sollte in einer Demokratie aber dem Parlament überlassen werden und nicht von den Finanzmärkten oder Expertengremien gefällt werden.** Unter stabilen demokratischen Verhältnissen sollte man keine Furcht davor haben, dass eine Regierung zu viel Geld ausgeben könnte. Eine demokratisch gewählte Regierung muss sich im Gegensatz zu dem Expertengremium einer Zentralbank nämlich regelmäßig vor den Wählern verantworten. Sie weiß, dass sie abgewählt werden würde, wenn ihre Politik die Inflationsrate erhöht, weil die Mehrheit der Bevölkerung eine solche Politik missbilligt. Es besteht also auch ohne Schuldengrenzen ein Anreiz, die Ausgabenhöhe mit Bedacht zu wählen. Die politischen Regeln zur Begrenzung staatlicher Ausgaben führen lediglich dazu, dass eine Regierung nichts gegen eine zu geringe Beschäftigung tut, obwohl sie hierzu imstande wäre.

Sofern die private Nachfrage ausreicht, um genügend Beschäftigung zu erzeugen, sollte auch nach MMT-Logik eine Regierung nicht mit steigenden Defiziten die Preise in die Höhe treiben. Jedoch glauben MMTler aufgrund der oben genannten Gründe nicht, dass es eine von der Nachfrage unabhängige gleichgewichtige Arbeitslosenquote gibt. Ebenso gehen sie nicht davon aus, dass durch die Steuerung der Zinsen die Inflation kontrolliert werden kann. Auch die hohen Inflationsraten nach den Ölpreiskrisen müssen nicht aufgrund der stark gestiegenen Zinsen zurückgegangen sein. Es ist nicht klar, ob die im Anschluss erfolgten Haushaltskonsolidierungsbemühungen, die Rezession aufgrund der gestiegenen Unsicherheit nach dem Zusammenbruch von Bretton Woods oder ein anderes Ereignis für den Rückgang der Inflationsraten verantwortlich ist. Auch das Experiment einer Geldmengensteuerung, das für einige Jahre nach den Ölpreiskrisen durchgeführt wurde, könnte aufgrund der Verunsicherung des Bankensektors und der hieraus resultierenden Verknappung von Krediten zum wirtschaftlichen Abschwung und fallenden Inflationsraten beigetragen haben (siehe Abschnitt 5.2.2).

Im Einklang mit Hyman Minskys Analysen (siehe Abschnitt 8.1) plädieren MMTler mehrheitlich für ein geringes und stabiles Zinsniveau, weil Zinsveränderungen häufig eine Destabilisierung der Finanzmärkte zur Folge haben, und wollen die Aufgabe der gesamtwirtschaftlichen Stabilisierung der Fiskalpolitik übertragen. Die Zentralbank sollte sich stärker auf eine strengere Regulierung des Banken- und Finanzsektors konzentrieren und die Fiskalpolitik eine hohe Beschäftigung bei einer stabilen Inflationsrate gewährleisten. Hierfür bezieht man sich auf das Konzept der **funktionalen Finanzpolitik (»Functional Finance«)** von Abba Lerner, das dem folgenden Grundgedanken unterliegt:

> Der zentrale Gedanke ist, dass die staatliche Finanzpolitik, die Besteuerung, die Aufnahme und Rückzahlung von Krediten sowie die Schöpfung und Rücknahme von Geld ausschließlich bezüglich der *Ergebnisse* dieser Maßnahmen beurteilt werden sollte und nicht danach, ob sie irgendwelchen tradierten Vorstellungen einer gesunden oder ungesunden Finanzpolitik entspricht. Dieser Grundsatz, nur nach den *Wirkungen* zu urteilen, wurde in vielen anderen Bereichen menschlichen Handelns angewandt, wo er als Methode der Wissenschaft im Gegensatz zur Scholastik bekannt ist. Das Prinzip, fiskalische Maßnahmen danach zu beurteilen, wie sie in der Wirtschaft wirken oder funktionieren, können wir als *funktionale Finanzpolitik* bezeichnen.
>
> (Lerner, 1943, S. 43)

Der Finanzierungssaldo einer Regierung sollte sich demnach ausschließlich danach ausrichten, was notwendig ist, um eine Vollbeschäftigung zu erreichen. Wenn der Privatsektor sein Nettogeldvermögen erhöhen möchte, indem er seine Ausgaben reduziert, sollte die Regierung mehr ausgeben als einnehmen, um die Nachfragelücke zu schließen und eine Zunahme der Arbeitslosigkeit zu verhindern. Die Grenzen für die Regierungsdefizite sind nicht monetärer, sondern realer Natur. Sollte eine Volkswirtschaft ihre Kapazitätsgrenze erreicht haben, kann eine zusätzliche Nachfrage zu keiner weiteren Produktionsausweitung führen. Stattdessen werden die Preise schneller steigen und es könnten Lohn-Preis-Spiralen entstehen. An diesem Punkt müsse eine Regierung ihre Ausgaben verringern und/oder ihre Einnahmen steigern (durch höhere Steuern). Nicht aus Finanzierungsgründen, sondern um einen Anstieg der Inflationsrate zu verhindern.

Obwohl der MMT sowie dem Postkeynesianismus häufig vorgeworfen wird, kein kohärentes gesamtwirtschaftliches Totalmodell zu besitzen, gibt es in der postkeynesianischen Literatur eine Vielzahl von Modellen, die die Dynamik und Stabilität funktionaler Staatsfinanzen untersuchen.[111] In einer geschlossenen Volkswirtschaft steigert die staatliche Verschuldung das private Nettogeldvermögen sowie das laufende Einkommen (wegen der Zinseinkünfte aus den staatlichen Schuldtiteln) und wirkt sich daher auch auf den privaten Konsum aus. Zudem möchten private Haushalte Nettogeldvermögen bilden, um sich vor unvorhergesehenen Ereignissen zu schützen (Sicherheitssparen). Im Gleichgewicht streben die Haushalte ein bestimmtes Verhältnis ihres Geldvermögens (Bestandsgröße) zu ihrem Einkommen (Stromgröße) an.[112] Bezieher hoher Einkommen werden auch ein höheres Geldvermögen bilden wollen, weil sie im Falle eines unvorhergesehenen temporären Einkommensverlustes aus ihren Ersparnissen höhere laufende Zahlungen tätigen müssen. In Phasen, in denen die Sparpläne die Investitions-

111 Siehe z. B. Schlicht (2006), Godley & Lavoie (2007b), Ryoo & Skott (2013) oder Skott (2016).
112 Godley & Lavoie (2007a) bezeichnen dieses Verhältnis als Stock-Flow-Norm.

pläne überschreiten, fehlt es an Nachfrage und der Wunsch nach zusätzlicher Geldvermögensbildung kann nur erfüllt werden, wenn die Regierung sich entsprechend zusätzlich verschuldet. Langfristig entspricht die staatliche Verschuldung unter funktionaler Finanzpolitik dem Wert, der notwendig ist, damit der Privatsektor aus seinem Vermögen heraus genügend Ausgaben tätigt, um eine Vollbeschäftigung zu gewährleisten.

Der Ansatz funktionaler Staatsfinanzen verlangt, dass der Staat sein Defizit reduziert, sofern die Inflationsrate steigt. Dieser Punkt wird, im Einklang mit Keynes (1936), als Vollbeschäftigung definiert. Für die Regulierung der Inflationsrate schrecken viele MMTler (wie auch Postkeynesianer) im Notfall auch nicht vor Lohn-, Preis- und Kreditkontrollen zurück, wie sie in der Nachkriegszeit in vielen Ländern üblich waren. Sollte die Inflationsrate dennoch ansteigen, bevor ein befriedigendes Beschäftigungsniveau erreicht ist, schlagen MMTler eine staatliche **Jobgarantie** vor, um den Menschen eine Beschäftigung anzubieten, die in dieser Situation noch keinen Job gefunden haben. Die Fiskalpolitik wird nicht immer genau die Nachfrage schaffen, die von den Arbeitslosen benötigt wird, sodass es in einer Rezession oder aufgrund des Strukturwandels immer Menschen geben wird, die temporär keine Beschäftigung finden.

Bei einer Jobgarantie wird jeder Person, die arbeiten möchte, auf kommunaler Ebene eine staatliche Beschäftigung zum Mindestlohn angeboten. Statt einen Teil der Arbeitnehmerschaft in die Arbeitslosigkeit zu schicken, um die Inflationsrate zu stabilisieren, werden Arbeitssuchende in ein staatliches Beschäftigungsverhältnis überführt. Dies ist insbesondere für Menschen im Niedriglohnsektor interessant, weil diese i. d. R. eine relativ geringe Qualifikation aufweisen und in Krisen häufig die Ersten sind, die ihren Job verlieren. Durch das dauerhafte staatliche Jobangebot wird zudem ein Mindestlohn sowie ein minimaler Anspruch auf soziale Leistungen, wie Arbeitslosen- oder Krankenversicherung, garantiert. Private Beschäftigungsverhältnisse müssen mindestens diese Konditionen bieten, da kein Arbeitnehmer mehr einen Job zu schlechteren Bedingungen annehmen würde. Da die Arbeitnehmer in einer Jobgarantie zudem signalisieren, dass sie arbeiten möchten und sich ggf. sogar fortbilden, sollten sie im nächsten Aufschwung leichter eine Arbeit finden, als wenn sie arbeitslos wären.[113]

Kernpunkte Kapitel 7.2

- (Post-)Keynesianer gehen davon aus, dass die **Geldpolitik von fiskalpolitischen Maßnahmen unterstützt** werden muss, um einen hinreichenden Einfluss auf Beschäftigung und Inflation zu haben.
- Um eine stabile Staatsschuldenquote zu garantieren, muss der **Anleihezins niedriger als die Wachstumsrate des BIP** sein.
- Sofern der Zins unter der Wachstumsrate liegt, ist eine **langfristig stabile Schuldenquote auch bei einem dauerhaften Primärdefizit** möglich.
- Steigende Schuldenquoten haben in den vergangenen Jahrzehnten zu **keiner nennenswerten Erhöhung der Anleihezinsen** geführt, weil die Geldpolitik von niedrigen Zinsen geprägt war.

113 Zur Jobgarantie siehe z. B. Ehnts & Höfgen (2019) oder Cruz-Hidalgo, Ehnts & Tcherneva (2019).

- Nach der **Modern Monetary Theory (MMT)** erhält die staatliche Währung einen Wert, weil man mit ihr Steuerverbindlichkeiten tilgen kann. Es handelt sich daher um **Steuergutschriften**.
- Der MMT folgend wird ein Land als **monetär souverän** bezeichnet, wenn die Regierung das **Währungsmonopol** besitzt, der **Wechselkurs flexibel** ist und die Regierung sich **nicht in fremder Währung verschuldet**.
- Als **Schöpfer der Währung** kann sich eine monetär souveräne Regierung laut MMT alles leisten, was in der einheimischen Währung angeboten wird.
- **Anleihen und Steuern** können aus rein technischer Sicht **keine Staatsausgaben finanzieren**, da der Privatsektor zunächst Zentralbankguthaben erhalten muss, um Zahlungen an die Regierung durchzuführen.
- Die **Art der Finanzierung** staatlicher Defizite macht aus MMT-Sicht **keinen bedeutenden Unterschied**. Das Defizit wird immer Zinskosten verursachen, deren Höhe von der eigenen Zentralbank festgelegt wird und eine monetär souveräne Regierung immer bedienen kann.
- Das Konzept der **funktionalen Finanzpolitik** empfiehlt, staatliche Defizite **ausschließlich bezüglich ihrer Auswirkungen** zu beurteilen. Eine monetär souveräne Regierung sollte ihr Haushaltsdefizit demnach nur danach beurteilen, ob es genügend Nachfrage erzeugt, um **Vollbeschäftigung** (bei stabiler Inflationsrate) zu gewährleisten.

Teil III: Unkonventionelle Geldpolitik

8 Finanzkrisen

In einem auf Geld und Kredit basierenden Wirtschaftssystem kann der Ausfall von Zahlungsverpflichtungen schwerwiegende Krisen auslösen. Dies war besonders deutlich in der großen Depression der 1930er-Jahre, die auf den Börsencrash am 24.10.1929 folgte, sowie in der großen Rezession nach 2008. Aber auch kleinere Finanzmarktturbulenzen zeigen die Stabilitätsrisiken eines modernen Finanzsystems auf. Hierzu zählen z.B. der Zusammenbruch des Marktes für handelbare Einlagenzertifikate in den USA 1966, die US-Bausparkassenkrise (»Savings-and-Loan-Crisis«) in 1990 oder die Rezession im Anschluss an das Platzen der DotCom-Blase um die Jahrtausendwende.[114]

Der im Folgenden dargestellte Ansatz zur Erklärung solcher Krisen bezieht sich auf die Arbeiten von Hyman P. Minsky (1919–1996), der aufgrund seiner unkonventionellen Denkweisen zu Lebzeiten keine besonders große akademische Aufmerksamkeit erfuhr.[115] Erst im Anschluss an die Finanzkrise von 2008 wurden seine theoretischen Ansätze zur Erklärung von Finanzkrisen von einer breiten Mehrheit der Ökonominnen anerkannt. Mit dem Zwei-Preis-Modell beschrieb er bereits in den 1970er-Jahren eine systemimmanente Dynamik, die zu einem regelmäßigen Kollaps des Finanzsystems führt. In dieser später als »Hypothese der finanziellen Instabilität« bekannt gewordenen Alternative zur Standardinterpretation der »General Theory« aus Keynes (1936) sind Finanzkrisen keine Anomalie, sondern eine unausweichliche Begleiterscheinung der Finanzierungsprozesse in einem von Unsicherheit geprägten Wirtschaftssystem. Im Folgenden werden die theoretischen Grundlagen des Zwei-Preis-Modells dargestellt. Im Anschluss folgt eine Analyse der amerikanischen Finanzkrisen nach der großen Depression bis zur globalen Finanzkrise von 2008.

8.1 Eine Theorie der Finanzkrisen: Das Zwei-Preis-Modell

Wir behandeln eine vereinfachte Form des Zwei-Preis-Modells, die auf Minsky (1990 und 1982b, 1982c, 1982d) basiert. Die Bewertung von Vermögenswerten spielt in diesem theoretischen Ansatz eine zentrale Rolle. Die Begriffe **Kapitalvermögen sowie Kapital- oder Investitionsgüter** werden im Folgenden als Synonyme für Sachvermögenswerte verwendet, die langfristig in der Produktion eingesetzt werden, wie Maschinen oder Fabriken.

---

114 Eine »Blase« stellt eine starke Abweichung des Preises eines Vermögenswertes von seinem Fundamentalwert dar, der auf übertriebenen bzw. irrationalen Einschätzungen beruht. Da man den Fundamentalwert eines Vermögenswertes i. d. R. nicht kennt, lässt sich allerdings auch nicht feststellen, wie groß die Abweichung des tatsächlichen Preises ist. Wir werden den Begriff der Blase dennoch verwenden, da er sich sowohl im allgemeinen Sprachgebrauch wie auch in der wissenschaftlichen Literatur durchgesetzt hat.

115 Siehe Mehrling (1999).

8.1.1 Abgrenzung zur keynesianischen Standard-Interpretation

Minsky sah seine Arbeiten als eine fundamentalistische Interpretation der keynesianischen Theorie und bezeichnete das in der Nachkriegszeit dominierende Modell der neoklassischen Synthese als eine Entstellung selbiger, weil **die Bedeutung fundamentaler Unsicherheit für die Stabilität eines auf finanziellen Verpflichtungen basierenden Wirtschaftssystems nicht genügend berücksichtigt wurde.** Unternehmerinnen und Anleger können sich nur auf subjektive Einschätzungen über zukünftige Entwicklungen stützen, da objektive Kennzahlen aufgrund fehlender Wahrscheinlichkeitsverteilungen nicht existieren.[116] Fehleinschätzungen sind daher nicht zu vermeiden und führen regelmäßig dazu, dass die erhofften Gewinne einer Investition nicht im vollen Umfang eintreten, wodurch Probleme entstehen, eingegangene Zahlungsverpflichtungen einzuhalten. Wenn man die Dynamik einer kapitalistischen Produktion realistisch beschreiben möchte, darf man diese systemimmanente Instabilität der Finanzierungsprozesse nicht durch geschickte Annahmen eines allgemeinen Gleichgewichtsmodells wegdefinieren, in dem lediglich kalkulierbare Risiken berücksichtigt werden. Diese Instabilität ist nämlich der Grund dafür, dass die Investitionen plötzlichen Schwankungen unterliegen, die sich auf das Niveau von Einkommen, Arbeitslosigkeit und Inflationsrate auswirken. Eine Theorie des monetären Kapitalismus sollte daher eine ***finanzielle* Theorie der Investitionen** sein und erklären können, warum Finanzkrisen keine Ausnahmen, sondern regelmäßig wiederkehrende Erscheinungen sind.

Keynes folgend sieht Minsky Geld und Kredit als konstitutive Merkmale eines modernen Kapitalismus, weil der Besitz von Kapitalvermögen weitestgehend über Kredite finanziert wird. Große Unternehmen finanzieren ihre Investitionen mithilfe von Bankkrediten oder Emissionen anderer Verbindlichkeiten, wie Schuldverschreibungen oder Anteilsscheinen, die wiederum Vermögenswerte anderer Wirtschaftssubjekte sind. Besitz und Leitung großer Unternehmen sind daher häufig voneinander getrennt. Die eigentlichen Eigentümer der Kapitalgüter sind Anteilseigner (Aktionäre), Banken und andere Kreditgeber. Aufgrund dieser besonderen Eigentumsverhältnisse hängen Investitionsbewertungen mitunter stärker von Börsenkursen ab als von den Erwartungen der Unternehmer selbst. Die Struktur der hierdurch entstandenen Zahlungsverpflichtungen macht das System selbstreferenziell: Die Verbindlichkeiten eines Wirtschaftssubjekts stellen die Forderungen eines anderen dar.

Aufgrund der Kreditbeziehungen müssen die heutigen Erträge eines Unternehmens sicherstellen, dass die in der Vergangenheit eingegangenen Zahlungsverpflichtungen für den Erwerb des vorhandenen Kapitalvermögens erfüllt werden können. Die Erwartung zukünftiger Erträge sowie die derzeit akzeptierte Verbindlichkeitsstruktur bestimmen wiederum, in welchem

116 Bei der Betrachtung eines Experiments unter Risiko sind die möglichen Folgen bekannt und man kann dem Eintreten eines Ereignisses eine Wahrscheinlichkeit zuordnen. Beim Würfeln, auf eine Zahl zu wetten, ist ein Beispiel für eine Entscheidung unter Risiko. Die möglichen Resultate sind die Zahlen von eins bis sechs und die Wahrscheinlichkeit für jede einzelne Zahl beträgt 1/6. Unter Unsicherheit sind jedoch weder die möglichen Ereignisse noch deren Wahrscheinlichkeiten bekannt.

Umfang heute Investitionen getätigt werden und ob hierfür eine weitere Verschuldung in Kauf genommen wird. Da die Erwartungen der Wirtschaftsakteure jedoch nicht auf objektiven Kriterien fußen können, dienen die Erfahrungen der jüngsten Vergangenheit als Leitfaden für die Zukunft und eine Phase stabiler wirtschaftlicher Entwicklung ermuntert dazu, immer risikoreichere Verbindlichkeitsstrukturen einzugehen. Der hierdurch ausgelöste Aufschwung bricht jedoch ab, sobald diese Verbindlichkeitsstrukturen nicht mehr aufrechterhalten werden können.

Die auf Keynes (1936) zurückgehende Liquiditätspräferenztheorie wurde bereits in Abschnitt 2.3.3 zur formalen Herleitung einer Geldnachfragefunktion dargestellt. Im Wesentlichen wurde die Geldnachfrage dort von der Zinsstruktur beeinflusst und aus einem Spekulationsmotiv abgeleitet: Hohe Anleihezinsen (effektive Renditen) verringern die Geldnachfrage, weil die Bullen an den Wertpapiermärkten überwiegen, von steigenden Kursen ausgehen und daher lieber Wertpapiere als Liquidität halten wollen. Minsky hält diese Interpretation der Liquiditätspräferenztheorie für eine zu starke Vereinfachung. Eine Liquiditätspräferenz entstehe vor allem, um ein Ungleichgewicht zwischen Zahlungsverpflichtungen und Erlösen zu beseitigen. Dieses Ungleichgewicht ist die Folge einer vorangegangenen Spekulation auf Erträge, die nicht realisiert wurden. Ein erhöhter Liquiditätsbedarf wird daher den Preis verringern, den eine Unternehmerin bereit ist, für ein illiquides Investitionsgut zu zahlen, da dessen Kauf mit der Aufgabe von Liquidität verbunden ist.[117]

Keynes (1936) beginnt seine Ausführungen zur Liquiditätspräferenz, indem er jedem Vermögenswert einen **Eigenzinssatz** $q - c + l$ zuschreibt, der aus drei Komponenten besteht:

- Den eigentlichen **Erträgen** q, die bei Kapitalvermögen durch den Einsatz in der Produktion und bei Geldvermögen aus Zinserträgen, Dividenden o. Ä. entstehen.
- Den **Durchhaltekosten** c, die notwendig sind, um einen Vermögenswert zu halten (inkl. der Lagerhaltungskosten und des Wertverlustes, den er im Zeitablauf erleidet). Hierzu zählen auch Zahlungsverpflichtungen aus Kreditbeziehungen, die man zum Erwerb des Vermögenswertes eingehen musste.
- Der **Liquiditätsprämie** l, weil das Verfügungsrecht über einen Vermögenswert eine Sicherheit bietet, sofern man diesen gegen Geld verkaufen oder beleihen kann, um zukünftige Zahlungsverpflichtungen zu erfüllen.

Der Eigenzinssatz beruht offensichtlich auf **subjektiven Einschätzungen über eine unsichere Zukunft**. Dies sei in der Standard-Interpretation der General Theory jedoch verloren gegangen, weil die zukünftigen Erträge eines Vermögenswertes in eine interne Ertragsrate bzw. effektive Rendite umgerechnet wurden, statt den direkten den Einfluss auf den Preis der Kapitalgüter zu untersuchen. In Abschnitt 2.3.3 wurde der Preis eines Vermögenswertes als Gegenwartswert aller zukünftigen Einnahmen berechnet. Für eine gegebene Zinsstruktur $i_1, i_2, \cdots$ entspricht der

117 Auch Keynes widersprach der Standardinterpretation der Liquiditätspräferenz als reiner Geldnachfragefunktion und betonte, dass Angebot und Nachfrage nach Geld auch den Preis für Kapitalgüter beeinflussen (siehe Keynes (1937)). Eine reine Geldnachfragefunktion konnte aber leichter in die neoklassische Theorie integriert werden, weshalb der Einfluss auf die Vermögenswertpreise in der neoklassischen Synthese nicht weiterverfolgt wurde.

Gegenwartswert der erwarteten Bruttoerträge $Q_1^e, Q_2^e, \cdots$, die aus dem Besitz eines Vermögenswertes entstehen:

$$\frac{Q_1^e}{(1+i_1)} + \frac{Q_2^e}{(1+i_2)^2} + \frac{Q_3^e}{(1+i_3)^3} + \cdots.$$

Diese Barwertberechnung bezeichnet man auch als **Kapitalisierungsansatz**: Die erwarteten Einnahmen, die aus dem Besitz eines Vermögenswertes resultieren, werden mit den Kapitalisierungsfaktoren (Diskontfaktoren) $1/(1+i_j)^j$, $j > 1$ kapitalisiert.

Zur Bestimmung des Investitionsniveaus drehte Keynes diese Berechnung um und definierte die **Grenzleistungsfähigkeit des Kapitals (GLFK)** als erwartete effektive Rendite, also den Zinssatz, zu dem der Gegenwartswert der erwarteten Bruttoerträge, die aus dem Besitz eines Investitionsgutes resultieren, seinem Angebotspreis entspricht. Des Weiteren unterstellte er, dass Investitionsprojekte bei gegebenen Investitionsgüterpreisen so lange umgesetzt werden, bis die erwarteten internen Ertragsraten dieser Projekte, also die GLFK, dem Zinssatz für Gelddarlehen entsprechen. Im Ergebnis unterscheidet sich die keynesianische Investitionsgüternachfrage daher kaum von der neoklassischen: Es besteht ein negativer Zusammenhang zwischen Zins- und Investitionsniveau, da bei niedrigeren Zinsen mehr Investitionsprojekte eine GLFK aufweisen, die größer als der Kreditzins ist. Dieser Zusammenhang wurde im IS-LM-Modell zum festen Bestandteil der Standardinterpretation der keynesianischen Theorie. Gemeinsam mit der zinsabhängigen Geldnachfrage wurde die General Theory so zu einer Weiterentwicklung des neoklassischen Modells. Die rigide Lohn- und Preisanpassung der neoklassischen Synthese ermöglichte Geld- und Fiskalpolitik lediglich, die Rückkehr zu einem stabilen Gleichgewicht zu beschleunigen.

Minsky hielt es für einen schweren Fehler, die erwarteten Erträge für einen *gegebenen* Preis in eine Rendite umzurechnen. Er sah die Bewertung von Vermögenswerten mithilfe des Kapitalisierungsansatzes als eine wesentlich bessere Möglichkeit, fundamentale Unsicherheit und Liquiditätspräferenz zu berücksichtigen, um so die Instabilität des Gesamtsystems zu untersuchen. Die Kapitalisierungsfaktoren, mit denen erwartete Erträge und Kosten abdiskontiert werden, hängen nämlich vom Stand des Vertrauens ab, also **subjektiven Einschätzungen** über zukünftige Entwicklungen. Auch nicht-monetäre Größen beeinflussen die subjektiven Kapitalisierungsfaktoren, mit denen zukünftige Ein- bzw. Auszahlungen abdiskontiert werden. Diese können daher von den Diskontfaktoren der Geldzinssätze abweichen.

Die wichtigsten Einflussfaktoren der subjektiven Bewertung eines Vermögenswertes sind:

- Die **erwarteten Bruttoerträge** Q^e, die aus dem Besitz resultieren, sowie die subjektiven Einschätzungen darüber, **mit welcher Wahrscheinlichkeit diese Erträge tatsächlich erzielt werden (Risikoeinschätzung)**. Je sicherer die Erträge zu sein scheinen, desto höher werden diese kapitalisiert.

- Das **Zinsniveau für Kredite.**[118] Die Kapitalisierungsfaktoren von Vermögenswerten weichen aufgrund subjektiver Einschätzungen zwar von den Diskontfaktoren der Geldzinssätze ab. Dennoch werden die Kapitalisierungsfaktoren vom Zinsniveau für Kredite beeinflusst, da bei temporären Liquiditätsengpässen ggf. Notfallkredite aufgenommen werden müssen (siehe unten) und sich zudem im Zinsniveau die effektiven Renditen alternativer Anlageformen widerspiegeln. Niedrigere Kreditzinsen führen zu höheren Kapitalisierungsfaktoren und somit steigenden Bewertungen. Daher beeinflusst auch der **kurzfristige Zielzins der Zentralbank** die Vermögenswertpreise durch seinen Einfluss auf die Zinsstrukturkurve. Ebenso wird das **Geldangebot der Banken** die Kapitalisierungsfaktoren beeinflussen, weil eine höhere Geldmenge mit einer niedrigeren effektiven Verzinsung an den Wertpapiermärkten einhergeht (siehe Abschnitt 2.3.4). Der Effekt wird vermutlich mit steigender Geldmenge abklingen, weil die effektive Verzinsung dann bereits sehr niedrig ist. Da Angebot und Nachfrage nach Geld die Zinsstruktur am Geld- und Kapitalmarkt beeinflussen, nehmen sie auch Einfluss auf die Preise für Vermögenswerte.
- Die **Liquidität eines Vermögenswertes.** Ein liquider Vermögenswert kann verkauft werden, um Zahlungsverpflichtungen einzulösen, und besitzt daher eine positive Liquiditätsprämie. Die Kapitalisierungsfaktoren von Kapitalvermögen sind deswegen grundsätzlich niedriger als die von handelbaren Wertpapieren, weil Letztere relativ liquide sind. Bei gleichen erwarteten Erträgen ist daher der Preis eines Kapitalgutes niedriger als der eines Geldvermögenswertes. Werden die Erträge sicherer, nähern sich die Preise jedoch an. Am Verhältnis der Preise zweier Vermögenswerte lassen sich daher unterschiedliche Einschätzungen bzgl. der Unsicherheit der Erträge sowie der Liquiditätsprämien dieser Vermögenswerte ablesen. Je sicherer und liquider ein Vermögenswert eingeschätzt wird, desto mehr werden sich die Kapitalisierungsfaktoren den Diskontsätzen annähern, die aus dem Geldzins folgen.[119]
- Die **Risikopräferenz** bestimmt, unter welchen Umständen ein Investor bereit ist, einen Vermögenswert mit unsicheren zukünftigen Erträgen zu erwerben. Ein risikofreudiger Investor wird einen Vermögenswert mit unsicheren Erträgen höher bewerten als ein risikoscheuer. Die Risikopräferenz legt zudem fest, welche Verbindlichkeitsstrukturen man einzugehen bereit ist, um den Besitz eines Vermögenswertes zu finanzieren. Werden Vermögenswerte, die erst langfristig Erträge abwerfen, mit kurzfristigen Krediten finanziert, bedürfen sie einer Anschlussfinanzierung, deren Konditionen heute noch unbekannt sind. Die Käufer des Vermögenswertes spekulieren darauf, dass die Anschlussfinanzierung zu Zinsen abgeschlossen werden kann, die unter den Erträgen aus dem Besitz des Vermögenswertes liegen, sodass ein Gewinn erzielt werden kann.

118 Das Zinsniveau repräsentiert wie üblich das gesamte Spektrum der Zinsstrukturkurve.

119 Gäbe es ein absolut sicheres Wertpapier, könnte eine Anlegerin sich Geld bei einer Bank leihen, um dieses Wertpapier zu kaufen. Würde die effektive Verzinsung des Wertpapiers über dem Kreditzins liegen, würde sie einen risikolosen Gewinn machen. Wie in Abschnitt 1.1.2 erklärt, würden solche Arbitragegewinne an den Finanzmärkten sofort verschwinden. Die Kapitalisierungsfaktoren für Vermögenswerte werden daher grundsätzlich unter den Diskontsätzen liegen, die aus den Kreditzinssätzen folgen, um das Risiko dieser Vermögenswerte zu berücksichtigen.

Die subjektiven Kapitalisierungsfaktoren berücksichtigen neben den **langfristigen Erwartungen der Erträge** also auch die subjektive **Risikoeinschätzung** bzgl. der zukünftigen Erträge und der Zahlungsverpflichtungen, die ggf. zur Finanzierung eingegangen werden müssen, sowie die **Liquiditätsprämie** eines Vermögenswertes und die subjektive **Risikopräferenz** eines Investors. Auf diese Weise lassen sich die subjektiven Einschätzungen über eine unsichere Zukunft, die im Konzept des Eigenzinssatzes eingeführt wurden, in eine Investitionstheorie integrieren.

8.1.2 Nachfrage- und Angebotspreis von Kapitalgütern

Das Zwei-Preis-Modell unterscheidet zwischen Nachfrage- und Angebotspreis für Investitionsgüter. Es handelt sich bei beiden Preisen jedoch nicht um Marktpreise, sondern um individuelle Bewertungen. Der **Nachfragepreis für Kapitalvermögen P_K ist der Preis, den ein Unternehmen bereit ist, für ein zusätzliches Kapitalgut zu zahlen.** Er entspricht dem mit den **subjektiven Kapitalisierungsfaktoren abdiskontierten erwarteten Bruttoerträgen** und kann sich bei einer Revision der individuellen Einschätzungen oder der Risikopräferenz sowie einer Änderung des Zinsniveaus sehr plötzlich verändern.

Der **Angebotspreis für Kapitalgüter P_I** stellt die **Kosten für den Erwerb eines Investitionsgutes** dar. Er entspricht im Wesentlichen dem **Preis, zu dem ein Produzent von Kapitalgütern bereit ist, ein weiteres Investitionsgut herzustellen.** Dieser Preis wird wie in Kapitel 6.1.1 durch einen Aufschlag auf die variablen Durchschnittskosten bestimmt. Zu den Kosten für den Erwerb zählen aber **auch die Kapitalisierung der Zinszahlungen**, die ggf. durch die Finanzierung eines Investitionsgutes entstehen, sowie die **impliziten Kosten durch die Aufgabe von Liquidität**, sofern die Investitionsgüter aus internen Mitteln finanziert werden.[120] Im Gegensatz zum Nachfragepreis unterliegt der Angebotspreis deutlich geringeren kurzfristigen Schwankungen. Solange Gewinnaufschläge, Nominallöhne, Produktivität, Zinsen und Kosten für eingesetzte Vorprodukte sich nicht verändern, ist auch der Angebotspreis konstant. Bei steigender Produktion werden die Produzenten irgendwann jedoch an ihre kurzfristige Kapazitätsgrenze gelangen und ihre Gewinnaufschläge erhöhen oder keine Arbeitskräfte mehr finden, weshalb Löhne und Preise steigen könnten. Wir werden diesen Effekt zunächst vernachlässigen und lediglich die Investitionsentscheidungen eines repräsentativen Unternehmens behandeln, dessen Nachfrage im Verhältnis zur Gesamtnachfrage so gering ist, dass diese den Angebotspreis nicht beeinflusst. Dieses Unternehmen entscheidet, eine gewisse Menge von Kapitalgütern für sich produzieren zu lassen, und zahlt diese nach Erhalt in der darauffolgenden Periode.

Für eine **gegebene Kostenstruktur** sollte der Angebotspreis für die unternehmensspezifischen Investitionsgüter also konstant sein. Bei **gegebener Zinsstruktur, gegebenen Erwartungen** sowie **gegebener Risikopräferenz** sollte zudem auch der Nachfragepreis stabil sein. In Abbildung 8.1 sind beide Preise daher als horizontale Linien eingezeichnet. Mit den Investitionen

120 Möglicherweise müssen sich auch die Investitionsgüterproduzenten über den Zeitraum der Produktion verschulden und schlagen die kapitalisierten Zinszahlungen auf den Angebotspreis auf.

steigt aber das Risiko, eingegangene Zahlungsverpflichtungen nicht einlösen zu können. Das Zwei-Preis-Modell unterscheidet zwischen dem **Schuldnerrisiko**, das den Nachfragepreis verringert, sowie dem ***marginalen* Gläubigerrisiko**, das den Angebotspreis erhöht.

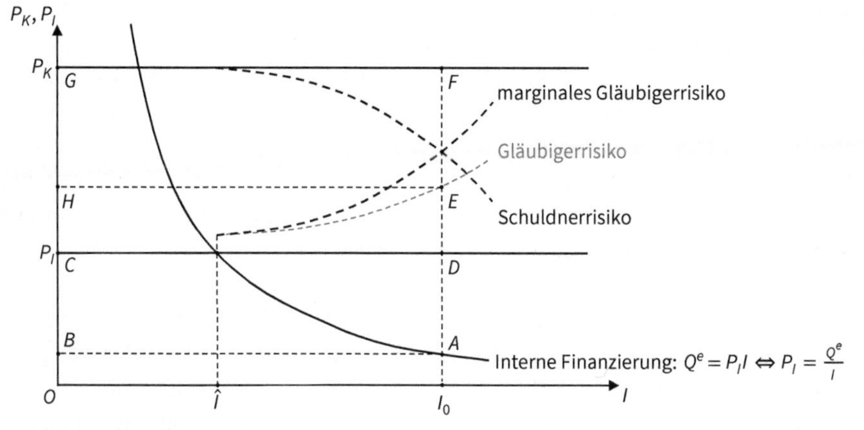

Abb. 8.1: Minskys Zwei-Preis-Modell.
Quelle: Eigene Darstellung in Anlehnung an Minsky (1990, S. 142).

Der Nachfragepreis wurde bisher im Wesentlichen durch die ersten drei Faktoren des vorangegangenen Abschnitts erklärt und in der kurzen Frist als konstant angenommen. Das Schuldnerrisiko berücksichtigt den **Einfluss der Risikopräferenz** auf die Bewertung des Kapitalvermögens. Sollte ein Teil des Kapitalvermögens über Kredite finanziert werden, entstehen Zahlungsverpflichtungen. Das Verhältnis aus erwarteten Erträgen und Zahlungsverpflichtungen stellt eine Sicherheitsspanne dar, falls die Erträge geringer ausfallen sollten als erwartet. Das **Schuldnerrisiko** reflektiert die ***subjektive* Einschätzung der gerade noch akzeptablen Sicherheitsspanne** sowie der **Kreditkonditionen bei Banken oder auf Geld- und Kapitalmärkten** und ist **nicht explizit in Verträgen** aufgeführt. Um temporäre Liquiditätsengpässe aufgrund geringerer Erträge, unbezahlter Kundenrechnungen etc. zu überbrücken, haben Unternehmen häufig Kreditlinien bei ihrer Geschäftsbank vereinbart, die sie je nach Bedarf nutzen können. Dies erhöht das Vertrauen, zukünftigen Zahlungsverpflichtungen nachzukommen, und steigert die Bereitschaft, riskantere Verbindlichkeitsstrukturen einzugehen. Die Bewertung eines Kapitalvermögenswertes wird daher steigen, wenn eine solche Kreditlinie vorhanden ist. Ebenso werden die jüngsten Erfahrungen mit kreditfinanzierten Investitionen die Risikopräferenz und somit das Schuldnerrisiko beeinflussen.

Schuldnerrisiko und Nachfragepreis von Kapitalgütern werden über den Kapitalmarkt zudem vom Preis finanzieller Vermögenswerte beeinflusst. Aktienkurse und Ratings repräsentieren die Marktbewertung des vorhandenen Kapitalvermögens eines Unternehmens. Bei hoher Bewertung sind Anleger bereit, dem Unternehmen zu geringen Zinsen Geld zu leihen und so in eine Ausweitung des Kapitalvermögens zu investieren. Ihr Liquiditätsrisiko ist relativ gering, weil sie erwarten, ihre Wertpapiere notfalls zu hohen Kursen wieder verkaufen zu können. Hierdurch verbessern sich die Refinanzierungsbedingungen des Unternehmens. Dies erhöht die Risikobereitschaft und somit den Preis, den man bereit ist, für ein Kapitalgut zu zahlen.

Die Bereitschaft, eine weitere Verschuldung auf sich zu nehmen, sinkt jedoch mit der Höhe der Fremdfinanzierung, weil sich hierdurch das Risiko einer Zahlungsunfähigkeit aus mindestens zwei Gründen erhöht. Zum einen steigt mit der Ausweitung des unternehmensspezifischen Kapitalvermögens die Gefahr, dass die Nachfrage nach weiteren Einheiten des hergestellten Produkts sich einer Sättigung nähert und der Umsatz geringer ausfällt als erhofft. Die Erträge werden also unsicherer und deswegen schwächer kapitalisiert. Zum anderen verringert sich die Sicherheitsspanne (pro Kapitaleinheit), wenn ein immer größerer Anteil sicherer Zahlungsverpflichtungen aus unsicheren Erträgen gezahlt werden muss.[121] Mit steigender Investition sinkt daher der um das Schuldnerrisiko korrigierte Nachfragepreis immer schneller.

Im Folgenden bezeichnet Q^e die durchschnittlich erwarteten Bruttoerträge der kommenden Periode abzüglich der Zins- und Tilgungszahlungen für in der Vergangenheit eingegangene Kreditbeziehungen und Gewinnausschüttungen (Dividenden). Sollten die Erwartungen zutreffen, bilden diese Erträge eine Obergrenze für die finanziellen Mittel, die zur **internen Finanzierung** von Investitionsgütern verwendet werden können. Wird die Höhe der realen Investitionen mit I bezeichnet und alle internen Mittel verwendet, um Investitionsgüter zu finanzieren, ergibt sich für eine gegebene Profiterwartung ein hyperbolischer Zusammenhang zwischen dem Preis und der Menge der Investitionen, die intern finanziert werden können.

$$Q^e = P_I I \Leftrightarrow P_I = \frac{Q^e}{I}.$$

Der Punkt $\hat{I}$ in Abbildung 8.1 repräsentiert die Höhe der Investitionen, die man bei gegebenem Preis erwartet, aus internen Mitteln bezahlen zu können. Erst wenn die Investitionen diesen Punkt überschreiten, wird erwartet, dass eine Fremdfinanzierung für zusätzliche Investitionen notwendig ist, die ein **Kontrahentenausfallrisiko** für die Gläubiger erzeugen.

Das bereits vorhandene Kapitalvermögen (Bestandsgröße) wurde in der Vergangenheit vermutlich teilweise über Kredite finanziert. Sollten die heutigen Investitionen (Stromgröße) ausschließlich aus internen Mitteln finanziert werden, können also trotzdem Zahlungsverpflichtungen aus vergangenen Kreditverträgen existieren. Daher kann das Schuldnerrisiko auch schon bei einem Investitionsniveau unterhalb von $\hat{I}$ den Nachfragepreis beeinflussen. Das

121 Betrachten wir hierzu die folgende Beispielrechnung unter Vernachlässigung eines Zinses. Nehmen wir an, 100 Einheiten eines Investitionsgutes könnten zum Preis von 500 Euro pro Einheit aus internen Mitteln finanziert werden und es werden Erträge in Höhe von 1.000 Euro pro Einheit erwartet. Bei einer Investitionshöhe von 200 Einheiten wären 50 % der Investitionssumme fremdfinanziert. Das Verhältnis der erwarteten Erträge zu den Zahlungsverpflichtungen betrüge dann $(200 \times 1.000)/(100 \times 500) = 4$. Die erwarteten Erträge sind also viermal so hoch wie die Zahlungsverpflichtungen. Steigt das Investitionsniveau auf 400 Einheiten, wären 75 % der Investitionssumme fremdfinanziert und das Verhältnis betrüge: $(400 \times 1.000)/(300 \times 500) \approx 2{,}67$. Die erwarteten Erträge betragen nach Verdopplung des Investitionsniveaus nur noch etwas mehr als das Zweieinhalbfache der Zahlungsverpflichtungen. Die Sicherheitsspanne ist gesunken. Bei Berücksichtigung eines positiven Zinses auf die Kreditfinanzierung würde sich die Sicherheitsspanne noch weiter verringern.

Gläubigerrisiko beeinflusst den Angebotspreis für die aktuellen Investitionsgüter hingegen erst dann, wenn für diese voraussichtlich eine Fremdfinanzierung nötig ist.

Auch für die Gläubiger steigt das Risiko mit dem Anteil der Fremdfinanzierung, weil ein immer größerer Teil der unsicheren Erträge zur Tilgung und Bedienung der Kredite verwendet wird, wodurch das Kontrahentenausfallrisiko steigt. Die Gläubiger werden daher die Kreditkonditionen verschärfen, wenn der Fremdfinanzierungsanteil des Unternehmens steigt. Hierdurch steigen die Kosten für den Erwerb eines Investitionsgutes und somit der Angebotspreis immer schneller. Das **Gläubigerrisiko** kann zu höheren Zinsen, kürzeren Laufzeiten, höheren Anforderungen an Sicherheiten und sogar zur Begrenzung von Dividendenauszahlungen und weiteren Kreditaufnahmen führen. Im Gegensatz zum Schuldnerrisiko sind diese Kosten **explizit in Verträgen festgehalten**. Dennoch handelt es sich um Einschätzungen, da der Zeitraum eines Investitionsvorhabens i. d. R. den des Kredits überschreitet. Wenn die derzeitigen Kredite auslaufen, müssen also neue Verträge ausgehandelt werden, deren Konditionen heute noch unbekannt sind. Zwei Unternehmen können daher unter den gleichen Bedingungen das Risiko unterschiedlich einschätzen, wenn sie unterschiedliche Erwartungen über zukünftige Kreditkonditionen haben. Für die Höhe der Investitionen ist zudem das ***marginale*** **Gläubigerrisiko** entscheidend, bei dem berücksichtigt wird, dass verschärfte Konditionen für die zuletzt aufgenommenen Kredite bald auch für alle anderen kurzfristigen Kreditverträge und Schuldtitel gelten müssen, wenn diese durch neue ersetzt werden.[122]

Die gestrichelten Linien in Abbildung 8.1 repräsentieren den um das Schuldnerrisiko korrigierten Nachfragepreis des Kapitalvermögens sowie den um das Gläubigerrisiko korrigierten Angebotspreis von Investitionen. Da die expliziten Kosten aufgrund des Gläubigerrisikos sofort anfallen, sobald eine Fremdfinanzierung von Investitionen vorgenommen wird, macht die Kurve, die dieses Risiko repräsentiert, am Punkt $\hat{I}$ einen Sprung. Der Punkt, in dem sich die Kurven für Nachfrage- und Angebotspreis schneiden, bestimmt die Höhe der Investitionen I_0. Wenn alles so verläuft, wie erwartet, entsprechen die intern aufgewendeten Mittel der Fläche OI_0AB. Die gesamten Investitionsausgaben entsprechen der Fläche $OCDI_0$ und ein Anteil in Höhe der Fläche *ABCD* davon wird über Kredite finanziert. Die Fläche *CDEH* repräsentiert die kapitalisierten Zinszahlungen. Durch die Kreditfinanzierung entstehen also Zahlungsverpflichtungen, die aus den erwarteten Erträgen gezahlt werden müssen, im Verhältnis *AE* zu I_0F pro Kapitaleinheit. Die neuen Investitionsgüter werden mit dem Preis P_K bewertet, sodass die Bewertung des Kapitalbestands des Unternehmens um die Fläche OI_0FG wächst. An diesem sogenannten Kapitalgewinn partizipieren Anleihehalter und Anteilseigner. Die Schuldverschreibungen werden durch den Kapitalzuwachs sicherer, weshalb die Bewertungen und Kurse steigen. Der Wert der Investitionen, an denen die Anteilseigner einer Kapitalgesellschaft beteiligt sind, ist von OI_0AB um *EFGH* gestiegen. Dies sollte den Aktienkurs des Unternehmens erhöhen.

---

122 Die (erwarteten) Kreditkonditionen/Refinanzierungsbedingungen beeinflussen also sowohl den Nachfragepreis, weil schwankende Erträge ggf. eine kurzfristige Aufnahme von Krediten erfordern, um vorhandenen Zahlungsverpflichtungen nachzukommen, wie auch den Angebotspreis, weil Kredite aufgenommen werden (und in Zukunft ggf. erneuert werden müssen), um Investitionsgüter zu finanzieren.

Schuldner- und marginales Gläubigerrisiko werden von subjektiven Einschätzungen bestimmt, die i. d. R. von den jüngsten Erfahrungen geprägt werden. Sollten sich die Erwartungen erfüllen und die Erträge ausreichen, um alle Zahlungsverpflichtungen zu erfüllen, sind Unternehmer sowie Anteilseigner und andere Geldgeber durch die kreditfinanzierten Investitionen bessergestellt. Dies wird die Risikobereitschaft erhöhen und die gerade noch akzeptierte Sicherheitsspanne verringern. Zudem führen die Kapitalgewinne dazu, dass sich die Refinanzierungsbedingungen für das Unternehmen verbessern. Die Risikobereitschaft steigt, weil man die Wahrscheinlichkeit einer Zahlungsunfähigkeit, also das Schuldnerrisiko, geringer einschätzt. Banken, Anteilseigner und Kapitalmarktteilnehmer schätzen ihr Gläubigerrisiko ebenfalls geringer ein und lockern die Kreditbedingungen.

Gläubiger- und Schuldnerrisiko verschieben sich dann nach außen, wie in Abbildung 8.2 gezeigt. Die Investitionen steigen auf I_1. Allerdings ist nun auch der Anteil der Fremdfinanzierung höher und somit auch die zukünftigen Zahlungsverpflichtungen, die aus den Erträgen gezahlt werden müssen oder einer Refinanzierung durch Aufnahme neuer Kredite bedürfen. Solange die Erwartungen erfüllt und die Zahlungsverpflichtungen beglichen werden können, wird die Risikobereitschaft und der Verschuldungsgrad aber weiter ansteigen.

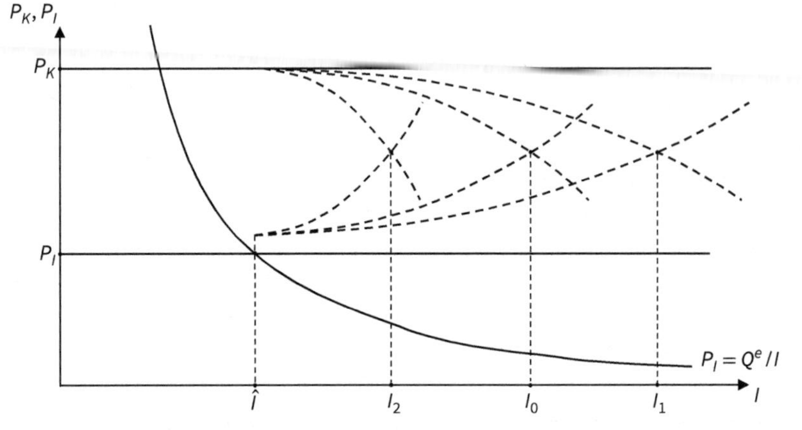

Abb. 8.2: Schwankende Risikoeinschätzungen im Zwei-Preis-Modell.
Quelle: Eigene Darstellung in Anlehnung an Minsky (1990, S. 147).

Sollten sich die Refinanzierungsbedingungen jedoch wieder verschärfen oder die Erträge unsicherer werden, werden auch die subjektiven Risikoeinschätzungen ggf. wieder revidiert und Schuldner- wie Gläubigerrisiko könnten so stark ansteigen, dass die Investitionen auf das Niveau I_2 sinken. Der Grund dafür, dass die Erwartungen sich sehr plötzlich ändern können und zu einem abrupt fallenden Investitionsniveau führen, liegt in der Dynamik der *gesamtwirtschaftlichen* Entwicklung.

8.1.3 Gesamtwirtschaftliche Investitionsdynamik

Für die Dynamik der Investitionszyklen ist entscheidend, dass das aggregierte Investitionsniveau das gesamtwirtschaftliche Einkommen sowie die gesamtwirtschaftlichen Profite bestimmt. Um dies zu verdeutlichen, betrachten wir die in postkeynesianischen Modellen übliche Zusammenführung von Verwendungs- und Verteilungsrechnung des Einkommens. Bezeichnen *W* die Löhne der Arbeitnehmer, *Π* die Profite der Unternehmen sowie *C*, *I*, *G* und *T* Konsum, Investitionen, Staatsausgaben und Steuern (alle Variablen preisbereinigt), dann ist das Volkseinkommen gegeben durch:

$$Y = \underbrace{W + \Pi + T}_{\text{Verteilung}} = \underbrace{C_W + C_\Pi + I + G}_{\text{Verwendung}},$$

wobei C_W den Konsum aus Löhnen und C_Π den Konsum aus Profiten darstellt. Gehen wir vereinfachend davon aus, dass die Arbeitnehmerinnen alles ausgeben, was sie verdienen ($C_W = W$), dann folgt direkt:

$$\Pi = C_\Pi + I + (G - T).$$

Unter dieser Annahme hängen **die Profite der Unternehmen auf der gesamtwirtschaftlichen Ebene ausschließlich von ihren eigenen Ausgaben für Konsum- und Investitionsgüter sowie den staatlichen Defiziten ab**. Während auf der einzelwirtschaftlichen Ebene die aktuellen Investitionen lediglich Erträge in der Zukunft erwarten lassen, **wirken sich die *aggregierten* Investitionen *sofort* auf die gesamtwirtschaftliche Entwicklung aus.** Ein Anstieg der Investitionsausgaben erhöht die Nachfrage und somit die Erträge des Unternehmenssektors.[123]

Investitionen und Profite stellen das Bindeglied zwischen Vergangenheit, Gegenwart und Zukunft dar. Die derzeitigen Investitionen bestimmen das derzeitige Einkommen sowie die derzeitigen Erträge der Unternehmen, mit denen die in der Vergangenheit eingegangenen Kredite getilgt und bedient werden müssen. Die Profiterwartungen hängen von den erwarteten zukünftigen Investitionen ab, beeinflussen aber bereits die heutigen Investitionsentscheidungen, da mit den zukünftigen Erträgen die Zahlungsverpflichtungen erfüllt werden müssen, die heute eingegangen werden. Das erwartete Investitionsniveau wird daher auch die Bedingungen beeinflussen, unter denen neue Schuldtitel emittiert werden können, um heutige Investitionen zu finanzieren oder eine Refinanzierung alter Schulden vorzunehmen. **Die heutige Entwicklung wird von der Erwartung der zukünftigen Entwicklung bestimmt und wirkt sich gleichzeitig auf die zukünftige Entwicklung aus. Auf der gesamtwirtschaftlichen Ebene werden heute**

123 Die Annahme, dass die Arbeitnehmerinnen ihren gesamten Lohn ausgeben, folgt den Arbeiten von Michal Kalecki. Nicholas Kaldor charakterisierte Kaleckis Theorie mit dem häufig zitierten Satz: »Kapitalisten verdienen, was sie ausgeben, und Arbeitnehmer geben aus, was sie verdienen« (Kaldor, 1955, S. 96).
Bei Annahme einer marginalen Sparneigung des Privatsektors würde der in der keynesianischen Theorie übliche Multiplikatoreffekt hinzukommen, der zu einem überproportionalen Anstieg der Profite führt.

Investitionen getätigt, weil Gewinne erwartet werden, die aber nur dann entstehen, wenn das Einkommen aufgrund zukünftiger Investitionen ausreichend steigt.

Die Erwartungen speisen sich jedoch vor allem aus der Vergangenheit, da die Unternehmer keine bessere Entscheidungsgrundlage haben. Die derzeit akzeptierte Verbindlichkeitsstruktur reflektiert daher die jüngste wirtschaftliche Entwicklung. Eine Phase stabilen Wachstums wird Unternehmen dazu veranlassen, ihre kreditfinanzierten Investitionen auszuweiten. Wie oben gezeigt, werden Unternehmerinnen, Anteilseigner und Gläubiger mit Kapitalgewinnen belohnt, sofern alles gut läuft, weshalb diese Strategie Nachahmer findet. Wenn die Vorstandsetagen realisieren, dass die derzeitigen Verbindlichkeiten ohne Weiteres bedient werden können und die höher verschuldeten Konkurrenten stärker wachsen (und eine höhere Eigenkapitalrendite erzielen), werden rasch auch andere Unternehmen ihren Verschuldungsgrad steigern wollen.

Da ein Anstieg der aggregierten Investitionen das Einkommen und die gesamtwirtschaftlichen Profite erhöht, hat diese Entwicklung weitreichende Konsequenzen, wie Abbildung 8.3 zeigt. Dort ist das Zwei-Preis-Modell für die aggregierten Investitionen dargestellt. Bisher beschränkte sich unsere Betrachtungsweise auf ein einzelnes Unternehmen, dessen Nachfrage zu klein war, um Veränderungen des Angebotspreises hervorzurufen. Entscheidet sich hingegen die Gesamtheit aller Unternehmen dazu, mehr zu investieren, wird der Angebotspreis ab einer bestimmten Investitionshöhe steigen. Die Q^e-Kurve repräsentiert die **internen Mittel, die dem Unternehmenssektor zum heute *erwarteten* gesamtwirtschaftlichen Einkommen zur Finanzierung zur Verfügung stehen**. Die Investitionen, die zu diesem Einkommen intern finanziert werden können, betragen $\hat{I}$. Jedes Unternehmen entscheidet nun individuell über die Höhe der Investitionen und den entsprechenden Fremdfinanzierungsanteil.

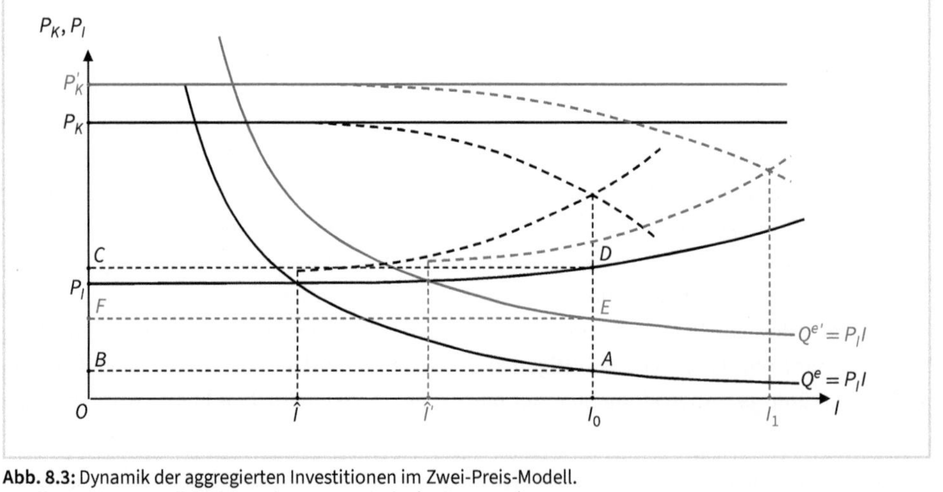

Abb. 8.3: Dynamik der aggregierten Investitionen im Zwei-Preis-Modell.
Quelle: Eigene Darstellung in Anlehnung an Minsky (1990, S. 149).

Bei einem aggregierten Investitionsniveau von I_0 beträgt das erwartete Verhältnis der Fremd- zur Eigenfinanzierung auf gesamtwirtschaftlicher Ebene dem Verhältnis der Flächen *ABCD* zu

$ABOI_0$. Sollte dieses Investitionsniveau über dem erwarteten liegen, werden das Einkommen und somit die Profite und die internen Mittel ebenfalls höher ausfallen als erwartet. Die Q^e-Kurve verschiebt sich daher nach rechts. Die $Q^{e'}$-Kurve stellt die tatsächlich realisierten Erträge auf Basis eines Investitionsniveaus in Höhe von I_0 dar und repräsentiert gleichzeitig die erwarteten Erträge der darauffolgenden Periode. Der tatsächliche Verschuldungsgrad ist geringer als erwartet und entspricht aufgrund der gestiegenen Erträge in der Ausgangsperiode lediglich dem Verhältnis der Flächen *CDEF* zu OI_0EF. Die nicht benötigten Kredite könnten in der nächsten Periode für weitere Investitionen genutzt werden. Zudem erhöht sich die Risikobereitschaft, weil die bisher akzeptierten Verbindlichkeitsstrukturen als zu konservativ angesehen werden. Da die Fremdverschuldung geringer ausfällt als erwartet, wird sich die Bewertung der Unternehmen am Kapitalmarkt verbessern. Schuldner- und Gläubigerrisiko fallen, weil die Risikoeinschätzungen revidiert werden. Die positive wirtschaftliche Entwicklung nährt zudem die Erwartung weiterer Einkommenssteigerungen und der Anstieg der Profite erhöht die erwarteten Erträge und somit den Nachfragepreis der Kapitalgüter ($P_K \nearrow P_K'$). In Abbildung 8.3 führt dies dazu, dass die Investitionen auf das Niveau I_1 steigen.

Die Ökonomie erlebt in dieser Phase einen nachfragegetriebenen Aufschwung, in dem die Profite zunächst stärker ansteigen als erwartet. Dass der Fremdfinanzierungsanteil der Investitionen geringer ausfällt als antizipiert, treibt die Unternehmen dazu, eine noch höhere Fremdfinanzierung anzustreben. Der Abstand zwischen erwarteten Erträgen und Zahlungsverpflichtungen fällt, weil die hohen Erträge der vergangenen Perioden ein Gefühl von Sicherheit vermitteln. Die akzeptierte Verbindlichkeitsstruktur wird immer risikoreicher. Ein immer größerer Teil der zukünftigen Erträge muss für Tilgung und Zinsen der in der Vergangenheit eingegangenen Verbindlichkeiten aufgewendet werden. Damit die notwendigen Erträge hierfür realisiert werden, dürfen die Investitionen aber nicht wieder sinken, weil dann das Einkommen und die Profite fallen würden.

Im Zuge des Aufschwungs werden zudem immer kürzere Kreditlaufzeiten akzeptiert und eine Refinanzierung langfristiger Investitionen durch das Überrollen kurzfristiger Verbindlichkeiten immer häufiger eingeplant. Aber nicht nur die Unternehmen werden immer risikoreicher und spekulieren auf ausreichende Erträge, um hiermit ihre Schulden zurückzuzahlen. Auch Banken und andere Finanzinstitute finanzieren ihre langfristigen Vermögenswerte mit immer kurzfristigeren Verbindlichkeiten und spekulieren darauf, eine günstige Anschlussfinanzierung zu bekommen. Unternehmen wie Haushalte finanzieren zudem Wertpapiere über Kredite und hoffen auf Kursgewinne. Im wirtschaftlichen Boom steigen die Zuversicht und das Vertrauen in liquide Vermögensmärkte. Geldvermögenswerte werden daher auch von Unternehmen als eine alternative Liquiditätsreserve angesehen, da man diese jederzeit verkaufen kann. Die Liquiditätspräferenz sinkt und es werden immer gewagtere Verbindlichkeitsstrukturen eingegangen, um weitere Vermögenswerte zu finanzieren.

8.1.4 Die Hypothese der finanziellen Instabilität

Die Stärke des Zwei-Preis-Modells liegt darin, Konjunkturzyklen aufgrund der Finanzierungsprozesse unter Unsicherheit **endogen** zu erklären. Die Instabilität ist systemimmanent und wird nicht durch externe Schocks erzeugt, wie es in allgemeinen Gleichgewichtsmodellen der Fall ist. »Jeder Zustand fördert Kräfte, die zu seiner eigenen Zerstörung führen« (Minsky, 1990, S. 167). Der durch die Investitionsgüternachfrage getriebene Aufschwung zerbricht an den ihm zugrunde liegenden Verbindlichkeitsstrukturen. Diese Strukturen lassen sich in drei Arten einteilen:

- **Abgesicherte Finanzierung (Hedge Finance)**: Die erwarteten Erträge sind zu jeder Zeit groß genug, um die zukünftigen Zahlungsverpflichtungen zu erfüllen. Verbindlichkeiten bestehen größtenteils aus langfristigen Schuldtiteln. Gegebenenfalls werden Derivate verwendet, um die zeitliche Kongruenz von erwarteten Erträgen und Verbindlichkeiten sicherzustellen.
- **Spekulative Finanzierung**: Die erwarteten Erträge reichen zwischenzeitlich nicht aus, um alle Zahlungsverpflichtungen zu erfüllen, der Gegenwartswert der erwarteten Erträge übersteigt aber den Gegenwartswert der zukünftigen Zahlungsverpflichtungen. Die Erträge werden später erwartet als notwendig, um aufgenommene Kredite am Ende ihrer Laufzeit zurückzuzahlen. Es wird eine Anschlussfinanzierung benötigt, indem neue Schuldtitel emittiert oder Kredite aufgenommen werden, um alte Schulden abzulösen (zu überrollen).
- **Ponzi-Finanzierung**: Der Gegenwartswert der zukünftigen Zahlungsverpflichtungen übersteigt zum heutigen Zinsniveau den Gegenwartswert der erwarteten Erträge. Im Gegensatz zur spekulativen Finanzierung kann ein Überrollen der Schulden das Problem nicht lösen, weil die Erträge zwischenzeitlich nicht ausreichen, um die Zinsen für die kurzfristigen Verbindlichkeiten zu zahlen. Die Zahlungsverpflichtungen können daher nur durch einen fortwährenden Anstieg der Verschuldung erfüllt werden.

Betrachten wir ein Investitionsprojekt mit Kosten in Höhe von 1 Mio. Euro, bei dem in den nächsten 30 Jahren in jedem Jahr ein Ertrag (nach Abzug von Personalkosten etc.) von 53.000 Euro erwartet wird. Wir gehen zur Vereinfachung davon aus, dass das Projekt vollständig über einen Kredit zu einem Zins von 3% und einer Laufzeit von 30 Jahren finanziert wird. Da die erwarteten Erträge höher sind als die Zahlungsverpflichtungen für Zins und Tilgung, handelt es sich um eine **gesicherte Finanzierung**. Werden die 53.000 Euro z. B. vollständig zur Kreditrückzahlung verwendet, bleibt im 29. Jahr eine Restschuld von ca. 12.590 Euro, sodass nach Rückzahlung des Kredits (inkl. Zinsen) ein Gewinn von knapp 93.000 Euro gemacht wird.[124]

Wird das gleiche Investitionsprojekt zunächst über einen Kredit mit einjähriger Laufzeit finanziert, handelt es sich um eine **spekulative Finanzierung**, weil die Erträge aus dem ersten Jahr nicht ausreichen, um den gesamten Kredit zurückzuzahlen. Beträgt der Zinssatz weiterhin 3%, wird nach einem Jahr ein Anschlusskredit in Höhe von 977.000 Euro (1,03 * 1 Mio. Euro – 53.000 Euro) benötigt.

124 Im 29. Jahr müssen inkl. Zinsen noch 12.590 x 1,03 = ca. 12.970 Euro zurückgezahlt werden, sodass von den 53.000 Euro Ertrag noch ca. 40.000 Euro übrigbleiben. Hinzu kommen die 53.000 Euro Ertrag aus dem 30. Jahr.

Wenn der Zins sich nicht verändert, lassen sich die Zahlungsverpflichtungen aber auch bei 29 aufeinanderfolgenden einjährigen Krediten problemlos aus den erwarteten Erträgen zahlen.

Eine solche Finanzierung ließe sich theoretisch unbegrenzt fortführen, solange die Erträge (aus realen Investitionen oder langfristigen Wertpapieren) jederzeit ausreichen, um die Zinsen für die immer wieder neu aufgenommenen kurzfristigen Verbindlichkeiten zu zahlen, selbst wenn die Kredite zu keinem Zeitpunkt vollständig zurückgezahlt werden könnten. Die Schulden werden von Jahr zu Jahr überrollt und lediglich die Zinsen werden bedient. Kreditinstitute betreiben aufgrund ihrer Transformationsfunktion i.d.R. eine spekulative Finanzierung, da sie langfristige Forderungen mit kurzfristigen Verbindlichkeiten finanzieren. Aber auch Regierungen und Unternehmen überrollen ihre Schulden. Selbst private Haushalte können ihre Konsumausgaben spekulativ finanzieren, wenn sie z.B. mehrere Kreditkarten besitzen und die Schulden bei einer Kreditkartenfirma (in Teilen) mit der Karte einer anderen begleichen.

Der Vorteil an der spekulativen Finanzierung ist, dass die kurzfristigen Zinsen i.d.R. unter den langfristigen liegen, sodass man aufgrund der geringeren Zinskosten einen höheren Gewinn erzielt als bei der gesicherten Finanzierung. Der Gegenwartswert der erwarteten Erträge ist für das heutige Zinsniveau größer als der Gegenwartswert der zukünftigen Zahlungsverpflichtungen, kann bei steigenden Zinsen jedoch auch kleiner ausfallen, weil die erwarteten Erträge dann stärker abdiskontiert werden. Bei steigenden Zinsen wird die Anschlussfinanzierung dann so teuer, dass die Erträge aus dem Besitz der Vermögenswerte ggf. nicht mehr ausreichen, um einen Gewinn zu erzielen.

Sollte der kurzfristige Zins z.B. auf 10% steigen, fallen im ersten Jahr Zinsen in Höhe von 100.000 Euro an, sodass bei einem Ertrag von 53.000 Euro ein Anschlusskredit in Höhe von 1,047 Mio. Euro aufgenommen werden müsste. Nach zwei Jahren wären es schon knapp 1,1 Mio. Euro. Da die Zinsen nicht aus den Erträgen gezahlt werden können, müssen immer höhere Schulden aufgenommen werden, um den Kredit des Vorjahres abzulösen. Eine **Ponzi-Finanzierung** muss langfristig zusammenbrechen, sofern keine unerwartete Ertragssteigerung oder Zinssenkung erfolgt, weil ein Investor bei immer schneller steigender Verschuldung irgendwann keinen Kredit mehr bekommt. Eine Ponzi-Finanzierung wird daher i.d.R. mit Betrug verbunden.[125] Jede spekulative Finanzierung birgt aber die Gefahr, dass sie bei Erträgen, die geringer ausfallen als erwartet, oder einer Erhöhung des Zinsniveaus zu einer Ponzi-Finanzierung wird. Immobilien werden häufig über Kredite finanziert, die nur für einen gewissen Zeitraum einen fixierten Zinssatz haben. Die Kreditnehmer spekulieren dann darauf, dass sie eine hinreichend günstige Anschlussfinanzierung bekommen werden. I.d.R. werden Kredite an Privatpersonen

125 Die Ponzi-Finanzierung wurde nach dem italienischen Immigranten Charles Ponzi benannt. Dieser baute sich im Boom vor der ersten großen Finanzkrise in den 1920er-Jahren ein Vermögen auf, indem er sich Geld von Investoren lieh, denen er hohe Renditen versprach. Wenn diese ihr Geld (inkl. Verzinsung) zurückverlangt haben, nahm Ponzi von weiteren Investoren Geld auf. Unter dem Anschein, ein erfolgreicher Fonds-Manager zu sein, schaffte er es, immer wieder neue Investoren zu finden. Als nach Ausbruch der Finanzkrise der Großteil seiner Geldgeber ihre Anlagen abziehen wollte, flog Ponzi auf und wurde verhaftet.

zwar nur dann vergeben, wenn diese über ein hinreichendes Einkommen verfügen, sodass ihre erwarteten zukünftigen Einkünfte ausreichen, um den Kredit (inkl. Zinsen) zurückzuzahlen. Steigende Zinsen oder ein fallendes Einkommen können aus einer abgesicherten Immobilienfinanzierung dennoch einen spekulativen Finanzierungsplan oder gar eine Ponzi-Finanzierung werden lassen. Die spekulativen Finanzierungsmodelle von Finanzinstituten können bei Zinsveränderungen oder Kreditausfällen ebenfalls zu Ponzi-Finanzierungen werden. Das gleiche Investitionsprojekt bzw. die gleiche Wertpapierfinanzierung kann bei Veränderungen der Zentralbankzinsen zwischen spekulativer und Ponzi-Finanzierung hin- und herspringen.

Die Anteile von abgesicherter, spekulativer und Ponzi-Finanzierung im Finanzsystem einer Volkswirtschaft reflektieren die vergangene Entwicklung der langfristigen Erwartungen über zukünftige Erträge. Sind alle Finanzierungen abgesichert, sollten die kurzfristigen Zinsen deutlich unter den langfristigen liegen, weil die Nachfrage nach langfristigen Krediten verhältnismäßig hoch ist und Kreditgeber einen Risiko- und Liquiditätsaufschlag verlangen. Bei stabilen Wachstumsraten werden Investoren daher versuchen, ihre Projekte mit kurzfristigeren Krediten zu finanzieren, um die Rendite zu erhöhen. Aufgrund der positiven jüngsten Erfahrungen werden riskantere Verbindlichkeitsstrukturen eingegangen. Der Anteil der spekulativen wie auch der Ponzi-Finanzierungspläne nimmt zu, wodurch die Volkswirtschaft empfindlicher gegenüber möglichen Zinserhöhungen wird. Gleichzeitig verursacht die Verschiebung der Verbindlichkeitsstrukturen aber jene Zinserhöhung, die zum Zusammenbruch der Verbindlichkeitsstrukturen führt. Denn die stärkere Nachfrage nach kurzfristigen Krediten wird zu einem relativen Anstieg der kurzfristigen Zinsen führen, weil die Kreditgeber das zunehmende Risiko kompensieren wollen.

Hierdurch werden zunächst weitere Unternehmen und Anleger in eine Ponzi-Finanzierung getrieben. Einige von Ihnen werden ihre Verbindlichkeiten nicht mehr refinanzieren können und ihr Kapitalvermögen verpfänden oder liquide Vermögenswerte verkaufen müssen, um eine Zahlungsunfähigkeit abzuwenden. Wenn ein hinreichend großer Anteil der Wertpapierbesitzer gleichzeitig versucht, seine Geldvermögenswerte zu verkaufen, wird der Preis für Vermögenswerte (inkl. Aktien) jedoch sinken. Es entsteht ein **Run** auf entsprechende Wertpapiere bzw. Märkte: So wie bei einem Bank Run viele Bankkunden gleichzeitig ihre Einlagen abheben wollen, weil sie befürchten, ihr Geld zu verlieren, wollen bei einem Run auf einen Wertpapiermarkt Anleger ihre Wertpapiere verkaufen, um sich vor möglichen Kursverlusten zu schützen. Da es unter diesen Umständen schwer ist, einen Käufer zu finden, führen die **Panikverkäufe** jedoch zu immer schneller fallenden Kursen und erhöhen so den Anreiz für weitere Marktteilnehmer, ihre Wertpapiere zu verkaufen. Die Folge ist ein **Teufelskreis** aus fallenden Kursen und weiteren Panikverkäufen. Ein Markt kann hierdurch vollkommen zusammenbrechen, sodass die Wertpapiere unverkäuflich werden, weil man zu keinem Preis mehr einen Käufer findet.

Der Rückgang der Vermögenswertpreise verschlechtert die Refinanzierungsbedingungen zusätzlich, weil die Wertpapiere nun nur noch zu einem geringeren Wert beliehen werden können und bei Ausgabe neuer Schuldtitel höhere Zinsen versprochen werden müssen. Ein Überrollen von Kreditbeziehungen wird dadurch immer schwieriger. Zudem werden immer mehr Schuldner feststellen, dass durch den Verkauf ihrer Wertpapiere zu aktuellen Kursen nicht genügend Einzahlungen erzielt werden, um ihre Schulden zurückzuzahlen. Wirtschaftssubjekte, die eine Anschlussfinanzierung benötigen, stehen vor einem Dilemma: Sie können ihre Vermögenswerte nicht ausreichend beleihen, wodurch eine Zahlungsunfähigkeit droht (Illiquidität). Durch einen Verkauf würde man aber auch nicht genügend liquide Mittel erhalten, um die Schulden zu tilgen. Die Kursverluste würden eine Insolvenz nach sich ziehen. Da insolvente Unternehmen ihre Zahlungsverpflichtungen nicht vollständig erfüllen können, würden die Einzahlungen ihrer Gläubiger geringer ausfallen, als erwartet und weitere Liquiditätsengpässe entstehen.

Die Investitionen fallen in dieser Situation aus mehreren Gründen. Zum einen führt die erhöhte Liquiditätspräferenz (»cash is king«) zu einer Neubewertung von Schuldner- und Gläubigerrisiko. Der Nachfragepreis für Kapitalgüter fällt aufgrund der schlechteren Refinanzierungsbedingungen und der erhöhten Unsicherheit (steigendes Schuldnerrisiko). Der Angebotspreis steigt aufgrund steigender Zinsen, die sich aufgrund der kurzen Kreditlaufzeiten auch auf ältere Kreditverträge auswirken, die bei Neuverhandlungen nun zu deutlich schlechteren Konditionen zurückgezahlt werden müssen (steigendes Gläubigerrisiko). Da die Verbindlichkeitsstrukturen zudem als zu riskant angesehen werden, streben Unternehmen und Haushalte einen Abbau der Verschuldung durch eine Verringerung der Investitions- und Konsumausgaben an. Die Einnahmen sollen stattdessen zur Schuldenrückzahlung verwendet werden. Ein geringeres Ausgabenniveau führt jedoch zu einem Rückgang des gesamtwirtschaftlichen Einkommens und verringert die Profite. Die einzelwirtschaftlich nachzuvollziehende Reaktion verschlechtert also gesamtwirtschaftlich betrachtet die Situation weiter, erschwert den Schuldenabbau und treibt immer mehr Wirtschaftssubjekte in spekulative und Ponzi-Finanzierungspläne. Die Marktmechanismen führen nicht zu einem Gleichgewicht zurück. Das System ist ohne Eingriffe von Geld- und Fiskalpolitik instabil.

Die Phase der Schuldentilgung bei fallenden Vermögenswertpreisen bezeichnet Minsky nach Fisher (1933) als **Schuldendeflation**: Es wird immer schwieriger, den Zahlungsverpflichtungen nachzukommen, weil die nominalen Profite fallen, während die nominale Höhe der Verschuldung konstant bleibt. In der Hoffnung, ihre Verschuldung abzubauen, werden die Unternehmen einen Teil der erwarteten internen Mittel zur Schuldenrückzahlung statt für neue Investitionen verwenden wollen. In Abbildung 8.4 ist der Nachfragepreis für Kapitalgüter aufgrund der schlechteren Refinanzierungsbedingungen und der erhöhten Liquiditätspräferenz auf $P_K^{'}$ gefallen. Zudem ist das Schuldnerrisiko so stark angestiegen, dass das aggregierte Investitionsniveau von I_0 auf I_1 fällt. Die erwarteten internen Mittel würden zwar ausreichen, um Investitionen der Höhe $\hat{I} > I_1$ zu finanzieren, es sollen jedoch keine Investitionen mehr durch eine weitere Kreditaufnahme finanziert werden. Der nicht für Investitionen verwendete Teil der Mittel ($\hat{I} - I_1 > 0$) soll stattdessen zur Schuldentilgung verwendet werden. Da mit den Investitionen jedoch auch das Einkommen fällt, fallen die tatsächlichen internen Mittel geringer aus als erwartet $\left(Q^{e'}\right)$. Das geringere Investitionsniveau übersteigt daher das tatsächliche Niveau der internen Mittel ($I_1 > \hat{I}^{'}$), sodass ein Teil der Investitionen weiterhin fremdfinanziert werden muss. So wie steigende Gewinne im Aufschwung den Anstieg des Fremdfinanzierungsanteils abschwächen, erschweren sinkende Gewinne im Abschwung die Reduktion des Verschuldungsgrads. Die gewünschte Umstrukturierung der Bilanz kann nicht realisiert werden, was sich negativ auf die Bewertung der Unternehmen auswirkt. Aktienkurse und Wertpapierpreise fallen, wodurch sich die Refinanzierungsbedingungen verschlechtern. Dies verstärkt den Fall der Nachfragepreise aufgrund der geringeren erwarteten Erträge und führt zu einem immer niedrigeren Investitionsniveau.

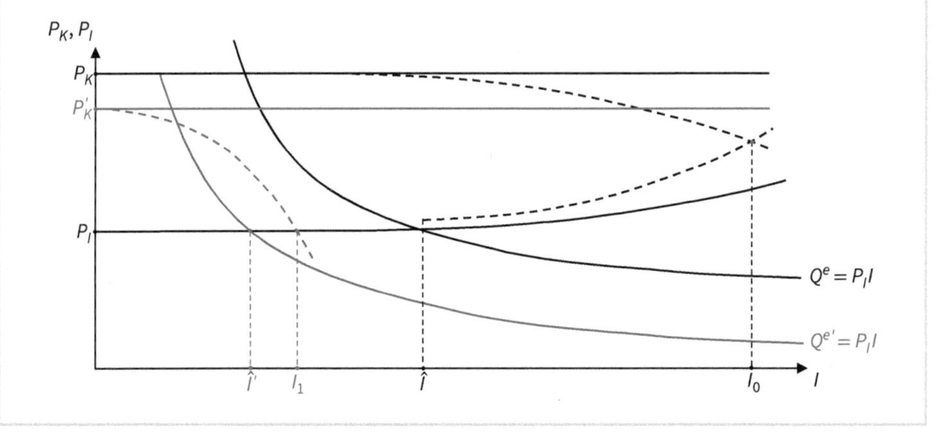

Abb. 8.4: Schuldendeflation im Zwei-Preis-Modell.
Quelle: Eigene Darstellung in Anlehnung an Minsky, (1990, S. 105).

Die Volkswirtschaft erleidet nun eine aufgrund mangelnder Nachfrage entstandene Krise, in der das Wirtschaftswachstum fällt, einige Unternehmen Insolvenz anmelden müssen und die Arbeitslosigkeit steigt. Das primäre Ziel von Unternehmen, Finanzinstituten und Haushalten ist eine Bereinigung ihrer Bilanzen. Neue Kredite dienen nicht mehr der Finanzierung von Investitionen, sondern der Konsolidierung: Durch Emission langfristiger Schuldverschreibungen sollen kurzfristige Kredite ersetzt werden, um so Zahlungsverpflichtungen in die Zukunft zu schieben. Erst wenn die Umstrukturierung der Schulden die Verbindlichkeitsstrukturen wieder auf ein Niveau gebracht hat, das als konservativ genug angesehen wird, beginnen die Unternehmen wieder ihre Investitionsausgaben auszuweiten. Nach einer kurzen Phase finanzieller Stabilität beginnt dann der nächste Investitionszyklus.

Der Kern der Hypothese finanzieller Instabilität lässt sich mit den Worten »**Stabilität schafft Instabilität**« zusammenfassen. Theoretisch wäre es zwar möglich, dass die zukünftigen Investitionen für einen kurzen Zeitraum richtig eingeschätzt werden und sich die Volkswirtschaft in einem vorübergehenden Gleichgewicht befindet. Alle Erwartungen werden erfüllt und die antizipierten internen Mittel entsprechen den tatsächlichen, sodass auch die angestrebte Verschuldung der tatsächlichen entspricht. Solche stabilen Phasen können aber nur vorübergehender Natur sein. Wenn alle Zahlungsverpflichtungen über einen gewissen Zeitraum problemlos erfüllt werden können, ändern sich nämlich die Finanzierungsbedingungen. Zudem sinkt die Liquiditätspräferenz von Unternehmen, Finanzinstituten und Haushalten, da Wertpapiere als sichere und verhältnismäßig liquide Alternative zu Geld angesehen werden. Hierdurch fallen die langfristigen Zinsen und reduzieren die Finanzierungskosten zusätzlich. Aufgrund der stabilen Phase werden die derzeitigen Verbindlichkeitsstrukturen als zu konservativ eingeschätzt. Eine riskantere Schuldenfinanzierung wird daher zum neuen Standard und leitet den Weg zur nächsten Krise ein. Die Ausweitung spekulativer Finanzierungsformen kann sehr lange anhalten und entspricht einem Herantasten an die Grenzen, die von den Finanzmärkten noch akzeptiert werden. Der Abschwung kann aufgrund der Panikverkäufe hingegen zu einer sehr plötzlichen Krise führen.

8.1.5 Die Rolle von Geld- und Fiskalpolitik

Wenn eine Zentralbank im Aufschwung die Zinsen anhebt, um eine Überhitzung der wirtschaftlichen Entwicklung zu verhindern, kann dies Auslöser einer Schuldendeflation sein, da eine Erhöhung der kurzfristigen Zinsen den Angebotspreis erhöhen wird. Zudem werden höhere kurzfristige Zinsen in einer Situation, in der die Nachfrage nach kurzfristiger Finanzierung steigt, weitere Wirtschaftssubjekte in eine Ponzi-Finanzierung treiben. Eine drastische Erhöhung des kurzfristigen Zinses wird zudem auch mit einer deutlichen Erhöhung langfristiger Zinsen einhergehen und den Gegenwartswert der erwarteten Erträge reduzieren, wodurch der Anteil der Ponzi-Finanzierungen zusätzlich steigt. Zinserhöhungen führen zudem zu Neubewertungen langfristiger Wertpapiere an den Vermögensmärkten, sofern diese nicht vorhergesehen und bereits eingepreist wurden. Dann entsteht das oben beschriebene Dilemma, dass Kredite weder zurückgezahlt noch überrollt werden können, weil Wertpapierverkäufe zu Verlusten und ggf. einer Insolvenz führen, eine Refinanzierung aufgrund mangelnder Sicherheiten aber auch nicht möglich ist. Wenn der gesamtwirtschaftliche Anteil spekulativer Finanzierungsmodelle groß ist, **birgt eine plötzliche Straffung der Geldpolitik daher immer die Gefahr, Finanzkrisen auszulösen.** Der Fortbestand spekulativer Finanzierungspläne ist nur für einen schmalen Zinskorridor gewährleistet. Die Zentralbank sollte daher die Kreditmarktkonditionen sowie den Anteil spekulativer Finanzierungen in ihren geldpolitischen Entscheidungen berücksichtigen.

Minsky war der Auffassung, dass sich Finanzkrisen zwar systembedingt regelmäßig wiederholen würden, jedoch nicht in einer Depression enden müssen, wenn »big bank« und »big government« konsequent reagieren. **Regierung und Zentralbank können mit einer expansiven Politik die gesamtwirtschaftliche Entwicklung stabilisieren**, wenn ein Zusammenbruch der Finanzierungspläne zu einem starken Rückgang privater Investitionen führt. Die Zentralbank sollte vorwiegend Liquidität zur Verfügung stellen, indem sie ihre Kreditvergabe ausweitet, wenn eine sich selbst verstärkende Schuldendeflation droht. Durch einen **direkten Ankauf von Wertpapieren** kann sie zudem den **Teufelskreis aus fallenden Kursen und Panikverkäufen durchbrechen** und mit einem **niedrigen Zinsniveau die Umstrukturierung vorhandener Kreditbeziehungen** erleichtern. So könnten einige Wirtschaftssubjekte aus der Ponzi-Finanzierung in eine spekulative Finanzierung zurückgeführt werden.

Da Abbau und Umstrukturierung von Verbindlichkeiten in dieser Situation Priorität haben, wird die Zentralbank die privaten Investitionen mit einer Zinssenkung aber nicht anregen können. Alle Wirtschaftssubjekte mit Ponzi- oder spekulativen Finanzierungsplänen werden ihre Ausgaben reduzieren und ihre Einnahmen zur Kreditrückzahlung verwenden. Stattdessen sollte die Regierung die gesamtwirtschaftliche Nachfrage stützen und hierfür hohe Haushaltsdefizite in Kauf nehmen. **Automatische Stabilisatoren**, wie eine progressive Einkommenssteuer und ein umfangreiches Sozialsystem, können in solcher Situation den Nachfragerückgang selbsttätig bremsen. Zusätzlich sind aber **diskretionäre staatliche Ausgaben** notwendig, um die Lücke zu schließen, die der private Investitionsrückgang hinterlässt. Die hohen **staatlichen Defizite stabilisieren die Erträge der Unternehmen** und sorgen so dafür, dass ein größerer Teil der vorhandenen Zahlungsverpflichtungen erfüllt werden kann. Hierdurch wird die **Ansteckungsgefahr von Gläubigern verringert**, denen bei einem Zahlungsausfall ihrer Kontrahenten selber eine Zahlungsunfähigkeit droht. Die Regierung macht Schulden, damit der Privatsektor entschulden kann, und verringert durch ihre Nachfrage den Anstieg der Arbeitslosigkeit. Sollte das Haushaltsdefizit der Regierung zudem mit einer Neuemission von Staatsanleihen einhergehen, wird zusätzlich der Wertpapiermarkt stabilisiert, da liquide Schuldverschreibungen in Umlauf gebracht werden, die aufgrund ihres hohen Ansehens von allen Kreditinstituten als Sicherheiten akzeptiert werden.

Die Unternehmen werden trotz des Abschwungs ihre Preise erhöhen wollen, da sie eine Zunahme der Erträge benötigen, um ihren Zahlungsverpflichtungen nachkommen zu können. Die gestiegene Unsicherheit, die mit einer erhöhten Liquiditätspräferenz einhergeht, führt dazu, dass die angestrebten Sicherheitsmargen steigen. Wenn die Regierung die Nachfrage stabilisiert, werden die Unternehmen die höheren Preise auch durchsetzen können. **Regierung und Zentralbank stehen daher vor einem Zielkonflikt**: Alles, was sie tun, um die Krise zu bekämpfen, wird tendenziell zu steigenden Preisen führen. Sie können Maßnahmen ergreifen, die den Rückgang von Einkommen und Beschäftigung verringern. Sollte die staatliche Nachfrage den Beschäftigungsrückgang weitestgehend ausgleichen, wird dies aber die Inflationsrate erhöhen. Ohne ein entschlossenes Eingreifen von Regierung und Zentralbank droht hingegen eine Depression mit fallenden Preisen, wie in den 1930er-Jahren. Zudem wird der Rückgang der privaten Investitionen voraussichtlich auch bei steigenden Staatsausgaben die Wachstumsrate der Volkswirtschaft verringern, sodass eine Politik der Einkommensstabilisierung zur **Stagflation** führt, also der Kombination aus stagnierendem Wirtschaftswachstum und steigenden Preisen.

Nach dem Zwei-Preis-Modell sind Finanzkrisen unvermeidbar, weil die Finanzierungsprozesse eines modernen Kapitalismus inhärent instabil sind. Dennoch lassen sich aus der Hypothese finanzieller Instabilität Vorschläge für institutionelle Reformen ableiten, um die Krisenanfälligkeit des Systems sowie die Folgen einer Krise zu verringern. Hierzu ist vor allem eine **stärkere Regulierung und Überwachung von Finanzinstituten zur Verringerung spekulativer Finanzierungsmodelle** notwendig. Nur aufgrund der instabilen Verbindlichkeitsstrukturen entsteht in der Phase des finanziellen Zusammenbruchs der übliche Konflikt zwischen Arbeitslosigkeit und Inflation, weil eine stabile Preisentwicklung nach einer Finanzkrise nur bei einem gleichzeitigen Anstieg der Arbeitslosigkeit erreicht werden kann.

Zudem ist die Ursache der finanziellen Instabilität die hohe Abhängigkeit der Einkommensentwicklung von den privaten Investitionen. Ein **größerer Anteil privater Konsumausgaben oder staatlicher Konsum- bzw. Investitionsausgaben** an der gesamtwirtschaftlichen Nachfrage würde diese Abhängigkeit verringern und die zyklische Entwicklung des Systems glätten. Ein geringerer Anteil der privaten Investitionen wird jedoch mit einem geringeren Wachstum des privaten Kapitalstocks einhergehen.

Die Schlussfolgerungen des Zwei-Preis-Modells bzgl. der Wirkungsweise und Rolle von Geld- und Fiskalpolitik unterscheiden sich in verschiedenen Dimensionen von der konventionellen Sichtweise des Modells aus Kapitel 6.2:

1. In der konventionellen Auffassung wirken sich Veränderungen des kurzfristigen Zinses auf die Investitionen aus, weil eine Verteuerung der Kreditkonditionen die Investitionsbereitschaft dämpft. Im Zwei-Preis-Modell wirkt sich die Geldpolitik hingegen auch über den **Einfluss auf die Vermögenswertpreise und die Nachhaltigkeit von Verbindlichkeitsstrukturen** aus. Steigende Zinsen verringern die Wertpapierkurse und verschlechtern daher die Refinanzierungsbedingungen, was wiederum die Investitionsausgaben reduziert. **Zinserhöhungen der Zentralbank können zudem Finanzkrisen auslösen**, wenn der Anteil spekulativer und Ponzi-Finanzierungspläne hoch ist. Dann beschleunigen Panikverkäufe den Kursverfall und verstärken die Krise. Niedrige Zinsen werden in einer Krise keine zusätzlichen Investitionen hervorrufen, weil die Aussichten der Unternehmen schlecht sind. Die Wirkungsweise der Geldpolitik ist **situationsabhängig, schwer vorherzusagen und asymmetrisch.**
2. Die Aufgabe der Zentralbank sollte daher nicht die Steuerung von Beschäftigung und Inflationsrate mithilfe von Zinsveränderungen am kurzen Ende der Zinsstrukturkurve sein, sondern die **Gewährleistung eines stabilen Zahlungs- und Finanzsystems durch Regulierung und Beaufsichtigung der Finanzinstitute.** In einer Krise ist die wichtigste Aufgabe der Zentralbank, **Liquidität bereitzustellen und die Wertpapierkurse zu stabilisieren**, um den sich selbst verstärkenden Teufelskreis aus fallenden Kursen und weiteren Panikverkäufen zu beenden.
3. Die **Stabilisierung der gesamtwirtschaftlichen Nachfrage muss in Krisen hingegen von der Fiskalpolitik** übernommen werden. Hohe Staatsschulden sind nicht auf eine zu spendable Regierung zurückzuführen, sondern Folge der instabilen Finanzmärkte. Die staatlichen Defizite sind notwendig, um die fehlende Investitionsgüternachfrage zu ersetzen und die Erträge des Privatsektors aufrechtzuerhalten. Nur so können die in der Vergangenheit eingegangenen Zahlungsverpflichtungen erfüllt und ein sich selbst verstärkender Abschwung verhindert werden.
4. Ein **hoher Anteil der Staatsausgaben an den Gesamtausgaben ist daher wünschenswert,** weil dieser zu einer Stabilisierung der Einkommen beiträgt und Konjunkturzyklen glättet, die durch die finanzielle Instabilität eines auf Geld und Kredit basierenden Wirtschaftssystems entstehen.
5. Sollten Geld- und Fiskalpolitik entschlossen gegen die Folgen einer Finanzkrise vorgehen, wird dies mit steigenden Preisen aufgrund steigender Gewinnaufschläge einhergehen.

Der Konflikt zwischen Arbeitslosigkeit und Inflation entsteht nicht wegen der höheren Verhandlungsmacht der Arbeitnehmer bei einer fallenden Arbeitslosigkeit, sondern weil zu riskante Verbindlichkeitsstrukturen zusammenbrechen und Unternehmen im Anschluss höhere Gewinnaufschläge durchsetzen wollen, um aus den Erträgen ihre Verschuldung abzubauen. Sofern Regierung und Zentralbank die wirtschaftliche Entwicklung stabilisieren, werden sie höhere Gewinnaufschläge auch durchsetzen können. Im Anschluss kann selbstverständlich eine Lohn-Preis-Spirale entstehen, wenn die Arbeitnehmerinnen den gesunkenen Reallohn mit höheren Lohnforderungen zu kompensieren versuchen. Die beschleunigte Preisentwicklung hilft den Unternehmen, ihre nominal fixierte Verschuldung zurückzuführen.

Für viele Postkeynesianer beschreibt das Zwei-Preis-Modell ein realistischeres Bild der Investitionsdynamik als die orthodoxe Theorie. Eine zufriedenstellende gesamtwirtschaftliche Steuerung der Nachfrage ist allein mit den Instrumenten der Geldpolitik nicht zu schaffen, weil die Investitionen in der Krise nicht wesentlich vom kurzfristigen Zins beeinflusst werden (siehe Abschnitt 7.2.1). Sollten Zinserhöhungen zu Turbulenzen an den Wertpapiermärkten führen, kann eine restriktive Geldpolitik trotzdem eine Reduktion der Investitionsausgaben herbeiführen, die mit einem Anstieg der Arbeitslosigkeit und einem Rückgang der Inflationsrate einhergeht. Im Extremfall könnte sie sogar eine Depression mit fallenden Preisen verursachen. Die Zentralbank kann demnach Krisen verursachen, die einen Aufschwung zu Fall bringen, einer am Boden liegenden Wirtschaft aber nicht auf die Beine helfen.

Kernpunkte Kapitel 8.1

- Im Zwei-Preis-Modell entspricht der **Nachfragepreis für Kapitalvermögen P_K dem Preis, den ein Unternehmen bereit ist, für ein zusätzliches Kapitalgut zu zahlen. Der Angebotspreis für Kapitalgüter P_I stellt hingegen die Kosten für den Erwerb eines Investitionsgutes dar.** Bei beiden Preisen handelt es sich nicht um Marktpreise, sondern um individuelle Bewertungen, die von Schuldner- und Gläubigerrisiko beeinflusst werden.
- Das **Schuldnerrisiko** repräsentiert die subjektive Einschätzung der **gerade noch akzeptablen Sicherheitsspanne** (Verhältnis aus erwarteten Erträgen und Zahlungsverpflichtungen) sowie der **Refinanzierungsmöglichkeiten bei Banken und Kapitalmärkten**. Das **Gläubigerrisiko** berücksichtigt das **Kontrahentenausfallrisiko der Gläubiger** und kann zu höheren Zinsen, kürzeren Laufzeiten, höheren Anforderungen an Sicherheiten und sogar zur Begrenzung von Dividendenauszahlungen und weiteren Kreditaufnahmen führen.
- Weil mit steigendem Investitionsniveau sowohl Schuldner- wie auch Gläubigerrisiko steigen, fällt der Nachfragepreis, während der Angebotspreis steigt. **Der Schnittpunkt beider Preise bestimmt die Höhe der Investitionen.**
- Ein Anstieg der aggregierten Investitionen erhöht die Profite sowie das gesamtwirtschaftliche Einkommen und führt zu optimistischeren Erwartungen und einer **höheren Risikobereitschaft**. Gleichzeitig **lockern sich die Kreditbedingungen**, weil Gläubiger ihr Risiko geringer einschätzen. Hierdurch entsteht ein **sich selbst verstärkender gesamtwirtschaftlicher Aufschwung**.
- Eine Phase vermeintlich stabilen Wachstums **erhöht daher den Anteil von spekulativen und Ponzi-Finanzierungsplänen**. Hierdurch werden die Verbindlichkeitsstrukturen empfindlicher gegenüber möglichen Zinserhöhungen. Gleichzeitig führen sie dazu, dass die kurzfristigen Zinsen steigen.

- Wenn Unternehmen kurzfristige Verbindlichkeiten aufgrund höherer Zinsen nicht mehr erneuern können, **steigt der Liquiditätsbedarf plötzlich an, weshalb viele Schuldner ihre Wertpapiere verkaufen.** Dies führt zu einem **Teufelskreis aus fallenden Wertpapierkursen und Panikverkäufen, die den Kursverfall verstärken und die Refinanzierungsbedingungen zusätzlich verschlechtern. Schuldner- und Gläubigerrisiko steigen sprunghaft an und Investitionsausgaben werden reduziert**, um alle Einnahmen zur Kredittilgung zu nutzen. Ein sich selbst verstärkender Abschwung entsteht.
- Die Zentralbank sollte in der Krise **Liquidität zur Verfügung stellen und den Fall der Anleihekurse stoppen**, während die Regierung ihre **Ausgaben erhöhen sollte, um das Einkommen zu stabilisieren.** Dies kann jedoch zu **schneller steigenden Preisen** führen.

8.2 Finanzmarkt(in)stabilität nach der großen Depression

Minsky entwickelte seine Theorie nicht nur als Erklärungsansatz für die große Depression, sondern auch im Angesicht der finanziellen Turbulenzen, die seit den 1960er-Jahren zu beobachten waren und eine verhältnismäßig lange Phase stabilen Wachstums in den USA beendeten. Die zweieinhalb Jahrzehnte nach der großen Depression der 1930er-Jahre gelten als »goldenes Zeitalter des Kapitalismus« und waren von stabilen Finanzmärkten, fallender Ungleichheit und steigender Prosperität geprägt. Der folgende Abschnitt skizziert die wichtigsten Regulierungsmaßnahmen der USA, die nach dem Börsencrash von 1929 eingeführt wurden, um die Häufigkeit und Intensität von Finanzkrisen zu verringern. Im Anschluss wird die Krisenanfälligkeit des US-Finanzsystems sowie die politischen Stabilisierungsmaßnahmen nach 1960 mithilfe des Zwei-Preis-Modells analysiert.

8.2.1 Die Entwicklung des Finanzsektors nach 1930

Das bedeutendste Regulierungsgesetz nach dem Börsencrash war der **Banking Act von 1933 (auch Glass-Steagall-Act, kurz GSA)**. Im Wesentlichen wurden drei Maßnahmen ergriffen:[126]

- Die **Einführung einer Einlagensicherung**, um vor Bank Runs zu schützen. Nach Ausbruch der ersten Finanzkrise gerieten viele Banken in Liquiditätsengpässe, da verängstigte Kunden ihre Einlagen in Bargeld ausgezahlt haben wollten. Die »Federal Deposit Insurance Corporation« sicherte zunächst bis zu 70% der Einlagen in Höhe von 10.000 US-Dollar. Inzwischen ist die Summe auf 100% in Höhe von 250.000 US-Dollar angestiegen. Der Einlagensicherungsfonds wird über eine Bankenumlage finanziert und soll Kunden davon abhalten, sich ihr Geld aus Angst vor einem Verlust in bar auszahlen zu lassen.
- Die **institutionelle Trennung des klassischen Einlagen- und Kreditgeschäfts von den Wertpapiergeschäften der Investmentbanken (Trennbankensystem)**, um den Kreditkreislauf der Realwirtschaft von den Risiken der Wertpapiermärkte zu entkoppeln. Ge-

126 Der folgende Überblick über die Entwicklungen der Finanzmarktregulierungen ist in weiten Teilen an Schiman (2016) angelehnt.

schäftsbanken durften weiterhin Dienstleistungen wie den bargeldlosen Zahlungsverkehr anbieten und konnten mittels Kreditvergabe Einlagen schöpfen. Spekulationen an den Wertpapiermärkten waren ihnen aber untersagt. Dies war die politische Reaktion auf die Vernetzung des konventionellen Kreditgeschäfts mit dem Handel von Finanzinstrumenten vor der großen Depression. Der Eigenhandel der Banken, also der eigene Erwerb von Wertpapieren, der mit geschöpftem Geld und nicht im Auftrag von Kunden erfolgt, wurde weitestgehend unterbunden. So wollte man verhindern, dass sich Kursverluste an den Finanzmärkten negativ auf die Aktiva der Banken auswirken und diese zu einer Verringerung der Kreditvergabe an die Realwirtschaft zwingen. Ein Zusammenbruch der Wertpapiermärkte sollte sich dank dieser Regelung nur noch auf die Finanzinstitute auswirken, die explizit Gelder ihrer Anleger in risikoreiche Wertpapiere anlegten. Geschäftsbanken, die ihr Geld mit konventionellen Krediten an Unternehmen und Konsumenten verdienen mussten, sollten hingegen keine Forderungen abschreiben müssen, sollten die Wertpapiermärkte wieder ins Straucheln geraten.
Die institutionelle Trennung des Einlagen- vom Wertpapiergeschäft war aber auch unter dem GSA nicht vollständig. In Sektion 16 des Gesetzes wurden **bankfähige Sicherheiten (bank-eligible securities)** gelistet, mit denen ein unbeschränkter Eigenhandel möglich war. Hierzu gehörten vor allem Schuldverschreibungen der öffentlichen Hand, aber auch einige privat emittierte Wertpapiere, wie z. B. Immobilienanleihen. Aktien waren vom Eigenhandel allerdings vollständig ausgeschlossen.
- Die **Deckelung von Zinsen (Regulation Q)**, um die Risikobereitschaft der Kreditinstitute zu reduzieren. Die Zinsen für Spar- und Termineinlagen wurden begrenzt und eine Verzinsung von Sicht- und Termineinlagen mit weniger als 30 Tagen Laufzeit war verboten. Vor der großen Depression führte ein Zinswettkampf um Kundeneinlagen dazu, dass die Zinsmargen zwischen Kredit- und Einlagenzinsen sehr gering waren. Dies verführte Banken dazu, spekulative Investitionen mit höheren Risiken zu finanzieren, um eine bessere Rendite zu erzielen (auch durch spekulative Wertpapierankäufe). Die Zinsdeckelung sollte eine solche Entwicklung verhindern und der Reduktion der Gewinnmargen aufgrund des Verbots spekulativer Eigengeschäfte entgegenwirken, indem sie die Refinanzierungskosten der Banken verringerte. So ließ sich auch mit konventionellen Krediten genügend Gewinn erzielen, ohne große Risiken einzugehen.

Der GSA sollte die Stabilität des Finanzsystems erhöhen und die Kreditvergabe in realwirtschaftliche Investitionen attraktiver machen. Geschäftsbanken konnten verliehene Einlagen selber schöpfen und zahlten auf diese selbst geschaffenen Verbindlichkeiten keine Zinsen. Der Kostenvorteil bei der Refinanzierung bevorteilte das herkömmliche Kreditgeschäft. Investmentbanken durften keine Geldschöpfung betreiben und mussten sich Geld gegen Zinsen von ihren Kunden leihen, wodurch ihre Gewinnmargen relativ zu denen des Kredit- und Einlagengeschäfts fielen. Zudem reduzierten **Finanztransaktionssteuern** die Nettoerträge einer Finanzanlage und führten zu einer weiteren Benachteiligung des Investmentbankings.

Zusätzlich zu den nationalen Regulierungen wirkten sich auch die internationalen Regeln während der Zeit des festen Wechselkurssystems von Bretton Woods positiv auf die Stabilität des Finanzsektors aus. Die aufgrund des Fixkurssystems notwendigen Beschränkungen des internationalen Kapitalverkehrs erschwerten den Kauf einer ausländischen Finanzanlage und **verhinderten so eine internationale Regulierungsarbitrage**. Daher gab es auch keinen Anreiz, durch geringere Regulierungsvorschriften ausländische Anleger anzuziehen. Zudem machten die Beschränkungen des Kapitalverkehrs einheimische Anlagen attraktiver, weshalb auch die Zinsen auf staatliche Schuldverschreibungen relativ gering sein konnten.

Vermutlich haben auch die recht jungen Erinnerungen an die große Depression dazu beigetragen, dass weniger riskante Verbindlichkeitsstrukturen eingegangen wurden. Das geldpolitische Umfeld war zudem relativ stabil. Aufgrund der Kriegsfinanzierung über die Emission von langfristigen staatlichen Schuldverschreibungen existierten viele sichere Anleihen, die im Privatsektor für die Beleihung oder den Verkauf zur Verfügung standen. Die Geldpolitik bestand im Wesentlichen aus dem An- und Verkauf dieser Anleihen. Mithilfe des Diskontsatzes etablierte die FED zudem bis Mitte der 1960er-Jahre eine Zinsobergrenze, mit der sie den Übernachtzins lenkte (siehe Abschnitt 5.2.2). Bis 1951 steuerte sie mit ihren Offenmarktoperationen sogar den langfristigen Zins auf US-Staatsanleihen. Die Rendite auf staatliche Schuldverschreibungen stellt aufgrund der besonderen Sicherheit dieser Wertpapiere einen Referenzpunkt für private Schuldverschreibungen dar. Die verhältnismäßig stabilen Kurse der Staatsanleihen übertrugen sich daher auf die Kurse privater Wertpapiere. Spekulationen auf plötzliche Kursgewinne oder -verluste waren aufgrund relativ stabiler Wertpapierkurse daher kaum rentabel. Banken mussten aufgrund der stabilen Zinsstruktur auch nicht fürchten, dass die Zinsen ihrer Termineinlagen plötzlich ansteigen und die Gewinnmargen langfristiger Kredite verringern oder beim Verkauf langfristiger Forderungen Kursverluste realisiert werden. Sie konnten langfristige Kredite zu relativ geringen und fixen Zinsen vergeben, weil ihre Refinanzierungskosten niedrig und stabil waren. Das kam insbesondere den Kunden zugute, die einen Immobilienkredit mit einer Laufzeit von mehreren Jahrzehnten aufnehmen mussten.

Viele der im Anschluss zu beobachtenden Entwicklungen im US-Finanzsystem entstanden als Reaktion auf die Regulierungsbestrebungen des GSA und dienten der Umgehung der Vorschriften. Forderungen zwischen Banken, die aus dem Zahlungsverkehr entstanden, wurden vor dem GSA vielfach über Einlagekonten bei inländischen Korrespondenzbanken verrechnet. Da Einlagen aufgrund von Regulation Q aber nicht mehr verzinst wurden, war diese Vorgehensweise nicht mehr attraktiv. Für den Zahlungsausgleich zwischen den Banken wurden daher immer häufiger liquide Wertpapiere verkauft, wie die zur Kriegsfinanzierung emittierten Staatsanleihen. Mitte der 1950er-Jahre gab die FED jedoch die Steuerung langfristiger Zinsen auf und die Staatsanleihekurse sanken. Zu Beginn der 1960er wurde zudem die Nutzung des Diskontfensters stärker eingeschränkt (vgl. Abschnitt 5.2.2). Die Banken suchten nun neue Möglichkeiten des Zahlungsausgleichs, weil Wertpapierverkäufe zu Verlusten führen konnten und Notfallkredite der Zentralbank nicht durchgängig zur Verfügung standen (bzw. nur zu sehr hohen impliziten Kosten). Daher wurden zum Zahlungsausgleich immer stärker unbesicherte Interbankenkredite (»Fed Funds«) sowie Wertpapierpensionsgeschäfte genutzt.

Zeitgleich entwickelte sich der **Eurodollarmarkt**, auf dem **Termineinlagen gehandelt werden, die in US-Dollar notiert sind, aber von Kreditinstituten außerhalb der USA geführt werden** (siehe Abschnitt 4.4). Kreditinstitute, die Eurodollareinlagen führen, unterliegen nicht den Vorschriften der USA, sondern fallen unter die Zuständigkeit des jeweiligen Landes, in dem die Niederlassung gemeldet ist. Insbesondere gelten für sie nicht die Mindestreservevorschriften oder Zinssatzdeckelungen der Vereinigten Staaten. Daher konnten sie ihren Kunden auch Zinsen auf Termineinlagen bieten, die eine kürzere Laufzeit als 30 Tage aufwiesen. Das Geschäftsmodell des Eurodollarmarktes entspricht letztlich dem der Repo-Händler aus Abschnitt 3.2, die durch Verzicht auf eine Bonitätsprüfung sehr kurzfristig mit geringen Verwaltungskosten und hohem Fremdkapitalanteil ihren Einlagekunden relativ hohe und ihren Kreditkunden relativ niedrige Zinsen anbieten. Da diese Schattenbanken keinen Zugriff auf Kredite der FED haben, können sie jedoch in schwerwiegende Liquiditätsprobleme geraten, wenn sie einen Dollarkredit zurückzahlen müssen, aber keine Dollar-Kreditgeber finden. Da es sich häufig um Auslandsniederlassungen von US-Banken handelt, kann ggf. der Zugriff auf die FED-Bilanz über einen Kredit des Mutterunternehmens erfolgen (vgl. Abschnitt 4.1).

Den inländischen Banken bereitete der Eurodollarmarkt Probleme, da Großkunden, zu denen auch andere Banken und Investmentfonds gehörten, ihre Guthaben lieber im Eurodollarmarkt investierten, da dort Zinsen gezahlt wurden. US-Banken verloren hierdurch Kreditgeschäfte an ausländische Schattenbanken, die ihre Kredite mit den Guthaben der Großkunden finanzierten, und suchten nach Möglichkeiten, das Zinsverbot aus Regulation Q zu umgehen. Der Wettbewerb mit den Eurodollarbanken führte 1961 daher zur Einführung **handelbarer Einlagenzertifikate** (auf Englisch **»negotiable certificates of deposit«, kurz NCD**). Einlagenzertifikate sind Termineinlagen, die von Banken bereits seit 1870 als Anlagemöglichkeit angeboten werden. Handelbare Einlagenzertifikate sind *verbriefte* Termineinlagen, also am Wertpapiermarkt handelbare Sicherheiten. Banken emittierten diese Wertpapiere mit einer Laufzeit von mindestens 30 Tagen, sodass sie einen Zins auf diese Papiere zahlen durften.[127] Sie wurden am Geldmarkt vor allem an andere Banken verkauft, um so den Zahlungsverkehr abzuwickeln und Zahlungsverpflichtungen in Form von Reserven in die Zukunft zu schieben. Für die Käufer stellten die Zertifikate liquide Wertpapiere dar, die jederzeit wiederverkauft werden konnten, sofern sich die Liquiditätsbedürfnisse der Besitzer änderten. Ebenso wurden **Commercial Paper** immer beliebtere Geldmarktpapiere, die für den Zahlungsausgleich zwischen Banken verwendet wurden. So hatte man eine weitere Alternative gefunden, um sich gegen Verluste aus Verkäufen längerfristiger Wertpapiere abzusichern, wenn man Liquidität benötigte. Für die Banken war ein weiterer Vorteil dieser Entwicklung, dass sie immer weniger Einlagen als Verbindlichkeiten in der Bilanz führten, für die eine Mindestreserve gehalten werden musste, die zu dieser Zeit noch nicht verzinst wurde.[128]

127 Heute haben handelbare Einlagenzertifikate zum Teil eine Laufzeit von nur wenigen Tagen.

128 Siehe Moore (1988, Kap. 2) für einen Überblick über das sogenannte »liability management«, das zu dieser Zeit im Bankensektor entstand.

Die Verbindlichkeitsstrukturen wurden jedoch wieder riskanter und brachen häufiger zusammen. Gleichzeitig wurden weitere Finanzprodukte und -institutionen entwickelt, um bei Zahlungsschwierigkeiten Verpflichtungen aufschieben zu können. Im Zuge des Wettbewerbs zwischen Geschäfts- und Investmentbanken entstanden Mitte der 1970er immer mehr Geldmarktfonds, die das Geld ihrer Kunden in Wertpapiere anlegten und finanzielle wie nicht-finanzielle Unternehmen kurzfristig mit Liquidität versorgten. Da Fonds keine Einlagen führen, sondern sich über Anteile finanzieren, gelten für sie die Regulierungsvorschriften des Bankensektors nicht.

Die Zinssatzdeckelung, die für Geschäftsbanken als Vorteil gedacht war, weil sie die Profitabilität ihres Geschäfts durch höhere Zinsmargen steigerte, wurde so zum Nachteil. Kunden legten ihr Geld lieber in Fonds an, statt es auf dem Bankkonto zu belassen. Die Fonds erhielten hierdurch Bankguthaben, das sie durch den Ankauf von Anleihen an Unternehmen weiterverleihen konnten, die hierdurch keine Bankkredite mehr benötigten. Dieser Prozess wurde beschleunigt, als Paul Volcker als Präsident der FED die Zinsen zur Bekämpfung der steigenden Inflationsraten stark anhob. Bei niedrigen Zinsen war der Unterschied zwischen unverzinsten Einlagen und den Renditen am Kapitalmarkt gering. Mit steigendem Zinsniveau boten Geldmarktfonds ihren Kunden jedoch eine deutlich höhere effektive Rendite für eine verhältnismäßig sichere Anlagemöglichkeit.

Infolgedessen boten Geschäftsbanken höhere Zinsen für Termineinlagen mit einer Laufzeit von über 29 Tagen, um nicht noch mehr Anleger an die Investmentbanken oder den Eurodollarmarkt zu verlieren. Um Profite zu erzielen, mussten sie aufgrund der gestiegenen Finanzierungskosten jedoch höhere Zinsen von ihren Kreditnehmern verlangen. Große Unternehmen finanzierten sich infolge dessen noch stärker über die Ausgabe von Schuldverschreibungen oder nahmen kurzfristig Geld bei den Investmentbanken auf, die von dem neuen Zinsumfeld profitierten und bessere Konditionen als die Banken bieten konnten. **Die Regulierung, die eigentlich spekulative Finanzierungsmodelle im Finanzsektor einschränken sollte, begünstigte paradoxerweise ein immer stärker kapitalmarktbasiertes Kreditsystem, das die Regulierungsvorschriften umging.** So entstand das heutige zweiteilige System aus Geschäftsbanken, die über die Einlagensicherung und die Zentralbank (als Kreditgeber der letzten Instanz) abgesichert sind, und Investmentbanken, die auf Kredite des Bankensektors angewiesen sind, wenn ihnen die Liquidität ausgeht. Die Zunahme forderungsbesicherter Wertpapiere aus Abschnitt 3.1 war eine konsequente Fortführung dieser Entwicklung. Zum einen sollten hierdurch illiquide Kreditforderungen in liquide Wertpapiere verwandelt werden. Zum anderen suchten Geschäftsbanken neue Geschäftsfelder und verdienten bei Kreditvergabe und -verkauf an den Abschlussgebühren sowie den Verwaltungskosten und boten Notfallkreditlinien gegen Bezahlung an.

Mit der Liberalisierung des internationalen Kapitalverkehrs nach dem Zusammenbruch des Bretton-Woods-Systems begann zwischen den Volkswirtschaften zudem der Wettbewerb um eine möglichst geringe Regulierung (und möglichst geringe Steuern), um so ausländische Anleger anzuziehen. Der internationale Handel von Schuldverschreibungen erhöhte die globalen

Verflechtungen und führte langfristig dazu, dass sich inländische Krisen auch auf andere Länder auswirkten.

8.2.2 Krisenmanagement zwischen 1960 und 1990

Mit der Entwicklung neuer Finanzprodukte stieg auch der Verschuldungsgrad sowie der Anteil spekulativer Finanzierungsmodelle wieder an. Die Folgen dieser Entwicklung waren erstmals in drei regionalen Finanzkrisen zu erkennen (vgl. Minsky (1982d)):

- Der sogenannte »**Credit Crunch**« von 1966 war ein Run auf handelbare Einlagenzertifikate. Nachdem die FED die Zinsen erhöhte, um einen Anstieg der Inflationsrate zu bekämpfen, sank der Preis für handelbare Einlagenzertifikate, da diese gering verzinst waren. Viele Banken gerieten in Finanzierungsprobleme, weil sie langfristige Forderungen mit kurzfristigen Einlagenzertifikaten finanziert hatten, auf die sie nun höhere Zinsen bieten mussten. Als Banken daraufhin im großen Umfang Staats- und Kommunalanleihen verkauften (oder keine neuen mehr nachfragten) und hierdurch die Zinsen auf diese Anleihen stiegen, erhöhte die FED die Kreditvergabe über ihr Diskontfenster an Banken, die weiterhin staatliche Anleihen hielten und ihre Kreditvergabe an Unternehmen einschränkten. So konnten sich Banken wieder günstiger mit Liquidität versorgen und die Anleihepreise stabilisiert werden.
- Der **Run auf den Markt für Commercial Paper** in 1969/70 entstand nach der Insolvenz der Eisenbahngesellschaft Pennsylvania Railroad, die zu einer allgemeinen Unsicherheit bzgl. der Preise von Commercial Paper führte. Die FED befürchtete, dass Unternehmen, die sich bisher über die Ausgabe kurzfristiger Schuldtitel finanzierten, plötzlich keine finanziellen Mittel mehr am Markt für Commercial Paper bekommen könnten. Um einen Zahlungsausfall zu verhindern, mussten diese Unternehmen dann Bankkredite aufnehmen. Um den Bankensektor mit genügend Reserven auszustatten, öffnete die FED das Diskontfenster, indem sie die impliziten »frown costs« reduzierte. Banken konnten sich daher leichter mit den nötigen Mindestreserven versorgen, um den Unternehmen zinsgünstige kurzfristige Kredite zu vergeben und den Liquiditätsengpass zu beheben.
- Der **Kollaps der Franklin National Bank of New York** (Wert 1973: 5 Mrd. Dollar) in 1974/75 war Folge einer spekulativen Finanzierung. Als die Zinsen aufgrund der steigenden Inflationsraten im Zuge der Ölpreiskrise anstiegen und die Einnahmen geringer ausfielen als erwartet, wurde die Bank insolvent, weil der Gegenwartswert der Zahlungsverpflichtungen den Gegenwartswert der erwarteten Einzahlungen überstieg. Auch hier trat die FED als Kreditgeber der letzten Instanz auf, um eine Ausweitung der Krise zu verhindern.

Abbildung 8.5 illustriert die Entwicklung in den USA während der drei Krisen. Hierzu werden Geld- und Fiskalpolitik, private Investitionen sowie die Entwicklung von Forderungen und Verbindlichkeiten für verschiedene Sektoren gezeigt. Die hellen Balken oberhalb der Nulllinie stellen den Aufbau von Forderungen dar, während die dunklen Balken unterhalb der Nulllinie den Aufbau von Verbindlichkeiten zeigen (jeweils in % des BIP). Der Finanzierungssaldo stellt die Differenz aus beidem dar und ist als durchgezogene Linie dargestellt. Die Graphen lassen gewisse Regelmäßigkeiten erkennen, die mit den theoretischen Überlegungen des Zwei-Preis-Modells vereinbar sind:

- Allen drei Krisen ging ein **Anstieg der Effective Fed Funds Rate (EFFR)** voraus. Die Zinserhöhung am Interbankenmarkt erschwerte die Refinanzierung von kurzfristigen Kreditverträgen und führte zu einem Rückgang der Vermögenswertpreise sowie Panikverkäufen auf den oben genannten Wertpapiermärkten. Vermutlich erhöhte sich hierdurch auch der Anteil der spekulativen bzw. der Ponzi-Finanzierungspläne. Wie in Abschnitt 5.2.2 bereits diskutiert, stellte der Diskontsatz der FED zwischen Mitte der 1960er- und Mitte der 1980er-Jahre regelmäßig keine Obergrenze für den Interbankenzins dar, weil die Nutzung des Diskontfensters stark eingeschränkt wurde. Dennoch steuerte die FED den Zinssatz implizit, indem sie ihren Diskontsatz erhöhte und einen noch stärkeren Anstieg der EFFR bewusst zuließ. Die Zinserhöhung sowie die restringierte Nutzbarkeit der Kreditfazilität begünstigten die Krisenausbrüche. In allen drei Krisen öffnete die FED im Nachhinein aber ihr Diskontfenster, um die Krisen abzuwenden.
- Der Privatsektor begann nach Ausbruch der Krisen seine Einnahmenüberschüsse zu vergrößern (zu »Sparen«). Dieser Nettogeldvermögensaufbau des Privatsektors war nur möglich, weil die Regierung ihre Nettoausgaben ausweitete. **Die höheren staatlichen Defizite kompensierten einen Teil der geringeren Ausgaben des Privatsektors und sind das Spiegelbild des privaten Finanzierungssaldos:**
  - **Die Unternehmen versuchten ihre Ausgabenüberschüsse zu reduzieren**, um ihre Nettoverschuldung abzubauen. Sie verringerten ihre Investitionsausgaben und wollten ihre Einnahmen zur Kredittilgung nutzen. Die geringeren Ausgaben führten auf der gesamtwirtschaftlichen Ebene jedoch dazu, dass die Erträge unter den Erwartungen lagen. So reduzierte sich sowohl der Aufbau von Forderungen wie auch von Verbindlichkeiten und eine deutliche Verbesserung der Nettogeldvermögensposition konnte erst nach einiger Zeit erzielt werden.
  - **Die Haushalte erhöhten ihren Einnahmenüberschuss**, indem sie ihre Ausgaben reduzierten, Kredite zurückzahlten und mehr finanzielle Vermögenswerte anhäuften. Dies war aufgrund der höheren staatlichen Ausgabenüberschüsse möglich.
- **Die FED verlängerte ihre Bilanz in den Jahren, die nach den Krisen folgten.** Der stärkere Aufbau von Forderungen und Verbindlichkeiten war die Folge der verstärkten Liquiditätsbereitstellung: Durch Kreditvergabe (Anstieg der Forderungen) wurden zusätzliche Reserven geschaffen (Anstieg der Verbindlichkeiten).

Es gab zwei wesentliche Gründe dafür, dass sich die Turbulenzen der 1960er- und 70er-Jahre nicht zu einer Depression entwickelt haben. Zum einen griff die Zentralbank konsequent und schnell ein, um mit zusätzlichen Krediten und ggf. Wertpapierankäufen den Teufelskreis aus fallenden Kursen und weiteren Notverkäufen frühzeitig zu stoppen. Zum anderen betrug der Anteil der staatlichen Ausgaben 1962 etwas mehr als 11 % des Bruttonationaleinkommens und damit fast das Zehnfache von 1929. Der größere Anteil des Staatssektors in Kombination mit diskretionären Ausgabenerhöhungen stabilisierte das Einkommen und verhinderte eine Depression.

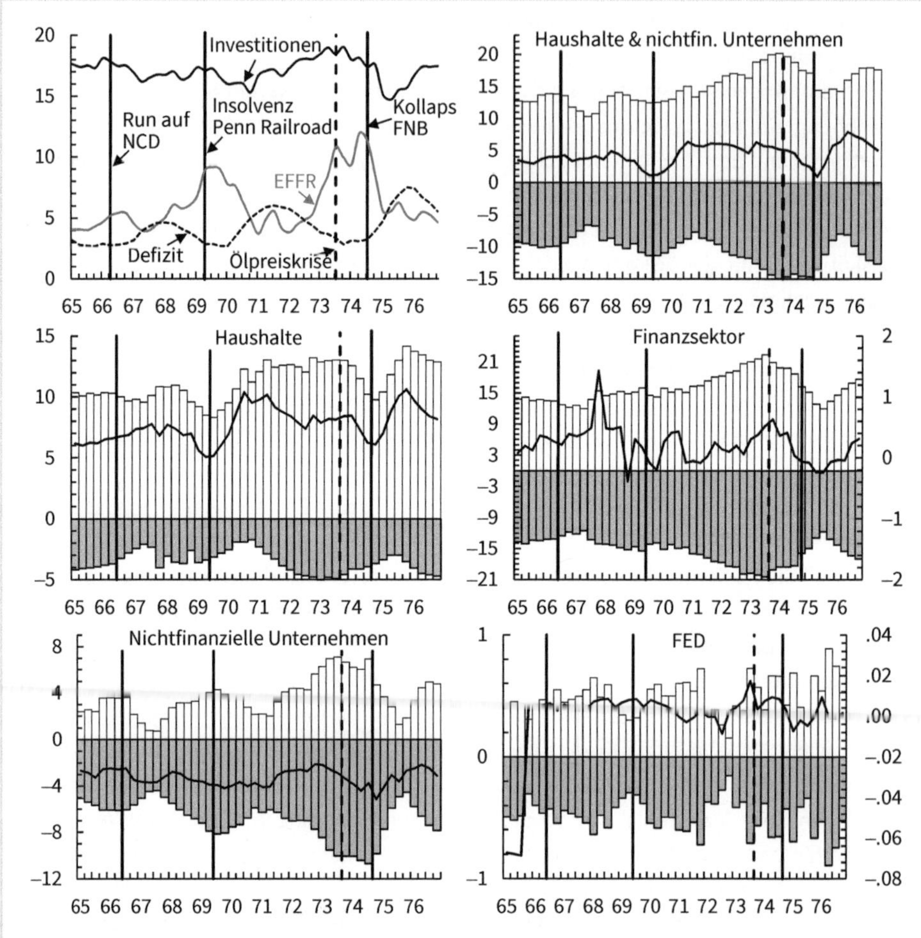

Abb. 8.5: Finanzkrisen in den USA, 1965–1976.
Anmerkungen: Zur Abbildung oben links: *EFFR:* Effective Fed Funds Rate, Quartalsdaten in Prozent, *Defizit:* General government; net lending (+) or borrowing (–) (financial account), Quartalsdaten in Prozent des GDP, Durchschnitt der vergangenen 4 Quartale (mit – 1 multipliziert), *Investitionen:* Gross Private Domestic Investments, Quartalsdaten in Prozent des GDP. Zu allen anderen Abbildungen: In Weiß wird der Aufbau von Forderungen (financial assets), in Grau der Aufbau von Verbindlichkeiten (financial liabilities) dargestellt; die schwarze Linie repräsentiert den Finanzierungssaldo (jeweils Quartalsdaten in Prozent des GDP und Durchschnitt der vergangenen 4 Quartale); bei Finanzsektor und FED ist der Saldo auf der rechten Seite abgetragen; *Haushalte:* Households and nonprofit organizations, *nicht-finanzielle Unternehmen:* Nonfinancial business, *Haushalte und nicht-fin. Unternehmen:* Summe der vorangegangenen Zeitreihen, *Finanzsektor:* Domestic financial sectors, *FED:* Monetary authority.
Quelle: Financial Accounts of the United States, FRED; eigene Berechnungen und eigene Darstellung.

Abbildung 8.6 zeigt die Entwicklung der Investitionen, der Geld- und Fiskalpolitik sowie die Entwicklung von Forderungen und Verbindlichkeiten für drei weitere Finanzkrisen in den Jahren zwischen 1977–1992: der Crash der Continental Illinois National Bank im Jahr 1984 mit einem Bilanzvermögen von rund 40 Mrd. Dollar, der weltweite Börsencrash 1987 (»schwarzer Montag«) sowie die Bausparkassenkrise (»Savings & Loans«-Krise) von 1990. Es zeigt sich das gleiche Muster, das auch für die Finanzkrisen der Jahre 1977–1992 zu sehen ist: Zunächst hebt die FED die Zinsen an, dann entstehen Turbulenzen an den Finanzmärkten, die die Zentralbank dazu veranlasst, ihre Kreditvergabe auszuweiten. Im Anschluss an die Krise fallen die Investitionsausgaben und das staatliche Defizit steigt an.

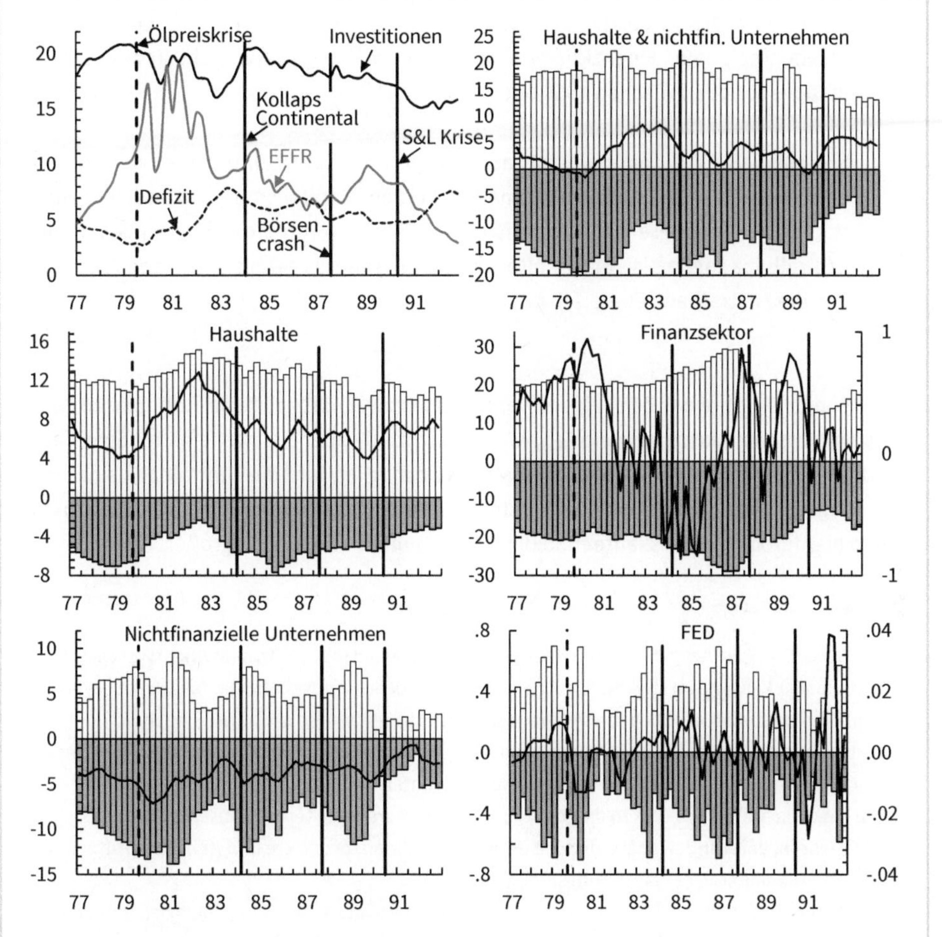

Abb. 8.6: Finanzkrisen in den USA, 1977–1992.
Anmerkungen: Zur Abbildung oben links: *EFFR:* Effective Fed Funds Rate, Quartalsdaten in Prozent; *Defizit:* General government; net lending (+) or borrowing (-) (financial account), Quartalsdaten in Prozent des GDP, Durchschnitt der vergangenen 4 Quartale (mit -1 multipliziert), *Investitionen:* Gross Private Domestic Investments, Quartalsdaten in Prozent des GDP. Zu allen anderen Abbildungen: In Weiß wird der Aufbau von Forderungen (financial assets), in Grau der Aufbau von Verbindlichkeiten ('financial liabilities') dargestellt; die schwarze Linie repräsentiert den Finanzierungssaldo (jeweils Quartalsdaten in Prozent des GDP und Durchschnitt der vergangenen 4 Quartale); bei Finanzsektor und FED ist der Saldo auf der rechten Seite abgetragen, *Haushalte:* Households and nonprofit organizations, *nicht-finanzielle Unternehmen:* Nonfinancial business, *Haushalte und nicht-fin. Unternehmen:* Summe der vorangegangenen Zeitreihen, *Finanzsektor:* Domestic financial sectors, *FED:* Monetary authority.
Quelle: Financial Accounts of the United States, FRED; eigene Berechnungen und eigene Darstellung.

Die neue Finanzarchitektur führte nach Minsky dazu, dass mit jedem Eingriff der Politik im Anschluss einer Krise die Inflationsrate anstieg, weil die Unternehmen höhere Erträge zur Rückzahlung ihrer Verbindlichkeiten benötigten. Lange und tiefe Rezessionen wurden vermieden, indem die privaten Schulden »weginflationiert« wurden. Die üblichen Instrumente zur Inflationsstabilisierung hätten hingegen eine Schuldendeflation auslösen oder gar zu einer Depression führen können. Die maximale Inflationsrate sowie die minimale Arbeitslosenquote stiegen daher mit jeder regionalen Finanzkrise weiter an und sind aus Minskys Sicht verantwortlich für die Stagflationsperiode zwischen 1966 und 1979:

> Sowohl die Große Depression als auch die große Inflation und die zeitweilige Stagnation von 1966–1979 sind Symptome für die dem Kapitalismus zugrunde liegende Instabilität. Eine große Depression ist das Ergebnis, wenn die Regierung klein und die Zentralbank zaghaft ist. Eine große Stagflation ist das Ergebnis, wenn der Staat groß ist und die Zentralbank energisch interveniert.
>
> (Minsky, 1982a, S. 87)

Die rettenden Eingriffe der Zentralbank verhinderten zwar, dass sich die Turbulenzen zu einer größeren Wirtschaftskrise ausweiteten, waren gleichzeitig aber ein zweifelhaftes Signal an den Finanzsektor: Sofern die Krise nur schwerwiegend genug ist, wird die Zentralbank einschreiten und genügend Liquidität zur Verfügung stellen. Die akzeptierten Verbindlichkeitsstrukturen wurden hierdurch immer riskanter und die Krisen immer häufiger und größer.

Kernpunkte Kapitel 8.2

- Der **Glass-Steagall-Act (GSA)** etablierte eine **Einlagensicherung**, ein **Trennbankensystem** sowie eine **Zinsdeckelung**, um spekulative Finanzierungsmodelle einzuschränken. Dies sollte die Finanzmarktstabilität erhöhen und realwirtschaftliche Investitionen attraktiver machen.
- Zudem trug das **Weltwährungssystem** sowie das stabile **geldpolitische Umfeld** der Nachkriegsjahrzehnte zu den relativ stabilen Nachkriegsjahrzehnten bei.
- Um die Vorschriften des GSA zu umgehen und sich vor Kursverlusten bei Zinserhöhungen der FED abzusichern, **entstanden später jedoch immer mehr Finanzprodukte und Kreditinstitute** und der Anteil spekulativer Finanzierungsmodelle stieg an.
- Das Krisenmanagement ab den 1960er-Jahren verhinderte die Ausbreitung finanzieller Krisen durch **Ausweitung der Zentralbankkredite sowie höhere staatliche Ausgaben.**
- Zugleich führte die Rettungspolitik dazu, dass **immer riskantere Verbindlichkeitsstrukturen** eingegangen wurden und **Krisen häufiger und intensiver** auftraten.

8.3 Der Weg zur globalen Finanzkrise

Die Folgen der globalen Finanzkrise (kurz: GFK) waren dramatischer als die der Finanzkrisen aus dem vorangegangenen Abschnitt und führten weltweit zu einem deutlichen Rückgang der Wirtschaftsleistung und einem Anstieg der Arbeitslosigkeit. Das reale BIP der USA sank zwischen dem 4. Quartal 2008 und dem 4. Quartal 2009 um ungefähr 4%, während die Arbeitslosigkeit von 6,5 auf 10% anstieg. Der Ursprung der GFK war ein ökonomisches Umfeld, in dem sich eine Immobilienblase entwickeln konnte, deren Zusammenbruch auch die Märkte für forderungsbesicherte Wertpapiere in den Abgrund riss.

8.3.1 Deregulierung und Ausweitung des Schattenbankensektors

Im vorangegangenen Kapitel wurden bereits einige Entwicklungen im Finanzsystem der USA dargestellt, die der Umgehung der Regulierungsvorschriften des GSA dienten. Paradoxerweise führte die Gesetzgebung hierdurch zur Ausweitung eines eher unregulierten kapitalmarktbasierten Finanzsystems. Der Eurodollarmarkt entzog sich der Regulierungshoheit der USA und boomte aufgrund der wesentlich geringeren Vorschriften vor allem in Zürich und London. Im Hochzinsumfeld der 1970er konnten Geldmarktfonds ihren Kunden zudem wesentlich bessere Anlagemöglichkeiten bieten als Geschäftsbanken, die aufgrund der Zinsdeckelung im Rahmen von Regulation Q eingeschränkt waren. Das herkömmliche Kredit- und Einlagengeschäft der Geschäftsbanken wurde durch die Regulierungsvorschriften benachteiligt, die es ursprünglich begünstigen sollten. Um diese Wettbewerbsverzerrung aufzuheben, konnte die Regierung die verschärften Regulierungsvorschriften entweder auf die neuen Finanzprodukte und -institute ausweiten oder sie auch für die Geschäftsbanken abschaffen. Eine Regulierung des Eurodollarmarkts war jedoch nicht möglich, da sich die zu regulierenden Finanzinstitute außerhalb des Hoheitsgebiets der USA befanden. Zudem hatte der Finanzsektor eine starke Lobby und finanzierte große Teile des Wahlkampfs US-amerikanischer Politiker. So entschied sich die Politik, die Regulierungen der Geschäftsbanken schrittweise aufzuweichen oder gar vollständig zurückzunehmen.

Während der GSA sowie das geldpolitische Umfeld der Nachkriegszeit zunächst das »Originate-to-Hold«-Modell begünstigte, führten die im vorangegangenen Abschnitt bereits skizzierten weiteren Entwicklungen zur Benachteiligung der Geschäftsbanken. Die Deregulierungen der darauffolgenden Jahrzehnte beschleunigten die Ausweitung des kapitalmarktbasierten »Originate-to-Distribute«-Ansatzes auf Basis verbriefter Forderungen. Dies passierte zum Teil durch offizielle Gesetzesänderungen, zum Teil aber auch durch Neuinterpretationen des »Office of the Comptroller«, einer Art Bundesrechnungshof, der gemeinsam mit der FED für die Auslegung des GSA zuständig war. So wurden z. B. viele neu entwickelte Finanzprodukte zu den in Sektion 16 aufgeführten bankfähigen Sicherheiten gezählt, die auch von Banken erworben werden durften. Die bedeutendsten Ereignisse, Neuinterpretationen und Gesetzesänderungen, die zu einer weiteren Ausweitung des kapitalmarkt-basierten Investmentbanking führten, sind im Folgenden zusammengefasst:[129]

- Die **Abschaffung von Handelsgebühren an der New Yorker Börse 1975** beschleunigte die Gründung von Geldmarktfonds, da Finanzdienstleister, die zuvor an den Gebühren verdienten, sich neue Geschäftsfelder suchten.

129 Siehe auch Schiman (2016).

- Mit dem **Depository Institutions Deregulation and Monetary Control Act** wurde im Jahr 1980 beschlossen, **die Zinssatzdeckelung bis 1986 vollständig abzuschaffen.**
- Ab 1981 wurden **internationale Bankfazilitäten (kurz IBF)** zugelassen, die als inländische Konkurrenz zum Eurodollarmarkt gedacht waren. Diese Zweigstellen von US-Banken machen ausschließlich Geschäfte mit US-Ausländern und sind von Regulierungen, Mindestreservevorschriften und Besteuerung befreit. Sie gehören aber auch nicht dem System der Einlagensicherung an, sind wie die Finanzinstitute am Eurodollarmarkt also keine Geschäfts- sondern Schattenbanken.
- Mit dem **Garn-St. Germain Depository Institutions Act** von 1982 wurde es Bausparkassen erlaubt, Kredite mit variablen Zinsen anzubieten. Dies wurde nötig, weil die Zinssatzdeckelung aufgehoben wurde und die Zentralbank die Zinsstruktur nicht mehr stabil hielt. Die günstige Finanzierung war damit beendet und feste Zinssätze für Kredite mit einer Laufzeit von mehreren Jahrzehnten hatten ein hohes Zinsänderungsrisiko. Außerdem wurde es den Bausparkassen erlaubt, Kredite zu vergeben, die nicht der Immobilienfinanzierung dienten. Sie finanzierten von nun an auch Investitionen des Unternehmenssektors.
- Zwischen 1983 und 1994 wurde auf Druck des Bankensektors zudem die Liste der **bankfähigen Sicherheiten um eine Vielzahl von Derivaten ergänzt.**
- In 1986 wurde der Glass-Steagall-Act modernisiert und Geschäftsbanken **Wertpapiergeschäfte (Eigenhandel) mit nicht-bankfähigen Wertpapieren** im Sinne von Sektion 16 im Umfang von 5% ihrer Gesamterträge ermöglicht. In einer Gesetzesänderung von 1996 wurde dieser Umfang auf 25% erhöht und die Spartentrennung somit de facto aufgehoben.
- Der **Interstate Banking Efficiency Act** von 1994 hob Beschränkungen auf, die eine zu starke regionale Expansion von Banken verhindern sollten.
- In 1999 wurde der Glass-Steagall-Act schließlich vom **Financial Modernization Act** ersetzt, der das Trennbankensystem auch formalrechtlich vollständig aufhob.
- Mit dem in 2000 verabschiedeten **Commodity Futures Modernization Act** wurden Derivate von Regulierungen ausgenommen.
- In 2004 **lockerte die Bankenaufsicht ihre Regulierungsvorschriften für Investmentbanken.** Diese konnten Kreditrisiken an einen Versicherer gegen Gebühr abtreten und mussten daher weniger Eigenkapital vorhalten. Wie in Kapitel 3 gezeigt, konnten mithilfe von Sicherheitstechniken und Mehrfachverbriefungen Forderungen ohne jeglichen Selbstbehalt als Wertpapiere weiterverkauft werden. Die für die Verbriefung gegründeten Zweckgesellschaften waren zu 100% fremdfinanziert. Investmentbanken waren nahezu unregulierte Finanzinstitute.

Nach dem Zusammenbruch des Bretton-Woods-Systems in 1973 wurden zudem auch die Kapitalverkehrskontrollen aufgehoben, die der Stabilisierung der Wechselkurse dienten. Die Finanzmarktliberalisierungen in den USA hatten daher auch im Ausland weitreichende Folgen. Durch die IBF verloren die mit Eurodollar handelnden Banken am Finanzplatz London ihren Wettbewerbsvorteil. Dies führte zu Liberalisierungen in Großbritannien, die mit dem sogenannten »Big Bang« unter der Premierministerin Margaret Thatcher auf den Weg gebracht wurden und 1986 in Kraft traten. Es entstand ein internationaler Deregulierungswettlauf, bei dem jedes Land versuchte, einen möglichst großen Anteil des immer größer werdenden globalen Finanzsektors im Inland anzusiedeln.

Der Financial Modernization Act hatte zudem eine zunehmende Konzentration im Finanzsektor zur Folge. So entstanden wenige, sehr große Finanzkonglomerate, die bis heute den globalen Finanzsektor dominieren und gleichzeitig Versicherungen, Wertpapierhandel sowie Kredit- und Einlagengeschäfte anbieten. Mit dem Commodity Futures Modernization Act stiegen zudem die Geschäfte mit Derivaten stark an. So entstanden die Finanzholdinggesellschaften, in denen nach einer Kreditvergabe der Geschäftsbankensparte die Forderung sofort an eine eigens gegründete Zweckgesellschaft verkauft wurde, die den Ankauf über ein forderungsbesichertes Wertpapier finanzierte. Die Versicherungssparte sicherte das Geschäft über Derivate ab und die Banken verdienten an den Gebühren für Abschluss des Geschäfts, Kundenbetreuung und Kreditlinien (vgl. Abschnitt 3.3). Diese Entwicklung trug maßgeblich zur Dynamik der globalen Finanzkrise bei.

8.3.2 Die »große Moderation« und der Anstieg der privaten Verschuldung

Trotz der Deregulierung und der regelmäßig auftretenden Krisen verliefen die Jahrzehnte nach der Ölpreiskrise relativ ruhig. In einer viel zitierten Rede von 2004 bezeichnete der spätere Notenbankchef Ben Bernanke den globalen Rückgang der Inflationsraten sowie die Stabilisierung des Produktionswachstums der vorangegangenen Jahrzehnte als die Zeit der **»großen Moderation«**.

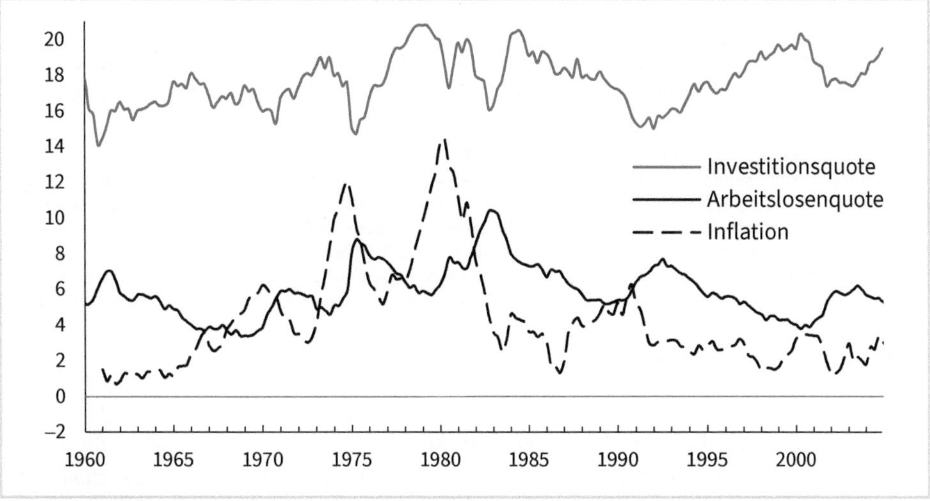

Abb. 8.7: Die große Moderation.
Anmerkungen: *Investitionsquote:* Anteil der Investitionen am Bruttoinlandsprodukt, *Inflationsrate:* prozentuale Veränderung der Konsumentenpreise im Vergleich zum Vorjahr, *Arbeitslosenquote:* prozentualer Anteil der Arbeitslosen an der Anzahl arbeitsfähiger Personen; jeweils saisonbereinigte Quartalsdaten.
Quelle: FRED; eigene Berechnungen und eigene Darstellung.

Abbildung 8.7 zeigt die Entwicklung von Investitionen, Inflation und Arbeitslosigkeit in den USA von 1960 bis 2004. Das Trendwachstum der Preise sowie die Arbeitslosenquote fielen nach der Überwindung der Ölpreisschocks kontinuierlich. Der Anteil der privaten Investitionen war relativ hoch und stieg in den 1990ern weiter an. Die Regierung konnte Anfang der 2000er aufgrund der hohen Wachstumsraten sogar einen Einnahmeüberschuss im Haushalt verzeichnen. Die wirtschaftliche Entwicklung war so stabil, dass selbst das Platzen der Dotcom-Blase die positive Dynamik nur geringfügig bremste. In 2004 befand sich die Arbeitslosenquote bereits wieder im Fall, die Investitionen stiegen an und die Inflationsrate lag zwischen 2 und 3,5%.

Der von Minskys Krisentheorie inspirierte Ökonom Steven Keen warnte ab Mitte der 1990er in seinem Blog »Debtdeflation« dennoch davor, den problematischen Anstieg der privaten Verschuldung zu ignorieren (siehe hierzu Keen (2013)). Vermeintlich abgesichert durch höhere Wertpapierkurse und Immobilienpreise, gaben private Haushalte um die Jahrtausendwende sogar für einige Quartale mehr aus, als sie einnahmen (die Kehrseite zum staatlichen Haushaltsüberschuss). Ebenso erhöhte der Unternehmenssektor seine Ausgabeüberschüsse. Der Rückgang des Finanzierungssaldos im Privatsektor war vor allem auf eine Erhöhung seiner Verbindlichkeiten zurückzuführen, wie Abbildung 8.8 zeigt:

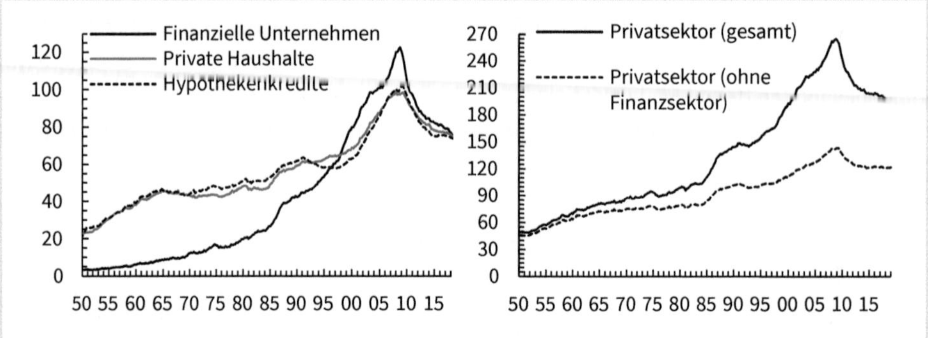

Abb. 8.8: Anteil privater Verschuldung am BIP (in %), USA, 1947–2018.
Anmerkungen: *Finanzielle Unternehmen:* Verbindlichkeiten des inländischen Finanzsektors: Schuldverschreibungen und Kredite, *Private Haushalte:* Verbindlichkeiten inländischer Haushalte und von Non-Profit Organisationen: Schuldverschreibungen und Kredite, *Offene Hypothekenkredite:* Offene Hypothekenkredite (gesamt), *Privatsektor (gesamt):* Alle Unternehmen und private Haushalte (inkl. Non-Profit Organisationen): Schuldverschreibungen und Kredite, *Privatsektor (ohne Finanzsektor):* Nichtfinanzielle Unternehmen und private Haushalte (inkl. Non-Profit Organisationen): Schuldverschreibungens und Kredite; jeweils als prozentualer Anteil des BIP; jeweils saisonbereinigte Quartalsdaten.
Quelle: FRED; eigene Berechnungen und eigene Darstellung.

- Insbesondere die Unternehmen des Finanzsektors erhöhten ihre Verschuldung. Dieser Prozess startete Mitte der 1980er, als sich die Deregulierung des Finanzsektors beschleunigte. In 1985 betrugen die Verbindlichkeiten des Finanzsektors in etwa 25% des BIP, Ende 2008 waren es mehr als 120%.
- Die Verschuldung des restlichen Privatsektors (ohne finanzielle Unternehmen) nahm ebenfalls ab den 1980ern zu, beschleunigte sich zu Beginn der 2000er aber noch einmal. Zwi-

schen 1985 und 2000 stieg der Anteil der Verbindlichkeiten am BIP von ca. 80% auf etwas mehr als 100%. In den folgenden acht Jahren erhöhte er sich auf mehr als 140%. In dieser Zeit wurden Hypothekenkredite vermehrt an Kreditnehmer mit geringer Bonität vergeben.

Ab 2008 war der Finanzsektor offenbar nicht mehr bereit, diese Verschuldung weiter zu finanzieren. Das abrupte Ende dieser Entwicklung führte dazu, dass ein Großteil der finanziellen Unternehmen ihren Zahlungsverpflichtungen nicht nachkommen konnte, aber auch der restliche Privatsektor überschuldet war und seine Ausgaben reduzieren musste.

Als eine tiefere Ursache für den Anstieg der privaten Verschuldung gilt die Zunahme der Einkommensungleichheit in Verbindung mit der Deregulierung des Finanzsektors. Abbildung 8.9 illustriert die Entwicklung der Einkommensungleichheit in den USA. Die geringeren Zinsen der Nachkriegsjahrzehnte trugen gemeinsam mit einem progressiven Einkommenssteuersystem zunächst dazu bei, die Ungleichheit zu verringern. Der Einkommensanteil der oberen 10% sank von den 1930er-Jahren bis in die 1980er von knapp 20% auf weniger als 10%. Nach den Ölpreiskrisen kehrte sich diese Entwicklung aber wieder um. Während der Einkommensanteil der unteren 50% der Bevölkerung von 1980 bis 2008 um ca. 5 Prozentpunkte sank (von 25 auf 20%), stieg der Anteil der oberen 10% um ca. 10 Prozentpunkte (von 10 auf knapp unter 20%; jeweils nach Steuern). Das Realeinkommen der unteren 90% der Einkommensbezieher stieg in diesem Zeitraum (28 Jahre) lediglich um etwa 37%, während es sich für die oberen 10% mehr als verdoppelte.[130]

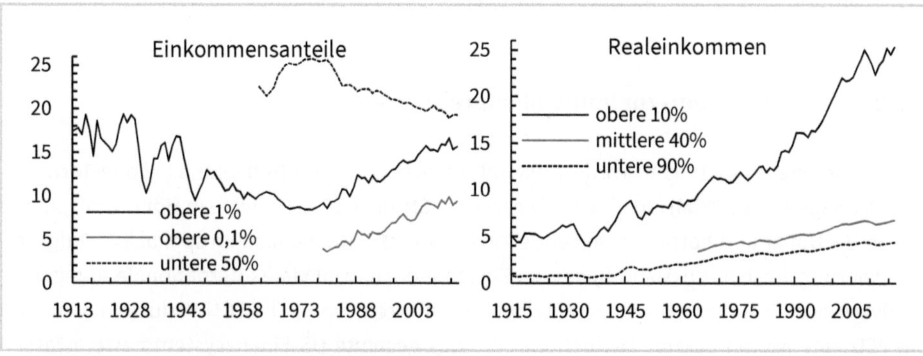

Abb. 8.9: Einkommensungleichheit in den USA, 1913–2016.
Anmerkungen: *untere 50%:* prozentualer Einkommensanteil (nach Steuern) am BIP der unteren 50%, *obere 1%:* prozentualer Einkommensanteil (nach Steuern) am BIP der oberen 1%, *obere 0,1%:* prozentualer Einkommensanteil (vor Steuern) am BIP der oberen 0,1%, *untere 90%:* durchschnittliches reales Einkommen (in 2014 $) der unteren 90%, *mittlere 40%:* durchschnittliches reales Einkommen (in 2014 $) der mittleren 40%, *obere 10%:* durchschnittliches reales Einkommen (in 2014 $) der oberen 10%.
Quelle: Piketty, Saez & Zucman, (2017); eigene Darstellung.

130 Für die oberen 1% stieg das Realeinkommen in diesem Zeitraum auf das 2,8-fache, bei den oberen 0,1% bzw. 0,01% sogar auf das 3,8- bzw. das 4,6-fache.

Die im öffentlichen Diskurs häufig als »neoliberal« bezeichnete Politik der Deregulierung, Privatisierung und Flexibilisierung führte in vielen Bevölkerungsschichten der Mittel- und Unterschicht zu stagnierenden oder sogar fallenden Einkommen bei gleichzeitigem Abbau kostenloser öffentlicher Leistungen. Um den eigenen Lebensstandard aufrecht zu erhalten, nahmen viele Arbeitnehmer Konsumentenkredite auf, die aufgrund der Deregulierungen im Finanzsektor und dem insgesamt niedrigen Zinsniveau zu sehr günstigen Konditionen auch an Haushalte mit geringen oder gar keinen Sicherheiten vergeben wurden. Banken, die solche Konsumentenkredite vergaben, konnten diese Forderungen an Zweckgesellschaften weiterverkaufen, die den Kauf wiederum durch Emission verbriefter Wertpapiere finanzierten, wodurch weder die Zweckgesellschaften noch die Banken das Kreditausfallrisiko tragen mussten. In diesem Zusammenhang spricht man auch von der »Finanzialisierung« privater Haushalte.

Immobilienbesitzerinnen konnten zudem die im Wert stark gestiegenen Häuser und Wohnungen als Sicherheit hinterlegen oder einen bereits vorhandenen Hypothekenkredit ggf. neu verhandeln und aufstocken. Viele Haushalte bekamen zudem einen Kredit, um den Kauf eines Eigenheims zu finanzieren, obwohl sie kein regelmäßiges Einkommen in ausreichender Höhe verdienten, um den Kredit langfristig zurückzuzahlen. Diese Ponzi-Finanzierung war nur möglich, weil die zuvor erfolgten Deregulierungen sowie die Einführung neuer »innovativer« Finanzprodukte in Kombination mit einer überschwänglichen Zuversicht des Finanzsektors den privaten Haushalten solche Kredite ermöglichten. Auch hier spielten die in Kapitel 3.1 dargestellten Verbriefungen von Kreditforderungen eine entscheidende Rolle, weil sie den Kreditgebern ermöglichten, das Kreditausfallrisiko auf die Wertpapierkäufer zu übertragen.

8.3.3 Von der Dotcom- zur Immobilienpreisblase

Die stabile Phase der 1990er wurde 1998 unterbrochen, als der Hedgefonds »**Long-Term Capital Management (LTCM)**« in eine Krise geriet. LTCM hielt 1998 Derivate in Höhe von 1,25 Billionen US-Dollar und hatte auf steigende Zinsen von US-Staatsanleihen spekuliert. Aufgrund der Währungskrise in Russland fielen die Zinsen jedoch, weil viele internationale Anleger ihr Geldvermögen in sichere US-Staatsanleihen investierten, wodurch LTCM Verluste machte. Da die FED eine Kettenreaktion befürchtete, die das gesamte US-Finanzsystem hätte erfassen können, überzeugte sie Wall-Street-Banken in einer stundenlangen Krisensitzung, LTCM neues Kapital in Höhe von 3,75 Mrd. US-Dollar zu geben, und senkte im Gegenzug ihren Zielzins. Eine Krise des gesamten Finanzsystems konnte so abgewendet werden. LTCM wurde dennoch im Jahr 2000 aufgelöst.

Die Krise von LTCM war aber nur ein Vorbote für das **Platzen der Dotcom-Blase in 2000/01**. Die Spekulationsblase betraf vor allem Kleinanlegerinnen, die ihr Geldvermögen in Aktien von Unternehmen der »New Economy« gehalten haben. Hiermit bezeichnete man junge Unternehmen, die in Branchen tätig waren, die mit Internet-, Computer-, Multimedia- oder Biotechnologie verbunden waren. Die Ankäufe der Anleger trieben die Kurse dieser Aktien zunächst nach oben. Als jedoch klar wurde, dass viele der jungen Unternehmen kein Geschäftsmodell aufwiesen, mit dem sich Gewinn machen ließ, zogen Investoren ihre Gelder wieder ab. Panikverkäufe führten zu einem Crash am Aktienmarkt und veranlassten die FED zu einer deutlichen Zinssenkung, um die wirtschaftliche Entwicklung zu stabilisieren.

Um die Jahrtausendwende begannen zudem die Immobilienpreise deutlich zu steigen. Für die Blase am US-Immobilienmarkt werden häufig wirtschaftspolitische Eingriffe in das Marktgeschehen verantwortlich gemacht. Insbesondere seien der staatlich geförderte Wohnungsbau durch Absicherung von Hypothekenkrediten sowie die niedrigen Zinsen der Zentralbank für den Anstieg der Preise ursächlich. Die staatlich geförderten Hypothekenbanken (die Banken »Fannie Mae«, »Freddie Mac« sowie die »Federal Home Loan« (FHL)-Banken) sind uns bereits in Abschnitt 3.3 begegnet. Sie sollen Haushalten mit geringem Einkommen einen Hypothekenkredit mit niedrigen Zinsen vermitteln, indem der Staat für die Kredite bürgt und ggf. einspringt, sofern ein Zahlungsverzug oder -ausfall eintritt. Zudem existieren für diese Hypothekenbanken staatliche Kreditlinien, falls temporäre Liquiditätsengpässe eintreten sollten. Ihre Wertpapiere wurden von Anlegern daher als besonders sicher angesehen, weil Investoren damit rechneten, dass Banken, denen eine öffentliche Aufgabe übertragen wurde, im Notfall Unterstützung von der Regierung erfahren würden.

Aufgrund der (impliziten und expliziten) staatlichen Absicherung erhielten die verbrieften Hypothekenkredite dieser Institute i.d.R. eine erstklassige Bonitätsbewertung und werden von einigen Ökonomen sogar als erste Instrumente des »Originate-to-Distribute«-Modells des Schattenbankensektors angesehen (vgl. Pozsar, Adrian, Ashcraft & Boesky (2010)). Allerdings hatten die staatlich geförderten Kreditinstitute nach Ausbruch der GFK im Durchschnitt einen geringeren Anteil Not leidender Kredite im Vergleich zu anderen Kreditinstituten. Der Anteil der staatlichen Förderung an der Entwicklung der Immobilienblase war daher vermutlich gering.

Um das Ausmaß des Immobilienpreisanstiegs zu verdeutlichen, zeigt Abbildung 8.10 den von Karl E. Case und Robert J. Shiller entwickelten Case/Shiller-Index, der monatlich von Standard & Poor's berechnet wird und die reale Preisentwicklung am US-Immobilienmarkt darstellt. Zudem ist die Entwicklung des Übernachtzinssatzes (in Form der »Effective Fed Funds Rate«), des langfristigen Realzinses (für 10-jährige Staatsanleihen) sowie der Kerninflationsrate (ohne Nahrungsmittel und Energie) dargestellt (jeweils für den Zeitraum von 1955 bis 2022). Auf den ersten Blick scheint die Zinssenkung im Anschluss an das Platzen der Dotcom-Blase für den rasanten Anstieg der Immobilienpreise verantwortlich zu sein. Der Trend immer niedrigerer Zinsen seit den 1980ern wird von einem Trend steigender Immobilienpreise begleitet.

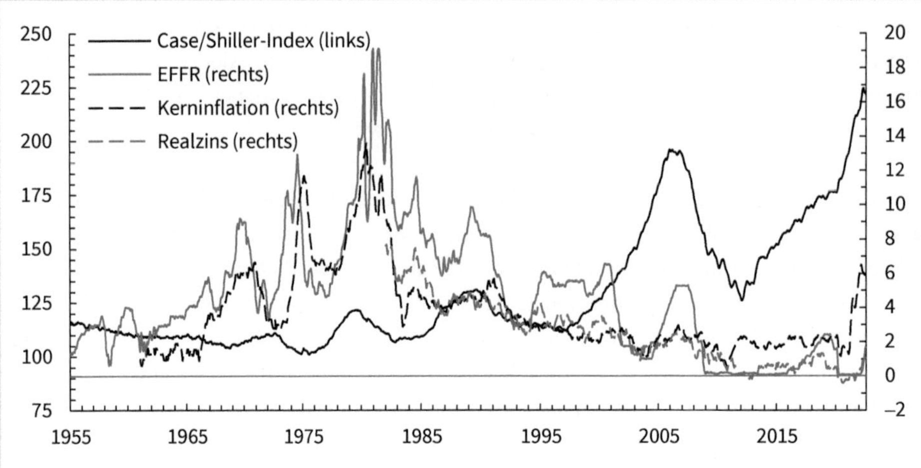

Abb. 8.10: Immobilienpreise, Zinsen & Inflation, USA, 1955–2022.
Anmerkungen: *Case/Shiller-Index:* Case/Shiller-Immobilienpreisindex, *EFFR:* Effective FED Funds Rate, *Realzins:* 10-jähriger Realzins (US-Staatsanleihen), *Kerninflation:* Konsumentenpreisinflation ohne Nahrungsmittel und Energie (prozentuale Veränderung zum Vorjahr); jeweils Monatsdaten.
Quelle: Robert Shiller (http://www.econ.yale.edu/%7Eshiller/data.htm) und FRED; eigene Berechnungen und eigene Darstellung.

Der Korrelationskoeffizient zwischen dem Case/Shiller-Index und dem Zinsniveau beträgt beim Übernachtzinssatz jedoch nur -0,46 und beim langfristigen Realzins 0,67. Zudem stiegen die realen Immobilienpreise bereits Ende der 1990er (ab 1997), also bevor die FED ihre Zinsen senkte. Zu dieser Zeit waren die Zinsen höher als in den 1960ern, in denen der Hauspreisindex stabil verlief (und niedriger war). Der Anstieg der Zinsen 1999/2000 wurde außerdem von weiter steigenden Immobilienpreisen begleitet (und die fallenden Zinsen in 2007/2008 von einem Rückgang der Immobilienpreise). Offensichtlich spielen andere Faktoren eine wichtigere Rolle für die Entwicklung der Immobilienpreise. Zudem wurden auch andere Spekulationsblasen nicht durch niedrige Zinsen ausgelöst. Vor den Aktienpreisblasen 1929 und 1987 (inkl. Immobilienboom und Sparkassenkrise) waren die Realzinsen tendenziell hoch. Und auch vor der New-Economy-Blase Ende der 1990er lag der Realzins für einige Jahre bei über 5 %. Daher ist es ebenfalls unwahrscheinlich, dass allein das niedrige Zinsniveau für die Immobilienmarktblase verantwortlich war.[131]

131 Unbestritten ist, dass niedrige Zinsen die Aufnahme von Hypothekenkrediten grundsätzlich attraktiver machen und so eine kreditfinanzierte Immobilienpreisblase begünstigen können. Da zukünftige Einnahmen (z. B. aus Vermietung) mit einem geringeren Zins abdiskontiert werden, sofern die Zinserwartungen langfristig niedriger sind, steigt der Gegenwartswert der erwarteten Erträge, sodass ein gewisser Anstieg der Immobilienpreise bei fallenden Zinsen sogar rational ist.

Sofern man es als Aufgabe der FED sieht, über die Zinsen die Nachfrage zu steuern, um so die Inflationsrate stabil zu halten, wie in Kapitel 6 dargestellt, blieb der FED zudem nichts anderes übrig, als das Zinsniveau Mitte der 2000er-Jahre niedrig zu halten. Während der großen Moderation war die Inflationsrate sehr gering, sodass es keinen Grund gab, die Zinsen anzuheben. Der bis zum 31.01.2006 Vorsitzende der US-Notenbank Alan Greenspan erkannte zwar die überdurchschnittliche Dynamik auf dem Immobilienmarkt, hätte mit einer Zinserhöhung aber auch alle anderen Wirtschaftssektoren getroffen und vermutlich eine deflationäre Entwicklung herbeigeführt. Aus heutiger Sicht muss man der FED jedoch vorwerfen, dass sie sich nicht hartnäckig genug für eine stärkere Aufsicht von Geschäfts- und Schattenbanken nach Platzen der Dotcom-Blase eingesetzt hat. Dies hätte die Entwicklung der Immobilien- und Kreditblase mindestens abgebremst, war politisch aber nicht gewünscht.

Der erste Anstieg der Immobilienpreise Ende der 1990er scheint bei genauer Betrachtung eher dem typischen Konjunkturmuster seit den 1970er-Jahren zu folgen. Nachdem Mitte der 1990er ein Tiefpunkt erreicht war, zogen die Preise allmählich wieder an. Nach dem Platzen der Dotcom-Blase zu Beginn der 2000er-Jahre suchten dann aber viele Investoren nach neuen Anlagemöglichkeiten und flüchteten in Immobilen oder hypothekenbasierte Wertpapiere. Schließlich schien sich der Immobilienmarkt robust zu entwickeln und die innovativen Verbriefungstechniken des Schattenbankensystems vermittelten einen sicheren Eindruck. Die Geldvermögensumschichtungen der Anleger führten zu einem beschleunigten Preisanstieg am Immobilienmarkt und die New-Economy-Blase wanderte auf den Immobilienmarkt. Die Vermögenspreisblase entwickelte eine sich selbst verstärkende Dynamik, weil Banken Hypothekenkredite als relativ risikoarm einstuften, solange die Immobilienpreise anstiegen, und daher bereit waren, zusätzliche Kredite zu vergeben, die den Immobilienmarkt weiter anheizten. Zudem stellten die Kredite aufgrund der immer beliebter werdenden Verbriefung von Verbindlichkeiten weitestgehend kein Risiko mehr in der eigenen Bankbilanz dar.

Die Rating-Agenturen, die MBS bewerteten, wurden von den Finanzinstituten, die die MBS emittierten, beauftragt und bezahlt. Es gab also ein klares »**Moral Hazard**«-Problem, da die Agenturen auch in Zukunft mit der Bewertung forderungsbesicherter Wertpapiere beauftragt werden wollten. Um ihre Auftraggeber nicht zu enttäuschen, wurde das Verlustrisiko der Wertpapiere entsprechend wohlwollend eingeschätzt. Anleger konnten die hoch bewerteten MBS auch als Sicherheit hinterlegen, um an zusätzliche liquide Mittel zu kommen, mit denen sie weitere Immobilien oder forderungsbesicherte Wertpapiere kaufen konnten. Immobilienpreise und Wertpapierkurse stiegen hierdurch weiter an, weil die Nachfrage auf beiden Märkten gesichert war.

Da die Zunahme der Hypothekenverbriefungen dazu führte, dass Banken ihr Kreditrisiko an Wertpapieranleger verkaufen konnten, senkten sie zudem ihre Kreditstandards. Sie vergaben nun vermehrt Kredite im sogenannten **Subprime-Segment** an zweitklassige Kreditnehmer mit verhältnismäßig geringer Bonität. Diese Kredite wurden nach Ausbruch der GFK unter dem Begriff der **Ninja-Kredite** bekannt: **N**o **i**ncome, **n**o **j**obs and **a**ssets. Verpackt in hypothekenbesicherten Wertpapieren, die aufgrund der in Kapitel 3.1 beschriebenen Sicherungstechniken als risikoarm galten, ließen sich auch die Subprime-Kredite mit geringen Kupons am Wertpapiermarkt platzieren. Mit der »**American Dream Downpayment**«**-Initiative**, die Teil des »**HOME Investment Partnership**«-Programms war, unterstützte die US-Regierung ab Dezember 2003 zudem die Rückzahlung von Hypothekenkrediten. Die Initiative wurde explizit zur Stärkung des Immobilienmarktes erlassen. Die Immobilienpreise wurden durch die Zunahme der Kredite im Subprime-Segment weiter nach oben getrieben. Die positive Entwicklung beflügelte die Erwartungen und führte dazu, dass alle Marktteilnehmer weiterhin von einem stabilen Immobilienmarkt mit stetig steigenden Preisen ausgingen.

8.3.4 Von der Immobilienpreisblase zur globalen Finanzkrise

Von Juli 2004 bis Juli 2006 erhöhte die FED ihren Zielzins in mehreren Schritten um 425 Basispunkte (von 1 auf 5,25%), um einen Anstieg der Inflationsrate zu bekämpfen. Wie in Abschnitt 8.1.5 beschrieben, steigt hierdurch der Anteil der spekulativen wie auch der Ponzi-Finanzierungsmodelle und Zahlungsausfälle nehmen zu. Insbesondere im Subprime-Segment hatten viele Immobilienkäufer Kredite mit variablen Zinsen abgeschlossen, was dazu führte, dass sich mit steigendem Zinssatz auch ihre Ratenzahlungen erhöhten. Immer mehr von ihnen waren daher nicht mehr in der Lage, ihre Kredite zu bedienen. Aufgrund der vermehrten Zahlungsausfälle reduzierten die Banken ihre Kreditvergabe und verschärften ihre Vergabestandards. Einige Investoren vermuteten daraufhin ein Ende der Preisrally am Immobilienmarkt und verkauften ihre Immobilien nun zügig, wodurch die Preise tatsächlich zu fallen begannen. Die kreditfinanzierte Immobilienpreisblase platzte Ende 2006.

Immer mehr Haushalte mit spekulativen und Ponzi-Finanzierungsmodellen, die auf eine günstige Anschlussfinanzierung hofften, mussten infolgedessen Insolvenz anmelden, weil sie ihre Kredite nicht bedienen konnten und selbst bei einer Zwangsversteigerung ihre Immobilien nicht mehr genügend Einnahmen erbrachten, um die aufgenommene Kreditsumme zu tilgen. Mehr als 25 Subprime-Kreditinstitute mussten aufgrund von Kreditausfällen im Februar und März 2007 Konkurs anmelden.[132] Der Ausfall der Subprime-Kredite verstärkte den Rückgang der Immobilienpreise, da nun immer mehr Investoren aus Angst vor weiter sinkenden Preisen ihre Immobilien verkauften. Die Preise fielen immer schneller.

132 Für eine Übersicht der Ereignisse siehe z. B. diesen Link des Council on Foreign Relations: https://www.cfr.org/timeline/us-financial-crisis.

Zahlungsausfälle und -verzögerungen führten auch zu Liquiditätsproblemen im Schattenbankensektor, weil die erwarteten Einnahmen aus Zinszahlungen und Kredittilgungen ausblieben. Die Kurse von MBS brachen allmählich ein, weil die Rating-Agenturen begannen, ihre Bewertungen an die veränderten Gegebenheiten anzupassen. Immer mehr Unternehmen und Haushalte gerieten unter den verschärften Kreditbedingungen in einen Liquiditätsmangel und mussten aus der Not heraus Immobilien und Wertpapiere verkaufen. Die Notverkäufe beschleunigten den Fall der Immobilienpreise und führten zu einem Kursrückgang an den Wertpapiermärkten. Anleger begannen panisch ihre Anleihen zu veräußern, um sich vor möglichen Kursverlusten zu schützen. So entstand ein Run auf die Verbindlichkeiten des Schattenbankensektors, wie man ihn in früheren Finanzkrisen nur von den Einlagen der Geschäftsbanken kannte.

Die fallenden Kurse führten zudem zu Neubewertungen der in Kreditgeschäften hinterlegten Sicherheiten. Kreditgeber erhöhten die Haircuts, um sich vor dem Risiko weiter fallender Kurse abzusichern. Tabelle 8.1 zeigt den Anstieg typischer Haircuts für verschiedene Wertpapiere zwischen April 2007 und August 2008. In 2007 benötigte man für einen Kredit über 100.000 US-Dollar, den man mit MBS mit AAA-Rating besicherte, Sicherheiten im Wert von ca. 103.093 US-Dollar. Im August 2008 waren es bei den gleichen Sicherheiten ca. 117.647 US-Dollar. Bei ABS (im engeren Sinne) mit AAA-Rating sogar mindestens 200.000 US-Dollar. CDOs wurden im August 2008 nicht mehr akzeptiert, wodurch diese Wertpapiere als Sicherheiten faktisch wertlos waren. Selbst bei US-Staatsanleihen, den Wertpapieren, die als die sichersten der Welt gelten, stieg die Summe für einen Kredit von 100.000 US-Dollar von 100.250 auf 103.093 US-Dollar.

Ein Überrollen von Krediten wurde immer schwieriger, weil den Kreditnehmern bei sinkenden Kursen und steigenden Haircuts Sicherheiten von ausreichender Bonität und Wert fehlten. Außerdem machten die Kreditgeber Gebrauch von der Nachschusspflicht und verlangten bereits während der Laufzeit zusätzliche Sicherheiten von ihren Kreditnehmern. Geschäftsbanken gerieten zunehmend in Solvenzprobleme, weil immer mehr Garantien ausgezahlt werden mussten, Versicherungsfälle eintraten oder aus temporären Kreditlinien dauerhafte Verluste entstanden. Zudem besaßen viele Banken forderungsbesicherte Wertpapiere und waren daher vom Kursverfall am Anleihemarkt auch direkt betroffen.

Sicherheit/Wertpapier	04/2007	08/2008
US-Staatsanleihen	0.25	3
Anleihen mit Investment-Grade-Rating (mind. BBB-)	0–3	8–12
Hochverzinste Anleihen	10–15	25–40
Aktien	15	20
CDS mit Investment-Grade-Rating (mind. BBB-)	1	5
Vorrangige fremdfinanzierte Darlehen (Senior)	10–12	15–20
Fremdfinanzierte Darlehen mittleren Rangs (Mezzanine)	18–25	35
CDOs mit AAA-Rating	2–4	95
CDOs mit AA-Rating	4–7	95
CDOs mit A-Rating	8–15	95
CDOs mit BBB-Rating	10–20	95
CDOs mit Non-Investment-Grade-Rating	50	100
CLOs mit AAA-Rating	4	10–20
MBS mit AAA-Rating	2–4	10–20
ABS (im engeren Sinne) mit AAA-Rating	3–5	50–60

Tab. 8.1: Typische Haircuts für Sicherheiten (in Prozent).
Anmerkungen: Die Haircuts für CDOs sind in 2008 theoretische Werte, da CDOs zu dieser Zeit als Sicherheit nicht mehr akzeptiert wurden.
Quelle: IMF (2008, S. 42); eigene Darstellung in Anlehnung an Bindseil (2014, S. 163).

Das Vertrauen in die Finanzmärkte sank rapide und führte zu dem in Abschnitt 8.1.4 beschriebenen typischen Teufelskreis aus Panikverkäufen und weiter fallenden Kursen. In 2008 mussten Fannie Mae und Freddie Mac mit umfangreichen Regierungskrediten und Aktienkäufen gerettet werden. Zudem drohte die Investmentbank Bear Stearns zusammenzubrechen. Damit die Bank JPMorgan Chase & Co. bereit war, Bear Sterns zu übernehmen, sicherte die FED einen Großteil der Verlustrisiken von Bear Sterns ab. Am 15.09.2008 brach zudem die Investmentbank Lehman Brothers zusammen. Da Lehman den Zahlungsverpflichtungen seiner Gläubiger nicht nachkommen konnte, führte die Insolvenz zur Zahlungsunfähigkeit weiterer Investmentbanken. Die Abschreibungen auf US-Hypotheken betrugen 1.400 Mrd. Dollar.

Auch Derivate verloren zunehmend an Wert und viele Versicherer machten deshalb Verluste. Da sie die Eintrittswahrscheinlichkeit einer fundamentalen Finanzkrise unterschätzten, wurden die Prämien einer Versicherung gegen fallende Vermögenswertpreise zu gering berechnet. Die Einnahmen reichten daher nicht mehr aus, um versprochene Leistungen zu erbringen. Der Versicherungskonzern American International Group (AIG) erlitt in 2008 einen Verlust von 99,3 Mrd. Dollar und wurde nur durch Kredite der FED vor einer Insolvenz bewahrt.

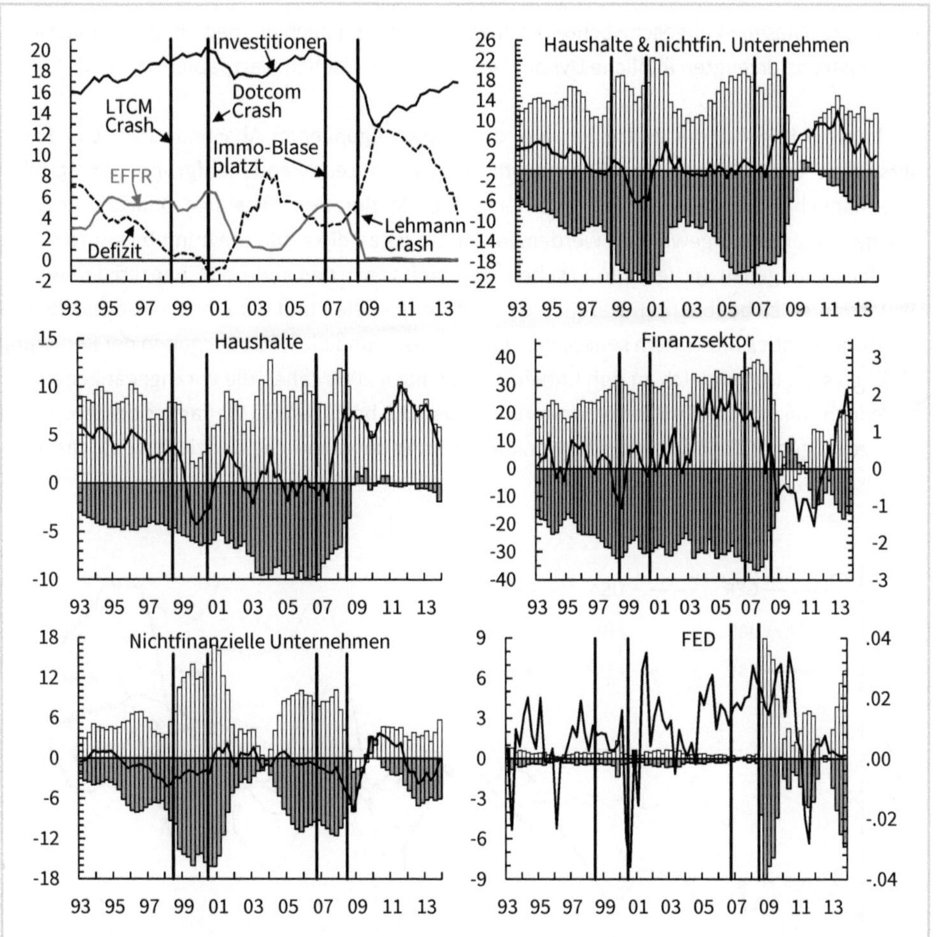

Abb. 8.11: Finanzkrisen in den USA, 1993–2013.
Anmerkungen: Zur Abbildung oben links: *EFFR:* Effective Fed Funds Rate, Quartalsdaten in Prozent, *Defizit:* General government; net lending (+) or borrowing (-) (financial account), Quartalsdaten in Prozent des GDP, Durchschnitt der vergangenen 4 Quartale (mit -1 multipliziert), *Investitionen:* Gross Private Domestic Investments, Quartalsdaten in Prozent des GDP. Zu allen anderen Abbildungen: In Weiß wird der Aufbau von Forderungen (financial assets); in Grau der Aufbau von Verbindlichkeiten (financial liabilities) dargestellt; die schwarze Linie repräsentiert den Finanzierungssaldo (jeweils Quartalsdaten in Prozent des GDP und Durchschnitt der vergangenen 4 Quartale); bei Finanzsektor und FED ist der Saldo auf der rechten Seite abgetragen; *Haushalte:* Households and nonprofit organizations, *nicht-finanzielle Unternehmen:* Nonfinancial business; *Haushalte und nicht-fin. Unternehmen:* Summe der vorangegangenen Zeitreihen, *Finanzsektor:* Domestic financial sectors, *FED:* Monetary authority.
Quelle: Financial Accounts of the United States, FRED; eigene Berechnungen und eigene Darstellung.

Einige Wertpapiermärkte brachen zeitweise vollständig zusammen. Anleihen konnten nicht verkauft werden, weil sie niemand mehr haben wollte, und wurden so zu »non-performing assets«. Illiquide Wertpapiermärkte verstärkten jedoch die Panik. Da auch Anleger und Finanzinstitute außerhalb der USA forderungsbesicherte Wertpapiere aus den Vereinigten Staaten hielten, übertrug sich der Absturz am US-Anleihemarkt auf weitere Länder. Zudem platzten vergleichbare Hauspreisblasen in abgeschwächter Form unter anderem auch in Spanien, Irland und Großbritannien und erzeugten ähnliche Dynamiken an den heimischen Wertpapiermärkten.

Abbildung 8.11 führt die Zeitreihen aus dem vorangegangenen Abschnitt fort. Das Haushaltsdefizit der US-Regierung konnte um die Jahrtausendwende aufgrund der stabilen wirtschaftlichen Entwicklung während der großen Moderation für einige Quartale in einen Haushaltsüberschuss gewandelt werden. Im Anschluss an die geplatzte Immobilienpreisblase sind dann aber genau die Verläufe zu sehen, die bereits nach den anderen Finanzkrisen seit den 1960er-Jahren zu beobachten waren: Die Investitionen fielen und der Finanzierungssaldo des Privatsektors stieg an. Zudem senkte die FED die Zinsen und die Nettoausgaben der Regierung erhöhten sich. Im Vergleich zu den Entwicklungen nach 2008 sehen die vorangegangenen Krisen jedoch winzig aus. Die Bilanzerweiterungen der FED betrugen ein Vielfaches dessen, was in vorangegangenen Krisen notwendig war. Zudem stieg das staatliche Defizit in einem rasanten Tempo auf weit über 10 %.

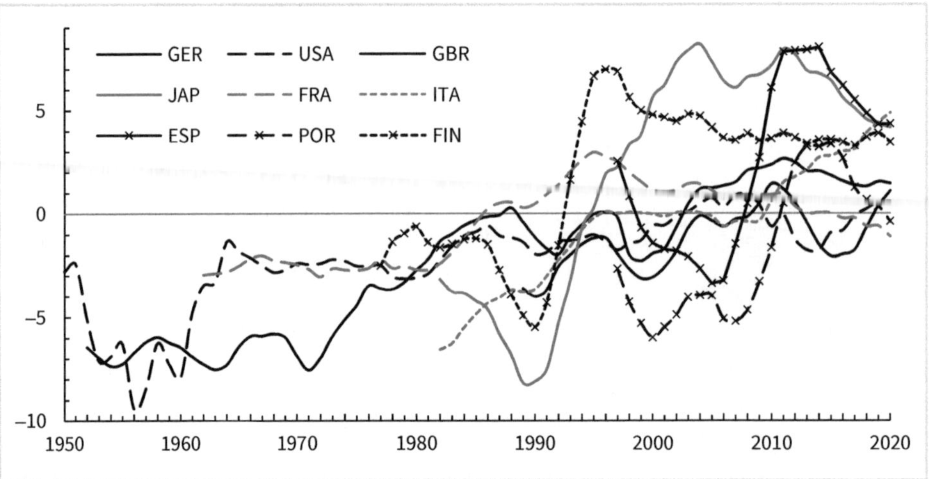

Abb. 8.12: Finanzierungssalden der Unternehmenssektoren international.
Quelle: Statistisches Bundesamt, AMECO, FRED; eigene Berechnungen und eigene Darstellung.

Abbildung 8.12 greift die Finanzierungssalden der Unternehmenssektoren verschiedener Länder wieder auf, die bereits in Abschnitt 1.2.4 gezeigt wurden. Das Zwei-Preis-Modell erklärt das Phänomen eines »sparenden« Unternehmenssektors als Folge vorangegangener Finanzkrisen. Die Tendenz zur Nettogeldvermögensbildung lässt sich in vielen Ländern nach kleineren und größeren Finanzkrisen beobachten: in den USA während der großen Depression der 1930er, nach der Bankenkrise in Skandinavien Ende der 1980er, in Deutschland und den USA nach dem Platzen der Dotcom-Blase um die Jahrtausendwende und nach der Lehmann-Pleite 2007 in nahezu allen Industrienationen. Die Unternehmen verringern im Anschluss an eine Krise ihre Ausgaben, um Verschuldung abzubauen. Die Regierung wird daher häufig zum Schuldner der letzten Instanz und erzielt – freiwillig oder gezwungenermaßen – entsprechende Haushaltsdefizite.[133] Die konsequente Krisenbekämpfung von Regierung und Zentralbank war zwar kurzfristig richtig, sendete an die Finanzmarktteilnehmer jedoch das Signal, dass man sie im Zweifelsfall immer retten würde. So wurden nach jedem finanziellen Zusammenbruch noch höhere Risiken eingegangen und die Auswirkungen von Krise zu Krise immer größer.

Bevor im kommenden Kapitel die Maßnahmen der unkonventionellen Geldpolitik nach 2007 diskutiert werden, fassen die folgenden Punkte noch einmal die Bedeutung des Schattenbankensystems für die Zunahme der gesamtwirtschaftlich eingegangenen Risiken zusammen:

- Die Diversifikation der Kreditrisiken durch Bündelung einer Vielzahl von Forderungen sehr unterschiedlicher Kreditnehmer in einem Wertpapier senkte zwar das *individuelle* Risiko der Anleihekäufer, jedoch nicht das gesamtwirtschaftliche: Die Folgen eines Kreditausfalls wurden durch Diversifikation und Sicherungstechniken lediglich stärker verteilt. Das **gesamtwirtschaftliche Risiko stieg sogar an**, weil das trügerische Gefühl eines geringeren Risikos dazu führte, dass immer riskantere Projekte finanziert wurden.
- Die **Kreditstandards wurden gesenkt**, weil verbriefte Kredite weiterverkauft wurden und Banken daher keinen Anreiz hatten, eine sorgfältige Prüfung der Kreditnehmerinnen vorzunehmen. Dies führte zum Anstieg der Kreditvergabe im Subprime-Segment. Wie bereits in Abschnitt 3.3 erklärt, steigt das gesamtwirtschaftliche Kreditausfallrisiko daher sogar aus zwei Gründen, weil zum einen **die Kreditvergabe stieg** und zum anderen die **Kreditnehmer im Durchschnitt ein höheres Ausfallrisiko** hatten. Da die Rating-Agenturen die forderungsbesicherten Wertpapiere sehr wohlwollend bewertet haben, um auch in Zukunft mit der Bewertung beauftragt zu werden, fiel es den Zweckgesellschaften zudem leicht, die verbrieften Kredite am Kapitalmarkt zu platzieren.
- **Versicherungen (wie CDS), Put-Optionen, Privatsektorgarantien und Kreditlinien wurden zu günstig angeboten**, weil die Korrelation von Vermögenspreisentwicklungen in systemischen Krisen unterschätzt wurde. Der Kursrückgang der MBS führte aber auch zu Panikverkäufen anderer ABS, um an Liquidität zu gelangen. Daher fielen die Kurse aller Sicherheiten gleichzeitig. Die Möglichkeit, sich zu günstigen Bedingungen abzusichern, führte ebenfalls dazu, dass noch höhere Risiken eingegangen wurden, weil man sich darauf verließ, dass Versicherungen bei Kreditausfällen einspringen würden.

Die implizite Absicherung des Schattenbankensektors über Kreditlinien von Geschäftsbanken brach zusammen, **weil auch die Geschäftsbanken entsprechende Wertpapiere in ihren Bilanzen hielten**. Die Zahlungsausfälle von Schattenbanken führten daher auch zu Abschreibungen von Forderungen in Bankenbilanzen und der Zusammenbruch der Märkte für forderungsbesicherte Wertpapiere zu Kursverlusten, sofern man Anleihen wiederverkaufen wollte oder im Notfall sogar musste. Nach der Auflösung des Trennbankensystems konnten zudem auch Geschäftsbanken wieder in risikoreichere Wertpapiere investieren, um eine höhere Rendite zu

133 Eine sehr ähnliche Erklärung, wenn auch weniger detailreich, bietet die Theorie der Bilanzrezession des taiwanesischen Finanzmarktanalysten Richard Koo (2013, 2011), die zur Erklärung der japanischen Wirtschaftsentwicklung nach Zusammenbruch des Bankensektors Ende der 1980er-Jahre entwickelt wurde.

erzielen. Vielen Banken und Sparkassen fehlte aber jegliche Erfahrung bzgl. der Auswahl und Zusammensetzung solcher Finanzprodukte, weshalb die Verluste der Geschäftsbanken nach der Krise verhältnismäßig hoch ausfielen.

Kernpunkte Kapitel 8.3

- Die Deregulierung der 1980er- und 1990er-Jahre führte zur **Ausweitung des kapitalmarktbasierten »Originate-to-Distribute«-Modells** des Schattenbankensektors.
- Im Laufe der Jahrzehnte nach den Ölpreisschocks **nahm die private Verschuldung immer weiter zu**, wodurch der plötzliche Zusammenbruch der Verbindlichkeitsstrukturen nach der Lehmann-Pleite besonders intensiv ausfiel.
- Die globale Finanzkrise war die konsequente Fortführung vorangegangener Finanzkrisen, die immer häufiger und intensiver auftraten. Die **forderungsbesicherten Wertpapiere des Schattenbankensektors haben zur Entwicklung der Immobilienblase und der Zunahme der gesamtwirtschaftlich eingegangenen Risiken beigetragen.**

9 Unkonventionelle Geldpolitik nach der GFK

Nach dem Zusammenbruch bedeutender Wertpapiermärkte im Jahr 2008 ergriffen Zentralbanken weltweit Maßnahmen, die fortan als »unkonventionelle« Geldpolitik bezeichnet wurden. Hierzu gehörten u. a. volle Zuteilungen bei Tenderverfahren (mit fixem Zinssatz), längerfristige Repo-Transaktionen, Senkung der Standards für den Ankauf von Sicherheiten und beträchtliche Ankäufe forderungsbesicherter Wertpapiere, um deren Kurse zu stabilisieren und den Privatsektor vom Risiko eines Zahlungsausfalls zu befreien. Es lässt sich darüber streiten, ob die Zuschreibung »unkonventionell« für diese Politik tatsächlich zutreffend ist, da die meisten der genannten Maßnahmen schon immer zum Repertoire einer Zentralbank gehörten, da Zentralbanken ursprünglich geschaffen wurden, um Liquiditätskrisen zu verhindern. Die Maßnahmen nach 2008 waren daher historisch gesehen eher konventionell, jedoch außergewöhnlich umfangreich. Die heute als konventionell bezeichnete Stabilisierung der Inflationsrate ist hingegen eine Aufgabe, die den Zentralbanken erst sehr viel später übertragen wurde. Da sich der Begriff der unkonventionellen Geldpolitik jedoch in Medien wie Wissenschaft durchgesetzt hat, werden auch wir ihn als Synonym für die Maßnahmen verwenden, die über die übliche Steuerung der kurzfristigen Zinsen hinaus gehen.

Im Folgenden werden die unkonventionellen geldpolitischen Maßnahmen zunächst theoretisch begründet. Bei der anschließenden Analyse werden wir uns vorerst auf den Währungsraum fokussieren, in dem die globale Finanzkrise ihren Ursprung nahm. Darauffolgend wird auch das Krisenmanagement der Euro-Zone nach 2008 diskutiert und mit den Maßnahmen in den USA verglichen. Da einige ursprünglich unkonventionelle Maßnahmen von der FED bis heute angewendet werden, also inzwischen Teil der konventionellen Geldpolitik geworden sind, wird abschließend das heutige geldpolitische Instrumentarium der FED beschrieben.

9.1 Unkonventionelle Maßnahmen der US-FED

Die Dynamik der GFK war intensiver und die Folgen schwerwiegender als alle US-Finanzkrisen zwischen 1960 und 2008. Allein durch die Öffnung des Diskontfensters konnte die FED die Probleme dieses Mal nicht lösen. Die übliche Steuerung des kurzfristigen Zinssatzes reicht zur Überwindung einer fundamentalen Liquiditätskrise nicht aus, weil die Übertragung der Zinssenkung auf die gesamtwirtschaftliche Entwicklung aus den folgenden Gründen nicht mehr funktioniert.

9.1.1 Die Störung der Transmissionskanäle

Die Reaktion einer Zentralbank auf eine konventionelle nachfragegetriebene Rezession (Produktion und Inflation fallen unter ihre Zielwerte) besteht darin, dass die Zentralbank ihren Zielzins (bzw. den Zinskorridor) senkt und ggf. den Umfang der Offenmarktoperationen erhöht, sofern dies für die Durchsetzung des Zielzinses erforderlich ist. In der Folge fällt zunächst der Übernachtzins am Interbankenmarkt, was wiederum die Refinanzierungskosten der Geschäftsbanken senkt. Da die Kosten der Banken fallen, reduzieren diese ihre Kreditzinsen. Die expansive Geldpolitik sollte sich über die Senkung der Zinsen am kurzen Ende auch auf die restliche Zinsstrukturkurve auswirken, da Anleger ihr Portfolio umschichten – kurzfristige Wertpapiere verkaufen und langfristige ankaufen – und so einen Rückgang der langfristigen Zinsen hervorrufen. Die Verschiebung der Zinsstruktur regt im Idealfall die private Investitionstätigkeit an, wodurch schließlich Produktion und Inflation ansteigen und sich ihren Zielwerten wieder nähern. Dies entspricht der orthodoxen Sichtweise auf die Stabilisierungspolitik einer Zentralbank, wie sie im Modell der Inflationssteuerung in Kapitel 6 dargestellt wurde.

Eine fundamentale Liquiditätskrise unterscheidet sich von einem herkömmlichen Abschwung vor allem darin, dass der Privatsektor **zusätzliche Zahlungsmittel haben möchte, diese aber nicht bekommen kann**. Dies liegt im Wesentlichen daran, dass es nicht mehr genügend beleihbare Sicherheiten gibt. Der Mangel von Sicherheiten ist **zusätzlich zu dem Einbruch der Wertpapierkurse** hauptsächlich auf die folgenden vier Gründe zurückzuführen, die wir zum Teil bereits in den vorangegangenen Abschnitten diskutiert haben:

- **Restriktivere Kriterien**: Kreditgeber akzeptieren weniger Sicherheiten. Wie wir im Zusammenhang mit Tabelle 8.1 bereits gesehen haben, wurden CDOs im August 2008 unabhängig von ihrem Rating nicht mehr als Sicherheit akzeptiert.
- **Konservativere Bewertungen**: Statt die Marktwerte der Sicherheiten bei einem Kredit zugrunde zu legen, erfolgt eine eigene Bewertung der Wertpapiere. Sollte innerhalb der Laufzeit eines Kredits erwartet werden, dass die Kurse der hinterlegten Sicherheiten weiter fallen, so wird bereits zum Zeitpunkt der Kreditvergabe ein geringerer Kurs angesetzt.
- **Höhere Haircuts**: Zusätzlich steigen die Haircuts, weil zum einen die Kreditgeber sich aktiv gegen einen Kursrückgang oder Teilausfall absichern wollen und zum anderen aufgrund der Neubewertungen der Rating-Agenturen. Ein Wertpapier, das im Jahr 2007 noch mit AAA bewertet und für das ein Haircut von lediglich wenigen Prozentpunkten veranschlagt wurde, konnte ein Jahr später ggf. nur noch ein A-Rating haben und obendrein noch einen Haircut aufweisen, der deutlich über dem üblichen Abschlag für A-Papiere in 2007 lag.
- **Quantitative Limits**: Um die Konzentration von Risiken zu vermeiden, begrenzen Kreditinstitute die Annahme von Sicherheiten des gleichen Typs. Hierdurch soll vermieden werden, dass der Zusammenbruch eines bestimmten Wertpapiermarktsegments sich auf einen großen Teil der entgegengenommenen Sicherheiten auswirkt.

Eine Knappheit der im Kreditgeschäft akzeptierten Wertpapiere hat in einem auf Sicherheiten basierenden Kreditsystem folgenschwere Auswirkungen. Die Transmission der geldpolitischen Maßnahme von der Senkung der Zinsen bis zum Anstieg privater Investitionen ist aus mehreren Gründen gestört:

- Der Mangel von Sicherheiten mit ausreichend guter Bewertung führt grundsätzlich dazu, dass es **schwerer wird, Kredite aufzunehmen oder zu refinanzieren**. Selbst wenn geringere Zentralbankzinsen tatsächlich die Kreditzinsen senken, profitieren viele potenzielle

Kreditnehmer hiervon nicht, da sie keine ausreichenden Sicherheiten besitzen, um einen Kredit aufzunehmen. Dies **betrifft auch Repos am Interbankenmarkt sowie die Offenmarktgeschäfte und die Inanspruchnahme von Übernachtkrediten der Zentralbank**. Eine geldpolitische Lockerung könnte daher einen Teil der Banken gar nicht erreichen, da diese aufgrund fehlender Sicherheiten von ausreichender Qualität keinen Zugriff mehr auf die Kreditfazilität der Zentralbank haben. Sofern sie Sicherheiten besitzen, die aufgrund einer zu schlechten Bewertung nicht akzeptiert werden, können sie evtl. am Interbankenmarkt eine Kreditgeberin finden, müssten dieser voraussichtlich aber höhere Zinsen bieten.

- Die **Überwachung (Monitoring) der Sicherheiten eines Kreditnehmers wird erschwert**, wenn die Wertpapierkurse stetig fallen. Die Kurse der Sicherheiten müssen dann in kürzeren Abständen geprüft werden, was die **Kosten der Kreditgeberin erhöht**. Margin Calls (Nachschusspflicht) und höhere Haircuts, um sich abzusichern, führen wiederum dazu, dass **Kreditnehmer zusätzliche Sicherheiten** hinterlegen müssen, und erhöhen so die Gesamtkosten für eine Kreditaufnahme.
- Die **höheren Kosten** der Kreditinstitute (für das Monitoring oder zusätzlich benötigte Sicherheiten für die Refinanzierung) werden in Form **steigender Zinsen** an die Kreditnehmer weitergegeben. Zudem erhöhen steigende Risiko- und Liquiditätsprämien das durchschnittliche Zinsniveau.
- Fallende Wertpapierkurse gehen mit **steigenden langfristigen Zinsen** einher und verschlechtern die Kreditkonditionen zusätzlich. Eine Senkung des Interbankenzinses wirkt sich unter diesen Umständen nicht wie gewünscht auf die gesamte Zinsstrukturkurve aus.
- Die fallenden Wertpapierkurse führen zudem dazu, dass das **Insolvenzrisiko der Kreditinstitute steigt**, sofern das Eigenkapital aufgrund von Kursverlusten bei Wertpapierverkäufen fällt. Es besteht die Gefahr, dass sich das anfängliche Liquiditätsproblem zu einem Solvenzproblem von Banken und Schattenbanken entwickelt, was zu einem Rückgang der Kreditvergabe an Unternehmen führen kann, um weitere Kreditausfallrisiken zu vermeiden oder regulatorische Eigenkapitalquoten zu erfüllen. Die Zahlungsausfälle einiger Kreditinstitute führen zu Verlusten bei anderen, die einen Teil ihrer Forderungen abschreiben müssen.

Abbildung 9.1 zeigt die Auswirkungen einer Finanzkrise in dem Geldangebotsmodell aus Abschnitt 2.3.4. Die Kreditkonditionen der Banken verschärfen sich, wodurch sowohl die Gewinn- wie auch die von der Kreditmenge abhängigen Risikoaufschläge der Banken steigen. Die L^s-Kurve verschiebt sich hierdurch auf $L^{s'}$ und verläuft steiler, wodurch der Kreditzins der Banken tendenziell steigt. Gleichzeitig fällt aber auch die Kreditnachfrage auf $L^{d'}$, weil weniger Investitionen durchgeführt werden und die Unternehmen versuchen, sich zu entschulden, was einer Steigerung des Kreditzinses entgegenwirkt. In der Abbildung überwiegt der erste Effekt und der kurzfristige Zins am Kreditmarkt steigt auf i_L'. Dies führt zusammen mit der Verringerung der Kreditnachfrage zu einem Rückgang von Krediten und Geldmenge auf L' bzw. M'. Aufgrund der geringeren Geldmenge sinkt auch die Nachfrage nach Reserven auf R'.[134]

134 Würde man zusätzlich berücksichtigen, dass der Interbankenmarkt zusammenbricht, müsste der Reservebedarf steigen, weil Banken mit Reservedefizit keine Kredite mehr am Interbankenmarkt bekommen würden und daher auf zusätzliche Reserven der Zentralbank angewiesen wären.

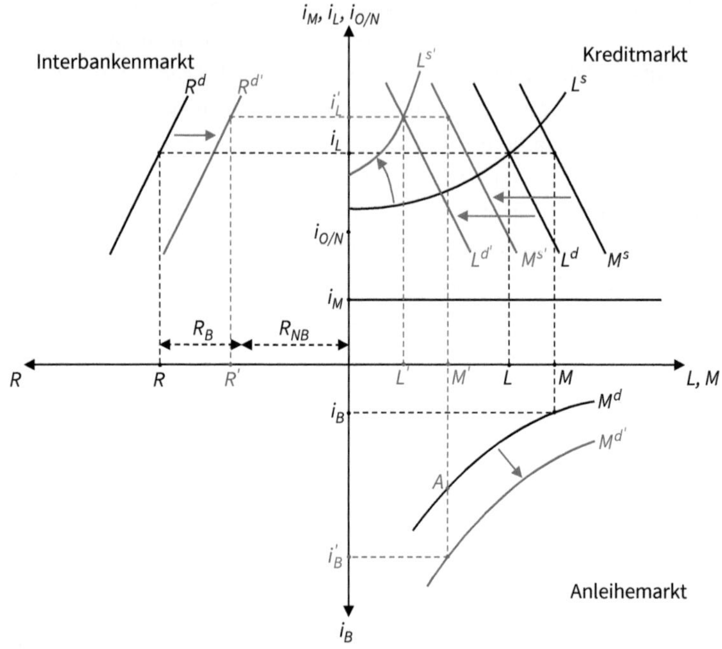

Abb. 9.1: Finanzkrise im endogenen Geldangebotsmodell.
Quelle: Eigene Darstellung.

Allein durch den Rückgang der Geldmenge würde der Zins am Anleihemarkt (bei gleicher Geldnachfrage) bereits steigen (Punkt A). Da Geld knapp wird, verkaufen Anleger ihre Wertpapiere, um liquide Mittel zu erhalten. Dies führt solange zu fallenden Kursen, bis die Rendite groß genug ist, um die Anleger davon zu überzeugen, einen geringeren Teil ihres Geldvermögens in Form von Einlagen zu halten. Da in einer Finanzkrise die Liquiditätspräferenz steigt, $\varepsilon^M > 0$, verschiebt sich zusätzlich die Geldnachfragefunktion auf $M^{d'}$ und der Anleihezins steigt noch stärker (auf i_B'). Die Folgen der Finanzkrise im Geldangebotsmodell sind höhere kurz- wie langfristige Zinsen sowie eine geringere Kreditvergabe und Geldmenge.

Das Ziel der Zentralbank ist es, mit Zinssenkungen am Interbankenmarkt die Kreditzinsen der Geschäftsbanken zu reduzieren, um so die Kreditnachfrage und die Investitionen zu erhöhen. Wenn sich lediglich der Aufschlag der Kreditzinsen auf den Übernachtzins erhöht, kann die Zentralbank durch stärkere Senkungen des Übernachtzinses das gewünschte Kreditzinsniveau ggf. noch erreichen. Diese Möglichkeit hat aber nur einen begrenzten Effekt, wenn es Kreditnehmern an Sicherheiten fehlt. Zudem werden die geringeren Zinsen in einem Umfeld, das von trüben Aussichten geprägt ist, vermutlich nicht zu einem Anstieg der Investitionen führen, sondern lediglich für eine Umschuldung genutzt werden. Den notwendigen Anstieg der Nachfrage kann eine Zentralbank mit geldpolitischen Mitteln nicht erzwingen. Da sie selbst keine Ausgaben tätigt, ist sie darauf angewiesen, dass der Privatsektor seine Ausgaben erhöht. Dennoch ist die Unterstützung der wirtschaftlichen Erholung durch Bereitstellung liquider Mittel und Stützung der Wertpapiermärkte ein wesentlicher Baustein zur Bekämpfung einer Finanzkrise, auch wenn dieser durch fiskalpolitische Maßnahmen unterstützt werden muss, wie wir im vorangegangenen Kapitel bereits analysiert haben.

9.1.2 Maßnahmen zur Stützung des Kreditgeschäfts

Zentralbanken haben während der GFK diverse Maßnahmen ergriffen, um die Störung der geldpolitischen Transmissionskanäle zu beheben, den Kreditverkehr aufrecht zu erhalten und private Investitionen zu fördern, von denen die wichtigsten in Tabelle 9.1 zusammengefasst werden. Die Störung der Transmissionsmechanismen führt dazu, dass man die Kontrolle über den kurzfristigen Kreditzins verliert, auch wenn man den Übernachtzins am Interbankenmarkt weiterhin steuern kann. Um die Entschuldung im Privatsektor zu unterstützen und den Anteil abgesicherter Finanzierungsmodelle zu erhöhen, bevor diese zur Zahlungsunfähigkeit führen, sind **schnellere und drastischere Zinssenkungen** notwendig. So kann eine Zentralbank auch bei höheren Risiko- und Liquiditätsaufschlägen die mittelfristigen Zinsen ggf. auf das gewünschte Niveau senken. Zudem sind viele Zentralbanken nach 2008 dazu übergegangen, eine sehr lange Phase niedriger kurzfristiger Zinsen anzukündigen, um über die Erwartungen zukünftiger kurzfristiger Zinsen auch das langfristige Niveau zu senken (sogenanntes **Forward Guidance**). Dies sind für sich genommen noch keine unkonventionellen geldpolitischen Maßnahmen.

Maßnahme	Ziel
Schnellere und drastischere Zinssenkungen	Gewünschtes mittelfristiges Zinsniveau trotz höherer Risiko- und Liquiditätsaufschläge erreichen
Forward Guidance (lange Phase niedriger Zinsen ankündigen)	Erwartungen zukünftiger kurzfristiger Zinsen senken, um langfristiges Zinsniveau zu drücken
Anleiheankäufe erhöhen	Erhöhung der Reserveüberschüsse, um Zahlungsabwicklung trotz Zusammenbruch des Interbankenmarkts zu ermöglichen
Längerfristige Auktionen bei voller Zuteilung und fixem Zinssatz	Vertrauen schaffen
Standards für Sicherheiten senken	Mangel von Sicherheiten beheben
Quantitative Lockerung	Stützung der Wertpapiermärkte durch Anleiheankäufe (auch von Nichtbanken); Senkung langfristiger Zinsen; siehe auch Abschnitt 9.1.3
Kreditfazilitäten für Schattenbanken	Stützung der Wertpapiermärkte durch Angebot besicherter Kreditgeschäfte mit Nichtbanken; Senkung langfristiger Zinsen; siehe auch Abschnitt 9.1.3
Verleih von Sicherheiten	Mangel von Sicherheiten beheben
Funding for Lending Schemes (FLS)	Erhöhung der Kreditvergabe von Geschäftsbanken durch günstigere Refinanzierungsbedingungen

Tab. 9.1: Maßnahmen zur Stützung des Kreditgeschäfts.
Quelle: Eigene Erstellung.

Sollten Kreditinstitute sich nicht mehr gegenseitig vertrauen oder ihnen Sicherheiten fehlen, um sich mit Reserven zu versorgen, kann der Interbankenmarkt illiquide werden. Der **Handel mit Zentralbankguthaben bricht nahezu vollständig zusammen**, weil Banken mit Überschüssen diese lieber horten, statt sie zu verleihen und Banken mit Defiziten keine Kreditgeber finden. Nach 2008 war eine solche Entwicklung in vielen Währungsräumen zu beobachten. Prinzipiell kann sich eine Bank mit Reservedefizit in einer solchen Situation über die Kreditfazilität der Zentralbank mit Reserven versorgen, sofern sie genügend Sicherheiten von ausreichender Qualität dafür besitzt. Für diese Banken wäre die Refinanzierung aber teurer als über den Interbankenmarkt. Um zu verhindern, dass ein Teil der Banken sehr hohe Zinsen für Zentralbankguthaben zahlen muss, während ein anderer Teil deutlich geringere Zinsen für vorhandenes Zentralbankguthaben bekommt, kann eine Zentralbank ihre Anleihekäufe erhöhen, um die individuellen Defizite der Banken möglichst flächendeckend zu beseitigen. Für die wenigen Kreditgeschäfte, die am Interbankenmarkt dennoch stattfinden, sollte der Übernachtzinssatz bei einem hinreichend großen Reserveüberschuss dann dem Zins der Einlagefazilität bzw. der Überschussreserven entsprechen. Ein Großteil der Zahlungsabwicklungen wird aber über das Zentralbankkonto vollzogen.

Längerfristige Auktionen bei voller Zuteilung und fixem Zinssatz können in diesem Zusammenhang die Glaubwürdigkeit des Zentralbankziels verstärken und die Unsicherheit im Bankensektor verringern. Die längerfristige Liquiditätsbereitstellung führt jedoch dazu, dass der Interbankenmarkt noch weniger genutzt wird. Die FED hat beispielsweise zwischen Dezember 2007 und April 2010 Geschäftsbanken längerfristige Repos (bis zu 84 Tagen) im Rahmen der **Term Auction Facility (TAF)** angeboten. Die EZB hat etwas später (Dezember 2011, März 2012, Juni 2014, März 2016 und März 2019) mit den **(Targeted) Longer-Term Refinancing Operations ((T)LTROs)** sogar Repos von bis zu drei Jahren ermöglicht.

Der Mangel an Sicherheiten führt jedoch dazu, dass nicht alle Kreditinstitute, die Kredite bei der Zentralbank aufnehmen möchten, entsprechende Sicherheiten vorweisen können. Daher **senkten viele Zentralbanken während der Finanzkrise ihre Sicherheitsstandards**, um dennoch eine Kreditaufnahme zu ermöglichen. In der Euro-Zone wurden im Rahmen der **Emergency Liquidity Assistance (kurz ELA)** Kredite gegen Sicherheiten vergeben, die gewöhnlicherweise nicht akzeptiert werden. Da viele Schattenbanken, die sich zuvor über Bankkredite mit Liquidität versorgen konnten, in der Finanzkrise keine Kredite mehr bekamen, wurden die **Offenmarktgeschäfte vieler Zentralbanken im Rahmen der Krisenbekämpfung auch auf Kreditinstitute ausgeweitet, mit denen man zuvor keine Geschäfte machte**. Zur Stützung der Wertpapiermärkte wurden im Rahmen der sogenannten **quantitativen Lockerung (im Englischen Quantitative Easing, kurz QE)** auch im Euro-Raum Wertpapiere von Nichtbanken angekauft (sowohl Staatsanleihen wie auch Schattenbankprodukte). Wir werden die Gründe und Wirkungsweise der quantitativen Lockerung im folgenden Abschnitt gesondert betrachten. Dort wird auch die **Einführung von Kreditfazilitäten für Schattenbanken** diskutiert, die von der FED zunächst zeitlich begrenzt genutzt wurde, um die Wertpapiermärkte zu stabilisieren.

Eine weitere Maßnahme, um die Knappheit der als Sicherheiten akzeptierten Wertpapiere zu überwinden, ist der **Verleih von Sicherheiten.** Eine Zentralbank kann beispielsweise sichere Wertpapiere mit geringen Haircuts (i. d. R. Staatsanleihen) an den Privatsektor verleihen und im Gegenzug solche Wertpapiere in ihre Bilanz nehmen, die einen deutliche höheren Haircut aufweisen, wie z. B. Anleihen mit Investment-Grade Bewertung. Ein solcher temporärer Tausch wurde den Primärhändlern der FED im Rahmen der **Term Securities Lending Facility (TSLF)** zwischen März 2008 und Februar 2010 angeboten. Die BoE bot zwischen April 2008 und Januar 2012 im Rahmen des **Special Liquidity Scheme (SLS)** Geschäftsbanken die Möglichkeit, Staatsanleihen vorübergehend gegen MBS zu tauschen. Seit Oktober 2008 bietet die BoE zudem mit der **Discount Window Facility (DWF)** auch Nichtbanken die Möglichkeit, Staatsanleihen gegen andere Sicherheiten zu tauschen.

Die bisher beschriebenen Maßnahmen zielten vor allem darauf ab, den Finanzsektor vor Insolvenz oder Illiquidität zu schützen. Sie führen jedoch nicht zwangsläufig dazu, dass mehr Kredite für zusätzliche Investitionen vergeben werden, um die wirtschaftliche Erholung des Realsektors zu unterstützen. Die BoE, die BoJ und die EZB versuchten mithilfe sogenannter **Funding for Lending Schemes (FLS)** die Kreditvergabe auch direkt zu beeinflussen. Sofern Banken nachweisen konnten, dass sie ihre Kreditvergabe an Nichtbanken erhöhen, konnten sie sich günstiger mit Zentralbankkrediten im Rahmen der Offenmarktoperationen versorgen. Da der Bankensektor aufgrund des erheblichen Überschusses von Reserveguthaben kaum Zentralbankkredite benötigte, wurde diese Option aber kaum genutzt. Zudem gab es vermutlich nur wenige Unternehmen, die zur Umsetzung von Investitionsprojekten Kredite aufnehmen wollten.

9.1.3 QE und die Einführung von Schattenbankfazilitäten

Der Begriff der quantitativen Lockerung beschreibt umfangreiche Anleihekaufprogramme von Zentralbanken, wobei die Geschäftspartner i. d. R. Nichtbanken sind und sogar Ankäufe auf Primärmärkten getätigt werden. Solche Programme wurden erstmals in Japan 2001 durchgeführt und dort nach Ausbruch der Finanzkrise in 2008 wiederholt. Nach 2009 wurde eine Politik der quantitativen Lockerung auch in den USA, Großbritannien und der Schweiz durchgeführt. Die Anleihekäufe der EZB nach 2015 wurden ebenfalls als quantitative Lockerung bezeichnet.

Die wichtigsten Gründe für die umfangreichen Ankaufprogramme sind die folgenden:

- Im Wesentlichen will die Zentralbank die **Wertpapierkurse stabilisieren**, um den Teufelskreis aus fallenden Kursen und weiteren Panikverkäufen zu durchbrechen. Man spricht auch von einem antideflationären Signal, das man den Anleihemärkten senden möchte.
- Zudem möchte man risikoreiche Anleihen aus den Bilanzen der Banken entfernen und in die Zentralbankbilanz übertragen. Dies soll die **Eigenkapitalbeschränkungen der Banken lockern**, die ggf. aufgrund eines geringen Eigenkapitalpuffers weniger Kredite vergeben. Neben der Stärkung der Solvenz sollen die Risikoprämien auf Kreditzinsen verringert werden, indem man die Risiken in den Bankbilanzen reduziert.

Kritiker des QE-Programms merken an dieser Stelle an, dass so Verluste des privaten Bankensektors zu Verlusten der Zentralbank werden könnten, die dann von den Steuerzahlern getragen werden. Hierbei müssen zwei Punkte berücksichtigt werden:

- Da die Panikverkäufe an den Wertpapiermärkten die Anleihekurse nach unten drücken, kauft die Zentralbank die Anleihen deutlich unter dem Nennwert und es ist zu erwarten, dass die Kurse wieder steigen werden, sofern die Krisenpolitik erfolgreich ist. Im Gegensatz zu privaten Banken, die die Anleihen evtl. vor Fälligkeit mit Verlusten verkaufen müssen, um Liquidität zu erhalten, kann die Zentralbank hingegen die Anleihen bis zum Ende ihrer Laufzeit in der Bilanz halten. Selbst wenn einige Anleihen ausfallen sollten, wird eine Zentralbank voraussichtlich Gewinne aus den Ankäufen erzielen.
- Eine Zentralbank kann Verluste zudem sehr viel besser verkraften als der private Bankensektor und technisch gesehen problemlos auch mit negativem Eigenkapital noch Geldpolitik betreiben. Es ist daher nicht einmal gesichert, dass Verluste der Zentralbank, sofern sie denn eintreten sollten, vom Steuerzahler ersetzt werden würden. Die Gewinnausschüttungen der Zentralbank werden jedoch geringer ausfallen (oder vollständig wegfallen), wenn Forderungen aufgrund von Kreditausfällen abgeschrieben werden müssen. In einer fundamentalen Krise ist jedoch zu erwarten, dass die Insolvenz einer großen Zahl privater Kreditinstitute einen schwerwiegenderen volkswirtschaftlichen Schaden anrichten würde.

- **Langfristige Zinsen sollen durch die Anleihekäufe gesenkt** werden. Dies kann zur Entlastung von Schuldnern beitragen, wenn kurzfristig fällige Zahlungsverpflichtungen mit langfristigen Krediten zu geringen Zinsen ersetzt werden. Zudem sollen so langfristige Investitionen angeregt werden.
- Der Zahlungsmittelbestand der Anleiheverkäufer soll erhöht werden, damit diese **Anleger andere Wertpapiere kaufen, die Kurse zusätzlich erhöhen und die langfristigen Zinsen senken**.
- **Illiquide Vermögenswerte sollen gegen liquide Zahlungsmittel getauscht werden**, um so Liquiditätsbeschränkungen zu lockern. Finanzinstitute, denen Zahlungsmittel zur Kreditvergabe fehlen, sollen hierdurch ebenso unterstützt werden wie Unternehmen, denen liquide Mittel fehlen, um Investitionen durchzuführen oder Zahlungsverpflichtungen einzuhalten.
- **Die Liquidität im realen Sektor soll direkt erhöht werden**, indem z. B. neu emittierte Unternehmensanleihen auf den Primärmärkten gekauft werden.

Einige Auswirkungen der quantitativen Lockerung lassen sich in einer modifizierten Version des Modells aus Abschnitt 2.3.4 analysieren. Hierzu gehen wir im Folgenden davon aus, dass die Zentralbank den Zins der Einlagefazilität als operationales Ziel verwendet (Floor-Regime) und mithilfe von Offenmarktoperationen einen Reserveüberschuss im Bankensektor erzeugt. Die Reserven im Bankensektor bestehen nun zu 100 % aus nicht-geliehenen Reserven R_{NB}. Zudem führen wir Überschussreserven E ein, die über den eigentlichen Bedarf der Banken aufgrund der Mindestreserve hinausgehen.

Das vollständige Modell ist durch die folgenden Gleichungen gegeben:

(9.1) $i_L = \left(1 + \mu_L(L^s)\right) i_{O/N}, \quad (\mu_L)'_{L^s} > 0,$

(9.2) $i_M = (1 - \mu_M) i_{O/N}.$

(9.3) $L^d = L(i_L, \ldots), \quad L'_{i_L} < 0,$

(9.4) $M^d = M\left(i_B, i_M, i_B^e, \varepsilon^M, \ldots\right), \quad \frac{\partial M}{\partial i_B} < 0, \frac{\partial M}{\partial i_M} > 0, \quad \frac{\partial M}{\partial i_B^e} > 0, \quad \frac{\partial M}{\partial \varepsilon^M} > 0,$

(9.5) $M^s = L^s + R^s,$

(9.6) $R^d = rM^s,$

(9.7) $R^s = R_{NB} = R^d + E.$

Die Änderungen betreffen die konsolidierte Bilanz des Bankensektors sowie das Reserveangebot. Da alle Reserven durch Anleiheankäufe entstehen, gibt es in der Bilanz des Bankensektors (9.5) keine Zentralbankkredite mehr. Das Reserveangebot in (9.7) besteht zudem ausschließlich aus nicht-geliehenen Reserven und übersteigt die Nachfrage um die Überschussreserven. Um die Analyse einfach zu halten, gehen wir davon aus, dass sowohl die Überschussreserven wie auch die Mindestreserve mit dem Zielzins der Zentralbank verzinst wird, welcher dem Interbankenzins $i_{O/N}$ entspricht.

Das gleichgewichtige Geldangebot entspricht auch im erweiterten Modell der Summe aus Kreditvergabe und nicht-geliehenen Reserven, da die Anleiheankäufe von Nichtbanken erfolgen und hierdurch sowohl Reserven wie auch Einlagen geschaffen werden. Setzen wir (9.6) und (9.7) in (9.5) ein, und berücksichtigen, dass das Kreditangebot von der Nachfrage bestimmt wird ($L^s = L^d = L$), ergibt sich ein positiver Zusammenhang zwischen Geldmenge und Überschussreserven, weil die Anleiheankäufe von Nichtbanken die Geldmenge erhöhen:

$$M^s = L(i_L) + R_{NB} = L(i_L) + rM^s + E \Leftrightarrow M^s = \frac{L(i_L) + E}{1 - r} \quad .$$

Abbildung 9.2 zeigt die Auswirkungen von QE auf Zinsen, Kredite und Geldmenge. Zunächst sollte QE dazu führen, dass sich die Kreditbedingungen der Banken wieder etwas lockern, da diese ihre risikoreichen Wertpapiere verkaufen konnten. Zudem sollte die Stabilisierung der Wertpapierkurse dazu führen, dass sich die Kreditvergabe erhöht, weil mehr Kreditnehmer wieder ausreichende Sicherheiten hinterlegen können. Diese Effekte sind durch eine Verschiebung der Kreditangebotskurve auf $L^{s''}$ dargestellt. Hierdurch sinkt der Zins auf i_L'' und die Kreditmenge steigt auf L''.

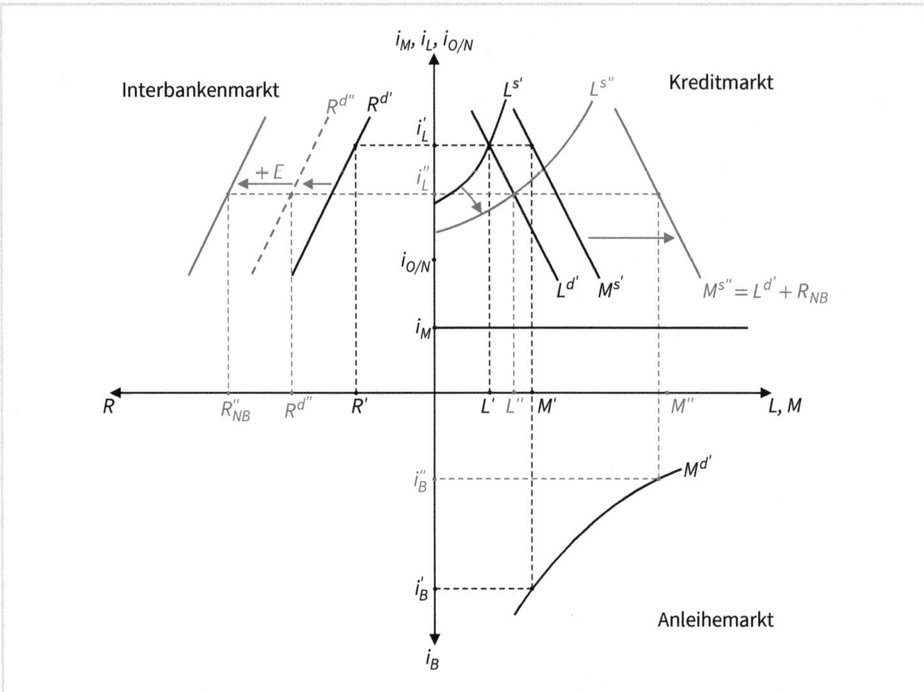

Abb. 9.2: Quantitative Easing im endogenen Geldangebotsmodell.
Quelle: Eigene Darstellung.

Aufgrund der durch die umfangreichen Anleiheankäufe entstandenen Einlagen verschiebt sich zudem die Geldangebotskurve auf $M^{s''}$, sodass die Geldmenge auf M'' steigt. Wie zuvor werden die Anleger aber nur dann einen höheren Anteil ihres Geldvermögens in Form von Einlagen halten, wenn Anleihen aufgrund eines geringeren Zinses unattraktiver werden. Der Anleihezins fällt, weil die Anleiheankäufe der Zentralbank die Geldmenge erhöhen und private Anleger ihre zusätzlichen Zahlungsmittel in Anleihen anlegen wollen. Die effektive Rendite am Anleihemarkt muss so weit sinken, dass die Anleger bereit sind, einen größeren Anteil ihres Geldvermögens in Form von liquiden Mitteln zu halten. In der Abbildung sinkt der Anleihezins auf i''_B. Mit der Geldmenge steigt wegen der Mindestreserveverpflichtung auch die Nachfrage nach Reserven auf $R^{d''}$. Das Reserveangebot übersteigt diese Nachfrage aber um die Überschussreserven E.

QE hat im Geldangebotsmodell also die oben angesprochenen Auswirkungen: Die Kreditbeschränkung der Banken wird gelockert, die Kreditvergabe steigt, der kurzfristige Zins sinkt hierdurch, die Liquidität steigt und die langfristigen Zinsen fallen, weil die Wertpapierverkäufer mit den zusätzlichen Zahlungsmitteln Anleihen ankaufen. Eine konventionelle expansive Geldpolitik durch Senkung des Interbankenzinses würde die Kredit- und Geldmenge zusätzlich erhöhen und zu einer weiteren Senkung der Anleihezinsen führen, wie in Abbildung 2.10 gezeigt. Zudem würde sich hierdurch die Liquiditätspräferenz verringern, weil auch der Einlagenzins der Banken fällt (Innenverschiebung der Geldnachfragefunktion), wodurch der langfristige Zins zusätzlich fällt.

In der Realität reichten die umfangreichen QE-Programme jedoch nicht aus, um die Wertpapiermärkte zu stabilisieren, obwohl die FED im Rahmen ihrer QE-Politik während der Finanzkrise zeitweise bis zu 90% aller neu emittierten Anleihen aufkaufte. Da Repo-Händler keinen Zugriff auf die Fazilitäten der Zentralbank hatten, waren sie auf Kredite des Bankensektors angewiesen. Dieser schränkte seine Kreditvergabe aufgrund der vermehrt auftretenden Zahlungsausfälle jedoch auch nach QE weiterhin ein. Um zu verhindern, dass sich Solvenzprobleme einzelner Schattenbanken auf andere Kreditinstitute ausweiteten, führte man daher eine Reihe von temporären Kreditfazilitäten für den Schattenbankensektor ein. Jede einzelne dieser Fazilitäten zielte auf die Beruhigung eines bestimmten Segments der Anleihemärkte ab:[135]

- Für den Zeitraum zwischen März 2008 und Februar 2010 wurde die **Primary Dealer Credit Facility (PDCF)** eingerichtet. Sie zielte darauf ab, Primärhändler mit Liquidität zu versorgen. Primärhändler konnten sich auf Eigeninitiative über Repos mit der FED Geld leihen. Die FED akzeptierte hierbei eine Vielzahl von Sicherheiten.
- Die **Asset-Backed Commercial Paper Money Market Mutual Fund Liquidity Facility (AMLF)** sollte den ABCP-Markt stabilisieren. Banken und Bankholdings konnten sich zwischen September 2008 und Februar 2010 von der FED Geld leihen, wenn sie damit den Ankauf qualitativ hochwertiger ABCP von Geldmarktfonds finanzierten und diese als Sicherheiten hinterlegten.
- Die **Commercial Paper Funding Facility (CPFF)** beabsichtigte, den Markt für CP zu beruhigen. Hierzu wurden zwischen Oktober 2008 und Februar 2010 staatliche Zweckgesellschaften gegründet, die (AB)CP ankauften und von der FED mit Liquidität versorgt wurden, indem sie diese Wertpapiere als Sicherheit hinterlegten.
- Mit der **Money Market Investor Funding Facility (MMIFF)** wollte man Investoren am Geldmarkt liquide halten. Berechtigte Investoren konnten bestimmte finanzielle Vermögenswerte zwischen Oktober 2008 und Oktober 2009 an private Zweckgesellschaften verkaufen, die diese Ankäufe über Kredite von der FED finanzierten.
- Die **Term Asset-Backed Securities Loan Facility (TALF)** zielte auf ABS im engeren Sinne ab, also solche, die auf Verbriefungen von Studentenkrediten oder Leasing- bzw. Kreditkartenforderungen basierten. Zwischen März und Juni 2009 wurde hierzu eine staatliche Zweckgesellschaft gegründet, die Ankäufe solcher Papiere über Repos mit der FED finanzieren konnte.

Diese Fazilitäten ermöglichten zum ersten Mal auch Nichtbanken einen indirekten Zugang zur Bilanz der US-Zentralbank. Sie waren daher ein erster Schritt der FED auf dem Weg zum »**Market-Maker of last resort (MMOLR)**«. Abschnitt 9.3.2 skizziert die weitere Entwicklung der FED und stellt das heutige Instrumentarium der FED zur Steuerung der Übernachtzinsen am Repo-Markt dar. Im folgenden Abschnitt wird zunächst aber die unkonventionelle Geldpolitik im Euro-Raum analysiert und mit den Maßnahmen der FED verglichen.

135 Für eine detaillierte Darstellung der einzelnen Programme siehe https://www.federalreserve.gov/monetarypolicy/expiredtools.htm.

Kernpunkte Kapitel 9.1

- In einer Finanzkrise sind die **Transmissionskanäle der Geldpolitik gestört**, weil es **zu wenig beleihbare Sicherheiten von ausreichendem Wert** gibt und deswegen die Kreditvergabe im Privatsektor eingeschränkt ist. Gründe für die Knappheit von Sicherheiten sind zusätzlich zu dem **Einbruch der Wertpapierkurse restriktivere Auswahlkriterien, konservativere Bewertungskriterien, höhere Haircuts und quantitative Limits.**
- Der Mangel von beleihbaren Sicherheiten erschwert die Kreditaufnahme und führt zu **höheren Kosten für Kreditgeber und -nehmerinnen, steigenden Zinsen und einem geringeren Kreditangebot**. Obwohl ein vermehrter Bedarf nach liquiden Mitteln besteht, ist die Bereitstellung solcher Mittel daher eingeschränkt.
- Neben schnellen und drastischen Zinssenkungen kann eine Zentralbank durch **unkonventionelle Maßnahmen, wie umfangreiche Anleiheankäufe (auch von Nichtbanken) und geringere Standards für beleihbare Sicherheiten,** in den Offenmarktgeschäften dem Liquiditätsmangel im Privatsektor entgegenwirken.
- Programme der **quantitativen Lockerung (QE)** dienen dazu, die **Wertpapierkurse zu stabilisieren, um den Teufelskreis aus fallenden Kursen und weiteren Panikverkäufen zu durchbrechen.**

9.2 Unkonventionelle Maßnahmen der EZB

In der Euro-Zone war der durchschnittliche Rückgang der Wirtschaftsleistung aufgrund der GFK zunächst etwas geringer als in den USA. Im Anschluss geriet das Währungsgebiet aber in ein Jahrzehnt geringer Wachstumsraten und sehr hoher Arbeitslosigkeit, die sich insbesondere bei jungen Menschen in südeuropäischen Ländern verfestigte. Im Folgenden werden wir untersuchen, warum die Finanzkrise zur Euro-Krise wurde und hierzu sowohl die geld- wie auch die fiskalpolitischen Maßnahmen im Euro-Raum mit denen der USA vergleichen. Zuvor werden wir die Besonderheiten des Zahlungsverkehrs im Euro-System analysieren.

9.2.1 Zahlungsverkehr innerhalb der Euro-Zone

Das System der europäischen Zentralbanken besteht aus der EZB in Frankfurt sowie 20 nationalen Landeszentralbanken. Zur Zeit der Veröffentlichung dieses Buches lauten die Mitglieder der Währungsunion Belgien, Deutschland, Estland, Finnland, Frankreich, Griechenland, Irland, Italien, Kroatien, Lettland, Litauen, Luxemburg, Malta, Niederlande, Österreich, Portugal, Slowakei, Slowenien, Spanien und Zypern. Neben den Mitgliedern der Euro-Zone gibt es noch eine Reihe von Staaten, die den Euro als offizielle Währung verwenden (z. B. Monaco und Vatikanstadt), und Länder, die ihre Währung an den Euro gebunden haben (z. B. Bulgarien). Zudem existiert noch immer der sogenannte **Wechselkursmechanismus (WKM) II**, der als Übergangskonzept diente, bevor der Euro als offizielle Währung eingeführt wurde. Im WKM II darf der Wechselkurs der nationalen Währungen nur in einer gewissen Bandbreite zum Euro schwanken (derzeit ± 2,25 %), kann aber auch diskretionär geändert werden. Derzeit befindet sich lediglich Dänemark im WKM II, beabsichtigt aber nicht, den Euro einzuführen.

Die wichtigsten geldpolitischen Entscheidungen, wie zum Beispiel die Festlegung der Zinsen und der Mindestreserve, die Zuteilungshöhe der Reserven in den Offenmarktgeschäften etc., werden seit der Euro-Einführung vom EZB-Rat entschieden. Diesem gehören neben den sechs Direktoriumsmitgliedern die Präsidenten der nationalen Zentralbanken der Mitgliedstaaten des Euro-Raums an. Die Direktoriumsmitglieder werden vom Europäischen Rat mit qualifizierter Mehrheit ausgewählt und ernannt. Der EZB-Rat tagt i. d. R. zweimal im Monat. Die nationalen Zentralbanken setzen die geldpolitischen Vorgaben der EZB um und informieren diese mit umfangreichen Analysen und Statistiken. Zudem sind die nationalen Zentralbanken i. d. R. für die Aufsicht nationaler Kreditinstitute zuständig.[136]

Da der Zahlungsverkehr zwischen den Euro-Mitgliedsländern in der gleichen Währung erfolgt, existiert ein Euro-Interbankenmarkt, auf dem der Handel mit Reserven auch über nationale Grenzen hinweg erfolgen kann. Die Zahlungsabwicklung auf dem Interbankenmarkt kann also ohne Wechselkursrisiko so erfolgen, wie sie in Kapitel 2.1.2 erklärt wurde. Jedoch führen die jeweiligen Landeszentralbanken im Auftrag der EZB Offenmarktoperationen durch, stellen Kredit- und Einlagefazilitäten zur Verfügung und verwalten die Reservekonten der nationalen Geschäftsbanken. Ähnlich wie beim internationalen Zahlungsverkehr zwischen unterschiedlichen Währungsräumen kann daher ein Zahlungsausgleich bei grenzüberschreitenden Zahlungen nicht über die Reserveguthaben auf den Konten einer Zentralbank erfolgen, weil die Konten der Geschäftsbanken aus unterschiedlichen Mitgliedsländern des Euro-Raums bei unterschiedlichen Zentralbanken geführt werden. Stattdessen entstehen Forderungen und Verbindlichkeiten der nationalen Zentralbanken (NZB) gegenüber der EZB im europäischen Zahlungsabwicklungssystem namens **TARGET2 (Trans-European Automated Real-time Gross Settlement Express Transfer System)**.

Um die Bedeutung der TARGET2-Salden zu verstehen, untersuchen wir zunächst die Zeit, in der die EZB mithilfe eines symmetrischen Zinskorridors den Übernachtzins am europäischen Interbankenmarkt steuerte. Hierzu betrachten wir zunächst das Beispiel einer Überweisung von einer italienischen an eine deutsche Bank, bei der Reserven über einen Interbankenkredit geliehen werden. Im Anschluss betrachten wir die Nutzung eines Innertageskredits und schließlich die Nutzung der Kreditfazilität. Wir werden zur Vereinfachung die Mindestreservepflicht vernachlässigen und in der Ausgangssituation annehmen, dass die Reservekonten beider Banken leer sind. Die beiden beteiligten Banken repräsentieren zudem den gesamten Bankensektor des jeweiligen Landes.

136 Eine detaillierte Beschreibung der institutionellen Gegebenheiten sowie eine Aufstellung der Aufgaben nationaler Zentralbanken sowie der EZB lassen sich auf der Website der Bundesbank oder der EZB nachlesen. Die folgenden Abschnitte beschränken sich auf die Kernfunktionsweise des Europäischen Systems der Zentralbanken.

Sollten sich die deutsche und die italienische Bank auf einen Kredit einigen, erfolgt der Zahlungsausgleich über den Interbankenmarkt:

Geschäftsbank Italien (GBI)	
	– Einlagen + Kredit von GBD

Geschäftsbank Deutschland (GBD)	
+ Kredit an GBI	+ Einlagen

Der hier beschriebene Vorgang unterscheidet sich in keiner Weise von den in Kapitel 2.1.2 beschriebenen Interbankenkrediten. Da beide Banken Konten in der gleichen Währung führen, entsteht auch kein Wechselkursrisiko. Nach Einführung des Euros wurde der internationale Überweisungsverkehr zwischen den Euro-Teilnehmerländern zunehmend auf diese Weise abgewickelt. Die italienische Bank hätte sich die Reserven am Interbankenmarkt selbstverständlich auch von jeder anderen Bank im Euro-Raum mit Reserveguthaben leihen können.

Alternativ könnte die italienische Zentralbank (Banca d'Italia) der italienischen Geschäftsbank zunächst einen Innertageskredit einräumen, damit diese ein Guthaben auf ihrem Reservekonto erhält:

Geschäftsbank Italien (GBI)	
+ Reserven	+ Innertageskredit

Banca d'Italia	
+ Innertageskredit	+ Reserven

Bei der Überweisung werden der deutschen Bank nun Reserveguthaben bei der Bundesbank gutgeschrieben, während die Guthaben der italienischen Bank bei der Banca d'Italia entsprechend reduziert werden. Da die Geschäftsbanken ihre Reservekonten bei unterschiedlichen NZBen führen, erfolgt der Ausgleich in den Bilanzen der NZBen über die EZB. Aus diesem Grund entstehen Forderungen und Verbindlichkeiten ggb. der EZB:

EZB	
+ TARGET2-Forderung Banca d'Italia	+ TARGET2-Verbindlichkeit Bundesbank

Banca d'Italia	
	– Reserven + TARGET2-Verbindlichkeit

Bundesbank	
+ TARGET2-Forderung	+ Reserven

Geschäftsbank Italien (GBI)	
– Reserven	– Einlagen

Geschäftsbank Deutschland (GBD)	
+ Reserven	+ Einlagen

Am Ende des Geschäftstages muss der Innertageskredit der italienischen Geschäftsbank aber beglichen werden und die italienische Bank muss sich um einen Kredit auf dem Interbankenmarkt bemühen oder im Notfall die Kreditfazilität ihrer NZB nutzen.

Angenommen, sie nimmt im Laufe des Tages einen Kredit von einer deutschen Bank auf. Der Kredit führt technisch gesehen zu einer Überweisung von Reserveguthaben der deutschen Bank zur italienischen. Da die Reservekonten von unterschiedlichen NZBen geführt werden, verlaufen die Gegenbuchungen wieder über die TARGET2-Konten der EZB, wodurch die TAR-

GET2-Forderungen der Bundesbank sowie die TARGET2-Verbindlichkeiten der Banca d'Italia wieder aufgelöst werden. Im Anschluss kann die italienische Bank ihren Innertageskredit bei ihrer NZB zurückzahlen. Der Innertageskredit wurde so mit einem Interbankenkredit ersetzt und die Bilanzen der deutschen und italienischen Banken sehen am Ende des Vorgangs genauso aus wie im Beispiel zu Beginn dieses Abschnitts, bei dem die Banken sich sofort auf einen Interbankenkredit geeinigt haben.

Muss die italienische Bank am Ende des Geschäftstages die Kreditfazilität ihrer NZB nutzen, weil sie keinen Interbankenkredit bekommt, wird der Innertageskredit hingegen von einem Übernachtkredit der NZB abgelöst und die TARGET2-Salden bleiben bestehen. Die italienischen Banken könnten in der Folgezeit ihre Kreditaufnahme in den wöchentlichen Offenmarktgeschäften erhöhen, um ihre Reservekonten aufzufüllen, und die deutschen Banken könnten ihre Kreditaufnahme senken, weil sie Guthaben gehortet haben. Der Übernachtkredit der italienischen Geschäftsbank wird dann von einem längerfristigen Repo abgelöst und die deutschen Banken würden ihren Reserveüberschuss in der Einlagefazilität reduzieren. Da dies keinen Einfluss auf die Forderungen und Verbindlichkeiten der NZBen ggb. der EZB hat, verändern sich auch die TARGET2-Salden nicht.

Die TARGET2-Forderungen bzw. -verbindlichkeiten der NZBen werden **zum Hauptrefinanzierungszinssatz verzinst**, besitzen **keine Fälligkeit** und können nicht abgehoben werden. Sie sind daher keine Kredite bzw. Guthaben im herkömmlichen Sinne, sondern reine **Verrechnungssalden**. Wie in Abschnitt 2.1.2 erklärt, sollten Banken einen Anreiz haben, sich gegenseitig Kredite zu gewähren, solange der europäische Bankensektor in seiner Gesamtheit keine negative Nettoreserveposition aufweist, da Interbankenkredite zu einer Zinseinnahme führen, die (im Normalfall) über dem Zins der Einlagefazilität liegt, und die Kreditzinsen im Interbankenmarkt geringer sind als die der EZB. In einem funktionierenden Euro-Interbankenmarkt sollte es bei Anwendung eines symmetrischen Zinskorridors, also keine nennenswerten TARGET2-Salden geben. Sie sind Ausdruck des Misstrauens im Euro-Interbankenmarkt und entstehen, weil Banken in unterschiedlichen Mitgliedsländern des Euro-Raums ihre Reservekonten bei unterschiedlichen NZBen führen.

9.2.2 Die Situation des Euro-Raums vor der GFK

Die europäische Währungsunion verbindet verschiedene Mitgliedsländer mit einer gemeinsamen Währung, jedoch ohne europäische Staatsanleihen und ohne europäisches Finanzministerium. Das **Verbot der Staatsfinanzierung** durch die EZB, das im Vertrag von Maastricht bereits 1992 festgelegt wurde, wird aus diesem Grund besonders streng ausgelegt. Zudem wurde im Vertrag von Maastricht die **Nichtbeistandsklausel (No-Bail-Out-Klausel)** aufgenommen, die besagt, dass kein Mitgliedsland für die Schulden anderer Mitgliedsländer haftet. So sollte sichergestellt werden, dass Anleger am Kapitalmarkt zwischen den Schuldverschreibungen unterschiedlicher Mitgliedsländer differenzieren. Höher verschuldete Länder sollen durch höhere Zinsen diszipliniert werden, während eine solide Haushaltsführung mit niedrigeren Zinsen belohnt werden soll. Auch aus diesem Grund bestanden die Offenmarktgeschäfte der EZB zunächst ausschließlich aus besicherten Krediten (sowie zuvor auch bei der Deutschen Bundesbank), um den Einfluss auf die Renditen staatlicher Schuldverschreibungen so gering wie möglich zu halten.

Der Euro wurde als Buchgeld am 01.01.1999 eingeführt (als Bargeld am 01.01.2002). Abbildung 9.3 zeigt die effektiven Renditen von Euro-Staatsanleihen mit 10-jähriger Restlaufzeit und illustriert, dass sich die Zinsniveaus nach Ankündigung der Euro-Einführung annäherten. Dies liegt vor allem daran, dass Anleger das Abwertungsrisiko nicht mehr einpreisen mussten. In Ländern wie Italien, Griechenland oder Spanien wurden die nationalen Währungen vor der Euro-Einführung regelmäßig abgewertet, um die preisliche Wettbewerbsfähigkeit zu verbessern, wenn Löhne und Preise zuvor stark angestiegen waren. Für ausländische Anleger bedeutete dies, dass sie weniger Geld in ihrer einheimischen Währung für ihre Anleihe zurückbekamen, weil sie in einer nun schwächeren Währung notiert war. Da die Anleger dies wussten, wählten sie lieber eine deutsche Anleihe, da die deutsche Währung in der Zeit vor der Euro-Einführung regelmäßig aufgewertet wurde. Die Regierungen der abwertenden Länder mussten daher einen Risikoaufschlag auf den deutschen Zins zahlen, wenn sie Geld am Anleihemarkt aufnehmen wollten. Mit Einführung des Euros entfiel dieses Risiko und alle Zinssätze entsprachen (nahezu) dem deutschen Niveau.[137] Offensichtlich wurden die verschiedenen Staatsanleihen nun als gleichermaßen risikoarme Wertpapiere angesehen. Trotz der Nichtbeistandsklausel wurde die Möglichkeit einer staatlichen Insolvenz anscheinend nicht berücksichtigt und eine Differenzierung aufgrund unterschiedlicher Schuldenquoten nicht vorgenommen.

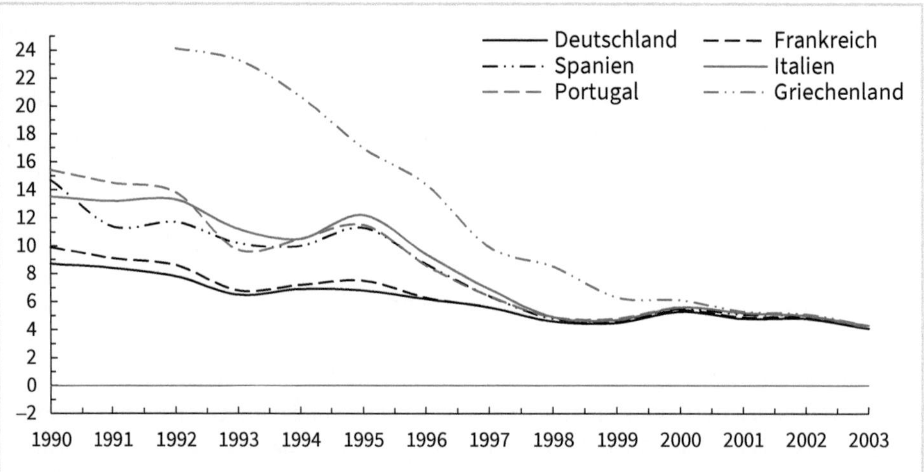

Abb. 9.3: Zinskonvergenz vor Euro-Einführung.
Anmerkungen: Langfristige nominale (auf das Jahr gerechnete) Renditen für Staatsanleihen mit 10-jähriger Restlaufzeit.
Quelle: AMECO.

137 Da Griechenland erst am 01.01.2001 beitrat, sank der Zins auf griechische Staatsanleihen erst etwas später auf das deutsche Niveau.

Mit den sogenannten »**Maastricht-Kriterien**« (EU-Konvergenzkriterien) wurden im Vorfeld der Währungsunion drei Bedingungen für den Beitritt zum Euro festgelegt: Das **staatliche Defizit durfte nicht mehr als 3% des BIP** und der **öffentliche Schuldenstand nicht mehr als 60% des BIP** betragen. Zudem durfte die **Inflationsrate maximal 1,5 Prozentpunkte über jener der drei preisstabilsten Mitgliedstaaten des Vorjahres** liegen. Die ersten beiden Kriterien sollten sicherstellen, dass kein Land die besseren Finanzierungskonditionen im gemeinsamen Währungsraum (aufgrund der geringeren Risikoaufschläge der Anleger) dazu nutzt, eine höhere Verschuldung aufzunehmen, die langfristig das Zinsniveau erhöhen und in eine Schuldenspirale führen könnte. Die Inflationskonvergenz sollte eine gemeinsame Geldpolitik erleichtern, da fortan der One-size-fits-all-Zinssatz der EZB zur Steuerung der Inflationsraten für alle Länder gleichermaßen angemessen sein sollte. Die beiden Verschuldungsregeln (maximal 3% Defizit und 60% Schuldenquote) wurden 1997 in den **Stabilitäts- und Wachstumspakt (SWP)** übernommen und galten fortan auch nach Einführung der gemeinsamen Währung. Mittelfristig sollte zudem ein ausgeglichener Haushalt angestrebt werden. Länder, die diese Vorgaben nicht einhielten, konnten sanktioniert werden. Der Euro-Raum hat sich mit diesen Regeln eine besonders strenge Haushaltsführung verordnet. In den ersten Jahren gab es jedoch zahlreiche Verstöße, die aufgrund von besonderen Umständen in den betroffenen Ländern nicht geahndet wurden.

Einige (insbesondere keynesianisch geprägte) Ökonominnen kritisierten die Defizitvorgaben des SWP als zu streng. Die Konjunkturzyklen der Kandidaten für einen Euro-Beitritt verliefen relativ asynchron, sodass sich einige Länder in einem Abschwung mit steigender Arbeitslosigkeit und fallenden Inflationsraten befanden, während andere einen Aufschwung mit fallender Arbeitslosigkeit und steigenden Inflationsraten erlebten. Weil die Geldpolitik nicht mehr an die nationalen Gegebenheiten angepasst werden konnte, hätte es mehr Handlungsspielraum in der Fiskalpolitik gebraucht, um mit staatlichen Defiziten wirtschaftliche Schwächephasen bekämpfen zu können. Der SWP könnte hingegen zu einer krisenverschärfenden prozyklischen Finanzpolitik führen, wenn eine schlechtere Entwicklung des Bruttoinlandsprodukts sowie fallende Steuereinnahmen die Euro-Länder in einer Krise zwingen, ihre Ausgaben zu kürzen. Die Befürworter des SWP sahen ein dreiprozentiges Defizit hingegen als ausreichend an, um angemessen auf Krisen reagieren zu können. Zudem ist im Falle einer tiefgreifenden Rezession die Möglichkeit eines höheren Defizits vorgesehen.[138]

Zur Buchgeldeinführung des Euros am 01.01.1999 erfüllten 11 Mitgliedsländer (Belgien, Deutschland, Finnland, Frankreich, Irland, Italien, Luxemburg, Niederlande, Österreich, Portugal und Spanien) die Konvergenzkriterien. Griechenland gab ein Jahr später an, die Bedingungen zu erfüllen, und trat zum 01.01.2001 der Euro-Zone bei. Abbildung 9.4 zeigt, wie sich die Inflationsraten in den wichtigsten Erstmitgliederländern nach dem Beschluss der Kriterien in 1992 annäherten.

---

138 Die Feststellung einer tiefgreifenden Rezession unterliegt jedoch den Messproblemen, die bereits in Abschnitt 7.2.1 diskutiert wurden.

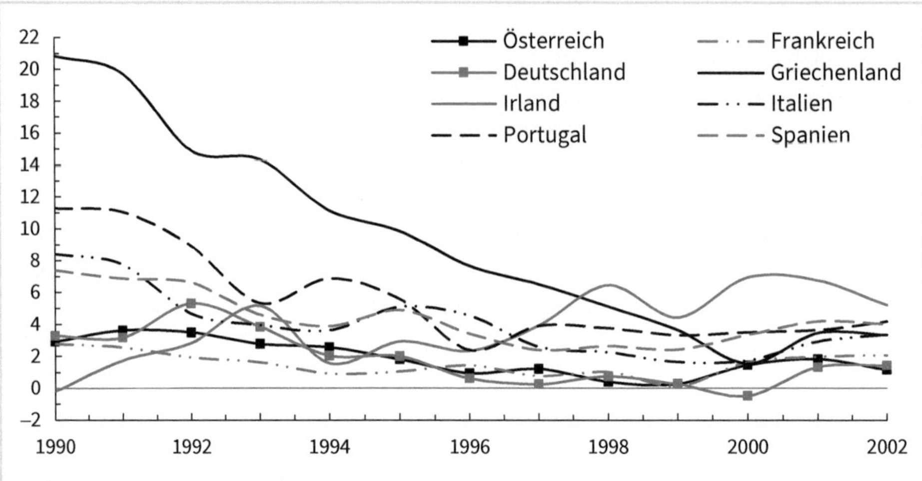

Abb. 9.4: Inflationskonvergenz vor Euro-Einführung.
Anmerkungen: Prozentuale Veränderungen des BIP-Deflators im Vergleich zum Vorjahr.
Quelle: AMECO.

Für die Preisentwicklung nach Einführung des Euros wurden jedoch keine Vorgaben mehr gemacht. Abbildung 9.5 zeigt, dass sich die Preisniveaus in den Folgejahren stark auseinanderentwickelten (die Zeitreihen wurden in 1999 auf 100 normiert, um die Entwicklung gut vergleichen zu können). In den südeuropäischen Ländern entwickelte sich zu Beginn der 2000er-Jahre eine ähnliche Immobilienblase wie in den USA, die von einem wirtschaftlichen Aufschwung begleitet wurde und zu steigenden Löhnen und Preisen führte. In Deutschland war die wirtschaftliche Entwicklung nach Platzen der Dotcom-Blase hingegen sehr schlecht. Die geplante Haushaltskonsolidierung im Anschluss an den Aktienmarktcrash scheiterte trotz der Sparbemühungen des deutschen Finanzministers und verstärkte die Krise. In den Jahren von 2003–2006 wurden zudem die Arbeitsmarktreformen der »Agenda 2010« umgesetzt, die im Sinne der Theorie der natürlichen Arbeitslosenquote darauf abzielten, den Anreiz zu erhöhen, eine Beschäftigung zu einem niedrigeren Lohnniveau anzunehmen. Löhne- und Preise stiegen in Deutschland daher nur sehr schwach.

Die 1,9%-Linie in der Abbildung zeigt die Preisentwicklung, die dem Inflationsziel der EZB entspricht, das zunächst unter aber in der Nähe von 2% lag. Im Durchschnitt erfüllte die Euro-Zone ihr gesetztes Ziel verhältnismäßig gut. Die Inflationsraten der einzelnen Länder waren jedoch sehr unterschiedlich. In Spanien stiegen die Preise zwischen 1999 und 2008 um über 38%, während der Preisanstieg in Deutschland lediglich 8,5% entsprach. Im Sinne der Inflationssteuerung war der einheitliche Zins der EZB für Deutschland zu hoch und belastete die ohnehin schwache wirtschaftliche Entwicklung. Für die südeuropäischen Länder hätte der Zins hingegen höher sein müssen, um die Beschleunigung der Preissteigerungen abzubremsen.

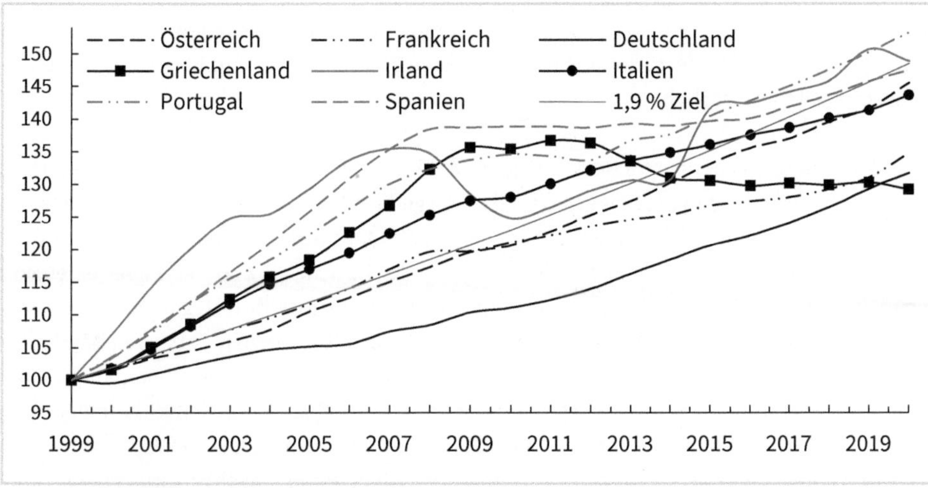

Abb. 9.5: Preisdivergenz nach Euro-Einführung.
Anmerkungen: Entwicklung des BIP-Deflators nach 1999 (in 1999 auf 100 normiert). **Quelle:** AMECO.

Die deutsche Volkswirtschaft erlangte durch die relativ geringe Preisentwicklung eine deutliche Verbesserung ihrer preislichen Wettbewerbsfähigkeit, die über einen Anstieg der Exportnachfrage die Wachstumsschwäche beendete. Der Verlust der Wettbewerbsfähigkeit in den südeuropäischen Ländern wurde in den ersten Jahren der Währungsunion von der positiven Entwicklung aufgrund der Immobilienblase überdeckt. Als die Blase jedoch platzte und die GFK auch den Euro-Raum erfasste, brach die inländische Nachfrage ein und die mangelnde internationale Wettbewerbsfähigkeit erschwerte die Erholung dieser Länder zusätzlich.

Die staatlichen Defizite stiegen ab 2007 in allen Ländern der Währungsunion an, um die Folgen der GFK zu bekämpfen. Ab 2009 eröffnete die EU-Kommission daher Defizitverfahren gegen einige Euro-Länder, weil diese gegen die Maastricht-Kriterien verstießen. Die Politik der Haushaltskonsolidierung in den Folgejahren sollte die gestiegenen Schuldenquoten wieder reduzieren und die Lohn- und Preisentwicklung der südeuropäischen Länder korrigieren. Eine Wechselkursabwertung zur Wiederherstellung der Wettbewerbsfähigkeit war nun nicht mehr möglich. Die Auswirkungen der Austeritätspolitik auf die Wachstumsraten der Euro-Zone waren schwerwiegend und werden in Abschnitt 9.2.5 diskutiert.

9.2.3 Chronologie der Finanz- und Eurokrise

Auch im Euro-Raum entstand nach Ausbruch der Finanzkrise ein Teufelskreis aus fallenden Kursen und Panikverkäufen. Da auch hier viele Schuldverschreibungen nach der Finanzkrise von den Rating-Agenturen schlechter bewertet wurden, konnten diese nicht mehr als Sicherheit in den Repo-Geschäften der Zentralbanken verwendet werden. Da sich weltweit ein undurchschaubares Netzwerk von Forderungen und Verbindlichkeiten gebildet hatte, wurde die Gefahr einer finanziellen Kettenreaktion als sehr hoch eingeschätzt. Daher akzeptierten die

NZBen schlechtere Sicherheiten, um einen Zusammenbruch des gesamten europäischen Finanzsystems zu verhindern, der auch bis zu diesem Zeitpunkt solvente Banken in Zahlungsschwierigkeiten gebracht hätte.

Die NZBen nutzten zudem ihre Notfall-Liquiditätshilfen, die sogenannten **ELA-Kredite (Emergency Liquidity Assistance)**. Diese sind für Banken gedacht, die an sich solvent sind, aber kurzfristig nicht genügend Sicherheiten ausreichender Qualität besitzen. Die Entscheidung über solche Liquiditätsspritzen liegt dabei im Ermessen der NZBen. Die EZB muss über einen solchen Vorgang aber informiert werden und legt den Zins dieser Kredite fest, der i. d. R. 1–1,5 Prozentpunkte über dem Zins der Kreditfazilität liegt. Die NZBen stehen dabei vollständig für etwaige Verluste ein. ELA-Kredite wurden bereits 2007 von Geschäftsbanken in nahezu allen Ländern des Euro-Raumes in Anspruch genommen, in Deutschland zum Beispiel von der Hypo Real Estate. Die Höchstgrenze der ELA-Operationen beträgt 2 Mrd. Euro, kann aber von der EZB erhöht werden. Dies hat Jean-Claude Trichet als Präsident der EZB nach Ausbruch der Finanzkrise gegen Auflagen getan. Die ELA-Kredite für den irischen Bankensektor wurden z. B. ausgeweitet, weil die irische Regierung im Gegenzug die Hilfe der Euro-Gruppe beantragt hatte, die wiederum nur gegen Sparauflagen und Sozialkürzungen gewährleistet wurde.[139]

Wie in Abschnitt 5.2.4 beschrieben, brach der Interbankenmarkt im Euro-Raum aufgrund von Unsicherheit und fehlenden Sicherheiten nach der Finanzkrise zusammen. Die EZB erhöhte daraufhin den Umfang ihrer Offenmarktgeschäfte, um zusätzliche Reserven bereitzustellen, wodurch der Zins im Interbankenmarkt sich dem Zins der Einlagefazilität annäherte. Seit Oktober 2008 können sich Banken im Euro-System zudem wöchentlich unbegrenzt Reserven zum Hauptrefinanzierungszinssatz bei ihrer NZB leihen. Nach Ausbruch der Finanzkrise haben diese Kredite den Großteil des Interbankenhandels ersetzt.

Schließlich änderte sich die Art der Offenmarktpolitik im Euro-System. Während bis Mitte 2009 die Offenmarktoperationen fast ausschließlich aus kurzfristigen Repo-Geschäften bestanden, begann man nun mit diversen Ankaufprogrammen, die in Tabelle 9.2 zusammengefasst sind.
Bis 2014 wurden alle Ankaufprogramme **sterilisiert**: Die durch die Ankäufe gestiegene Reservemenge wurde dem Interbankenmarkt an anderer Stelle wieder entzogen, z. B. durch den Verkauf von Devisen oder anderen Vermögenswerten, um so eine weitere Ausweitung der Zentralbankgeldmenge zu verhindern. EZB-Präsident Trichet bezeichnete die Ankaufprogramme daher als »Credit Easing«, um sie von den im Euro-Raum zu dieser Zeit unpopulären Programmen der quantitativen Lockerung abzugrenzen. Die Ziele des Credit Easing waren denen von QE aber sehr ähnlich, da Kreditinstitute von risikoreichen Wertpapieren befreit und die Wertpapierkurse stabilisiert werden sollten, um so mögliche Eigenkapitalbeschränkungen des Bankensektors zu lockern, die Verfügbarkeit von Sicherheiten zu erhöhen und die langfristigen Zinsen zu senken. Da Banken sich zu dieser Zeit bereits unbegrenzt Reserven zum Hauptre-

139 Die Euro-Gruppe ist ein Gremium der Europäischen Kommission, in dem die Euro-Mitgliedsländer ihre Wirtschafts- und Finanzpolitik koordinieren.

finanzierungszinssatz bei ihrer NZB leihen konnten, war ein reibungsloser Zahlungsausgleich zwischen den Banken auch ohne eine weitere Erhöhung der Reserveguthaben gewährleistet.

Name	Laufzeit	Wertpapierart	Umfang
Sterilisierte Ankäufe (»Credit Easing«)			
Covered Bond Purchase Programme 1 (CBPP1)	07/2009 – 06/2010	gedeckte Schuldverschreibungen	60 Mrd. Euro
Securities Markets Programme (SMP)	05/2010 – 09/2012	Staatsanleihen bestimmter Euro-Staaten	218 Mrd. Euro
Covered Bond Purchase Programme 2 (CBPP2)	11/2011 – 10/2012	gedeckte Schuldverschreibungen	16 Mrd. Euro
Outright Monetary Transactions (OMT)	seit 09/2012	Euro-Staatsanleihen (gegen Auflagen des EFSF/ESM)	offen
Asset Purchase Programme (APP) Das Programm endete in Dezember 2018, die Einnahmen aus den Wertpapierkäufen wurden aber wieder angelegt.			
Covered Bond Purchase Programme 3 (CBPP3)	10/2014 – 12/2018	gedeckte Schuldverschreibungen	Monatliche Ankäufe des APP seit März 2015 03/15 – 03/16: 60 Mrd. Euro 04/16 – 03/17: 80 Mrd. Euro 04/17 – 12/17: 60 Mrd. Euro 01/18 – 09/18: 30 Mrd. Euro 10/18 12/18: 15 Mrd. Euro
Asset-Backed Securities Purchase Programme (ABSPP)	11/2014 – 12/2018	forderungsbesicherte Wertpapiere	
Public Sector Purchase Programme (PSPP)	03/2015 – 12/2018	Euro-Staatsanleihen (außer Griechenland) nach festgelegtem Schlüssel	
Corporate Sector Purchase Programme (CSPP)	06/2016 – 12/2018	auf Euro lautende Investment-Grade-Anleihen von Unternehmen	

Tab. 9.2: Ankaufprogramme des Euro-Systems im Überblick.
Quelle: Bundesbank; eigene Darstellung.

Die diskretionären Ausgabenerhöhungen der Euro-Mitgliedsländer zur Bekämpfung der Finanzkrise führten zu steigenden Schuldenquoten. In den meisten Währungsräumen sind Zinsen auf Staatsanleihen vergleichsweise gering, weil Anleger sie als sichere Wertpapiere einstufen, da die Zentralbank sie im Notfall ankaufen wird, um die eigene Regierung vor einer Zahlungsunfähigkeit zu bewahren. Aufgrund der fehlenden gesamteuropäischen Staatsanleihen im Euro-Raum, des streng ausgelegten Staatsfinanzierungsverbots der EZB und der Nichtbeistandsklausel wurde das Risiko einer Zahlungsunfähigkeit bei einigen Mitgliedsländern im Euro-Raum jedoch als sehr hoch eingeschätzt und die Anleihen dementsprechend als sehr riskant eingestuft. Diesen Ländern drohte eine Schuldenspirale, in der zusätzliche Kredite aufgenommen werden müssen, um die Zinsen für vorangegangene Kredite zu zahlen, was wiederum zu steigenden Zinsen und Schulden führt (die klassische Ponzi-Finanzierung).

2010 wurde daher die **European Financial Stability Facility (kurz EFSF)** gegründet, um überschuldeten Ländern günstigere Kredite zu geben. Sie finanziert sich durch die Ausgabe von verzinsten Anleihen am Geldmarkt und wurde in 2012 vom **European Stability Mechanism (kurz ESM)** abgelöst. Da alle Euro-Mitgliedsländer anteilig haften, können die Anleihen des ESM zu günstigen Konditionen emittiert werden. Hierdurch kann der ESM günstige Kredite vergeben, Finanzinstitute rekapitalisieren (z. B. durch Aktienkauf) oder unter gewissen Umständen Staatsanleihen der betroffenen Länder am Primär- oder Sekundärmarkt kaufen. Kreditaufnehmenden Mitgliedsländern wurden jedoch wirtschaftspolitische Auflagen verhängt. Zwischen 2011 und 2018 erhielten Irland, Portugal, Spanien, Zypern und Griechenland Kredite aus EFSF und ESM, die in den kommenden Jahrzehnten zurückgezahlt werden sollen.

Die Regierungen im Euro-Raum profitierten zudem vom Ankauf staatlicher Anleihen im Rahmen der Credit-Easing-Programme, da diese die Zinsen auf staatliche Schuldverschreibungen senkten. Das **Securities Markets Programme (SMP)** (2010–2012) sowie das **Public Sector Purchase Programme (PSPP)** (2014–2018) wurden insbesondere von deutschen Ökonominnen daher als Verstoß gegen das Verbot der Staatsfinanzierung gewertet. Da die Ankäufe der EZB die Kreditkosten der Mitgliedsländer senkten, setzten sie den oben beschriebenen Disziplinierungsmechanismus außer Kraft. Der Wechsel von kreditbasierten Offenmarktgeschäften zu endgültigen Ankäufen führte daher im Euro-Raum zu einer besonders kontroversen Diskussion, die in anderen Währungsräumen in dieser Intensität nicht stattfand.

In 2010/11 schien sich der Interbankenmarkt langsam zu erholen und der Zins für Übernachtkredite näherte sich wieder dem Hauptrefinanzierungssatz an. Zudem erholte sich das reale BIP im Euro-Raum und stieg in diesen beiden Jahren im Durchschnitt um ca. 1,9 %, nachdem es 2009 um ca. 4,3 % eingebrochen war. Unter der Führung des damaligen Zentralbankpräsidenten Jean-Claude Trichet nahm die EZB diese Entwicklung zum Anlass, die Zinsen schrittweise wieder anzuheben, was sich als die größte Fehlentscheidung ihrer bisherigen Geschichte entpuppen sollte. Die Zinserhöhung kam zu früh, erschwerte die Umschuldung im Privatsektor und führte 2012 zu einem Einbruch des realen BIP um ca. 0,4 %.

Mario Draghi übernahm im September 2011 die Präsidentschaft und der EZB-Rat senkte am 09.11. und 14.12.2011 aufgrund des erneuten wirtschaftlichen Einbruchs wieder die Zinsen. Am 12.12.2011 sowie am 01.03.2012 änderte das Euro-System zudem ein weiteres Mal seine Strategie und nutze umfangreiche längerfristige Refinanzierungsoperationen (**Long-Term Refinancing Operations, LTRO**), um den Bankensektor für drei Jahre mit Reserven im Umfang von rund 1.000 Mrd. Euro zu versorgen. Hierdurch sollte dieser von weiteren Panikverkäufen seiner Vermögenswerte abgehalten werden. Mario Draghi bezeichnete die Maßnahme in Anlehnung an ein deutsches Geschütz aus dem Ersten Weltkrieg als »Dicke Bertha«. Die Banken reduzierten gleichzeitig ihre kurzfristigen Kredite, sodass der Nettoeffekt lediglich 521 Mrd. Euro betrug. Bereits nach einem Jahr begann der Bankensektor, einen Großteil der LTRO-Kredite zu tilgen. Zudem wurde im Dezember 2011 die Mindestreserveverpflichtung von 2 % auf 1 % herabgesetzt und die Anforderungen an notenbankfähige Sicherheiten ein weiteres Mal gelockert, um eine reibungslose Kreditaufnahme privater Banken zu gewährleisten.

Trotz des temporären Staatsanleiheankaufprogramms SMP stiegen die Zinsen vieler europäischer Staatsanleihen in 2012 stark an, wie Abbildung 9.6 zeigt. Zu dieser Zeit begannen die Anleger, sowohl ein Insolvenzrisiko wie auch das Risiko eines Euro-Austritts einzupreisen. Sollte ein Mitgliedsland den Euro-Raum verlassen, könnte es seine Anleihen in einer neuen Währung notieren, die im Anschluss voraussichtlich stark abwerten würde, wodurch die Anleger weniger Euro für die Staatsanleihe zurückbekommen würden. Am 26.07.2012 kündigte EZB-Präsident Mario Draghi daher an, dass die EZB alles tun werde, um den Euro zu erhalten (»**whatever it takes**«). Dies wurde als Ankündigung eines im Notfall unbegrenzten Staatsanleiheankaufprogramms gewertet und beruhigte den Staatsanleihemarkt, weil die Schuldverschreibungen als risikolos angesehen wurden, wenn die EZB sie notfalls ankaufen würde. Spekulationen auf mögliche Staatspleiten oder Euro-Austritte wurde hierdurch Einhalt geboten und die Risikoaufschläge sanken, obwohl zunächst keine weiteren Anleihen angekauft wurden.

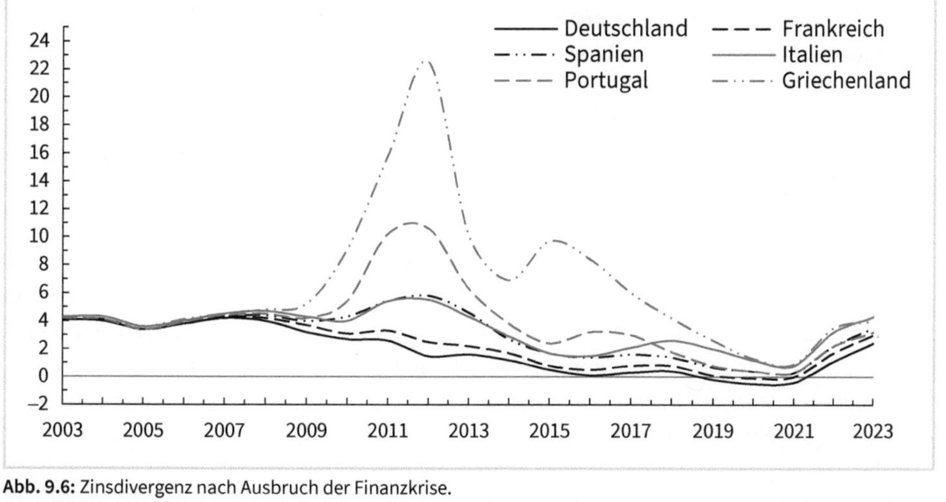

Abb. 9.6: Zinsdivergenz nach Ausbruch der Finanzkrise.
Anmerkungen: Langfristige nominale (auf das Jahr gerechnete) Renditen für Staatsanleihen mit 10-jähriger Restlaufzeit.
Quelle: AMECO.

Im September wurden vom EZB-Rat zusätzlich die sogenannten **Outright Monetary Transactions (OMT)** beschlossen. Die EZB erklärte sich bereit, Anleihen von Ländern anzukaufen, die bereits vom ESM finanziell unterstützt werden und die dort vereinbarten Bedingungen einhalten. Auch hier sollte durch Sterilisation eine Erhöhung des Geldmengenwachstums verhindert werden. Die Ankündigung des OMT-Programms hat die Bereitschaft der EZB, Staatspleiten abzuwenden, noch einmal bekräftigt und die Zinsen der Euro-Staatsanleihen weiter gesenkt, bis heute hat aber kein Land das OMT-Programm in Anspruch genommen. Die Ankäufe im Rahmen der »Credit Easing«-Programme liefen in 2012 aus. Die angekauften Papiere wurden bis zu ihrer Fälligkeit in der Bilanz der EZB gehalten.

Aufgrund der schwachen wirtschaftlichen Erholung im Euro-Raum entschied die EZB, weitere Maßnahmen zu ergreifen. Zwischen 2014 und 2018 kaufte das Euro-System schließlich staatliche wie private Anleihen im Rahmen des **APP (Asset Purchase Programme)** auf, das in viele Unterprogramme gegliedert war und auch offiziell als quantitative Lockerung bezeichnet wurde. Die Auswirkungen der Ankaufprogramme auf die Zinsstrukturkurve des Euro-Raums sind in Abbildung 9.7 dargestellt. Im September 2008 haben die Finanzmärkte geahnt, dass eine Rezession bevorstand, und daher eine leichte Zinssenkung in den folgenden drei Jahren erwartet. Im Anschluss wurde jedoch eine rasche Zinserhöhung erwartet. Offensichtlich gingen die Finanzmärkte davon aus, dass die Krise vor allem die USA betreffen würde und im Euro-Raum schnell überwunden wäre, sodass die EZB die Zinsen anheben könnte, weil die wirtschaftliche Entwicklung wieder an Fahrt gewinnt. 2009 hatte die EZB das kurzfristige Zinsniveau bereits deutlich gesenkt und die Marktteilnehmer gingen weiterhin davon aus, dass die Zinsen in Kürze wieder ansteigen. Da in den darauffolgenden Jahren die Inflation jedoch gering blieb und die Wachstumsraten sich nur sehr langsam und vor allem sehr ungleich erholten, sah sich die EZB dazu gezwungen, die Zinsen immer weiter zu senken, und startete ab 2015 mit den Anleihekaufprogrammen im Sinne der quantitativen Lockerung. Wie Abbildung 9.7 zeigt, gelang es ihr in den Folgejahren, auch das langfristige Renditeniveau für Anleihen mit AAA-Bewertung auf einen Wert unter null zu drücken.

Wie in Abschnitt 5.2.4 gezeigt, führte der Anstieg der Überschussreserven dazu, dass sich der Interbankenzins immer stärker seiner Untergrenze näherte. Am 11.06.2014 sanken Einlagen- und Interbankenzins sogar in den negativen Bereich. Banken konnten sich also unbegrenzt und zu geringen Zinsen mit Liquidität versorgen (ab März 2016 betrug der Hauptrefinanzierungszinssatz null), zahlten aber eine Art Strafe, wenn sie überschüssige Reserven horteten. Die mediale Hoffnung, dass sich hierdurch die Kreditvergabe an den Unternehmenssektor erhöhen werde, war unbegründet und beruhte auf dem typischen Missverständnis, dass Banken Reserven für die Kreditvergabe benötigen würden. Fehlende Reserven waren aber zu keinem Zeitpunkt der Grund für die geringe Kreditvergabe. Es fehlte an Kreditnehmern, die aussichtsreiche Investitionsprojekte umsetzen wollten.

Da Banken ihre Überschussreserven nicht eigenständig verringern konnten, solange die EZB weiterhin Anleihen ankauft, haben sie die zusätzlichen Kosten aufgrund negativer Zinsen vermutlich weitergegeben. In Abschnitt 2.3.1 haben wir bereits diskutiert, dass hierzu Kontoführungsgebühren wieder eingeführt wurden. Zudem könnten Banken ihre Gewinnaufschläge erhöht haben, um die zusätzlichen Kosten zu kompensieren. Beides wäre einer Erholung der wirtschaftlichen Entwicklung tendenziell abträglich. Die Politik der negativ verzinsten Einlagefazilität hat aber noch zwei weitere Effekte: Zum einen führen negative Zinsen im Euro-Raum dazu, dass Anleger ihr Geld aus dem Euro-Raum abziehen und in anderen Währungsgebieten anlegen. Dies führt tendenziell zu einer Abwertung des Euros, was wiederum europäische Exportgüter attraktiver macht. Hierdurch wurde der Exportüberschuss der Euro-Zone vergrößert, was die wirtschaftliche Entwicklung förderte. Zum anderen wirkt sich die negativ verzinste Ein-

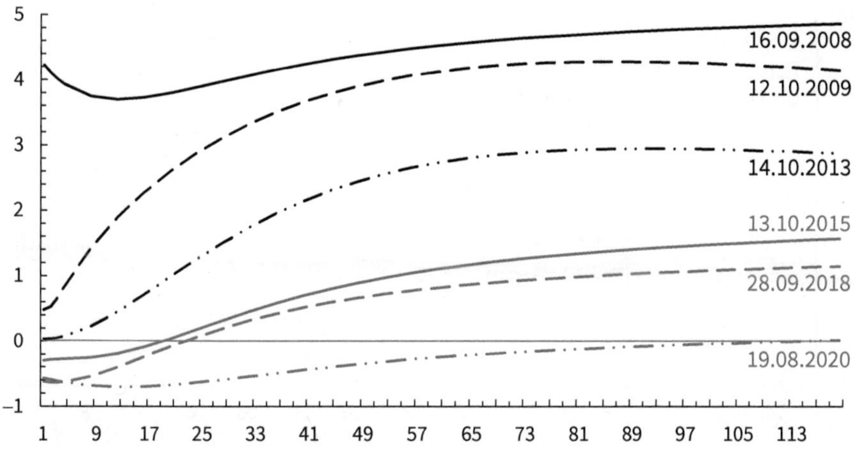

Abb. 9.7: Entwicklung der Zinsstruktur im Euro-Raum nach der GFK.
Anmerkungen: Effektive Rendite (in %) für Bonds mit AAA-Bewertung in Abhängigkeit ihrer Restlaufzeit (in Quartalen).
Quelle: https://www.ecb.europa.eu/stats/financial_markets_and_interest_rates/euro_area_yield_curves/html/index.de.html.

lagefazilität auf die Staatsanleihezinsen aus, weil Banken bereit sind, staatliche Anleihen zu einem Zins zu kaufen, der nur geringfügig höher ist als der Zins der Einlagefazilität. Daher haben Banken sogar langfristige deutsche Schuldverschreibungen mit negativer Rendite gekauft, weil sie so ihren Reserveüberschuss sowie die Zinszahlungen an die EZB verringern konnten.

9.2.4 Entwicklung der TARGET2-Salden

Der Zusammenbruch des europäischen Interbankenmarkts sowie die geldpolitischen Maßnahmen seit der Euro-Krise haben sich auch auf die TARGET2-Salden ausgewirkt, wie Abbildung 9.8 zeigt. Die Entwicklung der Salden lässt sich in vier Phasen einteilen (vgl. Bundesbank (2017)). Nach Einführung des Euros wurde der überwiegende Teil des innereuropäischen Zahlungsverkehrs über Kredite auf dem Interbankenmarkt abgewickelt. In der **ersten Phase** waren die TARGET2-Salden daher gering und für einzelne Mitgliedsländer manchmal positiv und manchmal negativ. Mit dem Ausbruch der Finanzkrise begann die **zweite Phase**, in der die Unsicherheit im Interbankenmarkt stieg. Aufgrund des höheren Kreditausfallrisikos wurde der Überweisungsverkehr zunehmend über die NZBen und das TARGET2-System abgewickelt.

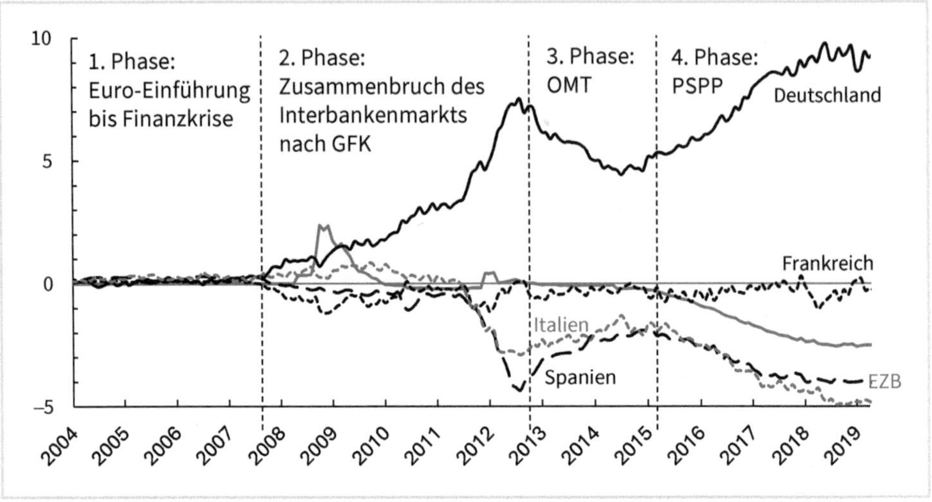

Abb. 9.8: TARGET2-Salden ausgewählter Länder im Euro-Raum (in 100 Mrd. Euro).
Anmerkung: Monatsdaten.
Quelle: http://www.eurocrisismonitor.com (Universität Osnabrück).

Allein anhand der Salden lässt sich nicht erkennen, bei welchen Überweisungen keine Interbankenkredite mehr vergeben wurden. Auch bei einem im Aggregat ausgeglichenen Überweisungsverkehr zwischen zwei Ländern können TARGET2-Salden entstehen, sofern der Bankensektor eines Landes im größeren Umfang Interbankenkredite an den Bankensektor des anderen verweigert als umgekehrt. Nur wenn jede individuelle Bank exakt so hohe Überweisungen von Banken anderer Länder erhält, wie es Überweisungen an genau diese Banken tätigt, ist ein TARGET2-Saldo unmöglich, weil dann keine Bank einen individuellen Saldo ggb. einer ausländischen Bank besitzt.

Da das Euro-System seit Beginn der Finanzkrise den Banken jede Reservemenge zur Verfügung stellt, zusätzlich durch umfangreiche Anleiheankäufe das Reserveangebot erhöht hat und weniger am Interbankenmarkt gehandelt wurde, kann der hohe Überweisungsverkehr nach Deutschland (aufgrund der Exportüberschüsse) den Aufbau von TARGET2-Forderungen begünstigten. Im Falle eines vollständigen Zusammenbruchs des Interbankenhandels würden alle Überweisungen über die NZBen abgerechnet werden, sodass jede Überweisung nach Deutschland auch die TARGET2-Forderungen der Bundesbank erhöhen würde. Überweisungen aufgrund von internationalen Geldvermögensumschichtungen führen aber ebenso zu TARGET2-Salden, sofern diese nicht über Interbankenkredite abgewickelt werden. Wenn Kunden ihrer Bank misstrauen und ihre Einlagen an vermeintlich besser situierte Banken in Deutschland überweisen, um Verlusten im Falle einer Insolvenz von einheimischen Banken zu entgehen (sogenannte **Kapitalflucht**), führt auch dies zu einem Anstieg der deutschen TARGET2-Salden, sofern die deutsche Bank aufgrund des Ausfallrisikos keinen Interbankenkredit vergibt. Nach den Zinserhöhungen in 2011 verschärfte sich die Euro-Krise sowie das Misstrauen im Interbankenmarkt und die TARGET2-Salden stiegen vermutlich auch aufgrund dieses Effekts weiter an.

Die **dritte Phase** der TARGET2-Entwicklung beginnt mit Mario Draghis Ankündigung, alles zu tun, um den Euro zu retten. In Verbindung mit der Ankündigung des OMT-Programms (auch wenn dieses nicht genutzt wurde) beruhigte dies die Marktteilnehmer. Viele Banken zahlten die Kredite aus den längerfristigen Refinanzierungsoperationen des Euro-Systems bereits vorzeitig zurück und ersetzten diese mit Krediten am Interbankenmarkt. Hierdurch sanken die TARGET2-Salden wieder.

Das Asset Purchase Programme (APP) leitete die **vierte Phase** der TARGET2-Entwicklung ein. Hierbei wurden die NZBen im Rahmen des **Public Sector Purchase Programme (PSPP)** angehalten, Staatsanleihen ihrer eigenen Regierung zu kaufen. Ein Teil dieser Staatsanleihen wurde von nicht-europäischen Anlegern gehalten, deren Banken ihren Zahlungsverkehr nach Europa vielfach über Korrespondenzbanken in den großen Finanzzentren abwickeln, wozu auch der Standort Frankfurt gehört. Sie greifen daher über die Bundesbank auf das TARGET2-System zu. Durch den Anleiheankauf der NZBen von nicht-europäischen Geschäftspartnern stiegen daher zwangsläufig auch die TARGET2-Forderungen der Bundesbank wieder an. Dies ist im Folgenden beispielhaft anhand eines Ankaufs spanischer Staatsanleihen der spanischen Zentralbank (Bank of Spain) von einem US-Investor gezeigt:

EZB	
+ TARGET2-Forderung Bank of Spain	+ TARGET2-Verbindlichkeit Bundesbank

Bank of Spain	
+ Staatsanleihen	+ TARGET2-Verbindlichkeit

Bundesbank	
+ TARGET2-Forderung	+ Reserven

Geschäftsbank USA (GBU)	
+ Forderung KBD	+ Einlagen

Korrespondenzbank DEU (KBD)	
+ Reserven	+ Verb. GBU

Der US-Investor verkauft die Anleihe an die spanische Zentralbank und erhält dafür Einlagen auf seinem US-Konto gutgeschrieben. Die US-Geschäftsbank erhält im Ausgleich eine Forderung ggb. ihrer deutschen Korrespondenzbank, die wiederum Reservegutschriften bei der Bundesbank erhält. Die TARGET2-Forderungen der Bundesbank sowie die TARGET2-Verbindlichkeiten der Bank of Spain werden entsprechend erhöht, weil die Überweisung von Spanien in die USA über eine deutsche Geschäftsbank abgewickelt wurde.

Zudem kaufte auch die EZB Anleihen auf, wodurch sie einen negativen TARGET2-Saldo erzielte, weil ihre Verbindlichkeiten ggb. den NZBen stiegen, die das Reservekonto der Bank der Anleiheverkäufer führten. Die folgenden Bilanzen zeigen, wie die EZB eine Anleihe von einem Anleger abkauft, der sein Konto bei einer deutschen Bank führt:

EZB	
+ Anleihe	+ TARGET2-Verbindlichkeit Bundesbank

Bundesbank	
+ TARGET2-Forderung	+ Reserven

Geschäftsbank Deutschland	
+ Reserven	+ Einlagen

Der Anleger bekommt für den Verkauf der Anleihe Einlagen bei seiner deutschen Geschäftsbank gutgeschrieben. Diese erhält im Gegenzug Reserveguthaben bei der Bundesbank, die zum Ausgleich eine Forderung gegen das TARGET2-System der EZB erhält. Hätte die EZB Anleihen von einer Bank gekauft, hätte diese die Anleihen direkt gegen Reserveguthaben bei der Bundesbank getauscht.

Die TARGET2-Forderungen der Bundesbank belaufen sich inzwischen auf über 1.000 Mrd. Euro und haben eine kontroverse Diskussion über mögliche Verlustrisiken entfacht. Hierzu ist klarzustellen, dass Verluste aus den TARGET2-Forderungen immer das gesamte Euro-System betreffen und nach dem Kapitalschlüssel der Mitgliedsländer aufgeteilt werden. Das Risiko der Bundesbank wäre also genau so groß, wenn jede andere NZB einen positiven TARGET2-Saldo gleicher Höhe aufweisen würde. Kredite der NZBen an ihren Geschäftsbankensektor, die dazu dienen, den Zahlungsverkehr ohne Interbankenkredite abzuwickeln, sind zudem besichert. Ein Kreditausfall würde zunächst die NZB treffen, die diesen ggf. über Verkauf der Sicherheiten kompensieren könnte. Da die TARGET2-Salden verzinst werden, erhält die Bundesbank seit Anstieg des Hauptrefinanzierungssatzes in 2022 zudem Zinserträge aus ihren TARGET2-Forderungen.

Das TARGET2-System hat auch nach 2008 einen reibungslosen Zahlungsverkehr in der Euro-Zone ermöglicht, wovon vor allem Netto-Exportländer wie Deutschland profitieren. Zudem ist bei einer Überweisung die Bezahlung auf der privatwirtschaftlichen Ebene vollständig erfolgt. Beim Kauf ausländischer Güter verliert der Käufer Einlagen, die dem Verkäufer gutgeschrieben werden. Statt einer Forderung ggb. einer anderen Bank erhält die Bank des Verkäufers Reservegutschriften bei der Zentralbank, die zum Zins der Einlagefazilität verzinst werden, der dem Interbankenzins entspricht. Die Bank des Käufers verliert hingegen Reservegutschriften bei ihrer Zentralbank, die zum Zins der Einlagefazilität verzinst worden wären. Muss sie sich diese von der Zentralbank leihen, zahlt sie hierfür den etwas höheren Hauptrefinanzierungszinssatz der wöchentlichen Offenmarktgeschäfte bzw. den noch etwas höheren Zins der Kreditfazilität. So gesehen hat das TARGET2-System funktioniert und die richtigen Anreize gesetzt.[140]

140 Bei negativem Einlagenzins verlieren Banken, die aufgrund internationaler Überweisungen überschüssige Reservegutschriften reduzieren, keine Zinseinnahmen aus der Einlagefazilität mehr, sondern müssen weniger Zinsen zahlen. Dies liegt aber nicht am TARGET2-System, sondern am negativen Zinssatz.

Vor allem deutsche Banken, die Überweisungen aus dem europäischen Ausland empfingen, aber keine Interbankenkredite vergeben wollten, konnten mithilfe des TARGET2-Systems das Risiko eines Kreditausfalls verringern. Wie im inländischen Überweisungsverkehr bekommen diese statt einer zum Interbankenzins verzinsten Forderung gegenüber einer anderen Bank eine zum Einlagenzins verzinste Reservegutschrift bei ihrer NZB. Im nationalen Zahlungsverkehr würde eine Geschäftsbank, die keinen Interbankenkredit bekommt, sich ebenfalls Reserven von der NZB leihen. Die NZB würde statt der TARGET2-Forderung, die zum Hauptrefinanzierungszinssatz verzinst wird, eine besicherte Forderung ggb. einer nationalen Geschäftsbank erhalten, die zum Zins der Kreditfazilität verzinst wird. Von der Bilanzverlängerung der EZB abgesehen, hat sich durch die TARGET2-Ungleichgewichte also wenig geändert.

Ein nennenswerter Verlust würde aufgrund der TARGET2-Salden nur dann eintreten, wenn ein Land, das einen negativen TARGET2-Saldo besitzt, die Euro-Zone verlässt. Würde dieses Land seine Zahlungsunfähigkeit erklären und ihre NZB die TARGET2-Verbindlichkeiten nicht zurückzahlen, müsste die EZB ihre Forderungen gegenüber dieser NZB abschreiben. Dies hätte zwei Effekte: Zum einen würden die zukünftigen Zinseinnahmen aus den Forderungen wegfallen, wodurch sich die Gewinne der EZB verringern würden oder sogar Verluste entstünden. Verluste müssten zwar nicht ausgeglichen werden, die geringeren Gewinnausschüttungen der EZB an die NZBen würden dort aber die Gewinne reduzieren, was wiederum Ausschüttungen an die nationalen Regierungen verringert.

Zum anderen führt der Ausfall von Forderungen sowie mögliche Verluste zu einem Rückgang des Eigenkapitals der EZB. Ein Teil dieses Rückgangs würde über die Anteilsrechte der NZB aufgefangen werden, die den Währungsraum verlässt. Ein weiterer Rückgang des Eigenkapitals könnte durch zukünftige einbehaltene Gewinne oder Einzahlungen der nationalen Regierungen ausgeglichen werden. Die EZB könnte die Forderungen aber auch gemäß dem Kapitalschlüssel mit Ausgleichsforderungen ggb. den nationalen Regierungen ersetzen, um einen Rückgang des Eigenkapitals zu verhindern. Diese könnten eine unendliche Laufzeit haben und zum Hauptrefinanzierungszinssatz verzinst werden. Da auch die TARGET2-Forderungen zum Hauptrefinanzierungssatz verzinst werden, würden Zentralbankverluste so verhindert werden. Die Regierungen müssten zudem keine höher verzinsten langfristigen Anleihen ausgeben, um Reserven zu bekommen, mit denen sie das Eigenkapital der EZB erhöhen können. Wie in Abschnitt 9.1.3 erwähnt, kann eine Zentralbank letztlich aber auch mit negativem Eigenkapital noch Geldpolitik betreiben.

9.2.5 Krisenpolitik: USA vs. Euro-Raum

Die geldpolitische Reaktion auf die Finanzkrise war in den USA und im Euro-Raum ähnlich, auch wenn die EZB ihre Ankaufprogramme etwas später und zaghafter durchgeführt hat. Dennoch ist die Entwicklung beider Währungsräume sehr unterschiedlich verlaufen, wie Abbildung 9.9 zeigt.

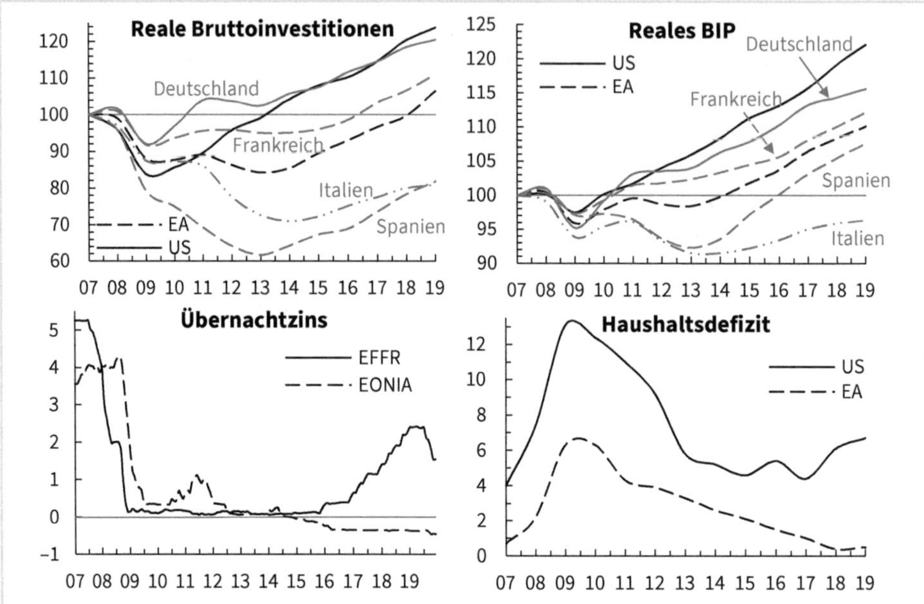

Abb. 9.9: Geld- und Fiskalpolitik in den USA und im Euro-Raum nach der Finanzkrise.
Anmerkungen: Reale Bruttoinvestitionen und reales BIP wurden in 2007 auf 100 normiert; *EA:* Euro-Zone, *US:* USA, *EFFR:* Effective Fed Funds Rate, *EONIA:* Euro OverNight Index Average, *Haushaltsdefizit:* Staatliche Neuverschuldung in % des BIP.
Quelle: AMECO, FRED; eigene Berechnungen.

2009 sind die preisbereinigten Investitionen in allen betrachteten Ländern eingebrochen, weil der Unternehmenssektor hoch verschuldet und die Gewinnerwartungen sehr schlecht waren. Das Ausmaß der Investitionsschwäche ist aber unterschiedlich ausgefallen. Während der Rückgang in der Euro-Zone im Durchschnitt etwas schwächer ausfiel als in den USA, waren die Folgen persistenter und in einzelnen Euro-Mitgliedsstaaten auch deutlich ausgeprägter. Die Entwicklung des preisbereinigten BIP in den betrachteten Ländern ist ein Spiegelbild dieser Investitionsdynamik.[141] Die geldpolitische Lockerung der FED war schneller, stärker und lang anhaltender als die der EZB. Die Zinserhöhungen unter Jean-Claude Trichet in 2011 stoppten die ohnehin langsame Erholung der Euro-Zone und führten zu einem erneuten Einbruch der wirtschaftlichen Entwicklung. Die USA verzeichneten hingegen einen ungebrochenen Anstieg von Investitionen und BIP – wenn auch bei einer etwas geringeren Wachstumsrate als vor der Krise.

In Kapitel 7 wurde kontrovers diskutiert, ob die gesamtwirtschaftliche Stabilisierung ausschließlich von der Zentralbank übernommen werden sollte. Die Mehrheit der Ökonominnen befürwortet zumindest in Krisen eine Unterstützung der wirtschaftlichen Entwicklung durch fiskalpolitische Maßnahmen, da Zinssenkungen ggf. nicht ausreichen, genügend private Investitionen anzuregen. Die staatlichen Haushaltsdefizite in Abbildung 9.9 illustrieren, dass die US-Regierung die wirtschaftliche Entwicklung deutlich stärker unterstützt hat. Ein Vergleich der prozentualen Neu-

141 In Griechenland brach das preisbereinigte BIP um mehr als 25 % ein und hat sich seitdem nicht wieder erholt. In 2023 betrug das reale BIP ca. 80 % des Niveaus von 2007.

verschuldung im Euro-Raum mit der amerikanischen zeigt, dass die USA von Beginn der Krise an einen deutlich expansiveren fiskalpolitischen Kurs eingeschlagen haben. Dies ist besonders deutlich, wenn man berücksichtigt, dass das BIP im Euro-Raum in 2012 und 2013 noch mal gesunken ist, was den Finanzierungssaldo im Verhältnis zum BIP tendenziell erhöht.

Die FED hat Ende 2015 schließlich begonnen, ihre Zinsen langsam wieder anzuheben, weil mit der wirtschaftlichen Erholung auch die Inflationsraten wieder anstiegen. Die EZB sah sich dagegen im März 2016 gezwungen, ihren Hauptrefinanzierungszinssatz auf null zu senken. Auch wenn sich das Wachstum der USA nicht vollständig auf den Arbeitsmarkt übertrug, zeigt die Entwicklung, dass die Mischung aus einer expansiven Geld- und Fiskalpolitik deutlich erfolgreicher war als der europäische Gegensatz aus Haushaltsdisziplin und Zinssenkungen. Die expansiv ausgerichtete Geldpolitik wurde aufgrund der strengen Verschuldungsregeln im Euro-Raum von einer sehr restriktiven Fiskalpolitik konterkariert, die eine rasche Erholung verhinderte.

Die vergleichsweise schwache wirtschaftliche Dynamik des Euro-Raums lässt sich auch anhand der Wachstumsraten des realen BIP in Tabelle 9.3 erkennen. In der Zeit von 2008 bis 2013 ist in den gezeigten Ländern lediglich in der Euro-Zone das preisbereinigte BIP gefallen. Selbst wenn man positiv anmerken kann, dass die Wachstumsraten seit 2014 besser ausgefallen sind, ist die Entwicklung von 2008 bis 2018 wesentlich schlechter verlaufen als in allen anderen betrachteten Ländern. Auch im historischen Vergleich ist die Entwicklung ausgesprochen schwach.

	81–91	92–98	99–07	08–13	14–18	08–18
Euro-Zone:	2.92	1.94	3.15	–0.39	2.15	0.79
Deutschland	3.16	1.30	2.32	0.59	2.05	1.39
Griechenland	1.21	2.40	5.85	–5.26	0.70	-2.36
Spanien	3.71	2.62	5.81	–1.71	3.17	0.45
Frankreich	2.77	1.94	3.27	0.42	1.58	0.96
Italien	2.57	1.52	1.85	–1.52	1.15	-0.33
Portugal	4.45	2.80	2.53	–1.58	2.58	0.24
Schweden	2.23	2.61	4.91	1.05	2.99	2.11
Vereinigtes Königreich	3.30	3.40	4.16	0.55	1.93	1.36
Schweiz	2.15	1.28	3.68	1.07	1.96	1.64
Australien	3.06	4.69	5.35	2.86	2.59	2.89
Kanada	2.27	3.55	4.70	1.50	1.69	1.80
Neuseeland	1.09	4.35	5.31	2.12	3.94	3.25
USA	3.50	4.05	4.23	1.14	2.55	1.94

Tab. 9.3: Wachstumsraten ausgewählter Länder zwischen 1981 und 2018
Anmerkungen: Annualisierte Wachstumsraten des realen BIP: Reales BIP am Ende des Zeitraums geteilt durch reales BIP am Anfang des Zeitraums geteilt durch Anzahl der betrachteten Jahre.
Quelle: Ehnts & Paetz (2021).

Kernpunkte Kapitel 9.2

- Das **TARGET2-System** dient dem **grenzüberschreitenden Zahlungsverkehr** im Euro-Raum. Da nationale Geschäftsbanken ihr Reservekonto bei ihrer NZB führen und nicht bei der EZB, entstehen ggf. Forderungen und Verbindlichkeiten der NZBen ggb. dem Euro-System.
- **TARGET2-Salden besitzen keine Fälligkeit** und sind daher keine Kredite bzw. Schulden im herkömmlichen Sinne, sondern **Verrechnungssalden.**
- Die TARGET2-Salden sind **Folgen der Unsicherheit im Interbankenmarkt und der Wertpapierkäufe des Euro-Systems.**
- Die USA haben im Vergleich zum Euro-Raum eine **schnellere, aggressivere und länger anhaltende expansive Geldpolitik** betrieben, die **von steigenden staatlichen Ausgaben begleitet** wurde. Die **Austeritätspolitik im Euro-Raum** in Kombination mit einer **zunächst unentschlossenen geldpolitischen Reaktion** hat zu einer **Verlängerung der Krise** im Euro-Raum beigetragen.

9.3 Geldpolitische Instrumente der FED nach 2008

In Abschnitt 5.2.2 wurde die historische Entwicklung der geldpolitischen Instrumente der FED zur Steuerung der kurzfristigen Zinsen bis zur Finanzkrise skizziert. In den darauffolgenden Jahren hat sich die US-Zinssteuerung ein weiteres Mal stark verändert, weil die kurzfristigen Zinsen am Repo-Markt außer Kontrolle gerieten. Die FED entwickelte daher Fazilitäten für Schattenbanken, um die Übernachtzinsen am Repo-Markt einzugrenzen. So wurden einige der unkonventionellen Maßnahmen in das Standardrepertoire der konventionellen Zinssteuerung aufgenommen. Da die FED nun mit Repo-Händlern Anleihen und Liquidität in beide Richtungen tauscht, wurde sie zum **Market-Maker of last resort (MMOLR)**. Die folgenden Abschnitte werden die Ursachen und Konsequenzen dieser Entwicklung analysieren.

9.3.1 Verzinsung von Überschussreserven und die »ON RRP«-Fazilität

Nach dem Zusammenbruch des Immobilienmarkts begann die FED, ab August 2007 den Zins ihrer Kreditfazilität in elf Schritten bis Dezember 2008 von 6,25% auf 0,5% zu senken. Im Oktober 2008 führte man zudem eine Verzinsung von Überschussreserven ein (**interest on excess reserves, kurz IOER**), um den Interbankenzins besser kontrollieren zu können. Der Zins für Übernachtkredite sank jedoch unter den Zinssatz auf Überschussreserven, der ja eigentlich eine Untergrenze im Übernachthandel definieren sollte. Der Grund hierfür ist, dass ein großer Anteil der unbesicherten Übernachtkredite von Anleihehändlern vergeben wird, die ihre überschüssige Liquidität aufgrund der beträchtlichen Anleihekäufe der FED nicht auf einem verzinsten Zentralbankkonto hinterlegen können. Sie sind daher bereit, ihre Sichtguthaben auch für einen geringeren Zins zu verleihen, solange sie mehr Zinsen erzielen als sie bei ihrer Geschäftsbank bekommen. Geschäftsbanken mit Reservedefizit können sich daher bei den Repo-Händlern über einen Übernachtkredit am »Fed Funds«-Markt (dem Markt für unbesicherte Übernachtkredite) mit Reserven versorgen. Stellt Geschäftsbank A die Bank eines Repo-

Händlers dar, der Geschäftsbank B einen Kredit gibt, wechseln die Zentralbankguthaben von Geschäftsbank A zu Geschäftsbank B:

Geschäftsbank A	
– Reserven	– Einlagen

Repo-Händler	
– Einlagen + Fed Funds	

Geschäftsbank B	
+ Reserven	+ Fed Funds

Der tägliche Handel zwischen Banken beträgt in den USA inzwischen weniger als 5 % des gesamten Handels mit unbesicherten Krediten, weil Banken vor allem von Nichtbanken Kredite aufnehmen, um Reserven zu erhalten. Da die Reserveguthaben bei der FED verzinst werden, können Geschäftsbanken auf diese Weise Arbitragegewinne erzielen, wenn der Zins für Übernachtkredite unter den Zins auf Überschussreserven fällt. Der Wettbewerb um die günstigen Kredite der Repo-Händler sollte daher die Zinsen nach oben treiben, sodass der Übernachtzins nicht allzu sehr unter dem Einlagenzins der Zentralbank liegen sollte.

Obwohl der Zins auf Überschussreserven keine absolute Untergrenze darstellt, lässt sich der Übernachtzins auf diese Weise dennoch relativ gut steuern, wie Abbildung 9.10 zeigt. Seit Dezember 2008 veröffentlicht die FED keinen Zielzins mehr, sondern einen Zielbereich, bei dem die Obergrenze zunächst dem Zins auf Überschussreserven entsprach und die Untergrenze etwa 25 Basispunkte darunter lag. Der Übernachtzins lag nach Einführung der Verzinsung von Überschussreserven zunächst durchgängig in diesem Zielbereich.

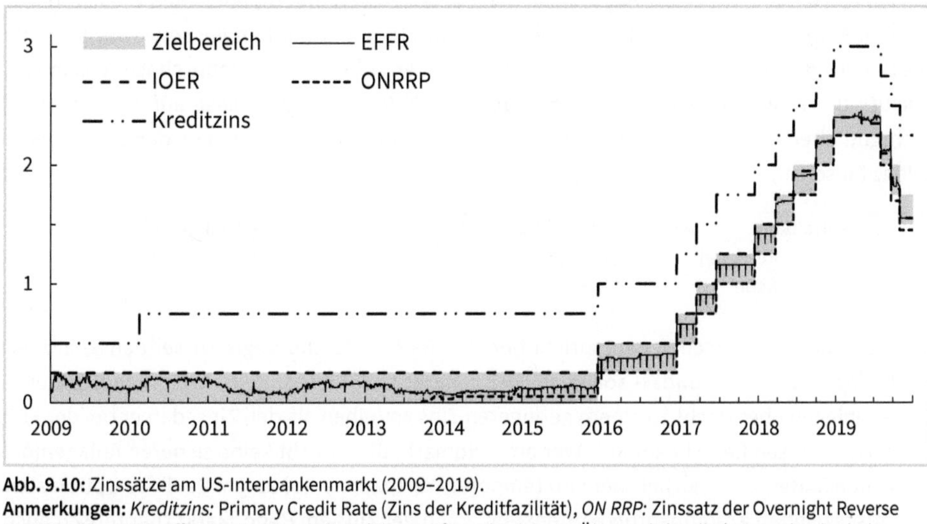

Abb. 9.10: Zinssätze am US-Interbankenmarkt (2009–2019).
Anmerkungen: *Kreditzins:* Primary Credit Rate (Zins der Kreditfazilität), *ON RRP:* Zinssatz der Overnight Reverse Repo Facility, *EFFR:* Effective Fed Funds Rate (Zinssatz für unbesicherte Übernachtkredite), Tagesdurchschnitt, *IOER:* Interest on Excess Reserves (Zinssatz auf Überschussreserven), *graue Schattierung:* Zielzinsbereich.
Quelle: FRED.

Die Arbitragegeschäfte, die den Interbankenzins in die Nähe des Zinses auf Reserven heben sollen, sind jedoch nur eingeschränkt durchführbar. Die Bilanzverlängerung, die eine Bank bei Aufnahme eines Übernachtkredits vollzieht, kann nämlich Kosten verursachen, z. B. weil regulatorische Bestimmungen, wie die maximal zulässige **Leverage Ratio (Verschuldungsquote, LR)**, Bilanzerweiterungen von Banken einschränken. Sollte eine Bank bereits ihre maximale Verschuldung erreicht haben, kann sie weitere Kredite nur aufnehmen, wenn sie entweder durch andere Transaktionen ihre Bilanz verkürzt oder ihr Eigenkapital erhöht. Diese Kosten entstehen zwar nur dann, wenn das Mindestniveau des sogenannten Kernkapitals (Tier 1) bereits unterschritten wurde, Banken antizipieren aber, dass eine bindende LR ggf. in Kürze erreicht wird. Sie berücksichtigen, dass die Regulierungsbehörde Auflagen verhängen könnte, wenn in einem sogenannten Stresstest festgestellt wird, dass eine Bank aufgrund einer risikoreichen Verbindlichkeitsstruktur nicht ausreichend auf makroökonomische Schocks vorbereitet ist. Zudem hängt die Bemessungsgrundlage für die Versicherungsgebühr der Federal Deposit Insurance Corporation, die die US-Einlagensicherung organisiert, von der Höhe der Verbindlichkeiten ab. Regulatorische Grenzen der Kreditgeber schränken die Arbitragegeschäfte zusätzlich ein.

Viele Finanzinstitute versuchen daher, ihre Bilanzsumme zu verkleinern, wenn die Konten zum Monats- bzw. Quartalsende den Regulierungsbehörden gemeldet werden müssen, um möglichen Auflagen zu entgehen. Da die Repo-Händler dann keine Abnehmer für ihre Überschussliquidität finden, gerät der Übernachtzins unter Druck und sinkt zum Teil deutlich unter das Niveau des Zinses für Überschussreserven. Die geringere Rendite am »Fed Funds«-Markt führt zudem dazu, dass stärker in anderen Segmenten des Geldmarktes, wie z. B. in besicherte Kredite, investiert wird, wodurch auch hier die Zinsen fallen. Um die Kontrolle über die kurzfristigen Zinsen zu stärken und große Ausschläge nach unten zu verhindern, entschied die FED daher im September 2014, eine ständige inverse Repo-Fazilität für Primärhändler sowie ausgewählte weitere Kreditinstitute einzuführen. Mithilfe der **Overnight Reverse Repurchase Agreement Facility (kurz Overnight Reverse Repo Facility (ON RRP))** können diese auf Eigeninitiative Sichtguthaben bei Banken über Nacht gegen ein verzinstes Wertpapier aus der Zentralbankbilanz tauschen:

Zentralbank	
	– Reserven + Repo

Repo-Händler	
– Einlagen + Inv. Repo	

Geschäftsbanken	
– Reserven	– Einlagen

Die Repo-Rate des Geschäfts entspricht der »ON RRP«-Rate und begrenzt seitdem die Übernachtzinsen am »Fed Funds«- sowie am Repo-Markt nach unten. Kein Primärhändler würde seine Einlagen über Nacht zu einem geringeren Zins verleihen als den Zins, den er bei der FED für einen inversen Repo bekommt. Wer am Geldmarkt über Nacht keine sicheren Anlagemöglichkeiten findet, kann notfalls der FED temporär Wertpapiere abkaufen. Da diese Option aber nur ausgewählten Kreditinstituten offensteht, kann der Zins am Repo-Markt theoretisch auch unter den Zins der ON RRP fallen. Weil nun aber auch die für die »ON RRP«-Fazilität qualifizierten Kreditinstitute Arbitragegewinne erzielen können, lässt sich der Zins am Repo-Markt mithilfe dieses Instruments (bisher) erfolgreich nach unten begrenzen.

Dieses Korridorsystem mit einer Art doppelter Untergrenze (für Banken und Nichtbanken) ist in Abbildung 9.11 auf der linken Seite dargestellt. Für Geschäftsbanken stellt der Zins auf

Überschussreserven weiterhin die Untergrenze dar. Banken können daher Arbitragegewinne realisieren, sofern der Übernachtzins unter den Zins für Überschussreserven fällt. Wenn die Arbitragemöglichkeiten aber nicht ausreichend genutzt werden können, um den Zinssatz in dem gewünschten Zielbereich zu halten, bietet die »ON RRP«-Fazilität Repos mit Nichtbanken an, um ein weiteres Absinken des Übernachtzinses zu verhindern.

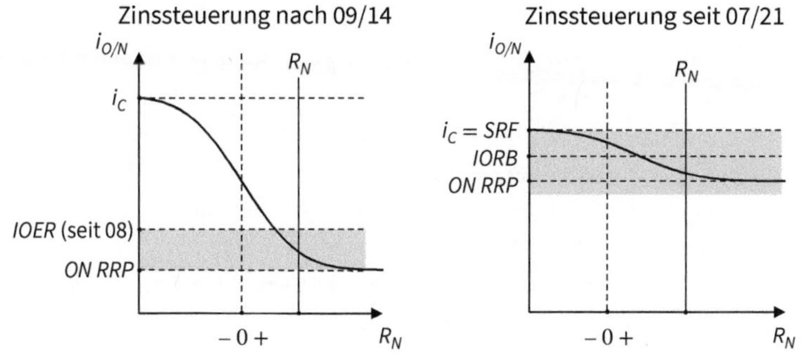

Abb. 9.11: Entwicklung des Zinskorridors am Markt für Übernachtkredite der USA.
Quelle: Eigene Darstellung.

Im neuen Zinssteuerungssystem muss die FED, anders als es früher bei »relativ knappen« Reserven der Fall war, keine täglichen Offenmarktoperationen mehr durchführen, um das gewünschte Niveau der Fed Funds Rate zu erreichen. Geringe Schwankungen im Nettoreserveangebot hatten in diesem System zu verhältnismäßig großen Bewegungen des Übernachtzinses geführt. Da das Nettoreserveangebot nun immer den Bedarf des Bankensektors übersteigt und die Zinskurve am Schnittpunkt mit dem Angebot sehr flach verläuft, haben Schwankungen der Nettoreserven im neuen System hingegen nur noch geringfügige Auswirkungen auf das Zinsniveau.

9.3.2 Die FED als Market-Maker of last resort (MMOLR)

Aufgrund steigender Inflationsraten erhöhte die FED ab Dezember 2016 langsam ihre Zinsen. Die tendenzielle »Normalisierung« der Geldpolitik führte auch zu einer Reduktion der Überschussreserven, weshalb sich die EFFR Anfang 2018 eher im oberen Teil des neuen Zielbereichs bewegte. Um den Übernachtzins wieder stärker in die Mitte zu bewegen, beschloss die FED während ihrer Zinserhöhungen im Juni 2018 daher, die Zinsen auf Überschussreserven 5 Basispunkte unterhalb der Obergrenze des Zielbereichs zu setzen. Im Dezember 2018 wurde dieser Abstand auf 10 und im Mai 2019 auf 15 Basispunkte erhöht.

2019 stiegen überraschend die Übernachtzinsen am Repo-Markt, wie die linke Seite von Abbildung 9.12 anhand der »**Secured Overnight Financing Rate (SOFR)**«, einem Zinsindex für besicherte Übernachtkredite, illustriert. Der Anstieg war darauf zurückzuführen, dass der Bestand von Staatsanleihen in der Bilanz der Primärhändler einen Höchststand erreichte. Die Primärhändler finanzierten diese Anleihebestände im Repo-Markt, was zu einer erhöhten Kreditnachfrage führte. Mitte September stieg die SOFR sogar auf 5,25% und lag damit knapp 3 Prozentpunkte über der EFFR, die selbst die Obergrenze des Zielzinsbereichs überstieg. Diese Entwicklung war im Wesentlichen auf zwei Dinge zurückzuführen. Zum einen wurden langfristige Staatsanleihen in Höhe von 54 Mrd. US-Dollar am 16.09.2019 beglichen und neue Anleihen in entsprechender Höhe emittiert. Die Anleihen wurden von den Primärhändlern in Umlauf gebracht, die die Erstankäufe wieder über den Repo-Markt finanzierten. Zudem waren die vierteljährlichen Körperschaftssteuerzahlungen an diesem Tag fällig. Die Überweisungen auf das Konto des Finanzministeriums führten zu einer Verringerung der Reserveguthaben des Bankensektors sowie der Sichtguthaben der Steuerzahler (ca. 120 Mrd. US-Dollar innerhalb von zwei Geschäftstagen). Der Ankauf einer sehr großen Summe staatlicher Schuldverschreibungen musste also zu einem Zeitpunkt finanziert werden, an dem die Liquidität am Geldmarkt relativ knapp war. Da die hohe Nachfrage nach finanziellen Mitteln auf ein knappes Angebot traf, stiegen die Zinsen am Repo-Markt drastisch an.

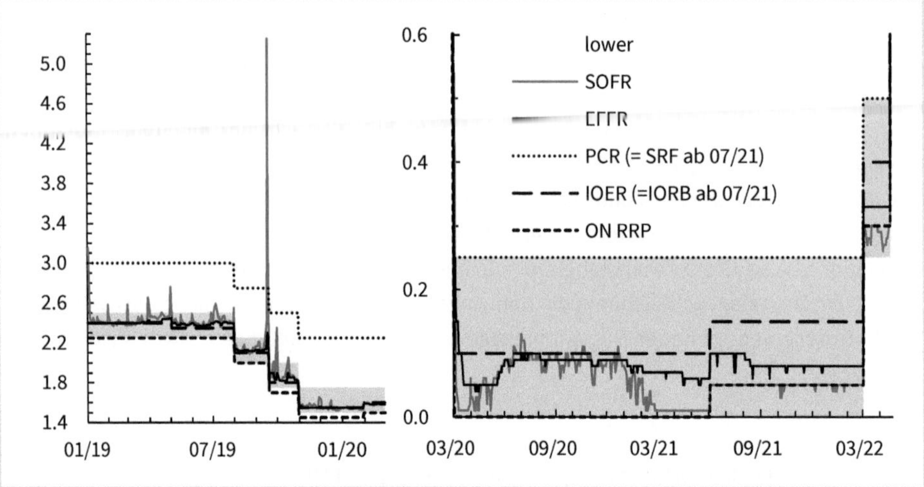

Abb. 9.12: Zinssätze am US-Geldmarkt (01/2019–06/2022).
Anmerkungen: *PCR:* Primary Credit Rate (Zins der Kreditfazilität), *SRF:* Standing Repurchase Agreement Facility (Zins der Repofazilität für Händler), *ON RRP:* Zinssatz der Overnight Reverse Repo Facility, *EFFR:* Effective Fed Funds Rate (Zinssatz für unbesicherte Übernachtkredite), Tagesdurchschnitt, *SOFR:* Secured Overnight Financing Rate (Zinsindex für besicherte Übernachtkredite), *IORB:* Interest on Reserve Balances (Zinssatz auf Reserven), *graue Schattierung:* Zielzinsbereich.
Quelle: FRED.

Die höheren Repo-Zinsen wirkten sich aber auch auf den »Fed Funds«-Markt aus. Dort weitete sich die Spanne zwischen »Bid- und Offer«-Kursen und die Zinsen stiegen ebenfalls an. Der Grund hierfür sind die Portfolio-Umschichtungen von Anlegern, die sowohl im »Fed Funds«-Markt wie auch im Repo-Markt tätig sind. Hierzu zählen vor allem die sogenannten Federal Home Loan Banks (FHLB). Diese großen, staatlich geförderten, genossenschaftlichen Hypothekenbanken sind im Besitz anderer Finanzinstitute (Mitgliederbanken), denen sie bei der Refinanzierung von Wohnungsbaukrediten helfen, indem sie besicherte Darlehen, sogenannte »Advances«, vergeben. Aufgrund der steigenden Zinsen im Repo-Markt zogen die FHLBs ihr Geld aus dem »Fed Funds«-Markt ab und investierten es lieber in Repos. Da die Reservemenge aufgrund der Steuerzahlungen sank und weniger Fed Funds gehandelt wurden, schränkten die FHLBs ihre Kreditvergabe am »Fed Funds«-Markt zusätzlich ein, um kurzfristige Darlehen an ihre Mitgliederbanken finanzieren zu können. Die Verbesserung der attraktiven alternativen Anlagemöglichkeiten führte zudem zu einer Steigerung ihrer Verhandlungsposition am »Fed Funds«-Markt. Banken, die dort einen Kredit von den FHLBs aufnehmen wollten, mussten daher höhere Zinsen zahlen. Letztlich war auch auf dem »Fed Funds«-Markt eine Verknappung des Angebots ausschlaggebend für den Anstieg der Zinsen.

Da die starken Zinsschwankungen am Repo-Markt sich auch auf den unbesicherten Übernachtzins auswirkten, der am 16.09.2019 den Zielbereich der FED um 5 Basispunkte überstieg, bot die FED den Repo-Händlern am Morgen des 17.09.2019 schließlich Übernacht-Repos im Umfang von bis zu 75 Mrd. Dollar gegen staatliche Sicherheiten an (Staatsanleihen sowie MBS staatlich geförderter Hypothekenbanken). Die Zinsen sanken direkt im Anschluss der Offenmarktoperationen. Bis zum Ende der Woche wiederholte die FED dieses Angebot an jedem Morgen, woraufhin sich die Zinsen stabilisierten. Um die Wahrscheinlichkeit zu verringern, dass der Übernachtzins seinen Zielbereich weiterhin überschritt, wurde am 19.09.2019 der Abstand zwischen der Verzinsung auf Überschussreserven und der Obergrenze des Zinszielbereichs auf 20 Basispunkte ausgeweitet und der Zins der ON RRP 5 Basispunkte unter den Zielzinsbereich gesetzt. Zudem kündigte die FED am 10.10.2019 an, dass sie bis zum 2. Quartal 2020 jeden Monat US-Staatsanleihen im Wert von 60 Mrd. US-Dollar ankaufen wird, um die Nettoreserven im Überschuss zu halten. Zusätzlich wurden weitere Übernacht-Repos sowie längerfristige Wertpapierpensionsgeschäfte zur Stabilisierung des Geldmarkts bis Januar 2020 bekannt gegeben.

Aufgrund der Auswirkungen der Corona-Pandemie wurde der Zins der Kreditfazilität im März 2020 in zwei Stufen von 2,25 auf 0,25% gesenkt und entspricht seitdem der oberen Grenze des Zinszielbereichs der FED. Zudem wurde die Mindestreserveverpflichtung am 26.03.2020 abgeschafft. Die rechte Seite von Abbildung 9.12 zeigt, dass die Zinsen am Interbanken- und Repo-Markt im Juli 2020 erneut stiegen. Diese Entwicklung war wieder darauf zurückzuführen, dass die Zentralbankreserven im Interbankenmarkt kurzfristig knapper wurden, weil der Privatsektor in der Corona-Krise begann, Bargeld zu horten. Zudem legte sich die Regierung einen Sicherheitspuffer von Reserven an, um kurzfristig die Ausgaben erhöhen zu können, und emittierte im großen Umfang zusätzliche Staatsanleihen. Der unbesicherte Interbankenzins bewegte sich daher wieder sehr nah am Zins auf Überschussreserven und der Zins am Repo-Markt überschritt ihn sogar. Um eine Entwicklung wie im September 2019 zu verhindern, führte die FED daher einige der Kreditfazilitäten wieder ein, die bereits in der Finanzkrise den Schattenbankensektor mit Liquidität versorgten und so die Zinsen am Anleihemarkt begrenzten. So wurden die PDCF, die CPFF sowie die AMLF (in leicht veränderter Form als Money Market Mutual

Fund Liquidity Facility, kurz MMLF) zwischen März 2020 und März 2021 und die TALF zwischen März und Dezember 2020 zeitweise wieder eingeführt.

Da die Anleihehändler aber auch im Anschluss regelmäßig unter einer zu geringen Liquiditätsversorgung litten und der Zins am Repo-Markt den Zins auf Zentralbankeinlagen überschritt, wurde im Juli 2021 mit der **Standing Repurchase Agreement Facility (SRF)** schließlich eine ständige Kreditfazilität für den Schattenbankensektor etabliert. Primärhändler und ausgewählte Finanzinstitute können sich seitdem gegen Hinterlegung von US-Staatsanleihen sowie Schuldpapieren und MBS staatlich geförderter Institutionen über Repos von der FED Geld leihen. Die täglichen Operationen im Rahmen der SRF werden vom Trading Desk mithilfe eines Auktionsverfahrens mit Minimumzins durchgeführt. Der Umfang wird zwar limitiert, ist jedoch so groß, dass nicht davon auszugehen ist, dass ein Primärhändler, der Liquidität benötigt, keine bekommen würde. Der Zins dieser Kreditfazilität setzt seitdem eine Obergrenze für den Übernachtzins am Repo-Markt, da sich kein Primärhändler Geld zu einem Zins leihen würde, der über den Zins der FED hinausgeht.

Auf diese Weise etablierte die FED zur Steuerung des Übernachtzinses ein Korridorsystem für Repo-Händler und wurde zum **Market-Maker der letzten Instanz (Market-Maker of last resort, kurz MMOLR)**, der jederzeit Sicherheiten und Liquidität in beide Richtungen tauscht (mit Primärhändlern und ausgewählten Kreditinstituten). Aufgrund der Abschaffung der Mindestreservepflicht wurde zudem der Zins für Überschussreserven zum Zins auf Reserveguthaben (**interest on reserve balances, kurz IORB**) umbenannt. Die rechte Grafik in Abbildung 9.11 zeigt das US-System zur Zinssteuerung seit Juli 2021. Mit Einführung der SRF wurde auch der Übernachtzins im Handel zwischen Repo-Händlern nach oben begrenzt, weil kein Primärhändler einen Kredit aufnehmen würde, der teurer ist als der Kredit bei der FED. Da nur Primärhändler und ausgewählte Kreditinstitute die SRF- und die »ON RRP«-Fazilität nutzen können, kann der Übernachtzins für Nichtbanken den Korridor zwar verlassen, die Arbitrage-Möglichkeiten, die sich so für Banken und Primärhändler ergeben, sollten aber dafür sorgen, dass der Zins immer in der Nähe des Korridors bleibt, wie auf der rechten Seite von Abbildung 9.12 gezeigt. Solange der Übernachtzins unter dem Zins für Reserven liegt, genießen Geschäftsbanken aufgrund ihres Zentralbankkontos zudem weiterhin den Vorteil, dass ihre Überschussliquidität (in Form von Reserveguthaben bei der Zentralbank) höher verzinst wird als die der Repo-Händler (in Form von Sichtguthaben).

Abbildung 9.13 erweitert die schematische Darstellung aus Abbildung 3.3 um die Funktion der FED als »**Market-Maker of last resort (MMOLR)**«. Die Banken stellen für die Repo-Händler die Kreditgeber der ersten Instanz dar. Sollten die Banken aber zu wenig Kredite zur Verfügung stellen, können die Händler einen Kredit von der FED nehmen, indem sie über die SRF temporär Sicherheiten verkaufen. Sollten sie ihre Überschussliquidität bei der FED hinterlegen wollen, können Sie die »ON RRP«-Fazilität nutzen und erhalten von der FED verzinste Sicherheiten. Da die Repo-Händler kein Konto bei der Zentralbank führen, verläuft die Liquiditätsveränderung dann über den Bankensektor: Wie bei den Offenmarktgeschäften kreditieren und debitieren die Geschäftsbanken die Konten der Repo-Händler und erhalten bzw. verlieren Zentralbankguthaben in entsprechender Höhe.

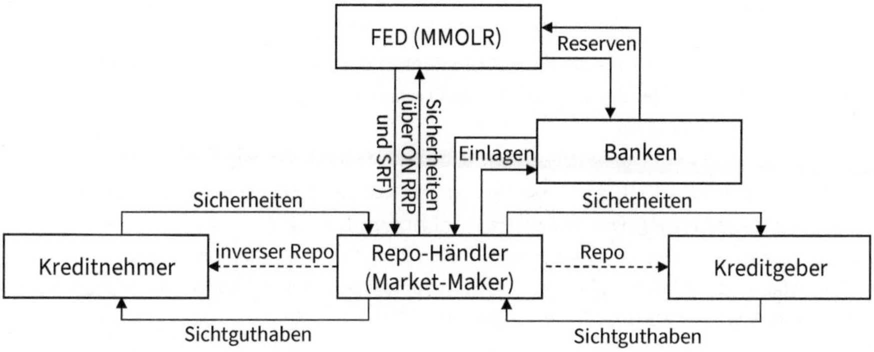

Abb. 9.13: Schematische Darstellung der FED als Market-Maker der letzten Instanz.
Quelle: Eigene Erstellung in Anlehnung an Wullweber (2021, S. 121).

Das neue Zinssteuerungssystem wurde entwickelt, um auch nach der umfangreichen Bilanzverlängerung der FED im Zuge der GFK den Übernachtzins steuern zu können. Während die EZB das Auslaufen der QE-Programme angekündigt hat und die Einnahmen aus den Anleiheankäufen langfristig nicht mehr reinvestieren möchte, hat die FED die Vorteile dieses Systems schätzen gelernt und angekündigt, auch in Zukunft die kurzfristigen Zinsen mit einem Überschuss von Reserven zu steuern. Die präzise Steuerung des Reserveangebots über Offenmarktoperationen, um in einem System mit knappen Reserven genau die Höhe zu erreichen, die mit dem gewünschten Zielzins vereinbar ist, war technisch sehr aufwendig und ist nun nicht mehr notwendig. Die Volatilität des Übernachtzinses ist im neuen System zudem deutlich geringer, weil die Zinskurve bei einem Überangebot von Reserven relativ flach verläuft und Fehleinschätzungen zu keinen großen Ausschlägen des Übernachtzinses führen.

Ein System mit knappen Reserven würde zudem versagen, wenn Reserven zu knapp werden, wie es in der Finanzkrise nach 2007 oder während der oben beschriebenen Ereignisse in der Corona-Krise der Fall war. Mit dem neuen System ist die FED hingegen auch bei unerwarteten Ereignissen in der Lage, die Zinsen zu kontrollieren und jeglichen Druck aus dem Geldmarkt zu nehmen. Der Zins auf Reserven sowie der Zins der SRF sind zu den wichtigsten geldpolitischen Instrumenten der FED geworden.

Das Sicherungssystem der Fazilitäten wurde hierdurch jedoch auf den Schattenbankensektor ausgeweitet, der im Gegensatz zum Geschäftsbankensektor keine Zahlungsmittel herstellt und auch kein bargeldloses Zahlungssystem zur Verfügung stellt. Es stellt sich daher die Frage, ob Schattenbanken nicht mindestens genauso stark reguliert werden sollten wie der Geschäftsbankensektor, um so spekulative Geschäfte einzudämmen.

Kernpunkte Kapitel 9.3

- Die FED hat sich nach Ausbruch der Finanzkrise für eine **Zinssteuerung mit Überschussreserven** entschieden.
- Der Anteil von Schattenbanken im Geldmarkt hat stark zugenommen. Da diese sowohl im unbesicherten wie im besicherten Markt für Übernachtkredite tätig sind, **können sich Turbulenzen am Repo-Markt auch auf den »Fed Funds«-Markt übertragen. Der Interbankenzins (Effective Fed Funds Rate) ist tlw. unter den Zins für Überschussreserven gefallen, weil Schattenbanken kein Zentralbankkonto besitzen.**
- Um die Übernachtzinsen für besicherte wie unbesicherte Kredite besser zu kontrollieren und so die mittelfristigen Kreditzinsen zu beeinflussen, hat sich die FED daher entschieden, **ständige Fazilitäten auch für ausgewählte Schattenbanken einzuführen**.
- Da die FED nun jederzeit Sicherheiten und Liquidität mit Primärhändlern und ausgewählten Kreditinstituten in beide Richtungen tauscht, ist sie zum **Market-Maker der letzten Instanz geworden** (**Market-Maker of last resort, kurz MMOLR**).

10 Aktuelle Entwicklungen und Ausblick

In den vorangegangenen Kapiteln haben wir die Grundlagen des Finanzsystems kennengelernt, das Zusammenspiel zwischen Regierung, Zentralbank, Geschäftsbanken und Nichtbanken analysiert, uns mit den Grundlagen des internationalen Zahlungsverkehrs vertraut gemacht, verschiedene Varianten der Zinssteuerung studiert, die konventionelle Sichtweise auf die Inflationssteuerung kritisch diskutiert, Finanzkrisen theoretisch und empirisch untersucht und unkonventionelle geldpolitische Maßnahmen im Anschluss an die Finanzkrise behandelt. Zum Abschluss wollen wir den Blick auf einige aktuelle Entwicklungen richten, die in diesem Buch nicht oder nur sehr wenig behandelt wurden.

10.1 Die Corona-Pandemie und der Energiepreisschock

Ein prägendes Ereignis, das wir lediglich im Zusammenhang mit den Turbulenzen am US-Geldmarkt besprochen haben, ist die Corona-Pandemie in den Jahren nach 2020. Die weltweit zu verschiedenen Zeitpunkten durchgeführten Lockdowns, in denen viele Geschäfte schließen mussten und in Betrieben weniger oder gar nicht gearbeitet werden konnte, führten zu einer weltweiten Rezession. Das preisbereinigte BIP sank in Großbritannien um 10,4 %, in den USA um 2,2 %, im Euro-Raum um 6,1 % und in Deutschland um 3,8 % und wurde von einem Rückgang der geleisteten Arbeitsstunden begleitet, wie Abbildung 10.1 zeigt.[142] Nur durch umfangreiche staatliche Ausgabenprogramme konnte der Einbruch abgefedert werden. Die Haushaltsdefizite stiegen dementsprechend deutlich an. Auffällig ist auch hier, dass die USA sowie Großbritannien fiskalpolitisch am stärksten gegensteuern und die Krise auch am besten überstehen, während die Reaktion im Euro-Raum vergleichsweise gering ausfällt. Die Maastricht-Kriterien wurden zwar bis Ende 2023 ausgesetzt, höhere Haushaltsdefizite hätten die Länder im Anschluss jedoch zu noch größerer Sparpolitik gezwungen, um die langfristig vorgeschriebene maximale Schuldenquote von lediglich 60 % zu erreichen.

Die Zinsen wurden weltweit gesenkt, um die wirtschaftliche Erholung nach Ausbruch der Pandemie zu stützen. Im Euro-Raum lag der Einlagenzins bereits bei -0,5 %, sodass von der konventionellen geldpolitischen Seite keine weiteren Impulse zu erwarten waren. Daher beschloss die EZB, den im Jahr 2019 angekündigten Ausstieg aus der quantitativen Lockerung zu verschieben.[143] Der Anleihebestand aus den APP-Programmen wurde stattdessen zwischen November 2019 und Juni 2022 um weitere knapp 700 Mrd. Euro auf über 3.000 Mrd. Euro erhöht, um die Folgen der Pandemie zu bekämpfen, Turbulenzen auf den Finanzmärkten zu vermeiden und

142 Wir betrachten an dieser Stelle die geleisteten Arbeitsstunden, da die Arbeitslosigkeit durch Maßnahmen wie die Kurzarbeiterregelungen in Deutschland vor einem stärkeren Anstieg bewahrt wurde und das Ausmaß der Krise daher nicht adäquat abbildet.

143 Die QE-Programme der EZB wurden Ende 2018 zwar nicht mehr ausgeweitet, alle Einnahmen aus fällig gewordenen Anleihen wurden jedoch in den Kauf neuer Anleihen reinvestiert, sodass der Anleihebestand konstant blieb.

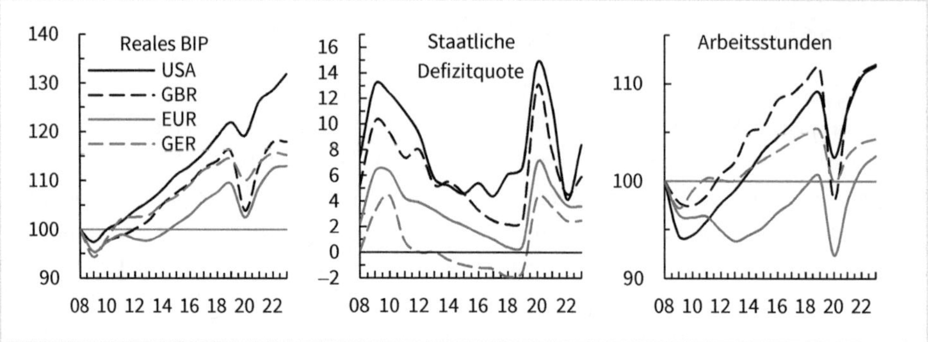

Abb. 10.1: Wirtschaftliche Entwicklung nach der Finanzkrise und der Corona-Pandemie in ausgewählten Ländern.
Anmerkungen: *Staatliche Defizitquote:* staatliches Defizit in % des BIP, *reales BIP:* Preisbereinigtes Bruttoinlandsprodukt, für 2008 normiert auf 100, *Arbeitsstunden:* geleistete Arbeitsstunden, für 2008 normiert auf 100, *GBR:* Großbritannien, *EUR:* Euro-Raum, *GER:* Deutschland; Jahresdaten.
Quelle: AMECO; eigene Berechnungen und eigene Darstellung.

die langfristigen Zinsen weiter zu senken. Zudem wurde im März 2020 ergänzend das **Pandemic Emergency Purchase Programme (PEPP)** eingeführt, um zusätzliche Anleiheankäufe von bis zu 1.850 Mrd. Euro zu tätigen. Zu einem großen Teil wurden öffentliche Papiere gekauft, um die staatlichen Zinskosten für die Ausgaben zur Stützung der wirtschaftlichen Entwicklung während der Pandemie niedrig zu halten. Auch in anderen Währungsräumen unterstützten Zentralbanken ihre Regierung. In Großbritannien räumte die BoE dem Finanzministerium temporär eine unbegrenzt verfügbare Kreditfazilität ein, um alle Ausgaben im Rahmen der Pandemiebekämpfung tätigen zu können.[144]

Die fiskalischen Ausgabenprogramme haben dafür gesorgt, dass sich die wirtschaftliche Entwicklung in den in Abbildung 10.1 gezeigten Ländern bereits 2021 wieder verbesserte. Die Lockdowns führten jedoch zu Lieferengpässen bei wichtigen Rohstoffen und Vorprodukten. Die Angebotsverknappung behinderte die wirtschaftliche Erholung und führte zu steigenden Preisen. Zudem legte eine Blockade im Suez-Kanal im März 2021 den weltweiten Seeverkehr lahm und verstärkte die Lieferengpässe.

Nach der Invasion der Ukraine im Februar 2022 wurden zahlreiche Sanktionen gegen Russland verhängt, die die wirtschaftliche Entwicklung zusätzlich abschwächten. Zudem stiegen die Energiepreise in den Ländern, die zuvor aus Russland Öl oder Gas bezogen haben, sprunghaft an. Abbildung 10.2 zeigt die Entwicklung einiger Preisindizes für den Euro-Raum und illustriert, wie sich der kurzfristige Energiepreisschock schrittweise von den Einfuhrpreisen auf die Erzeuger- und schließlich die Verbraucherpreise auswirkte. In ganz Europa unternahmen Regierungen daraufhin zahlreiche Maßnahmen, um die Auswirkungen des Energiepreisschocks abzuschwächen. In Deutschland wurde der Preisanstieg u. a. mit Gas- und Strompreisbremsen, dem 9-Euro-Ticket, Tankrabatt, Mehrwertsteuersenkungen und der Abschaffung der EEG-Um-

144 Technisch handelte es sich um die Ausweitung der bereits vorhandenen »Ways & Means«-Fazilität, die der Regierung Überziehungskredite bei der BoE ermöglicht.

lage bekämpft. Zudem wurden LNG-Terminals gebaut und der größte Gasspeicher verstaatlicht, um eine Gasknappheit zu verringern. Heizkostenzuschüsse, einmalige Energiepreispauschalen, Kinderboni und weitere Einmalzahlungen und Zuschüsse wurden zusätzlich eingeführt, um private Haushalte zu entlasten.

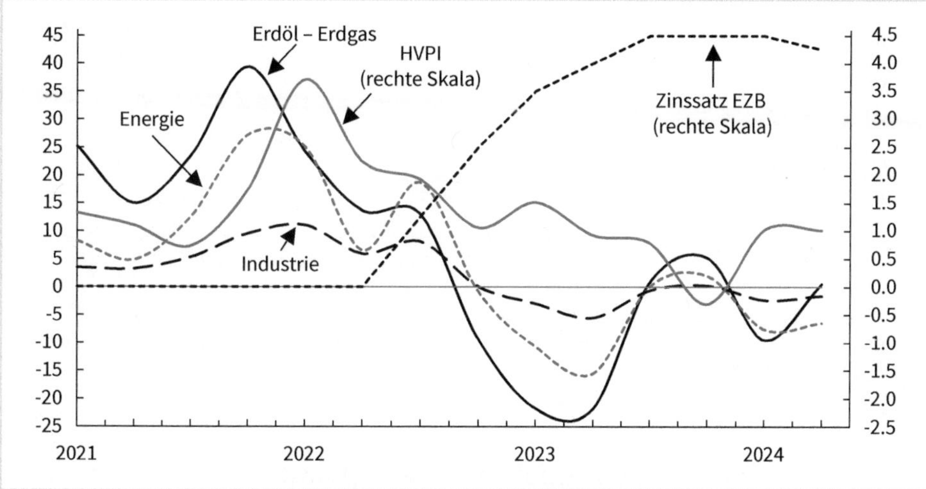

Abb. 10.2: Preis- und Zinsentwicklung im Euro-Raum nach dem Energiepreisschock.
Anmerkungen: *Erdöl – Erdgas:* Einfuhrpreis: Erdöl und Erdgas, *Energie:* inländische Erzeugerpreise: MIG-Energie; *Industrie:* inländische Erzeugerpreise: Industrie (ohne Baugewerbe, Abwasser- und Abfallentsorgung und Beseitigung von Umweltverschmutzungen), *HVPI:* Harmonisierter Verbraucherpreisindex (alle Preise gemessen in prozentualen Veränderungen ggb. dem Vorquartal), *Zinssatz EZB:* Hauptrefinanzierungszinssatz der EZB (in %).
Quelle: AMECO und Bundesbank; eigene Berechnungen und eigene Darstellung.

Die EZB beendete aufgrund der deutlich gestiegenen Verbraucherpreisinflation von über 8% im Juli 2022 ihre Niedrigzinspolitik und erhöhte ihren Hauptrefinanzierungssatz bis Oktober 2023 in 10 Schritten auf 4,5%. Kritiker werfen der EZB vor, mit der Zinserhöhung die ohnehin schleppende wirtschaftliche Erholung nach Pandemie und Energiepreisschock zusätzlich verlangsamt zu haben, ohne mit dem Zinsanstieg etwas gegen die steigenden Energiepreise ausrichten zu können. Wie Abbildung 10.2 zeigt, hat die EZB die Zinsen zudem erst erhöht, als die Preisänderungsraten bereits wieder rückläufig waren, eine Zinserhöhung zur Bekämpfung steigender Inflationsraten also gar nicht mehr gerechtfertigt war.

Die EZB befürchtete jedoch, dass die schnellere Preisentwicklung zu höheren Inflationserwartungen führen könnte, die Lohn-Preis-Spiralen nach sich ziehen. Abbildung 10.3 zeigt die jährliche prozentuale Veränderung von Verbraucherpreisen und Lohnstückkosten. In der Tat sind auch die Lohnstückkosten im Zuge der höheren Verbraucherpreisinflation angestiegen, blieben bisher jedoch deutlich hinter der Preisentwicklung zurück. Im Juni 2024 beschloss die EZB schließlich ihre erste geldpolitische Lockerung nach dem Energiepreisschock und reduzierte ihre Zinsen um 25 Basispunkte. Zum Zeitpunkt der Beendigung dieses Lehrbuchs im August 2024 beträgt die jährliche Verbraucherpreisinflation im Euro-Raum noch knapp 2,5%, während sich das reale BIP nur sehr schwach entwickelt. Daher werden weitere Zinssenkungen erwartet.

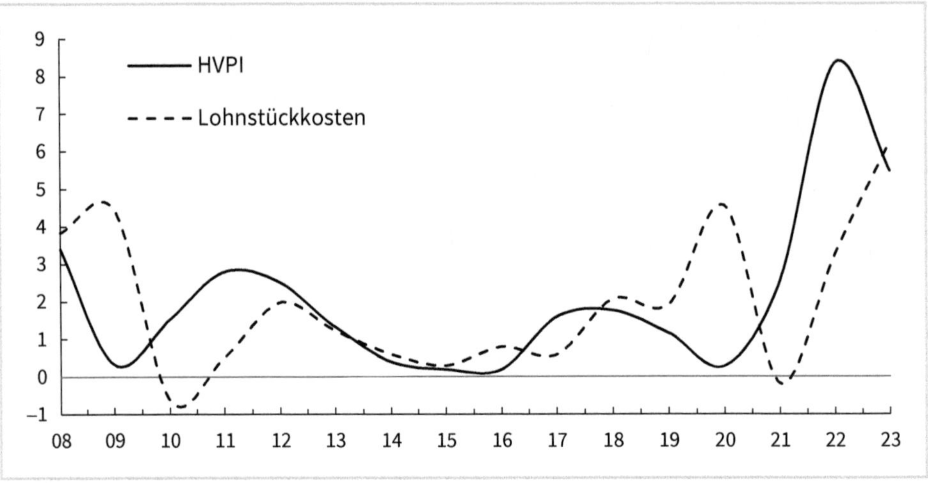

Abb. 10.3: Inflation und prozentuale Veränderung der nominalen Lohnstückkosten im Euro-Raum.
Anmerkungen: *HVPI:* Harmonisierter Verbraucherpreisindex; beide Variablen gemessen in prozentualen Veränderungen ggb. dem Vorjahr
Quelle: AMECO; eigene Berechnungen und eigene Darstellung.

10.2 Die Zukunft der (europäischen) Geldpolitik

Während die FED bereits angekündigt hat, ihr Zinssteuerungssystem mit Überschussreserven beizubehalten, beginnt die EZB, langsam aus den Anleiheankaufprogrammen auszusteigen. Das PEPP wurde bereits im März 2022 eingestellt, Tilgungsbeträge zunächst aber wieder reinvestiert. Seit März 2023 sinkt aber das Portfolio aus den APP-Programmen und seit Juli 2024 wird auch das PEPP-Portfolio netto um monatlich 7,5 Mrd. Euro reduziert. Derzeit sind die Reserveüberschüsse aber noch so umfangreich, dass sich der Interbankenzins im Euro-Raum in der Nähe des Einlagenzinssatzes der EZB bewegt.

Die Anleiheankaufprogramme aus der quantitativen Lockerung werden inzwischen aus mindestens zwei Gründen kritisiert: Zum einen stehen sie im Verdacht, die Ungleichheit befördert zu haben.[145] Wie im vorangegangenen Kapitel erklärt, war das wichtigste Ziel von QE, die Wertpapierpreise zu stabilisieren, um den Wert der Sicherheiten für Repo-Geschäfte zu erhöhen. Da Wertpapiere sehr ungleich verteilt sind, profitieren vor allem die vermögenderen Bevölkerungsschichten von QE. Zudem wurden die durch Anleiheankäufe zusätzlich geschaffenen Zahlungsmittel auch in Immobilien investiert. Der Effekt der gestiegenen Immobilienpreise auf die Vermögensungleichheit fällt allerdings etwas geringer aus, weil Immobilienbesitz nicht ganz so ungleich verteilt ist wie der Besitz von Wertpapieren.

145 Siehe Bützer (2023, Abschnitt 2) für einen kurzen Überblick sowie die Studien von Andersen, Johannesen, Jørgensen & Peydró (2023), Kappes (2022), Bonifacio et al. (2022) und Ampudia et al. (2018).

Des Weiteren führen die aktuellen Zinserhöhungen der Zentralbanken aufgrund der Reserveüberschüsse aus den umfangreichen Ankaufprogrammen dazu, dass die Zentralbanken sehr hohe Zinszahlungen auf die Zentralbankguthaben der Banken zahlen, während die Anleihen aus ihren Ankaufprogrammen verhältnismäßig gering verzinst sind. Auch wenn sich dieses Problem langfristig relativieren sollte, wenn fällige Anleihen mit höher verzinsten neuen Anleihen ersetzt werden, die Höhe der Überschussreserven reduziert wird oder die Zinsen wieder sinken, erleiden einige Zentralbanken nun temporär Verluste. Hinzu kommen mögliche Verluste aus Anleiheverkäufen im Rahmen der Offenmarktgeschäfte, weil die Anleihekurse aufgrund der gestiegenen Zinsen gefallen sind. Die SNB hat sich daher entschieden, die Mindestreserve nicht mehr zu verzinsen und die Mindestreserveverpflichtung von 2,5% auf 4% anzuheben. Die Werteverluste von Anleihen der schwedischen Riksbank führten sogar zu einem negativen Eigenkapital, das nach schwedischem Recht nun von der Regierung durch Einzahlungen ausgeglichen werden muss.

Der europäische Ausstieg aus den QE-Programmen könnte dazu führen, dass die TARGET2-Salden wieder schrumpfen. Wenn eine Anleihe bei Fälligkeit zurückgezahlt wird, reduzieren sich die TARGET2-Verbindlichkeiten gegenüber der NZB des Mitgliedslandes, in dem die Anleihe emittiert wurde. Sollten Reserven wieder knapper werden, könnte dies den Handel am Interbankenmarkt wiederbeleben und den Übernachtzins wieder in den Korridor schieben. Das derzeit hohe Ungleichgewicht der TARGET2-Salden könnte sich bei Normalisierung der Geldpolitik also wieder reduzieren. Bisher hat die EZB aber noch keine endgültige Aussage darüber getroffen, ob sie zu einem symmetrischen Korridor zurückkehrt.

Auch im Euro-Raum sind inzwischen viele Nichtbanken am besicherten und unbesicherten Übernachtmarkt tätig. Es ist daher naheliegend, dass ähnliche Probleme entstehen könnten wie in den USA. Der seit Oktober 2019 veröffentlichte Index €STR (kurz für Euro Short Term Rate) für den unbesicherten Tagesgeldsatz, bei dem auch Übernachtkredite von Nichtbanken berücksichtigt werden, liegt derzeit ca. 0,1 Prozentpunkte unter dem Zins der Einlagefazilität, weil Schattenbanken ihre überschüssige Liquidität nicht bei der Zentralbank hinterlegen können. Es stellt sich daher die Frage, ob es der EZB gelingen wird, auch die Zinsen der Nichtbanken in einem symmetrischen Korridor halten zu können und Übertragungseffekte zwischen dem unbesicherten Interbanken- und dem Repo-Markt so weit in den Griff zu bekommen, dass sie die kurzfristigen Kreditzinsen steuern kann. Nicht zuletzt stellt sich zudem die Frage, ob das Vertrauen zwischen Banken am europäischen Interbankenmarkt wieder zurückkehren wird.

Literaturverzeichnis

Ampudia, M./Georgarakos D./Slacalek, J./Tristani, O./Vermeulen, P./Violante, G. L. (2018): Monetary Policy and Household Inequality. ECB Working Paper Series 2170, European Central Bank.

Andersen, A. L./Johannesen, N./Jørgensen, M./Peydró, J.-L. (2023): Monetary Policy and Inequality. In: The Journal of Finance, 78(5), S. 2945–2989.

Backus, D./Brainard, W. C./Smith, G./Tobin, J. (1980): A Model of U.S. Financial and Nonfinancial Economic Behavior. In: Journal of Money, Credit and Banking, 12, S. 259–293.

Bagehot, W. (1898): Lombard Street: A Description of the Money Market. London: Henry S. King & Co.

Ball, L. (1999): Efficient Rules for Monetary Policy. In: International Finance, 2, S. 63–83.

Barnes, M. L./Olivei, G. P. (2003): Inside and Outside Bounds: Threshold Estimates of the Phillips Curve. In: New England Economic Review, S. 3–18.

Barnett, W. A./Spindt, P. A. (1979): The Velocity Behavior and Information Content of Divisia Monetary Aggregates. In: Economics Letters, 4, S. 51–57.

Barro, R./Gordon, D. (1983): Rules, Discretion, and Reputation in a Model of Monetary Policy. In: Journal of Monetary Economics, 12, S. 101–122.

Becker, H. P./Peppmeier, A. (2018): Investition und Finanzierung: Grundlagen der betrieblichen Finanzwirtschaft. Springer Fachmedien Wiesbaden.

Bell, S. (2001): The Role of the State and the Hierarchy of Money. In: Cambridge Journal of Economics, 25, S. 149–63.

Bell, S./Frost, J./Hofmann, B./Sandri, D./Shin, H. S. (2024): Central Bank Capital and Trust in Money: Lessons from History for the Digital Age. BIS Papers 146, Bank for International Settlements.

Benes, J./Kumhof, M./Laxton, D. (2014): Financial Crises in DSGE Models: A Prototype Model. IMF Working Papers, International Monetary Fund.

Bindseil, U. (2004): The Operational Target of Monetary Policy and the Rise and Fall of Reserve Position Doctrine. ECB Working Paper Series, European Central Bank.

Bindseil, U. (2014): Monetary Policy Operations and the Financial System. Oxford University Press.

Bindseil, U. (2020): Tiered CBDC and the Financial System. ECB Working Paper Series, European Central Bank.

Bindseil, U./König, J. (2011): The Economics of TARGET2 Balances. SFB 649 Discussion Papers, Humboldt University, Sonderforschungsbereich 649, Berlin.

Bindseil, U./Senner, R. (2024): Destabilisation of Bank Deposits Across Destinations: Assessment and Policy Implications. ECB Working Paper Series, European Central Bank.

Bindseil, U./Manzanares, A./Weller, B. (2004): The Role of Central Bank Capital Revisited. ECB Working Paper Series, European Central Bank.

Blanchard, O. (2018): Should We Reject the Natural Rate Hypothesis? In: Journal of Economic Perspectives, 32, S. 97–120.

Blanchard, O./Illing, G. (2014): Makroökonomie (6. Ausg.). Pearson Studium.

Blanchard, O./Illing, G. (2021): Makroökonomie (8. Ausg.). Pearson Studium.

Blanchard, O./Milesi-Ferretti, G.-M. (2009): Global Imbalances: In Midstream? IMF Staff Position Note, SPN/09/29, International Monetary Fund.

Blanchard, O./Milesi-Ferretti, G.-M. (2011): (Why) Should Current Account Balances Be Reduced? IMF Staff Discussion Note, SDN/11/03, International Monetary Fund.

Blanchard, O./Summers, L. (1986): Hysteresis and the European Unemployment Problem. In: NBER Macroeconomics Annual, Volume 1. National Bureau of Economic Research, S. 15–90.

Blinder, A. (1982): The Anatomy of Double-Digit Inflation in the 1970s. In: NBER Chapters, Inflation: Causes and Effects. National Bureau of Economic Research, S. 261–282.

Blinder, A./Canetti, E. R./Lebow, D. E./Rudd, J. B. (1998): Asking About Prices: A New Approach to Understanding Price Stickiness. Russell Sage Foundation.

Bofinger, P./Reischle, J./Schächter, A. (1996): Geldpolitik: Ziele, Institutionen, Strategien und Instrumente. Vahlen.

Bonifacio, V./Brandao-Marques, L./Budina, N./Csonto, B./Fratto, C./Engler, P., Furceri, D./Igan, D. O./ Mano, R./ Machiko, N./Omoev, M./Pasricha, G. K./Poirson, H. (2022): Distributional Effects of Monetary Policy. In: Paganetto, L. (Hrsg.): Economic Challenges for Europe After the Pandemic, Springer Proceedings in Business and Economics, S. 187–232.

Borio, C. (2016): On the Centrality of the Current Account in International Economics. In: Journal of International Money and Finance, 68, S. 266–274.

Borio, C. E. (1997): Monetary Policy Operating Procedures in Industrial Countries. BIS Working Papers, Bank for International Settlements.

Borio, C./Disyatat, P. (2010): Unconventional Monetary Policies: an Appraisal. In: Manchester School, 78, S. 53–89.

Borio, C./Disyatat, P. (2015): Capital Flows and the Current Account: Taking Financing (more) Seriously. BIS Working Papers 525, Bank for International Settlements.

Brainard, W. (1968): Pitfalls in Financial Model Building. In: American Economic Review, 2, S. 99–122.

Broner, F./Didier, T./Erce, A./Schmukler, S. L. (2013): Gross Capital Flows: Dynamics and Crises. In: Journal of Monetary Economics, 60, S. 113–133.

Bundesbank (2006): Zur jüngeren Entwicklung der Kredite deutscher Banken an inländische Unternehmen und Privatpersonen. In: Deutsche Bundesbank Monatsbericht, Juli, S. 15–31.

Bundesbank (2017): Die Rolle von Banken, Nichtbanken und Zentralbank im Geldschöpfungsprozess. In: Deutsche Bundesbank Monatsbericht, April, S. 15–36.

Bundesbank (2017b): Finanzmarktinfrastruktur des Eurosystems – Rückblick und zukünftige Ausrichtung des Leistungsangebots. In: Deutsche Bundesbank Monatsbericht, Dezember, S. 69–88.

Bundesbank (2019): Geld und Geldpolitik – Schülerbuch für die Sekundarstufe II. Deutsche Bundesbank.

Bundesbank (2022): Zur Gültigkeit der Zinsparität in Krisenzeiten. In: Deutsche Bundesbank Monatsbericht, Oktober, S. 49–71.

Bundesbank (2024): Häufig gestellte Fragen zum Thema Geldschöpfung. Deutsche Bundesbank. https://www.bundesbank.de/de/startseite/haeufig-gestellte-fragen-zum-thema-geldschoepfung-614528. Abrufdatum: 20.08.2024.

Burgess, S./Burrows, O./Godin, A./Kinsella, S./Millard, S. (2016): A Dynamic Model of Financial Balances for the United Kingdom. BoE Working Papers, Bank of England.

Bützer, S. (2023): Advancing the Monetary Policy Toolkit through Outright Transfers and Tiered Reserve Remuneration. In: Kappes, S/Rochon, L.-P./Vallet, G. (Hrsg.): Central Banking, Monetary Policy and Income Distribution. Edward Elgar Publishing, S. 191–241.

Carlin, W./Soskice, D. (2006): Macroeconomics: Imperfections, Institutions and Policies. Oxford University Press.

Cruz-Hidalgo, E./Ehnts, D. H./Tcherneva, P. R. (2019): Completing the Euro: The Euro Treasury and the Job Guarantee. Revista de Economía Crítica, 27, S. 100–111.

Dao, M./Maggi, C. (2018): The Rise in Corporate Saving and Cash Holding in Advanced Economies: Aggregate and Firm Level Trends. IMF Working Papers, International Monetary Fund.

De Grauwe, P. (2012): Economics of Monetary Union. Oxford University Press, 9. Auflage.

Domar, E. D. (1944): The »Burden of the Debt« and the National Income. In: The American Economic Review, 34, S. 798–827.

Downward, P. (1999): Pricing Theory in Post-Keynesian Economics: A Realist Approach. Edward Elgar Publishing.

Ehnts, D./Höfgen, M. (2019): The Job Guarantee: Full Employment, Price Stability and Social Progress. In: Society Register, 3, S. 49–65.

Ehnts, D./Paetz, M. (2021): COVID-19 and its Economic Consequences for the Euro Area. In: Eurasian Economic Review, 11, S. 227–249.

Ennis, H. M./Keister, T. (2008): Understanding Monetary Policy Implementation. In: Economic Quarterly, 94, S. 235–263.

Fabiani, S./Druant, M./Hernando, I./Kwapil, C./Landau, B./Loupias, C./Martins, F./Mathä, T./ Sabbatini, R./ Stahl, H./Stokman, A. (2006): What Firms' Surveys Tell Us about Price-Setting Behavior in the Euro Area. International Journal of Central Banking, 2, S. 3–47.

Fisher, I. (1933): The Debt-Deflation Theory of Great Depressions. In: Econometrica, 1, S. 337–357.

Flassbeck, H./Lapavitsas, C. (2013): Die systemische Krise des Euro – wahre Ursachen und effektive Therapien. Studie im Auftr. der Rosa-Luxemburg-Stiftung.

Friedman, M. (1968): The Role of Monetary Policy. In: The American Economic Review, 58, S. 1–17.

Fullwiler, S. (2005): Paying Interest on Reserve Balances: It's More Significant than You Think. In: Journal of Economic Issues, 39, S. 543–550.

Fullwiler, S. (2020): When the Interest Rate on the National Debt Is a Policy Variable (and »Printing Money« Does Not Apply). In: Public Budgeting & Finance, 40, S. 72–94.

Godley, W./Cripps, F. (1983): Macroeconomics. Oxford University Press.

Godley, W./Lavoie, M. (2007a): Monetary Economics – An Integrated Approach to Credit, Money, Income, Production and Wealth. Palgrave MacMillan.

Godley, W./Lavoie, M. (2007b): Fiscal Policy in a Stock-Flow Consistent (SFC) Model. In: Journal of Post Keynesian Economics, 30, S. 79–100.

Goodfriend, M. (2002): Interest on Reserves and Monetary Policy. In: Economic Policy Review, 8, S. 77–84.

Goodhart, C. A. (1998): The Two Concepts of Money: Implications for the Analysis of Optimal Currency Areas. In: European Journal of Political Economy, 14, S. 407–432.

Gorton, G./Metrick, A. (2013): The Federal Reserve and Panic Prevention: The Roles of Financial Regulation and Lender of Last Resort. In: Journal of Economic Perspectives, 27(4), S. 45–64.

Grass, R. D./Stützel, W. (1983): Volkswirtschaftslehre: eine Einführung auch für Fachfremde. Vahlen.

Hail, S. (2018): Economics for Sustainable Prosperity. Springer International Publishing.

Hazell, J./Herreño, J./Nakamura, E./Steinsson, J. (2022): The Slope of the Phillips Curve: Evidence from U.S. States. In: The Quarterly Journal of Economics, 137(3), S. 1299–1344.

Hodrick, R. J./Prescott, E. C. (1997): Postwar U.S. Business Cycles: An Empirical Investigation. In: Journal of Money, Credit and Banking, 29, S. 1–16.

Ihrig, J./Wolla, S. A. (2020): The Fed's New Monetary Policy Tools. Federal Reserve Bank of St. Louis, Page One Economics, https://research.stlouisfed.org/publications/page1-econ/2020/08/03/the-feds-new-monetary-policy-tools, Abrufdatum: 29.08.2024.

IMF (2008): Financial Stress and Deleveraging Macro-Financial Implications and Policy. Global Financial Stability Report, International Monetary Fund.

IMF (2013): Balance of Payments and International Investment Position Manual. 6. Auflage, International Monetary Fund, https://www.imf.org/external/pubs/ft/bop/2007/bopman6.htm, Abrufdatum: 29.08.2024.

Jakab, Z./Kumhof, M. (2018): Banks are not Intermediaries of Loanable Funds – Facts, Theory and Evidence. BoE Working Papers, Bank of England.

Kaldor, N. (1955): Alternative Theories of Distribution. In: The Review of Economic Studies, 23, S. 83–100.

Kappes, S. (2022): Monetary Policy and Personal Income Distribution: A Survey of the Empirical Literature. In: Kappes, S/Rochon, L.-P./Vallet, G. (Hrsg.): Central Banking, Monetary Policy and Income Distribution. Edward Elgar Publishing, S. 38–61.

Keen, S. (2013): Predicting the ›Global Financial Crisis‹: Post-Keynesian Macroeconomics. In: The Economic Record, 89, S. 228–254.

Keister, T./Martin, A./McAndrews, J. J. (2008): Divorcing Money from Monetary Policy. In: Economic Policy Review, S. 41–56.

Keynes, J. M. (1936): General Theory of Interest, Employment, and Money. London: Macmillan Cambridge University Press.

Keynes, J. M. (1937): The General Theory of Employment. In: The Quarterly Journal of Economics, 51, S. 209–223.

Keynes, J. M. (1972): The Consequences to the Banks of the Collapse of Money Values. In Johnson, E./Moggridge, D. (Hrsg.): The Collected Writings of John Maynard Keynes (Bd. IX). London and Basingstoke: MacMillan, S. 150–160.

King, J. E. (2013): Wages Policy. In: Harcourt, G./Kriesler, P. (Hrsg.): The Oxford Handbook of Post-Keynesian Economics, Volume 1: Theory and Origins. Oxford University Press, S. 510–522.

Knapp, G. F. (2018): Staatliche Theorie des Geldes. Makroskop Mediengesellschaft mbH: Wiesbaden.

Koo, R. C. (2009): The Holy Grail of Macroeconomics: Lessons from Japans Great Recession. John Wiley & Sons.

Koo, R. C. (2011): The World in Balance Sheet Recession: Causes, Cure, and Politics. In: Real-World Economics Review, S. 19–37.

Koo, R. C. (2013): Balance Sheet Recession: Japan's Struggle with Uncharted Economies and Its Global Implications. John Wiley & Sons.

Koo, R. C. (2014): The Escape from Balance Sheet Recession and the QE Trap: A Hazardous Road for the World Economy. John Wiley & Sons.

Krugman, P. (2007): Will there be a Dollar Crisis? Economic Policy, S. 435–467.

Kruse, S. (2021): Aktien-, Zins- und Währungsderivate: Märkte, Einsatzmöglichkeiten, Bewertung und Risikoanalyse. Springer Fachmedien Wiesbaden.

Kumhof, M./Rungcharoenkitkul, P./Sokol, A. (2020): How does International Capital flow? BIS Working Papers, Bank for International Settlements.

Lavoie, M. (2014): Post-Keynesian Economics – New Foundations. Edward Elgar Publishing.

Lee, F. (1999): Post Keynesian Price Theory. Cambridge University Press.

Lerner, A. P. (1943): Functional Finance and the Federal Debt. In: Social Research: An International Quarterly, 10, S. 38–51.

Logan, L. K. (2017): Implementing Monetary Policy: Perspective from the Open Market Trading Desk. Remarks before the Money Marketeers of New York University.

Logan, L. K. (2019): Money Market Developments: Views from the Desk. Remarks at the Annual Primary Dealer Meeting, Federal Reserve Bank of New York, New York City.

Logan, L. K. (2020a): A Return to Operating with Abundant Reserves. Remarks before the Money Marketeers of New York University (delivered via videoconference).

Logan, L. K. (2020b): The Federal Reserve's Recent Actions to Support the Flow of Credit to Households and Businesses. Remarks before the Foreign Exchange Committee, Federal Reserve Bank of New York.

Logan, L. K. (2020c): Treasury Market Liquidity and Early Lessons from the Pandemic Shock. Remarks at Brookings-Chicago Booth Task Force on Financial Stability (TFFS) meeting, panel on market liquidity (delivered via videoconference).

Logan, L. K. (2021): Monetary Policy Implementation: Adapting to a New Environment. Remarks before the Money Marketeers of New York University (delivered via videoconference).

Logan, L. K. (2022): Federal Reserve Asset Purchases: The Pandemic Response and Considerations Ahead. Remarks at New York University's Stern School of Business (delivered via videoconference).

Lonergan, E./Blyth, M. (2021): The Prudence Principle: A New Framework for Eurozone Fiscal Policy. Forum New Economy Working Papers.

Lucas, R. E. (1976): Econometric Policy Evaluation: A Critique. In: Brunner, K./Meltzer, A. H. (Hrsg.): The Phillips Curve and Labor Markets. Amsterdam: North Holland, S. 19–46.

Mägerle, J. / Maurer, D. (2009), Das Devisenabwicklungssystem Continuous Linked Settlement (CLS), Schweizerische Nationalbank (SNB).

Markowitz, H. M. (1952): Portfolio Selection. In: Journal of Finance, 7, S. 77–91.

Markowitz, H. M. (1959): Portfolio Selection: Efficient Diversification of Investments. Yale University Press.

McLeay, M./Radia, A./Thomas, R. (2014): Money Creation in the Modern Economy. Bank of England Quarterly Bulletin, 54, S. 14–27.

Mehrling, P. (1999): The vision of Hyman P. Minsky. In: Journal of Economic Behavior & Organization, 39, S. 129–158.

Mehrling, P. (2012): The Inherent Hierarchy of Money. In: Taylor, L./Rezai, A./Michl, T. (Hrsg.): Social Fairness and Economics. Economic Essays in the Spirit of Duncan Foley. Oxon and New York: Routledge, S. 394–404.

Mehrling, P. (2013): The Economics of Money and Banking. Lecture Notes for ECON V3265, Barnard College, Columbia University, Institute for New Economic Thinking.

Mehrling, P. (2015): Elasticity and Discipline in the Global Swap Network. In: International Journal of Political Economy, 44, S. 311–324.

Menger, C. (1936): Geld. In: Collected Works of Carl Menger (Volume IV). Percy Lund, Humphries & Co. Ltd, S. 1–116.

Minsky, H. (1977): The Financial Instability Hypothesis: An Interpretation of Keynes and an Alternative to »Standard Theory«. In: Nebraska Journal of Economics and Business, 16, S. 5–16.

Minsky, H. (1982a): Can »it« Happen Again?: Essays on Instability and Finance. M.E. Sharpe.

Minsky, H. (1982b): Capitalist Financial Processes and the Instability of Capitalism. In: Can »it« Happen Again?: Essays on Instability and Finance. M.E. Sharpe, S. 71–89.

Minsky, H. (1982c): The Financial Instability Hypothesis: A Restatement. In: Can »it« Happen Again?: Essays on Instability and Finance. M.E. Sharpe, S. 90–116.

Minsky, H. (1982d). The Financial Instability Hypothesis: An Interpretation of Keynes and an Alternative to »Standard« Theory. In: Can »it« Happen Again?: Essays on Instability and Finance. M.E. Sharpe, S. 59–70.

Minsky, H. (1990): John Maynard Keynes. Finanzierungsprozesse, Investition und Instabilität des Kapitalismus. Metropolis.

Moore, B. J. (1979): The Endogenous Money Stock. In: Journal of Post Keynesian Economics, 2, S. 49–70.

Moore, B. J. (1988): Horizontalists and Verticalists: The Macroeconomics of Credit Money. Cambridge University Press.

Mosler, W. (1995): Soft Currency Economics. In: Macroeconomics, University Library of Munich, Germany.

Murau, S./van 't Klooster, J. (2023): Rethinking Monetary Sovereignty: The Global Credit Money System and the State. In: Perspectives on Politics, 21(4), S. 1319–1336.

Murau, S./Pape, F./Pforr, T. (2023): International Monetary Hierarchy through Emergency US-Dollar Liquidity: A Key Currency Approach. In: Competition & Change, 27, S. 495–515.

Nikiforos, M./Zezza, G. (2017): Stock-Flow Consistent Macroeconomic Models: A Survey. In: Journal of Economic Surveys, 31, S. 1204–1239.

Palley, T. I. (2013): Horizontalists, Verticalists, and Structuralists: The Theory of Endogenous Money reassessed. In: Review of Keynesian Economics, 1, S. 406–424.

Phelps, E. S. (1967): Phillips Curves, Expectations of Inflation and Optimal Unemployment Over Time. In: Economica, 34, S. 254–281.

Phillips, A. W. (1958): The Relationship Between Unemployment and the Rate of Price Change of Money Wage Rates in the United Kingdom, 1862–1957. In: Economica, 25, S. 283–299.

Piketty, T./Saez, E./Zucman, G. (2017): Distributional National Accounts: Methods and Estimates for the United States. In: The Quarterly Journal of Economics, 133, S. 553–609.

Pozsar, Z. (2015): A Macro View of Shadow Banking: Levered Betas and Wholesale Funding in the Context of Secular Stagnation. https://papers.ssrn.com/sol3/papers.cfm?abstract_id=2558945, Abrufdatum: 29.08.2024 .

Pozsar, Z./Adrian, T./Ashcraft, A. B./Boesky, H. (2010): Shadow Banking. Staff Report No. 458, FRB of New York.

Pozsar, Z./Adrian, T./Ashcraft, A. B./Boesky, H. (2013): Shadow Banking. Economic Policy Review, 19(2), S. 1–16.

Ricken, S. (2008): Verbriefung von Krediten und Forderungen in Deutschland: Betriebswirtschaftliche Handlungshilfen (Bd. 127). Hans-Böckler-Stiftung, Düsseldorf.

Rogoff, K. (1985): The Optimal Degree of Commitment to an Intermediate Monetary Target. In: Quarterly Journal of Economics, 100, S. 169–1189.

Romer, D. H. (2001): Advanced Macroeconomics, 2. Auflage. New York: McGraw-Hill.

Ryoo, S./Skott, P. (2013): Public Debt and Full Employment in a Stock-Flow Consistent Model of a Corporate Economy. In: Journal of Post Keynesian Economics, 35, S. 511–528.

Samuelson, P. A./Solow, R. (1960): Analytical Aspects of Anti-Inflation Policy. In: American Economic Review Papers and Proceedings, 50, S. 177–194.

Schiman, S. (2016). Die Deregulierung der Finanzmärkte als Ursache ihrer Krise. WIFO Working Papers, Österreichisches Institut für Wirtschaftsforschung.

Schlicht, E. (2006): Public Debt As Private Wealth: Some Equilibrium Considerations. In: Metroeconomica, 57, S. 494–520.

Schmelzing, P. (2020): Eight Centuries of Global Real Rates, r-g, and the ‹Suprasecular' Decline, 1311–2018. BoE Working Paper, Bank of England.

Schmidt, J. (2012): Sparen – Fluch oder Segen? Anmerkungen zu einem alten Problem aus Sicht der Saldenmechanik. In: Held, M./Kubon-Gilke, G./Sturn, R. (Hrsg.): Keynes 2.0: Perspektiven einer modernen keynesianischen Wirtschaftstheorie und Wirtschaftspolitik. Marburg: Metropolis, S. 61–85.

Sellin, P./Sommar, P. (2014): The Riksbank's Operational Framework for the Implementation of Monetary Policy – a Review. Riksbank Studies, Sveriges Riksbank.

Semenova, A. (2014): Carl Menger's Theory of Money's Origins: Responding to Revisionism. In: The European Journal of the History of Economic Thought, 21, S. 107–141.

Skott, P. (2016): Public Debt, Secular Stagnation and Functional Finance In: Madsen, M. O./Olesen, F. (Hrsg.): Macroeconomics After the Financial Crisis: A Post-Keynesian Perspective, Routledge Frontiers of Political Economy, S. 20–37.

Stigum, M./Crescenzi, A. (2007): Stigum's Money Market, 4. Auflage. McGraw-Hill Education.

Stützel, W. (1978): Volkswirtschaftliche Saldenmechanik: ein Beitrag zur Geldtheorie. Tübingen: Mohr.

Stützel, W. (1979): Paradoxa der Geld- und Konkurrenzwirtschaft. Aalen: Scientia.

Svensson, L. E. (1997): Inflation Forecast Targeting: Implementing and Monitoring Inflation Targets. In: European Economic Review, 41, S. 1111–1146.

Taylor, J. B. (1993): Discretion versus Policy Rules in Practice. In: Carnegie Rochester Conference Series on Public Policy, 39, S. 195–214.

Tobin, J. (1958): Liquidity Preference as Behavior Towards Risk. In: Review of Economic Studies, 25, S. 65–86.

Tobin, J. (1969): A General Equilibrium Approach to Monetary Theory. In: Journal of Money, Credit and Banking, 1, S. 15–29.

Treynor, J. (2015): The Economics of the Dealer Function. In: Treynor on Institutional Investing. John Wiley & Sons, Ltd, S. 264–274.

Tucker, P. (2004): Managing the Central Bank's Balance Sheet: Where Monetary Policy meets Financial Stability. Quarterly Bulletin, Bank of England.

Tymoigne, E. (2014): Modern Money Theory, and Interrelations Between the Treasury and Central Bank: The Case of the United States. In: Journal of Economic Issues, 48, S. 641–662.

Tymoigne, E. (2020): Monetary Sovereignty: Nature, Implementation, and Implications. In: Public Budgeting & Finance, 40, S. 49–71.

van Treeck, T./Hein, E./Dünhaupt, P. (2007): Finanzsystem und wirtschaftliche Entwicklung: neuere Tendenzen in den USA und in Deutschland aus makroökonomischer Perspektive. IMK Studies, Institut für Makroökonomie.

Vergeer, R./Kleinknecht, A. (2010). The Impact of Labor Market Deregulation on Productivity: A Panel Data Analysis of 19 OECD Countries (1960–2004). In: Journal of Post-Keynesian Economics, 33(3), S. 371-407.

Vergeer, R./Kleinknecht, A. (2014): Does Labor Market Deregulation reduce Labor Productivity Growth? A Panel Data Analysis of 20 OECD Countries (1960-2004). In: International Labour Review, 3, S. 365–393.

Walker, F. A. (1878). Money. New York, H. Holt and Co.

Woodford, M. (2000): Monetary Policy in A World Without Money. In: International Finance, 3, S. 229–60.

Woodford, M. (2001). Monetary policy in the information economy. In: Proceedings – Economic Policy Symposium – Jackson Hole, S. 297–370.

Wullweber, J. (2021). Zentralbankkapitalismus: Transformationen des globalen Finanzsystems in Krisenzeiten. Suhrkamp Verlag.

Stichwortverzeichnis

Der Autor

Michael Paetz ist promovierter Volkswirt und als Lehrkraft für besondere Aufgaben im Fachbereich Volkswirtschaftslehre an der Universität Hamburg tätig. Nach dem Studium der Wirtschaftsmathematik hat er über die neoklassisch inspirierten Modelle des Neukeynesianismus promoviert, interessiert sich seitdem aber primär für postkeynesianische Ansätze. Daher ist er mit orthodoxen wie heterodoxen Theorien gleichermaßen vertraut. Im Juli 2024 erhielt er den Hamburger Lehrpreis für die Wirtschafts- und Sozialwissenschaften (u. a. für seine Vorlesung zur Geldtheorie und -politik).

Neben der Lehre publiziert er in akademischen wie populärwissenschaftlichen Zeitschriften und schreibt für den postkeynesianischen Blog »Makroskop«. Zudem betreibt er gemeinsam mit der Hamburg Open Online University den Erklärblog »Was-ist-Geld.de«. Auf seinem gleichnamigen Youtube-Kanal (@was-ist-geld) findet man zahlreiche Vorlesungsvideos zum Thema Geldtheorie und -politik.

Ihre Arbeitsmaterialien zum Buch: Exklusiv für Buchkäuferinnen und Buchkäufer!

▶ **Download auf WAS-IST-GELD.DE**